Das 19. Jahrhundert

Institut für deutsche Sprache
Jahrbuch 1990

Das 19. Jahrhundert

Sprachgeschichtliche Wurzeln
des heutigen Deutsch

Herausgegeben von
Rainer Wimmer

Walter de Gruyter · Berlin · New York
1991

Redaktion: Sylvia Dickgießer

ISSN 0537-7900
ISBN 3 11 012960 4

Druck: Gerike, Berlin
Buchbinderische Verarbeitung: Lüderitz & Bauer, Berlin

INHALT

Vorwort des Herausgebers

Das vorliegende Jahrbuch des Instituts für deutsche Sprache für das Jahr 1990 vereint die Vorträge und Referate, die auf der Jahrestagung des Instituts vom 13. bis 15. März 1990 im Mannheimer Rosengarten gehalten wurden. Der Band schließt traditionsgemäß mit dem Arbeitsbericht des Instituts.

Die Themaformulierung für die Tagung „Das 19. Jahrhundert. Sprachgeschichtliche Wurzeln des heutigen Deutsch" stammt von Prof. Dr. Peter von Polenz (Trier), der neben Prof. Dr. Dieter Cherubim (Göttingen) und Prof. Dr. Johannes Schwitalla (IDS) dem Vorbereitungsausschuß für die Veranstaltung angehörte. Der Präsident des IDS, Herr Prof. Dr. Siegfried Grosse (Bochum), hat in seiner Begrüßungsrede die Bedeutung der jüngeren Sprachgeschichte für die deutsche Gegenwartssprache hervorgehoben und dargelegt, daß das Institut für deutsche Sprache, das sich in seinen Forschungs- und Dokumentationsarbeiten satzungsgemäß auf die deutsche Gegenwartssprache konzentriert, wenigstens das 19. Jahrhundert mit in seine Untersuchungen einbeziehen muß. Dem Vorbereitungsausschuß für die Tagung war klar, daß es nicht möglich sein würde, im Rahmen einer Tagung zugleich das 19. Jahrhundert und das 20. Jahrhundert zum Verhandlungsgegenstand zu machen. So fiel die einschränkende Entscheidung für das 19. Jahrhundert. Weitere Eingrenzungen der Thematik erschienen unvermeidlich: So hat der Vorbereitungsausschuß beschlossen, die sog. innere Sprachgeschichte (Entwicklung des Sprachsystems, Syntax) weitgehend aus den Betrachtungen auszuschließen und den Zusammenhang zwischen Sprachgeschichte und Sozialgeschichte in den Mittelpunkt zu stellen. Politische Aspekte des Themas sollten wenigstens zur Diskussion gestellt werden; sie waren Gegenstand der Podiumsgespräche. Trotz dieser weitreichenden Eingrenzungen des Themas konnte natürlich auch in diesem Rahmen keine Vollständigkeit erreicht werden: Themen, die in neueren Forschungen bereits öfter zum Gegenstand gemacht wurden, mußten unberücksichtigt bleiben, beispielsweise die Problematik der Fachsprachen und der Zusammenhang zwischen Sprache und Technik.

Allen, die zum Zustandekommen der Tagung beigetragen haben, möchte ich ganz herzlich danken. Insbesondere danke ich den Referenten, Diskussionsleitern und Diskutanten sowie dem Vorbereitungsausschuß. Für finanzielle Unterstützung gilt mein herzlicher Dank dem Freundeskreis des Instituts für deutsche Sprache, e.V.

Rainer Wimmer

7

Eröffnungsansprache des Präsidenten des Instituts für deutsche Sprache

Meine sehr verehrten Damen und Herren,

Zur Jahrestagung 1990 des Instituts für deutsche Sprache heiße ich Sie, die in großer Zahl aus 24 Ländern gekommen sind, herzlich willkommen. Mein besonderer Gruß gilt den Vertretern der Stadt Mannheim, Herrn Oberbürgermeister Gerhard Widder und Herrn Bürgermeister Mark, Herrn Prorektor Groth von der Universität Mannheim, dem Direktor des Zentralinstituts für Sprachwissenschaften an der Ostberliner Akademie der Wissenschaften, Herrn Viehweger, dem Direktor des Goethe-Instituts Mannheim, Herrn Kage und dem Herrn Vorsitzenden der Freundengesellschaft des Instituts, Herrn Konrad Beyer.

Den Grüßen füge ich den Dank des Kuratoriums für die Vorbereitung der Tagung an. Er gilt den Herren Cherubim, von Polenz, Schwitalla und Wimmer als Mitglieder des Vorbereitungsausschusses, der für das Vortragsprogramm verantwortlich zeichnet, und den Damen und Herren des Instituts, die für die Organisation und den technischen Ablauf sorgen.

Pünktlich zum Beginn dieser Tagung ist das Jahrbuch 1989 erschienen, das auf dem Umschlag den Titel der letztjährigen Vortragssammlung 'Deutsche Gegenwartssprache – Tendenzen und Perspektiven' mit den folgenden Worten erläutert: „Mit der Erforschung und Dokumentation des heutigen Deutsch befaßt sich das Institut für deutsche Sprache seit seiner Gründung im Jahr 1964. Diesem wissenschaftlichen Dauerauftrag entsprechend war die internationale Tagung zum 25-jährigen Jubiläum des Instituts der deutschen Gegenwartssprache und ihrer Entwicklung gewidmet." Werden wir also im ersten Jahr nach dem Jubiläum wortbrüchig, wenn wir uns jetzt dem 19. Jahrhundert zuwenden und die Tagung einem historischen Generalthema widmen, unter dem Vorträge und Diskussionen stattfinden werden, die nach Wurzeln des heutigen Deutsch in dieser Zeit fragen? Wir erweitern das erste Mal den Untersuchungsraum unserer Sprachbetrachtung, und das ist nötig.

Je weiter wir uns zeitlich vom Ende des Zweiten Weltkrieges entfernen, um so problematischer wird die Periodisierungszäsur für den Begriff Gegenwartssprache, deren Beginn wir noch immer bei 1945 ansetzen und die jetzt bereits einen Zeitraum von 45 Jahren, also von mehr als einer Generation umfaßt. Unserer Arbeit auf dem Gebiete der synchronischen Sprachanalyse ist unmerklich die diachronische Dimension hinzugewachsen. Diese Gedanken über die Verwerfungen der zeitlichen Perspektive lassen auch die zwölf Jahre zwischen 1933 und 1945 sehr kurz erscheinen, so daß man sich die Größe und Tragweite dieses weltpolitischen Verhängnisses keinesfalls nur so kurzfristig entstanden erklären kann. Man muß die Herrschaftsjahre Hitlers überschreiten, um diesen Block der 12 nationalsozialistischen Jahre gedanklich, ideologisch, faktisch und sprachlich in die Entwicklung einpassen zu können, und das heißt für uns, wir haben in der Sprachgeschichte die Vorbereitungen vor 1933 schonungslos aufzudecken wie die Nachwirkungen seit 1945. Hierbei gelangt man jenseits des Jahres 1933 unweigerlich über die Jahrhundertgrenze hinweg in die Zeit unserer Groß- und Urgroßeltern.

Das 19. Jahrhundert ist eine ereignisreiche Zeit, die von einem atemberaubenden, oft heterogenen Wechsel der Ideen, Empfindungen und Ereignisse geprägt worden ist und nicht von der idyllischen Beschaulichkeit der Stahlstiche Ludwig Richters oder der Spitzwegschen Bilder.

Die Napoleonischen Eroberungsfeldzüge haben Europa entscheidend verändert. Die Völkerschlacht bei Leipzig, 1813, die Revolution 1848, die Kriege 1864, 1866 und 1870 zeigen einen unruhigeren politischen und militärischen Pulsschlag der Zeit, als man im Gedächtnis haben mag. Die Reichsgründung, der Imperialismus und die Koloniale Expansion sind politische Aktivitäten, die weit über Europa hinausgreifen. Die aus der Kohleförderung neuerschlossenen Energiequellen Dampf, Gas und Elektizität setzen mit zunehmender Beschleunigung die Industrialisierung in Gang und führen zu komplexen sozialen Bewegungen der Landflucht, der Verstädterung und der Massenkultur. Der Bau von Straßen, Schienen und Kanälen knüpft das Verkehrsnetz für den Handel dichter und setzt Produktion und den Verkauf in schnellere Rotation; dazu treten als Katalysatoren des Nachrichtenaustausches die Verbesserung des Postwesens mit Brief, Telegramm, Postkarte und Ferngesprächen. Die Bevölkerung gewinnt eine ihr bisher unbekannte körperliche und geistige Mobilität. Denn das Schulwesen wird im Laufe des Jahrhunderts auf- und ausgebaut und in erstaunlicher Weise, vor allem für die berufliche Bildung, differenziert. Erstmals in der deutschen Sprachgeschichte kann am Ende des Jahrhunderts fast die gesamte Bevölkerung lesen und schreiben, natürlich in unterschiedlichen Graden, aber doch so, daß jetzt ungeahnte Bildungsmöglichkeiten bestehen. Es wachsen das Leseangebot ebenso wie das Lesebedürfnis und die Leseerfahrung, wie auch das Verlangen und die Notwendigkeit der schriftlichen Mitteilung. Ein dichtes Zeitungs- und Zeitschriftennetz wird immer weiter ausgebaut und dank neuer Erfindungen schneller und aktueller. Die Fotografie beginnt als Nachrichtenträger ihre textbegleitende semiotische Aufgabe wahrzunehmen. Neben den Schulen aller Typen werden Universitäten, Technische Hochschulen, Fachhochschulen, Theater, Museen und Dichtungsvereine gegründet. Man versucht, der Expansion und Explosion des Wissens Herr zu werden und die großen Mengen an Erkenntnissen verfügbar zu machen: z.B. durch die Gründung von Konversationslexika, Enzyklopädien und großen Wörterbüchern. Es werden umfangreiche wissenschaftliche und Volksbibliotheken gegründet, Leihbüchereien wachsen wie Pilze aus dem Boden und verbreiten triviale Literatur, die jetzt die Lektüre großer Bevölkerungsschichten erweitert und diese vom intensiven Lesen immer der gleichen wenigen Bücher zum extensiven Lesen immer neuer Inhalte führt. In der Literatur verzeichnen wir die Epochen der Klassik, Romantik, des Vormärz, des poetischen Realismus, des Naturalismus, Impressionismus und Expressionismus. Die Anregungen bedeutsamer Philosophen wie Kant, Schelling, Hegel, Marx und Nietzsche wirken weit über die Jahrhundertgrenze bis in unsere Gegenwart hinein.

Die Differenzierung der technischen und naturwissenschaftlichen Disziplinen und der Handwerksberufe bringen die weite Auffächerung der Fachsprachen darunter auch der Wissenschaftssprachen mit sich. Unsere Sprache entfaltet die ihr eigenen Möglichkeiten der elastischen Wortbildung, um die Erweiterung des Lexikons zu fassen.

Parallel zu den genannten Ereignissen ist das deutsche Nationalbewußtsein gewachsen und systematisch in der schulischen und militärischen Erziehung der Jugend gelehrt und internalisiert worden. Die politischen Erfolge werden mit entsprechend interpretierten Beispielen der deutschen Geschichte, besonders aus der Kaiserzeit des Mittelalters, gerechtfertigt und mit darwinistischer Konsequenz als zwangsläufige Entwicklung auf die vermeintlichen historischen Quellen zurückgeführt. So ist ein mit überheblichen Qualitätsansprüchen angereichertes Deutschlandbild, begleitet von ersten Strömungen des Antisemitismus, entstanden, das eine der verhängnisvollen Voraussetzungen für die beiden Weltkriege und für die Gründung des Dritten Reichs geworden ist und dessen Ideen gerade heute bei unseren europäischen Nachbarn lebendiger und bedrohlicher in Erinnerung sein dürften als bei vielen von uns.

Es ist zu Beginn einer wissenschaftlichen Tagung eigentlich nicht zu verantworten, mit schnellen Strichen oberflächlich das Bild eines ganzen Jahrhunderts zu skizzieren. Aber ich wollte mit diesem Stenogramm ein Assoziationsfeld wachrufen, um zu zeigen, wie viele und wie bedeutsame Verbindungen aus dem 19. Jahrhundert in das 20. herüberführen und weiterwirken und wie viele ungelöste Probleme als beschwerende Hypothek liegengeblieben sind und uns belasten.

Mit dieser Jahrestagung beginnen wir, uns für die jüngste Sprachgeschichte zu öffnen. Die Jahrestagung 1992 wird unter dem Thema

„Deutsch als Verkehrs- und Institutionen-Sprache in Europa" stehen. Sie wird die Gelegenheit geben, die Situation der deutschen Sprache aus dem Blickwinkel aller deutschsprachigen Länder zu beleuchten. Daß der gegenseitigen Zusammenarbeit dank der jüngsten Entwicklung keine hindernden Grenzen mehr entgegenstehen, ist für unser Fach ein überraschendes und besonders glückliches Ereignis.

Auf dem Plakat zur Tagung ist eine Maschine abgebildet, bei der man nicht recht sieht, ob es sich um eine Lokomotive oder um eine Lokomobile handelt. Für unsere geistige Beweglichkeit sollten beide Symbole wichtig sein: Mit dem Wunsch, die Gedanken und Diskussionsbeiträge orts- und fernbeweglich zu halten, eröffne ich die Tagung.

Siegfried Grosse

WILLIBALD STEINMETZ

Die schwierige Selbstbehauptung des deutschen Bürgertums: begriffsgeschichtliche Bemerkungen in sozialhistorischer Absicht

Wenn hier von der Selbstbehauptung des deutschen Bürgertums im 19. Jahrhundert die Rede sein soll, so ist dies in doppelter Weise zu verstehen. Mein Thema ist einerseits die Selbstbehauptung im wörtlichen Sinn. Ich beschäftige mich also mit den Begriffen und Redeweisen, die dem Bürgertum im 19. Jahrhundert zur Verfügung standen, um die eigene Existenz als Sozialformation sprachlich zu behaupten. Andererseits geht es auch um die Selbstbehauptung im übertragenen Sinn. Ich frage also danach, wie weit das Bürgertum seine Interessen und Forderungen tatsächlich gegen konkurrierende Gruppen durchsetzen konnte.

Beides hängt – so die methodische Prämisse, von der ich ausgehe – unmittelbar miteinander zusammen. Wer sich sprachlich nicht behaupten kann, wird grundsätzlich Schwierigkeiten haben, Ansprüche in konkreten Konfliktsituationen geltend zu machen. Einer sozialen Handlungseinheit, die noch nicht einmal über einen Begriff von sich selbst und über Abgrenzungskriterien zu anderen verfügt, fehlen wesentliche Voraussetzungen, um in Politik und Gesellschaft erfolgreich zu handeln. Ohne Bezeichnungen (Wörter), die unmißverständlich und trennscharf die Zusammengehörigkeit signalisieren, kann sich eine Großgruppe kaum davor schützen, daß sie von außen oder durch inkonsistenten eigenen Sprachgebrauch auseinanderdividiert wird.

Wie im folgenden zu zeigen sein wird, war genau dies die sprachpolitische Situation des deutschen Bürgertums im 19. Jahrhundert. Die bürgerlichen Mittelschichten in Deutschland hatten große Mühe, sich qua Sprache als Handlungseinheit zu formieren. Das vorgefundene politisch-soziale Vokabular stand dahin gehenden Versuchen immer wieder im Wege. Weil die sprachliche Selbstbehauptung als Großgruppe lange Zeit nicht gelang, konnten sich die deutschen Bürger – Unternehmer, Literaten, Freiberufler, Professoren, Verwaltungsbeamte – auch politisch meist nicht so durchsetzen, wie es ihrem subjektiven Kraftgefühl und ihrem ex post bestimmbaren, objektiven Gewicht in der Gesellschaft des 19. Jahrhunderts entsprach. Nimmt man das zeitgenössische Vokabular als Indikator für vergangene soziale Wirklichkeit an dieser Stelle ernst, so ist es – strenggenommen – sogar höchst problematisch, einer Gruppe, die sich selbst nicht präzise definieren konnte, überhaupt eine Existenz zuzuschreiben; also von einem selbstbewußten, aufstrebenden 'Bürgertum' für das späte 18. und frühe 19. Jahrhundert zu reden. Die Begriffsgeschichte fungiert hier gegenüber der Sozialgeschichte als Korrektiv, indem sie daran erinnert, daß es sich bei historischen Beschreibungen vergangener Gesellschaftszustände zunächst einmal um Konstrukte handelt, die mit den Selbstauffassungen der Zeitgenossen nicht unbedingt zur Deckung zu bringen sind.[1]

Historisches Versagen des deutschen Bürgertums?

Unter Historikern besteht im allgemeinen Konsens darüber, daß es das deutsche Bürgertum des 19. Jahrhunderts – verglichen mit der englischen 'middle class' oder der französischen 'bourgeoisie' – objektiv schwer hatte, eine gesellschaftlich führende Position zu erobern.[2] Die rechtlich abgesicherte Vorrangstellung des Adels war während der Revolutionsjahre nur in Teilbereichen angetastet worden und konnte sich in der Restaurationszeit wieder konsolidieren. Nicht zuletzt durch die Anstrengung bürgerlicher Verwaltungsbeamter war die politische Übermacht des monarchisch-bürokratischen Staates noch effizienter geworden, ohne daß sich die daran geknüpften Hoffnungen des Bürgertums insgesamt auf mehr politische Mitwirkung, auf freie kulturelle Betätigung und volle wirtschaftliche Entfaltung erfüllt hätten.[3] Große Teile der 'gebildeten Stände' definierten sich in erster Linie durch ihre Tätigkeit für den Staat und nicht über selbsterarbeitete Positionen in der Gesellschaft. Dadurch kam es häufig zu Wahrnehmungs- und Interessenunterschieden zwischen beamteten Bildungsbürgern einerseits, unternehmerisch oder freiberuflich tätigen Bürgern andererseits.[4] So scheiterte etwa die Entwicklung eines nationalen Binnenmarktes lange Zeit an der eifersüchtigen Wahrung einzelstaatlicher Befugnisse. Erst der Zollverein schuf hier Verbesserungen. Ebenso förderten die unterschiedlichen Rechtssysteme überall eher

---

[1] Vgl. Koselleck 1986; speziell bezogen auf das Bürgertum demnächst auch Koselleck/Spree/Steinmetz 1991.

[2] Vgl. zum folgenden Nipperdey 1983, Wehler 1987, Kocka 1987, Kocka 1988.

[3] Die Stärke des Staates zwang die Bürger, sich bei allem, was sie durchsetzen wollten, an ihn zu halten. Das war die Kehrseite der erfolgreichen Staatsbildung nach 1800. Gerade weil sich die Gesellschaftsreform in den Staaten des deutschen Bundes im ersten Drittel des 19. Jahrhundert in der Staatsbildung erschöpfte und totlief, fehlten den deutschen Bürgern in den Konflikten der Jahrhundertmitte die institutionellen Voraussetzungen, um ihre Ziele zu erreichen. Dies wäre der allzu positiven Sicht staatlicher Reformpolitik bei Nolte 1990 entgegenzuhalten. Ausgewogener im historischen Urteil ist Hettling 1990.

[4] Zahlreiche Beispiele hierfür bei Koselleck 1981, Drittes Kapitel: Verwaltung und soziale Bewegung.

13

die Fragmentierung der Gesellschaft in gegensätzliche Berufsstände und Interessen anstatt einen einheitlichen Entfaltungsraum formal gleichgestellter Rechtssubjekte, eben eine 'bürgerliche Gesellschaft', zu schaffen. Es blieben nur wenige Bereiche, in denen die bürgerlichen Mittelschichten ihre Wünsche nach einheitlichen Zugangschancen und Standards gegen den Adel und auf nationaler Ebene einigermaßen erfolgreich verwirklichen konnten: Ich nenne die Vereinskultur, das Bildungswesen, die Literatur und die deutsche Schriftsprache.[5]

Die deutschen Bürger scheiterten jedoch mit ihren politischen Ambitionen. Als der Minister Guizot in Frankreich den „régime de la classe moyenne" verkündete[6] und der Freihändler Cobden in England die „middle class" zur „governing class" erklärte,[7] da feierten es die deutschen Großbürger, die Camphausen und Hansemann, die Welcker und Bassermann, schon als Erfolg, wenn die Protokolle der Landtagsverhandlungen vollständig und pünktlich gedruckt wurden oder wenn es ihnen gelungen war, eine anti-ständische Formulierung, wie zum Beispiel das Wort *Klasse* oder das Wort *Nationalrepräsentation,* in offizielle Provinziallandtags-Resolutionen einzuschmuggeln.[8] Glaubten die bürgerlichen Mittelklassen im Vormärz wenigstens noch, daß die Zeit für sie arbeitete, so bedeuteten in dieser Hinsicht die Jahre 1849/50 eine tiefe Zäsur. Denn kaum hatte sich zum erstenmal in Deutschland die Gelegenheit zu einer Formierung des Bürgertums auch als nationale und politisch dominante Klasse ergeben, da wurde diese Chance schon wieder zunichte gemacht, zerrieben zwischen dem sozialen Druck des anwachsenden Proletariats und dem hinhaltenden Widerstand obrigkeitlich orientierter Beamter, aristokratischer Hof-Kamarillas und Militärs.

Daher wundert es nicht, daß die bürgerlichen Zeitgenossen der zweiten Jahrhunderthälfte vielfach das Gefühl der Scham, des Versagens und der Unterlegenheit artikulierten. „Wie war es möglich, daß auf so viel glutheiße Leidenschaft so rasch kaltes Entsagen gefolgt ist?"[9] So fragte zum Beispiel Wilhelm Heinrich Riehl im Vorwort seines vielgelesenen Werks

---

[5] Vgl. Frevert 1989; speziell zum Vereinswesen: Hardtwig 1983, Lipp 1986; zum Bildungssystem: Kraul 1988; zur Durchsetzung von Sprachnormen: Gessinger 1980, Cherubim/Mattheier 1989, Dieckmann 1989.

[6] Guizot vor der Chambre des députés am 3.5.1837, zit. nach Tudesq 1964, Bd. 1, S. 552.

[7] Richard Cobden an Sir Robert Peel 23.6.1846, zit. nach Edsall 1986, S. 164.

[8] Vgl. Hansen 1967, Bd. 1, S. 759f. und S. 835f. (Camphausen).

[9] Riehl 1861, S. 4.

14

zur bürgerlichen Gesellschaft, um dann im Kapitel zum „Bürgerthum"
wie zum Trost auf den langen geschichtlichen Aufstieg desselben zur
führenden gesellschaftlichen Macht zu verweisen – ein Aufstieg, der auch
durch den jüngsten politischen Rückschlag nicht rückgängig zu machen
sei.[10] Nachdem die revolutionäre, bürgerliche Staatsbildung von 1848
gescheitert war, zogen sich viele bis dahin engagierte Bürger auf ihre angestammten wirtschaftlichen Betätigungsfelder zurück und mischten sich
allenfalls noch auf lokaler Ebene in die Politik ein.[11] Andere wandten
sich forschend und lehrend – fast könnte man sagen kompensatorisch –
der Vergangenheit des Bürgertums zu; genauer gesagt: Sie konstruierten
eine Geschichte derjenigen sozialen Gruppen, die sie als Vorgänger der
eigenen Gesellschaftsschicht, des erst seit etwa 1845 so genannten Bürgertums, bestimmt hatten. Man erinnerte an die zivilisatorischen Glanzta-
ten der mittelalterlichen Patrizierbürger[12] und man rief die Leistungen
der 'gebildeten Stände' in der Goethezeit ins Gedächtnis,[13] um dem
beschädigten bürgerlichen Selbstwertgefühl aufzuhelfen. Wieder andere
Bürger beschäftigten sich hauptsächlich kulturkritisch mit den eigenen
Schwächen: mit den Erscheinungen der Philisterei und des Spießbürger-
tums,[14] mit dem verbreiteten Rückzug auf den krassen Materialismus,
schließlich mit der immer vorbehaltloseren Anbetung der blanken Macht,
der 'Realpolitik', durch die Bismarck das vollendete, was das Bürgertum
nicht erreicht hatte: den deutschen Einheitsstaat.[15]

Die Geschichte des deutschen Bürgertums wurde also von Anfang an,
seit der Mitte des 19. Jahrhunderts, geschrieben als eine Geschichte
der verpaßten Chancen: Eine glorreiche Vergangenheit und vielverspre-
chende Ansätze mündeten in den Katzenjammer der Gegenwart von 1850
und würden sehr bald im Niedergang der bürgerlichen Welt enden – so

---

[10] Riehl 1861, S. 245-273 und S. 309-321.

[11] Als besonders extremes Exempel mag hier der Rückzug des liberalen Poli-
tikers Friedrich Daniel Bassermann ins Private und schließlich seine Flucht
in den Selbstmord dienen; vgl. die Schilderung bei Gall 1989, S. 325-332.

[12] Neben Riehl 1861 z.B. Berthold 1850-1853.

[13] Z.B. Sybel 1880, S. 545f.: „... so war immerhin das Bürgerthum – 1786 nicht
ganz ein Viertel der Bevölkerung – eine Kraft im Lande geworden, welche
neben den adligen und bäuerlichen Classen sehr fühlbar in das Gewicht
fiel. Noch wichtiger als der materielle Reichthum desselben war übrigens die
Entwicklung seiner geistigen Bildung, womit es schon damals ohne Zweifel
in den Vordergrund des nationalen Lebens trat.".

[14] Vgl. Franke 1988, hier bes. S. 26ff. und S. 38-52.

[15] Vgl. Faber 1966.

jedenfalls die zum Jahrhundertende und darüber hinaus zunehmend pessimistische Prognose.[16] Nach 1945 wurde diese Geschichtsversion von manchen Historikern gesteigert zur These vom deutschen Sonderweg, einem Sonderweg, der unter anderem darin bestanden hätte, daß es in der deutschen Politik und Gesellschaft des 19. und frühen 20. Jahrhunderts ein Defizit an Bürgerlichkeit und ein Zuviel an Obrigkeitshörigkeit, freiwilliger Unterordnung und Anpassung des Bürgertums an den Adel (Stichwort 'Feudalisierung') gegeben habe. Ich will den Gründen, die für oder gegen die Sonderwegsthese sprechen, nicht weiter nachgehen.[17]

Die kurzen Hinweise auf die 'bürgerlichen' Geschichts(re)konstruktionen seit der zweiten Hälfte des 19. Jahrhunderts bis hin zur Sonderwegsdebatte sollten hier lediglich auf einen historischen Fragehorizont aufmerksam machen, der es sinnvoll erscheinen läßt, die Handlungsspielräume bürgerlicher Gruppen im 19. Jahrhundert, besonders in dessen erster Hälfte, zu untersuchen. Inwiefern diese Handlungsspielräume durch die politisch-soziale Sprache bestimmt waren, gilt es nun zu klären.

Erweiterungen der Begriffsgeschichte: sprachpragmatische Perspektive und onomasiologisches Verfahren

Zwei Punkte waren für den Erfolg bzw. Mißerfolg der sprachlichen Selbstbehauptung des deutschen Bürgertums vor allem bedeutsam: Zum einen fanden die deutschen Bürger – verglichen zu England oder Frankreich – sehr ungünstige externe Sprachhandlungsbedingungen vor. Zum anderen legte auch die verfügbare Sprache selbst, die Sprache als abrufbarer Vorrat an Wörtern und Bedeutungen, den Bürgern Hindernisse in den Weg. Beide Thesen sollen im Anschluß an die folgenden methodischen Bemerkungen durch empirische Befunde erhärtet werden.

Es geht dabei nicht bloß um die Registratur langfristiger Bedeutungsverschiebungen im diachronen Überblick anhand von Zitaten aus der 'Höhenkammliteratur'. Entsprechende Vorwürfe, die gegen die Praxis der historiographischen Begriffsgeschichte in einzelnen Fällen erhoben wurden, treffen keinesfalls deren Intention.[18] Diese war von vornherein darauf gerichtet, Zeugnisse vergangenen Sprachgebrauchs nicht nur als Indikator für Wahrnehmungen und Einstellungen der Zeitgenossen, son-

---

[16] Zahlreiche Belege bei Schumann 1967, Panzer 1989.

[17] Zur Sonderwegsthese folgende Überblicke: Kocka 1982, Grebing 1986, Reddy 1987, S. 14-23.

[18] Eine Zusammenfassung aller bisherigen Kritiken an der historiographischen Begriffsgeschichte aus linguistischer Sicht bei Busse 1987, bes. S. 50-76.

dern auch als Faktor des sozialen Geschehens zu betrachten. Um diesen Anspruch einzulösen, muß sich allerdings die Begriffsgeschichte weiterentwickeln zu einer historischen Sprachpragmatik. Langzeitstudien zu einzelnen Begriffen, wie sie zum Beispiel für 'Bürger' bereits vorliegen,[19] sollten ergänzt werden durch synchrone Analysen (dichte Beschreibungen) von Argumentationsketten, in denen die Begriffe verwendet wurden. Es muß gezeigt werden, was vergangene Sprecher in konkreten Handlungszusammenhängen mit Begriffen getan oder bewirkt haben; ob sie zum Beispiel soziale Gruppen durch Definitionen erst hergestellt haben oder ob sie – umgekehrt – bestehende Grenzen in der Gesellschaft durch neue Begriffe aufzulösen suchten. Man muß also dazu kommen, das Handlungspotential von Begriffen beschreiben zu können. Externe Bedingungen – Orte und Formen der Kommunikation, Wege und Mittel der Nachrichtenübermittlung, Struktur der Öffentlichkeit, um nur ein paar Stichworte zu nennen – spielen dabei immer mit hinein und müssen berücksichtigt werden.[20]

Im sprachpragmatischen Ansatz verbinden sich historische Semantik und Sozialgeschichte; oder genauer gesagt: Erst wenn die Begriffsgeschichte synchrone und diachrone Untersuchungen von Sprachhandlungen einbezieht, wird sie zum Bestandteil von Sozialgeschichte. Dies verlangt jedoch eine Abkehr von rein semasiologischen Verfahrensweisen. Es genügt nicht mehr, sich an einzelnen Wortzeichen gleichsam 'entlangzuhangeln'. Die Quellentexte müssen vielmehr mit ergebnisneutralen Testfragen 'durchkämmt' werden, das heißt mit Testfragen, die nicht schon im Vorgriff bestimmte Wörter oder Wortkombinationen als besonders bedeutungsvoll voraussetzen. Die Fragen sollten so formuliert werden, daß die vergangenen Sprachzeugnisse selbst darüber Auskunft geben, welche Wörter im Hinblick auf ein Problem oder einen Sachverhalt jeweils zu zentralen Bedeutungsträgern avancierten, Erfahrungen bündelten, Erwartungen stifteten – mithin zu Begriffen wurden. Angestrebt ist also eine Systematisierung onomasiologischer Verfahren.

Um diesen Ansatz praktisch durchzuführen, empfiehlt es sich, von wiederkehrenden oder lang andauernden historischen Konfliktsituationen auszugehen. Es sollte sich um Auseinandersetzungen handeln, die anhaltende publizistische oder mündliche Debatten zu einem Thema hervorgerufen haben und dabei möglichst gut dokumentiert sind. Einzelne Begriffe, wie etwa 'Bürger', sollten darin sowohl in ihren verschiedenen

---

[19] Riedel 1972, 1975.

[20] Für weitere grundsätzliche Überlegungen zum Thema Sprache und politisches Handeln verweise ich auf meine Dissertation: Steinmetz 1990.

Funktionen als auch in ihrem relativen Gewicht zu äquivalenten oder konkurrierenden Begriffsbildungen erkennbar werden. Was nun die Frage nach der Selbstbehauptung des Bürgertums angeht, so eignet sich hierfür besonders die Debatte um Wahlrechte und politische Partizipation. Sie zog sich in Deutschland über das gesamte 19. Jahrhundert hin. Politische Forderungen nach Gleichberechtigung gerieten hier zwangsläufig in Konflikt zu notwendigen Abgrenzungen nach oben und unten. Das ganze Spektrum rechtlicher, politischer und sozialer Selbstbeschreibungen mußte hier zur Sprache kommen. Folgende Testfragen wären denkbar, um es zu erschließen: Welche Selbst- bzw. Fremdbezeichnungen trugen diejenigen Personengruppen, die im überkommenen Wahlsystem partizipationsberechtigt waren? Unter welchen Selbst- bzw. Fremdbezeichnungen traten dagegen diejenigen Gruppen auf, die gegen das bestehende System Partizipationsansprüche geltend machten? Von welchen anderen Personengruppen grenzten sich die bisher Berechtigten ab? Von welchen die Fordernden? Wo wurden Frontstellungen aufgebaut? Welche Kriterien legitimierten Abgrenzungen?

Natürlich kann das hier skizzierte Programm im Rahmen eines Aufsatzes nur exemplarisch behandelt werden. Ich beginne mit einigen Hinweisen zu institutionellen Vorgaben politischen Sprachhandelns im deutschen Vormärz.[21]

Politische Sprachhandlungsbedingungen bürgerlicher Gruppen im Vormärz

Es gab vor 1848 praktisch kein nationales Forum, auf dem Ansprüche, zum Beispiel Forderungen nach mehr politischer Partizipation, direkt, in mündlicher Rede gegen die alten Obrigkeiten formuliert und durchgesetzt werden konnten. Die schriftliche Publizistik war dafür nur ein schwacher Ersatz. Es fehlte ein zentraler Ort, ein Parlament, vor dem sich die Minister hätten verantworten müssen und in dem verbindliche Entscheidungen getroffen und Gesetze gemacht worden wären. Was für die Nation insgesamt galt, wiederholte sich auf der Ebene der meisten größeren Territorialstaaten, besonders in Österreich und Preußen. Auch dort war die politische Öffentlichkeit unterentwickelt. Die Regierung verhandelte einzeln mit den Provinzialständen, die überdies in sich ständisch gegliedert waren. Aufgrund dieser Bedingungen dauerte es häufig sehr lange, bis sich einheitliche Argumentationen herausschälten, mit denen die Vertreter der 'bürgerlichen' Mittelklassen in Streitfällen

---

[21] Vgl. zum folgenden Holly 1982; zu Preußen Obenaus 1984, S. 401-418, 539-551; zu Württemberg Brandt 1987, S. 184-231.

gegen die zentrale Bürokratie bestehen konnten. Bis die Bürger gemeinsame Sprachregelungen gefunden hatten und dafür eine Öffentlichkeit hergestellt hatten, war das Gesetz, um das es ging, oft schon längst erlassen. Den Bürgern blieb dann nur der nachträgliche Kommentar und die retrospektive Kritik. Wenn sie unter diesen äußeren Umständen dennoch etwas erreichen wollten, war es für sie geschickter, von vornherein auf geheime Vereinbarungen zu setzen. Das aber erforderte, sich an den semantischen Akzeptanzschwellen der Bürokratie und des Hofes auszurichten, anstatt von der Rednertribüne aus an Handlungspotentiale in der Öffentlichkeit zu appellieren.

In den Ständekammern des Vormärz kann von einer ausgebildeten trialogischen Sprechsituation – ich nehme hier einen Begriff von Walther Dieckmann auf[22] – noch nicht die Rede sein. Eine trialogische Sprechsituation, das heißt eine Situation, in der nicht nur die unmittelbar Anwesenden an der Kommunikation teilnehmen, sondern indirekt auch das mithörende Publikum, bildete sich im deutschen Parlamentarismus erst 1848 aus. In den relativ abgeschotteten Ständekammern des Vormärz lohnte es sich hingegen noch nicht, nach draußen, 'zum Fenster hinaus' zu reden, weil man davon ausgehen mußte, daß das publizistische Echo zu lange auf sich warten lassen oder zu schwach ausfallen würde. Die Sprechsituation in den Kammern glich eher einer Verhandlung im kleinen Kreis als einem rhetorischen Schaukampf, in dem es um den Preis der Zustimmung des großen Publikums ging. Der Ständeproporz im Hause und die Geschäftsordnung blockierten die Ausbildung einer Beredsamkeit, die auf die gesellschaftlichen Entwicklungen im Lande angemessen antwortete.

Diese äußeren Umstände des parlamentarischen Sprachhandelns hatten Folgen für die in den Kammern gesproche Sprache. Die Umstände begünstigten ganz bestimmte Sprachgebräuche und Redeweisen, weil sich damit erfolgreich argumentieren ließ, und sie benachteiligten andere Redeweisen, weil man damit nichts erreichte. Begünstigt wurde erstens eine juristisch möglichst präzise Terminologie. Genaue Rechtstermini waren immer dann gefragt, wenn die Beteiligten tatsächlich konkrete Regelungen anstrebten und daher Gegenstände oder Personengruppen unmißverständlich bezeichnen mußten. Nehmen wir als Beispiel die Wahlrechtsdebatten: Wenn es hier um die endgültige Paraphierung eines Gesetzestextes ging, war es wichtig, eindeutige Bezeichnungen zu finden. Also zum Beispiel *die 100 Höchstbesteuerten jeder Gemeinde*. Nicht aber *die Bürger*, denn *Bürger* konnte vieles bedeuten. Zweitens begünstigten

---

[22] Dieckmann 1981, S. 218f.

die äußeren Umstände – im Gegenteil – den Gebrauch möglichst schwammiger Formulierungen. In bestimmten Situationen war es gerade ratsam, nicht präzise zu sein, sondern so nebulöse Umschreibungen wie möglich zu finden. Das war immer dann der Fall, wenn man Situationen offen halten wollte, wenn man darauf hoffte, später noch Änderungen anbringen zu können. Nehmen wir wieder den Streit um Wahlrechte: In einer offenen Situation, wie zum Beispiel unmittelbar nach der Märzrevolution von 1848, konnten sich alle Seiten am ehesten auf die Formulierung *ein Wahlrecht auf breitester Grundlage* einigen. So der Vorschlag von Friedrich Wilhelm IV. 1848, ein Vorschlag, auf den sich auch die bürgerlichen Märzminister und die radikaldemokratischen Kräfte verständigen konnten.[23] Die Aussage war so unscharf, daß damit noch nichts entschieden war. Alles hing hier von der nächsten Verhandlungsrunde ab.

Die Sprechsituation erforderte also einerseits den Gebrauch präziser juristischer Termini, andererseits die Verwendung von Ausdrücken, mit denen der genaue eigene Standort verschleiert werden konnte. Weniger nützlich war es dagegen, gesellschaftliche Großgruppen begrifflich gegeneinander abzugrenzen und sich klar als Vertreter einer bestimmten Großgruppe, zum Beispiel der 'Mittelklasse' oder des 'Bürgerstandes' oder des 'Volkes', zu erkennen zu geben. Innerhalb von Landtagen, die nach irgendeinem Ständeproporz zusammengesetzt waren, blieb man mit derartigen Appellen an Gemeinsamkeiten meistens in der Minderheit, und 'nach draußen' redend war der Publikumseffekt in aller Regel zu gering, um zögernde Abgeordnete zu Zugehörigkeitsbekenntnissen zu veranlassen. Erst 1848 veränderte sich die geschilderte Sprechsituation nachhaltig. Nun aber wieder zuungunsten einer erfolgreichen Selbstbehauptung der bürgerlichen Mittelklassen. Denn inzwischen hörte auch das 'Volk' mit, und es gehörte erheblicher Mut dazu, das gebildete, politikfähige 'Bürgertum' gegen das handarbeitende, angeblich nicht urteilsfähige 'Volk' auszuspielen.

Semantische Überlastung des Bürgerbegriffs

Sowohl der Bürgerbegriff selbst, als auch alle seine Komposita, als auch die meisten anderen sozialen Beschreibungsbegriffe waren im Deutschen mehr als in anderen Nationalsprachen vielfältiger Auslegung und vielfältiger ideologischer Uminterpretation zugänglich.[24] Der deutsche Bürgerbegriff und seine Ableitungen enthalten eine spezifische Span-

---

[23] Vgl. hierzu auch Dieckmann 1964, S. 130.

[24] Vgl. zum folgenden mit zahlreichen Belegen neben Riedel 1972 und 1975 auch Stolleis 1981, Weinacht 1969.

nung, die es so in anderen Nationalsprachen in <u>einem</u> Wortkörper nicht
gibt: 'Bürger' ist zunächst einmal seit alters her ein Rechtsbegriff. Als solcher bezeichnete *Bürger* im 18. und 19. Jahrhundert scharf umgrenzte,
in der Regel auf die Stadt beschränkte Gruppen. Diese, das städtische
Bürgerrecht besitzenden Stadtbürger waren <u>innerhalb</u> der Stadt abgegrenzt gegen die bloßen Einwohner, die je nach Region Schutzverwandte
oder Beisassen hießen. Nach <u>außen</u> waren die Stadtbürger abgegrenzt
gegen den Adel, gegen den Bauernstand und gegen andere eximierte
Gruppen (Kleriker, Beamte, Militärs). Mit dem 'Bürgertum' im heutigen Verständnis kann man diese Stadtbürger nicht gleichsetzen. Neben
'Stadtbürger' hatte der Begriff noch eine andere <u>rechtliche</u> Bedeutung:
die Bedeutung 'nicht-adelig'. Diese tauchte meist in Gestalt des Adjektivs *bürgerlich* oder in Gestalt des substantivierten Adjektivs *die
Bürgerlichen* auf. Hier waren theoretisch auch die Bauern einbegrif-
fen. Ins Französische wäre diese Bedeutung mit *roturier* zu übersetzen,
während die Bedeutung 'bevorrechtigter Stadtbürger' im Französischen
vor 1789 mit *bourgeois* wiederzugeben wäre; im Englischen mit *burgess*
oder *freeman.* Der deutsche Bürgerbegriff war also schon innerhalb des
Feldes der überlieferten ständischen Rechtsbegriffe doppelt belegt.

Eine zusätzliche Komplikation trat nun dadurch ein, daß als *Bürger* im
Deutschen auch das Mitglied der (begrifflich vom Staat noch nicht ge-
schiedenen) societas civilis bezeichnet werden konnte. Fühlbar wurde
diese weitere Belegung des Bürgerbegriffs spätestens von dem Moment
an, als die Texte der politischen Theorie und die Kommentare zum
Staatsrecht des Hl. Röm. Reiches nicht mehr lateinisch, sondern deutsch
abgefaßt wurden, also verstärkt im 18. Jahrhundert. *Civis* wurde nun
ebenfalls mit *Bürger* übersetzt. In diesem Verständnis von *Bürger*
als Mitglied der societas civilis konnte sogar der landsässige Adel zu
den Bürgern gerechnet werden, wenngleich dieser Wortgebrauch auf die
Rechts<u>theorie</u> beschränkt blieb und nicht in die politische Alltagssprache
vordrang. *Bürger* in diesem Sinne war – aus der Sicht der souveränen
Fürsten – gleichbedeutend mit *Untertan.*

Mit dieser Gleichsetzung aber: *Bürger* gleich *Untertan,* wollten sich
die so Bezeichneten gegen Ende des 18. Jahrhunderts je länger desto
weniger anfreunden. Denn in den aus der Antike stammenden Begriffen
der 'societas civilis' und der 'cives' blieb immer die Erinnerung daran
aufgehoben, daß dieser Bürgerbegriff in der Antike auch politische Teil-
haberechte mitumfaßt hatte. Die verstärkte Rezeption der Antike im 18.
Jahrhundert speiste sich nicht zuletzt auch aus dieser Erinnerung und
gewann dadurch neben der ästhetischen auch eine politische Dimension.
An den Bürgerbegriff lagerten sich so im Laufe des 18. Jahrhunderts –

von der antiken Bedeutung ausgehend – eine Reihe von politischen Wertvorstellungen an: die Vorstellung des tugendhaften Bürgers, das Ideal der Einsatzbereitschaft für das Gemeinwesen und eben auch: die Forderung nach politischer Teilhabe. Diese Aufladung des Bürgerbegriffs fand parallel auch im Französischen und im Englischen statt. Sie betraf dort die Begriffe 'citoyen' bzw. 'citizen'. Der Unterschied zum Deutschen bestand aber darin, daß im Englischen wie im Französischen jeweils das aus dem Lateinischen *civis* hervorgehende Wort – *citoyen* bzw. *citizen* – diese reaktualisierten und politisierten antiken Bedeutungsgehalte allein aufnahm. Daneben gab es weiter die Wörter germanischen Ursprungs, den *bourgeois* oder den *burgess* oder andere Bezeichnungen, die für den stadtbürgerlich-gewerblichen Bedeutungsstreifen reserviert blieben. Nachdem dann 1789 die alten Stände aufgelöst worden waren, wurde im Französischen der *bourgeois* sozusagen frei für neue Inhalte. *Bourgeois,* als Substantiv und als Adjektiv sowie in der Form des Kollektivs *bourgeoisie,* fungierte nun allein als sozialer Beschreibungsbegriff, dessen ständischer Ursprung im 19. Jahrundert schnell in Vergessenheit geriet. Ähnlich, wenn auch langsamer, verloren die altrechtlichen Stadtbürger-Bezeichnungen im Englischen nach der Wahlrechtsreform von 1832 und der „Municipal Reform" von 1835 endgültig ihre politische Relevanz. Schon vorher hatten sich zur Beschreibung der Gesellschaft zwei konkurrierende „languages" herausgebildet, die nach funktionalen Kriterien differenzierten: die berufsgruppenbezogene „language of interests" und die horizontal abschichtende „language of class".[25] Im Deutschen wurde dagegen der ohnehin schon überlastete Bürgerbegriff von der zusätzlichen politischen Aufladung im Sinne des 'citoyen' nachgerade heimgesucht. Das machte es schwieriger, den Bürgerbegriff als soziale Beschreibungskategorie zu verwenden. Im Deutschen standen nur unpräzise Umschreibungen zur Verfügung, um die soziale Schicht mittlerer, gebildeter oder besitzender Existenzen zu definieren.[26] Komposita oder Ableitungen aus dem Wortstamm *Bürger* taugten dazu nur bedingt, da man sie jederzeit entweder ständisch einschränken *(Bürgerstand)* oder universalistisch ausdehnen konnte *(Staatsbürger, Weltbürger).*

---

[25] Ausführlicher zur Entwicklung im Französischen und Englischen Koselleck/Spree/Steinmetz 1991 sowie Steinmetz 1991.

[26] Vgl. z.B. J.W. v. Goethe, Deutsche Sprache (1817), der dort von „einem gewissen Mittelstand" spricht und diesem „die Bewohner kleiner Städte", „Beamte und Unterbeamte daselbst, Handelsleute, Fabrikanten, vorzüglich Frauen und Töchter solcher Familien, auch Landgeistliche in so fern sie Erzieher sind" zurechnet (zit. nach Dieckmann 1989, S. 113).

Nehmen wir – bis hierher zusammenfassend – als Stichjahr zum Beispiel das Jahr 1792, dann könnte *Bürger* zu diesem Zeitpunkt vier Bedeutungen haben: erstens: den bevorrechtigten Stadtbürger, den Stadtbürger mit Bürgerrecht; zweitens: die Bürgerlichen, also die Nicht-Adeligen; drittens: die Untertanen im absolutistischen Staat; viertens: die Bürger als Staatsbürger, mit der anzustrebenden, noch nicht eingelösten Zielvorstellung der Gleichberechtigung und der Teilhabe an der politischen Herrschaft.[27] So die sprachliche Ausgangslage zum Ende des 18. Jahrhunderts. Die zusätzliche Ideologisierung, die der Bürgerbegriff in der Zeit der Französischen Revolution erfuhr, änderte daran prinzipiell, was die Ebene der Bedeutungen angeht, nichts mehr. Neu hinzugekommen war nur der Begriff 'Staatsbürger' im Sinne von französisch *citoyen*. In der Rechtssprache setzte sich der Begriff 'Staatsbürger' sehr schnell allgemein durch, weil er das Wortfeld entlastete. Aber die Schwierigkeiten mit dem Bürgerbegriff änderten sich dadurch nicht grundsätzlich, denn auch *Staatsbürger* schwankte in der Bedeutung zwischen 'Untertan' und stimmberechtigtem 'citoyen'. Auch konnte man weiterhin einfach nur *Bürger* sagen und trotzdem den Staatsbürger meinen – besonders in der mündlichen politisch-rechtlichen Umgangssprache war dies der Normalfall.[28]

Die Erfahrung des radikalen revolutionären Sprachgebrauchs hatte allerdings eine andere, sprachpragmatische Konsequenz. Sie führte dazu, daß seit den 1790er Jahren bis mindestens 1848 bei allen Abfassungen von Rechtstexten und in der politischen Publizistik mit allen Mitteln gekämpft wurde, um jeweils eine spezifische Version des Bürgerbegriffs in Gesetzen, Verhandlungsprotokollen oder Vereinbarungen festzuschreiben. Für das 19. Jahrhundert gilt, daß keiner der vier genannten Bedeutungsgehalte verlorengegangen ist. Die unvereinbaren Bürgerbegriffe bestanden nebeneinander fort und waren in rechtlichen oder politischen Auseinandersetzungen gegeneinander abrufbar. Untersucht man zum Beispiel – wie Koselleck das für das preußische Allgemeine Landrecht getan hat – die spätabsolutistischen Rechtskodifikationen, so wird man feststellen, daß alle vier genannten Begriffe des 'Bürgers' darin auf-

---

[27] Zum Bedeutungsspektrum in den 1790er Jahren z.B. Adelung 1793-1801, Bd. 1, Art. „Der Bürger", Sp. 1262f.; Garve 1792, S. 302ff.; zu Garve auch Schulz 1981.

[28] Campe 1807-1811, Bd. 1, Art. „Der Bürger", S. 651: „Sind Bürger oder Staatsbürger nach Kant diejenigen, 'welche das Stimmrecht in der Gesetzgebung für den Staat haben,' *(cives, citoyens)*, so können sie eigentlich nur in Freistaaten Statt finden. Doch wird dieser Begriff so streng genommen, und man nennt z.B. jeden einen guten Bürger, der die Pflichten des gesellschaftlichen Vereins erfüllt.".

tauchen.[29] Viele Konflikte des 19. Jahrhunderts waren damit schon programmiert. Was die kantianisch geschulten Verfasser des Allgemeinen Landrechts staatsbürgerlich gemeint hatten – staatsbürgerlich im Sinne zivilrechtlicher Gleichheit –, das versuchten die reaktionär eingestellten Minister im Umfeld des Biedermeier und der Karlsbader Beschlüsse dann restriktiv, also ständisch, umzudeuten. Der Bürgerbegriff in seiner Vieldeutigkeit eignete sich gut für solche Versuche, es sei denn, die entsprechenden Passagen des Gesetzes waren so sorgfältig formuliert, daß ein solches gezieltes Mißverständnis unmöglich war. Die preußischen und süddeutschen Reformbeamten der napoleonischen Zeit und der Ära Metternich hatten jedenfalls dauernd mit solchen Umdeutungsversuchen zu tun. Übrigens nicht nur um den Bürgerbegriff, sondern auch um anscheinend harmlose Formulierungen wie *Klassen der Einwohner*. Die Jahre nach 1815 sind so auf allen Seiten gekennzeichnet durch eine beständige sprachpolitische Wachsamkeit.

Ähnliche Schwierigkeiten mit dem Bürgerbegriff hatten – um noch ein anderes Beispiel zu nennen – die sogenannten deutschen Jakobiner in den 1790er Jahren, also die intellektuellen Revolutionsreisenden und Pamphletisten, die in Mainz und andernorts kurzzeitig politische Führungsrollen übernehmen konnten.[30] Eine ihrer Hauptaufgaben bestand zunächst in sprachdidaktischer Basisarbeit. Sie mußten die in ständischen Kategorien aufgewachsene Stadt- und Landbevölkerung zu staatsbürgerlich denkenden und sprechenden Bürgern umerziehen. Viele der jakobinischen Reden und Pamphlete sind daher vor allem Begriffserklärungen. Die Jakobiner hatten aber mit ihren begriffsdidaktischen Bemühungen wenig Erfolg. Dafür sprechen jedenfalls manche Indizien. So sahen sich zum Beispiel die Mainzer Jakobiner genötigt, in offiziellen Aufrufen immer die „Bürger" und „Einwohner" oder die „Bürger" und die „Landleute" anzureden, weil sich eben unter der Anrede *Bürger* die große Mehrheit der Bevölkerung nicht angesprochen fühlte.[31] Die

---

[29] Koselleck 1981, S. 52-61, S. 87-91, S. 660ff.

[30] Ältere Übertreibungen v.a. von DDR-Historikern korrigierend neigt die neuere historische Forschung dazu, die 'Jakobiner' für marginal zu halten und ihnen jede Breitenwirkung abzusprechen. Vgl. etwa Wehler 1987, Bd. 1, S. 356ff. und S. 634f. Es ist allerdings zu fragen, ob dieser berechtigte Revisionismus nicht zu Übertreibungen in anderer Richtung führt. Vgl. die scharfe Wehler-Kritik in Haasis 1988, Bd. 1, S. 15-19.

[31] Vgl. z.B. Scheel 1975, S. 140f.: „Dorsch macht den Vortrag, daß die Proklamation des Bürger(s) General Custine wegen Ablieferung der Gewehre an die *Bürger* gerichtet sei; dieses Wort werde von jenen mißverstanden, welche an der alten Despotenverfassung hingen, und es würde deswegen eine große Klasse von Menschen sich unter dem Wort *Bürger* nicht verstehen wollen.

Bürger dachten noch stadtbürgerlich und die Bauern begriffen sich noch als gesonderten Stand.

Was folgt aus diesen semantischen Befunden für meine Frage nach der Selbstbehauptung des deutschen Bürgertums als soziale Handlungseinheit? Es folgt daraus, daß der Bürgerbegriff so vieler konträrer politisch-rechtlicher Auslegungen fähig war, daß er als akzeptabler und einigermaßen konsistent verwendbarer sozialer Beschreibungsbegriff kaum in Frage kam.

Das läßt sich an einer kontrafaktischen Überlegung klarmachen: Die Zeitgenossen des späten 18. und des frühen 19. Jahrhunderts hätten es mit Sicherheit nicht verstanden, wenn von einem 'Bürgertum' im heutigen Verständnis, von einem 'Bürgertum' als sozialer Schicht, geredet worden wäre. Für sie gab es nur einen 'Bürgerstand', das war immer ein eng gefaßter Personenkreis, viel enger als er heute mit *Bürgertum* umschrieben ist. Oder es gab die Rechtsgemeinschaft der 'Staatsbürger', und das waren eben – zumindest potentiell – alle. 'Staatsbürgertum' war ein Begriff, der auf eine bessere rechtlich-politische Zukunft vorauswies, aber nicht soziale Zustände erfaßte.

Das Wort *Bürgertum* selbst war bis in die 1840er Jahre äußerst selten. Außerdem war es relativ neu. Der mir bekannte Erstbeleg ist von 1797 und stammt aus der Naturrechtslehre von Johann Gottlieb Fichte.[32] Vor allem aber, und das ist entscheidend, wurde das Wort *Bürgertum* vor den 1840er Jahren nie als Bezeichnung für eine soziale Gruppe verwendet. *Bürgertum* war vielmehr ein Eigenschaftsbegriff, es war die Bezeichnung für eine „Daseinsform", nämlich die Daseinsform des Bürgers, sei es in der Stadt, sei es in der bürgerlichen Gesellschaft.[33] *Bürgertum* war ein Wort, das die Tatsache des Bürger-Seins bezeichnete; ähnlich

---

Es sei also nötig, um den Zweck dieses Befehls zu erreichen, daß Custine erinnert werde, das Wort *Bürger* öffentlich zu erklären und auf alle Einwohner zu erstrecken." Weitere Belege für die Schwierigkeit, mit dem Bürgerbegriff alle Einwohner zu erfassen: S. 150, S. 188, S. 313, S. 426; vgl. auch Herrgen 1990.

[32] Fichte 1797/1970, S. 17: „Die Menschheit sondert sich ab vom Bürgerthume, um mit absoluter Freiheit sich zur Moralität zu erheben; dies aber nur, inwiefern der Mensch durch den Staat hindurch geht. Inwiefern aber doch der Einzelne durch das Gesetz beschränkt wird, ist er Unterthan, ...". Diese und weitere Fichte-Stellen als Belege angeführt bei Grimm 1860 Sp. 542, Art. „Bürgerthum"; Bartholmes (1970, S. 117) sieht 'Bürgertum' bei Fichte fälschlicherweise als Ersatz für frz. bourgeoisie.

[33] Krug 1830, Bd. 1, S. 324: „Eine gegebene Menschenmenge, die man wegen ihrer natürlichen Verwandtschaft ein Volk nennt, konstituiert sich erst dadurch zu einem rechtlichen Gemeinwesen, ... daß es diejenige Daseinsform annimmt, welche Bürgertum heißt, mithin sich zu einer Bürgergesellschaft

wie heute das Wort *Banausentum* die Tatsache bezeichnet, daß man sich wie ein Banause verhält; *Banausentum* ist aber nicht verwendbar als Bezeichnung für eine abgrenzbare soziale Schicht aller Banausen.[34] Ebenso *Bürgertum* im Vormärz. Als Eigenschaftsbegriff trug das Wort genau die gleiche Spannung in sich, die auch auf dem Adjektiv *bürgerlich* lastete: Es gab auf der einen Seite die Daseinsform des 'Staatsbürgertums' — das Wort wurde besonders von liberalen Publizisten im Südwesten (Rotteck/Welcker) und im Rheinland gern benutzt und enthielt in sich die erstrebenswerte Forderung zivilrechtlicher, eventuell auch politischer Gleichberechtigung aller.[35] Und es gab auf der anderen Seite auch Verwendungen des Wortes *Bürgertum,* die sich allein auf die althergebrachte, ständisch-begrenzte Daseinsform des Stadtbürgers bezogen. So etwa in der preußischen Städteordnung des Freiherrn vom Stein von 1808, wo es heißt: „ §. 23. Wer bis jetzt zum Bürgerthum gehörige städtische Gewerbe betrieben ... haben sollte, ohne das Bürgerrecht besessen zu haben, muß letzteres sogleich nach Publikation dieser Ordnung nachsuchen und erlangen, ...".[36] Es ist deutlich, daß mit *Bürgertum* hier keinesfalls eine soziale Schicht oder Klasse gemeint ist, sondern daß mit diesem Wort diejenigen Eigenschaften zusammengefaßt wurden, die man jeweils den 'Bürgern' zuschreiben wollte. Noch ein letzter Beleg für diesen vielleicht überraschenden Befund sei hier angeführt: In einem englisch-deutschen Lexikon aus dem Jahre 1801 taucht 'das Bürgerthum', synonym zu 'der

---

oder zu einem Staat gestaltet." (zit. nach Riedel 1972, S. 713).

[34] Wellmann 1975, S. 92f.

[35] Rotteck/Welcker 1843, S. 690; Abgeordneter Merkens im rheinischen Provinziallandtag, 10.3.1845, in: Hansen 1967, Bd. 1, S. 823: „Wir haben herrliche, beneidenswerte Gesetze, eine nicht minder wertvolle Gerichtsverfassung, vollkommene Gleichheit vor dem Gesetze, ein allgemeines, freies Bürgertum, gänzliche Befreiung von jedweder Feudalität, unbeschränkte Teilbarkeit des Grundeigentums, mit einem Worte: im größten Teile der Rheinprovinz befinden wir uns in einem Genusse von Freiheit und Gütern der Neuzeit, wie irgendwo anders in allen Ländern jenseits des Rheines."; Abgeordneter Pilet, 30.10.1848, Stenographische Berichte 1848, Bd. 3, S. 1872: „ ... denn der Grundsatz: 'alle Preußen sind vor dem Gesetze gleich', welcher die Idee des modernen Staatsbürgerthums in unserer Verfassung einführt, ist so in das Bewußtsein des Volks eingedrungen, daß Mißverständnisse beim Volke nicht zu besorgen sind.".

[36] Engeli/Haus 1975, S. 107. Gegen den Versuch der preußischen Staatsregierung in den 1830er Jahren, mit der revidierten Städteordnung von 1831 den Bürgerstatus auf die Städte zu beschränken, protestierten besonders die rheinischen Liberalen. So wandte sich z.B. Hansemann in seiner Denkschrift von 1830 gegen die „in der Gesetzgebung noch nicht aufgehobene Ansicht, in den Städten eine Art Bürgertum nach dem Sinne des Mittelalters zu erhalten oder zu schaffen." Hansen 1967, Bd. 1, S. 27.

Bürgersinn' als Übersetzungsvorschlag für englisch 'civism' auf.[37] Auch diese Bedeutung von *Bürgertum* hielt sich bis in die 1840er Jahre.[38]

Wenn also ein Bürgertumsbegriff im heutigen Verständnis vor den 1840er Jahren nicht existierte, standen dann wenigstens Ersatzvokabeln zur Verfügung, die einigermaßen eindeutig und konsequent diejenigen sozialen Gruppen zusammenfaßten, die wir heute – seit Max Weber – gewohnt sind, 'Bürgertum' zu nennen? Gab es also soziale Beschreibungsbegriffe, die Wirtschaftsbürger <u>und</u> Bildungsbürger (beides Kategorien der Wissenschaftssprache des 20. Jahrhunderts[39]) zusammenfaßten und gegen Adel, bäuerliche Landbevölkerung und Arbeiter abgrenzten? In Frage kommen für diese Funktion vor allem die Komposita *Mittelstand, Mittelklasse* und *gebildete Stände.* Zweifellos waren mit diesen Zusammensetzungen im Einzelfall sehr oft ungefähr diejenigen Gruppen gemeint, die wir in historischen Darstellungen 'Bürgertum' nennen. Aber es war gerade der pragmatische Sinn derartiger Umschreibungen, die genauen Grenzlinien nach oben und unten offen zu lassen. Ob zum Beispiel die Handwerker oder die wohlhabenden Bauern zum Mittelstand dazugehörten oder nicht, das blieb immer offen.[40] Ob auch der Adel inbegriffen war, wenn von den *gebildeten Ständen* die Rede war, blieb ebenfalls unentschieden. Klarheit gab es hier nicht, und sie war auch nicht intendiert. Wer von den *Mittelklassen* oder den *gebildeten Ständen* redete, wollte zwar durchaus betonen, daß es Ständegrenzen und Klassenschranken gab; aber er wollte zugleich auch die genauen Grenzlinien verwischen; er wollte sagen, daß Leistung und Bildung prinzipiell von allen erworben werden konnten und daß sozialer Aufstieg möglich war. Pragmatisch gesehen waren also Bezeichnungen wie *Mittelklasse, gebildete Stände* ambivalent. Im Kontext der Ständegesellschaft, gegen den Adel gerichtet, unterstützten sie 'bürgerliche' Zielvorstellungen – 'bürgerlich' insofern, als hier der gleichberechtigte Zugang für alle im Wort mitgedacht war. Im Kontext der entstehenden Klassengesellschaft aber wirkten Vokabeln

---

[37] Bailey 1801, Bd. 1, S. 126 (diesen Beleg verdanke ich Frau Ulrike Spree).

[38] Blum 1843/1979, S. 159f.: „An der Brust der treuen Gattin fühlt der Mann am innigsten und freudigsten sein Glück und mit dem Ernste, den nur die Überzeugung gewähren kann, strebt er vereint mit der Gattin die Kinder zu demselben Glücke, d.h. zu wahrhaft tüchtigen Bürgern zu erziehen. – Dieser unermeßliche Einfluß, den das wahre Bürgerthum auf das Familienleben und das häusliche Glück ausübt, muß auch die Frauen unserer Zeit dafür interessieren und sie zu warmen Anhängerinnen und Beförderinnen desselben machen.".

[39] Engelhardt 1986.

[40] Conze 1978.

wie *Mittelklasse* oder *gebildete Stände* oft exklusiv nach unten. Man konnte sie benutzen, um rechtliche Abgrenzungen nach unten zu legitimieren. So zum Beispiel, wenn in Wahlrechtsdebatten ein an Besitz oder Bildungspatente geknüpfter Zensus gefordert wurde. Dann schloß man per Sprache die große Mehrheit des Volkes vom staatsbürgerlichen Recht auf Partizipation aus. Es handelte sich dann also – politisch gesehen – um einen anti-bürgerlichen Sprachgebrauch, weil ein wesentlicher Bedeutungsstreifen des Wortstammes *Bürger*, eben das Recht auf Teilhabe an der Herrschaft, verletzt wurde. Die so Ausgegrenzten konnten sich auf genau diesen Bedeutungsgehalt berufen und konnten die Industriellen oder Professoren, die sich selbst als *Mittelklassen* apostrophierten, als neue *Aristokratie* an den Pranger stellen, als Verräter, die der ursprünglichen Idee des 'Bürgertums' (im zeitgenössischen Sinne von 'Staatsbürgertum') untreu geworden waren.

Im Hinblick auf die Frage nach Ersatzvokabeln ist also folgendes festzuhalten: Es waren zwar Begriffe vorhanden, mit denen die Fabrikanten und die Intelligenz ihre Zusammengehörigkeit und ihren Führungsanspruch behaupten konnten. Es gab Begriffe, die diejenigen Gruppen integrierten, die wir heute gewöhnlich als 'Bürgertum' bezeichnen. Aber diese Begriffe waren unscharf und – was wichtiger ist – diese Begriffe standen dem Ideal, das im Bürgerbegriff aufgehoben war, entgegen. Lothar Gall hat dieses Ideal – wie ich meine treffend – als die Zielvorstellung einer „klassenlosen Bürgergesellschaft" bezeichnet.[41] Besonders im liberalen deutschen Südwesten war diese Zielvorstellung weit verbreitet – die Vorstellung einer Gesellschaft, in der 70 und mehr Prozent der volljährigen männlichen Einwohner selbständige, kleine bis mittlere Eigentümer waren, denen das volle Staatsbürgerrecht guten Gewissens anvertraut werden konnte.[42] Es bedeutete eine Abkehr von diesem Ideal eines allgemeinen 'Bürgertums', wenn die reichen Industriellen des Rheinlandes[43] und später auch Süddeutschlands oder die gehobenen Bildungsklassen begannen, sich selbst exklusiv als Mittelklassen zu definieren. Realistisch war eine solche Abkehr in den 1840er Jahren zweifellos. Denn die Klassenunterschiede zwischen Besitzenden und Proletariern wurden in dieser Zeit überall in Deutschland unübersehbar. Aber es war für die immer noch in der politischen Opposition befindlichen liberalen Besitzklassen

---

[41] Gall 1975.

[42] Für Württemberg Hettling 1990, S. 149ff.; für Baden Gall 1989, bes. S. 190ff. und S. 252ff.

[43] Vgl. zur Sonderstellung des rheinischen, großbürgerlich-industriell geprägten Liberalismus Fehrenbach 1983, demnächst auch Boch 1991.

kein Leichtes, die früher gepflegten Begriffe und Redeweisen aufzugeben. Für sie entstand eine Spannung zwischen dem Bedarf nach Abgrenzung einerseits und dem Wunsch, an den früher vertretenen Idealen festzuhalten, andererseits. Für die liberalen Fabrikanten, Kaufleute und höheren Beamten lag hier ein sprachpolitischer Konflikt. Spätestens seit den 1840er Jahren wurde dieser sprachpolitische Konflikt nahezu unlösbar. Die selbsternannten 'gebildeten Stände' sahen einerseits für sich eine Notwendigkeit, scharfe Grenzen nach unten, zum anwachsenden Proletariat zu ziehen. Dabei war ihnen der Bürgerbegriff mit all seinen auf Gleichheit zielenden Konnotationen im Wege. Aber die liberalen Besitzklassen scheuten andererseits davor zurück, auf die Begriffe 'Bürger', 'Staatsbürgertum', 'bürgerliches Recht' ganz zu verzichten. Denn sie brauchten diese Begriffe weiterhin dringend, um gegen den Sprachgebrauch des Adels zu kämpfen, der immer noch und immer wieder die Re-Aktualisierung ständischer Kategorien betrieb. Mit anderen Worten: Die großbürgerlichen Liberalen fürchteten den Bürgerbegriff, weil er den Unterschichten politische Gleichheit versprach, aber sie benötigten ihn dennoch, weil ihre eigene Rechtsgleichheit gegenüber dem Adel immer noch nicht gesichert war. Die deutschen Industriellen, Großkaufleute und hohen Beamten im Vormärz konnten es nicht riskieren, sich selbst triumphierend à la Guizot als herrschende Klasse zu stilisieren, und wenn sie es dennoch taten, so trugen sie dabei mindestens ein schlechtes Gewissen mit sich herum.

Dies war die Situation, die für die 1840er Jahre und besonders für die Debatten in der Paulskirche typisch war. Es war eine Situation, die der Selbstbehauptung der sogenannten 'gebildeten Stände' extrem abträglich war. Und genau das war die Situation – und ich meine dies ist kein Zufall – in der das Wort *Bürgertum* allmählich diejenige Bedeutung annahm, die es heute hat. In den 1840er Jahren häufen sich langsam die Belege für einen Gebrauch von *Bürgertum* als Bezeichnung für eine soziale Schicht.[44] *Bürgertum* zielte nun zunehmend auf diejenigen sozialen Segmente, die auch heute noch so bezeichnet werden. Man könnte soweit gehen und von der Erfindung des 'Bürgertums' sprechen.

Das Wort war praktisch. Es enthielt weder den Wortbestandteil *-stand,* erinnerte also nicht an die ständische Segmentierung, noch enthielt es den Wortbestandteil *-klasse,* damit entfiel die naheliegende Suggestion des Klassenkampfes. Stattdessen enthielt es aber den Wortstamm *Bürger –,*

---

[44] Ein früher Beleg, wo dies eindeutig der Fall ist: Dr. Karl Mager an Dagobert Oppenheim, 6.3.1843, Hansen 1967, Bd. 1, S. 480: „In 25 Jahren wird der Adel viel weniger Ansprüche machen können als jetzt noch, vorausgesetzt daß das Bürgertum die richtigen Mittel wählt, durch die es erstarken kann."

der auf das Ideal der noch nicht eingelösten, aber vielleicht in Zukunft erreichbaren klassenlosen Bürgergesellschaft vorauswies. Das Suffix -*tum* schließlich war für sich genommen relativ inhaltsleer, hatte aber ein volksnahes und nationales 'Flavour'. Nicht zufällig liebten Fichte, der Turnvater Jahn und ähnliche deutschtümelnde Zeitgenossen emphatische Wortbildungen auf -*tum*. [45]

Beispiele für den Umgang mit dem Begriff 'Bürgertum' nach 1848

Ich möchte den empirischen Teil meiner Ausführungen abschließen mit vier kurzen Zitat-Exegesen. Die Zitate sollen noch einmal veranschaulichen, was ich hier – unter dem Zwang zur Kürze – zu den Schwierigkeiten bürgerlicher Selbstbehauptung im 19. Jahrhundert dargelegt habe.

Das erste Zitat stammt aus dem Jahr 1849, aus der Wahlrechtsdebatte der Paulskirche. Der Redner ist der Unterstaatssekretär und Abgeordnete für Mannheim: Friedrich Daniel Bassermann. Eine Symbolfigur bürgerlicher Selbstbehauptung, genau wie auch sein Heimatort Mannheim eine Hochburg des Bürgertums im 19. Jahrhundert gewesen ist.[46] Das zweite Zitat stammt aus dem Jahre 1863, aus einer später zum Druck gegebenen Rede des Arbeiterführers Ferdinand Lassalle vor einem Publikum aus Arbeitern und Handwerkern.[47] Der Kontext des Zitats betrifft ebenfalls die Wahlrechtsdebatte, die Debatte um das preußische Dreiklassenwahlrecht, das formal allen Preußen die politische Teilhabe gewährte, aber faktisch nur den Stimmen der oberen beiden Steuerklassen, also den Stimmen der Reichen Gewicht verlieh.[48] Das dritte Zitat stammt aus dem Jahre 1860; es ist aus dem Staatslexikon des konservativen Publizisten Hermann Wagener. Wageners Lexikon war übrigens das erste, zeitgleich mit Grimm, das das Wort *Bürgertum* als eigenständiges Lemma

---

[45] Diese Aussagen zum Suffix -*tum* wurden in der Diskussion meines Vortrags als spekulativ kritisiert, u.a. von L. Eichinger und G. van der Elst. Diese Kritik ist berechtigt. Obwohl ich mich außerstande sehe, den positiven Beweis zu führen, daß -*tum* im 19. Jahrhundert <u>in politischen Kontexten</u> (nur darum geht es mir) vor allem von nationaldemokratischen bis nationalistisch orientierten Sprechern verwendet wurde, möchte ich diese Aussage hier als Hypothese und als Anregung für die historische Wortbildungsforschung stehen lassen. Die Tatsache, daß es der Turnvater Jahn war, der die Wörter *Volkstum* und *volkstümlich* erfunden hat, werte ich als Indiz für die Richtigkeit meiner Hypothese. Vgl. Bausinger 1987, S. 136.

[46] Gall 1989.

[47] Lassalle 1863/1987.

[48] Zum Dreiklassenwahlrecht: Grünthal 1978, 1982, dort bes. S. 66-95.

aufnahm.[49] Das vierte Zitat schließlich ist eine brillante zeitgenössische Interpretation der rivalisierenden liberalen, sozialistischen und konservativen Sprachgebräuche und spricht für sich selbst. Es stammt von Wilhelm Heinrich Riehl. Die vier Zitate zeigen exemplarisch, wie im 19. Jahrhundert auf allen Seiten bewußt um die Besetzung des Begriffs 'Bürgertum' gekämpft wurde.

Zunächst zur Rede von Bassermann in der Wahlrechtsdebatte von 1849. Bassermann wehrte sich gegen das „gehässige Gegenüberstellen" von „Volk und Bourgeoisie". Er warf der Linken vor, durch diese Entgegensetzung den Klassenkampf zu schüren. Das Fremdwort *Bourgeoisie* lehnte Bassermann ab. Nicht weil es ein Fremdwort war, sondern weil es von der Linken benutzt wurde, um die ehrbaren Kaufleute, die Fabrikherren, die Professoren und Staatsbeamten begrifflich aus dem Volk auszuscheiden, gleichsam herauszudefinieren. Bassermann sprach dagegen diese Berufsgruppen als den eigentlichen Kern des Volks an. Er wollte für diese Gruppen nicht das Schimpfwort *Bourgeoisie,* sondern den sympathischeren Sammelbegriff 'Bürgertum' verwendet wissen: „Sonst suchte man den Begriff des Volkes in dessen Kern; gerade in dem Bürgerthume, dem Mittelstande, den man jetzt nachäffend Bourgeoisie nennt, ...".[50] Bassermann setzte also hier die Begriffe 'Bürgertum' und 'Mittelstand' anstelle von 'Bourgeoisie'. Indem er *Bürgertum* sagte, erinnerte er aber zugleich an die darin aufgehobene Zielvorstellung vom 'Bürgertum' als allgemeinen Stand, an die Zielvorstellung vom Staatsbürgertum aller. Der versteckte Sinn von Bassermanns Begriffsbesetzungen bestand darin, den Arbeitern (bzw. ihren Fürsprechern in der Paulskirche) vorzuhalten, daß sie erst selbständige Bürger – im sozio-ökonomischen Sinne – werden müßten, bevor sie auch Bürger im politischen Sinne werden könnten. Es war dies, in weniger verletzender Form, genau dasselbe, was Guizot den französischen Arbeitern zugerufen hatte, als er sie aufforderte, sich zu bereichern, um den Wahlzensus zu erreichen. Mit dem Wort *Bürgertum* nahm Bassermann also einerseits eine Abgrenzung nach unten vor, behauptete aber zugleich, daß potentiell alle zu 'Bürgern' im politischen und sozio-ökonomischen Sinne werden könnten. Die demokratische Linke in der Paulskirche sah darin blanke Ideologie. Das beweist die stürmische Reaktion. Bassermann wurde dauernd von Zurufen, höhnischem Gelächter und Unmutsbekundungen unterbrochen. Am Ende der Rede vermerkt das Protokoll: „Stürmisches Bravo und Beifallklatschen auf der

---

49 Für Grimm s. Fußnote 32; Wagener 1860, Bd. 4, Art. „Bürger, Bürgerstand, Bürgerthum", S. 672-675 (den Beleg verdanke ich Frau Ulrike Spree); vgl. auch den Art. „Bourgeoisie", S. 358-366.

50 Bassermann, 16.2.1849, Wigard 1849-1850, Bd. 7, S. 5250.

Rechten und im rechten Centrum; heftiges Zischen und Trommeln mit den Füßen auf der Linken."[51]

Die demokratische Linke konnte und wollte sich nicht damit abfinden, daß der Begriff 'Bürgertum' in dem Bassermannschen Sinne von den liberal-konservativen Besitzbürgern okkupiert wurde. Demokraten und Sozialisten beharrten noch lange Zeit auf der begrifflichen Unterscheidung zwischen 'Bourgeoisie' als negativer sozialer Kennzeichnung und 'Bürgertum' als positiver politischer Utopie. Das zeigt das Zitat von Lassalle aus dem Jahre 1863. Lassalle beschäftigte sich in seiner Rede lang und breit mit dem historischen Verrat der Bourgeoisie am eigenen ursprünglichen Ideal. Den Ehrentitel 'Bürgertum' sprach Lassalle dieser 'Bourgeoisie' ab:

> Es ist hier an der Zeit, meine Herren, ... mich über die Bedeutung des Wortes Bourgeoisie ... mich über die Bedeutung, die das Wort Bourgeoisie in meinem Munde hat, auszusprechen. In der deutschen Sprache würde das Wort: Bourgeoisie mit Bürgertum zu übersetzen sein. Diese Bedeutung aber hat es bei mir nicht; Bürger sind wir alle, der Arbeiter, der Kleinbürger, der Großbürger usw. Das Wort Bourgeoisie hat vielmehr im Lauf der Geschichte die Bedeutung angenommen, eine ganz bestimmte politische Richtung zu bezeichnen, die ich nun sofort darlegen will.[52]

Es folgt nun die lang ausgebreitete Geschichte des Verrats der Bourgeoisie, die in dem Vorwurf gipfelt, über das Wahlrecht eine neue Aristokratie und eine neue despotische Herrschaft aufrichten zu wollen.

Was in unserem Zusammenhang an diesem Zitat interessiert, ist die Tatsache, daß den deutschen Kapitalbesitzern und Professoren, den höheren Besitz- und Bildungsschichten hier von Lassalle das Recht auf die Selbstbezeichnung *Bürgertum* abgesprochen wurde. Damit stand Lassalle nicht allein. Denn inzwischen wurde auch von der rechten Seite des politischen Spektrums mit der gleichen Entgegensetzung zwischen der negativ besetzten 'Bourgeoisie' und dem positiv besetzten Begriff 'Bürgertum' operiert. Auch von rechts wurde den vorwiegend liberalen Besitz- und Bildungsbürgern der Ehrentitel 'Bürgertum' abgesprochen, so von Hermann Wagener, in dessen „Staatslexikon". Das Wesen des Bürgertums sah Wagener nur dort erhalten, wo „die Repräsentation der Ehre der Arbeit und die organische Vermittlung von Oben und Unten im Bewußtsein und in lebendiger Übung geblieben sind", und das sei am ehesten noch in England, und zwar bei der englischen „gentry" der Fall. Den englischen

---

[51] Wigard 1849-1850, Bd. 7, S. 5254.

[52] Lassalle 1863/1987, S. 203.

Landadel also apostrophierte Wagener als „den besten Repräsentanten des innersten Grundgedankens und Kernes deutschen Bürgerthums",[53] nicht aber die deutschen Bürger selbst. Für diese hatte Wagener, wie Lassalle, nur das Schimpf- und Schlagwort *Bourgeoisie* übrig.

Wilhelm Heinrich Riehl, der wohl beste Analytiker der bürgerlichen Seelenlage im 19. Jahrhundert, nahm diesen sprachpolitischen Zweifrontenkrieg, den das liberale Bürgertum ab 1848 gegen Sozialisten und Konservative führen mußte, zum Anlaß für eine tröstliche Betrachtung:

> Aber merkwürdig genug ist dabei die Scheu, welche beide Parteien zeigen, bei dieser Feindschaft das Bürgerthum direct beim Namen zu nennen. Die Demokratie hat es nicht gewagt, den ehrwürdigen deutschen Namen des Bürgers zu entweihen als Partei-Schimpfwort, weil sie gar wohl weiß, wie volksthümlich der Klang desselben ist. Und wie man so oft die französische Sprache gebraucht, um wenigstens den Gedanken zu geben, wo man sich vor dem Worte fürchtet, hat sie sich das Bürgerthum als 'Bourgeoisie' erst in's Französische übersetzt, um dann, ohne zu erröthen, den Kampf gegen dasselbe beginnen zu können. Ebensowenig will es der Absolutismus Wort haben, daß er dem 'eigentlichen' Bürgerthum zu nahe trete. Er schiebt darum das erdichtete Phantom eines 'ächten' Bürgerthums unter, welches als eine Art städtisches Bauernthum lediglich Ruhe und Beharren im politischen und socialen Leben darstellen soll, in der That aber gar nicht existirt. Diesem sogenannten 'ächten' Bürgerthum wollen die Männer der politischen Erstarrung um so geflissentlicher befreundet seyn, als sie damit das Gehässige einer Polemik gegen das wirkliche Bürgerthum als die entscheidende Macht der berechtigten socialen Bewegung von sich abzuwenden wähnen. Daraus erkennen wir aber erst vollauf, wie groß die bürgerliche Herrschergewalt in der modernen Welt seyn muß, da alle wenigstens vermeiden möchten, sich an dem Namen des Bürgerthumes zu vergreifen![54]

Begriffsgeschichte als Herausforderung

Aus den historisch-semantischen Befunden zu den Begriffen 'Bürger', 'Bürgertum' ergibt sich zum Abschluß die grundsätzliche Frage, ob es berechtigt ist, in historischen, auch sprachhistorischen Darstellungen von einem Bürgertum als selbstbewußt auftretender und klar konturierter sozialer Handlungseinheit zu sprechen, bevor die Zeitgenossen selbst über entsprechende Begriffe verfügten.

Diese Frage richtet sich zunächst – als Provokation – an die Sozialgeschichte. Meine pragmatische Antwort wäre: Sobald von Mentalität, Absichten oder Zielen des 'Bürgertums', oder von 'bürgerlichen'

---

[53] Wagener 1860, Bd. 4, S. 675.

[54] Riehl 1861, S. 260.

Bewußtseinslagen im 18. Jahrhundert und frühen 19. Jahrhundert die Rede ist, sollte klar definiert werden, welche Gruppen mit dem Terminus *Bürgertum* im konkreten Fall gemeint sind. Geschieht dies nicht, besteht die Gefahr, daß die zeitgenössischen Vieldeutigkeiten des Bürgerbegriffs in der modernen Wissenschaftssprache fortgesetzt werden. So sinnvoll es für den Historiker sein mag, bestimmte Gruppen mit nachweisbar ähnlichen Lebensumständen, Interessenlagen oder Merkmalen unter einer Kategorie wie 'Bürgertum' zusammenzufassen, so notwendig ist es, dabei die Differenz zu den zeitgenössischen Selbstidentifikationen ständig im Auge zu behalten und mitzureflektieren. Dazu ist es unerläßlich, die Herstellung und Entflechtung sozialer Gruppen qua Sprache in die Darstellung einzubeziehen. Ohne Rücksichten auf die Begriffswelt und das Sprachhandeln der Zeitgenossen bliebe die Sozialgeschichte eine leblose Konstruktion.

Hier liegt nun auch eine Herausforderung für die linguistisch orientierte Sprachgeschichtsschreibung. Keinesfalls darf sie sich darauf beschränken, lediglich die von den Sozialhistorikern angebotenen Schichtungsmodelle zu übernehmen und zu den beobachtbaren Stadien des Sprachwandels in Beziehung zu setzen. Es wäre ebenfalls eine Unterschätzung der Möglichkeiten linguistischer Sprachhistorie, würde sie sich allein auf die sozialen Abgrenzungsfunktionen linguistischer Normensysteme konzentrieren. Zwar bilden derartige Studien zur historischen Soziolinguistik einen wichtigen (und von der Geschichtswissenschaft bisher zu wenig rezipierten) Beitrag zur Sozialgeschichte. Doch scheint mir eine historische Semantik sozialer Beschreibungsbegriffe, wie sie hier am Beispiel von 'Bürger' vorgestellt wurde, ein mindestens ebenso ergiebiges Arbeitsfeld für interdisziplinäre Forschungen zu sein.

Literatur

Adelung, Johann Christoph (1793-1801): Grammatisch-Kritisches Wörterbuch der Hochdeutschen Mundart mit beständiger Vergleichung der übrigen Mundarten, besonders aber der Oberdeutschen. 4. Bde. 2. Aufl. Leipzig (Repr. Nachdr. hg. mit e. Einführung und Bibliographie von Helmut Henne, Hildesheim/New York 1970).

Bailey, Nathan (1801): Dictionary English-German and German-English. 2 Bde. 10. Aufl. Leipzig.

Bartholmes, Herbert (1970): Das Wort Bürger samt seinen Zusammensetzungen im Sprachgebrauch der deutschen Arbeiterbewegung. In: Ders.: Bruder, Bürger, Freund, Genosse und andere Wörter der sozialistischen Terminologie. Wuppertal, S. 95-125.

Bausinger, Hermann (1987): Bürgerlichkeit und Kultur. In: Kocka, Jürgen (Hrsg.): Bürger und Bürgerlichkeit im 19. Jahrhundert. Göttingen, S. 121-142.

Berthold, F.W. (1850-1853)): Geschichte der deutschen Städte und des deutschen Bürgerthums. 4 Bde. Leipzig.

Blum, Robert (1843/1979): Über Gemeindewesen und Gemeindeverfassung. In: Ders.: Vorwärts! Volks-Taschenbuch für das Jahr 1843. Leipzig (Politische Schriften. Bd. 2. Hg. von Sander L. Gilman. Nendeln/Liechtenstein), S. 152-180.

Boch, Rudolf (1991): Von der 'begrenzten' zur forcierten Industrialisierung. Zum Wandel ökonomischer Zielvorstellungen im rheinischen Wirtschaftsbürgertum 1815-1848. Erscheint in: Puhle, Hans-Jürgen (Hrsg.): Bürger in der Gesellschaft der Neuzeit. Göttingen.

Brandt, Hartwig (1987): Parlamentarismus in Württemberg 1819-1870. Anatomie eines deutschen Landtags. Düsseldorf.

Busse, Dietrich (1987): Historische Semantik. Analyse eines Programms. Stuttgart.

Campe, Johann Heinrich (1807-1811): Wörterbuch der Deutschen Sprache. 5 Bde. Braunschweig (Repr. Nachdr. hg. mit e. Einführung und Bibliographie von Helmut Henne. Hildesheim/New York 1969).

Cherubim, Dieter/Mattheier, Klaus J. (Hrsg.) (1989): Voraussetzungen und Grundlagen der Gegenwartssprache. Sprach- und sozialgeschichtliche Untersuchungen zum 19. Jahrhundert. Berlin/New York.

Conze, Werner (1978): Art. „Mittelstand". In: Brunner, Otto/Conze, Werner/Koselleck, Reinhart (Hrsg.): Geschichtliche Grundbegriffe. Bd. 4. Stuttgart, S. 49-92.

Dieckmann, Walther (1964): Information oder Überredung. Zum Wortgebrauch der politischen Werbung in Deutschland seit der Französischen Revolution. Marburg.

Dieckmann, Walther (1981): Probleme der linguistischen Analyse institutioneller Kommunikation. In: Ders.: Politische Sprache. Politische Kommunikation. Vorträge, Aufsätze, Entwürfe. Heidelberg, S. 208-245.

Dieckmann, Walther (Hrsg.) (1989): Reichthum und Armut deutscher Sprache. Reflexionen über den Zustand der deutschen Sprache im 19. Jahrhundert. Berlin/New York.

Edsall, Nicholas C. (1986): Richard Cobden. Independent Radical. Cambridge Mass./London.

Engelhardt, Ulrich (1986): „Bildungsbürgertum". Begriffs- und Dogmengeschichte eines Etiketts. Stuttgart.

Engeli, Christian/Haus, Wolfgang (Hrsg.) (1975): Quellen zum modernen Gemeindeverfassungsrecht in Deutschland. Stuttgart.

Faber, Karl-Georg (1966): Realpolitik als Ideologie. In: Historische Zeitschrift 203, S. 1-45.

Fehrenbach, Elisabeth (1983): Rheinischer Liberalismus und gesellschaftliche Verfassung. In: Schieder, Wolfgang (Hrsg.): Liberalismus in der Gesellschaft des deutschen Vormärz. Göttingen, S. 272-294.

Fichte, Johann Gottlieb (1797/1970): Grundlage des Naturrechts nach Prinzipien der Wissenschaftslehre. Zweiter Theil oder Angewandtes Naturrecht. Jena/Leipzig (Gesamtausgabe. Werkeband 4. Hg. von Reinhard Lauth u. Hans Gliwitzky. Stuttgart-Bad Cannstatt).

Franke, Berthold (1988): Die Kleinbürger. Begriff, Ideologie, Politik. Frankfurt/New York.

Frevert, Ute (1989): „Tatenarm und gedankenvoll"? Bürgertum in Deutschland 1780-1820. In: Berding, Helmut/François, Etienne/Ullmann, Hans-Peter (Hrsg.): Deutschland und Frankreich im Zeitalter der Französischen Revolution. Frankfurt, S. 263-292.

Gall, Lothar (1975): Liberalismus und 'bürgerliche Gesellschaft'. Zu Charakter und Entwicklung der liberalen Bewegung in Deutschland. In: Historische Zeitschrift 220, S. 324-356.

Gall, Lothar (1989): Bürgertum in Deutschland. Berlin.

Garve, Christian (1792): Ueber die Maxime Rochefoucaults: das bürgerliche Air verliehrt sich zuweilen bey der Armee, niemahls am Hofe. In: Ders.: Versuche über verschiedene Gegenstände aus der Moral, der Litteratur und dem gesellschaftlichen Leben. Teil 1. Breslau, S. 295-452.

Gessinger, Joachim (1980): Sprache und Bürgertum. Zur Sozialgeschichte sprachlicher Verkehrsformen im Deutschland des 18. Jahrhunderts. Stuttgart.

Grebing, Helga (1986): Der 'deutsche Sonderweg' in Europa 1806-1945. Stuttgart.

Grimm, Jakob/Grimm, Wilhelm (1860): Deutsches Wörterbuch. Bd. 2. Leipzig.

Grünthal, Günther (1978): Das preußische Dreiklassenwahlrecht. Ein Beitrag zur Genesis und Funktion des Wahlrechtsoktrois vom Mai 1849. In: Historische Zeitschrift 226, S. 17-66.

Grünthal, Günther (1982): Parlamentarismus in Preußen 1848/49-1857/58. Düsseldorf.

Haasis, Hellmut G. (1988): Gebt der Freiheit Flügel. Die Zeit der deutschen Jakobiner 1789-1805. 2 Bde. Reinbek.

Hansen, Joseph (Hrsg.) (1967): Rheinische Briefe und Akten zur Geschichte der politischen Bewegung 1830-1850. Bd. 1. 1919, Nachdruck Osnabrück.

Hardtwig, Wolfgang (1983): Strukturmerkmale und Entwicklungstendenzen des Vereinswesens in Deutschland 1789-1848. In: Dann, Otto (Hrsg.): Vereinswesen und bürgerliche Gesellschaft in Deutschland (Historische Zeitschrift, Beiheft 9, N.F.). München, S. 11-50.

Herrgen, Joachim (1990): „Belehrt, Brüder, diese Betrogenen!" Sprache und Politik in der Mainzer Republik von 1792/93. In: IDS Sprachreport. Heft 1, S. 6-11.

Hettling, Manfred (1990): Reform ohne Revolution: Bürgertum, Bürokratie und kommunale Selbstverwaltung in Württemberg von 1800 bis 1850. Göttingen.

Holly, Werner (1982): Zur Geschichte parlamentarischen Sprachhandelns in Deutschland. Eine historisch-pragmatische Skizze an Beispielen aus ersten Sitzungen von verfassungsgebenden Versammlungen. In: Zeitschrift für Literaturwissenschaft und Linguistik 47, S. 10-48.

Kocka, Jürgen (1982): Der 'deutsche Sonderweg' in der Diskussion. In: German Studies Review 5, S. 362-379.

Kocka, Jürgen (Hrsg.) (1987): Bürger und Bürgerlichkeit im 19. Jahrhundert. Göttingen.

Kocka, Jürgen (Hrsg.) (1988): Bürgertum im 19. Jahrhundert. Deutschland im europäischen Vergleich. 3 Bde. München.

Koselleck, Reinhart (1981): Preußen zwischen Reform und Revolution, Allgemeines Landrecht, Verwaltung und soziale Bewegung von 1791 bis 1848. 3. Aufl. Stuttgart.

Koselleck, Reinhart (1986): Sozialgeschichte und Begriffsgeschichte. In: Schieder, Wolfgang/Sellin, Volker (Hrsg.): Sozialgeschichte in Deutschland. Bd. 1: Die Sozialgeschichte innerhalb der Geschichtswissenschaft. Göttingen, S. 89-109.

Koselleck, Reinhart/Spree, Ulrike/Steinmetz, Willibald (1991): Drei bürgerliche Welten? Zur vergleichenden Semantik der bürgerlichen Gesellschaft in Deutschland, England und Frankreich. Erscheint in: Puhle, Hans-Jürgen (Hrsg.): Bürger in der Gesellschaft der Neuzeit. Göttingen.

Kraul, Margret (1988): Bildung und Bürgerlichkeit. In: Kocka, Jürgen (Hrsg.): Bürgertum im 19. Jahrhundert. Bd. 3, S. 45-73.

Krug, Wilhelm Traugott (1830): System der praktischen Philosophie. Bd. 1. 2. Aufl. Königsberg.

Lassalle, Ferdinand (1863/1987): Arbeiterprogramm. Über den besonderen Zusammenhang der gegenwärtigen Geschichtsperiode mit der Idee des Arbeiterstandes, 12. April 1862/Anfang Januar 1863. In: Ders.: Reden und Schriften. Hg. von Hans Jürgen Friederici. Köln/Leipzig, S. 185-226.

Lipp, Carola (1986): Verein als politisches Handlungsmuster. Das Beispiel des württembergischen Vereinswesens von 1800 bis zur Revolution 1848/49. In: François, Etienne (Hrsg.): Sociabilité et société bourgeoise en France, en Allemagne et en Suisse, 1750-1850. Paris. S. 275-298.

Nipperdey, Thomas (1983): Deutsche Geschichte 1800-1866. Bürgerwelt und starker Staat. München.

Nolte, Paul (1990): Staatsbildung als Gesellschaftsreform. Politische Reformen in Preußen und den süddeutschen Staaten 1800-1820. Frankfurt/New York.

Obenaus, Herbert (1984): Anfänge des Parlamentarismus in Preußen bis 1848. Düsseldorf.

Panzer, Maria Roswitha (1989): Bürgerlichkeit: Fehldeutungen des Bürgerbegriffs in der politischen Moderne. München.

Reddy, William M. (1987): Money and liberty in modern Europe. A critique of historical understanding. Cambridge.

Riedel, Manfred (1972): Art. „Bürger". In: Brunner, Otto/Conze, Werner/Koselleck, Reinhart (Hrsg.): Geschichtliche Grundbegriffe. Bd. 1. Stuttgart, S. 672-725.

Riedel, Manfred (1975): Art. „Gesellschaft, bürgerliche". In: Brunner, Otto/ Conze, Werner/Koselleck, Reinhart (Hrsg.): Geschichtliche Grundbegriffe. Bd. 2. Stuttgart, S. 719-800.

Riehl, Wilhelm Heinrich (1861): Die bürgerliche Gesellschaft. 6. Aufl. Stuttgart.

Rotteck, Carl/Welcker, Carl (Hrsg.) (1843): Staats-Lexicon oder Encyclopädie der Staatswissenschaften. Bd. 15. Altona.

Scheel, Heinrich (Hrsg.) (1975): Die Mainzer Republik I, Protokolle des Jakobinerklubs. Berlin.

Schulz, Günter (1981): Bürgertum und Bürgerlichkeit in der Darstellung Christian Garves. In: Vierhaus, Rudolf (Hrsg.): Bürger und Bürgerlichkeit im Zeitalter der Aufklärung. Heidelberg, S. 255-264.

Schumann, Hans-Gerd (1967): Spießbürger – Philister – Spätbürger. Kulturzerfall oder Dekadenz einer Klasse? In: Archiv für Kulturgeschichte 49, S. 111-130.

Steinmetz, Willibald (1990): Das Sagbare und das Machbare. Zum Wandel politischer Handlungsspielräume – England 1780-1867. Diss. masch. Bielefeld.

Steinmetz, Willibald (1991): „Property", „interests" und politische Rechte. Die britische Debatte im 19. Jahrhundert. Erscheint in: Lottes, Günther (Hrsg.): Die Eigentumsbegriffe im englischen politischen Denken, 1500-1900. Bochum.

Stenographische Berichte (1848): Stenographische Berichte über die Verhandlungen der zur Vereinbarung der preußischen Staats-Verfassung berufenen Versammlung, Beilage zum Preußischen Staats-Anzeiger. 3 Bde. Berlin.

Stolleis, Michael (1981): Untertan – Bürger – Staatsbürger. Bemerkungen zur juristischen Terminologie im späten 18. Jahrhundert. In: Vierhaus, Rudolf (Hrsg.): Bürger und Bürgerlichkeit im Zeitalter der Aufklärung. Heidelberg, S. 65-99.

Sybel, Heinrich v. (1880): Über die Entwicklung der absoluten Monarchie in Preußen. In: Ders.: Kleine Historische Schriften. Bd. 1. 3. Aufl. Stuttgart, S. 517-557.

Tudesq, André-Jean (1964): Les Grands Notables en France (1840-1849). Étude historique d'une psychologie sociale. 2 Bde. Paris.

Wagener, Herrmann (1860): Staats- und Gesellschaftslexikon. Bd. 4. Berlin.

Wehler, Hans-Ulrich (1987): Deutsche Gesellschaftsgeschichte. Bd. 1 u. 2. 1700-1845/49. München.

Weinacht, Paul-Ludwig (1969): „Staatsbürger". Zur Geschichte und Kritik eines politischen Begriffs. In: Der Staat 8, S. 41-63.

Wellmann, Hans (1975): Deutsche Wortbildung. Typen und Tendenzen in der Gegenwartssprache. Zweiter Hauptteil: Das Substantiv. Düsseldorf.

Wigard, Franz (Hrsg.) (1849-50): Stenographische Berichte über die Verhandlungen der deutschen constituirenden Nationalversammlung. 9 Bde. Frankfurt.

KLAUS J. MATTHEIER

Standardsprache als Sozialsymbol. Über kommunikative Folgen gesellschaftlichen Wandels

„Durch die Sprache allein verräth [..] sich [..] ein gebildeter Mann".[1] Diese Maxime stammt aus einem Anstandsbuch, das im Jahre 1878 zum ersten Male erschienen ist. Doch ließe sich der Kern der Aussage leicht über das gesamte 19. Jahrhundert in immer neuen Formulierungen nachweisen. In dieser allgemeinen Form stellt die Maxime sogar einen soziolinguistischen Topos dar, der seit der Entstehung der ersten Schrift- und Standardsprache in Europa immer wieder zu hören ist. Die Art und Weise des Gebrauchs der Sprache wird dabei als ein Symbol für eine bestimmte Art und Weise der Gesittung oder auch für bestimmte gesellschaftliche Gruppen oder Formationen angesehen.

Im ausgehenden 18. und dann im Verlauf des 19. Jahrhunderts gewinnt – wie ich durch die folgenden Überlegungen zeigen will – dieser soziolinguistische Topos eine sozialhistorische Dimension. Denn in dieser Epoche entsteht und entfaltet sich in Deutschland eine für die Sozialgeschichte bestimmende gesellschaftliche Formation, 'das Bildungsbürgertum'.[2]

Die Sprache wird in dieser Zeit ein Sozialsymbol, durch das die Bildungsbürger untereinander und gegenüber anderen sozialen Formationen ihren Gruppencharakter dokumentieren und symbolisieren. Sprachlichkeit, kommunikative Kompetenz, die Fähigkeit, eine bestimmte Varietät schriftlich und tendenziell auch mündlich zu verwenden, wird hier zu einem gesellschaftlich bedeutsamen Zeichen.

Eine bestimmte Sprachform übernimmt sozialsymbolische[3] Aufgaben zur Formierung von gesellschaftlichen Beziehungen. Doch verläuft die Beziehung zwischen der Sprachlichkeit und der gesellschaftlichen Formation nicht nur in einer Richtung. Ähnlich wie bei einer früheren Beziehung dieser Art, bei den sozialsymbolisch über Sprache vermittelten konfessionellen Kontakten und Konflikten im 16. Jahrhundert,[4] haben die Ent-

---

[1] Ettl 1984, S. 28.

[2] Zum Bildungsbürgertum in sozialhistorischer Sicht vgl. Engelhardt 1989 und Kocka 1988.

[3] Die Bezeichnung 'Sozialsymbol' folgt hier der in der Soziologie üblichen Terminologie. Im Bereich der linguistischen Terminologie müßte man eher von 'Symptomfunktion' im Sinne K. Bühlers sprechen.

[4] Vgl. dazu Maas 1982.

41

wicklungen im Bildungsbürgertum im 19. Jahrhundert auch Rückwirkungen auf die Gestaltung und Verbreitung der Sprache gehabt. Das Bildungsbürgertum hat im 19. Jahrhundert – wie ich zeigen möchte – die Durchsetzung und Ausbreitung der Standardsprache, insbesondere auch in ihrer sprechsprachlichen Variante, veranlaßt und geprägt. Und wahrscheinlich hat die Standardsprache auch in ihrer schriftlichen Variante inhaltlich im 19. Jahrhundert, etwa durch die Bindung an die Hätschelkinder des Bildungsbürgertums, die Nationalliteratur und die deutsche Klassik, eine wichtige Prägung erfahren, die bei einer stärkeren Anbindung der Standardsprache an das Besitzbürgertum und seine gewerblich-industriellen Interessen ganz anders hätte ausfallen können.[5]

Bildungsbürgertum und Standardsprache stehen also in einem gegenseitigen Wirkungs- und Verwertungsverhältnis. Dieses sowohl sozialhistorisch als auch soziolinguistisch und sprachhistorisch bedeutsame Verhältnis zwischen Bildungsbürgertum und Standardsprache seit der Wende zum 19. Jahrhundert soll im folgenden skizzenhaft dargestellt werden. Dabei verwende ich *Standardsprache*[6] ahistorisch als einen soziolinguistischen Terminus, mit dem man heute die zeitgenössischen Bezeichnungen *Bildungsdeutsch, Hochsprache, Hochdeutsch* usw. zusammenfaßt.

Ich will dabei in meinem Beitrag in zwei Schritten vorgehen. Zuerst werde ich nach einigen Bemerkungen zur Forschungssituation auf die gesellschaftliche Formation Bildungsbürgertum zu sprechen kommen. Dann werde ich versuchen, die Wechselwirkungen zwischen den sozialhistorischen Entwicklungen innerhalb des Bürgertums im 19. Jahrhundert und der Durchsetzung und Verbreitung der Standardsprache in ihrer schriftlichen sowie ihre Ausbildung in der mündlichen Form zu skizzieren. Ich werde das tun, indem ich die wichtigen soziolinguistischen Entwicklungsprozesse 'Pädagogisierung' und 'Popularisierung'[7] der Standardsprache als Funktionen der gesellschaftlichen Veränderungen im Bürgertum und in anderen gesellschaftlichen Formationen herausarbeite.

---

[5] Hier wären vergleichende Untersuchungen zu Sprachgemeinschaften, in denen die Formation des Bildungsbürgertums keine Rolle spielte, erhellend. Zum Bildungsbürgertum als deutscher Besonderheit vgl. Kocka 1988, S. 60-63 und besonders Wehler 1988.

[6] Zur Problematik des soziolinguistischen Terminus 'Standardsprache' vgl. Ammon 1986.

[7] Hierzu vgl. von Polenz 1983a, S. 6, 8.

Bemerkungen zum Forschungsstand

In der deutschen Sprachgeschichtsschreibung geht man bis zum Ende der 70er Jahre so gut wie nicht auf den Zusammenhang zwischen der ausgebauten Literatursprache und bestimmten gesellschaftlichen Formationen ein. Moser und Egger erwähnen in ihren Sprachgeschichten lediglich die Übernahme einer „zur Höhe entwickelten" Literatursprache der deutschen Klassiker als Gemein- und Gebrauchssprache der bürgerlichen Gesellschaft.[8] Bei von Polenz (1978) deutet sich zum ersten Mal ein Hinweis auf einen sozialsymbolischen Zusammenhang zwischen klassischer Literatursprache und den 'Gebildeten' an. Der stilisierte Kanon der klassischen deutschen Literatursprache wird durch seine Popularisierung und Pädagogisierung während des gesamten 19. Jahrhunderts zu einem Orientierungspunkt für das sprachliche Verhalten des 'Gebildeten'. Dieser enge Zusammenhang läßt die Sprachkritiker gegen Ende des 19. Jahrhunderts die Weiterentwicklungsdynamik der deutschen Sprache über den „kultursprachlichen Höhepunkt" hinaus übersehen, obgleich sich „die Sozialstruktur und die Beziehungen zwischen Idealnorm und Gebrauchsnorm, sozialer Machtverteilung und Bildungsprivilegien"[9] seit dem ersten Drittel des 19. Jahrhunderts sehr gewandelt haben.

Deutlich herausgearbeitet wird die These von der „zum sozialen Prestigemittel" gesteigerten Sprachkultur zum ersten Mal für das 18. Jahrhundert von Joachim Gessinger in seinem sehr anregenden Buch „Sprache und Bürgertum".[10] Gleichzeitig weisen auch Kettmann und Mattausch auf den sozialsymbolischen Zusammenhang von Bildungsbürgertum und Literatursprache hin.[11]

In den sprachhistorischen Zusammenhang des 19. Jahrhunderts rückt die Problemstellung Peter von Polenz in seinem Beitrag zum Germanistentag in Aachen (1983). Die Forschungsergebnisse Gessingers aufgreifend, stellt er fest: „Die bürgerliche Geisteskultur und damit die bürgerliche Bildungssprache [...] wurden zum Prestigesymbol einer Bildungselite gesteigert".[12] Und er hebt auch die besondere historische Situation hervor, in der sich das Bildungsbürgertum um die Jahrhundertwende zum 19. Jahrhundert formiert. Gegen die etablierten alten Stände war das Bil-

---

[8] Moser 1969, S. 166f.; Egger 1977, S. 134f.

[9] von Polenz 1978, S. 148.

[10] Gessinger 1980.

[11] Kettmann 1980, Mattausch 1980.

[12] von Polenz 1983, S. 15f.

dungsbürgertum auf die Bildungsprivilegien angewiesen. Nur durch die Bildung – und die deutsche Bildungssprache war ein Teil dieses Komplexes – konnte der soziale Minderwert gegenüber dem Adel kompensiert werden, war es möglich, sich gegen Kleinbürgertum und Pöbel abzuheben und als gesellschaftliche Formation sichtbar zu machen. Hier werden schon alle Teilstücke der in diesem Vortrag zu vertretenden These genannt: Teile des um die Jahrhundertwende zum 19. Jahrhundert sich neu formierenden Bürgertums benutzen die Bildung in ihren verschiedenen Ausdrucksformen als ein Gruppensymbol zur inneren Konsolidierung und zur Abgrenzung nach außen. Die etwa zur gleichen Zeit sich formierende deutsche Standardsprache wird dabei in besonderer Weise ein Symbol für die Zugehörigkeit zu der neuen gesellschaftlichen Formation.

Mit der Wahl der über Sprachwertsysteme vermittelten sozialsymbolischen Beziehungen zwischen Sprachlichkeit und gesellschaftlicher Formation zum Gegenstand dieses Beitrages will ich natürlich die besondere Bedeutung dieses Bereichs der Sprachgeschichte hervorheben. Mir ist jedoch bewußt, daß ich zumindest über drei weitere – ebenfalls zentrale – Gegenstandsbereiche der Sprachgeschichte nichts aussage: über die Geschichte des kommunikativen Handelns und der Textsorten, über die Geschichte der artikulatorisch und perzeptiv erzeugten Varianten des Deutschen und ihre innersystematischen Wirkungen.[13]

Das Bildungsbürgertum im 19. Jahrhundert

Am Ende der Epoche, von der hier die Rede sein soll, faßt Walther Rathenau das Resultat der gesellschaftlichen Entwicklung im 19. Jahrhundert zusammen, wenn er schreibt:

> So erheben sich gläserne Mauern von allen Seiten, durchsichtig und unübersteiglich, und jenseits liegt Freiheit, Selbstbestimmung, Wohlstand und Macht. Die Schlüssel des verbotenen Landes aber heißen Bildung und Vermögen.[14]

Nicht mehr geburtsständisches Adelsprivileg oder Verknüpftsein mit dem Land, das man bewirtschaftet, sind die entscheidenden Mächte für die Einordnung in die gesellschaftliche Struktur, sondern die beiden 'Tugen-

---

[13] Zu den sprachwandeltheoretischen Überlegungen vgl. Mattheier 1988. Für eine Ausweitung des Gegenstandsbereichs der deutschen Sprachgeschichte ebenso wie ihres theoretischen und methodischen Ansatzes plädieren etwa die Beiträge in Sitta 1980 und auch Steger 1984.

[14] Walther Rathenau in dem Essay „Von kommenden Dingen" (1917), zit. in Vierhaus 1987, S. 167.

den' des Bürgertums: Besitz und Bildung. Zum „Ritterschlag der Neuzeit" erklärt Eberhard Schäffler den Erwerb von Bildungspatenten wie dem Abitur oder dem Doktortitel.[15] Auch Gustav Freitag erkennt als Zeitgenosse mit sicherem Gespür für die ablaufenden gesellschaftlichen Entwicklungen, daß „die treibende geistige Kraft" sich „von der Mitte der Nation zwischen den Massen und den erblich Privilegierten ausbreite". Darin sieht er „das Geheimnis der unsichtbaren Herrschaft", die das „gebildete Bürgertum" über „das nationale Leben ausübt, Fürsten wie Volk umbildend, sich nachziehend".[16] Doch schon am Anfang des Jahrhunderts wird der Zusammenhang von Bildung und Bürgertum klar erkannt, wenn etwa Goethe in den Zahmen Xenien schreibt: „Wo kam die schönste Bildung her/Und wenn sie nicht vom Bürger wär?".[17]

In einer ersten Phase der hier darzustellenden Entwicklung, die bis in die 30er Jahre des 19. Jahrhunderts reicht, ist der Kern des Bildungsbürgertums die „verstaatlichte akademische Intelligenz", wie Wehlers es in seiner gerade erschienenen Gesellschaftsgeschichte ausdrückt.[18] Die Laufbahn im 'öffentlichen Dienst' – sei es als landesherrlicher, städtischer, landständischer, kirchlicher oder grundherrlicher Sachverwalter – ist eine frühe Gemeinsamkeit der höheren Verwaltungsbeamten, Pfarrer, Professoren, Rechtskundigen und Lehrern an höheren Schulen, die den Zeitgenossen als 'die Gebildeten' erscheinen. Schriftsteller, Theologe, Hauslehrer bzw. Hofmeister, Journalist und Privatdozent sind oft nichts als Vorberufe für die in Wartestellung auf ein 'öffentliches' Amt verharrenden Gebildeten. Trotz der innerhalb dieser Gruppe vorhandenen Differenzen in Klassenlage, Beruf, Machtteilhabe, Einkommensart und Einkommenshöhe, erscheint sie als 'die Gebildeten' den Zeitgenossen als eine einheitliche Formation, deren soziale Lebenslage und individuelle Lebenschancen bestimmt sind durch den Besitz von Bildungspatenten. „Bildung ist", so schreibt 1800 Josef Görres:

> das große Band, das Individuen aneinanderbindet [und] dem Ganzen jenen durchgehenden Ton von zustimmender Konkordanz [gibt] , der das bildet, was man gewöhnlich Nationalität zu nennen pflegt.[19]

---

[15] Eberhard Schäffler 1856, zit. in Engelhardt 1986, S. 11.

[16] Gustav Freitag 1867, zit. in Engelhardt 1986, S. 156f.

[17] Goethe, Zahme Xenien IX, 927/28, zit. Engelhardt 1986, S. 151.

[18] Bei dieser Skizze folge ich Wehler 1987, Bd. 1, S. 210-219.

[19] Josef Görres in Engelhardt 1989, S. 66f. und Anm. 45.

Die Legitimationsbasis dieser Gruppe ist also – so sieht es schon Max Weber[20] – nicht Heilswissen, Herrschaftswissen oder Leistungswissen, sondern ein philosophisch-historisch akzentuiertes und literarisch-musisch eingekleidetes Bildungswissen. Bei Riehl heißt es um die Jahrhundertmitte:

> Die Franzosen haben sich die Anerkennung des Dritten Standes mit dem Schwert des Bürgers und der Revolution erfochten, wir haben uns dieselbe erdacht, erschrieben und ersungen.[21]

Mit Einsetzen der politischen Restaurationsphase nach 1815 ist der Formierungsprozeß des Bildungsbürgertums abgeschlossen. In der Folgezeit führt die Entfaltung der Industrialisierung und die innere Staatsbildung sowie die kulturelle und nationale Mobilisierung der deutschen Gesellschaft und die zunehmende Professionalisierung freier akademischer Berufe zu einer erheblich erhöhten Nachfrage nach akademisch Gebildeten, auch außerhalb des Staatsdienstes. Zugleich kann man eine Entkonturierung der sozialen Formation Bildungsbürgertum feststellen,[22] da insbesondere das Besitzbürgertum sehr bald die bildungsbürgerlichen Leitbilder der Lebensführung, seinen Lebensstil und die entsprechenden Mentalitäten übernimmt. Das ist zurückzuführen auf die tendenziell ähnliche Sozialisation in den bürgerlichen Familien, eine ähnliche schulische Ausbildung und die gleichen gesellschaftlichen Verkehrskreise. Hierzu stellt um 1850 Johann Caspar Bluntschli im Deutschen Staatswörterbuch fest, daß im Zentrum des Bürgertums die gymnasial und akademisch im Geiste der Wissenschaften und des klassischen Altertums Gebildeten ständen. Hinzu kommen dann nicht akademisch Gebildete aber aufgrund 'socialer Bildung' und änlicher Grundanschauungen ebenfalls zum Bürgertum zu rechnende Fabrikanten und Kaufleute.[23] Aber auch eine kleinbürgerliche Orientierung an bildungsbürgerlichen Werten und Normen ist feststellbar, so daß in der Phase der Reichsgründung ein über gemeinsame bildungsbürgerliche Ideologien und Lebensformen homogenisiertes Bürgertum sich herausbildet, das dann in der Phase der Hochindustrialisierung in soziostrukturelle Auseinandersetzungen zu der neu entstandenen Arbeiterschaft gerät. Um 1875 kann der evangelische Pfarrer Emil Klein feststellen, daß die „gebildeten bürgerlichen Gesellschaftskreise" als „der maßgebende Faktor im Leben der zivilisierten

---

[20] Vgl. dazu Engelhardt 1986, S. 24ff.

[21] Riehl 1861, zit. in Rosenbaum 1982, S. 260.

[22] Vgl. dazu Kocka 1988, S. 57f.

[23] Engelhardt 1986, S. 116.

Nation" angesehen werden können.

Wie das Bildungsbürgertum – obgleich anfangs zahlenmäßig sehr klein – ein derart hohes Sozialprestige erreichen konnte, ist noch nicht in allen Einzelheiten geklärt. Sicherlich haben dabei drei Komponenten zusammengewirkt. Einmal wirkt sich hier das Sozialprestige aus, das dem Bildungsbürgertum als Funktionselite des spätabsolutistischen Staates zukam. Zum zweiten erfährt der Bildungsbegriff während der Aufklärung und in Zusammenhang mit dem rationalistischen Konzept der allgemeinen Menschenbildung eine einzigartige philosophisch-ästhetische und pädagogische Überhöhung und ideologische Aufladung. Drittens findet der sich in der Nachfolge Rousseauscher und Herderscher Theorien herausbildende Nationalismus gerade im Bildungsbürgertum einen fruchtbaren Nährboden. Während der Adel – insbesondere nach 1815 – in partikularistisch-kleinstaatlichen Konzepten verstrickt bleibt, formiert sich im Bildungsbürgertum das Ideologem von der Kulturnation, das bis weit in das 19. Jahrhundert hinein ein Leitmodell gesellschaftlicher Entwicklung bleibt.

Die Herausbildung und Profilierung der gesellschaftlichen Formation des Bildungsbürgertums sowie seine weitere Entwicklung im 19. Jahrhundert steht nun in einem Zusammenhang mit den Bedingungen, unter denen sich Standardsprache seit der zweiten Hälfte des 18. Jahrhunderts entwickelt, aber auch zu den Funktionen, die diese Sprachvarietät in der deutschen Sprachgemeinschaft im 19. Jahrhundert übernimmt.

Sowohl die Ideologeme der Bildungsgesellschaft und der Kulturnation als auch die Rolle, die das Bildungsbürgertum als Funktionselite des spätabsolutistischen Staates spielt, sind eng mit der Standardsprache als Ausdrucksform und Sozialsymbol verknüpft. Der Aufbau einer Gesellschaft von Gebildeten scheint den Zeitgenossen nur über eine einheitliche deutsche Hochsprache möglich und diese ist – nach dem Wirken der Grammatiker und der Klassik – dafür auch bestens gerüstet. Eindrucksvoll verdichtet sich diese Vorstellung in einer Bemerkung Goethes.[24] Er stellt fest, daß für die Bildung der Deutschen nunmehr die Muttersprache ausreiche.

> [Diese] verdanken wir einzelnen vielseitigen Bemühungen des vergangenen Jahrhunderts, welche nunmehr der ganzen Nation, besonders aber einem gewissen Mittelstande zu Gute gehn [...] . Hiezu gehören die Bewohner kleiner Städte [...] alle Beamten und Unterbeamten daselbst, Handelsleute, Fabricanten, vorzüglich Frauen und Töchter solcher Fa-

---

[24] Johann Wolfgang von Goethe, Deutsche Sprache (1817) in: WA I 41[1], S. 115f.

milien, auch Landgeistliche in so fern sie Erzieher sind. Diese Personen sämmtlich, die sich zwar in beschränkten, aber doch wohlbehäbigen, auch ein sittliches Betragen fördernden Verhältnissen befinden, alle können ihr Lebens- und Lehrbedürfnis innerhalb der Muttersprache befriedigen.

Und Nietzsche schreibt apodiktisch, „das allererste und nächste Objekt, an dem die wahre Bildung beginnt" sei „die Muttersprache".

Die deutsche Kulturnation findet ihren sprachlichen Ausdruck unter anderem in dem Konzept der Nationalliteratur und insbesondere im Klassikerkult, auf den noch einzugehen sein wird.

Die Funktion der Standardsprache innerhalb der staatstragenden Beamtenschaft wird deutlich, wenn es darum geht, die teilweise noch feudalen Strukturen der staatlichen Verwaltung in ein Beamtentum umzuformen, das über intellektuelle Leistungsnachweise wie Abitur, Staatsexamen und Referendariat auch dem Bildungsbürgertum zugänglich wurde. Hier werden, wie sich später zeigen wird, gerade die schulischen Anforderungen in der deutschen Sprache zu einem wichtigen Streitpunkt zwischen dem Staat und dem Adel. Wir können also davon ausgehen, daß das Bildungsbürgertum und die Standardsprache schon zu Beginn des 19. Jahrhunderts soziolinguistisch eng verzahnt sind: Die deutsche Standardsprache ist – ganz unabhängig davon, inwieweit sie sich damals schon als objektiv standardisiert erweist – für das deutsche Bildungsbürgertum ein – und vielleicht sogar das wichtigste – Sozialsymbol. Mittels der Verfügungsmöglichkeit über diese Varietät kann sich das Bildungsbürgertum am Jahrhundertanfang sowohl vom Bauerntum und dem Adel als auch von anderen Teilgruppen des Bürgertums distanzieren. Zugleich ist die anfangs zahlenmäßig sehr kleine soziale Gruppe des Bildungsbürgertums die genuine Trägerschicht für die Standardsprache. Und erst in dem Maße, in dem sich bildungsbürgerliche Lebensprinzipien und Erziehungskonzepte im Laufe des 19. Jahrhunderts im Bürgertum und über seine Grenzen hinaus verallgemeinern, wächst auch die soziologische Trägerschicht der Standardsprache, bis sie dann wohl erst im 20. Jahrhundert zur Gemein-Sprache der ganzen Sprachgemeinschaft geworden ist.

Das Sozialsymbol bzw. die Gruppensprache 'Standardsprache' macht im Laufe des 19. Jahrhunderts eine doppelte Entwicklung durch. Einmal weitet sich die Standardisierung, die Normierung innerhalb der Sprache aus. Nicht nur der morphologisch-syntaktische und der lexikologische Bereich gelangt zu einer Normierung, sondern auch der orthographische und wahrscheinlich auch der stilistische Bereich. Weiterhin wird die Standardisierungsvorstellung von dem schriftlichen Medium auch auf das mündliche Medium, auf die Sprechsprache, ausgeweitet. Zum anderen weitet sich, wie schon angedeutet, die gesellschaftliche Trägerschicht der Standardsprache aus. Wir können also von einer linguistischen und von einer soziolinguistischen Standardisierung des Deutschen im 19. Jahrhundert sprechen.

Diese Entwicklungen verlaufen nun parallel zu dem wichtigsten gesellschaftlichen Prozeß, den H.U. Wehler im Bildungsbürgertum des 19. Jahrhunderts festgestellt hat und den er als „Entkonturierung" des Bildungsbürgertums bezeichnet hat. Die Entkonturierung[25] des Bildungsbürgertums führt einmal dazu, daß die drei zu Jahrhundertanfang auch hinsichtlich ihrer Mentalitätsstrukturen noch deutlich differenzierbaren Teilgruppen des Bürgertums, das Bildungsbürgertum, das Besitzbürgertum und das Kleinbürgertum, sich in ihren bürgerlichen Lebensformen immer mehr angleichen, zum großen Teil, indem sie die kulturellen Ausdrucksformen des Bildungsbürgertums übernehmen oder doch zumindest als Leit- bzw. Orientierungsnormen anerkennen. Der zweite Prozeß, den die Entkonturierung auslöst, ist die Integration des Adels in das Konzept einer Bildungs- und Kulturgesellschaft, die Übernahme bürgerlicher Sozialsymbole wie etwa der Standardsprache auch durch den Adel. Und drittens schließlich deutet sich gegen Ende des Jahrhunderts auch eine Verbürgerlichung des gerade neu entstandenen Vierten Standes, der Arbeiterschaft an, die sich wiederum insbesondere in der Übernahme bildungsbürgerlicher Ausdrucksformen, etwa im Bereich des Buchbesitzes, aber eben auch beim Erwerb der Standardsprache zeigt.[26] Daß diese Entkonturierung des Bildungsbürgertums zugleich natürlich auch zu einer völligen Umgestaltung führt, so daß man gegen Ende des Jahrhunderts nur noch mit Vorbehalten von einem 'Bildungsbürgertum' sprechen kann, darauf sei hier nur kurz hingewiesen.

Diese Entkonturierung des Bildungsbürgertums ist auf soziolinguistischer Ebene die Voraussetzung für den Ausbau eines neuen Funktionsbereiches der Standardsprache. Standardsprache ist nicht mehr Sozialsymbol einer gesellschaftlichen Gruppe, sondern wird zum Nationalsymbol. Zwar war die Standardsprache schon seit ihrem Entstehen im 15. Jahrhundert immer wieder als Symbol für das 'Deutschtum', die 'deutsch-germanische Herkunft' und ähnliche Ideologeme erschienen. Seit der Mitte des 19. Jahrhunderts wird die Standardsprache jedoch mehr und mehr das Symbol einer deutschen Staatsnation. Wenn man, besonders in den süddeutschen Staaten nach 1871, das Gespenst ei-

---

[25] Vgl. Anm. 22.

[26] Kettmann 1980, S. 35-62, zur Verbürgerlichungsthese vgl. Kocka 1988, S. 31f. und insbesondere Anm. 36.

ner „Verpreussung", einer Borussifizierung der deutschen Standardsprache[27] beschwört, dann zeigt sich hier die Auswirkung der kleindeutschen Lösung des Bismarck-Reiches, die die norddeutsch-mitteldeutsche Variante des Standards zur 'Normalform', und die oberdeutsch-österreichische Form zu der abweichenden Varianten stempelte und stempelt, als die sie in der jüngsten Diskussion um die Drei- oder Vier-Varianten-These des Deutschen erschienen ist.[28]

Bald nach 1871 zeigen sich die ersten soziolinguistischen Auswirkungen dieser Entwicklung, in der die Standardsprache zum Staatssymbol geworden war. Die Bemühungen um Sprachreinheit und der Fremdwörterhaß erhalten nationalpolitische Qualität in der Auseinandersetzung mit dem Erbfeind Frankreich. Das Deutschtum an den Sprachgrenzen, in den gerade erworbenen deutschen Kolonien und in den Sprachinseln wird zum Gegenstand nationalistischer und teilweise imperialistisch aufgeladener Sprachpflege und Sprachenpolitik. Und die um die Jahrhundertwende allenthalben beschworene 'Sprachkrise' erscheint nicht nur als Krise der literarischen Ausdrucksmöglichkeiten, sondern auch als Krise des 'Deutsch-Seins', das sich eng mit der Sprache der deutschen Klassiker verwoben fühlt.[29]

Die sprachhistorischen Auswirkungen, die der Prozeß der Entkonturierung des Bildungsbürgertums im Bereich der Standardsprachenentwicklung im 19. Jahrhundert gehabt hat, können weitgehend unter zwei soziolinguistische Entwicklungen subsumiert werden, die Peter von Polenz in anderem Zusammenhang als „Pädagogisierung" und „Popularisierung" bezeichnet hat.[30] Die deutsche Standardsprache wird im 19. Jahrhundert popularisiert, d.h. sie verdrängt alle konkurrierenden sprachlichen Ausdruckssysteme und ist nach der Jahrhundertwende das alleinige und unbestrittene Objekt gesellschaftlichen Prestiges. Und sie wird pädagogisiert, d.h. sie wird zum Gegenstand der schulischen Vermittlung und zwar auf allen ihren Rängen und – wenn auch mit wichtigen Differenzierungen – in allen Schultypen.

Am Ende des Jahrhunderts hat die Standardsprache ihren Charakter als Sozialsymbol einer Gruppe des Bürgertums weitgehend verloren. Sie ist zu einem nationalen Symbol geworden, mit dem massive imperialistische

---

[27] Vgl. dazu Zimmermann 1987.

[28] Vgl. dazu von Polenz 1990.

[29] Vgl. dazu von Polenz 1983.

[30] Vgl. dazu von Polenz 1983a, S. 15ff.

Politik betrieben wird. Zugleich aber ist sie auch zu einem Kommunikationsmittel geworden, wie eine komplex strukturierte Industriegesellschaft es braucht.

Im folgenden soll der Prozeß der Popularisierung und Pädagogisierung der Standardsprache im 19. Jahrhundert in seinen Grundzügen skizziert und an einigen Beispielen veranschaulicht werden. Dabei soll deutlich gemacht werden, daß sich zwar auch die Standardsprache selbst in ihrer Struktur wandelt, daß jedoch in erste Linie ein Wandel in den Verwendungsbedingungen der Standardsprache in der Gesellschaft und in ihrer Bewertung beobachtet werden kann.

Popularisierung der deutschen Standardsprache im 19. Jahrhundert

Der Popularisierungsprozeß der deutschen Standardsprache, der um die Jahrhundertwende zum 19. Jahrhundert einsetzt, hat als Ausgangspunkt in soziologischer Hinsicht einmal die relativ kleine gesellschaftliche Gruppe des Bildungsbürgertums. In dieser Gruppe gilt als Leitnorm für eigenes sprachliches Verhalten insbesondere im Schriftlichen, aber tendenziell wohl auch schon im Mündlichen die Form des Deutschen, die durch das lexikographisch-grammatische Wirken von Gottsched und Adelung und durch die literarisch-stilistischen Leistungen Lessings, Wielands, Goethes und Schillers zu einer Standardsprache herangereift war.

Inwieweit sich auch im Besitzbürgertum schon im 18. Jahrhundert derartige Sprachwertvorstellungen und Orientierungsnormen für sprachliches Handeln durchsetzen, soll hier nicht untersucht werden.[31] Das Kleinbürgertum, wie es sich etwa in der städtischen Handwerkerschaft zeigt, ist jedoch sicherlich noch nicht in den Geltungsbereich dieser Normvorstellungen einbezogen gewesen. Dasselbe gilt natürlich für die bäuerlich-ländlichen Gesellschaftskreise, die einerseits erst teilweise überhaupt von der Alphabetisierung erfaßt worden sind, andererseits weitgehend im Dialekt verhaftet blieben.

Komplizierter ist das Verhältnis des Adels zu den bürgerlichen Bildungsvorstellungen im 18. Jahrhundert zu erfassen. Große Teile des Adels verharren noch lange Zeit in ständischer Überheblichkeit. So heißt es etwa im Deutschen Museum 1786, für den Adel heiße

---

[31] Vgl. dazu Ruppert (1981), der feststellt, daß sich schon im Laufe des 18. Jahrhunderts – etwa in der Geschäftssprache der Kaufleute – sehr modern anmutende Stilforderungen finden.

der Gelehrte Kanaille, Pedant, der Prediger wird verachtet [...], der Künstler bleibt Tagelöhner des Adels, der Kaufmann ein niedriges Geschöpf, der Bauer Vieh.[32]

Andererseits entwickelt sich das Konzept vom Geistesadel, in dem durch die Bildung gerade die Grenzen zwischen dem Bildungsbürgertum und dem Adel überwunden werden sollen. Doch stehen die Bemühungen um eine Integration des Adels in bildungsbürgerliche Vorstellungen, insbesondere was die deutsche Sprache angeht, noch bis weit in das 19. Jahrhundert hinein in Konkurrenz zum Französischen, als dem angemessenen und erwünschten sprachlichen Ausdrucksmittel des Adels in der Öffentlichkeit. Daneben bleibt auch der Adel, insbesondere im ländlichen Bereich und in privateren Kommunikationssituationen, noch weitgehend dem Dialekt verhaftet.

Der zweite soziolinguistische Ausgangspunkt für die Popularisierung der deutschen Standardsprache im 19. Jahrhundert ist die Beschränkung der Verwendung von Standardsprache ausschließlich auf den schriftsprachlichen Bereich. Und auch hier sind es besonders die literarischen Textsorten, in denen standardsprachliche Normvorstellungen am ehesten verwirklicht werden. Andere schriftsprachliche Textsorten wie Briefe und regionalbezogene Geschäfts- und Verwaltungstextsorten weisen einen erheblich höheren Anteil an Provinzialismen und an Normverstößen auf den verschiedenen Sprachrängen auf. Weiterhin gibt es eine Reihe von sehr schreibintensiven Domänen, in denen die deutsche Sprache erst in Ansätzen das Lateinische verdrängt hat: den Bereich der Universität, des Gerichts, der Kirche und teilweise auch der Medizin.

Standardsprache hat also am Anfang des 19. Jahrhunderts soziolinguistisch sowohl hinsichtlich der Verwender als auch der Verwendungssituationen eine eingeschränkte Bedeutung und auch ihr Prestigewert ist nicht überall in der deutschen Sprachgemeinschaft akzeptiert.

Im 19. Jahrhundert setzen nun im Zusammenhang mit der Entkonturierung des Bildungsbürgertums eine Reihe von soziolinguistischen Entwicklungen ein, die zu einer Popularisierung der Standardsprache führen. Hierzu gehört etwa die endgültige Verdrängung des Lateinischen und auch des Französischen aus den Residuen, die sie um 1800 noch behaupteten. Und auch die Alphabetisierung der Gesamtbevölkerung, die spätestens seit 1914 abgeschlossen ist, führt zu einer Popularisierung der Standardsprache. Ich möchte hier etwas genauer auf vier Entwicklungen eingehen, die ebenfalls in diesen Zusammenhang einzuordnen sind: die Ausweitung der standardsprachlichen Normakzeptanz auf den Adel,

---

[32] Deutsches Museum 1786, zit. nach Bues 1948, S. 33.

die Integration der gesprochenen Sprache in das Standardsprachkonzept, die Frage nach dem Klassiker-Deutschen als der Orientierungsgröße für die angemessene Verwendung von Standardsprache und die Verdrängung dialektalen Sprechens durch die Standardsprache.

Die Stigmatisierung der Verwendung von Dialekt als Zeichen für Unbildung und Rückständigkeit ist schon seit der Entstehung einer überregionalen Schriftsprache zu beobachten. In dem Maße, in dem sich eine nicht-dialektale Sprechsprache zumindest dem Anspruch nach in der Gesellschaft verbreitet, verstärkt sich die Stigmatisierung der Dialekte im 19. Jahrhundert. Meine Schülerin Ingrid Kirsch[33] konnte anhand der Untersuchung von autobiographischen Bemerkungen von Zeitgenossen zeigen, daß sich die negative Bewertung des Dialekts insbesondere im Bildungsbürgertum von der ersten zur zweiten Hälfte des 19. Jahrhunderts deutlich verstärkt. Vor 1850 äußern sich ca. 58 Prozent bürgerlicher Autoren von Autobiographien negativ über den Dialekt. Nach 1850 sind fast 70 Prozent der Dialektbemerkungen negativ konnotiert. Doch verläuft diese Entwicklung nicht in allen Regionen des deutschen Sprachgebiets gleichzeitig ab. In der zweiten Jahrhunderthälfte sind es besonders die Industrialisierungsgebiete Mittel- und Norddeutschlands, in denen Dialekt zum negativ konnotierten Sozialsymbol wird. Ca. 75 Prozent aller Dialektbemerkungen sind negativ, während im oberdeutschen Bereich nur 44 Prozent der Dialekterwähnungen so einzuschätzen sind. Die negative Attitüde dem Dialekt gegenüber zeigt sich in der Regel darin, daß Dialektsprecher oder Sprecher mit dialektalem Akzent gesellschaftlich negativ bewertet werden, daß ihnen die Herkunft aus bäuerlichen oder Arbeiterschichten vorgehalten oder mangelnde Bildung attestiert wird. Hier wird recht deutlich, wie zur Absicherung des Geltungsanspruchs der Standardsprache in der Gesellschaft das Sprachbewertungssystem in Dienst genommen wird.

Diese Entwicklungen werden ausgelöst durch den Prozeß, der wohl am grundsätzlichsten die deutsche Sprachgemeinschaft im 19. Jahrhundert umgeformt hat: die Herausbildung und Verbreitung einer sprechsprachlichen Version der Standardsprache. Dieser Prozeß ist insgesamt noch sehr wenig erforscht.[34] Es ist nicht klar, inwieweit schon zu Jahrhundertanfang eine überregionale Aussprache vorhanden gewesen ist. Wahrscheinlich kann man allenfalls von der Existenz bestimmter überregiona-

---

[33] Vgl. dazu Kirsch 1989, S. 62f. Aus dieser noch nicht gedruckten Arbeit habe ich auch eine Reihe von Zitaten verwendet.

[34] Vgl. die neueste und wohl auch materialreichste Arbeit zu diesem Thema, Kurka 1980.

ler Aussprachenormen sprechen, die jedoch wohl von niemandem auch realisiert worden sind. Tendenzen zu einer Lösung von regionalen Aussprachegewohnheiten finden sich wohl am ehesten in der Vorlesesprache. Doch sprechen alle Zeugnisse über die Sprechsprache, etwa der großen Literaten der Jahrhundertwende, von einer mehr oder weniger deutlichen dialektalen Prägung ihrer Sprechsprache.[35] Diese schlägt sich übrigens auch deutlich in literarischen Werken selbst nieder. Und noch 1864 schreibt Rudolf von Raumer:

> Davon kann natürlich nicht die Rede sein, daß alle gebildeten Deutschen ununterscheidbar gleich sprechen oder sich auch nur bestreben, dies zu thun.[36]

Die Ausbreitung einer standardorientierten Sprechsprache im Zuge der Popularisierung der Standardsprache verläuft in drei unterschiedlichen Prozessen. Einmal wird der Dialekt als Orientierungspunkt für die Sprechsprache von immer mehr gesellschaftlichen Gruppen und in immer mehr Kommunikationssituationen aufgegeben. Zweitens verbreitet sich an der Stelle des Dialekts nun nicht sogleich eine lautreine Standardsprache, sondern eine noch deutlich dialektal geprägte regionale Umgangssprache, die eigentlich im 19. Jahrhundert überall zu vermuten ist, wenn von gesprochener Hochsprache die Rede ist.[37] Und drittens gibt es im 19. Jahrhundert wohl auch schon erste Versuche, völlig 'nach der Schrift' zu reden, d.h. auch jeden Regionalakzent in der Sprache zu unterdrücken.

Solche Versuche konnten natürlich erst im Zusammenhang mit einer sich in diesem Jahrhundert herausbildenden orthoepischen Norm Erfolg haben. Leider werden die letzten beiden Entwicklungen von den Zeitgenossen in der Regel begrifflich nicht unterschieden, da vielen wohl eine regionale Umgangssprache mit Dialektakzent schon als Erfüllung der Standardnorm erschienen ist. Doch ist dieser Prozeß durch eine Fülle von metasprachlichen Äußerungen von Zeitgenossen gut zu veranschaulichen. So schreibt Helene Lange, 1848 als Tochter eines reichen Kaufmanns in Oldenburg geboren, in ihre Autobiographie:

> in den fünfziger Jahren wurde schon in allen Bürgerfamilien von den Eltern unter sich und mit den Kindern nur [Hochdeutsch] gesprochen.

Die Mitte der 30er Jahre als Tochter eines höheren Bahnbeamten in Berlin geborene Anna Malberg konnte wohl schon keinen Dialekt mehr. Sie schreibt:

---

[35] Vgl. dazu die in Behagel 1928, S. 208-214 zusammengetragene Literatur.

[36] von Raumer, zit. nach Socin 1888, S, 485f.

[37] Vgl. dazu Kettmann 1980, S. 22-28.

Das erste, dessen ich mich [..] zu schämen anfing, war mein besseres Sprechen. Aber so sehr ich mich [...] bemühte, diese bedauernswerte Eigentümlichkeit loszuwerden [...] Mutters gutes Deutsch brach immer wieder durch.

Und der in Prag aufgewachsene Fritz Mautner schließlich berichtet von seinem Vater:

Er verachtete und bekämpfte unerbittlich jeden leisen Anklang an Kuchelböhmisch oder an Mauscheldeutsch, und bemühte sich mit unzureichenden Mitteln, uns eine reine, übertrieben puristische hochdeutsche Sprache zu lehren.[38]

Die Herausbildung einer immer überregionaler und dialektfreier werdenden Standardsprechsprache steht, das darf nicht übersehen werden, in einer engen Wechselwirkung mit der Herausbildung von gesellschaftlichen Anlässen und Institutionen, in denen eine Annäherung an die Standardsprache im gesprochenen Bereich erforderlich oder erwünscht war. Bis zum 18. Jahrhundert gibt es nur relativ wenige gesellschaftliche Bereiche, in denen überregionale mündliche Kommunikation stattfindet, die nicht durch das Lateinische bzw. das Französische abgedeckt wird. Kommunikationsprobleme ergeben sich zuerst im Bereich der deutschsprachigen Predigt schon im späten Mittelalter und im Bereich des Theaters, bei dem ebenfalls Mündlichkeit und Überregionalität als entscheidende Faktoren für die Wahl eines angemessenen Kommunikationsmittels zusammentreffen. Aus der Hof- und Nationaltheaterbewegung datieren dann auch im 18. und beginnenden 19. Jahrhundert die ersten Versuche zu einer orthoepischen Standardisierung.[39] Im 19. Jahrhundert kommt, insbesondere seit der zweiten Jahrhunderthälfte, die zunehmende Überregionalität der parlamentarischen Institutionen und der öffentlichen Verwaltung hinzu. Auch das höhere Bildungswesen löst sich aus den Fesseln des Latein und wird zu einer Domäne eines öffentlichen überregionalen Diskurses. Einen weiteren wichtigen Schritt auf diesem Wege stellt dann im 19. Jahrhundert – und hier ist der Zusammenhang mit der Entkonturierung des Bildungsbürgertums deutlich erkennbar – die zunehmende überregionale Vernetzung des bürgerlichen Vereinswesens dar. Zwar wird die Wirkungsweise der meisten Vereine des deutschen Bürgertums, die seit den 20er Jahren des 19. Jahrhunderts allenthalben entstehen, in erster Linie lokal und dadurch auch wohl dialektgeprägt gewesen sein. Wenn man jedoch bedenkt, in welchem Ausmaß Sänger- und Turnerfest, Schiller- und Goethe-Jahrestage und andere Anlässe, in

---

[38] Zit. nach Kirsch 1989, S. 171, 172.

[39] Vgl. dazu Kurka 1980, S. 6-10.

denen sich die deutsche Kulturnation bis 1848 manifestiert, zu wahren Völkerwanderungen geworden sind, so wird deutlich, daß man hier einen weiteren wichtigen Ansatzpunkt für die Herausbildung eines öffentlichen überregionalen Diskurses zu sehen hat.[40] Auch im Bereich der Ausbildung einer überregionalen Sprechsprache wird also der Zusammenhang zwischen Popularisierung und Entkonturierung des Bildungsbürgertums erkennbar.

Der dritte Prozeß, von dem hier kurz die Rede sein soll, ist das Ausgreifen bildungsbürgerlicher Wertvorstellungen und Verhaltensnormen auf den Adel.[41] Die Bildungskonzeption des Bürgertums gerät schon in seiner Entstehungsphase in eine Konfrontation zu den überkommenen Modellen der adeligen Bildung. Denn beide gesellschaftliche Formationen stehen in einem direkten Konkurrenzverhältnis bei der Bewerbung um staatlich-öffentliche Berufslaufbahnen.

Für das adelige Bildungsmodell ist Sachunterricht in der Regel von sekundärer Bedeutung gewesen und hinter der 'Repräsentation' als primärem Erziehungsstil zurückgetreten. Adelserziehung ist dabei Erziehung zur Standesperson. Die Erzieher sind der Stand, das Haus, der Hof und die Armee. Wichtig ist, ein guter Gesellschafter zu sein, die Kenntnisse und Tugenden des in der Regel bürgerlichen Haushofmeisters sind eine angenehme, aber unter Umständen entbehrliche Beigabe.[42] Noch bis weit in das 19. Jahrhundert hinein ist die Sprache des Adels stärker als die des Bürgertums dialektal geprägt gewesen, und insbesondere beim süddeutsch-österreichischen Adel hat es den Anschein, als ob dort ein ausgeprägter Dialektakzent sogar als Gruppensymbol zur Abgrenzung von den geflissentlich um Hochsprache bemühten Bildungsbürgern verwendet worden ist.[43] Diese Konstellation führt dazu, daß viele Adlige auch in ihrer schriftsprachlichen Kompetenz erhebliche Normverstöße aufweisen. Der Quellenbefund dazu wird manchmal verschleiert durch die Verwendung von bürgerlichen Kanzlisten und Schreibern. Außerdem liegen uns Briefeditionen oft nur von hochgebildeten und literarisch interessierten Adligen vor, bei denen orthographisch-grammatische und stilistische Schwächen am wenigsten zu erwarten sind. Doch Fehlleistungen wie in den Briefen des Generals Blücher an den Oberpräsidenten Lud-

---

[40] Vgl. dazu Kaschuba 1988.

[41] Vgl. zu diesen Fragen allgemein Mosse 1988, Kocka 1988, S. 65-68 und besonders Anm. 93.

[42] Bues 1948, S. 56.

[43] Vgl. dazu die Andeutungen in Kettmann 1980, S. 23.

wig Vincke sind keineswegs Ausnahmen.[44] Er schreibt etwa: „verzeihen Sie daß ich nicht früher geschrieben habe, mich mangelt wahrlich die Zeit"; oder im Satz darauf: „Werden unsere Herren die Stimmen ihrer gut deutschgesinnten Diener Gehör geben?" Es ist daher nicht verwunderlich, daß der Adel dem Bildungsbürgertum besonders in der Anfangsphase der Entwicklung, als ungebildet erschien. Das bringt etwa Goethe zum Ausdruck, wenn er schreibt:

> Die Leute, mit denen ich umgeben war, hatten keine Ahnung von Wissenschaften, es waren deutsche Hofleute und diese Klasse hatte damals nicht die mindeste Cultur.[45]

Der sich modernisierende Staat des 19. Jahrhunderts gerät insofern in ein Dilemma, als einerseits der Adel durch Privilegien und Ämterpatronage Ansprüche auf wichtigste Verwaltungspositionen macht, andererseits bestens ausgebildete Funktionseliten gebraucht werden, die das speziell dafür ausgebildete Bildungsbürgertum anbietet. Der Freiherr vom Stein veranschaulicht dieses Problem, wenn er vom niedrigen Adel schreibt:

> Die grosse Zahl halbgebildeter Menschen übt [..] seine Anmassung zur großen Last seiner Mitbürger in ihrer doppelten Eigenschaft als Edelleute und Beamte aus.[46]

Reif zeigt in seiner umfangreichen Studie über den westfälischen Adel im 19. Jahrhundert, wie sich der Adel langsam und mit vielen Widerständen bis zur Mitte des Jahrhunderts dazu bequemt hat, die vom Staat geforderten Bildungspatente, also Gymnasial- und abgeschlossene Universitätsausbildung, zu erwerben.[47] Hier ist auch für den Adel ein Verbürgerlichungsprozeß zu erkennen, durch den die altadligen Bildungsideale durch die bildungsbürgerlichen ersetzt werden. Und erst im Zusammenhang mit diesem Prozeß gewinnt die deutsche Standardsprache für die soziale Formation 'Adel' den Stellenwert, den sie im Bildungsbürgertum schon mindestens eine Generation früher einnahm.

Die letzte Bastion altadliger und auch zum Teil antiintellektualistischer Positionen ist bis in die zweite Hälfte des 19. Jahrhunderts das preußische Offizierskorps gewesen. Das zeigt sich nicht nur an der allgemeinen Bespöttelung der intellektuellen Fähigkeiten des adeligen preußischen

---

[44] von Westphalen 1980, S. 14.

[45] Goethe im „Wilhelm Meister", zit. nach Schmid 1985, S. 31.

[46] Freiherr vom Stein in einem Brief an Rhediger über dessen Denkschrift vom 8.9.1808, zit. bei Bues 1948, S. 33.

[47] Reiff 1979, S. 315-368.

Offiziers, etwa in den Zeichnungen des Simplizissimus,[48] sondern auch in einem an sich relativ unbedeutenden, aber doch bezeichnenden Vorgang, der in den 60er Jahren die preußische Militärverwaltung beschäftigt hat. Unter anderem als Reaktion auf Vorwürfe aus Frankreich und aus Bayern wegen der im Offiziersnachwuchs „meist zu Tage tretenden Unfähigkeit, ein ihrem Alter entsprechendes Thema in richtiger logischer Reihenfolge zu behandeln",[49] sollte für den Eintritt in die preußische Offizierslaufbahn Primarreife an einem preußischen Gymnasium als Eingangsvoraussetzung eingeführt werden. Insbesondere wurde festgelegt, daß

> bei der allgemeinen Bedeutung dieser Disziplin [..] wer in der deutschen Sprache in Bezug auf Grammatik und Rechtschreibung nur das Prädikat 'nicht hinreichend' oder darunter erreicht (habe), überhaupt nicht als bestanden erachtet [würde] .[50]

Diese Festlegung löste in den Kreisen des preußischen Landadels heftige Reaktionen aus, die deutlich antiintellektualistische Tendenzen zeigten. So hieß es etwa in einer Reaktion:

> Es sind wahrscheinlich nicht die schlechtesten Elemente des Offizierskorps, die im Gymnasium Fiasco gemacht haben, wo nicht selten hochmütige, den besseren Ständen grundsätzlich feindliche, auf ihre eingebildete Gelehrsamkeit stolze Lehrer in brutaler Weise das wahre Ehrgefühl ertöten und von den zersetzenden Tendenzen der Zeit erfüllt, und meistens sämtlich Rationalisten, alles andere eher erziehen, als Charaktere.[51]

Zwar ist die Regelung trotz dieser massiven Proteste von der Militärverwaltung beibehalten worden. Die herausragenden Familien des brandenburgisch-preußischen Adels haben jedoch in der Folgezeit durch direkte Vorsprache beim König immer wieder Exemtionen durchsetzen können. Von diesen Ausnahmen abgesehen kann man festhalten, daß der deutsche Adel im Laufe der ersten Hälfte des 19. Jahrhunderts die Wert- und Bildungsvorstellungen des Bürgertums weitgehend übernommen hat

---

[48] Vgl. dazu die Abb. 2, 3, 16 in Rumschottel 1973.

[49] Zit. nach Demeter 1964, S. 250. In einer Denkschrift von Adelsseite heißt es dazu: „Ein großer Teil der bessern Elemente des preußischen Offizierskorps (namentlich die Söhne des Landadels) hat seine wissenschaftliche Ausbildung meistens bis zur Einsegnung durch Hauslehrer erhalten. Ein solcher Unterricht hat immer etwas Einseitiges und wird in seinen Resultaten hinsichts des erlangten positiven Wissens hinter den Erfolgen der Schule zurückbleiben." S. 249.

[50] Demeter 1964, Anhang, Dok. 5 (Geh. Staatsarchiv, Mil. Cab. I. I. 15, vol. 12)

[51] Demeter 1964, S. 249.

und mit ihnen auch die grundsätzliche Orientierung an der deutschen Standardsprache als angemessenem und zu erwartendem sprachlichen Ausdrucksmittel in der Öffentlichkeit.

Die Arbeiterschaft ist als „Vierter Stand" erst im 19. Jahrhundert entstanden. Es ist zwar in der Forschung umstritten, inwieweit man bis zum Jahrhundertende schon von einer Verbürgerlichung der Arbeiterschaft[52] sprechen kann, d.h. von einer weitgehenden Übernahme bürgerlicher Werte und Verhaltensnormen. Unbestritten ist aber die Übernahme der Standardsprache als Orientierungspunkt für angemessenes sprachliches Verhalten in der Öffentlichkeit. In der Arbeiterschaft[53] setzen schon früh intensive Bildungsbemühungen ein, die sich sehr häufig auch auf den Bereich des Verfügens über die schriftliche und mündliche Standardsprache erstrecken. Die intensive Rednerschulung der sozialdemokratischen Arbeiter führt dazu, daß Bismarck im Reichstag erhebliche rhetorische Schwächen der konservativen Abgeordneten gegenüber den sozialdemokratischen konstatieren muß. Wie stark der von den Arbeitern selbst internalisierte Normdruck der Standardsprache gewesen ist, zeigt sich indirekt an den krampfhaften Bemühungen von schulisch schlecht ausgebildeten Arbeitern, in Bittbriefen an ihre Vorgesetzten, die Sprachnormen zu erfüllen.[54]

Die sprachliche Leitnorm, um die es im Zusammenhang mit der Popularisierung der deutschen Standardsprache im 19. Jahrhundert geht, ist eine relativ vage Vorstellung von 'Sprache der deutschen Klassiker'.[55] Stellt man die Frage nach den objektiv vorliegenden Grundlagen einer derartigen Orientierung am Deutsch der Klassiker, so greift man schnell ins Leere. Trotzdem sind die Auswirkungen einer solchen Orientierung etwa in den berüchtigten Reden zu den Schiller-Gedenktagen, in den Abituraufsätzen und in der epigonalen Literatur des 19. Jahrhunderts mit Händen zu greifen.

Die Vagheit der konkreten Vorstellung von einer 'Klassikersprache' datiert einmal daraus, daß der Klassikerbegriff selbst unklar ist. Zwar werden Namen wie Lessing, Schiller und Goethe immer wieder genannt. Aber schon die zweite Garnitur ist nicht mehr so klar. Gehört Wieland

---

[52] Bausinger 1989, vgl. zum Begriff auch Habermas 1979, S. 31.

[53] Vgl. dazu Kettmann 1980, S. 33-67.

[54] Vgl. dazu die Briefedition von Tenfelde, Trischler 1986 und die erste Analyse in Mattheier 1990; vgl. dazu auch Grosse u.a. 1989.

[55] Vgl. hierzu die Darstellung von Mattausch 1980, aber auch Mandelkow 1990; materialreich und anregend ist dazu Sengle 1971, Tl. 1, S. 368-647.

immer dazu? Was ist mit der Sprache der Romantiker, was mit dem journalistischen Stil eines Heine? Überhaupt ist unklar, in welchen Texten der Klassiker nun die vorbildliche Klassikersprache zu finden sein sollte – nur in den poetischen Texten oder auch in anderen schriftlichen Zeugnissen der Klassiker. Auswirkungen haben konnten im Laufe des 19. Jahrhunderts natürlich in erster Linie die in vielen, auch preiswerten Ausgaben vorliegenden poetischen Texte der Klassiker. Aber inwieweit handelt es sich bei der dort vorfindlichen 'Klassikersprache' überhaupt um die Sprache der 'Klassiker' und nicht viel eher um die Sprache, die die Verlagslektoren daraus gemacht haben. Erst neuere historisch-kritische Ausgaben der Klassikertexte aus dem 20. Jahrhundert haben die Differenz erkennbar werden lassen, die zwischen der sprachlichen Form des Manuskriptes und der des Drucks in vielen Fällen liegt. Und wie werden die Klassikertexte im Bürgertum eigentlich rezipiert?

Mattausch hat in einer interessanten Analyse 1980 herausgearbeitet, daß die Sprache der Klassiker sich nur recht indirekt auf die deutsche Standardsprache ausgewirkt hat. Von großer Bedeutung sind dabei sicherlich die handlichen Aufbereitungen der Klassiker in vielen Zitaten- und Redensarten-/Sentenzensammlungen nach dem Prototyp des 'Büchmann' gewesen. Auf diese Weise werden Sprachbruchstücke von Klassikern sentenzenhaft in die Rede bzw. die Schreibe eingefügt. Sie prägen dadurch bis zu einem gewissen Grad den Sprachstil, geben sicherlich auch Anregungen für die eigene Sprachgestaltung, hauptsächlich wirken sie jedoch im symbolischen Bereich, indem der Sprecher/Schreiber durch ihre Verwendung 'Klassikerkenntnis' signalisiert und dadurch den Sozialbonus an Prestige einstreichen kann, der in der deutschen Gesellschaft des 19. Jahrhunderts damit verbunden ist. Diesen Zusammenhang meint Heinrich Rückert wenn er schreibt:

> Der Begriff der [...] Bildung ist eine unwiderstehliche Macht geworden. Wer gebildet sein will [...] sucht sich so vollständig als möglich der höheren Sprache anzubequemen. [...] Sein Ideal ist, so zu sprechen, wie ein Buch, ein Ausdruck, der charakteristisch genug sehr oft in lobendem Sinne gebraucht wird.[56]

Doch nicht nur über den 'Büchmann' wird der Gebildete im 19. Jahrhundert mit der Klassikersprache konfrontiert. Auch in der sehr weit verbreiteten Popularliteratur des 19. Jahrhunderts wirkt indirekt das Klassikervorbild, jedoch in einer ähnlich 'adaptierten' Form, wie bei den Zitatsammlungen. Wilhelm Hauff macht diesen Zusammenhang in einer Rezension eines Buches des im 19. Jahrhundert sehr viel gelesenen Popularautors Clauren deutlich. Er spricht von der Art und Weise, wie die

---

[56] Rückert H. 1864, zit. nach Socin 1888, S. 490.

Popularautoren mit der Sprache der Klassiker, die sie als ihre Vorbilder reklamieren, umgehen, indem sie

> [...] sich in den Grad der Bildung ihres Publikums schmiegten [und ...] sich wohl hüteten, jemals sich höher zu versteigen, weil sie sonst ihr Publikum verloren hätten. Diese Leute handelten bei den größten Geistern der Nation, die dem Volke zu hoch waren, Gedanken und Wendungen ein, machten sie nach ihrem Geschmack zurecht und gaben sie wiederum ihren Leuten preis, die solche mit Jubel und Herzenslust verschlangen.[57]

Das Klassiker-Deutsch des Büchmann und die auf- oder besser abbereitete Klassiker-Sprache der Popularautoren des 19. Jahrhunderts sind Faktoren im Popularisierungsprozeß der deutschen Standardsprache in doppeltem Sinne. Im soziolinguistischen Sinne tragen sie dazu bei, die passive und auch die aktive Kompetenz in der Verwendung der Standardsprache innerhalb von immer mehr gesellschaftlichen Gruppen zu verbreiten. Zum anderen bewirken die Popularautoren und in ähnlicher Weise auch die vielgescholtenen Journalisten, auch linguistisch eine Popularisierung, indem sie sowohl im Bereich des Wortschatzes und der Morphologie als auch in der Syntax und besonders im Stil die sprachlichen Ausdrucksmittel um umgangssprachliche und sprechsprachliche erweitern. Diesen Aspekt der Popularisierung der Standardsprache, den man auch 'Verumgangssprachlichung' oder 'Demotisierung' genannt hat, wird man in den kommenden Jahren noch genauer zu untersuchen haben, da hier die Grundlagen für das Spektrum sprachlicher Ausdrucksmöglichkeiten gelegt worden ist, das die Standardsprache der Gegenwart aufweist.[58]

Für das 19. Jahrhundert und den Prozeß der Entkonturierung des Bildungsbürgertums ist jedoch in erster Linie von Bedeutung, daß man durch die Verwendung des Klassiker-Deutsch 'Gebildet-Sein' signalisieren konnte, in einer bürgerlichen Gesellschaft, die der 'Bildung' und dem 'Gebildet-Sein' eine zentrale Rolle bei der gesellschaftlichen Positionierung zuerkannte. Daß dabei die 'Bildung an den Klassikern' zu einer bloßen Leerformel wurde, zeigt Nietzsche, wenn er schreibt:

> Nicht wahrhaft Gebildete, sondern Bildungsphilister hat die Schule hervorgebracht. Wo der wahrhaft Gebildete stets ein sich Bildender bleibt [...] , da pocht der Bildungsphilister auf seinen in der Schule angeeig-

---

[57] Hauff, W. 1827, zit. nach Mattausch 1980, S. 139.

[58] Vgl. dazu über den Stand der grammatischen Norm am Jahrhundertende Schieb 1980.

neten Bildungsbesitz. Wir haben ja unsere Kultur, heißt es dann, denn wir haben ja unsere Klassiker.[59]

Die Pädagogisierung der deutschen Standardsprache

Der Hinweis Nietzsches auf die Schule läßt den zweiten Prozeß hervortreten, durch den sich die Beziehungen zwischen der Sprache und der sich wandelnden bürgerlichen Gesellschaft im 19. Jahrhundert verändert haben: den Prozeß der Pädagogisierung der Standardsprache. Wie auch bei der Popularisierung, in die die Pädagogisierung als ein Teilprozeß – wenn auch in einer Schlüsselposition eingebettet ist, können wir dabei einen soziolinguistischen und einen linguistischen Aspekt unterscheiden. Einmal führt die Aufnahme der deutschen Sprache und ihrer Literatur in den Bildungskanon der Gesellschaft, wie er in der Schule vermittelt wird, zu einer Veränderung der Sprache selbst. Die allgemeine Vermittlung der Kulturtechniken Lesen und Schreiben und die schulische Beschäftigung mit der Sprache der großen Dichter macht eine didaktische Aufbereitung der Standardsprache nötig, die das Spektrum sprachlicher Ausdrucksmöglichkeiten geregelt und dadurch wohl auch eingeengt hat.[60]

Es wäre in diesem Zusammenhang etwa sicherlich lohnend, den Auswirkungen des am Klassiker-Ideal orientierten Stilvorbilds der Abituraufsätze und der Abiturreden auf die sprachliche Gestaltung schriftlicher und mündlicher Alltagstextsorten wie Briefe, Geschäftstexte, Verwaltungstexte, Anweisungen, Reden usw. nachzugehen.

Parallel zu den innerlinguistischen Veränderungen, die die Standardsprache durch die Pädagogisierung erfahren hat, wirkt dieser Prozeß auch im soziolinguistischen Bereich bei der Verbreitung unterschiedlicher sprachlicher Ausdrucksmittel innerhalb der deutschen Sprachgemeinschaft des 19. Jahrhunderts. Und zugleich dient die Pädagogisierung der Standardsprache noch bis weit in die zweite Hälfte des Jahrhunderts soziologisch als ein wichtiges Hilfsmittel zur Stabilisierung sozialer Gegensätze, insbesondere zwischen dem Bürgertum und der sich gerade konstituierenden Arbeiterschaft.

Voraussetzung dafür, daß die deutsche Sprache und ihre Vermittlung in der Schule eine derartige Bedeutung gewinnen kann, ist der Ausbau und die Aufwertung des Unterrichts im Deutschen. Das Fach Deutsch ist bis zum Beginn des 19. Jahrhunderts innerhalb der verschiedenen Schultypen erst in Ansätzen etabliert. Abgesehen von der Vermittlung

---

[59] Nietzsche, zit. nach Engelhardt 1986, S. 131.

[60] Vgl. dazu auch Schieb 1980.

der Kulturtechniken Lesen und Schreiben führt die Beschäftigung mit deutscher Sprache und Literatur an den Schulen des 18. Jahrhunderts ein Randdasein,[61] meist als Anhängsel des Lateinunterrichts. Und durch die humanistische Bildungsreform an der Wende zum 19. Jahrhundert wird das Fach Deutsch erst einmal noch weiter durch den Ausbau des Latein- und insbesondere des Griechischunterrichts zurückgedrängt.

Friedrich Thirsch, der neuhumanistische „praeceptor bavariae", schließt neue Sprachen und Naturwissenschaften völlig aus dem Gymnasialunterricht aus und macht die klassischen Studien zum beherrschenden Mittelpunkt des Unterrichts an bayrischen Schulen. An das Griechische sollten sich alle anderen Fächer anschließen, der Griechischlehrer sollte möglichst auch Deutsch geben. Erst unter Johannes Schulze, einem Schüler von August Wolf, der die Idee des neuhumanistischen Gymnasiums in Halle zum ersten Mal verwirklicht, gelingt es in Preußen, dessen gelehrtem Unterrichtswesen Schulze vorstand, dem Deutschen als Fach neben dem Griechischen, dem Lateinischen und der Mathematik einen Platz in der „organischen Einheit" der Fächer zu verschaffen, durch die allein die „harmonische Ausbildung des Geistes" gesichert werden konnte.[62] Durch die Übertragung des Klassiker-Ideals von den griechisch-römischen Klassikern auf das Deutsche, durch den „deutschen Griechen" Goethe wird dann eine Verfestigung und Ausbreitung des Deutschunterrichts an humanistischen Gymnasien möglich. Außerdem entstehen seit den 30er Jahren vermehrt parallel zu den neuhumanistischen Gymnasien auch mehr auf naturwissenschaftlich-technische Lehrziele ausgerichtete Oberrealschulen, in denen der Deutsch-Unterricht vollends die Funktion von Latein und Griechisch in der Charakterbildung der Schüler übernehmen muß. Mit der Zeit wird das Fach „Deutsch" in der höheren Schulbildung kontinuierlich aufgewertet, sei es durch die Erhöhung der Stundenzahl oder auch dadurch, daß die Deutschnote für das Abitur oder den Eintritt in bestimmte Berufe entscheidend wird.[63]

Die Auswirkung der „Verschulung", die Aufbereitung der deutschen Sprache und ihrer Literatur als Lehr- und Lerngegenstand in den ver-

---

[61] Es ist bezeichnend, daß Frank (1976) in seiner Geschichte des Deutschunterrichts die beiden betreffenden Abschnitte 'Stilbildung' und 'Moralische Erziehung' nennt.

[62] Vgl. dazu Frank 1976, S. 242-256.

[63] In einem Zirkular der preuß. Unterrichtsbehörden aus dem Jahr 1829 wird es für ein Recht erklärt „als einen Maaßstab für den Erfolg des Gymnasialunterrichts, und gleichsam als ein Gesammtresultat derselben, die Leistungen der Schüler in der Muttersprache anzusehen." Zitiert nach Mattausch 1980, S. 162.

schiedenen Schulstufen ist noch wenig bekannt. Über die Geschichte des Aufsatzunterrichts und ihre Wechselwirkung mit allgemeinen gesellschaftlichen Entwicklungen hat kürzlich Otto Ludwig eine umfangreiche und sehr detaillierte Studie vorgelegt.[64] Eine Untersuchung der Ausrichtung des Wortgebrauchs und der Wortbedeutung an der Klassiker-Sprache würde wahrscheinlich interessante Vertikalisierungsprozesse im Wortschatz des 19. Jahrhunderts erkennbar werden lassen.[65] Eine ähnlich festlegende und Wahl- oder Variationsmöglichkeiten einschränkende Wirkung wird auch die Didaktisierung der morphologisch-syntaktischen Struktur des Deutschen und ihre Vermittlung im Rahmen eines Schulfaches gehabt haben. Im Bereich der Orthographie ist nicht nur die Ausbildung, Verfestigung sowie die Vereinheitlichung der orthographischen Regeln im 19. Jahrhundert zu konstatieren, sondern auch eine erhebliche Verschärfung der Sanktionen bei Verstößen gegen die orthographische Norm. Die große Normtoleranz, die sich noch im ersten Drittel des Jahrhunderts und bei älteren Schreibern sogar noch bis weit über die Jahrhundertmitte im orthographischen Bereich findet,[66] geht unter dem Einfluß der Schule weitgehend verloren. Schon gegen Ende des 19. Jahrhunderts ist eine den Regeln gemäße Orthographie ein wichtiges Indiz dafür, daß der Schreiber eine angemessene Bildung erfahren hat und daß er zumindest so intelligent ist, die gelernten orthographischen Regeln richtig anzuwenden.

Der soziolinguistische Aspekt der Pädagogisierung der Standardsprache besteht in erster Linie in zwei Entwicklungen: in der Verdrängung der dialektal geprägten gesprochenen Sprache aus der Schule und in der Instrumentalisierung der Standardsprache als Mittel sozialer Klassifizierung und Deklassierung in den verschiedenen Schultypen.

Schon am Anfang des 19. Jahrhunderts tritt, wahrscheinlich im Zusammenhang mit der Zuwendung der Pädagogik allgemein zum Kind und seinen Interessen und Möglichkeiten, das dialektale Sprechen als sprachliche Ausgangsbasis für den schulischen Prozeß des Erlernens der Kulturtechniken Lesen und Schreiben in das Bewußtsein der Pädagogen.[67] Bis in die 60er Jahre hinein gibt es insbesondere innerhalb der Volksschulpädagogik eine intensive Auseinandersetzung mit den sprachlichen

---

[64] Ludwig 1989.

[65] Vgl. zu diesem Konzept Reichmann 1988.

[66] Vgl. dazu die Studien zum Schreibgebrauch des Ruhrindustriellen Franz Haniel in Mattheier 1979.

[67] Vgl. dazu Wiesinger 1978, Rein 1985 und Mattheier 1988.

Problemen dialektsprechender Kinder im Unterricht. Das vorläufige Ergebnis dieser Diskussion formuliert Rudolf Hildebrandt wohl in Anlehnung an Pestalozzi, wenn er für den Deutschunterricht fordert, man müsse das Kind sprachlich in der Schule dort abholen, wo es bei Schuleintritt steht, nämlich bei seiner Haussprache, und die war in dieser Zeit noch zu 100 Prozent wohl der Dialekt.[68] Praktische Folgen etwa in einer dialektbezogenen Muttersprachendidaktik hat dieses Diktum nicht gehabt.

Indirekt hat jedoch die Leugnung und wohl auch die Verteufelung des Dialekts im Deutschunterricht zur Folge, daß die Schüler der verschiedenen Schultypen eine dialektfreie Standardsprache schriftlich handhaben lernen und daß sie zumindest eine passive, teils jedoch auch eine aktive Kompetenz in der Verwendung einer überregionalen Sprechsprache erwerben, die im Alltag in einem Diglossie-Verhältnis neben dem weiter verwendeten Dialekt steht. Wichtiger sind jedoch wohl die Folgen, die die Behandlung des Dialekts in der Schule für die Bewertung der verschiedenen Sprachvarietäten hat. Durch die Kanonisierung der Standardsprache in der für die Bildung und die soziale Positionierung im 19. Jahrhundert so wichtigen Institution 'Schule' wird diese Varietät nicht nur extrem aufgewertet. Zugleich werden dadurch dialektales Sprechen und seine Auswirkungen auf die Schriftsprache massiv abgewertet. Der Charakter eines sozialen Stigmas, den der Dialekt noch bis in die 60er Jahre unseres Jahrhunderts aufweist, hat sich gerade im 19. Jahrhundert verfestigt und allgemein verbreitet.[69]

Wichtiger als die Entwicklungen, die die Pädagogisierung der Standardsprache im Bereich des Dialekt-Standard-Verhältnisses auslöst, ist die Funktion, die die sprachliche Bildung in der Schule für die soziale Positionierung der Sprecher und die Stabilisierung gesellschaftlicher Gegensätze im 19. Jahrhundert übernimmt. Der humanistische Bildungsbegriff, der für die Konstituierung des Bildungsbürgertums zu Beginn des 19. Jahrhunderts wirksam geworden ist, wirkt sich innerhalb der bürgerlichen Gesellschaft des 19. Jahrhunderts durchaus ambivalent aus. Einerseits verbindet sich Bildung als 'allgemeine Menschenbildung' der Aufklärung mit einem gesellschaftlich und auch politisch emanzipativen Konzept, indem das Bildungsbürgertum überhaupt nur der Vortrupp und der Initiator einer allgemein gebildeten und nach humanen Prinzipien handelnden Gesellschaft ist. Die Volksbildungskonzepte des Linksliberalismus und

---

[68] Vgl. Hildebrandt 1903, zuerst 1868.

[69] Vgl. dazu Knoop 1982.

auch der frühen Arbeiterbildungsvereine knüpfen in der zweiten Hälfte des 19. Jahrhunderts hier an.

Doch dient Bildung und Bildungserwerb im 19. Jahrhundert in erster Linie wohl nicht diesem Zweck, sondern zur Identifikation der gesellschaftlichen Formation Bildungsbürgertum sowie zu seiner Abgrenzung insbesondere gegen das Kleinbürgertum und die Arbeiterschaft. Die Sprachlichkeit und das Verfügen über die Standardsprache wird dabei zu einer leicht erkennbaren Markierung für soziale Herkunft.[70] „Durch die Sprache allein verräth [...] sich [...] ein gebildeter Mensch." Wie schon Kettmann und Gessinger, beide 1980, herausgearbeitet haben, bedient sich das Bildungsbürgertum und später dann das Bürgertum überhaupt zur sozialen Abgrenzung gegenüber den Arbeitern der staatlichen Schulpolitik und insbesondere des neuhumanistischen Gymnasiums, das im Zuge der preußischen Reformgesetzgebung nach 1810 entstanden ist. Und dabei spielt insbesondere der Deutschunterricht und der deutsche Sprachunterricht eine wichtige Rolle.

Während das Gymnasium sich eine vollständige und grundlegende Ausbildung im Gebrauch der deutschen Sprache in Wort und Schrift und ein Hinführen zum Verständnis der Meisterwerke deutscher Literatur zum Ziel setzt, zielt der Volksschulunterricht ganz bewußt nur auf rudimentäre Kenntnisse der deutschen Sprache. Höhere Sprachbildung, d.h. schriftliche und mündliche Sprachgestaltung, Sprachlehre, Rhetorik und Literaturunterricht oder ein „abgesonderter Unterricht im Anschauen, Denken und Sprechen" wird nicht für nötig gehalten. Grammatikunterricht wird teilweise sogar explizit verboten, da man verhindern müsse, daß „aus dem gemeinen Mann verbildete Halbwisser [würden] ", was „ganz ihrer künftigen Bestimmung entgegenstände".[71] Und der einflußreiche Deutschdidaktiker Rudolf von Raumer schreibt um die Jahrhundertmitte:

> Die Aufgabe der Schule in bezug auf den Unterricht im Deutschen ist die Überlieferung der neuhochdeutschen Schriftsprache und der in ihr niedergelegten Literatur. In den verschiedenen niedrigen und höheren Schulen wird also die Grenze des Unterrichts im Deutschen dadurch bezeichnet sein, wie weit sich die Stände, die ihre Bildung in diesen Schulen erhalten, an der hochdeutschen Schriftsprache und deren Literatur betheiligen sollen.[72]

---

[70] Vgl. dazu Engelhardt 1989.

[71] Vgl. dazu Kettmann 1980, S. 35-41 und besonders Wille 1988.

[72] von Raumer, zit. nach Socin 1888, S. 482.

Die Ergebnisse derartiger Bildungspolitik geißelt der liberale Sozialreformer Friedrich Harkorth, wenn er schreibt:

> Gleich wie der Hindu durch Kasten, so drücken wir durch Mangel an Unterricht den untern Ständen den Stempel der Dienstbarkeit fürs Leben auf. In Beziehung auf das Volk kann von unsern gelehrten Schulen nicht die Rede sein.[73]

Die praktischen Auswirkungen, die diese in allen deutschen Ländern im 19. Jahrhundert betriebene Schulpolitik für die Verbreitung der Standardsprache gehabt hat, zeigt sich eindrucksvoll in den von Tenfelde/Trischler vor kurzem publizierten Briefen von Arbeitern. Nur ein geringer Teil dieser Arbeiter kann am Ende des 19. Jahrhunderts mit der deutschen Schriftsprache insoweit umgehen, daß er einen in etwa normgerechten Beschwerde- oder Bittbrief schreiben kann. In der Regel sind die Arbeiter nicht fähig, sich von der ihnen geläufigen gesprochenen Umgangssprache und dem Dialekt zu lösen. Und das ist insbesondere deswegen so problematisch, weil Bittbriefe und Beschwerden fast die einzigen schriftsprachlichen Textsorten darstellen, durch die der Arbeiter seine gesellschaftliche Notlage akzentuieren konnte. Hinzu kommt noch, daß durch die sich verschärfenden Rigorosität bei der Einforderung der standardsprachlichen Normen durch das Bürgertum Fehler, wie sie zwangsläufig bei dem Versuch der Arbeiter auftreten, diese nicht erlernten Normen zu erfüllen, von den bürgerlichen Kreisen, die in der Regel Empfänger derartiger Bitt- und Beschwerdeschreiben waren, besonders stark sozial sanktioniert worden sind, so daß manche dieser Briefe schon wegen ihrer sprachlichen Diktion nicht zur Kenntnis genommen worden sind.[74]

Hans-Ulrich Wehler sieht in seiner jüngst erschienenen deutschen Gesellschaftsgeschichte hier eine bewußte Politik zur Herrschaftssicherung der Gebildeten und des Bürgertums:

> ihre sprachpolitischen Folgen bestanden auch in der beharrlichen Ausdehnung des Geltungsbereichs einer Hoch- und Kultursprache, welche alle 'Ungebildeten' dazu zwang, diese 'soziale Barriere' erst einmal zu überwinden.[75]

---

[73] In Bemerkungen Friedrich Harkorts über die Preußische Volksschule (...) heißt es: „Ein geistlicher Schulinspektor redete am Tage der Schulprüfung zu den Kindern: Lesen und Schreiben kommen erst in zweiter Linie, beten und den König ehren, das ist Alles, wann Ihr das ordentliche erlernet, dann habt Ihr genug gelernt!" Vgl. Harkort 1969, S. 129.

[74] Mattheier 1989, S. 104f.

[75] Wehler 1987, Bd. 2, S. 564.

Erst durch Entwicklungen im 20. Jahrhundert und teilweise sogar erst durch die Bildungsreformen am Ende der 60er Jahre wird die enge Verknüpfung zwischen dem Verfügen über die deutsche Standardsprache und der Zugehörigkeit zu bestimmten gesellschaftlichen Gruppen aufgebrochen. Im 19. Jahrhundert liegt darin jedoch das zentrale Faktum, durch das Standardsprache zum Sozialsymbol werden konnte.

Literatur

Ammon, Ulrich (1986): Explikation der Begriffe 'Standardvarietät' und 'Standardsprache' auf normtheoretischer Grundlage. In: Holtus, G./Radtke, E. (Hrsg.): Sprachlicher Substandard. Tübingen, S. 1-64.

Bausinger, Hermann (1989): Volkskundliche Bemerkungen zum Thema 'Bildungsbürgertum'. In: Kocka (Hrsg.) (1989), S. 206-214.

Behagel, Otto (1928): Geschichte der deutschen Sprache. 5. Aufl. Berlin/Leipzig.

Bues, Adelheid (1948): Adelskritik – Adelsreform. Ein Versuch zur Kritik der öffentlichen Meinung in den letzten beiden Jahrzehnten des 18. Jahrhunderts. (...). Diss. Göttingen (ms.).

Demeter, Karl (1964): Das deutsche Offizierskorps in Gesellschaft und Staat 1650-1945. Frankfurt.

Egger, Hans (1977): Deutsche Sprachgeschichte. Bd. 4. Das Neuhochdeutsche. Reinbeck b. Hamburg.

Engelhardt, Ulrich (1986): Bildungsbürgertum. Begriffs- und Dogmengeschichte eines Etiketts. Stuttgart.

Engelhardt, Ulrich (1989): Das deutsche Bildungsbürgertum im Jahrhundert der Nationalsprachenbildung. In: Cherubim, D./Mattheier, K. J. (Hrsg.): Voraussetzungen und Grundlagen der Gegenwartssprache. Berlin/New York, S. 57-72.

Ettl, Susanne (1984): Anleitungen zu schriftlicher Kommunikation. Briefsteller von 1880-1980. Tübingen.

Frank, Horst Joachim (1976): Dichtung, Sprache, Menschenbildung. Geschichte des Deutschunterrichts von den Anfängen bis 1945. München (zuerst 1973).

Gessinger, Joachim (1980): Sprache und Bürgertum. Sozialgeschichte sprachlicher Verkehrsformen im Deutschland des 18. Jahrhunderts. Stuttgart.

Grosse, Siegfried u.a. (1989): „Denn das Schreiben gehörte nicht zu meiner täglichen Beschäftigung". Der Alltag kleiner Leute in Bittschriften, Briefen und Berichten aus dem 19. Jahrhundert. Ein Lesebuch. Bonn.

Habermas, Jürgen (1979): Einleitung. In: Habermas, J. (Hrsg.): Stichworte zur geistigen Situation der Zeit. Bd. 1. Frankfurt, S. 31ff.

Harkort, Friedrich (1969): Friedrich Harkort. Schriften und Reden zu Volksschule und Volksbildung. Besorgt von K.-E. Jeismann. Paderborn.

Kaschuba, Wolfgang (1988): Deutsche Bürgerlichkeit nach 1800: Kultur als symbolische Praxis. In: Kocka, (Hrsg.) (1989), Bd. 3, S. 9-44.

Kettmann, Gerhard (1980): Sprachverwendung und industrielle Revolution. Studien zu den Bedingungen umgangssprachlicher Entwicklungen und der Rolle der Umgangssprache in der zweiten Hälfte des 19. Jahrhunderts. In: Kettmann, Gerhard u.a.: Studien zur deutschen Sprachgeschichte des 19. Jahrhunderts. Existenzformen der Sprache. Linguistische Studien A, 66/1. Berlin, S. 1-120.

Kirsch, Ingrid (1989): Der Bürger und die Dialekte: Untersuchungen autobiographischer Zeugnisse des 19. Jahrhunderts zur Dialektbewertung. Mag.-Arb. (ms.). Heidelberg.

Knoop, Ulrich (1982): Das Interesse an den Mundarten und die Grundlegung der Dialektologie. In: Besch, W. u.a. (Hrsg.): Dialektologie. 1. Halbbd. Berlin/New York, S. 1-22.

Kocka, Jürgen (1988): Bürgertum und bürgerliche Gesellschaft im 19. Jahrhundert. Europäische Entwicklungen und deutsche Eigenheiten. In: Kocka, J. (Hrsg.) (1988), Bd. 1, S. 11-78.

Kocka, Jürgen (Hrsg.) (1988): Bürgertum im 19. Jahrhundert. 3 Bde. München.

Kocka, Jürgen (Hrsg.) (1989): Bildungsbürgertum im 19. Jahrhundert. Teil IV. Stuttgart.

Kurka, Eduard (1980): Die deutsche Aussprachenorm im 19. Jahrhundert – Entwicklungstendenzen und Probleme ihrer Kodifizierung vor 1898. In: Kettmann, G. u.a.: Studien zur deutschen Sprachgeschichte des 19. Jahrhunderts. Existenzformen der Sprache. Linguistische Studien A, 66/2. Berlin, S. 1-67.

Ludwig, Otto (1988): Der Schulaufsatz. Seine Geschichte in Deutschland. Berlin/New York.

Maas, Utz (1982): Der Wechsel vom Niederdeutschen zum Hochdeutschen in den norddeutschen Städten der frühen Neuzeit. In: Maas, U./McAlister-Hermann, J. (Hrsg.): Materialien zur Erforschung der sprachlichen Verhältnisse in der frühen Neuzeit in Osnabrück. Bd. I. Uni. Osnabrück, FB Sprache/Literatur/Medien, S. 3-85.

Mandelkow, Karl Robert (1990): Die Bürgerliche Bildung in der Rezeptionsgeschichte der deutschen Klassik. In: Koselleck, R. (Hrsg.): Bildungsbürgertum im 19. Jahrhundert. Bd. 2. Stuttgart.

Mattausch, Josef (1980): Klassische deutsche Literatur und Entwicklung des deutschen Sprachstandards. Zu einem Kapitel Wirkungsgeschichte. In: Kettmann, G. u.a.: Studien zur deutschen Sprachgeschichte des 19. Jahrhunderts. Linguistische Studien A, 66/1. Berlin, S. 121-176.

Mattheier, Klaus J. (1979): Alltagssprache im 19. Jahrhundert. Überlegungen zur Sprache der Autobiographie von Franz Haniel. In: Herzog, Bodo/Mattheier, Klaus J.: Franz Haniel 1779-1868. Materialien, Dokumente und Untersuchungen zu Leben und Werk des Industriepioniers Franz Haniel. Bonn, S. 158-191.

Mattheier, Klaus J. (1988): Das Verhältnis von sozialem und sprachlichem Wandel. In: Ammon, U./Dittmar, N./Mattheier, K. J. (Hrsg.): Sociolinguistics/Soziolinguistik. 2. Halbbd. Berlin/New York, S. 1430-1452.

Mattheier, Klaus J. (1988): Schmellers dialektologisches Erkenntnisinteresse und die heutige Dialektforschung. In: Eichinger, L. M./ Naumann, B. (Hrsg.): Johann Andreas Schmeller und der Beginn der Germanistik. München, S. 57-65.

Mattheier, Klaus J. (1989): Die soziokommunikative Situation der Arbeiter im 19. Jahrhundert. In: Cherubim, D./Mattheier, K. J. (Hrsg.): Voraussetzungen und Grundlagen der Gegenwartssprache. Berlin/New York, S. 93-109.

Mattheier, Klaus J. (1990): Formale und funktionale Aspekte der Syntax von Arbeiterschriftsprache im 19. Jahrhundert. In: Betten, A. (Hrsg.): Neuere Forschungen zur historischen Syntax des Deutschen. Tübingen, S. 286-299.

Moser, Hugo (1969): Deutsche Sprachgeschichte. 6. Aufl. Tübingen.

Mosse, Werner (1988): Adel und Bürgertum im Europa des 19. Jahrhunderts. Eine vergleichende Betrachtung. In: Kocka, J. (Hrsg.) (1988): Bürgertum im 19. Jahrhundert. Bd. 2. München, S. 276-314.

von Polenz, Peter (1978): Geschichte der deutschen Sprache. 9. Aufl. Berlin/New York.

von Polenz, Peter (1983): Sozialgeschichtliche Aspekte der neueren deutschen Sprachgeschichte. In: Cramer, Th. (Hrsg.): Literatur und Sprache im historischen Prozeß. Bd. 2, Tübingen, S. 3-24.

von Polenz, Peter (1983a): Die Sprachkrise der Jahrhundertwende und das bürgerliche Bildungsdeutsch. In: Sprache und Literatur 14, Heft 2, S. 3-13.

von Polenz, Peter (1990): Nationale Varietäten der deutschen Sprache. In: Int.Jour. Soc.Lang. 83, S. 5-38.

Reichmann, Oskar (1988): Zur Vertikalisierung des Varietätenspektrums in der jüngeren Sprachgeschichte des Deutschen. In: Munske, H.H., u.a. (Hrsg.): Deutscher Wortschatz. Fs. L.E. Schmitt zum 80. Geb. Berlin/New York, S. 151-180.

Reif, Heinz (1979): Westfälicher Adel: 1770-1860. Vom Herrschaftsstand zur regionalen Elite. Göttingen.

Rein, Kurt (1985): Schmeller als Soziolinguist. In: Brunner u.a. (Hrsg.): Nach Volksworten jagend. Gedenkschrift zum 200. Geburtstag von Johann Andreas Schmeller. Zs.Bayr. LG 48, S. 97-113.

Rosenbaum, Heidi (1982): Formen der Familie. Frankfurt.

Rumschottel, Hermann (1973): Das bayrische Offizierskorps 1806-1914. Berlin.

Ruppert, Wolfgang (1981): Bürgerlicher Wandel: Studien zur Herausbildung einer nat.dt. Kultur im 18. Jahrhundert. Frankfurt.

Schieb, Gabriele (1980): Zu Stand und Wirkungsbereich der kodifizierten grammatischen Norm Ende des 19. Jahrhunderts. In: Kettmann, G. u.a. (wie Kettmann 1980), S. 177-251.

Schmid, Pia (1985): Zeit des Lesens – Zeit des Fühlens: Anfänge des deutschen Bildungsbürgertums: ein Lesebuch. Berlin.

Sengle, Friedrich (1971): Biedermeierzeit. Deutsche Literatur im Spannungsfeld zwischen Restauration und Revolution 1815-1848. Stuttgart.

Sitta, Horst (Hrsg.) (1980): Ansätze zu einer pragmatischen Sprachgeschichte. Tübingen.

Socin, Adolf (1888): Schriftsprache und Dialekte im Deutschen nach Zeugnissen alter und neuer Zeit. Heilbronn.

Steger, Hugo (1984): Sprachgeschichte als Geschichte der Textsorten. In: Besch, W. u.a. (Hrsg.): Sprachgeschichte. 2. Teilbd. Berlin/New York, S. 186-204.

Tenfelde, Klaus/Trischler, Helmut (Hrsg.) (1986): Bis vor die Stufen des Throns. Bittschriften und Beschwerden von Bergarbeitern im Zeitalter der Industrialisierung. München.

Vierhaus, Rudolf (1987): Umrisse einer Sozialgeschichte der Gebildeten in Deutschland. In: Vierhaus, R.: Deutschland im 18. Jahrhundert. Politische Verfassung, soziales Gefüge, geistige Bewegung. Göttingen, S. 167-182.

Wehler, Hans-Ulrich (1987): Deutsche Gesellschaftsgeschichte. Bd. 1,2. München.

Wehler, Hans-Ulrich (1989): Deutsches Bildungsbürgertum in vergleichender Perspektive: Elemente eines Sonderweges? In: Kocka, J. (Hrsg.) (1989): Bildungsbürgertum im 19. Jahrhundert. Tl. IV. Stuttgart, S. 215-237.

von Westphalen, Ludger (Hrsg.) (1980): Die Tagebücher des Oberpräsidenten Ludwig Freiherrn von Vincke 1813-1818. Bearbeitet von Ludger Graf von Westphalen. Veröff. d. Hist. Kom. f. Westphalen XIX. Münster.

Wiesinger, Peter (1978): Johann Andreas Schmeller als Sprachsoziologe. In: R. Rauch/Carr, G.F. (Hrsg.): Linguistic Method. Essays in Honor of Herbert Penzl. Den Haag/Paris/New York, S. 585-599.

Wille, Hartmut (1988): Das Offenhalten der Schere. Deutschunterricht und soziale Differenzierung der Allgemeinbildung im 19. Jahrhundert. In: Diss. Deutsch 19, S. 21-42.

Zimmermann, Gerhard (1987): Phonetische und paralinguistische Beobachtungen zur fiktionalen preussischen und sächsischen Offizierssprache. In: ZDL 54, S. 28-60.

JÜRGEN WILKE

Auf dem Weg zur „Großmacht": Die Presse im 19. Jahrhundert

I.

Nicht selten ist heute von der „Macht" der Massenmedien die Rede. Daß die Massenmedien Macht besitzen, wird zwar auch bestritten, zumal von denjenigen, die selbst über diese Macht verfügen, nämlich den Journalisten. Und die etwas metaphorisch klingende Formulierung läßt zunächst auch offen, was hier mit „Macht" gemeint ist. Ob dieser herkömmlich für die politische Analyse zentrale Begriff überhaupt noch adäquat ist, wird zudem seit einiger Zeit in Zweifel gezogen.[1] Infolgedessen sprechen manche Autoren neuerdings auch eher von „Einfluß". Ohne auf diesen theoretisch vielleicht bedeutsamen Unterschied im Sprachgebrauch hier weiter einzugehen, läßt sich doch kaum übersehen, daß es Indikatoren für das Machtpotential der Massenmedien gibt. Dazu gehört vor allem die Chance, Information und Kritik massenhaft zu verbreiten, und zwar einseitig (vom Sender zum Empfänger) und öffentlich (so daß es jeder erfahren kann).

Die Erkenntnis oder zumindest das Gefühl, die Massenmedien besäßen Macht, ist jedoch nicht neu. Historische Belege, daß man sie schon früher wahrnahm, lassen sich leicht erbringen. So ist die Bemerkung des österreichischen Staatskanzlers Metternich überliefert: „Die Presse ist eine Gewalt. Gewalten müssen, sollen sie nicht gefährlich sein, stets geregelt werden."[2] Welche „Regelung" damit gemeint war, wissen wir: Es waren die Karlsbader Beschlüsse von 1819, die in Deutschland (wieder) eine Epoche strenger Zensur herbeiführen sollten. Als weiterer Gewährsmann für diese Erkenntnis wird immer wieder Napoleon genannt,[3] der diese vermutlich der Französischen Revolution verdankte und daraus ähnliche Konsequenzen zog wie später Metternich. Sinngemäße Wendungen lassen sich sogar noch früher finden,[4] ja unausgesprochen dürfte die Annahme

---

[1] Vgl. Ronneberger 1983.

[2] So Metternich an Bülow am 24.09.1842, zit. nach Hoefer 1983, S. 49.

[3] Geradezu zum geflügelten Wort wurde der von Napoleon überlieferte Ausspruch: „Que quatre gazettes hostiles faisaient plus de mal, que cent milles hommes en plate campagne."

[4] Hinweise darauf finden sich z.B. in den „Federalists", jener Sammlung von Abhandlungen, die von den Gründern der Vereinigten Staaten über Verfassungsfragen 1787/88 geschrieben wurden. Vgl. Wilson 1942, Cooke 1961.

einer „Macht" der publizistischen Medien hinter allen Versuchen stehen, diese einer Kontrolle zu unterwerfen.

So sehr sich also Vorstufen zeigen, die Einsicht von der Macht der Massenmedien kam erst im 19. Jahrhundert voll zum Durchbruch. Und dies hatte, wie im folgenden dargestellt werden soll, seine Gründe. Dabei fand insofern noch eine gewisse Steigerung statt, als damals die Rede von der Presse als einer „Großmacht" aufkam. Dies geschah in einer ganzen Reihe von Schriften, die im letzten Drittel des 19. Jahrhunderts erschienen sind. „Die Großmacht der Presse" – so lautet der Titel schon einer der ersten von ihnen, die 1866 publiziert wurde. „Wer immer, der auch nur flüchtig die Lage der Dinge in der Gegenwart betrachtet", so führt der Verfasser darin aus, „kann es sich verhehlen, daß unsere Zeit zum großen Theile gerade durch die Presse das geworden ist, was sie ist. Wer vermag zu leugnen, daß bis zur Stunde die Presse als ein Hauptmittel benützt und ausgebeutet wird, um Throne zu stürzen, um den Altar zu zertrümmern, um Königreiche zu erobern, um Völker zu unterjochen und zu gängeln, indem man sie verwirrt und irre leitet."[5] Der Autor vergleicht – in militärischer Analogie – die Presse ausdrücklich mit einer Armee und resümiert: „Die Tagespresse ist eine Großmacht, die sich nicht ignoriren läßt und deren Eingreifen in die Geschicke der Völker um so gewaltiger erscheint, je weniger sie wählerisch ist in ihren Mitteln."[6]

Verfaßt hatte diese Schrift der Speyerer Domkapitular Wilhelm Molitor, wobei dies (mit) erklären mag, was manchem vielleicht als apokalyptische Überzeichnung erscheint. Molitor löste damit indessen eine breite Debatte aus.[7] Auch wenn das Argument von der Macht der Presse unverkennbar vor allem auf konservativer Seite Zuspruch fand und sich mit dort vorhandenen kulturkritischen Ressentiments verband, so läßt es sich doch nicht darauf reduzieren und damit gar erledigen. Nicht nur die Schriften, die unmittelbar an Molitor anschlossen, nahmen die Formel auf, wie z.B. Joseph Lukas, in dessen Replik es ein Jahr später lapidar hieß: „Die Presse ist eine gewaltige Macht. Dieser Satz bedarf heute keines Beweises mehr, um geglaubt zu werden." (1867, S. 1) Vielmehr wurde dieser Gedanke auch von anderen propagiert. Heinrich Wuttke, einer der schärfsten Kritiker der Presseentwicklung im 19. Jahrhundert, notierte 1875: „Die beherrschende Macht der Tagespresse über den Sinn der Men-

---

[5] Molitor 1866, S. 6 f.

[6] Molitor 1866, S. 9.

[7] Vgl. Lukas 1867, Hammer 1868, Zöckler 1870.

schen stellt man sich ohnehin gewöhnlich zu gering vor";[8] und um diese Vorstellung zu korrigieren, führte er eine ganze Reihe von Beispielen an. Übrigens folgten Schriften wie die hier zitierten auch später noch, zumal nach der Jahrhundertwende. „Ist heute die Presse eine Macht?", fragte 1911 z.B. der Tübinger Redakteur Carl Erler, und er antwortete ebenfalls: „Diese Frage wird und kann kein Mensch verneinen."[9]

II.

Von den zuvor angeführten Zeugnissen ausgehend, möchte ich im folgenden zu beschreiben suchen, inwiefern die Presse im 19. Jahrhundert zu einer „Großmacht" wurde bzw. warum sich den Zeitgenossen damals ein solcher Eindruck aufdrängte. Die ersten Druckwerke, welche die Merkmale der Zeitung in vollem Umfang aufweisen (Aktualität, Periodizität, Universalität, Publizität), waren in Deutschland zwar schon im frühen 17. Jahrhundert erschienen. Und dieses Medium entwickelte sich hier rascher und vielfältiger als in allen anderen Ländern Europas, was vor allem mit dem deutschen Territorialismus zu tun hatte. Doch so sehr sich die Zahl der Zeitungen schon vermehrte und eine inhaltliche Erweiterung einsetzte – bis zum Ende des 18. Jahrhunderts veränderte sich das Medium nur wenig.

Der grundlegende Wandel, ja der Durchbruch zur modernen Presse vollzog sich hingegen erst im 19. Jahrhundert. Das wird deutlich, wenn man die Situation am Ende des 18. mit der am Ende des 19. oder am Beginn des 20. Jahrhunderts vergleicht. Zum Beleg dazu führe ich im folgenden Daten aus verschiedenen Quellen an. Einerseits handelt es sich um quantitative Erhebungen aus der damaligen Zeit selbst oder solche, die im frühen 20. Jahrhundert vorgenommen wurden.[10] Sie sind der ersten Phase einer Pressestatistik in Deutschland zu verdanken, die sich vor allem auf Postzeitungslisten und Zeitungskataloge stützte. Wenngleich die seinerzeit ermittelten Zahlen eine Grundlage hatten, die man für das 18. Jahrhundert noch nicht besitzt, so standen sie doch auf unsicherem Boden. Dies nicht nur, weil diese Quellen unterschiedlich vollständig sind, sondern auch, weil die Erhebungseinheit „Zeitung" variiert oder variieren kann. Aber selbst wenn man einräumt, es nur mit Annäherungswerten

---

[8] Wuttke 1875, S. 194.

[9] Erler 1911. Allerdings relativiert Erler diese Aussage im folgenden mit der Bemerkung, „daß diese Macht und dieser Einfluß doch nur recht beschränkt ist" (S. 26).

[10] Vgl. Schacht 1898, La statistique des journaux 1908 (hier insbesondere S. 178, 179), Stoklossa 1913, Muser 1918.

zu tun zu haben, bleiben diese wichtig genug. In zweiter Linie greife ich auf eine von mir selbst durchgeführte jüngere Untersuchung zurück.[11] Das Beispiel des „Hamburgischen Unpartheyischen Correspondenten", um den es dabei vor allem geht, mag auch nicht repräsentativ sein für die gesamte deutsche Tagespresse. Da die Studie aber bisher vereinzelt ist, gibt es keine Alternative, wenn man bestimmte Dinge quantitativ belegen will.

Nach erst in neuerer Zeit gemachten Erhebungen bestanden am Ende des 17. Jahrhunderts im deutschsprachigen Raum bereits etwa 70 Zeitungen.[12] Am Ende des 18. Jahrhunderts waren es über 200. Das ergab eine nicht unbeträchtliche Zeitungsdichte. Doch im 19. Jahrhundert sollte erst recht eine enorme Expansion im Pressewesen einsetzen. So konnte Hjalmar Schacht am Ende dieses Jahrhunderts (1897) in Deutschland insgesamt 3405 Zeitungen zählen.[13] Auch wenn die Erhebungseinheit nicht kongruent sein mag, die nur als Kopfblätter erscheinenden Zeitungsausgaben einzeln gezählt sein dürften und man die typologische Differenzierung des Mediums in Rechnung stellen muß, so ist die Vervielfachung des Zeitungsangebots doch unübersehbar. Erschienen am Ende des 18. Jahrhunderts Zeitungen in etwa 150 Orten, so registrierte Schacht im Jahre 1897 1884 Verlagsorte. Zahlreiche Städte und Gemeinden, die am Ende des 18. Jahrhunderts noch keine Zeitung besaßen, verfügten ein Jahrhundert später über eine solche, in anderen waren weitere Titel hinzugekommen. Im ganzen war das Netz der Zeitungen enger geworden, die Dispersion des Mediums hatte sich bis in regionale und lokale Kleinräume – „bis in den entferntesten Winkel des Landes"[14] – fortgesetzt.

Die hier durch „Randwerte" belegte Expansion des Pressewesens im 19. Jahrhundert hat sich naturgemäß nicht kontinuierlich vollzogen. Vielmehr kam es dazu in mehreren Schüben, die mit bestimmten politischen und wirtschaftlichen Ursachen zusammenhingen. Vor 1848 lag die Zahl der Zeitungen (einschließlich Intelligenzblätter) offenbar um die 1000.[15] Erst infolge der März-Revolution und der durch sie proklamierten Pressefreiheit kam es zu einer größeren Gründungswelle bei den politischen

---

[11] Vgl. Wilke 1984.

[12] Vgl. Bogel/Blühm 1971, 1985.

[13] Schacht 1898, S. 508.

[14] Zöckler 1870, S. 20.

[15] Vgl. von Reden 1848.

Zeitungen. Diese kam jedoch wegen neuerlicher restriktiver Bestimmungen schon alsbald zum Erliegen. Eine weitere Welle der Etablierung neuer Zeitungen folgte in den siebziger Jahren, eine dritte läßt sich in den achtziger Jahren beobachten. Werden in den vorliegenden Statistiken für 1862 1300 Zeitungen genannt, so für 1881 2437 und für 1891 3005. Die Dynamik der Expansion lag demnach in der zweiten Hälfte, ja in den späteren Jahrzehnten des 19. Jahrhunderts.

Eine zweite Ebene, auf der es zu einer Expansion im Pressewesen kam, bilden die Auflagen, d.h. die Anzahl der gedruckten Exemplare. Aufgrund neuerer Berechnungen wird die Gesamtauflage der deutschen Tagespresse am Ende des 18. Jahrhunderts auf 300 000 Exemplare (pro Erscheinungsintervall) geschätzt.[16] Dabei wird für die größeren Blätter eine Durchschnittsauflage von 4000 Exemplaren zugrunde gelegt. Schon hier hat man gemeint, von „Massenpresse" sprechen zu können, zumal wenn die im 18. Jahrhundert noch beträchtliche Zahl von durchschnittlich zehn Lesern pro Exemplar angenommen wird (was auf eine Zeitungsleserschaft von ca. 3 Millionen bei weniger als 20 Millionen Einwohnern schließen läßt). Schacht errechnete 1897 für die von ihm gezählten Zeitungen eine Gesamtauflage von 12,2 Millionen Exemplaren.[17] Dies entspräche einer Steigerung um das Vierzigfache binnen eines Jahrhunderts. Als Durchschnittsauflage pro Zeitung im Reichsgebiet ergeben sich dabei 3660 Exemplare. Das ist im Vergleich zu heute immer noch wenig. Aber schon damals standen neben einer großen Anzahl kleinauflagiger Blätter bereits einige mit hohen Auflagen, so der 1893 von August Scherl gegründete „Berliner Lokalanzeiger", der in einer Auflage von 150 000 Exemplaren erschien. „Groß" waren jedoch Zeitungen schon, wenn ihre Auflage mehr als 20 000 betrug. Die Reichweite der Tagespresse am Ende des 19. Jahrhunderts wird im übrigen dadurch bestimmt, daß eine geringere Zahl von Lesern als früher sich ein Exemplar teilt. Der Zeitungsbezug und die Lektüre, im 18. Jahrhundert noch großenteils in kollektiven Formen gepflegt, hatten sich inzwischen zu individualisieren begonnen.[18] Bei einer Bevölkerung von über 50 Millionen um 1895 dürfte zumindest weit mehr als die Hälfte Zeitung gelesen haben.

---

[16] Vgl. Welke 1977.

[17] Schacht 1898, S. 514. Diese Zahl dürfte, wie Schacht selbst einräumt, etwas höher sein, da er bei den Organen, für die ihm keine Auflagenzahlen vorlagen, Schätzwerte annahm. Als Zusammenstellung von Einzelauflagen vgl. Heenemann 1929.

[18] Allerdings gab es den Zeitungsbezug in kollektiven Formen auch noch im 19. Jahrhundert. Vgl. als Beispiel Wilke 1985.

Von Expansion kann noch in anderweitiger Hinsicht die Rede sein. Waren die ersten Zeitungen, die wir als solche gelten lassen, noch im Wochenrhythmus erschienen (bedingt durch die wöchentlichen Postkurse), so kam es erst nach und nach zu kürzeren Erscheinungsintervallen. Zwar wurde schon 1650 in Leipzig die erste Zeitung täglich herausgegeben („Einkommende Zeitungen"), doch blieb das eine Ausnahme. Mehr und mehr hatte sich bis zum Ende des 17. Jahrhunderts ein wöchentlich zweimaliges, bis zum Ende des 18. Jahrhunderts ein wöchentlich dreimaliges Erscheinen durchgesetzt. Noch 1897 erschienen nach den Daten von Hjalmar Schacht 30 Prozent der Zeitungen im Deutschen Reich dreimal in der Woche, 20 Prozent zweimal und 11 Prozent einmal.[19] Doch kam jetzt immerhin schon jede dritte Zeitung (werk-)täglich oder sogar häufiger (mehrmals täglich) heraus. Letzteres war vor allem bei Zeitungen in Berlin oder anderen großen Städten der Fall. Dabei ist der Erscheinungsrhythmus ein entscheidender Indikator für die Dichte, in der das Publikum mit den Botschaften der Zeitung konfrontiert wird.

Bemerkenswert ist vor allem, in welchem Maße der Zeitungsstoff im 19. Jahrhundert zunahm. Dies zeigt sich schon an scheinbaren Äußerlichkeiten. Noch am Ende des 18. Jahrhunderts waren bei den deutschen Zeitungen Quartformate vorherrschend. Vermehrter Zeitungsstoff konnte allenfalls durch eine vermehrte Seitenzahl aufgefangen werden. Dem waren aber, obgleich man diesen Weg durchaus einschlug, technische Grenzen gesetzt. Die inhaltliche Erweiterung sprengte schließlich den bisher üblichen Satzspiegel. So ging man in der zweiten Hälfte des 19. Jahrhunderts zu größeren Zeitungsformaten (insbesondere Folio) über. Eine Vermehrung der Seitenzahl konnte, je nach anfallendem Stoff und den wirtschaftlichen Möglichkeiten, noch außerdem hinzukommen. Feste Werte lassen sich dafür bei der Vielzahl von Zeitungen jedoch nicht angeben.

Die Veränderungen in Format und Seitenumfang bieten nur eine äußere Annäherung an die inhaltliche Expansion der Tagespresse im 19. Jahrhundert. Ein präziseres Bild ergibt sich erst, wenn man die Erweiterung des Zeitungsstoffs genau zu quantifizieren versucht. Als Beispiel ziehe ich hierzu jetzt den „Hamburgischen Unpartheyischen Correspondenten" heran.[20] Dessen Ausgaben hatten (jeweils im November) 1796 im Durchschnitt 610 Zeilen, 1856 1867 Zeilen und 1906 2731 Zeilen. Dabei ist jedoch zu bedenken, daß sich durch den Wechsel von Format und Spaltengliederung die Zeilenbreite veränderte. Berücksichtigt man

---

[19] Schacht 1898, S. 512.

[20] Vgl. Wilke 1984, S. 97 ff.

dies und wählt als – zugegebenermaßen sehr formales – Maß die Anzahl der Zeilenanschläge, so ergeben sich für eine Zeitungsausgabe folgende Durchschnittswerte: 1796 31720, 1856 91483 und 1906 138363 Anschläge.

Der Umfang des angebotenen Zeitungsstoffs pro Ausgabe stieg demnach im Laufe des 19. Jahrhunderts um mehr als das Vierfache, wobei der größere Teil des Wachstums schon in seiner ersten Hälfte lag. Doch muß man für ein realistisches Bild weiter in Betracht ziehen, daß der „Hamburgische Unpartheyische Correspondent" 1796 wöchentlich dreimal, 1906 hingegen 14mal (zwei Ausgaben an sieben Tagen) erschien. Rechnet man die Zeilenanschläge einheitlich auf eine Woche um, so beträgt die Steigerungsrate zwischen 1796 und 1906 1500 Prozent, d.h. ein Leser dieser Zeitung erhielt 1906 verglichen mit 1796 wöchentlich das Fünfzehnfache an Gedrucktem. Auch wenn der „Hamburgische Unpartheyische Correspondent" – wie schon gesagt – (schon wegen seiner häufigen Erscheinungsweise) nicht im statistischen Sinne repräsentativ für die deutschen Zeitungen steht, so gewinnt man durch ihn doch einen plastischen Eindruck, welches Ausmaß die Expansion des Zeitungsstoffs im 19. Jahrhundert annehmen konnte, ein Vorgang, den ich mit der Formel „vom Rinnsal zur Informationslawine" bezeichnet habe.

III.

Die hier zunächst in den statistischen Grunddaten beschriebene Expansion der Tagespresse im 19. Jahrhundert verlieh diesem Medium jene Omnipräsenz, wie sie uns geläufig ist. Zwar war die Presse schon am Ende des 18. Jahrhunderts das am weitesten verbreitete Druckwerk. Aber das gilt hundert Jahre später erst recht, ja in noch stärkerem Maße. Die Zeitung war zu einem allgegenwärtigen Phänomen der menschlichen Lebenswelt geworden. Dabei hatte diese Expansion politisch-rechtliche und wirtschaftliche, aber auch technische und soziale Voraussetzungen. Diese wirkten zwar letzten Endes zusammen, führten aber keineswegs zu einer linearen, sondern eher zu einer gebrochenen Entwicklung.

Daß nach einer kurzen Blüte im Anschluß an die Befreiungskriege die bereits erwähnten, 1819 erlassenen Karlsbader Beschlüsse wieder ein strenges Zensursystem in Deutschland einführten, ließ der Presse wenig Entfaltungs- und Bewegungsspielraum, in welcher Hinsicht auch immer. Erst die Märzrevolution 1848 brachte dieses System zu Fall. Die in den Grundrechten der Paulskirche proklamierte Pressefreiheit öffnete das Tor nicht nur für neue Zeitungsgründungen, sondern ließ auch eine andere Art von Zeitung entstehen, und zwar die Meinungs- und Parteipresse.[21]

---

[21] Vgl. Koszyk 1966, S. 127 ff.

Doch dieser Aufschwung erlahmte schon bald, nachdem 1854 neuerlich restriktive „Bundesbestimmungen, die Verhältnisse des Mißbrauchs der Presse betreffend" ergingen. Die Gründung weiterer Presseorgane suchte man durch Konzessions- und Kautionszwang zu verhindern oder doch zu erschweren. Ein Hemmnis wirtschaftlicher Art war ferner die Stempelsteuer, die auf jede Zeitungsseite erhoben wurde. Diese bedeutete praktisch eine Kostensteigerung, die, wenn der Verleger sie auf den Leser abwälzte, zu einem höheren Bezugspreis führte und damit die Gefahr eines Auflagenverlusts in sich barg. Hinzu kam, daß der zunehmende Zeitungsstoff nicht einfach durch Vermehrung der Seitenzahl aufgefangen werden konnte. Ihn raumsparend auf möglichst wenig Seiten unterzubringen, zwang dazu, kleine Buchstabentypen zu verwenden. Dies macht viele Zeitungen der zweiten Hälfte des 19. Jahrhunderts wenig augen- und leserfreundlich, was der Presseforscher noch heute „auszubaden" hat.

Die hier genannten Restriktionen wurden durch das Reichspressegesetz von 1874 aufgehoben.[22] Erst jetzt wurden die Pressefreiheit gewährleistet und die Beschränkungen auf die im Gesetz selbst genannten, vergleichsweise engen Grenzen reduziert. Die damit im Rechtlichen eingetretene Liberalisierung ermöglichte eine neue Welle der Expansion im Pressewesen. Und auch der inhaltliche Spielraum der Presse erweiterte sich.

Wirtschaftliche Ursachen besaß die Expansion der Presse in der zweiten Hälfte des 19. Jahrhunderts in mehrfacher Hinsicht. Zunächst einmal hängt das Gedeihen der Presse generell mit der jeweiligen wirtschaftlichen Entwicklung zusammen. Dies gilt zumindest soweit das Pressewesen privatwirtschaftlich betrieben wird, wie es in Deutschland von Beginn an der Fall war. Zeitungen mußten primär, wenn nicht ausschließlich aus dem Bezugspreis finanziert werden, zumal es ihnen nach der Einführung des staatlichen Intelligenzmonopols Anfang des 18. Jahrhunderts untersagt war, Anzeigen (zuerst) aufzunehmen. Zum einen begrenzte der Bezugspreis die Zugänglichkeit von Presseorganen, zum anderen hing es vom wirtschaftlichen Wohlergehen ab, wie viele sich eine Zeitung leisten konnten. Unter diesen Prämissen wirkte sich der wirtschaftliche Aufschwung nach 1871 im Deutschen Kaiserreich sehr förderlich auf die Presse aus, wenn es auch schon in den siebziger und achtziger Jahren gewisse konjunkturelle Rückschläge gab.

---

[22] Vgl. Wilke 1988 (sowie die dort verzeichnete Literatur zum Reichspressegesetz).

Erst recht gilt dies noch in einer zweiten Hinsicht. Am 1. Januar 1850 war in Preußen das – allerdings schon in mancherlei Weise durchlöcherte – staatliche Intelligenzmonopol aufgehoben worden. Von jetzt an konnten Anzeigen ungehindert auch in die politische Tagespresse eindringen. Aus den noch bestehenden Intelligenzblättern wurden, sofern sie nicht ihr Erscheinen einstellten, im Laufe der Zeit gewöhnliche Zeitungen. Mit der Hochkonjunktur der sogenannten „Gründerzeit" gewann das Anzeigenwesen zudem eine zunehmende Marktfunktion, ja es wurde zur Verteilung der Güter und Waren geradezu unerläßlich. Verlegerische Interessen und die Interessen der Wirtschaft flossen gewissermaßen zusammen, die Zeitung wurde zu jenem „Kuppelprodukt", von dem Karl Bücher zugespitzt gesagt hat, daß es Anzeigenraum als Ware produziert, der nur durch einen redaktionellen Teil absetzbar wird.[23] Die Einnahmen aus den Anzeigen veränderten überdies die verlegerischen Kalkulationsgrundlagen.[24] Und mit dem Anzeigenteil wuchs auch der redaktionelle Teil an.[25]

Hatten sich die Zeitungen bis zur Mitte des 19. Jahrhunderts – wie schon gesagt – im wesentlichen aus dem Vertriebserlös finanziert, so wurde in der zweiten Jahrhunderthälfte der Anzeigenerlös zur vorrangigen Finanzierungsquelle. Daraus ergab sich nicht nur – sozusagen als soziale Konsequenz –, daß der Bezugspreis gesenkt und die Zeitung erschwinglicher wurden. Vielmehr bildete sich ein typologischer Wandel im Pressewesen heraus: Der „Generalanzeiger" entstand, ein Zeitungstyp, der ganz auf der Nutzung des Anzeigenwesens fußte. Häufig wurden die ersten Ausgaben dieser Blätter (z.B. der „Generalanzeiger der Stadt Köln", der am 29. September 1875 zum ersten Mal erschien) sogar kostenlos verteilt oder lediglich für die Zustellgebühr, und man forderte ein (geringes) Entgelt erst, als sich die Bezieher an ein solches Organ gewöhnt hatten.[26] Die Generalanzeiger erzielten denn auch als erste Zeitungen wirkliche Massenauflagen, welche die sonst übliche durchschnittliche Auflage weit übertrafen.

Doch nicht nur der Anzeigenteil war für die Generalanzeiger charakteristisch. Da die Inserenten, wie man heute sagen würde, an einer möglichst großen Zahl von „Werbekontakten" interessiert waren, mußte den Zeitungen an einer möglichst großen Leserschaft liegen. Diese erreichte man

---

[23] Vgl. Bücher 1926, S. 377.

[24] Vgl. Reumann 1968.

[25] Vgl. dazu Meißner 1931.

[26] Vgl. Dovifat 1928, Wolter 1981.

aber nur, wenn man im Inhalt darauf verzichtete, dezidierte politische oder weltanschauliche Positionen zu vertreten. Insofern waren die Generalanzeiger der Tendenz nach unpolitisch, was nicht heißt, daß sie damit nicht mittelbar doch politische Bedeutung besaßen. Gleichwohl stellten sie einen Zeitungstyp konträr zur Parteipresse dar. Diese war überwiegend auflagenschwach und hatte – nicht zuletzt wegen mangelnder Anzeigen und fehlender Inserenten – mit wirtschaftlichen Schwierigkeiten zu kämpfen. Ihre Existenz ließ sich z.T. nur durch Aktiengesellschaften begründen und aufrechterhalten, eine im 19. Jahrhundert auch im deutschen Pressewesen neue Organisationsform.

Die Expansion des Pressewesens im 19. Jahrhundert setzte auch technische Neuerungen voraus. Die von Johannes Gutenberg Mitte des 15. Jahrhunderts erfundene Drucktechnik, die auch dem Zeitungsdruck den Weg bereitete, hat sich merkwürdigerweise bis zu Beginn des 19. Jahrhunderts kaum verändert.[27] Zwar gab es beim Drucken von Zeitungen Besonderheiten. Aber weil diese wegen der Aktualität der Nachrichten rasch hergestellt werden mußten, konnten größere Auflagen – wie z.B. beim „Hamburgischen Unpartheyischen Correspondenten" – nur durch Nutzung bzw. „Parallelschaltung" mehrerer Druckerpressen erzeugt werden. Revolutioniert wurde diese Technik erst mit der Erfindung der Schnellpresse 1811/12 durch Friedrich Koenig. Diese wurde 1814 bei der Londoner „Times" erstmals im Zeitungsdruck eingesetzt und brachte eine Beschleunigung auf 1600 Drucke pro Stunde. Die Druckleistung betrug das Vierfache, nach einer Verbesserung bald sogar das Zehnfache der herkömmlichen Pressen. Eine weitere Produktionssteigerung brachte seit den sechziger Jahren des 19. Jahrhunderts die Rotationspresse. Auch wenn diese Technik in dem überwiegend von Kleinunternehmen geprägten Presseverlagswesen in Deutschland erst allmählich vordrang, der Übergang zur Massenpresse im späten 19. Jahrhundert wäre ohne sie nicht möglich gewesen. Druckauflagen wie die 150 000 Exemplare des „Berliner Lokalanzeigers" ließen sich nur noch im Rotationsdruck herstellen und setzten auch zunehmend eine Großbetrieblichkeit des Presseverlags – in diesem Fall das Unternehmen August Scherls – voraus.[28]

Schließlich ist die Expansion des Pressewesens nicht ohne Bezugnahme auf demographische und soziale Entwicklungen zu erklären. Die Bevölkerung, die auf dem Gebiet des Deutschen Reiches 1816 23,5 Millionen betragen hatte, wuchs bis zum Ende des Jahrhunderts auf mehr als das

---

[27] Vgl. Gerhardt 1975, 1976.

[28] Vgl. Koszyk 1966, S. 276 ff.

Doppelte und lag im Jahre 1900 bei 56 Millionen.[29] Obwohl die Zuwachsraten schon in der ersten Jahrhunderthälfte beträchtlich(er) waren, setzte eine soziale Umwälzung der Bevölkerung erst mit der Industrialisierung und der Verstädterung nach 1871 ein.[30] Die damals entstehenden Großstädte schufen auch ein neues Publikum für die Presse. Größere politische Partizipationschancen, steigende Mobilität, der Komplexitätszuwachs der näheren und ferneren Lebenswelt bzw. deren Unübersichtlichkeit, auch die – wenngleich noch bescheidenen – Freizeitbedürfnisse – sie begründeten eine zunehmende Nachfrage nach Information und Kommunikation. Gestützt wurde diese Nachfrage durch einen (weiteren) Rückgang des Analphabetentums bzw. einen Anstieg der Lesefähigkeit, die wiederum durch die allgemeine Schulpflichtigkeit bedingt waren.[31] Diese galt in Preußen zwar schon seit 1763, wurde aber erst im 19. Jahrhundert überall zur Selbstverständlichkeit. Zu den im engeren Sinne sozialen Voraussetzungen der Expansion im Pressewesen gehörte schließlich auch die bereits erwähnte Verbilligung der Bezugspreise, die dieses Medium den breiten Schichten der Bevölkerung erst zugänglich machte.

IV.

Indem der Umfang der Zeitungen im 19. Jahrhundert stark ausgeweitet wurde, wandelte sich auch deren Inhalt. Aufs ganze gesehen wurde dieser vielseitiger, ja es bildete sich erst vollends jene thematische Universalität heraus, die nach unseren heutigen Begriffen für die Massenmedien konstitutiv ist. Am Beispiel des „Hamburgischen Unpartheyischen Correspondenten", aber auch an anderen Organen, ist ablesbar, daß am Ende des 18. Jahrhunderts noch die politisch-militärische Berichterstattung dominierte.[32] Bis zum Ende des 19. Jahrhunderts hatte sich dann der Zeitungsinhalt diversifiziert. Vermehrt fanden Berichte über Handel und Wirtschaft, über Recht und Soziales sowie über Kultur in den Zeitungen Aufnahme, obwohl die Anfänge eines „Kulturteils" beim „Hamburgischen Unpartheyischen Correspondenten" schon im 18. Jahrhundert lagen. Das Wirklichkeitsspektrum, über das berichtet wurde, dehnte sich aus, immer mehr Dinge wurden auch zum Gegenstand der „Medienrealität", wie wir das in den Medien vermittelte Bild der Welt inzwischen nennen.

---

[29] Vgl. Marschalk 1984.

[30] Vgl. Reulecke 1985.

[31] Vgl. Engelsing 1973, S. 96 ff.

[32] Vgl. Wilke 1984, S. 124 ff.

Verändert hat sich in den Zeitungen des 19. Jahrhunderts auch die geographisch-politische Herkunft und Zusammensetzung der Berichterstattung. Wieder zeigt das Beispiel des „Hamburgischen Unpartheyischen Correspondenten" bis zum Ende des 18. Jahrhunderts eine Dominanz der Information aus dem Ausland, d.h. von jenseits der Grenzen des Deutschen Reiches.[33] Zu Beginn des 20. Jahrhunderts stellten „nationale" und „internationale" Nachrichten dann einen etwa gleich großen Anteil. Doch war außerdem etwas hinzugekommen, was es im 18. Jahrhundert – zumindest in den politischen Zeitungen – noch kaum gegeben hatte, nämlich die lokale Berichterstattung. Ansätze hierzu waren zwar in den Intelligenzblättern vorhanden, aber ein eigener Lokalteil entstand erst im (späteren) 19. Jahrhundert.[34] In doppelter Weise – nämlich „national" und „lokal" – gewann der Zeitungsinhalt damals wesentlich an Nähe zum Publikum.

Zum Funktionswandel der Presse trug im 19. Jahrhundert noch etwas anderes bei. Bis zum Ende des 18. Jahrhunderts war in Deutschland der Typ der referierenden, „relatorischen" Zeitung vorherrschend. Das Etikett „unparteiisch" im Titel des „Hamburgischen Unpartheyischen Correspondenten" kann dafür als symptomatisch gelten. Bedingt war diese Haltung nicht nur durch die Zensur, sondern sie entsprach auch dem journalistischen Selbstverständnis, wonach man den Leser zu unterrichten habe, ihm seine Meinungsbildung aber selbst überlasse. Mit dem im späten 18. Jahrhundert auch in Deutschland einsetzenden Kampf um Pressefreiheit drängten die Journalisten dann darauf, in den Zeitungen auch ihre Meinung zu äußern und Kritik zu üben. Wo solche Pressefreiheit im frühen 19. Jahrhundert (zeitweise) gewährt wurde, bildeten sich die Anfänge einer meinungsbetonten Presse heraus. Als exemplarisch wird dafür immer wieder Joseph Görres' „Rheinischer Merkur" von 1814/16 angeführt. Auf breiter Front brach das Zeitalter der Meinungspresse aber erst nach 1848 an. Mit den sich im Parlamentarismus formierenden Parteien entstanden auch Parteizeitungen, die die jeweiligen politischen und weltanschaulichen Positionen öffentlich vertreten sollten. Aber selbst wenn solche Organe nicht unmittelbar einer Partei zugehörten oder ihr nahestanden, so waren sie doch häufig richtungsbestimmt und machten das Pressewesen tendenzhaltig.[35] Auf der anderen Seite verringerten sich die Absatzchancen im Prinzip um so mehr, je

---

[33] Wilke 1984, S. 147 ff.

[34] Vgl. Conrad 1935.

[35] Vgl. Die Gruppierung der Zeitungen nach ihrer Parteistellung bei Schacht 1898, S. 518, vgl. auch Roth 1913.

enger die Richtung jeweils festgelegt war; weshalb – wie schon erwähnt – im späten 19. Jahrhundert die meinungslosen Generalanzeiger in der Regel die erfolgreicheren Blätter waren.

Noch in anderer Hinsicht wandelten sich Inhalt und Funktion der Presse im 19. Jahrhundert, und zwar insonderheit in den Jahrzehnten nach 1870. Seitdem nahmen die Zeitungen vermehrt auch phantasiebetonte, erzählende, wenn man so will „literarische" Formen und Beiträge auf.[36] Gemeint sind damit der Zeitungsroman, Reiseskizzen, Kurzgeschichten, das Feuilleton als „kleine Form". Damit übernahm die Tagespresse für ihre Leser auch die Aufgabe der „Unterhaltung". Nachdem der Stuttgarter Verlagsbuchhändler und Druckereibesitzer Hermann Schönlein 1872 damit begonnen hatte, führten die politischen Zeitungen großenteils sogar eigene Unterhaltungsbeilagen ein, deren Stoff z.T. eigene Feuilletonkorrespondenzen lieferten. (Übrigens gab es Beilagen auch zu anderen Lebensbereichen, zur Gesundheitspflege, Rechtskunde u.ä.). Wenn heute solch unterhaltende Beiträge aus den Tageszeitungen fast ganz verschwunden sind und allenfalls noch in der Wochenendausgabe vorkommen, so dürfte dies seinen Grund darin haben, daß die Funktion, die sie einst erfüllten, inzwischen von anderen Medien – insbesondere dem Fernsehen – wahrgenommen wird, und dies bestimmt auch noch besser.

V.

Es liegt auf der Hand, daß die beschriebenen Veränderungen der Presse auf dem Wege zur „Großmacht" im 19. Jahrhundert auch ihre sprachlichen Aspekte hatten. Dies kann hier naturgemäß nicht im einzelnen dargestellt, sondern nur angedeutet werden. Es müßte zudem auch erst noch untersucht werden, womit ich an dieser Stelle freilich Eulen nach Athen trage. Zunächst einmal bedeutete die zuvor geschilderte Expansion, daß die Tagespresse im 19. Jahrhundert einen wachsenden, zu beträchtlichem Ausmaß ansteigenden Beitrag zur gesellschaftlichen Sprachverarbeitung leistete. Wenn die alltägliche Sprachproduktion und Sprachverarbeitung damals stark zugenommen haben, so hatte die Presse daran erheblichen Anteil. Genau quantifizieren läßt sich dieser Anteil nicht, wohl aber, wie wir gesehen haben, die Sprachvermehrung in den Zeitungen selbst. Das Auszählen der Zeilenanschläge gab einen Eindruck davon.

Sprachlich von Bedeutung war aber nicht nur die Expansion im ganzen, sondern auch Veränderungen im einzelnen. Beispielsweise läßt sich eine Zunahme im durchschnittlichen Umfang der Zeitungsbeiträge feststel-

---

[36] Vgl. zum Beleg Wilke 1984, S. 108 ff., dazu auch Stoklossa 1910.

len.[37] In der Frühzeit der Presse hatten die Nachrichten in der Mehrzahl der Fälle nur aus (allenfalls) einem Satz bestanden und blieben in
ihrem Informationsgehalt folglich weitgehend am äußeren, vordergründigen Geschehen hängen. Dies hatte sich zwar schon im Laufe des 18.
Jahrhunderts zu ändern begonnen, der Wandel schritt aber im 19. Jahrhundert weiter voran. Im Jahre 1906 bestanden nur noch 27 Prozent
der Nachrichten im „Hamburgischen Correspondenten" aus einem Satz.
Man kann folglich sagen, daß der Informationsgehalt der Presse im 19.
Jahrhundert auch im einzelnen (weiter) zunahm, d.h. der Komplexitäts-
grad der mitgeteilten Informationen wurde größer. Und damit kamen
zwangsläufig auch komplexere sprachliche Strukturen bei der journalistischen Textbildung zustande.

Die Rolle der Presse für die Sprache läßt sich – vereinfacht gesehen
– in zweifacher Weise bestimmen. Zum einen ist sie ein Multiplikator
von Sprachformen, die unabhängig von ihr im Gebrauch sind. Insofern
dringen im 19. Jahrhundert mit der Expansion der Presse auch gewisse
Sprachbestände (vor allem lexikalische) in eine breitere Öffentlichkeit
vor. Zum anderen bildet die Presse aufgrund ihrer Funktionen selbst
bestimmte Sprachformen aus. Ob man damals schon von einer eigenen
„Zeitungssprache" sprechen kann, wie man es für später getan hat, muß
hier dahingestellt bleiben. Zu den Stilformen, die durch die Presse im
späten 19. Jahrhundert geschaffen werden, gehört jedenfalls die Schlagzeile.[38] In der frühen Presse wurden Nachrichten zunächst nur unter dem
Datum und Namen des Herkunftsorts zusammengefaßt. Im 18. Jahrhundert findet man am ehesten allenfalls das Feuilleton unter einer eigenen
Überschrift ausgesondert („Von merkwürdigen und gelehrten Sachen").
Doch erst als die Zeitungen im 19. Jahrhundert in Umfang und Inhalt
stark zulegten, wurden Überschriften unerläßlich, und zwar – zusammen
mit drucktechnischen Formen der Gliederung und „Aufmachung" – als
Selektionshilfe für den Leser, der gar nicht mehr alles in der Zeitung
lesen konnte.[39] Dabei handelte es sich z.T. noch um bloße Ressortbe-
zeichnungen oder um die Etikettierung der Nachrichtenart (etwa „Letzte
Telegramme"). Wo aber bereits Themaüberschriften auftraten, geschah
dies häufig schon in der Form von Nominalsätzen, wie wir sie auch heute
noch von Schlagzeilen kennen. Gleichwohl ist die leserwerbende Funktion
der Schlagzeile in Deutschland erst im 20. Jahrhundert voll durchgedrun-
gen.

---

[37] Vgl. Wilke 1984, S. 100 f.

[38] Vgl. Sandig 1971, S. 132 ff.

[39] Vgl. Wilke 1984, S. 101 ff.

VI.

Bisher war ausschließlich von Zeitungen die Rede, obwohl zur Presse auch die Zeitschrift als publizistische Gattung gehört. Auf deren Entwicklung im 19. Jahrhundert kann hier nicht in ähnlicher Weise eingegangen werden.[40] Doch sei zumindest darauf hingewiesen, daß in dieser Zeit zugleich auch eine Expansion im Zeitschriftensektor stattfand. Zeitschriften, das sind in mehr oder weniger großen Intervallen erscheinende Druckwerke, die einem umgrenzten Aufgabenbereich und damit häufig zugleich einer bestimmten Zielgruppe von Lesern dienen. Solche Zeitschriften waren in großer Zahl schon im 18. Jahrhundert herausgekommen und sie hatten sich dabei typologisch und thematisch differenziert. Die bereits damals immer wieder beklagte Flut von Titeln bewirkte, daß viele keine längere Erscheinungsdauer zu erreichen vermochten.

Im 19. Jahrhundert, zumal in seinen letzten Jahrzehnten, wuchs auch die Zahl der Zeitschriften weiter an. Lag ihre Zahl in der ersten Jahrhunderthälfte in Deutschland noch unter 500, so waren es um 1900 ca. 6.000.[41] Zu dieser Expansion war es vor allem seit den siebziger Jahren gekommen. Allein in den neunziger Jahren wurde die Gründung von 1704 Zeitschriften registriert. Dabei handelte es sich mehrheitlich um Fachzeitschriften. Die fachliche und soziale Differenzierung der Gesellschaft bildete den entscheidenden Antriebsfaktor für die Spezialisierung des Zeitschriftenwesens. Doch erschienen neben der Vielzahl von Fachzeitschriften mit ihren überwiegend kleinen Auflagen in der zweiten Hälfte des 19. Jahrhunderts eine ganze Reihe von Publikumszeitschriften, die sich an eine breite Leserschaft wandten. Hierzu gehörten vor allem Familienblätter wie „Die Gartenlaube" (1853 ff.) und „Daheim" (1864 ff.). Die Leipziger „Illustrirte Zeitung" war zwar schon 1843 gegründet worden, sollte jedoch ihre Blüte erst später erleben wie die 1891 erstmals erschienene „Berliner Illustrirte Zeitung". Publizistische Neuerungen wie diese entstammen somit ebenfalls (noch) dem 19. Jahrhundert und waren Bestandteil des expansiven Pressewesens.

VII.

Wenn es zutrifft, daß die Presse im 19. Jahrhundert zu einer „Großmacht" wurde, so muß damit zugleich eine Machtverschiebung im Verhältnis zu den angestammten Gewalten und gesellschaftlichen Machtgebilden eingetreten sein. War die Presse diesen einst untergeordnet, so

---

[40] Zum Überblick vgl. Kirchner 1962.

[41] Vgl. Kootz 1908.

erhob sie jetzt zunehmend den Anspruch, gleichrangig zu sein, ja diese in ihrer Geltung zu relativieren. Der eingangs zitierte Domkapitular Molitor sprach davon, die Presse sei zu einem Hauptmittel geworden, „um Throne zu stürzen, um den Altar zu zertrümmern";[42] und er sprach damit metaphorisch Staat und Kirche als die beiden Institutionen an, die offenbar in erster Linie vom Machtzuwachs der Presse in Mitleidenschaft gezogen wurden.

Eine Ahnung davon hatte in den vierziger Jahren des 19. Jahrhunderts schon der Staatsrechtler Robert von Mohl besessen, als er schrieb, „daß das Regieren durch die in dem Geiste der Zeitungen in allen gesitteten Staaten vorangegangene Veränderung sehr bedeutend schwüriger geworden ist, und daß also itzt mehr Kraft und Klugheit dazu gehört, als früher."[43] Gut zwei Jahrzehnte später hatte sich die Situation in den Augen mancher Beobachter so verschärft, daß sie zu Worten wie den folgenden griffen: „So viel ist gewiß, die moderne Presse und der moderne Staat ringen einen Kampf auf Leben und Tod: eines von beiden muß unterliegen. Die Mitregentschaft, welche der Staat anbietet, erträgt die Presse nicht. Sie weiß nichts von Brüderschaft und zieht, wie man im gemeinen Leben zu sagen pflegt, die ganze Decke an sich."[44] Sicher entstammen solche Worte einem noch stark obrigkeitlichen Staatsverständnis und einem fehlenden Begriff von Demokratie. Aber sie signalisieren doch deutlich die unzweifelhaft empfundene Machtverschiebung.

Wie reagierte der Staat auf diese Machtverschiebung? Nachdem ihm 1848 das Mittel der Zensur entzogen und mit dem Erlaß des Reichspressegesetzes 1874 die verbliebenen Instrumente der Reglementierung genommen worden waren, wurden im wesentlichen zwei Wege beschritten. Einerseits verlagerte sich die Auseinandersetzung vor Gericht. Vor allem Otto von Bismarck verfolgte als preußischer Ministerpräsident und später als Reichskanzler ihm nicht genehme Blätter und Journalisten häufig mit Anklagen. Andererseits ging man dazu über, eine aktive Pressepolitik zu betreiben, bei der man sich wiederum verschiedener Mittel bediente.[45] Zu den weniger legitimen gehörte z.B. die Bezahlung oder gar Bestechung von Journalisten. Im Kern der amtlichen Pressepolitik ging es um die inhaltliche Einflußnahme auf die Presse. Dazu nutzte Bismarck u.a. die Provinzialkorrespondenz, die die Kreisblätter mit gouvernemental in-

---

[42] Molitor 1866, S. 7.

[43] Vgl. von Mohl 1845, S. 128 Anm. 3.

[44] Lukas 1867, S. 93.

[45] Vgl. Fischer-Frauendienst 1963, Naujoks 1967.

spirierten Artikeln versorgen sollte. Nach der Reichsgründung setzte der Aufbau eines amtlichen Pressereferats im Auswärtigen Amt ein. Dieses gewann allerdings nur allmählich Einfluß und bot lange Zeit Anlaß, über die mangelnde Koordinierung der amtlichen Informationspolitik zu klagen. Schon seit den sechziger Jahren hatte zudem das „Wolffsche Telegraphen-Büro", die erste deutsche Nachrichtenagentur, eine halbamtliche, offiziöse Stellung. All diese Mittel zielten darauf ab, den Vorrang der politischen Herrschaft vor der „Mitregentschaft" durch die Presse zu wahren.

Unter den staatlichen Gewalten sah man übrigens auch die Justiz beeinträchtigt. So äußerte der bereits zitierte Joseph Lukas: „Die Macht der Presse ist bereits so groß geworden, daß sie selbst den Richterstand mitunter terrorisirt. Bei den Geschwornen-Gerichten ist das eingestandenermaßen der Fall; in sogenannten berühmten Fällen schöpfen die Geschwornen ihr Urteil aus der 'öffentlichen Meinung', nicht aber aus ihrer inneren Überzeugung."[46] Die Unabhängigkeit der juristischen Urteilsfindung schien angeblich nicht mehr gewährleistet, sondern durch die Rücksichtnahme auf die „öffentliche Meinung" gefährdet. Und diese wird hier wiederum als ein Produkt der Presse gesehen.

Daß mit Hilfe der Presse Altäre zertrümmert würden, mußte die Kirche als andere, mit Macht ausgestattete Institution herausfordern. Von kirchlichen Kreisen ging ja auch die Debatte über die zur „Großmacht" gewordene Presse nicht zuletzt aus. Die Kritik entzündete sich hier vor allem an zwei Dingen: Einerseits am Vordringen der Presse des politischen Liberalismus, der man antiklerikale Einseitigkeit und tendenziöse Färbung vorwarf. Man sah sie gewissermaßen auf der Woge des Zeitgeistes schwimmen, und diesem mußte Widerstand geleistet werden. Andererseits nahm man Anstoß daran, daß die Presse zu einem Industriezweig geworden, ja zur „reinen Geschäftssache"[47] herabgesunken sei. Darin erblickten nicht wenige die entscheidende Ursache einer fatalen Entwicklung, die dazu zwang, nach dem Publikum zu schielen und dieses mit Sensationen zufriedenzustellen. Später richtete sich die Kritik aber nicht weniger auch gegen die sogenannte „farblose Presse". Diese unterlasse zwar offene Angriffe auf die Kirche, verbreite unter dem Deckmantel der Neutralität aber die pure Grundsatzlosigkeit. Der Bedrohung von beiden Seiten mußte die Kirche indessen anders begegnen als der Staat. Auf ihrer Seite folgte aus der Diagnose unmittelbar die Therapie, der „schlechten"

---

[46] Lukas 1867, S. 185.

[47] Lukas 1867, S. 45.

Presse praktisch eine „gute" Presse entgegenzusetzen;[48] denn, so fragte Molitor in seiner Schrift, „warum führt man dieselbe Macht nicht in's Feld für die Wahrheit?"[49]

Von der Presse als einer „Großmacht", ja einer „Allmacht"[50] zu sprechen, schließt die Annahme großer Medienwirkungen ein. Diese Annahme mag in manchen Formulierungen der zitierten Quellen kulturpessimistisch überzogen erscheinen. Sie ist jedoch im späten 19. Jahrhundert als solche ein soziales Phänomen, auch wenn es seinerzeit noch an den Mitteln fehlte, einen wissenschaftlichen Nachweis dafür zu führen. Als dies seit den dreißiger Jahren des 20. Jahrhunderts empirisch möglich wurde, wurde die These von den großen Medienwirkungen zunächst revidiert. Doch hat sich inzwischen gezeigt, daß dies nur bedingt richtig war und daß es doch hinreichend Gründe gibt, große Wirkungen der Massenmedien anzunehmen, wenn auch vor allem beim noch vergleichsweise jungen Fernsehen.[51]

Die Macht der Presse hat man schon im 19. Jahrhundert vornehmlich darin gesehen, daß sie die Realität nicht objektiv wiedergibt, sondern subjektiv gefiltert. Diesen Vorgang findet man in ein Bild gekleidet, das recht aktuell anmutet. Die Presse fungiere nicht als ein „Planspiegel", sondern als „verzerrender Hohlspiegel", heißt es bei einem der Zeitgenossen.[52] Außer verzerrten Vorstellungen im Bewußtsein der Bevölkerung wurden auch bereits Wirkungen auf die (politische) Realität selbst beobachtet. Heinrich Wuttke meinte jedenfalls, dergleichen im Zusammenhang der preußisch-österreichischen Auseinandersetzungen von 1866 feststellen zu können, die bekanntlich zur „kleindeutschen" Lösung führten. Gerade sprachliche Strategien machte er dafür verantwortlich. Die „ungeheuere Gewalt der Zeitungen" bestehe darin, „das Urtheil der allermeisten Menschen gefangen zu nehmen und ihre gesunde Vernunft zu verwirren, indem sie Worte, die an sich deutlich und sprechend einen unbestrittenen Sinn haben, veränderte selbst entgegengesetzte Bedeutung unterzuschieben vermochten".[53] Und Wuttke war es auch, der

---

[48] Vgl. Schmolke 1971.

[49] Molitor 1866, S. 7.

[50] Zöckler 1870, S. 7.

[51] Als Überblick zur heutigen Wirkungsforschung vgl. Schenk 1987, Noelle-Neumann 1989.

[52] Zöckler 1870, S. 19.

[53] Wuttke 1875, S. 196.

erkannte, daß die eigentlichen Konsequenzen der Medienkommunikation langfristiger Natur sind. Hellsichtig konstatierte er 1875: „Die Zeitungen selbst sind bald in Vergessenheit verfallen, jedoch die Wirkungen, welche sie während ihrer Herrschaft zu Wege gebracht haben, dauern weiter bestimmend fort."[54]

Literatur

Bogel, Else/Blühm, Elger (Hrsg.) (1971, 1985): Die deutschen Zeitungen des 17. Jahrhunderts. Ein Bestandsverzeichnis mit historischen und bibliographischen Angaben. 2 Bde. Bremen 1971. 3. Nachtragsband München 1985.

Bücher, Karl (1926): Gesammelte Aufsätze zur Zeitungskunde. Tübingen.

Conrad, Erich (1935): Die Entwicklung des lokalen Teils der größeren Leipziger Tageszeitungen in der 2. Hälfte des 19. Jahrhunderts. Diss. Leipzig.

Cooke, Jacob E. (1961): The Federalist. Middletown.

Dovifat, Emil (1928): Die Anfänge der Generalanzeigerpresse. In: Archiv für Buchgewerbe und Gebrauchsgraphik 65, S. 163-184.

Engelsing, Rolf (1971): Analphabetentum und Lektüre. Zur Sozialgeschichte des Lesens in Deutschland zwischen feudaler und industrieller Gesellschaft. Stuttgart.

Erler, Curt (1911): Von der Macht der Presse in Deutschland. Berlin.

Fischer-Frauendienst, Irene (1963): Bismarcks Pressepolitik. Münster.

Gerhardt, Claus W. (1975): Geschichte der Druckverfahren. Teil II: Der Buchdruck. Stuttgart.

Gerhardt, Claus W. (1976): Warum wurde die Gutenberg-Presse erst nach über 350 Jahren durch ein besseres System abgelöst? In: Gerhardt, Claus W.: Beiträge zur Technikgeschichte des Buchwesens. Kleine Schriften 1969-1976. Frankfurt/M., S. 79-100.

Hammer, Philipp (1868): Die Presse, eine Großmacht, oder ein Stück moderner Versimpelung? Würzburg.

von Hassell, Ulrich (1902): Deutsche Zeitschriften und ihre Wirkung auf das Volk. Stuttgart.

---

[54] Wuttke 1875, S. 218.

Heenemann, Horst (1929): Die Auflagenhöhe der deutschen Zeitungen. Ihre Entwicklung und ihre Probleme. Diss. Berlin.

Hoefer, Frank Thomas (1983): Pressepolitik und Polizeistaat Metternichs. Die Überwachung von Presse und politischer Öffentlichkeit durch das Mainzer Informationsbüro (1833-1848). München/New York/London/Paris.

Kirchner, Joachim (1962): Das deutsche Zeitschriftenwesen. Seine Geschichte und seine Probleme. Teil II: Vom Wiener Kongreß bis zum Ausgang des 19. Jahrhunderts. Wiesbaden.

Kootz, Robert (1908): Zur Statistik der deutschen Zeitschriften. In: Zeitschrift für die gesamte Staatswissenschaft 64, S. 526-560.

Koszyk, Kurt (1966): Deutsche Presse im 19. Jahrhundert. Berlin.

La statistique des journaux (1908): In: Bulletin de l'Institut International de Statistique 17, S. 176 ff.

Lukas, Joseph (1867): Die Presse, ein Stück moderner Versimpelung. Regensburg/New York/Cincinnati.

Marschalk, Peter (1984): Bevölkerungsgeschichte Deutschlands im 19. und 20. Jahrhundert. Frankfurt/M.

Meißner, Hans-Heinz (1931): Das Inserat in den großen deutschen politischen Tageszeitungen von 1850 bis 1870. Diss. Leipzig.

von Mohl, Robert (1845): Die Polizei-Wissenschaft nach den Grundsätzen des Rechtsstaates. Bd. 3: System der Präventiv-Justiz oder Rechts-Polizei. 2. Aufl. Tübingen.

Molitor, Wilhelm (1866): Die Großmacht der Presse. Ein Wort für unsere Tage aus der mitteleuropäischen Staatengruppe. Regensburg/New York.

Muser, Gerhard (1918): Statistische Untersuchung über die Zeitungen Deutschlands 1885-1914. Diss. Leipzig.

Naujoks, Eberhard (1967): Bismarck und die Regierungspresse. In: Historische Zeitschrift 20, S. 46-80.

Noelle-Neumann, Elisabeth (1989): Wirkung der Massenmedien. In: Noelle-Neumann, Elisabeth/Schulz, Winfried/Wilke, Jürgen (Hrsg.): Fischer Lexikon Publizistik/Massenkommunikation. Frankfurt/M., S. 360-400.

von Reden (1848): Statistische Ergebnisse der deutschen periodischen Presse. In: Zeitschrift des Vereins für deutsche Statistik 2, S. 244-250.

Reulecke, Jürgen (1985): Geschichte der Urbanisierung in Deutschland. Frankfurt/M.

Reumann, Kurt (1968): Entwicklung der Vertriebs- und Anzeigenerlöse im Zeitungsgewerbe seit dem 19. Jahrhundert. In: Publizistik 13, S. 226-271.

Ronneberger, Franz (1983): Publizistische und politische Macht. In: Rundfunk und Fernsehen 31, S. 260-270.

Roth, Paul (1913): Die Programme der politischen Parteien und die politische Tagespresse in Deutschland. Halle.

Sandig, Barbara (1971): Syntaktische Typologie der Schlagzeile. Möglichkeiten und Grenzen der Sprachökonomie im Zeitungsdeutsch. München.

Schacht, Hjalmar (1898): Statistische Untersuchung über die Presse Deutschlands. In: Jahrbücher für Nationalökonomie und Statistik, III. Folge. Bd. 15. Jena, S. 503-525.

Schenk, Michael (1987): Wirkungsforschung. Tübingen.

Schmolke, Michael (1971): Die schlechte Presse. Katholiken und Publizistik zwischen „Katholik" und „Publik" 1821-1968. Münster.

Stoklossa, Paul (1910): Der Inhalt der Zeitung. In: Zeitschrift für die gesamte Staatswissenschaft 26, S. 555-565.

Stoklossa, Paul (1913): Die periodischen Druckschriften Deutschlands. Eine statistische Untersuchung. In: Schmollers Jahrbuch für Gesetzgebung, Verwaltung und Volkswirtschaft im Deutschen Reich 37, S. 225-258.

Welke, Martin (1977): Zeitung und Öffentlichkeit im 18. Jahrhundert. Betrachtungen zur Reichweite und Funktion der periodischen deutschen Tagespublizistik. In: Presse und Geschichte. Beiträge zur historischen Kommunikationsforschung. München, S. 71-99.

Wilke, Jürgen (1984): Nachrichtenauswahl und Medienrealität in vier Jahrhunderten. Eine Modellstudie zur Verbindung von historischer und empirischer Publizistikwissenschaft. Berlin/New York.

Wilke, Jürgen (1985): Mainzer Lesegesellschaften. In: Buchhandelsgeschichte H. 1, S. B1-B9.

Wilke, Jürgen (1988): Die periodische Presse im Kaiserreich. In: Archiv für Geschichte des Buchwesens 31, S. 221-230.

Wilson, Francis G. (1942): „The Federalist" on Public Opinion. In: Public Opinion Quarterly 6, S. 563-575.

Wolter, Hans-Wolfgang (1981): Generalanzeiger – Das pragmatische Prinzip. Bochum.

Wuttke, Heinrich (1875): Die deutschen Zeitschriften und die Entstehung der öffentlichen Meinung. Ein Beitrag zur Geschichte des Zeitungswesens. 2. Aufl. Leipzig.

Zöckler, Otto (1870): Der Einfluß der Presse auf das menschliche Leben der Gegenwart. Berlin.

LUDWIG M. EICHINGER

Sprachenpolitik gegenüber fremdsprachigen Minderheiten im 19. Jahrhundert

1. Der historische Rahmen

Es empfiehlt sich, allzu offenkundigen Zusammenhängen mit Skepsis zu begegnen. Wohl abgeschlossen, stimmig erscheint das Bild, das dem Leser sich vor Augen stellt, wenn von „Sprachenpolitik" gegenüber „Femdsprachen und Minderheiten" im „19. Jahrhundert" geschrieben steht. Es ist das Bild des Nationalstaats, der seine Identität nicht zuletzt aus jenem staatsgebundenen Teil der Bevölkerung nimmt, die man unter diesem Gesichtspunkt die nichtfremdsprachige, einsprachige Mehrheit nennen könnte. Die Mehrheit und die Minderheiten ergänzen sich in einem Staat, an den zumindest zwei Anforderungen zu stellen sind. Es muß sich um einen Staat handeln, in dem Mehrheitsentscheidungen und damit auch der Tatbestand, zur minderen Zahl zu gehören, vorgesehen und politisch folgenreich sind. In der Situation des 19. Jahrhunderts in Mitteleuropa kann man wohl gleich noch konkreter sagen, um einen nicht mehr aristokratischen, sondern sich formaldemokratischen Entscheidungsprozessen annähernden Staat. Die zweite Anforderung stellt eine gewisse Einschränkung des Gleichheitsprinzips dar, dessen praktische Ausübung ja im erstgenannten Punkte eingefordert wird. Sie besagt nämlich, daß die Sprache, die von einer Gruppe innerhalb des Staates gesprochen wird, nicht nur der Identifizierung als eigen- oder fremdsprachig sondern der Identitätsbildung dient.

> Die Nation setzt sich nicht aus dem Willen ihrer Mitglieder zusammen, sondern deren Wille wird von ihrer Zugehörigkeit zur nationalen Totalität beherrscht [...] Und hier stimmt de Maistre mit Herder überein: 'Die Nationen haben eine Gesamtseele und eine echte innere Einheit, die sie zu dem macht, was sie sind. Diese Einheit zeigt sich vor allem durch die Sprache an'. (Finkielkraut 1989, S. 24/25)

Es ist dies zweifellos der Weg, dem Staat eine Legitimation zu geben, die über den Willensakt des freien, gleichen, brüderlichen Individuums hinausgeht und in der Lage ist, das Gottesgnadentum der aristokratischen Vorzeit in konservativerer Weise abzulösen. Es ist offenkundig, daß das egalitäre und das zuletzt angedeutete ethnische Prinzip einander widerstreiten:

> Jede Gleichzeitung von Demos als Träger der politischen Souveränität mit einem spezifischen Ethnos führt im Ergebnis zu einer Unterdrückung oder Zwangsassimilation von anderen ethnischen, kulturellen, religiösen oder sozioökonomischen Bevölkerungsteilen innerhalb

95

eines politischen Verbandes. So versuchte man im deutschen Reich nach 1871, die Polen in den deutschen Ostprovinzen zu germanisieren, die Elsässer und Lothringer zu verdeutschen, die Katholiken und Sozialdemokraten als national unzuverlässig – ultramontanistisch oder internationalistisch – zu diskriminieren. [...] Je nachdem, welche Eigenschaften zur Aufladung der nominalen Kategorie des Staatsbürgers verwendet werden, ergeben sich höchst unterschiedliche Diskriminierungsfälle, denn das Gleichheitsgebot zwischen den Staatsbürgern erfährt eine Brechung über zusätzliche Eigenschaften: Die ethnische Gleichheit, die religiöse Gleichheit, die kulturelle Gleichheit oder die rassische Gleichheit. (Lepsius S. 753, nach Habermas 1990, S. 219).

Nun sind wir hier, wie man schon an den Beispielen sieht, mitten in dem Sachbereich, mit dem sich die folgenden Beiträge beschäftigen wollen, mit den Abwehrmaßnahmen gegenüber Bevölkerungsgruppen, die nach dieser Identitätsdefinition als fremd zu gelten hatten. So tritt der Nationalismus auf, der, fast per definitionem, die Minderheiten unterdrückt; nicht vergessen soll aber werden, daß es etwas anderes ist, wenn man von den Minderheiten des 19. Jahrhundert in dieser Weise spricht und wenn man von den heutigen Minderheitsverhältnissen in derselben Weise beschreibend redet. Das gilt gleichermaßen für die verwandten Begriffe wie Nationalität, Volksgruppe, Ethnie oder Minorität, die in ähnlicher Weise behandelt werden. Vielfach werden diese Verwendungen schier unauflöslich vermischt, wohl als Folge des Bewußtseins, so etwas wie Minderheiten habe es wohl immer gegeben und es sei offenkundig, was das sei. Diesen Eindruck kann man etwa aus dem folgenden Beleg, einem Zitat aus dem Artikel Nationalismus, Nationalist, nationalistisch der „Brisanten Wörter" gewinnen. Dabei sei hier nicht darauf eingegangen, inwieweit ein solcher Lexikonartikel die Ambivalenzen der Verwendung lediglich wiederzuspiegeln oder auch zu reflektieren hätte:

Als entsprechend negativ eingeschätzte Kennzeichen des Nationalismus werden hervorgehoben ein übermäßig stark ausgeprägter Nationalstolz, übersteigertes Nationalgefühl oder Nationalbewußtsein sowie eine Ideologie, die sich besonders in der Überbewertung der eigenen, für höherwertig gehaltenen Nation und in der Geringschätzung oder Verachtung anderer Nationen, Völker und nationaler, rassischer oder religiöser Minderheiten ausdrückt. (Strauß/Haß/Harras 1989, S. 258)

Die Autoren dieses Artikels nehmen einen weitgehenden Konsens beim Gebrauch der Wörter aus dem Minderheiten-Feld an. Denn weder das Wort Minderheit noch Wörter wie Volk oder Nation werden in diesem Wörterbuch als erklärungsbedürftig betrachtet, offenbar auch nicht in den deutlichen Stallgeruch ihrer historischen Herkunft tragenden Verbindungen mit national, rassisch oder religiös. Demgegenüber wird in der in mehrerlei Hinsicht gewichtigen Arbeit von Emil Brix über die Umgangssprachen in Altösterreich auf die Relativität des Nationen-Begriffs hingewiesen:

> Der Mangel an politischer Einigung nach nationalen Gesichtspunkten – konträr zur Situation in den westeuropäischen Sprachen – führte schließlich zu dem für das gesamte 19. Jahrhundert anerkannten 'deutschen Sprachgebrauch', der den Begriff Nation auf gemeinsam Abstammung und den dadurch gegebenen ethnischen und kulturellen Zusammenhang bezog, für den Nation gleich Stammesangehörigkeit war, während für die politische Einheit der Begriff Volk gebraucht wurde. Im Gegensatz zu dieser ost- und mitteleuropäischen Theorie hatte sich dort, wo die kulturelle Einigung aufgrund des politischen Verbandes längst vollzogen war, das heißt im angelsächsischen und teilweise im romanischen Bereich, eine einheitliche Terminologie für den politischen und kulturellen Verband ausgebildet. Für beide wurde der Begriff Nation verwendet. Gemäß dieser westlichen Theorie wurde unter Nationalität die Zugehörigkeit zu einer politisch geeinten Einheit, die Staatsangehörigkeit, verstanden [...] . Daneben gab und gibt es den Begriff der Staatsnation im subjektiven Sinn. Sie umfaßt den Verband der vom Willen und Konsens zur gemeinsamen staatlichen Existenz beseelten Bürger. (Brix 1982, S. 22/23)

Daß dieser Gegensatz im 19. Jahrhundert von erheblicher Bedeutung war, wird einleuchtend durch das Historikergefecht um die Position von Elsaß-Lothringen gezeigt, das nach dem Krieg von 1870/71 zwischen französischen und deutschen Historikern geführt wurde (vgl. Finkielkraut 1989, S. 36ff.).

2. Mittel der Beschreibung

Die geschilderte Ambivalenz des modernen Minderheitenbegriffs, die sich aus diesen beiden Quellen speist, spiegelt sich auch in einer gerade erschienen Publikation aus dem Institut für deutsche Sprache, in der Joachim Born und Sylvia Dickgießer einen Überblick über „Deutschsprachige Minderheiten" geben, und wegen der damit verbundenen über das rein Linguistische hinausgehenden Bedeutungsteile von deutschsprachigen Minderheiten statt von „Deutsch als Muttersprache im nicht deutschsprachigen Ausland" sprechen – was man auf jeden Fall auch schon aus ästhetischen Gründen begrüßen wird. Allerdings stehen sie dann auch vor dem Schwammcharakter des Minderheitenbegriffs; ausgehend vom Aufkommen subjektiver Zugehörigkeitskonzepte („sprachliche Minderheit ohne Sprache"; Bewußtseinsminderheit) wird räsoniert:

> Sie [eine kommentarlose Verwendung des Begriffs „deutsche Minderheit"/L.E.] ermöglicht zum Beispiel dem Rezipienten die Projektion eines an subjektiven Kriterien orientierten Nationalitätsbegriffs auf Situationen, in denen kein dem unseren vergleichbares Bewußtsein von

Volksgruppenzugehörigkeit existierte. Es sei in diesem Zusammenhang daran erinnert, daß die uns bekannte Nationalitätsproblematik ein Produkt des ausgehenden 18. und des 19. Jahrhunderts ist. Davor bestimmten Fragen der Religionszugehörigkeit, die von existentieller Bedeutung waren, das jeweilige Gruppenbewußtsein weitaus stärker als viele andere kulturelle Werte. Daher kann beispielsweise von Mitgliedern protestantischer Kollektive, die im 17. Jahrhundert unter anderem aus der Pfalz nach Nordamerika auswanderten, nicht angenommen werden, daß sie über ähnliche Kriterien der kulturellen Zuordnung verfügten wie zum Beispiel Deutschsprachige in den Sudetenländern, die aufgrund ihrer ursprünglich nach Österreich hin orientierten kulturellen Identität nach 1918 für eine Eingliederung ihres Siedlungsgebiets in den österreichischen Reststaat und aufgrund ihres (groß)deutschen Nationalbewußtseins in den dreißiger Jahren für eine Eingliederung in das nationalsozialistische deutsche Reich plädierten. Die Tatsache, daß beide Gruppen als 'deutsch' bezeichnet werden, darf nicht darüber hinwegtäuschen, daß sie sich in ihrer, eigenen kulturellen Zuordnung unterschieden. Gemeinsam ist ihnen im wesentlichen die linguistische Klassifikation ihrer Idiome als Varietäten der deutschen Sprache. (Born/Dickgießer 1989, S. 11)

Was heißt es dann aber, wenn beide Gruppen unter dem Obertitel deutschsprachige Minderheiten laufen? Doch wohl nur, daß sie mit ihrer Sprache in der staatlichen Organisationsform, innerhalb der sie heute leben, in der Minderzahl, der Unterzahl sind. Dies ist zweifellos nicht die präferierte, auch nicht die interessanteste Leseart des Begriffs Minderheit im Zusammenhang von Sprachkontakt, wichtiger ist hier das Konfliktpotential, das beim Zusammentreffen konkurrierender Sprachformen auftritt. Aus diesem Blickwinkel ist die Minderheit zuvörderst eine in irgendeiner Weise von der in einem Staatswesen herrschenden Norm abweichende Gruppe, die aufgrund ihres Abweichens ihres daraus folgenden minoritären Status, Nachteile zu gewärtigen hat, ihre eigene Identität nicht entfalten kann.[1] Die klassische Minderheit ist daher die unterdrückte Minderheit, die sich zu emanzipieren wünscht: Das geschieht nun in der Phase der Entwicklung von Nationalstaaten als Tendenz, die eigene „Nation" auch in einem eigenen Staat repräsentiert zu sehen.

---

[1] Dazu paßt etwa die Beschreibung des Begriffs „Nationalismus B" in den „Brisanten Wörtern" (S. 260), wo eine positive Bewertung dieses Konzepts für die nach staatlicher Selbständigkeit strebenden Länder der dritten Welt konstatiert wird.

3. Achtzehntes, neunzehntes und zwanzigstes Jahrhundert

An dieser Stelle nun wird das 19. Jahrhundert tatsächlich interessant, allerdings eher, insofern in seinem Verlauf Organisationsformen gefunden werden, in denen die im 18. Jahrhundert angestellten Überlegungen, die besonders in der zweiten Hälfte dieses Jahrhunderts zu einer beschleunigten Umwandlung der gesellschaftlichen Strukturen führten, ihren Niederschlag fanden. Diese Etappe der Beschleunigung und des Umbruchs ist von Soziologen wie Niklas Luhmann und Historikern wie Reinhart Koselleck gut festgemacht und beschrieben (vgl. z.B. Koselleck 1979; Luhmann 1980). Interessant für unser Thema ist nicht so sehr, wie dieser Übergang abläuft, sondern wie sich die Konstellation der Faktoren, die für die Interpretation der gesellschaftlichen Wirklichkeit als relevant angesehen werden, in einer geänderten Redeweise bzw. in Bedeutungsveränderungen von Wörtern niederschlägt. Dieser Prozeß eines Diskurswandels betrifft auch das Reden in den Minderheiten, tatsächlich ist das Wort als solches nach Auskunft der Wörterbücher erst seit dem beginnenden 19. Jahrhundert belegt. Wie in vielen verwandten Fällen handelt es sich um eine Lehnübersetzung aus dem Französischen, dessen kulturelle Führungsrolle hier noch einmal sichtbar wird. Die 21. Auflage des Klugeschen etymologischen Wörterbuchs beschreibt den Vorgang in der prägnantest denkbaren Weise:

> Minderheit f. für <u>Minorität</u>, das aus frz. minorité während der Revolution zu uns gelangt und seit 1792 zu belegen ist [...] bucht Kramer 1887 <u>Minderkeit.</u> Campe setzt Minderheit durch [...] . Daß Notker um 1000 ahd. <u>minnerheit</u> für lat. <u>minoritas</u> gebildet hatte, wußten beide nicht. (Kluge [21]1975, S. 479)

Der Hinweis auf Campes Althochdeutsch-Unkenntnis gibt Gelegenheit zu einer etwas ernsthafteren Bemerkung. Denn: Althochdeutsch oder nicht althochdeutsch, selbstverständlich wurde auch vorher das Problem „des minderen Teils" bei Entscheidungen diskutiert. Vor allem die im gesamten Zeitraum der Aufklärung mit unterschiedlicher Akzentsetzung diskutierten Konsenstheorien der Gesellschaftsentstehung brachten immer wieder die Frage nach Berechtigung der Mehrheitsentscheidung aufs Tapet, insgesamt mit dem eher harmonistischen Schluß, die Meinung der Mehrheit garantierte auch die Herrschaft der Vernunft. Das ist auch weiter nicht so erheblich, wenn in der Regierungsform keine Möglichkeiten eingebaut sind, die eine Mehrheitsentscheidung politisch bedeutsam machen. Dem absolutistischen Fürsten ist der sprachliche Unterschied allenfalls ein praktisches Hindernis.

Interessant wird das Mehrheits/Minderheitsverhältnis dann, wenn die Basis des Zusammenlebens von solchen Entscheidungen betroffen ist.

Theoretisch wird diese Zeit eingeläutet mit den naturrechtlichen Vertragstheorien der Gesellschaftsentstehung, die im 18. Jahrhundert bei John Locke und Jean Jacques Rousseau in unterschiedlicher Akzentsetzung kulminieren (vgl. Jäger 1982, S. 1028ff.). Recht bald werden vor allem in der amerikanischen Diskussion auch die Gedanken des Minderheitenschutzes entwickelt. In Deutschland kam etwa mit Herder, der an dieser Stelle auf Condillac aufbaut, aber auch gesamteuropäisch als folgenreicher eingeschätzt werden kann, der Gedanke auf, daß Sprache und Nation unmittelbar zusammenhingen. Bei ihm verbindet sich eine letztlich antiaristokratisch wirksame Konzeption von Volk mit der Konstitution dieser Gruppenindividualität durch die gemeinsame Sprache, den Genius der Sprache. Diese Parallelsetzung von Nation und Sprache und der Nation als eigene Individualität, wie sie Wilhelm von Humboldt noch schärfer fassen wird, steht nun einerseits politisch an entscheidender Stelle, verstärken sich doch mehr und mehr die nationalstaatlichen Tendenzen, die notwendig zu Minderheitenproblemen führen, andererseits auch an einer entscheidenden Stelle des Sprachausbaus (vgl. Eichinger 1989b).

Was die nationalstaatlichen Tendenzen und ihre Folgerungen für die Sprachenpolitik angeht, so mag auf die Signalwirkung der französischen Revolution und ihrer Sprachenpolitik gewiesen werden. In ihrer wohl berühmtesten Programmschrift, die der Abbé Gregoire im Jahre 1794 vorlegt, wird die Französisierung unter ausdrücklichem Verweis auf Herder und die identitätsprägende Kraft der Sprache begründet (s. Eichinger 1989a, S. 54f.). Im Verlaufe der nationalen Aufschwünge in Deutschland der antinapoleonischen Kämpfe wendet sich das natürlich gegen die Vorherrschaft auch des Französischen und fordert die gleichberechtigte Anerkennung der jeweiligen Sprachen in ihren Staatsgebieten. Gleichermaßen ist aber mit dem Ende des 18. Jahrhunderts zumindest für das Deutsche die Phase des Ausbaus zu einer in allen Domänen brauchbaren Sprachform weithin abgeschlossen. Die Ablösung vom Lateinischen ist weithin geschehen, die vom Französischen steht knapp bevor. Daraus folgt in zweierlei Hinsicht ein neues Selbstbewußtsein der Sprecher des Deutschen, das auch im nationalen Bereich nach einer Gleichstellung mit der Vorbildmacht Frankreich drängt und andererseits einen Vorsprung gegenüber anderen, sich erst im Verlaufe des 19. Jahrhunderts emanzipierenden Sprachen wie den slawischen hat. Deren nationale Identitätsfindung leidet dann schon unter weiteren Einflüssen, die die Irrelevanz der nationalen Unterschiede offenbar zugunsten eines sprachlichen Status quo betonen, „weshalb Marx 1848 den Tschechen 'Krieg bis zum Tod, Ausrottung ohne Rücksicht' ankündigte, weil sie als Minorität der industriellen und politischen Revolution und damit der Emanzipation nur hinderlich seien" (Bergeron/Furet/Koselleck 1969, S. 295). Das immerhin im selben Jahr, wo in der Paulskirchenverfassung den Minderheiten ein freier Gebrauch ihrer Muttersprachen zugesichert wird. Nach der 48er Revolution wächst dann das einzelstaatlich-antidemokratische Machtstreben vor allem in Preußen und Österreich so stark, daß zentralistisch-monarchistische Herrschaftsmodelle fast wieder alleinherrschend werden. Nun beginnt langsam das, was man modern eine nationalistische Minderheitenpolitik nennen könnte, sie nur eine Sprachenpolitik zu nennen, ist vermutlich zu wenig.

Ein weiterer Punkt, der die sprachliche Entwicklung des 19. Jahrhunderts kennzeichnet und in direkter Beziehung zur Sprachenpolitik gesehen werden kann, ist die Durchsetzung der Einheitssprache im Pflichtschulunterricht, die ja auch im Verlaufe dieses Jahrhunderts zu einem gewissen Ende kommt. Auch hier sind sicherlich die Vorbilder einer erreichten Standardisierung der Sprachform die gesellschaftlich avancierten Staaten, vor allem Frankreich und England – kein Wunder, daß im Lauf der geschilderten Entwicklung die Tendenz zunahm, die Schule als nationales Initiationsinstrument zu nutzen. Dabei soll aber nicht vergessen werden, daß die gemeinsame Sprache nicht nur als ein Unterdrückungsmittel verstanden werden kann, vielmehr auch als Garant der Freiheit und Gleichheit angesehen werden muß.

Das gilt umso mehr, wenn man sich fragt, was die sprachlichen Folgen der Sprachenpolitik sein könnten; die jahrhundertelange Existenz hoch- und schriftsprachlicher Bildung hat hier die Verhältnisse gänzlich verändert – und bei der Beurteilung der historischen Fragen ist zu bedenken, daß ja ohnehin der Schritt von der weitgehenden Oralität zur Einübung in die Schriftlichkeit voller Mühsal ist, ungeachtet der sprachlichen Verwandtschaft oder Nichtverwandtschaft.

Das Minderheiten-Thema ist, wie zu sehen war, ein Thema des 19. Jahrhunderts, in seiner ersten Hälfte konkretisieren sich Entwicklungen, die in den nationalstaatlichen Fixierungen der zweiten Jahrhunderthälfte ihre Form finden. Jedoch – zwei Punkte bleiben festzuhalten: Wenn man in der Mitte des Jahrhunderts einen solchen Umschwung sieht, so ist das auch ein Umschwung, der ein Ende macht mit den Ideen, die aus dem 18. Jahrhundert kommen, und einen Beginn setzt, dessen Folgen weit in das 20. Jahrhundert reichen. So stellt sich das 19. Jahrhundert als der Zeitraum dar, in dem die Idee der Emanzipation kollektiver Volkssubjekte, die man an ihren Worten, ihrer Sprache, erkennen sollte, eine erfolgreiche Organisationsform fand. Diese staatliche Form war zur Konfliktvermeidung dem Ausmaß der angenommenen Volkssubjekte anzupassen. Diese Angleichungsprozesse werden als der zentrale gesellschaftliche Konflikt verstanden, da jegliche Sprachnation ihr eigenes kohärentes und von dem anderer Nationen getrenntes Weltbild habe. Im Zusammenhang mit den vorliegenden politischen Machtverhältnissen und einem durch die Wendung des wirtschaftlichen Lebens gegebenen Modernisierungsdruck führt das in unserem Zeitraum durchgehend zu einer konsequenten Assimilierungspolitik gegenüber den stark minoritär gewordenen Minderheiten, oder von der anderen Seite gesehen, zu der Tendenz der Minderheit, sich selbst eine nationale Organisationsform zu erkämpfen; wobei das Erkämpfen mehr oder minder metaphorisch gemeint sein kann.

4. Postnationale Minderheiten

Nun hat das so begründete Konzept spätestens seit der Zeit des Nationalsozialismus endgültig seine Wirkung verloren. Wo denn die staatliche Identität, soweit sie existiert, sich aus einer Kombination von verschiedenen Quellen speist, spielen voluntaristische Elemente wieder eine größere Rolle. Gleichermaßen tritt mit dieser Entwicklung die Neigung zu monokausalen Erklärungen zurück, es steigt dagegen die Bedeutung des demokratisch legitimierten Systems und seiner Institutionen. Die weithin säkularisierte, ihres Glaubenscharakters entkleidete, organisatorische Hülle des westeuropäischen demokratischen Nationalstaates dient als eine normative Instanz, die uns hilft „eine Insel im aufgewühlten Meer der Komplexität" (s. Weinrich 1973, S. 145) zu finden. Moderne gesellschaftliche Entwicklungen dienen nicht mehr der nationalen Emanzipation, die Existenz von Nationalstaaten und tragenden Staatsnationen ist vorausgesetzt, sie stehen im Zentrum der existierenden, als einheitlich und egalitär verstandenen Staatsgebilde:

> Die politischen Ideologien des 19. Jahrhunderts versprachen immerhin noch eine globale Orientierung innerhalb einer hochkomplexen, zur zweiten Natur geronnenen Gesellschaft. Heute hat ein solcher Weltbildersatz, jedenfalls in den relativ offenen Massenkulturen des Westens, keine Chance". (Habermas 1990, S. 91)

Was hier formuliert ist als der hoffnungsvolle Glaube der Aufklärung, ist ein deutlicher Niederschlag des Versuchs, historische Gebundenheit und übergreifende Geltung nationaler Identitätskonzepte zu umreißen. Für das Minderheiten-Thema wirken solche Überlegungen, wie die Skepsis gegenüber der Gültigkeit eines 19. jahrhundertlichen Minderheitenbegriffs überhaupt, wie Widerhaken in der allgemeinen Glätte des Konsens über die Interpretation minoritärer Existenz. Das hat Folgen, wenn man das Rahmenthema dieses Kongresses ernst nimmt, das ja von den Folgen des 19. Jahrhunderts für unsere heutige Zeit spricht. Die Identifikation mit den Forderungen eines Minderheitenkonzepts, das Gerechtigkeit im Rahmen nationaler Identität definiert, vermag nicht auf eine einfache

Weise auf die Gleichheitsansprüche in modernen Gesellschaften übertragen zu werden. Dennoch ist der Geltung solcher Interpretationszüge Rechnung zu tragen: Sie definieren mit, in welchem Rahmen das Minderheitenspiel jetzt gespielt wird.

5. Die Beiträge

Unter diesem Gesichtspunkt beschreiben die Beiträge der Forumsveranstaltung, die hier dokumentiert wird, nicht nur verschiedene Konsequenzen aus einer historischen Deutungs- und Handlungskonzeption, sondern liefern Facetten für die Begründung normativer Erwartungen in unserem öffentlichen Leben. Als Überlegungen dazu, wie das Konzept Minderheit mit seiner historischen Entwicklung bei der Interpretation moderner Gesellschaften wirksam werden kann, kann man sie auch interpretieren als Beitrag dazu, daß Mitglieder einer Kultur „zu ihren eigenen Überlieferungen eine hypothetische Einstellung einnehmen und auf deren Grundlage kulturelle Selbstrelativierungen vornehmen können" (Habermas 1990, S. 125).

So sind auch die im folgenden besprochenen Beispiele für die Sprachenpolitik gegenüber fremdsprachigen Minderheiten die Fälle, die auch im heutigen Bewußtsein am leichtesten der Selbstrelativierung dienlich sein können. Wenn man diese doppelte Funktion bedenkt, nimmt es nicht wunder, daß Preußen und später das unter seinem Einfluß stehende Deutsche Reich das Agieren der deutschen Staats- und Mehrheitsnation im Minderheitenrahmen demonstrieren. Die Politik gegenüber den Sorben, deren sich Joachim Gessinger annimmt, ist geprägt von der Existenz eines politischen und dem Bewußtsein eines kulturellen Gefälles. Ähnliches ließe sich von den Polen im Ruhrgebiet sagen, von denen Heinz M. Menge zudem zeigt, wie aus dem Blickwinkel der herrschenden Mehrheit hier verschiedene Bevölkerungsgruppen zu einer Minderheit zusammengedeutet werden, außerdem natürlich, welche Auswirkungen die wirtschaftliche Modernisierung hier hat. Zwei mit wechselnder Intensität und Aggressivität um die politische und kulturelle Vorherrschaft streitende Nationen schildert Frédéric Hartweg im Elsaß, wo zudem die Konzepte der Geburts- und der Wahlnation aufeinandertreffen. Claus Jürgen Hutterer behandelt die Lösungsversuche für die Minderheitenprobleme in der österreichisch-ungarischen Monarchie, dem letztlich unterlegenen Widerpart Preußens in der deutschen Lösung des Nationalstaatsproblems des 19. Jahrhunderts. Wiewohl die Habsburger Monarchie von der Zusammensetzung ihrer Bevölkerung her die Chance gehabt haben sollte, den Ausgleich zwischen den Kulturen zu proben, spielt auch sie, je länger je mehr, das nationale Spiel.

Ging es in den bisherigen Konstellationen aber immer um eine Konkurrenz von Sprachen, deren eigenständiger, nationsfähiger Status mehr oder minder außer Frage stand, ist gerade das eines der Probleme des zuletzt behandelten Falles, des Jiddischen. Auch die beiden die Lage der Sprecher dieser Sprache hier schildernden Beiträge, der von Frau Ulrike Kiefer, der auf der Tagung vorgetragen wurde, und der von Frau Bettina Simon, entscheiden sich in diesem Punkt unterschiedlich, und kommen daher auch soziolinguistisch zu unterschiedlichen Schlüssen.

Bedauerlicherweise ist diese Gegenüberstellung nicht dem Wunsch nach wissenschaftlicher Vollständigkeit oder Ausgewogenheit entsprungen. Vielmehr ist Frau Simon, die zugesagt hatte, das Referat zum Jiddischen auf der Jahrestagung zu übernehmen, während der Vorbereitungszeit zu dieser Veranstaltung an einer heimtückischen Krankheit gestorben. Es ist den Eltern von Frau Simon zu verdanken, daß hier ein Aufsatz ihrer Tochter abgedruckt werden kann. Sie haben aus den ihnen vorliegenden Vorarbeiten einen Text zusammengestellt, wie ihn Frau Simon ähnlich wohl auf der Tagung hätte vortragen wollen. Der Abdruck sei als Reverenz gegenüber der wahrlich allzufrüh aus dem Leben gerissenen Wissenschaftlerin Bettina Simon verstanden.

Literatur

Bergeron, Louis/Furet, François, Koselleck, Reinhart (1969): Das Zeitalter der europäischen Revolution (1780-1848). Frankfurt/M.

Born, Joachim/Dickgießer, Sylvia (1989): Deutschsprachige Minderheiten. Ein Überblick über den Stand der Forschung für 27 Länder. Mannheim.

Brix, Emil (1982): Die Umgangssprachen in Altösterreich zwischen Agitation und Assimilation. Wien usw.

Coulmas, Florian (1985): Sprache und Staat: Studien zur Sprachplanung und Sprachpolitik. Berlin/New York.

Eichinger, Ludwig M. (1989a): Die Dialekte und Regionalsprachen und ihr Verhältnis zur Hochsprache. Die Lage in Deutschland und Frankreich. In: Hättich, Manfred/Pfitzner, Paul Dietmar (Hrsg.): Nationalsprachen und die Europäische Gemeinschaft. München, S. 53-63.

Eichinger, Ludwig M. (1989b): Von Leuten, die nicht bis drei zählen können. Zum Weltbild der Sprachen. In: Jahrbuch Deutsch als Fremdsprache 15, S. 30-49.

Finkielkraut, Alain (1989): Die Niederlage des Denkens. Hamburg.

Francis, E.C./Raschhofer, Hermann (1961): Minderheiten. In: Staatslexikon: Recht, Wirtschaft, Gesellschaft. Hg. v.d. Görresgesellschaft. Bd. 6. Freiburg, Sp. 715-725.

Habermas, Jürgen (1990): Die nachholende Revolution. Frankfurt/M.

Jäger, Wolfgang (1982): Mehrheit, Minderheit, Majorität, Minorität. In: Brunner, Otto/Conze, Werner/Koselleck, Reinhart (Hrsg.): Geschichtliche Grundbegriffe. Historisches Lexikon zur politisch-sozialen Sprache in Deutschland. Bd. 3 H - Me. Stuttgart, S. 1021-1062.

Kluge, Friedrich (1975): Etymologisches Wörterbuch der deutschen Sprache. 21. Auflage. Berlin/New York.

Koselleck, Reinhart (1979): Vergangene Zukunft. Zur Semantik geschichtlicher Zeiten. Frankfurt/M.

Leenhardt, Jacques/Picht, Robert (Hrsg.): Esprit/Geist. 100 Schlüsselbegriffe für Deutsche und Franzosen. München/Zürich.

Luhmann, Niklas (1980): Gesellschaftsstruktur und Semantik. Frankfurt/M.

Strauß, Gerhard/Haß, Ulrike/Harras, Gisela (1989): Brisante Wörter von Agitation bis Zeitgeist. Ein Lexikon zum öffentlichen Sprachgebrauch. Berlin/New York.

Weinrich, Harald (1973): System, Diskurs, Didaktik und die Diktatur des Sitzfleisches. In: Maciejewski, Franz (Hrsg.): Theorie der Gesellschaft oder Sozialtechnologie. Bd.1. Frankfurt/M., S. 145-161.

JOACHIM GESSINGER

Sprachenpolitik gegenüber fremdsprachiger Bevölkerung in Preußen im 19. Jahrhundert

Um Ihnen eine strukturierte Information zum Thema bieten zu können, möchte ich meinem Referat zwei **Thesen** voranstellen:

1. Die Widersprüche sprachenpolitischen Handelns in Preußen, wie sie sich im historischen Längsschnitt ebenso zeigen wie im synchronen Vergleich etwa der Sorben- und Polenpolitik, heben sich dann auf, wenn man Sprachenpolitik in den Kontext eines im wesentlichen an Machterhalt und Machtdurchsetzung orientierten, ordnungspolitischen Handelns einordnet. Damit ist sie an die großen sozialpolitischen Bewegungen in Deutschland und Westeuropa gebunden: die Befreiungskriege, die Julirevolution, den Vormärz, die 48er Revolution, die Reichsgründung und den Kulturkampf.

2. Sprachenpolitik realisierte sich aber auch als Zusammenspiel von verwaltungstechnischen, ideologischen und ökonomischen Momenten verschiedener Institutionen in Abhängigkeit vom jeweiligen Handeln der betroffenen Bevölkerung. Deren Reaktion war nicht immer nur ideologisch motiviert, sondern unter Umständen – wie ich am Beispiel der Maćica-Petition zeigen werde – von einem gleichermaßen pragmatischen Kalkül geprägt.

Ich will in der kurzen Zeit, die zur Verfügung steht, anhand von Beispielen aus der Sorben- und Polenpolitik die wesentlichen sprachenpolitischen Tendenzen für Preußen im 19. Jahrhundert anschaulich machen. Einen genaueren Überblick gibt für Polen die Dissertation von Helmut Glück, für die Sorben die Quellensammlungen von Hartstock, Kunze und Mětšk, die im Bautzener Modowina-Verlag erschienen sind.

Die preußische Sorbenpolitik zwischen 1815 und 1850 mit einem Seitenblick auf Sachsen

Die sprachenpolitische Situation im sorbischen Siedlungsgebiet Ende des 18. Jahrhunderts war u.a. geprägt durch die Konkurrenz der beiden Territorien Preußen (mit dem vor 1815 geringeren Teil) und Sachsen. Ein instruktives Beispiel ist ein Schreiben der Gerichtsobrigkeiten der sächsischen Parochie Steinitz an den preußischen König vom 29. Oktober 1793 mit der Bitte um Entsendung eines sorbischen Pfarrers.

Der von den sächsischen Kirchenbehörden vorgeschlagene Nachfolger des verstorbenen Pfarrers hatte bei seiner ersten Vorstellung seine deutschsorbische Predigt so vorgetragen, daß offenkundig wurde, daß er kein Wort Sorbisch verstand. Der Protest der Gemeinde wurde vom Konsistorium mit dem Bemerken zurückgewiesen, der Kandidat könne schließlich Sorbisch lernen. Die Gemeinde entgegnete, daß die Alten, Kranken und Sterbenden nicht darauf warten könnten, bis der Kandidat ihre Muttersprache erlernt hätte. Um weiteren Schwierigkeiten zu entgehen, wandte sich der Landrat an den Kirchenpatron in Dresden, von dem er die Antwort erhielt, 'daß die wendische Sprache nichts wesentliches sei'. Trotz der Proteste nach einer erneut mißlungenen sorbischen Probepredigt des Kandidaten blieb das Lübbener Konsistorium bei seiner Entscheidung, was in den Gemeinden den Eindruck erweckte, in Sachsen sei man darauf aus, 'die wendische Sprache zu vertilgen'.

Da aber der größere Teil der Dorfschaften unter preußischer Hoheit stehe, so die Eingabe,

> wo noch gar nicht darauf gedacht worden, die wendische Sprache auszurotten, vielmehr [...] an die wendische Nation deutsche Bücher [...] in wendische Sprache übersetzt und zum Druck befördert worden, so ist es nicht möglich, diese Sprache sogleich und auf einmal abzuschaffen. Überhaupt scheint eine solche Abschaffung der wendischen Sprache, wenn sie überhaupt beschlossenen sein sollte, nur dem künftigen Zeitalter vorbehalten bleiben müssen [...]. (Hartstock/Kunze 1979, S. 215f.)

Den Erwartungen der Verfasser wurde in jeder Hinsicht entsprochen, sowohl, was den ungeliebten Kandidaten anlangte (die Neumärkische Regierung bat das Lübbener Konsistorium um die Revision seiner Entscheidung), als auch, was die zukünftigen sprachenpolitischen Maßnahmen der preußischen Regierung betraf.

Nach der Teilung des sorbischen Siedlungsgebiets in die preußische Niederlausitz und die sächsische Oberlausitz als Folge der Wiener Verträge 1815 gehörten ca 80% der sorbisch sprechenden Bevölkerung zu Preußen. Die politische Trennung führte zu einer sehr ungleichen Entwicklung in der Nieder- und Oberlausitz, die Unterschiede zwischen den Nieder- und Oberlausitzer Schriftdialekten wurden ausgeprägter, was später als Argument für die Untauglichkeit des Sorbischen als Verkehrssprache herhalten mußte[1] – dies angesichts der gerade erst mühselig erreichten Standardisierung der hochdeutschen Schriftsprache.

---

[1] „Nicht weniger hält auch die innere Zerspaltung dieser Sprache in mehrere Mundarten auf einem ohnehin beschränkten Raum [...] jede weitere Ausbildung des Wendenvolkes auf. [...] fast jedes Dorf hat seine Eigentümlichkeit, und ist doch die ganze Sprache mit einem Dialekte eines kleines [sic] Negerstammes vergleichbar, deren jeder bekanntlich eine eigene Mundart hat und wovon hundert Stämme auf anderthalb hundert Quadratmeilen gehen". (Johann Christian Richter in Neues Lausitzisches Magazin, 5, 1826; zit. nach

Die politische Entwicklung verlief in beiden Teilen unterschiedlich. Während man seitens der sächsischen Regierung zunächst eine relativ liberale Haltung gegenüber den Sorben einnahm, setzte in der Niederlausitz schon bald nach 1815 eine dezidiert antisorbische Politik ein. Die Verwaltungs- und Kirchkreise wurden so geschnitten, daß jeweils gemischtsprachige Einheiten entstanden. Ein Teil des Gebiets wurde dem Regierungsbezirk Frankfurt/Oder, der andere Liegnitz zugeordnet. Im Zusammenspiel mit den Kirchenbehörden, den Konsistorien und Superintendenten,[2] versuchte die preußische Administration, das Sorbische an den Schulen, vor Gericht und im öffentlichen Leben nach Kräften zurückzudrängen. Die antisorbischen Maßnahmen zwischen 1815 und 1830 waren im wesentlichen folgende:

1. Die Gliederung in Kreise und Kirchkreise wurde so vorgenommen, daß rein sorbische Kreise vermieden wurden.

2. Es wurden verstärkt deutsche Lehrer und Pfarrer eingestellt.

3. Sorbische Druckwerke wurden verboten oder die Druckgenehmigung verweigert.[3]

Im Zusammenhang mit den schulgesetzlichen Bestimmungen über den Anteil der sorbischen Sprache entsprechend der Zusammensetzung der Kinder liefen diese Maßnahmen auf eine künstliche Senkung des Bildungsniveaus der Sorben und auf eine Nichtbeherrschung der deutschen wie sorbischen Schriftsprache hinaus. Dieser Zustand wurde nun in unterschiedlicher Weise für die Begründung bildungs- und sprachenpolitischer Maßnahmen benutzt. Sie finden sich in den Erlassen und Verordnungen selbst meist nur in verkürzter Form, in der jeweiligen Literatur über die Verhältnisse in der Lausitz aber wurden die Argumente ausführlich dargelegt: Sie können als politische Anregungen oder Legitimationen getroffener Maßnahmen gelesen werden.

Im Kontext der in den letzten Jahrzehnten des 18. Jahrhunderts weithin geführten Debatte über die Notwendigkeit der Volksaufklärung fan-

---

Mětšk 1973, S. 35f.)

[2] Bolzental (Cottbus), Petzold (Muskau), Meußer (Spremberg), Koethe (Altdöbern). Angaben nach Kunze 1978, S. 148.

[3] Das in Karlsbad 1819 beschlossene Bundes-Preßgesetz verfügte, daß „Schriften, die in Form täglicher Blätter oder heftweise erscheinen, desgleichen solche, die nicht über 20 Bogen im Druck stark sind, in keinem deutschen Bundesstaate ohne Vorwissen und vorgängige Genehmhaltung der Landesbehörden zum Druck befördert werden". (Zit. nach Schiewe 1989, S. 223; vgl. auch Michael/Schlepp 1974, 1, S. 252).

den sich immer wieder Stimmen, die die Sorben als Musterbeispiel für ein rückständiges, unaufgeklärtes Volk von 'Subjecten mit angeborem, trägen Wesen', die aber 'unter dem Schein listig', wenn nicht gar 'tückisch' seien.[4]

Der Theologe Christian Gottlieb Schmidt schrieb in seinen 'Briefen über Herrnhut und andere Orte der Oberlausitz':

> Der Sklaverei von Jugend auf gewohnt, läßt's der Wende immer beim Alten, frönt und arbeitet, soviel er muß [...]. (Schmidt, zit. nach Mětšk 1973, S. 9)

Als einer der wesentlichsten Faktoren für die Rückständigkeit wurde nicht etwa das Feudalsystem, sondern das unvernünftige Festhalten der Sorben an ihrer Sprache verantwortlich gemacht:

> Sie halten mit einer Art Eifersucht über ihre Sprache, und man hat vergeblich versucht, sie zur Erlernung der deutschen zu benötigen, weil es oft Unbequemlichkeiten und Mißverständnisse verursachet. Schon diese Anhänglichkeit an ihre unkultivierte Sprache ist ein mächtig Hindernis der Aufklärung unter ihnen, da bekanntlich die Ausbildung eines Volks dem Anbau seiner Spracher unzertrennlich ist. Die Aussprache hat auch ihre Dialekte, und ist dies so divers, daß ein Niederlausitzer Wende einen Oberlausitzer nicht versteht. (Schmidt, zit. nach Mětšk 1973, S. 8f.)

Hier ist schon das Grundmuster der künftigen Argumentation für die Zurückdrängung des Sorbischen zu erkennnen: Die 'Anhänglichkeit' an das Sorbische, das wie eine „altmodische hölzerne Baracke in einer modernen Stadt die Gleichmäßigkeit stört",[5] raube damit dem Staat die Einheit, verhindere die Aufklärung und mache die Bevölkerung – so war später immer wieder zu hören – angesichts der Vorkommnisse in Frankreich anfällig für die Einflüsterungen aufrührerischer Elemente. Allein die „sukzessive Wegwerfung einer toten unausgebildeten Sprache" eröffne diesem 'notorisch unwissenden Volk' eine hoffnungsvolle Zukunft (Schmidt nach Mětšk 1973, S. 10). Solange aber sei, so die Maxime des pädagogisch interessierten Gutherrn Isaak Wolfgang Graf v. Riesch 1805, 'keine Aufklärung besser als eine falsche'.[6]

---

[4] Vgl. Riesch 1805 und Herrmann 1804 in Mětšk 1973, S. 17 bzw. S. 13.

[5] Johann Christian Richter 1825, zit. nach Mětšk 1973, S. 31.

[6] Zit. nach Mětšk 1973, S. 17.

Im Jahre 1821 stellte sich der Cottbusser Stadtpfarrer Wilhelm Gottlob Korn die Frage: 'Ob man die wendische Sprache in der Niederlausitz wieder aufleben oder aussterben lassen solle'. Er teilte die Vertreter verschiedener Strategien in der Sprachenfrage in drei Gruppen: Die 'Obskuranten' wollten aus 'nicht sehr lauterer Absicht' allein das Sorbische in Kirchen und Schulen verwendet sehen, würden aber damit die Möglichkeiten der so einsprachig Erzogenen beschneiden, sich innerhalb der Institutionen des preußischen Staates – Militär, Gericht, Kirche –, ja selbst im alltäglichen Verkehr, angemessen zu verständigen.

> Dieser Unkunde mit der deutschen Sprache haben es viele Landleute zu verdanken, daß sie an vielen Orten höchst drückende Frondienste haben, die sie solange nicht geleistet haben würden, wenn sie sich mit ihrer Sprache anders wohin hätten wenden dürfen. (Korn, zit. nach Mětšk 1973, S. 22f.)

Die zweite Partei der 'Rigoristen' wolle „die wendische Sprache wie einen Baum fällen und wegwerfen" (Mětšk 1973, S. 23) und von Stund an nur Deutsch lehren und zulassen. Dieses Verfahren sei grausam und unmoralisch, denn es schneide die sorbische Bevölkerung von der Möglichkeit ab, sich die 'Geistesnahrung' des Evangeliums zu holen.

Ein Exempel solchen Rigorismus war das Cottbusser Land- und Stadtgericht. Es veranlaßte die Abschaffung sorbischer Nebenprotokolle bei nicht-testamentarischen Zivilverhandlungen und die Umwandlung sorbischer in deutsche Namen und schlug endlich vor, 'den Leuten, wie einst den Juden, anzubefehlen, welchen Namen sie anzunehmen hätten'.[7]

Hier zeigt sich, wie in vielen Fällen, daß weniger die allgemeinen Regelungen als vielmehr die sozial- und sprachenpolitischen Vorstellungen regionaler Verwaltungseinheiten die Praxis bestimmten.

Die Partei der 'Moderaten' hingegen wolle die sorbische Sprache nicht auf einen Schlag abschaffen, „sondern wie eine alte Matrone absterben lassen" (Korn nach Mětšk 1973, S. 24). Dazu bedürfe es einer zweisprachigen Ausbildung der Kinder, die mit ihren Eltern noch Sorbisch, untereinander aber schon Deutsch sprächen. Dies erreiche man aber nicht durch zweisprachige Bücher oder Übersetzungen, sondern nur durch den Zwang, sich deutsch auszudrücken. Gegen Ende seines im 'Neuen Lausitzischen Magazin' publizierten Beitrags formulierte Korn die Maxime der gemäßigten Sprachenpolitik dieser Jahre:

---

[7] Nach Kunze 1978, S. 110. In der Diskussion wies D. Behring darauf hin, daß nach dem preußischen Judenemanzipationsgesetz die Namensänderung <u>freiwillig</u> war. Dieses Recht verwandelt sich in der Argumentation eines preußischen Gerichts in einen verwaltungsmäßigen Zwang.

Die Sprache stirbt um so schneller, wenn nichts, gar nichts für sie und auch nichts gegen sie getan wird. (Zorn, zit. nach Mětšk 1973, S. 29)

Die Sprachenpolitik in der Lausitz zwischen 1830 und 1848

Die Julirevolution in Frankreich strahlte auch auf Preußen und Polen aus. Besonders argwöhnisch beobachtete man die Unterstützung der polnischen Freiheitskämpfer als Zeichen slawischer Verbrüderung. Dabei war das Verwaltungshandeln keineswegs einheitlich: So gab es Widersprüche zwischen den Provizialregierungen und dem Kulturministerium unter Altenstein, später auch zwischen der nach dem Hambacher Fest gebildeten Ministerialkommission zur politischen Überwachung der Bevölkerung und dem Kultusministerium.[8]

Noch bevor im Anschluß an den Thronwechsel auf Friedrich Wilhelm IV. das liberale Bürgertum sich vernehmlicher artikulierte, Flottwells Herrschaft in Posen beendet wurde und dort eine etwas vorsichtigere Nationalitätenpolitik betrieben wurde, versuchte im August 1840 die Frankfurter Provinzialregierung, anknüpfend an frühere Verordnungen von 1812 und 1818, die untergordnete Rolle des Sorbischen festzuschreiben. Während die Instruktion vom 24. Mai 1842 für das königl. Provonzialkollegium und die königl. Regierung der Provinz Posen auf Zweisprachigkeit in den Schulen abhob, wurde für das Sorbengebiet das Ziel, daß sich die Kinder der deutschen Sprache 'ganz als ihrer Muttersprache zu bedienen vermögen und sich dazu gern geneigt fühlen'[9] unverblümter formuliert:

- Die Verwendung des Sorbischen im Unterricht darf die deutsche Sprachbildung nicht behindern.
- Nur in den untersten Klassen darf Sorbisch als Unterrichtssprache verwendet werden, wenn es sich um Kinder ohne deutsche Sprachkenntnisse handelt. Ab der 8. Klasse hat der Unterricht nur einsprachig auf deutsch zu erfolgen.
- Im Fach Deutsch soll auf den 'inneren Reichtum' der deutschen Sprache hingewiesen werden.
- Die Lehrer sollen sich in der deutschen Sprache ständig vervollkommnen.[10]

---

[8] Vgl. die Kontroverse um die Einstellung eines Oberpfarrers im Kreis Hoyerswerda, bei Kunze 1978, S. 112f. und die Besetzung einer Pfarre in Uhyst, Kunze 1978, S. 115f.

[9] Zit. nach Kunze 1978, S. 119.

[10] Nach Kunze 1978, S. 119.

Die Reduktion des Sorbischen auf eine Hilfssprache in Verbindung mit der Forderung nach 'Zuneigung' zum Deutschen läßt die Analogie von geforderter politischer Loyalität und angestrebtem Sprachbewußtsein erkennen. Die Verknüpfung von Staatsraison und Staatssprache, die ab 1860 immer deutlicher zu Tage trat, ist hier schon im Ansatz zu erkennen.

Die Frankfurter Verfassung

Der Artikel 13, §188 der Frankfurter Verfassung sollte die Rechte der fremdsprachigen Bevölkerung sichern:

> Den nicht deutsch redenden Volksstämmen Deutschlands ist ihre volkstümliche Entwicklung gewährleistet, namentlich die Gleichberechtigung ihrer Sprachen, soweit deren Gebiete reichen, in dem Kirchenwesen, dem Unterrichte, der inneren Verwaltung und Rechtspflege. (Hartstock/Kunze 1977, S. 143)

An diesen Verfassungsauftrag hat sich aber weder die sächsische noch gar die preußische Regierung gehalten.

Die Maćica-Petition vom 25. Juli 1848 an die sächsische Gesamtregierung versuchte, die Garantien der Frankfurter Verfassung zu präzisieren: Die Petition berief sich auf die bisherige Loyalität mit dem sächsischen König und den Verfassungsartikel und forderte, das Gesetz vom 6. Juli 1835, das Deutsch als Sprache des Religionsunterrichts zuließ, zu revidieren, denn es sei „eine ganz falsche und schändliche Weise", wenn man ihnen den „wendischen Gottesdienst nehmen wollte" und „Gottes Wort nur deutsch erklären ließe".

> [...] wir müssen gestehen, daß wir den Religionsunterricht in einer unbekannten, unverständlichen Sprache für keine angemessene Erklärung des Wortes Gottes halten, sondern für einen Mißbrauch desselben. (Hartstock/Kunze 1977, S. 146)

Da auch der übrige Unterricht in deutscher Sprache gehalten werde, hätte das wendische Volk nicht das lernen können, was zurzeit von einem jeden verlangt werde. Geschickt nahmen die Autoren der Petition neben dem Qualifikations- und Religionsargument den innerhalb der Volkssprachendiskussion gestifteten Zusammenhang von Muttersprache und geistiger Bildung auf:

> Ebenso unterliegt auch das keinem Zweifel, daß nur vermittelst der Muttersprache die geistigen Kräfte der Kinder recht erweckt und angespannt und ihre Fähigkeiten recht ausgebildet werden. (Hartstock/Kunze 1977, S. 147)

Auf den höheren Schulen werde das Sorbische überhaupt nicht berücksichtigt, auch auf der Universität Leipzig nicht. Zusammenfassend forderten die Autoren, daß auf den Schulen die sorbische Muttersprache gleichberechtigt neben der deutschen verwendet und gelehrt werde. In den Kirchen solle jeden Sonn- und Feiertag eine sorbische Predigt gehalten und das Sorbische bei den religiösen Zeremonien (Abendmahl etc.) verwendet werden. Bei Gericht seien die Sorben doppelt benachteiligt: Sie könnten dem Richter und dem Gang der Verhandlung oft nicht folgen und müßten ggf. einen Dolmetscher bezahlen. Doch selbst wenn Übersetzung möglich sei, gebe es neue Probleme:

> Ach, wer je in seinem Leben aus einer Sprache in eine andere etwas übersetzt hat, der muß bekennen, daß oft das Übersetzen nicht allein sehr schwierig, sondern bisweilen auch so unsicher ist, daß man nicht mit völliger Überzeugung sagen kann, ob man den rechten Gedanken und den vollen Sinn übersetzt und nicht mehr und nicht weniger ausgesagt habe. Besonders gilt das, wenn man nicht aufgezeichnete, sondern nur gesprochene Worte in einer anderen Sprache wiederzugeben hat. (Hartstock/Kunze 1977, S. 149f.)

So sei gerade die begrüßenswerte Reform des Gerichtswesens, die auf die mündliche Verhandlung und Öffentlichkeit gerichtet sei, für die Sorben von Nachteil, wenn sie dabei nicht ihre Muttersprache anwenden könnten.

Deshalb wurde gefordert: Das Gerichtswesen solle in Zukunft wendisch sein, d.h. es solle ein 'wendischer Gerichtshof' eingerichtet und die Gerichtssprache Sorbisch sein; es sollten Sorbisch sprechende Beamten eingestellt und alle Gesetze und Verordnungen in das Sorbische übersetzt werden.

Zusammenfassung

Im Gegensatz zu Polen wurde den Sorben von der sächsischen wie preußischen Verwaltung und den protestantischen Kirchenleitungen nie das Recht auf wirkliche Zweisprachigkeit zugestanden, denn das Sorbische galt als eine veraltete, marginale und in jedem Fall absterbende Sprache. Dabei wurde das Verhältnis von ökonomischer Ausbeutung und niedrigem Lebens- wie Bildungsniveau auf den Kopf gestellt, letzteres als Folge des 'Wendentums' hingestellt und die deutsche Sprache und Kultur zur Bedingung für eine moderne Entwicklung erklärt. Der Modernisierungsprozeß sollte so gestaltet werden, daß er keine Widerstandshandlungen der Betroffenen erzeugte, wobei die sächsische Regierung insgesamt vorsichtiger agierte als die preußische.

Die preußische Polenpolitik vom Ende des 18. Jhds. bis nach der Reichsgründung

Für Polen war die Situation weitaus komplizierter. Die widersprüchlichen Positionen, die in den ersten Jahrzehnten des 19. Jahrhunderts in der Polenfrage geäußert wurden, sind aus der paradoxen Situation erklärbar, daß sich der deutsche Nationalismus synchron zur Zerschlagung des polnischen Nationalstaats entwickelte. So beeinflußte das geteilte Polen die innen- und außenpolische Situation der beteiligten drei Großmächte Rußland, Preußen und Österreich in sehr verschiedener Hinsicht: Es sorgte – solange die 'polnische Frage' ungelöst blieb – außenpolitisch für eine gewisse Stabilität, als offene Frage aber war es innenpolitisch ein ständiger destabilisierender Faktor, nicht nur wegen der Schwierigkeiten, die polnische Bevölkerung in die jeweiligen Teilstaaten einzugliedern, sondern auch deshalb, weil die liberalen, demokratischen und später sozialistischen Kräfte in den deutschen Teilstaaten den national-polnischen Bestrebungen in einer Mischung von 'nationaler Sympathie und distanzierter Superiorität' (Dann 1987, S. 109) gegenüberstanden.

Die aus den Befreiungskriegen mit gestärkter Souveränität hervorgegangenen Teilstaaten machten alle Anstrengungen, die bürgerlichen Eliten auch ideologisch an sich zu binden, was dort zu einer 'doppelten nationalen Orientierung' (Staatsnation als territoriale, Reichsnation als übergreifende, auch kulturell, religiös und sprachlich definierte Identität) führte.[11]

Dieses Angebot machte Ihrer Majestät 'Allerhöchster Zuruf' von 1815 in abgewandelter Form auch an die Einwohner Posens:

> Ihr werdet Meiner Monarchie einverleibt, ohne Eure Nationalität verleugnen zu dürfen.[12]

Diese abgeforderte doppelte Orientierung bedeutete aber für die polnische Bevölkerung, sich auf eine gespaltene nationale Identität und auf Zweisprachigkeit einzulassen, dem erklärten Zwischenziel preußischer Sprachenpolitik bis 1830.

Diese Zeit ist insgesamt durch einen erneuten Modernisierungsschub, als 'bürokratische Revolution von oben' (Sauer 1972, S. 460) gekennzeichnet, für die Ungleichzeitigkeiten in der Entwicklung zwischen den altpreußischen Kernlanden, den Neuerwerbungen im Westen und den Ost-

---

[11] Zu den unterschiedlichen Vorstellungen zur 'Reichsnation' vgl. Dann 1987, S. 120-124.

[12] Zit. nach Cromer 1933, S. 615.

provinzen hinderlich waren. Die Unterschiede in den den administrativen Zugriff begleitenden sprachenpolitischen Maßnahmen zwischen Ost- und Westpreußen und der Provinz Posen erklären sich zunächst aus den Kautelen der dritten polnischen Teilung: Der preußisch-russische Vertrag von 1815 enthielt die Verpflichtung auf Achtung der nationalen Rechte der polnischen Bevölkerung (Art. III, 2).

Dem entsprachen die Zusagen des preußischen Königs auf Religionsfreiheit, Rechts- und Eigentumssicherung, die Verwendung der polnischen neben der deutschen Sprache und den Zutritt zu allen öffentlichen Ämtern und die in der Cabinetsordre von Hardenbergs an den Preußischen Statthalter Radziwill enthaltenen Vorschriften zur Zweisprachigkeit im Gerichtswesen.

Dem volkssprachlichen Prinzip entsprach auch Altensteins Verordnung über die Organisation des Volksschulwesens in Posen vom 13.12.1822:

> Was die Ausbreitung der deutschen Sprache betrifft, so kommt es hierbei zunächst darauf an, daß man sich selber klar mache, was man in dieser Hinsicht eigentlich wolle und solle, nämlich, ob nur auf ein allgemeines Verstehen der deutschen Sprache unter den polnischen Einwohnern dortiger Provinzen hingewirkt werden solle oder ob man etwa die Ansicht habe, die ganze Nation zwar allmählich und unvermerklich, aber nichtsdestoweniger so vollständig wie möglich zu germanisieren. (Altenstein, zit. nach Cromer 1933, S. 619)

Der Minister hielt nur das erstere der beiden Ziele für ratsam und durchführbar. Die Zweisprachigkeit sei für die Polen eher vorteilhaft, und selbst wenn man es für wünschenswert erachte, den Gebrauch der polnischen Sprache einzuschränken und das Volk zu 'entnationalisieren',

> so würde doch jeder direkte Schritt zu offenbarer Vertilgung ihrer Sprache, statt dem Ziele näherzubringen, nur davon entfernen. Religion und Sprache sind die höchsten Heiligtümer einer Nation, in denen ihre ganze Gesinnungs- und Begriffsweise gegründet ist. [...] Die Bildung eines Individuums und einer Nation kann nur vermittels der Muttersprache bewerkstelligt werden. (Altenstein, zit. nach Cromer 1933, S. 619)

Es folgten entsprechende Verwaltungsvorschriften: Polnisch solle gleichberechtigte Gerichtssprache und Unterrichtssprache sein, wobei auf der unteren Verwaltungsebene Polnisch, auf Provinzebene Deutsch als innere Amtssprache verwendet werden solle.

Die Zweisprachigkeit sollte eine Zwischenetappe zur vollständigen Eingliederung der polnischen Bevölkerung in den preußischen Staat sein; ihre Nationalität solle wie aus einem internen, die Behandlung der Polen betreffenden Schreiben vom 7. April 1815 hervorgeht, 'insoweit berücksichtigt werden [...], als dies mit der Erzielung jenes Endzwecks verträglich ist.'[13]

1830-1840: Ära Flottwell

Die Korrektur der bisherigen preußischen Kulturpolitik in Polen à la Altenstein deutete sich unter dem Einfluß des polnischen Aufstands gegen Rußland u.a. in ihrer Kritik durch Grolmann 1831 an.

> Durch seine Lage im Herzen des preußischen Staates auf der Verbindung zwischen Schlesien, Preußen und Pommern und 18 Meilen von Berlin entfernt, gehört dieses Land so innig zum preußischen Staat, daß jede Idee einer Trennung von ihm als Hochverrat angesehen werden muß, und daß jeder, der es ehrlich mit seinem Vaterlande meint, seine letzte Kraft anspannen muß, um dieses Land dem preußischen Staate nicht nur zu erhalten, sondern es auch gut gesinnt, das heißt deutsch zu machen. (Zit. nach Cromer 1933, S. 625)

Polnisch solle an den Gymnasien als Unterrichtssprache beseitigt, der Einfluß der 'fanatischen' katholischen polnischen Geistlichkeit zurückgedrängt werden und in den angrenzenden Provinzen Polnisch sprechende deutsche Bürger ausgebildet werden, um 'zuverlässige Subjekte' (sprich Verwaltungsbeamte und Polizeispitzel) verfügbar zu haben. Eine besondere Rolle sprach Grolmann der sprachlichen Umerziehung durch die Armee zu. Er hatte damit wesentliche Aspekte der zukünftigen preußischen Polenpolitik benannt: Der Umgang mit dem polnischen Adel und der katholischen Geistlichkeit, die Religionsfrage, die Unterrichtssprache und die Etablierung einer leistungsfähigen und loyalen Verwaltung. Ihre Umsetzung freilich sollte sich ausgesprochen schwierig gestalten, obwohl außenpolitische Rücksichten auf Rußland jetzt entfallen konnten, weil auch im russischen Teil Polens die Garantien des Wiener Friedens kassiert wurden. Der Posener Oberpräsident Schön schlug eine entsprechend aggressive antipolnische Linie ein.[14]

Am 14.4.1832 wurde das 'Regulativ über die Geschäftssprache der Administrationsbehörden in Posen' erlassen. Es schrieb Deutsch als Amtssprache für den schriftlichen Verkehr zwingend vor, Polnisch war nur für die mündliche Außensprache zugelassen. Für einsprachige polnische Beamten gab es keine Arbeitsmöglichkeit mehr. Innerhalb weniger Jahre war die gesamte Provinzialverwaltung von deutschen Beamten besetzt. Es folgten Einschränkungen für die Verwendung des Polnischen vor Gericht.

---

[13] Zit. nach Cromer 1933, S. 616.

[14] Zur Ära Flottwell vgl. Laubert 66-82, S. 224.

Versöhnungsära 1840-1848

1840 wurde Flottwell von Friedrich Wilhelm IV. abberufen. Die königlichen Erlasse waren nun etwas konzilianter formuliert, rekurrierten auf 'natürliche' Durchsetzung der deutschen Sprache als Gesetzmäßigkeit. Der Nachfolger Flottwells, Graf Arnim von Boitzenberg, empfahl daher,

> daß in allem, was geschieht, um den polnischen Untertanen deutsche Sprache, Bildung und Wissenschaft nahezubringen, jede Weise eines Aufdrängens derselben und bei allem, was zur Kräftigung des deutschen Elements in der Provinz dienen soll, jeder Anschein einer versuchten Verdrängung oder Beeinträchtigung des polnischen Elementes vermieden werde. (Nach Cromer 1933, S. 631)

Die neuen Maßnahmen:

- Änderung der Zivilprozeßregelung, daß bei zweisprachigen Klägern in Deutsch verhandelt werden müsse.
- Anweisung an Kultusminister Eichhorn, an den Universitäten Breslau und Berlin Lehrstühle für Slawistik zu errichten und an den Posener Gymnasien Lehrer für Polnisch anzustellen.[15]

In der Instruktion vom 24. Mai 1842 für das königl. Provinzialkollegium und die königl. Regierung der Provinz Posen drückte sich die neue Linie aus.

Für die Landschulen galt:

- Nach Möglichkeit Einstellung zweisprachiger Lehrer
- Je nach der Mehrheit der Schüler Deutsch oder Polnisch Unterrichtssprache
- Deutsch Unterrichtsgegenstand in allen Schulen. Polnisch in vorherrschend deutschsprachigen Gemeinden auf Wunsch der Eltern.

Für die Stadtschulen:

- Gebrauch der Unterrichtssprache nach den Bedürfnissen der überwiegenden Mehrheit der Schüler
- Oberklassen: Deutschunterricht verbindlich. Schulabgänger müssen Deutsch mündlich und schriftlich beherrschen.

Für die Lehrerseminare:

- Zweisprachige Ausbilder, Kontrolle der Deutschkenntnisse polnischer Seminaristen, zweisprachige Lehrbücher, Probestunden

---

[15] Glück bezweifelt die Realisierung dieser Appeasement-Politik und hält sie für eine 'scheintolerante' Politik.

und Repetitionen in polnischer Sprache, um das Verständnis zu überprüfen.

Für Gymnasien (nur katholisch-polnische):

– Zweisprachigkeit. Religionsunterricht in der jeweiligen Muttersprache. In unteren Klassen war Polnisch, dann zunehmend Deutsch als Unterrichtssprache vorgeschrieben, ab Sekunda nur noch Deutsch zugelassen.

Die allgemeine Tendenz läßt sich so beschreiben: Polnisch sollte auf die Funktion als Propädeutikum und Transfersprache reduziert werden, allein der Religionsunterricht blieb muttersprachlich. Als Ausbildungsziel galt die Beherrschung der deutschen Sprache in mündlicher und schriftlicher Form. Die Anforderungen an die Lehrer waren asymmetrisch: Polnische Lehrer mußten Deutsch, deutsche nicht unbedingt Polnisch können.[16]

Die 40er Jahre in Polen waren vom Versuch geprägt, die Zweisprachigkeit von oben nach unten durchzusetzen: Sprachwechsel oben sollte die Zweisprachigkeit unten befördern.

Die Strategie der Zweisprachigkeit war nicht ohne Risiko: Zwar konnten so zweisprachig ausgebildete deutsche Geistliche, Beamten, etc. herangezogen werden, die mittel- und langfristig der preußischen Verwaltung die notwendige Durchschlagskraft hätten geben können, doch die Duldung der zweisprachigen Polen in den ideologisch relevanten Institutionen Schule und Kirche erzeugte ein schlecht kontrollierbares Potential, das gegebenenfalls den Widerstand gegen den preußischen Unterwerfungsanspruch organisieren konnte – und dies auch tatsächlich tat, z.B. durch den Marcinkowski-Verein.

Die Zeit nach 1848

Im Gegensatz zu dem vor allem durch den Einfluß Österreichs in der Frankfurter Verfassung niedergelegten Recht eines jeden Volks auf Toleranz in Sachen Sprache, Kirchenwesen, Unterricht und Religionsausübung (Art. VIII, §188) enthielt die preußische Verfassung von 1850 keinerlei derartige Schutzbestimmungen. Zwar sah sie vor, daß die Gemeinden für die 'äußeren Angelegenheiten der Volksschule' zuständig seien, alle Erziehungsanstalten sollten jedoch unter der 'Aufsicht vom Staate ernannter Behörden' stehen und die Lehrer Pflichten und Rechte

---

[16] Angaben nach Cromer 1933, S. 632-634.

der Staatsdiener haben,[17] was den Weg für die seit 1852 betriebene religiös-konservative Wendung in der Schulpolitik durch die 'Stiehlschen Regulative' (1754) frei machte.

Vor diesem Hintergrund hatten polnische Forderungen, die sich auf die Reichsverfassung beriefen und auf mehr nationale Autonomie in Verwaltung, Justiz und Schule drangen, wenig Chancen auf Gehör. Die Forderung des Posener Nationalkommitees an die Berliner Regierung, Polnisch solle Geschäftssprache sein, stieß auf Ablehnung. Durch Abschaffung des Amtsdolmetschers, Zusatzgebühren für zweisprachige Urkunden etc. wurde das Polnische im Rechtswesen weiter zurückgedrängt. Es folgte die Änderung der Strafprozeßordnung 1852, die Verhandlungen nur noch in deutscher Sprache zuließ.

Seit 1852 erfolgten in den Regierungsbezirken Bromberg und Posen amtliche Bekanntmachungen nur noch in deutscher Sprache. Die Veröffentlichung von Amtsblättern in polnischer Sprache wurde eingestellt.

Vor und nach der Reichsgründung

1861 mahnte der Probst Prusinowski mit Berufung auf die Wiener Verträge und andere Zusagen die kulturellen Rechte der polnischen Bevölkerung an ('Die polnische Sprache im Großherzogtum Posen gegenüber dem preußischen Recht', 1861). Er forderte die Polen auf, gegenüber der Verwaltung ihre Muttersprache zu verwenden. Die Antwort des Innenministers Graf Schwerin:

> Es kommt nicht darauf an, was in diesem oder jenem Vertrag steht, sondern nur darauf, daß die Provinz Posen von dem Könige von Preußen mit voller Souveränität in Besitz genommen ist. (Laubert 1944, S. 124)

Diese Antwort stand in krassem Gegensatz zu den Wiener Verträgen und der Reichsverfassung. Auf den zunehmenden Widerstand gegen die Germanisierung (z.B. durch Abgabe polnisch abgefaßter Berichte an die preußische Verwaltung) antwortete die preußische Regierung mit verstärkten Repressionen: Entfernung aus dem Amt, strafrechtliche Verfolgung.

Interventionen im preußischen Landtag, die eine Mäßigung der Unterdrückungspolitik erreichen sollten, wurden abgeschmettert, u.a. von Bismarck mit den Worten:

> Die Neigung, sich für fremde Nationalitäten und Nationalbestrebungen zu begeistern, auch dann, wenn dieselben nur auf Kosten des eigenen

---

[17] Nach Michael/Schepp 1974, 1, S. 301.

Vaterlandes verwirklicht werden können, ist eine politische Krankheitsform, deren geographische Verbreitung sich auf Deutschland leider beschränkt [...] (Laubert 1944, S. 126).

Er optierte für die schon von Clausewitz formulierte Maxime: 'Deutschland [...] kann nur auf einem Wege zur politischen Einheit gelangen; dieser ist das Schwert, wenn einer seiner Staaten alle anderen unterjocht'.[18]

Es scheint so, als ob diese Strategie, die sich zwischen 1866 und 1871 außenpolitisch bewährt hatte und nach der Reichsgründung einer geschickten Befriedungspolitik Platz gemacht hatte, nun für die preußische Innenpolitik übernommen wurde: für den Kampf gegen die 'Reichsfeinde', die Klerikalen, Welfen, Polen, Sozialdemokraten – es dränge sich der Gedanke auf, so die These Werner Sauers,

> daß dieser innenpolitische Kampfkurs so etwas wie ein Ersatz für die undurchführbare Risikopolitik nach außen gewesen ist. (Sauer 1972, S. 468)

Die preußische Regierung hatte erkannt, daß sie mit dem ursprünglichen Weg einer Zweisprachigkeit mit folgendem Sprachwechsel keinen Erfolg gehabt hatte. Gerade die Schwierigkeiten mit der nationalpolnischen Geistlichkeit beeinflußten den Kulturkampf erheblich und führten in Posen zu einer Reihe von Sondermaßnahmen.

Die veränderte Orientierung preußischer Politik nach der Reichsgründung zeigte sich auch darin, wie der von dem Statistiker Richard Böckh 1869 zugunsten des Nationalitätenprinzips in Anschlag gebrachte Unterschied von 'Volkssprache' und 'Staatssprache' in der Debatte um das Geschäftssprachengesetz 1876 diskutiert wurde. Böckh hatte die Volkssprache als familiäres und regionales Verständigungsmittel, die Staatssprache als übergeordnete Varietät bestimmt. Das Geschäftssprachengesetz betraf formal zwar nur den Geltungsbereich, den Böckh der Staatssprache zugewiesen hatte, doch es liquidierte die noch bestehenden Reste polnischen Sprachgebrauchs in der Verwaltung. Die nationalliberale Argumentation ging noch einen Schritt weiter: Sie sah in der Staatssprache das Symbol der staatlichen Einheitlichkeit und ein Mittel, den Sprachwechsel zu erzwingen.[19]

---

[18] Zit. nach Sauer 1972, S. 464.

[19] Vgl. den Disput zwischen Herrnritt und Zorn über die im Begriff der 'Staatssprache' implizierte faktische Anerkennung nationaler Minderheiten, s. dazu Schieder 1961, S. 33. Interessanterweise aber wurden bei der Annexion Elsaß-Lothringens ein ethnisch, kulturell und sprachlich begründeter Nationalitätsbegriff gegen das staatsnationale Prinzip französischer Prägung vorgebracht. Vgl. Wehler 1972, S. 423.

Im Gerichtsverfassungsgesetz von 1877 wurde der gleiche Schritt für das Justizwesen vollzogen, Deutsch als alleinige Verhandlungssprache bestimmt. Schwieriger war es, die Staatssprache Deutsch auch im Erziehungswesen durchzusetzen, denn die Handlungsmöglichkeiten der preußischen Regierung waren bisher aufgrund bestehender Rechte eingeschränkt.[20]

Die katholische polnische Geistlichkeit protestierte vergeblich gegen die Aufhebung ihrer durch die Reichsverfassung garantierten Rechte, die Religionsausübung in den Volksschulen zu leiten und organisierte einen außerschulischen Religionsunterricht, was mit massiven Repressionen beantwortet wurde. Die Verfügung von 1872, an den höheren Schulen der Provinz Posen den Religionsunterricht nicht anders zu behandeln wie die übrigen Fächer, bedeutete nichts anderes, als das Polnische auf den Sprachunterricht in Polnisch zu beschränken. 1873 wurde auf Erlaß Deutsch als alleinige Unterrichtssprache an den Volksschulen eingeführt (bis auf den Religionsunterricht in Polnisch, der bei genügendem Verständnis aber per Verfügung auch auf deutsch zu halten sei).

Die damit verbundene Beseitigung des elementaren Lese- und Schreibunterrichts in polnischer Sprache (deren Maxime 'Analphabetismus statt Sozialismus' hätte heißen können) war nicht nur die endgültige Absage an das ursprüngliche Konzept der Zweisprachigkeit, sondern sollte die Bevölkerung langfristig zu polnischen Analphabeten machen, sie damit dem Einfluß antipreußischer Schriften entziehen und zugleich für die progermanische Propaganda zurichten. Der wahrscheinliche Erfolg dieser Maßnahmen war aber eher ein Rückgang der schriftsprachlichen Fähigkeiten von Volksschulabgängern überhaupt.

Diese Verschärfung der sprachenpolitischen Maßnahmen, d.h. der Versuch, den Klerus aus der Schulpolitik hinauszudrängen, führte bei der polnischen Bevölkerung zu einer noch engeren Bindung von Religion und Nationalsprache: Der jetzt unmittelbar Zugriff der deutschen Verwaltung erzeugte massiven Widerstand, es begann ein 'Schulkrieg', der auf der

---

[20] Im 18. Jahrhundert hatte es zwar mehrere Versuche gegeben, eine allgemeine Schulpflicht einzuführen (1717, General-Landschulreglement von 1763, Allg. Landrecht von 1794), was aber mangels materieller Bedingungen weitgehend scheiterte. Die langsame Verbesserung der Elementarschulsituation im 19. Jhd. ging in den Ostprovinzen noch schleppender vonstatten. Es bestand nur geringes Interesse an einer besseren Ausbildung der Landbevölkerung, vor allem das Elementarschulwesen sollte auf die Vermittlung nur der notwendigsten Kenntnisse beschränkt bleiben (so die allg. Tendenz der Stiehlschen Regulative). Die Analphabetenrate ist nur zu schätzen, dürfte aber trotz eines statistisch ermittelten Schulbesuchs von angeblich rd. 70% in Posen und Westpreußen (1846) höher als 50% gelegen haben.

einen Seite den 'nationalen Besitzstand des Deutschtums' gegen den vor-
dringenden 'Polonismus' zu bewahren behauptete, auf der anderen Seite
eine kulturelle Eigenständigkeit gegen den protestantisch-germanischen
Zugriff zu verteidigen suchte.

Zusammenfassung

Die Strategie der Zweisprachigkeit war in Polen gescheitert, weil sie die
Fähigkeit des polnischen katholischen Klerus unterschätzte, die geforderte 'Anhänglichkeit' der polnischen Bevölkerung an den preußischen
König, später an den preußisch-deutschen Staat, zu verhindern. Vor der
Reichsgründung besaß Preußen nicht die Mittel, seinen Machtanspruch
bis auf die Ebene der örtlichen Verwaltung wirklich durchzusetzen. Als
nach der Reichsgründung die Einsprachigkeit mit Nachdruck durchgesetzt werden sollte, war der Widerstand deshalb um so größer, weil sich
für die Polen nun die nationale Frage völlig anders stellte: Es ging nicht
mehr um die Loyalität zu Preußen, sondern um die Eingliederung ins
Deutsche Reich.

Literatur

Burkhardt, Felix (1932): Die Entwicklung des Wendentums im Spiegel der
    Statistik. Langensalza: Julius Beltz (= Die Lausitzer Wenden, 6).

Cromer, R. (1933): Die Sprachenrechte der Polen in Preußen in der ersten
    Hälfte des 19. Jahrhunderts. In: Nation und Staat. Deutsche Zeitschrift
    für das europäische Minoritätenproblem, 6, S. 610-639.

Dann, Otto (1987): Das alte Reich und die junge Nation. Zur Bedeutung des
    Reiches für die nationale Bewegung in Deutschland. In: Zernack, Klaus
    (Hrsg.): Zum Verständnis der polnischen Frage in Preußen und Deutsch-
    land 1772-1871. Berlin: Colloqium Verlag, S. 108-126 (= Einzelveröff. d.
    Hist. Kommission zu Berlin, 59).

Die Sorben. Wissenswertes aus Vergangenheit und Gegenwart der sorbischen
    nationalen Minderheit (1979). Bautzen: Domowina-Verlag.

Fenske, Hans (Hrsg.) (1978): Im Bismarckschen Reich 1871-1890. Darmstadt:
    Wiss. Buchgesellschaft (= Quellen zum pol. Denken der Deutschen im
    19. u. 20. Jhd., 6).

Glück, Helmut (1978): Sprachenpolitik. Zur Methodik sprachwissenschaftlicher
    Analysen der Zusammenhänge von Sprachenpolitik, Sprachbewußtsein,
    Ideologie und Sozialgeschichte am Beispiel der preußisch-deutschen Po-
    litik gegenüber der polnischen Minderheit vor 1914. Phil. Diss. Os-
    nabrück.

Hahn, Hans-Henning (1987): Polen im Horizont preußischer und deutscher Politik im neunzehnten Jahrhundert. In: Zernack, Klaus (Hrsg.): Zum Verständnis der polnischen Frage in Preußen und Deutschland 1772-1871. Berlin: Colloqium-Verlag, S. 1-19 (= Einzelveröffentlichungen der Hist. Kommission zu Berlin, 59).

Hartstock, Erhard/Kunze, Peter (1977): Die bürgerlich-demokratische Revolution von 1848/49 in der Lausitz. Dokumente zum Verlauf und zur Wirkung der Revolution im deutsch-sorbischen Gebiet. Eine Quellenauswahl. Bautzen: Domowina-Verlag.

Hartstock, Erhard/Kunze, Peter (1979): Die Lausitz zwischen Französischer Revolution und Befreiungskriegen 1785-1815. Dokumente zur sozialen, wirtschaftlichen und kulturell-geistigen Lage der Landbevölkerung [...]. Eine Quellenauswahl. Bautzen: Domowina-Verlag.

Hartstock, Erhard/Kunze, Peter (1985): Die Lausitz im Prozeß der bürgerlichen Umgestaltung 1815-1847. Eine Quellenauswahl. Bautzen: Domowina-Verlag.

Kosim, Jan (1987): Der polnische Aufstand von 1830 im Spiegel der deutschen Öffentlichkeit und die Zusammenarbeit zwischen deutschen und polnischen Demokraten. In: Zernack, Klaus (Hrsg.): Zum Verständnis der polnischen Frage in Preußen und Deutschland 1772-1871, Berlin: Colloqium-Verlag, S. 29-41 (= Einzelveröffentlichungen der Hist. Kommission zu Berlin, 59).

Kunze, Peter (1978): Die preußische Sorbenpolitik 1815-1847. Eine Studie zur Nationalitätenpolitik im Übergang vom Feudalismus zum Kapitalismus. Bautzen: Domowina-Verlag.

Laubert, Manfred (1944): Die preussische Polenpolitik von 1772-1914. Schriftenreihe des Institutes für deutsche Ostarbeit Krakau, Sektion Geschichte. 1. Bd, 3. Krakau: Burgverlag Krakau GmbH.

Mětšk, Frido (1973): Ideologen der antisorbischen Sprachpolitik während der Periode des Übergangs vom Feudalismus zum Kapitalismus. Eine Quellensammlung. Bautzen: Domowina-Verlag (= Schriftenreihe für Lehrer und Erzieher im zweisprachigen Gebiet, 1).

Meyer, Folkert (1980): Das konservative Schulregiment in Preußen während der 80er Jahre. In: Blasius, Dirk et al. (Hrsg.): Preußen in der deutschen Geschichte. Königstein/Ts.: Athenäum/Hain/Scriptor/Hanstein, S. 271-291 (= Neue Wissenschaftliche Bibliothek).

Michael, Berthold/Schepp, Heinz-Hermann (Hrsg.) (1973/1974): Politik und Schule von der Französischen Revolution bis zur Gegenwart. Eine Quellensammlung zum Verhältnis von Gesellschaft, Schule und Staat im 19. und 20. Jahrhundert. Frankfurt/Main: Athenäum Fischer Taschenbuchverlag.

Sauer, Werner (1972): Das Problem des deutschen Nationalstaats. In: Helmut Böhme (Hrsg.): Probleme der Reichsgründungszeit 1848-1879. (Erstveröff. Politische Vjs., 3. Köln 1962, S. 159-186). Köln/Berlin: Kiepenheuer & Witsch, S. 448-479 (= Neue Wissenschaftliche Bibliothek).

Schieder, Theodor (1961): Das deutsche Kaiserreich von 1871 als Nationalstaat. Köln-Opladen: Westdeutscher Verlag (= Wiss. Abh. der Arbeitsgem. f. Forschung des Landes Nordrhein-Westfalen, 20).

Schiewe, Jürgen (1989): Sprache und Öffentlichkeit. Berlin: Erich Schmidt-Verlag.

Tschernik, Ernst (1954): Die Entwicklung der sorbischen Bevölkerung von 1832 bis 1945. Eine demographische Untersuchung. Berlin: Akademie-Verlag (= AdW, Veröff. d. Inst. für Slawistik, 4).

Wehler, Hans-Ulrich (1972): Das 'Reichsland' Elsaß-Lothringen 1870-1879. In: Böhme, Helmut (Hrsg.): Probleme der Reichsgründungszeit 1848-1879. Köln/Berlin: Kiepenheuer & Witsch, S. 431-447 (= Neue Wissenschaftliche Bibliothek).

HEINZ H. MENGE

Sprachenpolitik gegenüber fremdsprachigen Minderheiten im 19. Jahrhundert: „Polen" an der Ruhr

1. Das „polnische Schalke"

Die erste Begeisterung über die am 24.6.1934 errungene Deutsche Fußballmeisterschaft hatte sich kaum gelegt, da erreichte den FC Schalke 04 aus der Stadt des Endspielgegners Nürnberg die Aufforderung, „der Presse eine entsprechende Erklärung" dazu abzugeben, daß in polnischen Zeitungen Spieler der Meistermannschaft als Söhne polnischer Emigranten bezeichnet worden seien. Dort seien, berichtet „Der Kicker" am 10.7.1934, Schlagzeilen erschienen wie „Schalke 04, die Mannschaft unserer polnischen Landsleute" oder „Die Deutsche Fußballmeisterschaft in Händen der Polen".

Die Reaktion erfolgt prompt. Am 14. Juli schickt die Vereinsführung dem „Kicker" eine Liste, in der für alle Spieler sowie für deren Eltern der jeweilige Geburtsort aufgeführt ist. Im Kommentar zu der Liste heißt es, daß „die Eltern unserer Spieler sämtlich im heutigen oder früheren Deutschland geboren und keine polnischen Emigranten sind.[1]

Welche Motive den „Kicker" dazu bewogen haben mögen, eine Art Ariernachweis für die Schalker Spieler zu verlangen, darüber läßt sich heute nur spekulieren. Denkbar wäre sogar, daß die Empörung der Sportzeitung über die polnische Vereinnahmung nur gespielt war bzw. daß sich hinter ihr eine geschickt verpackte Diskriminierung des Kontrahenten verbarg; denn der Topos vom „polnischen Schalke" war damals in Deutschland so verbreitet (es waren sogar zahlreiche mehr oder weniger böse gemeinte Witze darüber im Umlauf), daß leicht auf ihn angespielt werden konnte.

Den Verantwortlichen des Vereins wird es nicht leichtgefallen sein, der Aufforderung des „Kicker" nachzukommen. Zu sehr rührte diese an alte Wunden. Nicht nur die Schalker, alle Zuwanderer aus dem Osten waren von der einheimischen Bevölkerung immer als „Polacken" beschimpft worden, gleichgültig ob sie sich wirklich als Polen fühlten oder, wie die ostpreußischen Masuren, als Preußen. Da die Elternteile der meisten Schalker Spieler aus Masuren stammten (zwölf gegenüber je zwei aus den Provinzen Posen und Oberschlesien und sechs aus Westfalen), hätte

---

[1] Der Bericht über die polnischen Pressestimmen findet sich in Der Kicker (Nürnberg) Nr. 28/1934 vom 10.7.1934, S. 31, die Reaktion des Vereins in Nr. 32/1934 vom 7.8.1934, S. 2.

die Vereinsführung auch mit der traditionellen nichtpolnischen Identität dieser Landsmannschaft (vgl. dazu weiter unten) argumentieren können. Das tut sie nicht, sie beruft sich auf den Geburtsort; und da gilt für alle Spieler, daß sie „im westfälischen Industriegebiet geboren sind". Hierin drückt sich aus, als was sich die Zuwanderer bzw. die nächste Generation in den dreißiger Jahren empfanden, als Westfalen nämlich. Bei den übrigen Bewohnern des Ruhrgebiets stieß dieses Selbstverständnis zu der Zeit allmählich auf breitere Akzeptanz, wozu die Kontakte durch den Sport nicht unwesentlich beitrugen.

Heute sind die Nachfahren der Zuwanderer aus den preußischen Ostprovinzen vollkommen in der Bevölkerung des Ruhrgebietes aufgegangen. Dies könnte als ein gutes Beispiel für eine gelungene Assimilation (vielleicht besser: Akkulturation) von Zuwanderern angesehen werden. Nur ist zu fragen, um welchen Preis diese erfolgt ist: u.a. um den Preis, daß die ursprüngliche Muttersprache der Minderheit nicht mehr existiert. Polnisch oder Masurisch beherrschen nur noch ganz wenige ältere Menschen, ansonsten sprechen die Nachkommen nur das gleiche regional gefärbte Deutsch wie die anderen Bewohner des Ruhrgebiets.

Ob die preußische Sprachenpolitik, die sich die Durchsetzung des Deutschen bei den fremdsprachigen Minoritäten zum Ziel gesetzt hatte, eine Rolle dabei gespielt hat, daß die Zuwanderer aus dem Osten ihre Muttersprache aufgegeben haben, soll im folgenden skizzenhaft untersucht werden.

Die alten Witze über Schalke sind übrigens immer noch bekannt; aber wer sie heute erzählt (z.B. der frühere Ministerpräsident von NRW, Heinz Kühn; vgl. den „Stern" vom 1.3.1990, S. 66), hat dabei ganz andere Intentionen als zu diskriminieren, etwa die, auf die Bedeutung von Minoritäten für das kulturelle Leben in Deutschland aufmerksam zu machen. Das Stigmatisierungspotential der Witze hat sich völlig verflüchtigt.

2. Zur Bevölkerungsentwicklung des Ruhrgebiets

Zwar können einige Städte an der Ruhr auf eine lange Geschichte zurückblicken, doch ist das Ruhrgebiet im heutigen Sinne eine junge Erscheinung. Es verdankt seine Entwicklung der Industrialisierung, welche bei Kohle und Stahl vor rund 150 Jahren einsetzte. Damals wohnten in dem Gebiet zwischen Ruhr und Lippe, zwischen Duisburg und Dortmund knapp 300.000 Menschen. Hundert Jahre später waren es fast vier Millionen.[2]

---

[2] Die Bevölkerungsentwicklung ist sehr detailliert dokumentiert in Wiel 1970.

Der steigende Arbeitskräftebedarf wurde zunächst mit Einheimischen gedeckt, dann mit Bewohnern aus dem rheinisch-westfälischen Umland und später mit Zuwanderern aus dem gesamten Deutschen Reich. (Die Zahl der sog. „Reichsausländer" war relativ gering.)

Nach 1871, verstärkt nach 1890, wurden auch Bewohner der preußischen Ostprovinzen angeworben, also der Provinzen Ostpreußen, Posen und Oberschlesien. Diese Zuwanderer verteilten sich nicht, wie am Beispiel Schalke schon sichtbar geworden, gleichmäßig über das ganze Ruhrgebiet, sondern bildeten landsmannschaftliche Schwerpunkte, vor allem in der eher ländlich strukturierten Zone südlich und nördlich der Emscher. Es gab Schachtanlagen, in deren Umgebung fast nur Posener wohnten („König Ludwig I, II, III" in Recklinghausen), andere hatten fast nur Masuren unter ihrer Belegschaft („Graf Bismarck" in Gelsenkirchen), nur bei einigen waren Masuren und Posener gleichmäßiger verteilt („Shamrock" in Wanne-Eickel). Die Zechen in der Emscherzone wurden oft „Polenzechen" genannt, was nicht verwundert, machte doch der Anteil der Zuwanderer aus den Ostprovinzen teilweise bis zu achtzig Prozent der Belegschaft aus.

Zahlenmäßige Angaben über den Umfang der Zuwanderung aus dem Osten insgesamt zu machen, stellt sich heute als außerordentlich schwierig dar. Es gibt zwar eine Fülle von zeitgenössischen Statistiken, aber ihnen gegenüber ist große Vorsicht an den Tag zu legen. Das hängt mit sachlichen Momenten zusammen (große Fluktuation, Rückkehr in die Heimat), hat aber vor allem mit der jeweiligen Interessenlage der Datenerheber zu tun. In der preußischen Muttersprachen-Statistik für 1905 finden sich z.B. bei (Wanne-)Eickel nur 125 Masuren angegeben, sechs Jahre zuvor hatte man für die Zeche in Eickel aber schon 457 Masuren gezählt.[3] Hier haben unterschiedliche politische Intentionen zu unterschiedlichen Zahlen geführt.

Eine grobe Schätzung hinsichtlich des Gesamtumfangs der Zuwanderung aus den Ostprovinzen würde für 1905 besagen, daß von den rund 2,5 Millionen Bewohnern des Ruhrgebiets ca. 500.000 aus dem Osten stammten, davon ca. 300.000 aus der Provinz Posen und ca. 150.000 aus Ostpreußen.[4]

Diese Zuwanderer sprachen nicht ausschließlich, aber doch größtenteils „Polnisch". Wie dieses Polnisch genau aussah, darüber ist leider sehr we-

---

[3] Zu weiteren Daten und zu den Quellennachweisen siehe Menge 1979, S. 91-97.

[4] Vgl. zu Einzelheiten Kleßmann 1978 und Murzynowska 1979.

nig bekannt. Man weiß auch nur wenig über die Kenntnisse der Zuwanderer im Deutschen, wenig über den Grad der Alphabetisierung in der polnischen und deutschen Schriftsprache. Sicher ist nur, daß sich die Zuwanderer aus Masuren ihrer Muttersprache gegenüber anders verhalten haben als die Zuwanderer aus der Provinz Posen, was umso erstaunlicher ist, als doch beide Gruppen von der gleichen Sprachenpolitik betroffen waren.

3. Die preußische Sprachenpolitik

Bis 1890, also bis zu dem Zeitpunkt, da im Ruhrgebiet die Zuwanderung aus den Ostprovinzen verstärkt einsetzte, hatte sich die in der ersten Hälfte des 19. Jahrhunderts relativ tolerante Sprachenpolitik in Preußen bereits ins Gegenteil verkehrt. Ihr Ziel war jetzt die Germanisierung (Germanisation) der fremdsprachigen Minderheiten. Durch mehrere Gesetze und Erlasse (u.a. 1872 Schulaufsichtsgesetz, 1872/73 Erlasse für den Religionsunterricht, 1876 Geschäftssprachengesetz, 1877 Reichs- Gerichtsverfassungsgesetz, 1886 Lehreranstellungsgesetz) wurde bestimmt, daß die Sprache in Schule, Verwaltung und Gerichtsbarkeit Deutsch zu sein hatte.[5] Für die Ostprovinzen, die man dabei vor allem im Auge hatte, hieß dies, daß das Polnische aus dem gesamten öffentlichen Bereich ausgesperrt bleiben sollte. Ihre Rechtfertigung suchte diese Politik nicht nur in der Nationalstaatsidee, sondern auch in der Überzeugung, daß die deutsche Kultur überlegen und es deshalb für die Minderheiten nur von Vorteil sei, wenn sie die deutsche Sprache übernähmen.

Mit dem Ruhrgebiet hatte die preußische Sprachenpolitik bis ca. 1890 nichts zu tun. Man sah hier in der Zuwanderung kein Problem, da „durch die Volksschulen, Verheirathungen und durch den fortwährenden Verkehr mit der deutschen Bevölkerung ... ohnehin die Germanisierung der polnischen Elemente hier in der Gegend" eintreten würde.[6]

Nach 1890 waren die Behörden anderer Meinung. Sie glaubten nicht mehr an Automatismen bei der Germanisierung, im Gegenteil:

Scharfe Überwachung der Agitation und Vereinstätigkeit, Fernhaltung nationalpolnischer Geistlicher, Beschränkung des Gebrauchs der polnischen Sprache in öffentlichen Versammlungen, ausschließlich deutsche Schulbildung, das werden die Mittel sein, mit denen das Polentum im

---

[5] Die preußische Sprachenpolitik ist ausführlich dargestellt in Glück 1979. Vgl. auch Kleßmann 1978 und Pabst 1980.

[6] So der Bochumer Landrat in einem Bericht 1884. Zitiert nach Heinemann 1975, S. 59f.

Westen der Monarchie dem Einfluß der deutschfeindlichen Agitation entzogen und der Germanisierung zugeführt wird.[7]

Von den hier genannten Programmpunkten war der Punkt „deutsche Schulbildung" im Ruhrgebiet bereits verwirklicht. Unterricht gab es nur auf Deutsch, auch Privatunterricht in der polnischen Sprache war verboten. Die Lehrer machten bereitwillig mit, betrachteten es sogar als Ehre, in Klassen mit einem starken polnischen Schüleranteil unterrichten zu dürfen (nach der damals so genannten „direkten Methode" bzw. „Methode Berlitz").

Bis die „Beschränkung des Gebrauchs der polnischen Sprache in öffentlichen Versammlungen" durchgesetzt war, mußten noch einige Jahre vergehen. Erst 1908 wurde das sog. „Vereinsgesetz" verabschiedet, ein Reichsgesetz, dessen § 12, Abs. 1 lautet: „Die Verhandlungen in öffentlichen Versammlungen sind in deutscher Sprache zu führen". Auch dieses Gesetz richtete sich in erster Linie gegen die Polen in den östlichen Provinzen. Was aber den „Sprachenparagraphen" angeht, so gibt es starke Indizien dafür, daß dieser auf Betreiben der westfälischen Großindustriellen ins Gesetz hineingenommen wurde, also ruhrgebietsspezifisch gemeint war.[8]

Eine solche Spezifik würde keinen Einzelfall darstellen. Schon neun Jahre zuvor war von der Bergpolizei für die fremdsprachigen Arbeiter im Oberbergamtsbezirk Dortmund verordnet worden, daß sie nur dann beschäftigt werden dürfen, „wenn sie genügend deutsch verstehen, um mündliche Anweisungen ihrer Vorgesetzten und Mitteilungen ihrer Mitarbeiter richtig aufzufassen". So der Paragraph 1. Und Paragraph 2 legte für bestimmte höhere Positionen fest, daß fremdsprachige Arbeiter nur dann mit diesen betraut werden durften, „wenn sie deutsch sprechen und in Schrift und Druck lesen können".[9]

---

[7] Das Zitat ist einer Art Programmschrift entnommen, die der Oberpräsident in Münster, Heinrich Konrad von Studt, später preußischer Kultusminister, am 31.10.1896 an den Innenminister in Berlin gerichtet hat. Sie ist abgedruckt bei Brandt 1987, S. 119-128 (das Zitat S. 128).

[8] Das „Vereinsgesetz" vom 19.4.1908 ist im „Reichs=Gesetzblatt" Nr. 18/1908 (S. 151-157) veröffentlicht worden. Zur Rolle der Großindustriellen aus dem Ruhrgebiet hinsichtlich der Aufnahme des Sprachenparagraphen in das Gesetz vgl. Wehler 1962, S. 454.

[9] Die „Bergpolizeiverordnung, betreffend die Beschäftigung fremdsprachiger Arbeiter beim Bergwerksbetriebe im Oberbergamtsbezirke Dortmund" ist veröffentlicht worden u.a. in Glückauf. Berg- und Hüttenmännische Wochenschrift 35, 1899, (Nr. 7) S. 128f.

Auf die „Fernhaltung nationalpolnischer Geistlicher" hatte der Staat bei den Katholiken zwar keinen direkten Einfluß, das war aber auch gar nicht nötig, denn die verantwortlichen Bischöfe befolgten von sich aus das Programm der Germanisierung. Die Seelsorge wurde in der Regel deutschen Geistlichen übertragen, die bestenfalls (oft mit mäßigem Erfolg) nachträglich Polnisch lernten. Hinsichtlich des Gebrauchs des Polnischen im kirchlichen Bereich gab es zwar gewisse Zugeständnisse, aber diese waren insgesamt eher dürftig. So wurde in einer Geheimabsprache des Erzbischofs von Köln mit den Bischöfen von Münster und Paderborn (alle drei waren für Teile des Ruhrgebiets zuständig) bestimmt:

I. Der erste Beicht- und Kommunionunterricht soll ausschließlich und ausnahmslos in deutscher Sprache erteilt werden.

II. Wo an Orten mit zahlreicher polnischredender Bevölkerung das Bedürfnis nach polnischem Gottesdienst nicht von der Hand gewiesen werden kann, soll falls den Bischöfen hierzu geeignete Kräfte zur Verfügung ständen, alle 14 Tage ein Nachmittagsgottesdienst mit polnischer Predigt und polnischen Gesängen stattfinden (also keine Messe).

III. Wo etwa an vereinzelten Orten die lokale Geistlichkeit ein mehreres zugestanden hat, sollen die Gottesdienste allmählich auf das vorerwähnte Maß zurückgeführt werden.[10]

Die dritte Bestimmung könnte darauf hindeuten, daß einzelne Geistliche versucht haben, den Polen eine angemessene Seelsorge in ihrer Muttersprache zukommen zu lassen. Insgesamt muß man aber feststellen, daß sich die kirchliche Sprachenpolitik nahtlos in die staatliche eingefügt hat.

4. Das Verhalten der Zuwanderer gegenüber ihrer Muttersprache

Direkte Auswirkungen von Sprachenpolitik, zumal von deren kodifizierter Manifestation in Gesetzen und Erlassen[11] , dürften nur in den seltensten Fällen fein säuberlich herauszupräparieren sein. Andere Faktoren bilden mit der Sprachenpolitik zusammen ein Geflecht von Wirkungsmechanismen, das sich nur schwer auflösen läßt. Es kann hier also nur darum gehen, das Verhalten der Zuwanderer ihrer Muttersprache gegenüber zu skizzieren, um anschließend zu fragen, welche Wirkung Sprachenpolitik,

---

[10] Abgedruckt bei Brandt 1987, S. 189.

[11] Untersuchungen zur Sprachenpolitik können sich nicht auf Verordnungen „von oben" beschränken. Es ist immer zu fragen, inwieweit diese auch durchgesetzt worden sind. Im Falle der preußischen Sprachenpolitik ist aber davon auszugehen, daß die Durchsetzung stattgefunden hat, da die entsprechenden Gesetze und Erlasse auf den unteren Verwaltungsebenen nicht nur gehorsam befolgt, sondern oft sogar vorweggenommen wurden.

vermittelt durch und in Wechselwirkung mit anderen Faktoren, gehabt haben mag.

Masuren und Polen haben sich, was das Festhalten an der Muttersprache angeht, sehr unterschiedlich verhalten. Die Masuren haben den Gebrauch ihrer Muttersprache rasch nach der Zuwanderung ins Ruhrgebiet auf private Domänen beschränkt. Die meisten haben nicht einmal den Versuch gemacht, ihren Kindern Masurisch beizubringen. Das läßt sich aus einer zufällig erhobenen Statistik von 1910 herausinterpretieren.[12]

In den Vereinen der Masuren war Deutsch die Verhandlungssprache. Das mußte nicht durchgesetzt werden. Wie z.B. der Masurenseelsorger Otto Rauch 1899 berichtet, hätten die Mitglieder des Ostpreußischen Arbeiter-Vereins zu (Essen-)Katernberg

> selbt den Wunsch ausgesprochen, daß bei den monatlichen Vesamm-
> lungen nur deutsch gesprochen werde. Ich freue mich jedesmal darüber,
> mit welchem Eifer daselbst die Leute der deutschen Sprache Herr zu
> werden suchen. Beim jährlichen Stiftungsfest werden jetzt die Reden
> nur in deutscher Sprache gehalten, ebenso werden nur deutsche Lieder
> gesungen.[13]

In masurischer Sprache sind kaum Zeitschriften bzw. Bücher erschienen. Es gab kein Interesse dafür. Möglicherweise spielt hier aber auch der geringe Ausbaugrad des Masurischen als Schriftsprache eine Rolle.

Viele Masuren haben sich auch dadurch der deutschen Umgebung anpassen wollen, daß sie deutsche Familiennamen angenommen haben. Leider sind die einzelnen Etappen der Geschichte der Namensänderungen bei den fremdsprachigen Zuwanderern noch nicht genauer untersucht (man schätzt, daß von 1880 bis 1930 fast 30.000 Anträge auf Namensänderungen bewilligt wurden bzw. daß 1930 jeder vierte der Zuwanderer bzw. der Nachfahren einen deutschen Namen trug[14]), es gibt aber Hinweise darauf, daß in der ersten Phase der Zuwanderung die Änderungen von den Masuren häufiger beantragt wurden als von den eigentlichen Polen. Auch bei den Spielern der Schalker Meistermannschaft gab es übrigens zwei, die einen neuen Namen trugen: Rothardt und Valentin, die vorher Cervinski bzw. Przybylski hießen.

Ganz anders stellt sich das Verhalten der Zuwanderer aus der Provinz Posen, der eigentlichen Polen, dar. Der bereits erwähnten Statistik läßt

---

[12] Vgl. dazu im einzelnen Menge 1979, S. 97-100.

[13] Der Bericht ist bei Brandt 1987, S. 152-155 abgedruckt (das Zitat S. 153).

[14] Zur Erforschung der Namensänderungen siehe Burghardt 1986.

sich entnehmen, daß ca. zwei Drittel der Eltern von Schulkindern das Polnische an ihre Kinder weitergegeben haben. (Die Hälfte der Kinder, mit denen die Eltern deutsch sprachen, hat Polnisch auf anderem Wege erlernt.) In welchem Maße diese Kinder auch eine Kompetenz in der polnischen Schriftsprache erwarben, ist heute leider nicht mehr festzustellen.

Auch im öffentlichen Bereich spielte das Polnische eine Rolle. Vor allem im ausgeprägten polnischen Vereinsleben fand es eine große Stütze. 1912 gab es im Ruhrgebiet insgesamt 875 polnische Vereine mit über 80.000 Mitgliedern. Das waren vor allem kirchliche Vereine, aber es existierten auch viele Sportvereine ("Sokol") und seit 1902 auch eine polnische Gewerkschaft ("ZZP"), deren Mitgliederzahl im Laufe der folgenden Jahre auf rund 20.000 anwuchs.

Neben dem Vereinsleben ist hier auch die polnische Presse des Ruhrgebiets zu nennen. Polnische Zeitungen erschienen in teilweise hoher Auflage. Diese machten es sich auch direkt zur Aufgabe, sich für den Fortbestand des Polnischen einzusetzen. So mahnte z.B. der "Wiarus Polski" regelmäßig seine Leser, mit den Kindern Polnisch zu sprechen. Er unterstützte auch intensiv die sprachlichen Forderungen der Polen, vor allem was den Bereich der Seelsorge anging, allerdings, wie oben ausgeführt, nur mit geringer Wirkung.

5. Die Rolle der Sprachenpolitik für das Verhalten gegenüber der Muttersprache

Auch wenn – wie angedeutet – über die Auswirkungen von Sprachenpolitik nur mit großer Behutsamkeit etwas ausgesagt werden kann, so dürfte sich im Falle der preußischen Sprachenpolitik gegenüber den fremdsprachigen Minderheiten im Ruhrgebiet mit einiger Sicherheit behaupten lassen, daß die Wirkung als nicht sehr groß veranschlagt werden darf. Wenn von zwei Minderheiten die eine die Muttersprache schnell aufgibt, die andere dagegen an ihr festzuhalten versucht, wo doch beide der gleichen restriktiven Sprachenpolitik unterliegen, ist man geneigt, andere Faktoren für das gegensätzliche Verhalten verantwortlich zu machen. Hier dürfte vor allem eine unterschiedliche Identität im Spiel gewesen sein.

Die Masuren sahen sich als preußische Staatsbürger. Wie die meisten Preußen waren sie Protestanten. (Es gab allerdings einige Ausnahmen.) Mit den Polen im eigentlichen Sinne wollten sie nichts zu tun haben. Sie haben sich immer dagegen gewehrt, mit diesen in einen Topf geworfen zu werden. Als 1920 in Ostpreußen über die staatliche Zugehörigkeit abgestimmt wurde, reisten aus dem Ruhrgebiet rund 130.000 Masuren in ihre alte Heimat, was wesentlich zu dem hohen Ergebnis bei der Option für Deutschland beitrug.

Die Zuwanderer aus der Provinz Posen, in der Regel Katholiken, entwickelten im Ruhrgebiet meist eine stark ausgeprägte nationalpolnische Identität. Sie kämpften für die Wiederherstellung eines selbständigen polnischen Staates. Als dieser 1917/18 wieder errichtet war, kamen viele in Identitätskonflikte. Mehr als die Hälfte der Ruhrgebietspolen löste diese so, daß sie – vor allem auch im Gefolge der Wirtschaftskrise von 1923 sowie der französischen Besetzung des Ruhrgebiets (1923-25) – nach Polen re- bzw. nach Frankreich emigrierte. Die anderen Polen entschieden sich für den Verbleib in der neuen Heimat – und gaben jetzt ihre Muttersprache auf, obwohl Polnisch zu lernen und zu verwenden (etwa in der Seelsorge) kaum mehr behindert wurde.

Wichtiger als die Sprachenpolitik selbst scheint also die Disposition zu sein, auf die sie trifft. Insofern ist es nicht weiter erstaunlich, daß die gleiche Sprachenpolitik Anpassung bei der einen und Widerstand bei der anderen Minderheit erzeugen kann. Über andere Faktoren, die zur sprachlichen Assimilation beitragen, war hier nicht zu verhandeln. Der soziale Druck, etwa durch Diskriminierung und Benachteiligung am Arbeitsplatz, hat sicher auch im Ruhrgebiet mit dazu geführt, daß die Zuwanderer zum Deutschen übergegangen sind. Und es steht zu vermuten, daß dieser Faktor wirkungsmächtiger war als die Sprachenpolitik.

6. Ausblick

Wie anfangs bereits gesagt, sind Polnisch und Masurisch im Ruhrgebiet nahezu ausgestorben. Das gleiche Schicksal hat auch die alte Varietät der Einheimischen getroffen. Als die Zuwanderer aus den preußischen Ostprovinzen ins Ruhrgebiet kamen, sprachen die meisten Menschen hier noch das westfälische bzw. niederfränkische Platt. Auch dieses ist heute, vor allem im Zentrum des Ruhrgebiets, kaum noch anzutreffen. Für seinen Untergang ist natürlich nicht die preußische Sprachenpolitik verantwortlich, möglicherweise aber wenigstens partiell die gleiche Ideologie, die auch hinter dieser Politik stand. wenigstens partiell die gleiche Ideologie, die auch hinter dieser Politik stand.

Die preußische Sprachenpolitik läßt sich direkt aus der preußischen Nationalstaatsidee ableiten. Diese kannte in einem Reich nur ein Volk und nur eine Sprache. Modelle von Zweisprachigkeit hatten in ihr keinen Platz. Hinzu kam, daß der Sprachbegriff eng mit Begriffen wie Kultur und Bildung verknüpft war, was automatisch ein Rangfolgedenken im Hinblick auf Sprachen bzw. Varietäten mit sich brachte. Dieses Denken rechtfertigte dann den Sprachimperialismus, von dem nicht nur fremde Sprachen, sondern auch deutsche Dialekte betroffen waren.

Es scheint, daß diese Ideologie heute zumindest in Spuren weiterlebt. Auch heute ist Zweisprachigkeit (außerhalb der Wissenschaft) kaum ein Denkmodell. So lobenswert es beispielsweise ist, daß die Aussiedler eine sprachliche Förderung im Deutschen erfahren, ebenso wichtig müßte es sein, ein Verkümmern der muttersprachlichen Kompetenz zu verhindern, vor allem bei jüngeren Menschen, die, wenn sie aus Polen stammen, fast ausschließlich auf polnisch sozialisiert sind.

Sprachen leben auch vom Prestige, das sie haben oder das man ihnen gibt. Hier dürfte die Schulsprachenpolitik gefordert sein. Die einseitige Förderung der EG-Sprachen müßte ergänzt werden durch eine Förderung der Sprachen, die von früheren oder jetzigen Zuwanderern gesprochen wurden bzw. werden. Vielleicht ließe sich durch eine entsprechende Schulsprachenpolitik auch ein Beitrag leisten zu „Takt und Geschicklichkeit im Umgang der Völker miteinander"; diese Tugenden hat schon 1951 Theodor Schieder[15] zum Ideal künftiger Sprachenpolitik erhoben.

Literatur

Brandt, Hans Jürgen (Hrsg.) (1987): Die Polen und die Kirche im Ruhrgebiet 1871-1919. Ausgewählte Dokumente zur pastoralen und kirchlichen Integration sprachlicher Minderheiten im deutschen Kaiserreich (=Quellen und Studien. Veröffentlichungen des Institus für kirchengeschichtliche Forschung des Bistums Essen. Band. 1). Münster.

Burghardt, Werner (1986): Namensänderungen slawischer Familiennamen im Ruhrgebiet. In: 750 Jahre Stadt Recklinghausen. Hg. von W. Burghardt. Recklinghausen, S. 149-162.

Glück, Helmut (1979): Die preußisch-polnische Sprachenpolitik. Eine Studie zur Theorie und Methodologie der Forschung über Sprachenpolitik, Sprachbewußtsein und Sozialgeschichte am Beispiel der preußisch-deutschen Politik gegenüber der polnischen Minderheit vor 1914. Hamburg.

Heinemann, Manfred (1975): Die Assimilation fremdsprachiger Schulkinder durch die Volksschule in Preußen seit 1880. In: Bildung und Erziehung 28, S. 53-69.

Kleßmann, Christoph (1978): Polnische Bergarbeiter im Ruhrgebiet 1879-1945. Soziale Integration und nationale Subkultur einer Minderheit in der

---

15 Schieder 1952, S. 181.

deutschen Industriegesellschaft (=Kritische Studien zur Geschichtswissenschaft. Band 30). Göttingen.

Menge, Heinz H. (1979): Einflüsse aus dem Polnischen im Ruhrgebiet? Exemplarische Behandlung eines Kapitels aus der „Volkslinguistik". In: Niederdeutsches Wort 19, S. 86-116.

Murzynowska, Krystina (1979): Die polnischen Erwerbsauswanderer im Ruhrgebiet während der Jahre 1880-1914. Aus dem Polnischen übersetzt von C. Bedürftig (=Veröffentlichungen der Forschungsstelle Ostmitteleuropa in Dortmund. Reihe A Nr. 34). Dortmund.

Pabst, Klaus (1980): Das preußische Geschäftssprachengesetz von 1876. Sprachwechsel nationaler Minderheiten als Mittel politischer Integration. In: Sprachkontakt und Sprachkonflikt. Hg. von P. H. Nelde (=ZDL. Beihefte 32). Wiesbaden, S. 191-200.

Schieder, Theodor (1952): Nationalstaat und Nationalitätenproblem. In: Zeitschrift für Ostforschung 1, S. 161-181.

Wehler, Hans-Ulrich (1968): Die Polen im Ruhrgebiet bis 1918. In: Moderne deutsche Sozialgeschichte. Hg. von H.-U. Wehler. Köln/Berlin, S. 437-455 und 550-563.

Wehler, Hans-Ulrich (1962): Zur neueren Geschichte der Masuren. In: Zeitschrift für Ostforschung 11, S 147-172.

Wiel, Paul (1970): Wirtschaftsgeschichte des Ruhrgebietes. Tatsachen und Zahlen. Essen.

FRÉDÉRIC HARTWEG

Sprachenpolitik im Elsaß: Die 'Germanisierung' einer weitgehend deutschsprachigen Provinz

Die französische Revolution bewirkte im Elsaß durch ihre verwaltungsvereinheitlichenden Maßnahmen und durch die Integration in den französischen Zoll- und Wirtschaftsraum eine Lockerung und schließlich die Auflösung der herkömmlichen Bindungen mit den Territorien des Heiligen Römischen Reiches deutscher Nation. Trotz wiederholter Absichtserklärungen hatte das Ancien Régime in sprachlicher Hinsicht nur wenig erreicht, und die 1648 bei der Nachricht der Angliederung des Elsaß an Frankreich durch die Westfälischen Friedensverträge vom Colmarer Pfarrherrn J. Klein formulierte albtraumähnliche Verheißung – „wir werden alle französisch, und ob ichs schon nicht erlebe, so werdens meine Kinder erleben, und müssen alle französisch lernen" – hatte am Vorabend der Revolution im Elsaß nur in bescheidenem Ausmaß Erfüllung gefunden. Zu diesem Zeitpunkt war ca. ein Sechstel des elsässischen Territoriums in den Händen deutscher Fürsten, und bedeutende Teile der Provinz gehörten zu den Bistümern Basel und Speyer, während sich das Bistum Straßburg auch jenseits des Rheins erstreckte. Deutschsprachige Regimente waren im Elsaß stationiert.

Die praktische Notwendigkeit, die neuen gesetzgeberischen Maßnahmen im Elsaß bekannt zu machen, sowie der politische Wille, die revolutionäre Botschaft jenseits des Rheins zu verbreiten, führten die Behörden dazu, ab 1789 eine Übersetzungspolitik zu bewerkstelligen. Ein wichtiger Akteur dieser Politik war der Publizist und Dolmetscher des Straßburger Magistrats André Ulrich, der in den „Wöchentlichen Nachrichten" vom 6.8.1790 in einem „Aufruf an die deutschsprechenden Franken" die „Übersetzung aller bisher erschienenen Dekrete der National-Versammlung, die vom König sanktioniert oder angenommen worden sind" ankündigte. Ulrich, der die „Notwendigkeit der Einheitssprache" ebenso ablehnte wie die einer „Einheitsreligion", verwarf den „Despotismus der herrschenden Sprache als Merkmal des Feudalssystems", verlangte den Gebrauch der Sprache des Volkes in Verwaltung und Justiz. Da er keinen Widerspruch zwischen „der deutschen Sprache und der Verbundenheit mit der Verfassung" sah, beschwor er die Regierenden: „Rühmet euch nie, im Elsaß die deutsche Sprache auszulöschen; und ich gehe noch weiter: solltet Ihr jemals hoffen, dies zu erreichen, so müßtet Ihr aus reinem Patriotismus diesen Gedanken aufgeben".[1] Eine

---

[1] „Ne vous flattez donc jamais d' éteindre en Alsace la langue allemande; mais

Eingabe des Straßburger Magistrats vom 30.9.1790 („Über die Notwendigkeit der beiden Sprachen Französisch und Deutsch bei den Justizbeamten und Gerichtsschreibern der Provinz Elsaß")[2] sowie die „Überlegungen zur neuen Justiz-Ordnung" an die „Nationalversammlung gerichtet"[3] (1790) des elsässischen Juristen Christoph Wilhelm Koch argumentierten ebenfalls für die Zweisprachigkeit im öffentlichen Leben.

Doch die Sprachenfrage blieb vom Radikalisierungsprozeß der Revolution nicht unberührt. Die Frage des Zusammenhangs zwischen Sprachgebrauch und politischem Loyalismus, die bereits das Ancien Régime aufgeworfen hatte, als man 1685 der Straßburger Bevölkerung nahebringen wollte, daß der „Gebrauch der deutschen Sprache im Widerspruch zur Zuneigung der Elsässer für den Dienst seiner Majestät" stehe – der Straßburger Magistrat wies dieses Argument zurück mit dem Hinweis, daß die Treue- und Gehorsamspflicht den sprachlichen Bereich nicht tangiere[4] –, kam erneut, wenn auch mit anderem Vorzeichen auf die Tagesordnung. Auf den ersten begeisterten Elan der „deutschsprechenden Franken" – das zum Vorbild der Völker gewordene Frankreich sah fortschrittlich gesinnte Deutsche herbeieilen, die sich auch im Elsaß am revolutionären Prozeß beteiligten – folgte mit den Maßnahmen gegen den Klerus und der Schreckensherrschaft die Ernüchterung. Die Revolution verlangte von nun an von den Elsässern als gleichgestellten Gliedern der Nation die Identifikation mit der Ideologie der „einheitlichen und unteilbaren Republik". Die gesinnungsmäßige Entscheidung für deren Werte bedeutete nicht nur das schnelle Erlernen der Sprache der Freiheit: „Die Sprache eines freien Volkes muß ein und dieselbe für alle sein" doch „die Lichter, die mit so viel Mühe bis zu den äußeren Grenzen Frankreichs getragen werden, erlöschen dort bei ihrer Ankunft, da die Gesetze nicht verstanden werden",[5] sie forderte ebenfalls die Aufgabe

---

je dis plus, dussiez-vous espérer d'y réussir, vous devriez y renoncer par pur patriotisme". Rede vom 6. Juli 1790.

[2] Opinion sur la nécessité des deux langues françoise et allemande dans les officiers de justice et les greffiers de la province d'Alsace.

[3] „Reflexions sur le nouvel ordre judiciaire adressées à l'Assemblée Nationale.

[4] „L'emploi de l'allemand étant „directement contraire à l'affection que les dits habitants d'Alsace témoignent avoir pour le service de Sa Majesté ..." Darauf die Antwort des Magistrats: „Le Roi a promis par la capitulation à la ville de lui conserver tous ses privilèges, statuts et droits: l'usage de la langue est un droit." (1685).

[5] „La langue d'un peuple libre doit être une et la même pour tous, (or) les lumières portées à grands frais aux extrémités de la France s'éteignent en y arrivant, puisque les lois n'y sont pas entendues" (aus: Barères Bericht vor

der deutschen Art, d.h. auch der deutschen Sprache, die zur Sprache des Feindes abgestempelt wurde: „die Emigration und der Haß der Republik sprechen deutsch".[6] In seiner 1794 an den Nationalkonvent gerichteten „Dissertation über die Französisierung des ehemaligen Elsasses" betrachtete Rousseville die „schwierige und barbarische deutsche Sprache" mit ihrem „rauhen und harten Klang [als] nur darauf ausgerichtet zu sein, Sklaven zu kommandieren, Drohungen auszustoßen und Stockhiebe zu zählen".[7] Umsiedlungspläne mit ausgedehntem Bevölkerungsaustausch wurden erwogen, und in Kriegszeiten wurde der Gebrauch des Dialekts zum Verdachtsmoment erklärt.

Nach Napoléons Sturz – der große Feldherr, der bald in die elsässische Legende einging, soll sich nur wenig um die Sprache seiner elsässischen Generäle gekümmert haben – blieb das Elsaß bei Frankreich nicht zuletzt, weil der Hugenotten-Nachfahre und Diplomat J.P.F. Ancillon im preußischen Außenministerium seine Überzeugung durchsetzen konnte, „daß der Same zu neuen fortwährenden Kriegen ausgestreut würde", wenn man Frankreich zwingen würde, die Provinz abzutreten. Die Hirngespinste des Turnvater Jahn, der ein unüberwindbares Niemandsland zwischen Deutschland und Frankreich errichten wollte, blieben zwar ohne Folgen, doch der Rhein befand sich im Zentrum aller nationalistischen Fieberstöße des 19. Jhs.

In sprachlicher Hinsicht hat die gesetzgeberische und propagandistische Aktivität der Revolution nur wenig bewirkt, da weder die finanziellen Mittel noch das notwendige qualifizierte Lehrpersonal vorhanden waren. Als wichtige zukunftsträchtige Maßnahmen kann die Eröffnung der ersten „Ecole Normale" (Lehrerausbildungsanstalt) Frankreichs in Straßburg 1810 gelten. Als Fazit dieser bewegten Zeiten kann die Darstellung in einem J. Grimm zugeschriebenen Artikel des „Rheinischen Merkur" (Nr. 98, 6.8.1814) betrachtet werden: „Fragt man nach der Sprache, die teutsche ist überall die beherrschende, selbst unter den Vornehmen die häusliche, trauliche, das mehr französich als vor 50 Jahren gesprochen wird, folgt unvermeidlich, besonders aus der alles mischenden, mengenden Revolution".

Bedeutend für die weitere Entwicklung blieb aber die Tatsache, daß zum ersten Mal alle Mittel des Staates zur Propagierung des Französischen,

---

dem Nationalkonvent vom 8. Pluviôse an II = 27.1.1794).

[6] „L'émigration et la haine de la République parlent allemand" (ebda).

[7] „Le son rude et difficile de l'allemand ne semble destiné qu'à commander à des esclaves, à exprimer des menaces et à compter des coups de bâton".

inklusiv Sanktionen, ersonnen wurden, und daß im Bereich der Schule Fragen der Methode des zweisprachigen Unterrichts und der Lehrerausbildung ausdiskutiert wurden. Wesentlich für die politische Zukunft des Elsaß ist, daß die Jakobinische Idee der einheitlichen Sprachnation in Deutschland zur Legitimierung der deutschen Ansprüche auf das Elsaß verstärkt aufgegriffen wurde, wobei allerdings das Prinzip „eine Nation, eine Sprache" in „eine Sprache, eine Nation" umgekehrt wurde. In der 13. seiner berühmten Reden an die deutsche Nation (1808) schrieb J.G. Fichte:

> Die ersten, ursprünglichen und wahrhaft natürlichen Grenzen der Staaten sind ohne Zweifel die innern Grenzen. Was dieselbe Sprache redet, das ist schon vor aller menschlichen Kunst vorher durch die blosse Natur mit einer Menge von unsichtbaren Banden aneinander geknüpft, es versteht sich unter einander und ist fähig, sich immerfort klarer zu verständigen, es gehört zusammen und ist eins und ein unzertrennliches Ganzes. Ein solches kann kein Volk anderer Abkunft und Sprache in sich aufnehmen und mit sich vermischen wollen, ohne wenigstens fürs erste sich zu verwirren und den gleichmässigen Fortgang seiner Bildung mächtig zu stören.

Für E.M. Arndt erstreckte sich Deutschland „soweit als die deutsche Sprache geredet wird", und die einzige natürliche Grenze war die Sprachgrenze. Auch J. Görres sprach sich für die natürliche Zugehörigkeit von Elsaß-Lothringen zu Deutschland aus. Nicht nur die nationalistischen dichterischen Produkte von Max Schneckenburger oder Nikolaus Becker, sondern auch Gelehrte oder Schriftsteller wie J. Ficker, J. Grimm, K. Goedeke oder W. Menzel vertraten den Standpunkt, daß die Sprache die nationale Zugehörigkeit bestimmte und den wichtigsten nationalen Zement darstellte. In der Auseinandersetzung zwischen E. Renan und D.F. Strauss wurden auch in der Elsaß-Lothringen-Frage von Renan die kulturelle Mittlerfunktion des Elsaß und der politische Wille des Volkes und von Strauss der Sicherheitsfaktor und die Frage der Kriegsauslösung (1870/71) angeführt. Diese Argumente wurden von Th. Mommsen übernommen, während der französische Historiker Fustel de Coulanges entgegnete, daß nicht die Rasse und die Sprache entscheidend für die nationale Zugehörigkeit seien, sondern das Zugehörigkeitsgefühl der Bevölkerung: „das Vaterland ist das Land, das man liebt." J. Michelet versuchte seinerseits die deutschen Argumente zu entkräften, indem er das Gemeinsame zwischen Deutschen und Elsässern – „ein gemeinsames Patois" – herunterspielte. Die Sprache als grenzbildendes Prinzip im politischen Bereich hätte – so der französische Historiker – übrigens eine weitgehende Umbildung der Grenzen in Zentraleuropa zur Folge.

Von nun an gingen Französisierungs- und (Re-)Germanisierungspläne von der Vorstellung aus, man könnte mit sprachpolitischen Maßnahmen den Rechtsanspruch des potentiellen Gegners auf die Provinz entkräften.

Von 1815 bis 1870 machte das Französische im Elsaß langsame aber stete Fortschritte im Zuge der Ausdehnung der Schulpflicht und der wachsenden, durch Verbesserung der Verkehrsmittel geförderten wirtschaftlichen und politischen Integration. Das Französische, das bereits vor 1789 die Lücke der nicht mehr vorhandenen deutschsprachigen Staatlichkeit gefüllt hatte, wurde noch stärker zum sozial-distinktiven Merkmal, dessen Erlernen Vorbedingung für die Besetzung von Staatsämtern und die Integration in die höhere Gesellschaft. In kultureller Hinsicht versank das deutschsprachige Elsaß immer mehr in die Abseitigkeit, die keineswegs durch die Aufrechterhaltung einer geistigen Brückenfunktion ausgeglichen wurde. Nach 1850 richteten sich die elsässischen Gebildeten und Gelehrten stärker an Frankreich als an Deutschland aus. Diese Entwicklung geschah trotz Widerstand der Kirchen, besonders der katholischen, die in der Sprache Voltaires, das Vehikel der Irreligion und der Aufklärung sah, die die hergebrachte ländliche Gesellschaft zersetzte, und mit der Verdrängung der „Sprache des Herzens" und daher der Religion, des Deutschen, ebenfalls die der damit verbundenen ethischen Werte betrieb. Der Straßburger Domherr Cazeaux plädierte 1867 für ein behutsames Vorgehen; er erhob sich gegen die verleumderische Meinung, daß die Verteidigung des Deutschen mangelnden Patriotismus bedeute, wer das Deutsche verdrängen wolle, führe zu einem Zustand der Halbsprachigkeit im Elsaß und vergreife sich an seiner Moral und Gesittung.[8]

1870: Eine sprachliche Bilanz

Während das Volksschulgesetz von 1833, das mit anderen Mitteln die Bildungsziele der französischen Revolution wiederaufgegriffen hatte und eine planmäßige Ausbreitung des Französischen sowie den kulturellen Anschluß bezweckte, im Elsaß sein Ziel, nämlich der gesamten Bevölkerung ein Mindestmaß französischer Sprachkenntnisse beizubringen, nicht unmittelbar erreichte, zeitigten die auf Dauer angelegten Maßnahmen jedoch in den höheren und mittleren Schichten der Gesellschaft einige Früchte. Die deutschen Beobachter dieser Zeit berichteten vom „schlechten" Hochdeutsch der Elsässer und vom Vordringen des Französischen.

Die Neuregelung des Schulwesens (1850) kam dem Ziel der Verbreitung des Französischen näher, und dessen gesellschaftlicher Wert stieg, denn mit der Schwächung der Beziehung zu Deutschland – und trotz Beibehaltung des Deutschen als Kultursprache – kam nur noch Französisch als

---

[8] Hartweg 1984.

gehobene Umgangssprache in Betracht. Während die Landbevölkerung und die unteren Schichten sich zum Teil sehr hartnäckig gegen eine Sprache wehrten, deren Nutzen sie nicht einsahen, war das in den Sekundarschulen ausgebildete Bürgertum inzwischen zweisprachig geworden und gab zum Teil die Mundart auf. Die wissenschaftliche und die literarische Produktion in deutscher Sprache ging stark zurück, verkümmerte allmählich bis zur Bedeutungslosigkeit, während die Übersetzung deutscher Literatur, die französische Presse, das französische Theater und das französische Buch an Boden gewannen.

Die von den Schulbehörden betriebene Intensivierung des Französischunterrichts – obwohl nicht wenige Elementarlehrer die neue Unterrichtssprache kaum oder nur mangelhaft beherrschten – führte zur allmählichen Verdrängung des Deutschen als Unterrichtssprache. Diese Entwicklung rief einen stark ideologisch befrachteten Streit um die geeignete Unterrichtsmethode und einen Kampf um die Erhaltung der deutschen Muttersprache hervor, in welchem die Geistlichkeit die Führung übernahm. Die Kirche betrachtete nämlich das Deutsche als das wichtigste Werkzeug für die Erziehung in der Volksschule, das Französische als notwendige und bedeutsame Ergänzung; bei dessen Unterricht zeigten die katholischen Ordensschwestern einen besonderen Eifer.

Zu Beginn der deutschen Periode waren Sprachkenntnisse und Sprachgebrauch der elsässischen Bevölkerung weitgehend durch die Faktoren Alter, soziale Schichtung, Schulausbildung und in geringerem Maße Wohnort bestimmt. Die große Mehrheit der im Elsaß geborenen Bevölkerung sprach Mundart, las und verstand die deutsche Standardsprache, die auch die ältere Generation, je nach Ausmaß der Schulbildung noch in Wort und Schrift beherrschte – dies aber in einem Umfang, der bereits deutlich unter dem Durchschnitt ähnlich entwickelter Gegenden des Deutschen Reichs lag. Davon zeugen die häufigen Klagen der deutschen Verwaltung nach 1870, man fände keine des schriftlichen Gebrauchs des Deutschen mächtigen Bürgermeister oder Beigeordnete, und technische Bildung wäre fast ausschließlich auf französisch erfolgt.

Ab 1850 hatte sich ein wachsender Teil der jüngeren Generation allmählich Fertigkeiten im mündlichen und vor allem im schriftlichen Gebrauch der Nationalsprache erworben; diese Kompetenz nahm jedoch ab, je weiter die Schul- bzw. Studienzeit zurücklag. Diese Entwicklung wurde gefördert durch den Militärdienst, durch größere Freizügigkeit und neue Verkehrsverhältnisse. „Französisch können" erschien als Auszeichnung höchster Bildung. Die für die Zeit vor 1870 nur spärlich vorliegenden statistischen Angaben betreffen die Französischkenntnisse von Kindern zwischen 7 und 13 Jahren. Im Unterelsaß konnten 1863 36,2 %

der Kinder weder französisch sprechen noch schreiben, 16,1 % nur sprechen. Im Oberelsaß konnten 1864 17,3 % nicht französisch sprechen und 16 % nicht französisch schreiben.[9] Die oberen Schichten des städtischen Bürgertums redeten mit Vorliebe, wenn auch nicht ausschließlich französisch. In den freien Berufen, bei den gebildeten mittleren Schichten und bei den Geistlichen wechselten Französisch, Elsässisch und Deutsch, da die Berufsausbildung zwar auf französisch erfolgt war, die Berufsausübung aber Deutsch und Mundart verlangte.

Demographische Bewegungen und Sprachentwicklung

Die nach der militärischen Niederlage sofort erfolgte de facto Annexion des Elsaß geschah trotz der feierlichen Protestaktion seiner Abgeordneten, die das „für immer unverletztliche Recht ihrer Landsleute, Mitglieder der französischen Nation zu bleiben" beteuerten und diese Protesthaltung 1874 im Deutschen Reichstag bekräftigten. Im Krieg war im Sommer 1870 bei der Bombardierung der Stadt die Straßburger Bibliothek zerstört worden und damit ein beträchtlicher Teil des deutschen Gedächtnisses des Elsaß und ein Kleinod deutscher Kultur untergegangen.

Die Periode nach 1870 ist gekennzeichnet durch den Versuch des Deutschen Reichs, „eine Wiedereinsetzung der deutschen Sprache in ihr Recht" (Bezirkspräsident von Colmar, 1873), eine „Rückkehr zur Natur" (Treitschke, Reichstagsrede 17.12.1874) zu erreichen, was zwangsläufig die Entfernung des in dieser Perspektive artfremden und aufgezwungenen „französischen Firnis" (Bismarck) voraussetzte. Dabei berief sich die deutsche Seite auf die gemeinsamen sprachlichen und kulturellen Grundlagen und setzte für ihre Zwecke alle Hilfsmittel des modernen Staates ein. Dagegen machten Frankreich und der überwiegende Teil der elsässischen Bevölkerung den in mehreren Wahlen bekundeten politischen Willen, das französische Nationalbewußtsein der Elsässer und die mehr als zwei Jahrhunderte während Zugehörigkeit zu Frankreich geltend, um daraus den Anspruch abzuleiten, dem Französischen müßte neben dem Deutschen eine Sonderstellung eingeräumt werden.

Während die Sprachgrenze auch in den beinahe 50 Jahren der Zugehörigkeit des Elsaß zum Deutschen Reich kaum Änderungen erfuhr – dafür aber zum Objekt einer Flut wissenschaftlicher Veröffentlichungen (z.B. This 1887 und 1888)[10] wurde – fanden innerhalb der Bevölkerung

---

[9] Lévy 1929, S. 286f.

[10] This 1887, This 1888.

der Provinz Wanderungsbewegungen statt, die nicht ohne Folge auf die Entwicklung des Verhältnisses zwischen elsässischer Mundart und deutscher und französischer Standardsprache bleiben konnten. Die amtlichen Sprachstatistiken geben kaum Aufschluß über diesen Prozeß. Die ersten nach 1870 zugänglichen Zahlenangaben, die lediglich als Grundlage für die Regelung von sprachlichen Verwaltungsangelegenheiten gedacht waren, beruhten nicht auf individuellen Erhebungen, sondern auf Schätzungen, nach welchen ganze Gemeinden pauschal als französisch-, deutsch-, oder gemischtsprachig eingestuft wurden. Sie ergaben auf die Bevölkerungszahl projiziert für das Unterelsaß und das Oberelsaß folgende Zahlen:[11]

		Französisch	Deutsch	gemischt
1875	Unterelsaß	4, 09	95, 52	0, 39
	Oberelsaß	3, 71	78, 71	17, 58
1882	Unterelsaß	3, 84	95, 80	0, 36
	Oberelsaß	3, 60	88, 24	8, 16

Als Grundlage der Berechnung wurden die Ergebnisse der Volkszählung von 1866 verwendet, d.h. daß die nach 1870 eingetretenen, nicht unbedeutenden Bevölkerungsbewegungen nicht berücksichtigt wurden. 1882 wurde eine Reihe zunächst als gemischtsprachig eingestufter Ortschaften zu den deutschsprachigen gezählt.

Die auf individuellen Erhebungen beruhenden Angaben von 1900, 1905, und 1910 orientierten sich an der Frage nach der „Muttersprache" (ob Deutsch oder welche?) und nicht nach dem Sprachgebrauch, wobei 1910 noch die Frage „Wenn nicht Deutsch, ob der deutschen Sprache mächtig?" hinzugefügt wurde. Die Unterscheidung Standardsprache/Mundart blieb unberücksichtigt.[12]

		Deutsch	Französisch
1900	Unterelsaß	95, 8	3, 7
	Oberelsaß	93, 3	5, 8

---

[11] Lévy 1929, S. 333 und S. 335.

[12] Harmsen 1936, S. 321.

1905	Unterelsaß	95, 8	3, 6
	Oberelsaß	93, 4	5, 7
1910	Unterelsaß	95, 8	3, 8
	Oberelsaß	93, 0	6, 1

Die Ergebnisse von 1910 weisen bei den Personen, die Französisch als Muttersprache angeben, eine steigende Zahl von Kindern unter 14 Jahre auf. Bei den Erwachsenen dieser Kategorie stellen die Frauen den Hauptanteil. Es ist hinzuzufügen, daß diese letzte Volkszählung von den Befragten z.T. auch als politische Meinungsäußerung gebraucht wurde und daß z.B. eine frankreichfreundliche Zeitung in Ermangelung einer amtlichen, eine eigenwillige Definition von „Muttersprache" gab, die im Elsaß dem Französischen zugute kommen mußte:

> Muttersprache ist die Sprache, in der man denkt. Sie ist die Sprache, aus der man die in der Unterhaltung fehlenden Ausdrücke zu Hilfe nimmt, in der man rechnet, die man in der Korrespondenz mit Freunden, Verwandten und Bekannten anwendet (Journal d'Alsace-Lorraine Nr. 327 29.11.1910).

Man kann jedoch davon ausgehen, daß die so entstandenen leichten Verzerrungen durch den Übereifer von Volkszählungsbeamten ausgeglichen wurden, die auch da Deutsch eintrugen, wo Personen sich ausdrücklich dagegen verwahrten oder nur angaben, daß sie sich auf deutsch verständigen könnten. Diese statistischen Angaben sind durch für den Sprachgebrauch weit wichtigere Zahlen über Aus- und Einwanderungen zu ergänzen.[13]

Das Elsaß verlor 1871/72 ca. 60 bis 70 000 Optanten und darüber hinaus bis 1910 ca. 350 000 weitere einheimische Einwohner (darunter eine beachtliche Zahl Jugendlicher, die sich dem deutschen Militärdienst entziehen wollten), von denen sich annehmen läßt, daß sie, besonders was die erste Kategorie betraf, zu einem erheblichen Teil aus Angehörigen der frankophonen oder zumindest der des Französischen mächtigen Bourgeoisie bestanden. Dieser Bevölkerungsverlust wurde z.T. durch einen starken Zuwanderungsstrom aus dem Deutschen Reich ausgeglichen, der dazu führte, daß 1895 13,07 % der Bevölkerung im Unterelsaß und 7,41 % im Oberelsaß aus sog. „Altdeutschen" bestanden und daß dieser Anteil in Straßburg mehr als 40 % ausmachte. Betrachtet man nur die Zivilbevölkerung, so ergeben sich für 1910 folgende Zahlen: Unterelsaß: 10,1 % , Oberelsaß: 6,1 %, Straßburg-Stadt: 29,2 %. Zwischen 1860

---

[13] Wahl 1974, Wahl 1980; dazu ferner Rossé 1938; Wolfram 1931-1936; Ministère de la Guerre 1915.

und 1884 sank der Anteil französischer Familiennamen in Straßburg von 21,5 % auf 7,2 %. In einigen Vierteln dieser Stadt, aber auch in mittleren Städten, kleinen Industriezentren und Eisenbahnknotenpunkten oder Garnisonsstädten wie Hagenau, Neu-Breisach, Hausbergen, St. Louis, Weißenburg oder Zabern kam es zu starken Konzentrationen von Altdeutschen, was zu einem im Elsaß völlig neuen sprachlichen Phänomen führte, nämlich zum Hochdeutsch als gesprochener Sprache (was vorher fast nur im kirchlichen Bereich anzutreffen war). Während die Ober- und Mittelschichten lange eine Art gesellschaftlicher Segregation praktizierten, kam es, besonders in der Arbeiterschaft, zu häufigen „Mischehen" (ca. 25 % in Straßburg), die z.T. auch zur sprachlichen Integration in die Mundart führen konnten. Bestimmte Institutionen blieben jedoch lange Fremdkörper im Elsaß, so z.B. die Straßburger Universität, die 1912 von 2285 Studenten nur 1091 Elsaß-Lothringer zählte, und das altsprachliche Gymnasium, das von 830 Schülern 561 Altdeutsche aufwies.

Die deutsche Sprachpolitik

Die deutsche Sprachpolitik nach 1870 zeichnete sich durch eine rasche und weitreichende Einführung der deutschen Sprache in allen Bereichen des öffentlichen Lebens aus, die durch mancherlei Übergangsbestimmungen zugunsten des Französischen gemildert wurde.

Sprachbestimmungen im Verwaltungsbereich

Schon vor Ende des Krieges wurde Deutsch als amtliche Geschäftssprache eingeführt, eine Maßnahme, die durch das Reichsgesetz vom 31.3.1872 (s. Anhang, 1.) legalisiert wurde. Die Bestimmungen des Art. 5 wurden durch eine Verordnung vom 21.6.1872 (s. Anhang, 2.) geregelt, die die Ausführung der Bestimmungen der Art. 2 und 4 des Gesetzes in den vorwiegend frankophonen Gemeinden auf den 1.1.1878 verschob (1872: 51; 1892: 24 Gemeinden). Für untergeordnete Beamten galt dies dort auch hinsichtlich der Bestimmungen des Art.1. In diesen Gemeinden wurden die öffentlichen Bekanntmachungen und die allgemeinen Erlasse der Verwaltung mit einer französischen Übersetzung versehen. Im Oberelsaß fügte die Zentralverwaltung handgeschriebene Übersetzungen ihrer Verordnungen für die betroffenen Gemeinden dem deutschen Text hinzu. Im Unterelsaß boten die offiziösen Nachrichtenblätter der zwei Kreise mit frankophonen Gemeinden französische Übersetzungen der amtlichen Bekanntmachungen. Im Bezirkstag des Unterelsaß wurden die Schwierigkeiten, die bei der Ausführung des Gesetzes erschienen, erörtert und die Regierung zu „großer Behutsamkeit und Vorsicht"

145

aufgefordert.[14] Am 21.12.1882 verlängerte das Ministerium für Elsaß-Lothringen „bis zu anderweitiger Regelung" die im Gesetz vom 31.3.1872 anerkannten Ausnahmen für die Zeit nach dem 1.1.1883.[15] Um massive Proteste zu vermeiden, zog die Zentralverwaltung also die Taktik der Einzelregelungen der Ankündigung von Globalmaßnahmen vor. Am 20.2.1889 erschien eine Verordnung die amtliche Geschäftssprache betreffend, die am 1.1.1890 in Kraft treten sollte. Das am gleichen Tag erfolgte Rundschreiben präzisierte die Prinzipien der neuen Regelung (s. Anhang, 3.): ausschlaggebend war nicht mehr die jeweilige dominierende Sprachpraxis der Bevölkerung, sondern die effektive Möglichkeit der Durchsetzung des Deutschen als Amtssprache. Dieses Rundschreiben zog, wie das vom 29.8.1890 die Möglichkeit in Betracht, die Wahlen zu beeinflußen, um dieses Ziel zu erreichen, d.h. die Wahl von Gemeinderäten und Bürgermeistern, die des Deutschen mächtig waren, und sah die Versetzung der Gemeindeschreiber – in der Regel Lehrer – in den Ruhestand vor, die nicht in der Lage waren, ihre Arbeit an der Seite der Bürgermeister in deutscher Sprache zu verrichten. Zwischen 1872 und 1892 ging die Zahl der Gemeinden, die von den Ausnahmebestimmungen getroffen waren ständig zurück:

	1872	1878	1890	1982
Unterelsaß	27	26	26	21
Oberelsaß	24	22	15	3

Während die Gesetzgebung hinsichtlich der Presse und der öffentlichen Versammlungen sich dem Französischen gegenüber recht tolerant zeigten, erwiesen sich andere Bestimmungen als lästig und kleinlich. 1877 verbot der Oberpräsident zweisprachige Formulare in Straßburg – mit Ausnahme der Steuerformulare! Bei den Versteigerungen und Ausschreibungsvergebungen und im notariellen Bereich kam es ebenfalls aufgrund der sprachlichen Regelungen zu Schwierigkeiten.

---

[14] „Die Einführung der deutschen Sprache als Geschäftssprache hat eine gewisse Störung in dem Geschäftsgang verursacht, und wir können der Regierung nur empfehlen, diese Massregel mit grosser Behutsamkeit und Vorsicht auszuüben" (Verhandlungen des Bezirkstages des U.-Elsaß, Verwaltungsbericht 1873, S. 91, zitiert in: Lévy 1929, S. 348-349).

[15] „Die anderweitige Regelung wird für die einzelnen in der Verordnung vom 5. Dezember 1877 bezeichneten Gemeinden nach Lage der örtlichen Verhältnisse durch besondere Verfügungen erfolgen" (zitiert in Lévy 1929, S. 353-354).

Die Sprache der öffentlichen Körperschaften

1874/75 gab sich der Landesausschuß für Elsaß-Lothringen folgendes Reglement, die Sprache betreffend:

> Kap. III Art. 6: Die Schriftführer nehmen über die Verhandlungen ein summarisches Protokoll in deutscher Sprache auf, welches in der folgenden Plenarsitzung mit der französischen Übersetzung verlesen wird. Ausserdem wird unter Aufsicht der Schriftführer von speziell heranzuziehenden Redakteuren ein ausführlicher offizieller Sitzungsbericht in beiden Sprachen verfasst, [...] .

> Art. 9: Die Tagesordnung wird [...] in beiden Sprachen [...] angeschlagen.

> Kap. V, Art. 16: Die Entwürfe von Gesetzen und Verordnungen werden, in beiden Sprachen gedruckt, jedem Mitgliede mitgeteilt.

> Art. 19: [...] die Berichte der Commissionen [werden] in beiden Sprachen gedruckt [...] .

In Wirklichkeit, sowohl in den Ausschüssen wie auch im Plenum war Französisch die Arbeitssprache. Am 23.5.1881 wurde trotz der Proteste der elsässischen Abgeordneten, die sich auf die Unkenntnis des Deutschen bei Landesausschußmitgliedern beriefen, das Reichsgesetz beschlossen, das die Öffentlichkeit der Landesausschußverhandlungen und die deutsche Sprache vorschrieb.[16] Mehrere Versuche, eine Gesetzesveränderung zu erreichen, um das Französische wieder zuzulassen, wurden zurückgewiesen.

Für die Verhandlungen der Bezirks- und Kreistage wurden Anordnungen getroffen, die denen des Gesetzes betreffend die amtliche Geschäftssprache ähnlich waren. So konnten die Kreistage von Molsheim, Schlettstadt, (Sélestat), Rappoltsweiler (Ribeauvillé) und Altkirch ihre Akten und Protokolle in zwei Sprachen abfassen, und die Verwaltung unterbreitete ihnen ihre Projekte mit einer französischen Übersetzung. Diese Bestimmungen wurden allerdings 1888 aufgehoben. In den Gemeinderäten verlief die die Entwicklung recht unterschiedlich. In Straßburg wurden die Protokolle bis 1872 französisch abgefaßt, danach drei Monate lang in bei-

---

[16] Gesetz betreffend die Oeffentlichkeit der Verhandlungen und die Geschäftssprache des Landesausschusses für Elsaß-Lothringen vom 23. Mai 1881: §1. Die Verhandlungen des Landesausschusses für Elsaß-Lothringen sind öffentlich. Die Geschäftssprache desselben ist die deutsche.

2. Mitgliedern des Landesausschusses, welche der deutschen Sprache nicht mächtig sind, ist das Vorlesen schriftlich aufgesetzter Reden gestattet. Die letzteren müssen in deutscher Sprache abgefaßt sein.

3. Dies Gesetz tritt am 1. März 1882 in Kraft
(in: Sammlung, Bd. 4, 1889, S. 55).

den Sprachen und schließlich, nach Absetzung des Bürgermeisters, nur noch auf deutsch ab 19.4.1873.

Das Verfassungsgesetz von 1911

Die Verfassung für Elsaß-Lothringen (Gesetz vom 31. Mai 1911), die dem Reichsland eine weitreichende Autonomie gewährte, entzog jedoch dem Landtag die Befugnisse hinsichtlich der sprachlichen Regelungen, die dem Reichstag vorbehalten blieben und nur durch Reichsgesetz bestimmt werden konnten. Das Gesetz bestimmte Deutsch als amtliche Geschäftssprache der Behörden, öffentlichen Körperschaften und somit des Landtages.[17] Es hob die Bestimmungen des Gesetzes vom 3.5.1881 auf. Die Regelungen der Unterrichtssprache im Reichsland blieb dem Statthalter vorbehalten, wobei sich die Regierung an die vom Staatssekretär des Innern im Interesse der Annahme des Verfassungsentwurfs abgegebene Erklärung hielt, daß Absicht des §26 sei, „an dem feststehenden Zustande nichts zu ändern, sondern den bestehenden Zustand festzulegen".[18]

Unter den in einer späteren Denkschrift des Staatssekretärs des Innern erwähnten Hauptgründen, welche die Erhebung des Reichslandes zu einem selbständigen Bundesstaat nicht zuließen, wurde als erster angeführt, daß man der unzuverlässigen Landesgesetzgebung nicht die Regelung der Geschäfts- und Unterrichtssprache oder die Gestaltung der Erziehung der weiblichen Jugend überlassen könne.[19]

---

[17] Die amtliche Geschäftssprache der Behörden und öffentlichen Körperschaften sowie die Unterrichtssprache in den Schulen des Landes ist die deutsche. In Landesteilen mit überwiegend französisch sprechender Bevölkerung können auch fernerhin Ausnahmen zugunsten der französischen Geschäftssprache nach Massgabe des Gesetzes, betreffend die amtliche Geschäftssprache, vom 31. März 1872 [...] zugelassen werden. (Landtagsgesetz vom 31. Mai 1911 Art. II, §26).

[18] Geheime Denkschrift des Schulrats Dr. Baier über das Schulwesen, 12.6.1917. Zur Frage der wirksameren Förderung nationaler Gesinnung in Elsaß-Lothringen. Dokument Nr. 72. In Rossé 1938, Bd. 4, S. 519ff. Siehe dazu auch die Entschließung des „Alldeutschen Verbands" vom 8.9.1907: „Der Alldeutsche Verband hält die Erhebung des Reichslandes zum selbständigen Bundesstaat zur Zeit mit Rücksicht auf die sprachlichen Zustände daselbst für eine schwere Gefahr für das bodenständige Deutschtum und die kulturelle Entwicklung des Landes, da insbesondere die Auslieferung des Schulwesens an selbständige elsass-lothringische Behörden zur fortschreitenden Verwelschung des Landes führen müsste" (zitiert in Lévy 1929, S. 440-441).

[19] Wolfram 1931-1936, Bd. 2. 2. Teil: Verfassung und Verwaltung von Elsaß-Lothringen 1871-1918, S. 83f.

Die Bestimmungen hinsichtlich der Personen- und Ortsnamen und der Inschriften

Diese Bestimmungen, die im Vergleich zu den oben behandelten, als relativ unwichtig erscheinen können, sind jedoch von Bedeutung, insofern sie das tägliche Leben der Bevölkerung betrafen und dieser konkret die Absichten der Behörden vermittelten. Außerdem war die Durchführung der Maßnahmen in diesem Bereich oft der Initiative lokaler Beamter überlassen, deren sprachlich-historische Kompetenz nicht selten mangelhaft war, und die sich entweder durch übertriebenen Eifer oder durch Langmut und Großzügigkeit leiten ließen. Durch Beschluß des Bundesrats vom 22.6.1875 wurde vorgeschrieben, daß in den deutschsprachigen Teilen von Elsaß-Lothringen die Standesamtsregister in deutscher Sprache zu führen seien. Ein Rundschreiben des Generalstaatsanwalts von Colmar schrieb den damit befaßten Beamten vor, französische Vornamen abzulehnen. So wurden z.B. Vornahmen, die in anderen Teilen des Reiches durchaus üblich waren, wie „Henri", „Louis" oder „Marie", zurückgewiesen oder germanisiert. Vornamen wie „Paul", die nicht eindeutig der einen oder anderen Sprache zuzuweisen waren, wurden latinisiert (Paulus). Ab 1.1.1892 galt eine neue, diese Rechtsbestimmung noch verschärfende Regelung, die sich u.a. auf das französische Gesetz des 11. Germinal an XI stützte, das nur antike Vornamen und solche aus dem Kalender zuließ. Die Anweisungen vom 2.12.1899 verlangten, daß nur die deutsche Form der Vornamen zulässig sei.[20] Dies wurde durch ein Rundschreiben vom 17.1.1906 bestätigt, das allerdings, in Ermangelung allgemein anerkannter und verbreiteter entsprechender deutscher Formen, fremde Formen zuließ.

Gesellschaften und Verbände mußten deutsche Bezeichnungen annehmen (zweisprachige in den frankophonen Gegenden). Diese Bestimmung wurde nicht selten mit Hilfe lateinischer oder „neutraler" Bezeichnungen (z.B. Union) umgangen. Hinsichtlich der Inschriften, Firmenschilder, Aufschriften und Anschlägen wurde, soweit diese in deutscher Sprache waren, die Erlaubnis formlos und mündlich erteilt. Waren sie dagegen französisch formuliert, so mußten sie schriftlich auf Stempelpapier beantragt werden, und wurden in der Regel mit Berufung auf den Geist des Gesetzes vom 31.3.1872 abgelehnt. Subalterne Behörden beanstan-

---

[20] Dienstanweisungen für Standesbeamte, 2.12.1899, §24: „Vornamen, für welche eine deutsche Form besteht, sind in dieser einzutragen, Familiennamen von zweifellos deutschem Ursprung sind in der deutschen Schreibweise, sofern dieselbe als die ursprünglich richtige anerkannt ist, auch dann einzutragen, wenn in neuere Zeit eine fremdländische Schreibweise sich gebildet hat" (zitiert in Lévy 1929, S. 434).

deten französische Etiketteninschriften in einer Apotheke oder verlangten, daß „Coiffeur" durch „Friseur" ersetzt würde. Gegen Zuwiderhandelnde wurde gerichtlich vorgegangen. Die Germanisierung wurde bis in Details des Alltags durchgesetzt, so z.B. für Todesanzeigen, Visitenkarten, Briefköpfe, Lohnstreifen, Kilbenanschläge und Bierflaschenetiketten. 1887 beanstandete ein Unterstaatssekretär für Justiz und Kult die subversive Vermehrung von französischen Grabinschriften.[21] Im Bereich der Ortsnamen wurde die der (alemannischen) Mundart nahe Bezeichnung verhochdeutscht: z.B. -willer, -wihr → -weiler, -wei(h)er. In zusammengesetzten Mischnamen wurde der französische Teil (Neuf-, le Haut, le Bas, les Bains) germanisiert (Alt-, Neu-, Ober-, Unter-, Bad-).

Die Sprachbestimmung im Justizbereich

Im Gesetz (vom 14.7.1871) betreffend Abänderung der Gerichtsverfassung regelten die Artikel 10 - 15 die sprachlichen Fragen (s. Anhang, 4.). Die im Justizbereich gezogene Sprachgrenze stimmte nicht mit der in der Verwaltung gültigen überein. Einige Sonderbestimmungen wurden durch eine Verfügung vom 29.6.1887 aufgehoben. Die den Advokaten zugebilligte Frist zur Erlernung des Deutschen wurde 1874 verlängert. Mit Ausnahme einiger weniger bedeutenden Bestimmungen – so untersagte z.B. ein ministerielles Rundschreiben vom 23.1.1888 den Justizbehörden die Entgegennahme von Petitionen in französischer Sprache, wenn diese von Personen ausgingen, die des Deutschen mächtig waren – blieben die des Gesetzes von 1871 bis zum „Gesetz vom 12. Juni 1889, betreffend die Geschäftssprache der gerichtlichen Behörden in Elsaß-Lothringen" in Kraft. In der Begründung dieses Gesetzes, das die Bestimmungen der Artikel 10 - 15 des Gesetzes vom 14.7.1871 aufhob, wurde behauptet, daß die noch geltenden Ausnahmen keine Grundlagen mehr hätten. (s. Anhang, 5.). Die Verfügung des Ministeriums über die Ausführung des §6 des Gesetzes betreffend die Geschäftssprache der gerichtlichen Behörden in Elsaß-Lothringen (12.6.1889) erlaubte französische Übersetzungen in bestimmten Fällen (s. Anhang, 6.). Die Rechte frankophoner Personen vor Gericht wurden durch §187 des Gerichtsverfassungsgesetzes vom

---

[21] „Dem Antrag des Bezirkspräsidenten, die französische Sprache auf Grabsteinen allgemein zuzulassen, vermag ich nicht beizutreten. Gerade in den Kirchhöfen sind vielfach, seit das Land deutsch geworden ist, die bis dahin üblichen deutschen Inschriften durch französische ersetzt worden. Darin ist nicht eine die Schonung der Regierung erheischende Pietät gegen die Toten, sondern eine in Bezug auf den Ort recht übel angebrachte Herausforderung der Lebenden gegen die deutsche Herrschaft zu erblicken" (Archives départementales Bas Rhin 97-163 liasse 1, zitiert nach Lévy 1929, S. 373).

27. Januar 1877, der die Zuziehung eines Dolmetschers regelte, gewährleistet.[22]

Sprachpolitik und Schule

Bereits im April 1871 wurde Deutsch in der Volksschule die pflichtmäßige
Unterrichtssprache und ersetzte Französisch, das bis 1918 auf dieser
Ebene als Lehrgegenstand ausgeschlossen blieb. In den französischen
und gemischtsprachigen Ortschaften mit frankophoner Dominanz kam
es zu einem für die Bevölkerung befriedigenden Nebeneinander der zwei
Sprachen. Zu heftigen politischen Auseinandersetzungen (besonders von
1875-1887 und 1908-1912) kam es dagegen um die Ausschließlichkeit
des Deutschen in der Volksschule. Alle Anträge, dem Französischen als
zusätzlicher Ausbildungsmöglichkeit, an die man gerade Anschluß gefunden hatte, einen Platz einzuräumen, wurden von der Regierung mit dem
Argument abgelehnt, daß die religiöse, sittlich und geistige Erziehung nur
in der „Muttersprache" erfolgen solle. Zweisprachigkeit sei den Schülern
auf Volksschulebene nicht zumutbar, und es wurde auf die neu begründeten und den Bildungsbedürfnissen des gewerblichen Mittelstandes entsprechenden Mittelschulen hingewiesen. Es wurde ebenfalls behauptet,
daß Sprachdualismus moralischen Schaden für die Volksseele bedeute,
und daß sich hinter den Forderungen zugunsten des Französischen, die
eine Bedrohung der kulturpolitischen Stellung des Reiches darstellten,
eigentlich der verdeckte Wille verberge, die elsässische Frage offen zu
halten und die Annexion als Provisorium erscheinen zu lassen.

Die Diskussion erhielt ebenfalls eine konfessionelle Dimension. Die deutschen Behörden glaubten, mit ihrer Germanisierungspolitik in der Schule
an die Forderungen der katholischen Kirche vor 1870 anknüpfen zu
können. Doch der Kulturkampf vereitelte diesen Plan, und die katholi-

---

[22] Gerichtsverfassungsetz vom 27. Januar 1877 XV, Gerichtssprache 186. Die
Gerichtssprache ist die deutsche. 187. Wird unter Betheiligung von Personen verhandelt, welche der deutschen Sprache nicht mächtig sind, so ist ein
Dolmetscher zuzuziehen. Die Führung eines Nebenprotokolls in der fremden Sprache findet nicht statt; jedoch sollen Aussagen und Erklärungen in
fremder Sprache, wenn und soweit der Richter dies mit Rücksicht auf die
Wichtigkeit der Sache für erforderlich erachtet, auch in der fremden Sprache in das Protokoll oder in eine Anlage niedergeschrieben werden. In den
dazu geeigneten Fällen soll dem Protokolle eine durch den Dolmetscher zu
beglaubigende Uebersetzung beigefügt werden. Die Zuziehung eines Dolmetschers kann unterbleiben, wenn die betheiligten Personen sämmtlich der
fremden Sprache mächtig sind. Sammlung, Bd. 1 C 19, 1880); cf. auch: Strafprozeßordnung vom 1. Februar 1877, B. II, Abschnitt 6, 258: Einem der Gerichtssprache nicht mächtigen Angeklagten müssen aus den Schlußvorträgen
mindestens die Anträge der Staatsanwaltschaft und des Vertheidigers durch
den Dolmetscher bekannt gemacht werden. (Sammlung, Bd. 1, 1880, H 32).

sche Kirche wechselte in das Lager des religiösen und nationalen Protests über und verteidigte den Platz der französischen Sprache und Kultur in der Schule, z.T. im Bündnis mit dem liberalen Bürgertum und der Sozialdemokratie, ohne jedoch vom Grundsatz des Religionsunterrichts in der deutschen Muttersprache abzuweichen.

Französisch als Merkmal einer sozial höheren Schicht und als spezifisches Attribut der weiblichen Bildung hielt sich besonders lang in Mädchenpensionaten und höheren Töchterschulen, bis die deutschen Behörden durch strengere Kontrolle der Lehrpläne und -bücher und teilweisen Entzug der Lehrbefugnis der Ordensschwestern dagegen einschritten.

Im Sekundarwesen wurde der Abgang zahlreicher Lehrer nach Innerfrankreich durch die Einsetzung altdeutscher Pädagogen wettgemacht. Der Deutschunterricht zeitigte beachtliche Erfolge – es kam zu Versuchen, die Mundart als Hilfsmittel kontrastiv einzuführen –, wenn auch ein Rundschreiben vom 5.3.1914 „nachlässige Wortwahl und dialektisch beeinflußte Aussprache" bei Schülern und jüngeren Lehrkräften bemängelte.

Soziale Schichtung und Sprachen

Das Französische

Durch die Verdrängung aus der Volksschule und die Abwanderung zahlreicher ihrer Sprecher erlitt die vor 1870 im Auftrieb begriffene französische Sprache sehr bald starke Einbußen und verlor besonders an Bedeutung in den unteren Schichten, für die außerschulischer Sprachunterricht und -übung nicht zugänglich waren. In den oberen und z.T. in den mittleren Schichten wurde dagegen mit Schüleraustausch, Privatunterricht, Besuch französischer Mädchenpensionate, regelmäßigem Lesen französischer Literatur und Presse die französische Sprache gepflegt, und dies trotz einschränkender Maßnahmen der Verwaltung. In der Oberschicht wurde sie intensiv praktiziert, als soziales Schibboleth, aber noch mehr als Kundgebung oppositioneller Haltung, zur Demonstration französischer Gesinnung und Bildung und um Distanz zum altdeutschen Bürgertum zu markieren.

Die deutsche Sprache

Die allgemeine Schulpflicht mit Deutsch als Unterrichtssprache, der allgemeine Heeresdienst – vorwiegend außerhalb des Reichslandes und beim städtischen Mittelstand, die zunehmende Zeitungslektüre, die wirtschaftliche Notwendigkeit, die starke Einwanderungsbewegung Altdeutscher und die daraus folgenden Mischehen, der bedeutende Anteil der Altdeutschen in Gewerbe, Handel, Verwaltung und Lehrerschaft, der zunehmende Verkehr und die Verbindung mit den rechtsrheinischen Ländern führten allmählich dazu, daß die deutsche Standardsprache in fast allen Schichten der Bevölkerung mit ziemlicher Vollkommenheit in der Schrift beherrscht wurde. Auf diese Weise entstand eine Situation, die durchaus mit der anderer süddeutscher Länder vergleichbar war. Das politische Personal beherrschte am Ende der Periode im Unterschied zu 1870 fast ausnahmslos die deutsche Sprache und verwandte sie auch in der öffentlichen Rede. Die Kanzelberedsamkeit machte ebenfalls Fortschritte, vor allem verschwand allmählich das sog. 'Pfarrdeutsch', das sich noch stark an die Mundart anlehnte. Im literarischen Bereich erlangte das Hochdeutsche wieder einige Geltung.

Die Mundart

Infolge dieser Entwicklungen ist auch eine gewisse Annäherung der Mundart an die Standardsprache festzustellen.

Die von den Autoren des „Wörterbuchs der elsässischen Mundarten" erwähnte Gefahr einer Verhochdeutschung des Elsässischen – „die elsässischen Mundarten sind unzweifelbar gerade jetzt im Begriff durch die innige Berührung mit der deutschen Schriftsprache ihre Eigenheiten abzuschleifen und zum guten Teil aufzugeben"[23] – könnte als seit dem 18. Jahrhundert toposartig bei Dialektlexikographen erscheinende zweckdienliche Behauptung bewertet werden, wenn sie nicht anderweitig, allerdings vom Martin-Schüler E. Stadler, bestätigt worden wäre. Den „durch die französische Herrschaft [...] in einer fast wunderbaren Reinheit behütet[en] Dialekt" sah er gefährdet, weil „durch die sich nun ergebende Berührung mit den zugewanderten altdeutschen Elementen, durch Schule und öffentliches Leben von der Schriftsprache her unaufhörlich neue fremdartige Elemente in den Dialekt eindrangen und, indem sie sich seinem Lautstand anpaßten, unmerklich die fest gezogenen Grenzen seines Sprachbesitzes verrückten".[24] Zu vermerken ist ebenfalls die Verdrängung eines Teils der zahlreichen französischen Entlehnungen

---

[23] Martin/Lienhart 1899, S. III.

[24] Stadler 1983, S. 362f.; überzeugender erscheinen uns die Bemerkungen aus Robert Wills Erinnerungen (1947, S. 28): „Bodenstaendi isch, allem zevor, d'Sproch selwer. Sie kummt im „Pfingstmondaa" [i.e. das Lustspiel von J.G.D. Arnold] kraefti un treijherzig ze wort. S'kummt m'r fascht vor, als seij dies Strossburjer-Dytsch vun zellemols rassiger als dies vun hytzedaas, wo oft so bebbelänzig erüskummt, wyl's an d'r Schriftsproch un am Zytunge-Dytsch sich abg'schliffe het un au, dummerwys, vun manche fur wenjer vurnehm ang'sehn wurd."

153

durch dem Dialekt phonetisch angepaßte hochdeutsche Wörter.[25]

Ganz allgemein läßt sich feststellen, daß die Mundart in der Familie und im täglichen Verkehr die übliche Vehikularsprache blieb. Im Vergleich zur Periode vor 1870 sind die nachfolgenden Veränderungen hinsichtlich ihres Stellenwertes festzustellen: Auf der Bühne und in der Lyrik errang sie literarischen Rang. Ebenfalls in die politischen Auseinandersetzungen einbezogen, wurde sie in Kreisen, die des Französischen nicht mächtig waren, durch diese Sprache als Hauptsprache verdrängt; in den mittleren Schichten, die nicht mehr genügend Französisch konnten, wurde der Gebrauch des Dialekts als demonstrative oppositionelle Haltung und als Ablehnung des Hochdeutschen verstanden und in dieser Funktion auch als „Filter gegen die Germanisierung" von Frankreich aufgewertet.

Gesellschaftliche Entwicklungen und Sprachenverhältnis

Starke Veränderungen in der elsässischen Gesellschaft (1871-1914) schlugen sich im sprachlichen Bereich nieder, so die rasche Verstädterung und die Besetzung vieler Positionen in Verwaltung und Wirtschaft durch Altdeutsche. Das prägnanteste Merkmal der Gesellschaft, das sich daraus ergab, war die Zweiteilung des Besitz- und Bildungsbürgertums in eine einheimische und in eine altdeutsche Gruppe. Die erste praktizierte gegenüber der zweiten einen sehr weitgehenden gesellschaftlichen Boykott, wobei die französische Sprache das sinnfällige Zeichen der Zugehörigkeit bildete. Sie hielt den Kontakt zu Frankreich, für das ein Teil der jeweiligen Familien 1871 optiert hatte, während ein anderer im Elsaß blieb, u.a. um wirtschaftliche Positionen zu halten. In sprachlicher Hinsicht verfügte diese Gruppe z.T. nur über den deutschen Grundwortschatz und gängige Redewendungen, praktizierte häufig das Code-Switching oder simulierte totale Unkenntnis der deutschen Sprache. Französisch wurde viel ausschließlicher gebraucht als vor 1870, was zu einer Verdrängung der dem Hochdeutsch gegenüber als zu ungebildet betrachteten Mundart führte. Dies zog eine Verschärfung der sprachlich-sozialen Segregation nach sich, obwohl diese Gruppe für die städtische Mittelschicht Vorbildfunktion hatte. Die Existenz eines eingewanderten Bürgertums, das nach F. Meineckes Ausdruck wie in einer „Kolonie" lebte, zwang das elsässische Bürgertum zusammen mit dem höheren gebildeten Klerus, innerhalb eines Rahmens, in welchem die früherer Durchlässigkeit zwischen Notabelnsystem und Verwaltung verhindert wurde, neue sprachliche und kulturelle Strategien zu entwickeln. Das nationale Bürgertum, das aus der Französischen Revolution seinen ideologisch-universalistischen Anspruch

---

[25] Dazu Schmidt 1896.

hergeleitet hatte, die ganze Nation zu repräsentieren, hatte dem regionalen Bürgertum in einem zentralistischen Staat kaum eigenständige politische Existenz zugebilligt. Nun mußte sich das elsässische Bürgertum als selbständige Kraft behaupten: Es tat dies durch Intensivierung des französischen Sprachgebrauchs und durch Förderung einer elsässischen Kultur. Beides wirkte, mit dem Merkmal der nationalen Opposition versehen, integrierend für breitere Gesellschaftsschichten.

Ihre grundsätzliche Haltung der Verteidigung und Förderung des Französischen in der Schule gab die katholische Kirche zwischen 1871 und 1914 nicht auf. Die kirchenfeindliche Politik in Frankreich, die Annäherung des elsässischen katholischen Verbandswesens an das deutsche, ein allmählich in Deutschland oder an der neubegründeten katholischen theologischen Fakultät der Universität Straßburg ausgebildeter Klerus führten zwar zu einer gewissen Distanzierung gegenüber Frankreich, hinderten aber die katholische Kirche nicht daran, nach 1914 gegen die verschärften Maßnahmen der Militärbehörden Widerstand zu leisten. Die historischen und kulturellen Bindungen des elsässischen Protestantismus an Deutschland verfestigten sich zwischen 1871 und 1918.

Kulturelle Entwicklungen und Sprachsituation

Eine Abschwächung der kulturellen Bindungen an Frankreich, der Versuch einiger, den unmittelbaren Anschluß an das deutsche Geistesleben zu finden, während andere durch den Ausbau der Dialektliteratur (insbesondere Lyrik und Theater) der „Germanisierung" zu widerstehen versuchten, Diskussionen über die elsässische Kultur als Doppelkultur, der Versuch der Gruppierung um R. Schickele, die Elemente eines „geistigen Elsässertums" zu definieren, eine regelrechte Explosion im Zeitungs- und Zeitschriftenwesen, das Aufblühen der wissenschaftlichen und populärwissenschaftlichen Heimatforschung und besonders eine rege Aktivität im Bereich der Dilektlexikographie charakterisieren diese Epoche.

Die für die Zeit nach 1945 von F.R. Allemann auf die Elsässer angewandte Formel „eine Minorität, die keine sein will" ließe sich für die Zeit vor dem Kriegsausbruch wie folgt abwandeln: „eine Minderheit, die kaum noch eine (sprachliche) ist und dennoch eine sein, bleiben oder wieder werden will". Das Elsaß liefert ein Musterbeispiel für die Versuche der Kontrahenten Frankreich und Deutschland mit sprachlich-kulturellen Mitteln die eigenen Rechtsansprüche auf die Provinz zu behaupten und die des Gegners zu entkräften. Dies schloß jedoch eine gewisse Befriedung nicht aus, wenn auch immer wieder auflodernde heftige Auseinandersetzungen über die Beibehaltung oder Wiedereinführung des Französischen durchaus als Formen des Irredentismus betrachtet werden können. Daß diese Befriedung eine sehr prekäre blieb, zeigen zahlreiche Zwischenfälle, die in der sog. „Zaberner Affäre" Ende 1913 gipfelten und vor allem die Entwicklung während der Kriegszeit.

Die Kriegszeit 1914-1918

Die, wenn auch nur teilweise erreichte, Befriedung in sprachlicher und psychologischer Hinsicht und die damit verbundenen Ergebnisse wurden zwischen 1914 und 1918 z.T. zunichte gemacht, als die militärischen Behörden trotz der Warnungen und Einwände von seiten der als zu lässig betrachteten zivilen Verwaltung Maßnahmen der sprachlichen Repression ergriffen, die nicht alle wieder rückgängig gemacht werden konnten. So wurde, was in über 40 Jahren eher behutsam vorangetrieben worden war, in wenigen Jahren zerstört, als eine gewaltsame beschleunigte Germanisierung in Angriff genommen wurde, selbst wenn Umsiedlungspläne nicht über das Projektstadium hinauskamen.[26]

Am 13.12.1914 wurde beschlossen – mit Wirkung ab 15.1.1915 – Deutsch in acht unterelsässischen und in einer oberelsässischer Gemeinde einzuführen, in denen Französisch bis dahin noch zulässig war. Diese Maßnahme wurde 1917 verallgemeinert.

Am 31.12.1914 wurde die Anbringung von französischen Inschriften, Firmenschildern, Aufschriften und Anschlägen „in öffentlichen Straßen, auf öffentlichen Plätzen, sowie an allen sonstigen öffentlichen zugänglichen oder für den geschäftlichen Verkehr bestimmten Orten, insbesondere auch an oder in Verkaufsläden und in sonstigen Geschäftsräumen [...] verboten. Der äußere Aufdruck auf Geschäftsbriefen, auf Formularen für Rechnungen, Quittungen [...] ist nur in deutscher Sprache gestattet [...] . Die geschäftliche Buch- und Rechnungsführung sämtlicher Gerwerbetrei-

---

[26] Aus den Vorschlägen des Generalfeldmarschalls v. Hindenburg an den Reichskanzler über die „zukünftige staatsrechtliche Gestaltung von Elsass-Lothringen": 2. deutsche Besiedlung in den Grenzkreisen Saarburg, Château-Salins, Metz-Land, Diedenhofen-West und Ost, [...] 5. deutsche Erziehung in Schule und Kirche (deutsche Unterrichtssprache, Reform des Klerus, Ausschaltung deutschfeindlicher Frauenorden), [...] 7. Austausch der höheren und mittleren Beamten mit altdeutschen Landesteilen, 8. ausschliessliche Anstellung altdeutschen Forst- und Grenzzollpersonals, [...] " Zu den in Frage kommenden Lösungen: „I. Autonomie. Ein selbständiger Bundesstaat für Elsass-Lothringen ist nach meiner Überzeugung für Deutschland verloren. Er wird der Tummelplatz französischer Machenschaften bleiben, da die Sicherheiten auf die Dauer nur dann wirksam sein können, wenn eine feste, gegen französische Werbungen unempfängliche Regierung sie rücksichtslos durchzuführen und fortzusetzen willens ist." (27.12.1917). (In: Schmidt, o.J.).

bender hat [...] nur in deutscher Sprache zu erfolgen."[27] Selbst die Grabsteine blieben nicht verschont. 1916 wurde die französische Predigt in einer frankophonen Gemeinde verboten.

Der „Verordnung betreffend die Beseitigung der äußeren Zeichen französischer Gesinnung" war bereits eine Warnung „vor dem öffentlichen Gebrauch der französischen Sprache" als Ausdruck der Deutschfeindlichkeit (Proklamation des Gouverneurs von Straßburg vom 18.9.1914) vorausgegangen. Daraus wurde 1915 ein Verbot unter Androhung von Gefängnisstrafe bis zu einem Jahr. Eine überstürzte Germanisierung der französischen Gemeinde-, Weiler-, Berg-, Fluß- und Flurnamen wurde praktisch ohne wissenschaftliche Grundlage unternommen. Französische Vornamen und die französische Schreibweise von Familiennamen wurden geändert. Der Eifer der Militärs machte auch vor den romanischen Gebieten keinen Halt.

Die geheime Denkschrift 1917 folgerte hier richtig, wenn sie vermutete: „Die Verschmelzung mit deutschem Wesen muss sich innerlich, in den Gemütern vollziehen. Dazu helfen Repressivmaßnahmen nichts, Verordnungen wenig, sondern nur eine überzeugungsfreudige, lebendige Einwirkung auf die Gemüter", und wenn ihr Autor Zweifel über den Sinn eines im gemischtsprachigen Gebiet geführten Sprachenkampfs äußerte.[28] Nach der Französischen Revolution lieferte die Zeit von 1914 bis 1918 das zweite Beispiel dafür, daß eine gewaltsam erzwungene Beschleunigung der Entwicklung der Sprachverhältnisse in ihr Gegenteil umschlägt.

Die sprachliche Situation 1918

Versucht man eine Bestandsaufnahme am Ende der deutschen Periode, so ist zunächst festzustellen, daß durch Schule und Einwanderung von Altdeutschen das Deutsche in die früher rein französischen Sprachgebiete vorgedrungen war, obwohl diese weder das romanische Patois noch die französische Standardsprache aufgaben. Landwirte, kleine Handwerker und überwiegende Teile der Landbevölkerung sprachen ausschließlich Mundart und schrieben Deutsch. Die im Handels- und Dienstleistungssektor Berufstätigen verwendeten neben dem Dialekt auch die deutsche und z.T. die französische Standardsprache, untere und mittlere Beamte tendierten zum Hochdeutsch. Bei hohen elsässischen Beamten und Angehörigen der freien Berufe wurde je nach Lage Französisch, Mundart

---

[27] Zitiert nach Lévy 1929, S. 485f.

[28] Geheime Denkschrift des Schulrats Dr. Baier über das Schulwesen, 12.6.1917.

oder Deutsch (dies jedoch nie unter sich oder mit Einheimischen) gesprochen. Das Großbürgertum sprach Französisch und übte in dieser Hinsicht einen Einfluß auf das städtische mittlere und Kleinbürgertum aus. Als Hauptfaktoren der Gesamtentwicklung wirkten besonders die Bevölkerungsbewegung, die Mischehen, die ökonomischen Zwänge und die Schule zugunsten des Deutschen, das soziale Prestige und die politische Willensbekundung zugunsten des Französischen.

Anhang

1. Reichsgesetz vom 31.3.1872. In: Sammlung der in Elsaß-Lothringen geltenden Gesetze. Bd. 3. Straßburg 1881, S. 217:

§1. Die schriftlichen Erlasse, Verfügungen und Entscheidungen aller Art, welche von kaiserlichen Verwaltungsbehörden oder Verwaltungsbeamten ausgehen, sowie die Protokolle, welche bei oder von denselben aufgenommen werden, sind in deutscher Sprache abzufassen.

§2. Privaturkunden in französischer Sprache, welche zur Einregistrirung präsentiert werden, ist, sofern sie ein späteres Datum als das des 1. Juli 1872 oder kein Datum tragen, eine deutsche, von einem vereideten Uebersetzer beglaubigte Uebersetzung auf Kosten der Partei beizufügen.

Von dieser Uebersetzung werden Stempel- und Einregistrirungsgebühren nicht erhoben.

§3. Mündliche Verhandlungen vor den Bezirksräthen und dem kaiserlichen Rath werden in deutscher Sprache geführt.

Wird unter Mitwirkung oder Betheiligung von Personen verhandelt, welche der deutschen Sprache nicht mächtig sind, so kann der Vorsitzende die Verhandlung in französischer Sprache zulassen, wenn sämmtliche Mitwirkende derselben mächtig sind. Andernfalls ist die Zuziehung eines Dolmetschers anzuordnen. Letzteres hat auch zu geschehen, wenn ein Schriftstück in fremder Sprache zu übersetzen ist.

Die den zur Zeit angestellten Anwälten und Advokaten mit voller Praxis durch §14 des Gesetzes vom 14. Juli 1871, betreffend Abänderungen der Gerichtsverfassung, eingeräumte Befugniß zum Gebrauch der französischen Sprache gilt während der dort bestimmten Zeitdauer auch für die vorbezeichneten Verhandlungen.

§4. Die in §1 getroffene Bestimmung findet auch auf die Berichte, Erlasse, Verfügungen, Entscheidungen und Protokolle der Behörden und Beamten der Gemeinde-, Kirchen- und Stiftungsverwaltung Anwendung.

§5. Vorstehende Bestimmungen treten mit dem 1.Juli 1872 in Kraft. In den Landestheilen mit überwiegend französisch redender Bevölkerung kann jedoch auch über diesen Zeitpunkt hinaus den öffentlichen Bekanntmachungen und zur Publikation bestimmten allgemeinen Erlassen der Kaiserlichen Verwaltungsbehörden eine französische Uebersetzung beigefügt werden.

Ebenso kann die Ausführung der Bestimmungen der §§2 und 4 für Ortschaften mit überwiegend französisch redender Bevölkerung und des §1 für bestimmte Klassen von Unterbeamten über den 1.Juli 1872 hinaus verlegt werden.

Der Umfang und die Dauer dieser Ausnahmen werden durch den Ober-Präsidenten festgestellt.

§6. Das Arrêté vom 24. Prairial des Jahres IX ist aufgehoben.

2. Verordnung betr. die amtliche Geschäftssprache vom 21. Juni 1872. Zitiert in Lévy 1929, S. 347f.:

Auf Grund des §5 des Gesetzes vom 31. März d.J. betr. die amtliche Geschäftssprache verlege ich den Termin zur Ausführung der Bestimmungen der §§2 und 4 des angeführten Gesetzes für die in dem untenstehenden Verzeichnis aufgeführten Gemeinden vorläufig auf den 1.Januar 1878. – Bis zu demselben Zeitpunkte dispensiere ich von den Verpflichtungen des §1 desselben Gesetzes die in den genannten Gemeinden fungierenden Unterbeamten der Polizei-, Forst- und Bauverwaltung, sowie diejenigen der direkten und indirekten Steuerverwaltung. – Während des gleichen Zeitraums sind den für die genannten Gemeinden bestimmten öffentlichen Bekanntmachungen und zur Publikation bestimmten allgemeinen Erlassen der kaiserlichen Verwaltungsbehörden französische Uebersetzungen beizufügen.

3. Verordnung des Ministeriums, betreffend die amtliche Geschäftssprache in verschiedenen Gemeinden des Landes vom 20. Februar 1889. In: Sammlung der in Elsaß-Lothringen geltenden Gesetze. Bd. 5. Straßburg 1892, S. 622:

Was die weitere Durchführung des Gebrauchs des Deutschen als Amtssprache angeht, so besteht die Absicht, hierin nicht mehr das Hauptgewicht auf den grösseren oder geringeren Umfang des Gebrauchs der deutschen Sprache seitens der Einwohnerschaft der zur Zeit noch befreiten Gemeinden, als vielmehr darauf zu legen, ob die Ingebrauchnahme der deutschen Sprache als Amtssprache durch die Gemeindebehörden tatsächlich zu ermöglichen ist. Mit Rücksicht hierauf wird es sich vor allem empfehlen, daß Sie vor und bei den nächsten Gemeinderatswahlen Ihr Augenmerk und Ihren Einfluss darauf richten, daß in die Gemeinderäte der noch vom Gebrauche des Deutschen als Geschäftssprache entbundenen Gemeinden womöglich auch Mitglieder gewählt werden, welche der deutschen Sprache in Wort und Schrift mächtig sind und unter welchen sich geeignete Persönlichkeiten für die Bürgermeisterstellen finden [...] Gez. der Unterstaatssekretär Studt.

4. Gesetz, betreffend Abänderung der Gerichtsverfassung. Vom 14. Juli 1871. In: Gesetzblatt für Elsaß-Lothringen 1871. Berlin Nr. 5, S. 166-167:

§10. Für die Verhandlungen und den sonstigen amtlichen Verkehr der Gerichte, der Staatsanwaltschaft und der Notare, sowie für die amtlichen Handlungen der Anwälte, Advokaten und Gerichtsvollzieher in gerichtlichen Angelegenheiten ist die deutsche Sprache die Geschäftssprache. Wird unter Mitwirkung oder Beteiligung von Personen verhandelt, die der deutschen Sprache nicht mächtig sind, so ist ein Dolmetscher zuzuziehen, dasselbe gilt, wenn ein Schriftstück in fremder Sprache zu übersetzen ist.

§11. In französischer Sprache kann die mündliche Verhandlung vor den Handels- und Friedensgerichten, sowie in Polizei- und Zuchtpolizeisachen ohne Zuziehung eines Dolmetschers erfolgen, wenn sämtliche mitwirkende und betheiligte Personen dieser Sprache mächtig und Parteien, Zeugen oder Sachverständige der deutschen Sprache nicht mächtig sind.

Unter der gleichen Voraussetzung kann eine gerichtliche Vernehmung neben einer mündlichen Verhandlung oder außerhalb einer solchen in französischer Sprache erfolgen und in dieser niedergeschrieben, dabei auch auf Zuziehung eines Dolmetschers verzichtet werden.

§12. Von den Ausfertigungen der in deutscher Sprache abgefassten Urteile ist den Parteien auf ihr Verlangen und auf ihre Kosten eine französische Uebersetzung zu erteilen.

§13. Notarielle Verhandlungen müssen innerhalb der nächsten 3 Jahre in deutscher und französischer Sprache aufgenommen werden, wenn die Partei, nicht aber der Notar der deutschen Sprache mächtig ist. Während desselben Zeitraumes können diese Verhandlungen ohne Zuziehung eines Dolmetschers ausschliesslich in französischer Sprache aufgenommen werden, wenn die oben erwähnten Voraussetzungen vorliegen. Nach Ablauf der 3 Jahre sind notarielle Verhandlungen mit den der deutschen Sprache mächtigen Parteien nur in deutscher Sprache und nur von Notaren aufzunehmen, die der deutschen Sprache gleichfalls mächtig sind; mit den nur der französischen Sprache mächtigen Parteien aber in beiden Sprachen aufzunehmen.

Die Bestimmungen dieses Paragraphen kommen auch auf urkundliche Verhandlungen zur Anwendung, welche Gerichtsschreiber ohne Mitwirkung eines Richters aufnehmen.

§14. Die zur Zeit angestellten Anwälte und zur vollen Praxis zugelassenen Advokaten sind während der nächsten 3 Jahre befugt, sich in schwurgerichtlichen Sachen, sowie in den zur Zuständigkeit der Landgerichte und des Appelationsgerichts gehörigen bürgerlichen Rechtsangelegenheiten der französischen Sprache zu bedienen.

§15. Bis auf Weiteres erfolgen bei den Friedensgerichten Metz, Gorze, Courcelles-Chaussy (Vigy-Pange), Verny, Salzburg-Delme, Dieuze, Vic, Lorquin-Rechicourt, Schirmeck-Sâles und La Poutroye, sowie bei dem Handelsgerichte Metz gerichtliche Verhandlungen und Urtheile in französischer Sprache, und ist den Notaren und Gerichtsvollziehern in den genannten Friedensgerichtsbezirken gestattet, ihre Verhandlungen und Beurkundungen in französischer Sprache abzufassen.

Sind die betheiligten und mitwirkenden Personen der deutschen Sprache mächtig, so tritt, mit Ausnahme der Handlungen der Gerichtsvollzieher die deutsche Sprache an die Stelle der französischen.

5. In: Sammlung der in Elsaß-Lothringen geltenden Gesetze. Bd. 5. Straßburg 1892, S. 678-679:

§1. Der §12 des Einführungsgesetzes zum Gerichtsverfassungsgesetze wird aufgehoben.

§2. Die Vorschriften des Gerichtsverfassungsgesetzes über die Gerichtssprache sowie des §133 Absatz 3 der Civilprozeßordnung finden auch in den zur ordentlichen streitigen Gerichtsbarkeit nicht gehörenden gerichtlichen Angelegenheiten Anwendung.

§3. Die Geschäftssprache der Notare ist die deutsche.

§4. Wird von einem Notar unter Betheiligung von Parteien oder Zeugen verhandelt, welche der deutschen Sprache nicht mächtig sind, so ist ein Dolmetscher zuzuziehen.

Sind sämmtliche bei der Verhandlung mitwirkenden Personen der fremden Sprache mächtig, so kann der Notar im Einverständniß mit den Parteien und Zeugen von der Zuziehung eines Dolmetschers absehen.

Wird ein Dolmetscher zugezogen, so hat derselbe auf Verlangen einer Partei die von ihm zu bewerkstelligende Uebersetzung vor der Verlesung schriftlich anzufertigen und zu beglaubigen. Der Notar hat diese Uebersetzung seiner Urkunde beizuheften und mit einem Vermerke über die Beiheftung zu versehen, welcher von allen bei der Verhandlung mitwirkenden Personen zu unterzeichnen ist. Den Parteien kann auf Verlangen am Rande der Ausfertigung oder Abschrift der notariellen Urkunde Abschrift der als solche zu bezeichnenden Uebersetzung ertheilt werden.

§5. Die Vorschriften des Artikels 972 des Code civil über die Aufnahme letztwilliger Verfügungen werden durch die vorstehenden Bestimmungen nicht berührt.

§6. Ob und inwieweit für öffentliche Bekanntmachungen der Gerichte, Notare und Gerichtsvollzieher der Mitgebrauch einer fremden Sprache zulässig ist, bestimmt das Ministerium (=Geschehen durch Vf. von 22. Juni 1889).

§7. Die zum Zweck der Einschreibung und Ueberschreibung bei den Hypothekenämtern einzureichenden Verzeichnisse und Auszüge müssen in deutscher Sprache abgefaßt sein.

Urkunden, welche in fremder Sprache errichtet und zum Zweck der Ueberschreibung vorgelegt werden, muß eine von einem vereideten Uebersetzer beglaubigte Uebersetzung beigefügt werden. Nur die letztere ist zu überschreiben. Stempel- und Registrirgebühren werden von der Uebersetzung nicht erhoben.

§8. Die Vorschriften der §§10 bis 15 des Gesetzes vom 14. Juli 1871, betreffend Abänderungen der Gerichtsverfassung (Gesetzbl. 1871 S. 165) werden aufgehoben (und damit die in Ausführung dieser Paragraphen erlassenen Verordnungen v. 17. Sept, 1874, 17. Dez. 1874, 14. Sept. 1883, 29. Juni 1887).

6. Verfügung des Ministeriums über die Ausführung des §6 des Gesetzes, betreffend die Geschäftssprache der gerichtlichen Behörden in Elsaß-Lothringen, vom 12. Juni 1889 (vom 22. Juni 1889). In: Sammlung der in Elsaß-Lothringen geltenden Gesetze. Bd. 5. Straßburg 1892, S. 709-710:

Auf Grund des §6 des Gesetzes vom 12. Juni d.Js., betreffend die Geschäftssprache der gerichtlichen Behörden in Elsaß-Lothringen wird hiermit bestimmt was folgt:

1. In denjenigen Gemeinden, in welchen auf Grund des §5 des Gesetzes vom 31. März 1872, betreffend die amtliche Geschäftssprache (Gesetzbl. S. 159), den öffentlichen Bekanntmachungen und zur Publikation bestimmten allgemeinen Erlassen der Kaiserlichen Verwaltungsbehörden eine französische Uebersetzung beigefügt werden darf, sowie außerdem in den Gemeinden Saarburg und St. Kreuz, darf den Bekanntmachungen der Notare und Gerichtsvollzieher, welche mittels öffentlichen Anschlags erfolgen, eine französische Uebersetzung beigefügt werden.

2. In Zeitungen, welche in einer der unter Ziffer 1 bezeichneten Gemeinden verbreitet sind, darf den von Notaren oder Gerichtsvollziehern bewirkten amtlichen Bekanntmachungen eine französische Uebersetzung beigefügt werden, wenn

a) entweder die Amtshandlung in einer jener Gemeinden vorgenommen werden soll, oder
b) der Gegenstand der Amtshandlung daselbst gelegen ist, oder
c) das nachweisbare Interesse der Betheiligten die Bekanntmachung daselbst erfordert.

3. Die gemäß Ziffer 1 und 2 gestatteten Uebersetzungen sind als solche zu bezeichnen und müssen entweder unter oder rechts neben den Text gesetzt werden. Die Benennung der Beamten, Behörden und Gemeinden muß auch in der Uebersetzung in der amtlichen deutschen Bezeichnung erfolgen.

Literatur

Harmsen, H. (1936): Elsaß und Lothringen. III. Bevölkerung. 4. Sprachenstatistik. In: Petersen, Carl/Ruth, Paul Hermann/Scheel, Otto/Schwalm, Hans (Hrsg.): Handwörterbuch des Grenz- und Auslandsdeutschtums. Bd. 2. Breslau, S. 320-324.

Hartweg, Frédéric (1984): Les Eglises et le franais en Alsace de 1850 à 1918. In: Salmon, Gilbert (Hrsg.): Le français en Alsace. Genève, S. 117-131.

Lévy, Paul (1929): Histoire linguistique d'Alsace et de Lorraine. Bd. 2. Paris.

Martin, Ernst/Lienhart, Hans (1899): Wörterbuch der elsässischen Mundarten. Bd. 1. Straßburg.

Ministère de la Guerre (1915): Ministère de la Guerre. Grand Quartier Général des Armées: Organisation politique et administrative et législation de l'Alsace-Lorraine. 1 ère Partie. Paris.

Rossé, Joseph et al. (1938): Das Elsaß von 1870-1932. 4. Bde. Colmar.

Schmidt, Charles (1896): Wörterbuch der Strassburger Mundart. Aus dem Nachlasse von Charles Schmidt. Straßburg.

Schmidt, Charles (o.J.): Was die Deutschen mit Elsass-Lothringen vor hatten... Imprimerie Berger-LevRault Nancy/Paris/Strasbourg.

Stadler, Ernst (1983): Dichtungen, Schriften, Briefe. Kritische Ausgabe. Hrsg. von Hurlebusch, Klaus/Schneider, Karl Ludwig. München.

This, Constant (1887): Die deutsch-französische Sprachgrenze in Lothringen. Nebst einer Karte. In: Beiträge zur Landes- und Volkskunde von Elsaß-Lothringen. Bd. 1. H. 1. Straßburg.

This, Constant (1888): Die deutsch-französische Sprachgrenze im Elsaß. Nebst einer Karte. In: Beiträge zur Landes- und Volkskunde von Elsaß-Lothringen. Bd. 1. H. 5. Straßburg.

Wahl, Alfred (1974): L'Opinion et l'Emigration des Alsaciens-Lorrains 1871-1872. Strasbourg.

Wahl, Alfred.(1980): Confession et comportement dans les campagnes d'Alsace et de Bade 1871-1932. 2vol. Strasbourg.

Will, Robert (1947): Steckelbury von zellemols. Strasbourg.

Wolfram, Georg (Hrsg.) (1931-1936): Das Reichsland Elsaß-Lothringen. 3 Bde. Frankfurt/M.

CLAUS JÜRGEN HUTTERER

Sprachenpolitik gegenüber fremdsprachigen Minderheiten in der k.(u.)k. Monarchie

Die k.u.k. Monarchie war am Vorabend des 1. Weltkrieges mit 676.615 km² und fast 52 Millionen Einwohnern nach Rußland territorial die zweitgrößte Großmacht in Europa. Dieses Reich der Habsburger, das sich seit dem 17. Jahrhundert immer mehr auf die Kronländer und Neuerwerbungen im Osten, Süden und Südosten außerhalb des Deutschen Reiches zurückgezogen hatte, wurde im 18. und ganz besonders im 19. Jh. ein Vielvölkerstaat, vergleichbar in Europa nur mit Rußland und dem Osmanischen Reich. Die deutsche Bevölkerung saß kompakt nur in den eigentlichen Erbländern – auf dem Gebiet der heutigen Republik Österreich – und in den Sudetenländern bzw. in größeren, z.T. auch zerstreuten Sprachinseln so gut wie in allen Ländern des Reiches. In dem Völkergemisch der Monarchie bildete das deutsche Element nur eine bescheidene relative Mehrheit gegenüber den einzelnen „historischen" Nationen wie Tschechen, Ungarn, Polen und Italienern bzw. jenen Völkern, denen dieser Status nicht zuerkannt wurde: Ruthenen – d.h. Ukrainer – in Galizien und der Bukowina, Rumänen vor allem in Siebenbürgen und der Bukowina, Slowenen in Kärnten, der Krain und der Steiermark bzw. Venetien und Istrien, Kroaten und Serben in den südöstlichen Ländern und in Ungarn, Juden zerstreut im ganzen Reich, kompakt jedoch außer in den Großstädten in Galizien, in der Bukowina und in der heutigen Karpatenukraine in Nordostungarn. Außerdem gab es beträchtliche Gruppen von Zigeunern vor allem in der Ost- und Südosthälfte der Monarchie und viele Splittergruppen sonstiger Nationalitäten (Armenier, Griechen, Ladiner u.a.m.).

Das Problem der Nationalitäten und der Nationalitätenpolitik im 19. und im angehenden 20. Jh. besaß infolge der Vielfalt der Bevölkerung eine zentrale Bedeutung für den Staat wie für die Regierungen. Ein historischer Rückblick zeigt sofort, daß mit dem Problem der Sprache alle Vielvölkerstaaten der Welt konfrontiert waren (und sind). Solange das Nationalbewußtsein noch keine, jedenfalls keine wichtige Rolle spielte, war es die Not der Sicherung der einheitlichen Verwaltung; die Lösung dieser Aufgabe jedoch war stets ein sprachsoziologisches Problem, gleichgültig, welche Methoden dabei angewandt wurden. Die Chinesen haben dafür ein raffiniertes Schriftsystem entwickelt, die Hethiter bauten einen weitverzweigten Übersetzungsapparat auf, die Griechen und noch mehr die Römer führten in den eroberten Gebieten ihre Muttersprache ein. Schon im 1. Jh. n. Chr. rühmt sich Caius Plinius Secundus (d.Ä., 24-79) in seiner „Naturalis historia" (III. 3,39):

> Italien ... verbindet die verschiedene wilde Sprachen *(discordes ferasque linguas)* sprechenden Völker durch den Gebrauch einer Sprache der Kultur, die sie einander näherrückt und ihnen eine wahrhaftige Bildung vermittelt, kurzum, Italien wird zur gemeinsamen Heimat aller Völker der Erde.[1]

Den Römern ist der Versuch gelungen, der Romanisierung war nur im zivilisatorisch-kulturell zumindest gleichwertigen, teils sogar höherstehenden Griechenland kein Erfolg beschieden.

Österreichs Politiker haben es trotz ihrer klassischen Bildung unterlassen, aus der Geschichte die nötige Lehre zu ziehen. Sie haben zwar innerhalb des Vielvölkerreiches wohl gesehen, daß eine Kultursprache wie Italienisch durch die deutsche Verwaltungssprache des Staatsapparates nicht verdrängt werden kann, aber sie verschlossen die Augen vor der neuen Strömung im 19. Jh., die infolge der nationalen Entwicklung der einzelnen Völker im Rahmen des Reiches eine neue Situation geschaffen hat. Des Kaisers „Völker" hatten sich inzwischen dem Zeitgeist entsprechend als Nationen, die kleinsten als „nationale Minderheiten" konstituiert, und als wichtigstes Merkmal ihrer nationalen Zugehörigkeit galt ihre Muttersprache. Schon vor der ungarischen Revolution gab der Vordenker des Reformzeitalters, der Graf Stefan Széchenyi die Devise aus: „Die Nation existiert in ihrer Sprache", und der k.(u.)k. Theoretiker der Nationalitätenfrage, der ungarische Baron Josef Eötvös, stand auf dem gleichen Standpunkt.

Diese zentrale Bedeutung der Sprache hat die Regierungen der Monarchie enorm belastet. Als Josef II. Latein als Verwaltungssprache abgeschafft und durch Deutsch ersetzt hatte, war es noch einfach, im Sinne des Absolutismus diesen Schritt damit zu begründen, Deutsch sei die Sprache des Souveräns. Die nationale Frage blieb ausgeklammert: Die josephinische Entscheidung war vom Reformkaiser sicher nicht als Handhabe einer Germanisierung, sondern rein rational gedacht. Deutsch war doch die Sprache, die nicht auf die deutschsprachigen bzw. mehrheitlich deutschsprachigen Kronländer beschränkt war, sondern von der sozialen Oberschicht seiner Zeit im ganzen Reich gesprochen bzw. verstanden wurde.

Im Zeitalter des nationalen Aufschwungs im 19. Jh. lagen die Dinge ganz anders: Die einzelnen Völker – darunter übrigens auch die Deutschen – begannen sich national(istisch) zu artikulieren und drangen immer lauter

---

[1] Nebenbei, scheint hier – so viel ich sehe – das erstemal der Begriff und Ausdruck *Verkehrssprache* oder *Umgangssprache: sermonis commercium* auf.

auf eine Konföderation Schweizer Prägung, was wiederum der traditionellen Reichsidee zuwiderlief. Aber auch die Idee der Konföderation war dadurch belastet, daß, mit Ausnahme von dem Herzogtum Österreich und Salzburg, *alle* Länder mehrere Sprachgruppen zusammenfaßten, so etwa war die Bevölkerung von Böhmen und Mähren zu einem guten Drittel deutsch, in Tirol wohnten neben Deutschen Italiener und Rätoromanen (Ladiner), in den norditalienischen Provinzen neben Italienern auch Ladiner und Slowenen bzw. Kroaten, in der Krain, der Steiermark und Kärnten saßen Deutsche und Slowenen, in Schlesien neben Deutschen Tschechen und Polen, in Galizien Polen, Ruthenen (Ukrainer) und jiddisch sprechende Juden, im Herzogtum Bukowina gab es Juden, Ukrainer, Polen, Rumänen und Deutsche, in Istrien und Dalmatien dreierlei Südslawen und Italiener usw. In Transleithanien war das Bild ebenso kompliziert: Neben Ungarn lebten hier Slowaken hauptsächlich im Norden (heute: Slowakei), Rumänen in Siebenbürgen (heute: Rumänien), Ukrainer und Juden im Nordosten (heute: UdSSR), Kroaten, Serben und Slowenen im Süden, um von der an die 2 Mill. starken deutschen Volksgruppe und den als Nation gar nicht anerkannten Zigeunern ganz zu schweigen.

Die sog. nichtdeutschen „historischen" Völker – darunter Ungarn, Tschechen, Polen, Italiener, Südslawen und Rumänen, etwas später auch die Ukrainer – drangen von den 40er Jahren des 19. Jhs. an immer mehr auf die Erstellung eines nationalen Katasters auf Grund der Muttersprachen, um auf dieser Basis auch ihre politische Eigenständigkeit in Wirtschaft und Kultur, und nicht zuletzt auch territorial zu erreichen. Dazu kam es jedoch – kurz vor dem Zusammenbruch der Monarchie – nur in der Bukowina, auch hier nicht zuletzt in der Erwartung, daß die jüdischen Massen auf Grund ihrer jiddischen Muttersprache, die offiziell als ein deutscher Dialekt betrachtet wurde, sich zum Deutschen bekennen würden. Ansonsten wurde nur in Ungarn nach dem Ausgleich von 1867 ein nationaler Kataster aufgelegt, aber auch hier nicht etwa aus irgendeiner Konzilianz den Nichtmagyaren gegenüber, sondern im Interesse des Magyarentums.

Die Zentralregierung war aber nicht bereit, einen nationalen Kataster zu erstellen, und – mit Ausnahme der Bukowina – ließ bei den Volkszählungen bis zuletzt die verschwommene oder überhaupt nicht determinierte „Umgangssprache" der Bürger erheben. Die Regierung verstand darunter die Sprachen, die in den einzelnen Kronländern im amtlichen bzw. sozialen Umgang als Verkehrssprachen, es hieß auch: als „landesübliche" Sprachen, Verwendung fanden, die Nichtdeutschen verstanden darunter jedoch die Muttersprache.

Der Streit ging nicht etwa um des Kaisers Bart, denn davon, welche Sprache(n) in einem Kronland als „landesübliche Umgangssprache(n)" anerkannt wurde(n), hing es ab, was für Sprachen jeweils als Unterrichtssprachen (einschließlich der Universitäten!), vor Gericht, in Ämtern usw. zugelassen wurden. Die Zentrale vertrat den Standpunkt, daß im Interesse der Reichsidee Deutsch überall, wo es nur möglich erschien, auch als Ausgleichssprache im Unterricht und sonstwo dominieren sollte. Daraus entsprang das österreichische Prinzip des Utraquismus, d.h. des zweisprachigen Unterrichts, im Klartext mit drei Varianten: 1) Deutsch als Unterrichtssprache, 2) Deutsch als gleichberechtigte Unterrichtssprache neben anderen und 3) Deutsch als Pflichtfach neben einer nichtdeutschen Unterrichtssprache.

Wie der Begriff „Umgangssprache", war natürlich auch der „Utraquismus" ein Kautschukbegriff, der allerlei Manipulationen Tür und Tor öffnete. Neben Deutsch wurde auch in dieser Hinsicht nur das Italienische und, wenn auch zähneknirschend, nach dem Ausgleich in Ungarn das Ungarische bevorzugt behandelt, nicht zuletzt aus einer panischen Angst vor dem Gespenst des Panslavismus, da die Slawen in ihrer Gesamtheit etwa 60 % der Bevölkerung ausmachten. Freilich gab es auch Anhänger dieser Idee des Panslavismus – ihre Verfechter verwendeten aber unter sich hauptsächlich Deutsch als Kommunikationsmittel, so daß man geradezu den Witz prägte, Deutsch sei eigentlich die gesamtslawische Umgangssprache; aber sie waren unter sich auch dermaßen zerstritten, daß diese Idee überhaupt keine politische Zukunft haben konnte. Die Tschechen und die Polen stritten sich um die nationale Zugehörigkeit der in Schlesien ansässigen „Wasserpolacken", deren Idiom einen Übergang zwischen Tschechisch und Polnisch bildete, die Polen standen im schärfsten Streit mit den Ukrainern in Galizien usw.

Charakteristisch sind auch die Methoden bei der Ermittlung der jeweiligen „Umgangssprache" in den einzelnen Ländern der Monarchie. Die Ladiner wurden generell dem Italienischen zugeordnet, und als die Deutschtiroler die Regierung baten, in *ihrem* Interesse die Ladiner von den Italienern zu trennen, so wurde das abgelehnt mit Hinblick auf Friaul, wo dadurch das Italienische, das im Süden der Monarchie als ein Bollwerk gegen die Slawen galt, geschwächt werden würde. In Istrien und Dalmatien kam es vor, daß in als rein italienisch ermittelten Ortschaften (in Lošinj z.B.) die Unterrichtssprache nachträglich zugunsten des Kroatischen geändert werden mußte, weil die Kinder das Italienische überhaupt nicht verstanden. In diesen Landstrichen haben die italienischen Volkszählungskommissare etwa so gefragt: *Parla lei italiano?* und gleichgültig, ob mit *si* oder *no* geantwortet wurde – *no* ist ja auch

167

italienisch – hieß es: Umgangssprache italienisch. Man versuchte auch auf Grund von Wortfragen sogenannte Mischsprachen wie „Istrianisch" oder „Windisch" zu erfinden, denen die „Landesüblichkeit" naturgemäß abgesprochen wurde. Genauso erging es dem Jiddischen in Galizien (und in der Bukowina, aber auch sonstwo), als die Zionisten – diese „widerspenstigen Juden", hieß es in einem Bescheid – seine Anerkennung als Umgangssprache beantragten. Da entschied die Zentrale, es sei nicht möglich, denn Jiddisch sei keine eigene Sprache, sondern bloß ein „lokaler Dialekt" (des Deutschen, versteht sich).

Die Polen in Galizien gingen noch weiter. Den katholischen Ukrainern erklärten sie, nicht die Sprache sei die Umgangssprache, in der sie zu Hause und im Umgang mit anderen Menschen verkehrten, sondern diejenige Sprache, der sie sich in der Kirche bedienten, und diese war Polnisch, also sollten sie sich zum Polnischen als zu ihrer Muttersprache bekennen. Es ist aufschlußreich, was der katholische Bischof von Lemberg – ein Pole – 1910 prophezeite, indem er das Fakt, daß galizische Katholiken als Verständigungssprache „Ruthenisch" (also Ukrainisch) gebrauchten, als „eine geschichtlich unentschuldbare Anomalie" bezeichnete und seiner Hoffnung Ausdruck gab, „daß sich nach Ablauf des neuen Dezenniums kein Ort bei uns finden wird, wo die Polen die ruthenische Sprache als Umgangssprache gebrauchen würden". Es ist jedoch anders gekommen.

Eine große Rolle spielte dabei das wirtschaftliche und soziale Argument. Sudetendeutsche Gläubige drohten z.B. ihrem böhmischen Pfarrer – der mit ihnen und auf der Kanzel doch deutsch sprach –, sie würden nie wieder in die Kirche gehen, ja sogar aus der Kirche austreten, wenn er ihr Bekenntnis zum Tschechischen nicht bereit wäre zurückzuziehen. Es war an der Tagesordnung, daß deutsche Arbeitgeber ihre tschechischen, tschechische Arbeitgeber ihre deutschen Arbeiter und Angestellten unter Androhung der Entlassung zwangen, sich zur Sprache der Arbeitgeber als zur „Umgangssprache" zu bekennen. Den tschechischen Dienstboten gegenüber war es oft praktiziert in Wien, wo der Zustrom tschechischer Untertanen auf der Suche nach Arbeit erst gegen Ende des 19. Jhs. nachließ, nachdem es zu einem stärkeren Ausbau der Industrie in Böhmen gekommen war. Ein beliebtes Druckmittel war seitens der Hausherren die Androhung einer Kündigung der fremden Mieter, falls sie nicht bereit waren, sich zur Sprache ihrer Hausherren zu bekennen. Das wurde sowohl in Böhmen, in Wien sowie in den italienisch dominierten, aber mehrheitlich slawischen Städten des Südens mit Vorliebe praktiziert, jeweils gegenüber den Anderssprachigen. Besonders die Landes- und Bezirkszentren waren neben Wien solche „ethnopolitische Druckzonen", wie sie ein österreichischer Historiker bezeichnet hatte.

Es ist verständlich, daß es bei diesem Stand eines „bellum omnium contra omnes" überall zur Bildung von nationalen Schutzorganisationen kam. Wenn das für die Ruthenen die griechisch-katholische bzw. orthodoxe Kirche war, so war es die zionistische Bewegung für die Juden, die Česká národná rada – der Tschechische Volksrat – für Böhmen und Mähren, der Deutsche Volksrat für die Sudetendeutschen usw., usf. In der Verschärfung der Kontroversen wurden diese Vereine immer mehr auch aktive Kampforganisationen mit rechtsradikalen u.ä. Idealen, nicht selten zu richtigen Hetzorganen. Der sudetendeutsche Verein „Nordmark" schließt seine Rundschreiben und Aufrufe 1910 „mit treudeutschem Heilgruße" oder schlicht „mit deutschem Heilgruß" oder schlicht „mit deutschem Gruß". Nach der Meinung eines Sprechers der Tiroler, Georg v. Pflügl, „erwartet der Deutsche nur zu oft in nationalen Belangen Heil und Hilfe von der Regierung. Er vergißt hier ganz, daß die österreichische Regierung keine deutsche Regierung ist und daher auch nicht für die deutsche Nation Partei ergreifen kann". Und die Sudetendeutschen stellten fest: „Wir Deutsche in Böhmen befinden uns im Zustande der Notwehr".

Dabei war das Prinzip der Gleichberechtigung der Nationen bzw. Nationalitäten besonders seit Art. 19 des Staatsgrundgesetzes von 1867 nur eine Verbrämung der Tatsache, daß die Völker der Monarchie – die Deutschen nicht ausgenommen – ihr Vertrauen in die Gewährleistung der nationalen Gleichberechtigung seitens der Regierung völlig verloren hatten. Die Zentralregierung, vor allem das Innen- und das Unterrichtsministerium, die von diesen Problemen am meisten belastet waren, beschränkte ihre Tätigkeit auf das lokal begrenzte und fallweise Schlichten der immer wieder aufflammenden Streite, ohne sich zur Idee der Konföderation der Nationen innerhalb des Reiches durchdringen zu können. Dieses Feuerwehrsyndrom war aber längst überholt und spätestens nach 1849 – nach der Entkrönung des Kaisers als König von Ungarn – war es klar, daß die Treue zur Dynastie gebrechlich geworden war. 1867 kam es zu einem Ausgleich mit den Ungarn, die anderen sind dabei leer ausgegangen. Diesem Ausgleich zuliebe war Österreich bereit, an die 2 Millionen Deutsche in Ungarn, zusammen mit allen anderen Völkern Ungarns, einer verschärften Assimilationspolitik zu opfern. In Transleithanien wurde eine juristische Quadratur des Kreises zur Grundlage der Nationalitätenpolitik erhoben: Im Geiste des Liberalismus wurden hier keine Nationalitäten außer der ungarischen, nur Untertanen verschiedener Sprachen für gleichberechtigt erklärt, mit dem offen ausgesprochenen Ziel, diese Untertanen auch sprachlich an das Magyarentum zu assimilieren.

Sowohl die kaiserliche wie die königlich-ungarische Politik ihren Völkern gegenüber hat jenen Kräften zum Vormarsch und letztendlich zum Sieg verholfen, die die Monarchie als Völkerkerker empfanden und sich von ihr loslösen wollten. Von unserer heutigen Warte aus gesehen war sie aber eher ein Kafkasches Schloß, in dem alles durcheinandergeraten war. Böhmen und Mähren wollten sich mit den slowakischen Stammesbrüdern Nordungarns in einem Nationalstaat verbinden, Polen, Rumänen, Italiener wie Südslawen suchten Anschluß an ihresgleichen außerhalb der Monarchie, ja sogar bei den Deutschen griff zunehmend der Wunsch nach Anschluß an das Bismarcksche Deutsche Reich um sich. Bei diesem Stand der Dinge konnte es nicht anders kommen wie es bei der ersten Gelegenheit im 1. Weltkrieg tatsächlich kam: Das Reich zerfiel in seine Bestandteile, da es trotz der ökonomischen Vorteile seiner Einheit außerstande war, seine Völker auch geistig zu verbinden. Die Weisheit des Cicero haben die Regierenden der k.u.k. Monarchie nicht verstanden, die er in einem Brief an Atticus (10, 7, 1) festhielt: *Tempori serviendum est.* Und der infolge dieser Vogel-Strauß-Politik angehäufte Sprengstoff hat im 1. Weltkrieg die ganze Monarchie, Zis- wie Transleithanien, zerstört. Die negativen Folgen davon sind in den sog. „Nachfolgestaaten" der Monarchie bis heute nicht überwunden.

Anhang

Die Bevölkerung Ungarns (Transleithaniens) zwischen 1880 – 1910

absolut	1880	1890	1910
Ungarn	6 403 687	7 356 874	9 944 627
Deutsche	1 869 877	1 988 589	1 903 357
Slowaken	1 855 442	1 896 641	1 946 357
Rumänen	2 403 035	2 589 066	2 948 186
Ruthenen	353 226	379 782	464 270
Kroaten	613 995	⟨ 183 642	656 326
Serben		495 105 ⟩	
Sonstige	211 360	243 795	401 412
Zusammen	13 728 622	15 133 494	18 264 533

Die Bevölkerung Zisleithaniens zwischen 1880 – 1910

absolut	1880	1890	1900	1910
Deutsch	8 008 864	8 461 580	9 170 939	9 950 266
Böhmisch-Mährisch-Slowakisch	5 180 908	5 472 871	5 955 397	6 435 983
Polnisch	3 238 534	3 719 232	4 259 152	4 967 984
Ruthenisch	2 792 667	3 105 221	3 375 576	3 518 854
Slowenisch	1 140 304	1 176 672	1 192 780	1 252 940
Serbisch-Kroatisch	563 615	644 926	711 380	783 334
Italienisch-Ladinisch	668 653	675 305	727 102	768 422
Rumänisch	190 799	209 110	230 963	275 115
Magyarisch	9 887	8 139	9 516	10 974
anwesende einheimische Bevölkerung	21 794 231	23 473 056	25 632 805	27 963 872

171

ULRIKE KIEFER

Sprachenpolitik gegenüber fremdsprachigen Minderheiten im 19. Jahrhundert: Jiddisch

Vorbemerkung

Es war mir eine traurige Ehre, im Januar diesen Jahres das Angebot zur Vorbereitung eines Forumbeitrags zum Jiddischen zu erhalten, und damit in die Lücke zu treten, die durch den Tod von Bettina Simon entstanden war. Durch ihre 1988 erschienene Publikation zur jiddischen Sprachgeschichte war ich auf die Autorin aufmerksam geworden und hatte, zu diesem Zeitpunkt noch in New York, mit der Lektüre ihres frisch erhaltenen Buches begonnen. Die Betroffenheit über ihren frühen Tod verbindet sich mit der Trauer über den Verlust für das gerade im deutschsprachigen Bereich so schmal besetzte Feld der Jiddistik. Dank dem Einsatz der Eltern Bettina Simons liegt nun doch ein Beitrag für die IDS-Publikation vor: Sie haben die Mühe auf sich genommen, zurückgelassene Fragmente zu überarbeiten und im Sinne ihrer Tochter zusammenzustellen.

Dem Dafürhalten Bettina Simons nach hätte das Beitragsthema nicht 'Jiddisch' sondern 'Judendeutsch' heißen sollen, und wäre von daher auch nur bedingt in den Rahmen eines Forum zu 'fremdsprachigen' Minderheiten zu stellen gewesen. Bereits in ihrer 88er Publikation hat die Autorin die Diskussion um eine linguistische Einordnung und adäquate Bezeichnung der ehemaligen Sprache der Juden auf deutschsprachigem Bereich aufgegriffen und sich dezidiert für eine Trennung des 'Judendeutschen', wie sie es nennt, vom Jiddischen Osteuropas ausgesprochen. Auch das von ihr hier Referierte bietet Anstoß für neue Überlegungen zu einem alten Thema, das, wie es scheint, besonders im deutschsprachigen Bereich und von seiten der Germanistik anhaltende Aufmerksamkeit findet.[1] Identität und Andersartigkeit adäquat einzuschätzen und zu definieren, fällt bei hohem Verwandtschaftsgrad sicher besonders schwer. Das Forumsthema selbst, bei dem es letztlich um die Eigen- und Fremdbestimmung sprachlicher Minderheiten geht, erhält durch diese Diskussion neue Relevanz.

---

[1] Vgl. W. Weinberg: Die Bezeichnung Jüdischdeutsch. Eine Neubewertung. In: Zeitschrift für deutsche Philologie, Bd. 100, Sonderheft: Jiddisch, S. 253-280; E. Timm: Graphische und phonische Struktur des Westjiddischen, Tübingen 1987, S. 357-386.

Kurzreferat

Wenn man heutzutage vom Jiddischen spricht, so meint man damit in der Regel das sogenannte Ostjiddische, also eine Ausprägung jener sprachlichen Entität, die in Osteuropa zumeist auf slawischsprachigem Gebiet bis zum 2. Weltkrieg gesprochene Alltagssprache der jüdischen Bevölkerung bildete. Eine andere Form des Jiddischen hat es aber Jahrhunderte hindurch auch im deutschsprachigen Gebiet gegeben, bevor es hier um die Mitte des 19. Jhs. verschwand: Das sogenannte Westjiddische ist heutzutage nur noch in literarischen Dokumenten oder in Marginalstellung faßbar, z.T. an den Rändern des früheren Sprachgebiets oder in kulturellen Spezifika und sprachlichen Reliktformen.

Damit wurde das weitgespannte Kontinuum des Jiddischen, das sich früher einmal als Sprache aller aschkenasischen Juden von Holland und der Schweiz im Westen bis nach Rußland und weit in die Ukraine erstreckte, im 19. Jh. in seinem westlichen Teil aufgebrochen; der östliche Teil, zusammen mit den durch Auswanderungsbewegungen neu entstandenen Siedlungen in anderen Erdteilen, blieb Alleinträger der Sprache und Literatur.[2]

Mit der Auflösung des Westjiddischen fällt der Vernationalisierung des Deutschen eine Sprache zum Opfer, die eine langjährige eigene Schrifttradition besitzt. Dagegen 'überleben' zum Beispiel deutsche Dialekte, die eine schriftliche Fixierung in der Regel nicht aufzuweisen haben. Man würde meinen, daß sprachlicher Fortbestand gerade durch die Existenz einer schriftlichen Tradition eher gewährleistet wäre.

Wie kommt es zu einer so durchgreifenden sprachlichen Umwälzung unter der jüdischen Minderheit auf deutschem Sprachgebiet im 19. Jh.? Ich möchte dazu folgende Faktoren und Thesen zur Diskussion stellen:

1. Das Jiddische war als sprachliche Entität weder wahr- noch ernstgenommen.

Eine offizielle, gesetzlich manifeste Sprachenpolitik dem Jiddischen gegenüber ist nicht auszumachen. Diese Absenz gesetzgeberischer Maßnahmen erstaunt – angesichts der durchgreifenden Assimilierung an das Deutsche möchte man dezidierte Eingriffe von seiten der Staatsmacht vermuten. Verfügungen und Verlautbarungen aus den führenden staats- und bildungspolitischen Kreisen jedoch richten sich jeweils auf die soziale Stellung der Juden im allgemeinen, nicht getrennt auf ihre

---

[2] Vgl. dazu den Artikel 'Ashkenaz' und die Illustration 'Areas of Ashkenazi settlement, 6th-16th centuries, and waves of Ashkenazi emigration, 18th-20th centuries', Encyclopedia Judaica, Bd. 3, Jerusalem 1971, Sp. 718-722.

Sprache. Die Perzeption des Jiddischen, oder Judendeutsch/Jüdisch-deutsch/Hebräisch-Deutsch, wie es hieß, war in damaliger Sicht – ganz gleich, ob von Sympathie oder Feindseligkeit begleitet – untrennbar mit dem sozialen Status der Juden verknüpft, einem minderwertigen Status, wie zu betonen ist. Qua Sprache galt Jiddisch als indiskutabel, diente bestenfalls als Zielscheibe des Spottes, schlimmstenfalls als Corpus Delicti für eine Beleidigung der sprachlichen Ehre der Nation. Bei denen, die eine Liberalisierung der gesetzlichen Beschränkungen für Juden befürworteten, war eine Auflösung des Jiddischen mit der Auflösung des jüdischen Sonderstatus vorausgesetzt.

> 2. Entgegen der Selbsteinschätzung der jüdischen Bevölkerung in Osteuropa haben sich die westeuropäischen Juden zu Beginn der politischen Emanzipation der sie umgebenden Kultur gegenüber als unterlegen empfunden.

Auch dies wird sie dazu bewogen haben, in der sich entwickelnden Standardisierung des Deutschen fraglos auch die einzig adäquate Überdachung für ihr eigenes Idiom zu sehen. Neben dem Maßstab von der Korrektheit deutscher Schriftsprache nahm sich gesprochenes Jiddisch schlecht aus; und es erstaunt nicht, daß auch die Transparenz sprachlicher Verschmelzung im Jiddischen – meist herabsetzend Mischung genannt – nicht gut abschnitt gegenüber den Einheits- und Reinheitsideen, die Sprachtheoretiker zur gleichen Zeit emphatisch für das Deutsche propagierten.

Es ist vielleicht kein Wunder, daß die enge genetische Nähe zwischen dem Deutschen und Jiddischen, die noch heute oft zu vorschnellen Urteilen führt, einer erst beginnenden Sprachwissenschaft noch keine adäquate Bewertung abringen konnte. Aber es steht auch fest, daß die Zeiten der sich befreienden und formierenden Nation einer kritischen Zurückhaltung bei der sprachlichen Bewertung des Jiddischen nicht dienlich waren.

Polemische Abkanzelungen des Jiddischen (und ja immer der Juden auch) zu zitieren, scheint mir hier zu weitläufig. Mit der nachfolgenden Passage aus Adelungs 'Mithridates'[3] liegt eine für damalige Zeiten wohl typische Einordnung des Jiddischen in intellektuellen Kreisen vor. Bemerkenswert ist dabei Adelungs apologetische Haltung deutschen Juden gegenüber, wenn er das „abenteuerliche Gemisch" und „verderbte" und 'verunstaltende' Gemengsel den 'polnischen Juden' zur Last legt (Zitat siehe Anhang).

---

[3] Bd. 2, Berlin 1809, S. 222

In vielen Fällen war es sicher hilfreich, vom Jiddischen selbst herzukommen, um der Sprache eine unbelastetere Haltung entgegenzubringen. Eine solche reflektiert der nachstehende Abschnitt von Yehoshua Mordkhe Lifshits, einem der ersten jiddischen Sprachforscher aus der 2. Hälfte des Jahrhunderts.[4]

מען זאָגט אַלץ : זיא איז פֿערדאָרבען! איך זיז מודה וין אז אַך פֿערשטעה איבערהויפטנאָר ניט טים וואָס פֿאַר אַ רעואָן מען קען אויף אַ שפּראַבע. וואָס עס לעבען, האַנדלען אַביו מענטרלען אין אדר אווי פֿיל טויוענדער מענטשען, א גאַנץ פֿאָלק, זאַנען : זיא איז פֿערדאָרבען. פֿערדאָרבען נעטיקט זיך נאָר צואָגען אין דם וואָס, וואָס איז בעסטער געווען אין איז קאַלע געוואָרין. נאָר פֿן האַנין איו עס אווי געריבינין אז אַנדערע שפּראַבען וענען פֿן דם ברוד אָן בעסער געווען? ? זאַנען וויא רען אויז סיני נ עעבין נעוואַרין ? וויא קימען דער איך ארוב, וויא אינוער לשון פֿן אַנדערע פֿערשידענע לשונות. נאָר פֿאַר וואָס הייסין זיא ניט פֿערדאָרבען? נאָר דער אמת איז, אז בייא א לשון נעשיקט זיך ניט צו זאַגען גלאַטוועבסאַלאָס פֿערדאָרבען, וואַרין א לשון איז דאָך נאָר צאַ ציבען פֿן געדאַנקין. דעריבער מעג זיך אין פֿאָלק מאַבין וואָס פֿאַר ציבען עס וויל אַבי (אום, ראַם) עם זאָל ויך הירך וויא אים דאָס אנדערע פֿערשטעהן !

Übersetzung

Man sagt immer, sie [die jiddische Sprache] sei verderbt! Ich muß bekennen, daß ich ganz und gar nicht verstehe, mit welchem vernünftigen Grund man von einer Sprache sagen kann, sie sei verderbt, wenn soviele Tausende, ein ganzes Volk, in ihr leben und wirken. Verderbt kann man doch nur etwas nennen, das einmal besser war und dann schlecht geworden ist. Aber woraus schließt man, daß andere Sprachen von grundauf besser waren? Sind sie denn auf dem Sinai übergeben worden [von Gott persönlich wie die Tora oder der Pentateuch] ? Sie leiten sich doch ebenso wie unsere Sprache von mehreren anderen Sprachen her, warum nennt man diese denn nicht verderbt? In Wirklichkeit geht es bei einer Sprache nicht an, sie schlichtweg verderbt zu nennen, denn eine Sprache heißt doch nur Zeichen für Gedanken. Folglich kann sich jedes Volk Zeichen setzen, wie immer es will, vorausgesetzt der eine kann den andern durch sie verstehen.

3. Umwälzende demographische Entwicklungen im 19. Jh. begünstigen die sprachliche Assimilation ans Deutsche.

Wie man weiß, waren die Juden im Gegensatz zu den meisten anderen Minderheiten nicht in einer bestimmten Gegend lokalisiert, sondern

---

[4] Zit. nach J. A. Fishman, Hg., Never Say Die! A Thousand Years of Yiddish in Jewish Life and Letters, The Hague 1981, S. 260.

verteilt auf die Länder, Städte und Gemeinden aller deutscher Staaten. Dies hat unter anderem auf den überregionalen Charakter des Jiddischen seinen Einfluß gehabt, mag aber zur Zeit des sozialen Umbruchs auch der Formierung eines eigenen Standards abträglich gewesen sein. Folgende Faktoren erhöhten im 19. Jh. die Mobilität der jüdischen Bevölkerung: Auflösung der Ghettoisierung, explosive Bevölkerungszunahme, die allgemeine Urbanisierung und beginnende Industrialisierung, sowie eine ausgedehnte West-Migration aus den östlicheren Ländern und Provinzen (das ehemals polnische Posen, 1793 bzw. 1815 von Preußen inkorporiert, bietet hier ein markantes Beispiel).[5] In diesem Zusammenhang und insbesondere im Rahmen der Antisemitismusdiskussion ist ein Blick auf damalige Bevölkerungszahlen interessant. Die jüdische Gesamtbevölkerung der gesamten Erde betrug zu Beginn des 19. Jhs. nur ca. 2,25 Millionen; davon befanden sich 2 Millionen in Europa und unter 300.000 in ganz Deutschland (Ende 1817 gab es in Preußen nur 42 Städte, die 500 oder mehr Juden aufwiesen – Posen hatte davon 31). Gegen Ende des 19. Jhs. betrug die jüdische Gesamtbevölkerung der Erde ca. 7,5 Millionen; davon lebten 7 Millionen in Europa. Mit nur 500.000 kann 1871 die Zahl der Juden im deutschen Reich angegeben werden, die damit 1.25-1.40 % der Gesamtbevölkerung stellten.[6] Die genannten Faktoren – viele weitere wären aufzuzählen – können andeuten, welche Dynamisierung die bestehenden jüdischen Sozialstrukturen im 19. Jh. erfahren haben und wie einschneidend sich der gesellschaftliche Umbruch für die Gemeinden und den einzelnen auswirken mußte. Da ein eigener sprachlicher Standard nicht ausgebildet war und zudem keine anerkannte territoriale Staatsmacht als Bezugsgröße herangezogen werden konnte, förderte die soziale Umstrukturierung wohl auch die sprachliche Assimilation.

Fazit:

Im Westen fiel mit der Auflösung des spezifisch jüdischen Idioms ein Kennzeichen jüdischer Identität aus. Die durchgreifende sprachliche Assimilation an das Deutsche, die für Formen einer Bilingualität keinen Raum ließ, ist symptomatisch für die Totalität der politisch-kulturellen Assimilierung der jüdischen Minderheit. Dabei ist interessant zu beobachten, daß sich zur Zeit des sprachlichen Auflösungsprozesses eine fiktive Form des Westjiddischen als sogenanntes 'Mauscheln' auf der Bühne

---

[5] Vgl. die Bevölkerungsstatistiken in Universal Jewish Encyclopedia, Bd. 4, New York 1941, Sp. 566-568.

[6] Vgl. dazu: The Universal Jewish Encyclopedia, a.a.O.; Geschichte des jüdischen Volkes, hg. v. H. H. Ben-Sasson, Bd. 3 von Sh. Ettinger, München 1980, S. 81-93.

und in populärer Literatur weitreichender Beliebtheit erfreut.[7]

Gleichzeitig hat der westliche Assimilationsprozeß den verbleibenden östlichen Teil des Sprachgebiets marginalisiert. Dies nicht nur im sprachgeographischen Sinn: Bei der damals von deutschen Sprachtheoretikern propagierten Koppelung von Sprache und Kultur, bzw. Denken und Bildung, im Verbund mit einer rückhaltlosen Negativbewertung des Jiddischen per se, wird die sprachliche Trennung zum kulturellen Gefälle umstilisiert und Jiddischsprecher zu sogenannten Ostjuden stigmatisiert.

Wie bekannt, weiß die antijüdische Opposition, die sich in der 2. Hälfte der Jh. neu formiert – diesmal mit dem frisch kreiierten Konzept des sogenannten Antisemitismus – beides in ihrem Sinn einzusetzen, sowohl die durchgeführte umfassende Assimilation im Westen, als auch die Stigmatisierung der jüdischen Sprache und Bevölkerung im Osten.

In diesem Zusammenhang sei auf den ausführlichen Beitrag von Dietz Behring in diesem Band verwiesen, der, mit unterschiedlicher Akzentsetzung, manche der hier angesprochenen Punkte noch im einzelnen beleuchtet und konkretisiert.

Anhang

> Ich muß hier noch des *Jüdisch-Deutschen* gedenken, weil das, was darin Deutsch ist, sichtlich aus der höhern Sprache entlehnt worden. Es ist ein abenteuerliches Gemisch verderbter Deutscher, Hebräischer, Polnischer und Französischer Wörter, wobey die Anfangs- und Endsylben der Hebräischen Wörter seltsam verunstaltet worden. *Er hot gekinjent, geganft, geachelt, geschafsjent.* Es ist sonderbar, daß bloß die Deutschen Juden die Landessprache so verunstalten, dagegen sie selbige in andern Ländern sehr rein und richtig sprechen. Dieses Gemengsel entstand von den Polnischen Juden, welche die Deutschen aus Verachtung ihrer eigenen Gelehrten kommen ließen, und sie zu Erziehung ihrer Kinder und zu Rabbinen gebrauchten. An deren Kauderwelsch gewöhnten sich nach und nach auch die Deutschen Juden, und vergaßen darüber ihre eigene Sprache, die Rabbinische.

---

[7] Vgl. S. Gilman, Jewish Self-Hatred. Antisemitism and the Hidden Language of the Jews, Baltimore/London 1986, S. 139-148.

BETTINA SIMON

Zur Situation des Judendeutschen im 19. Jahrhundert

Die der internen Kommunikation der Juden dienende Sprache im deutschen Sprachraum – von den ältesten Belegen im Mittelalter bis zur Emanzipationszeit – wird heute Westjiddisch genannt. Diese Bezeichnung halte ich für irreführend und greife auf die ältere, jetzt meist abgelehnte Benennung Judendeutsch zurück, weil diese Sprache der Juden nachweislich einen deutschen Soziolekt, mithin eine Varietät des Deutschen darstellt. Das sogenannte Ostjiddische hingegen ist – heute von niemandem mehr bestritten – eine selbständige Einzelsprache. Darum empfiehlt es sich nicht, West- und Ostjiddisch zusammenzufassen und unter den Oberbegriff Jiddisch zu subsumieren.[1]

Das Judendeutsch begann mit der Emanzipation zu schwinden und ist im 20. Jh. bis auf geringfügige Reste erloschen. Wenn diese Existenzform des Deutschen im 19. Jh. untersucht werden soll, ist es unerläßlich, auf das 18. Jh. zurückzuschauen, denn die Genese des Sprachproblems hängt unmittelbar mit dem Kampf um die Judenemanzipation zusammen. Als wichtigstes Dokument dieses Kampfes, geführt von Nichtjuden im Rahmen und im Namen der Aufklärung, wird Christian Wilhelm Dohms „Über die bürgerliche Verbesserung der Juden"[2] angesehen. In dieser ausführlichen und subtilen Darstellung der Lage der Juden in Deutschland und der Möglichkeiten ihrer Angleichung an die Umwelt und ihrer Integration in sie suchen wir ein Wort über die Judensprache vergebens. Von der Regierung wird gefordert, sie solle „für die sittliche Bildung und Aufklärung der Juden" sorgen, und zwar dafür, daß neben den „geheiligten Lehren der Väter auch der Verstand der Juden durch das helle Licht der Vernunft, der Erkenntnis der Natur ... erleuchtet" wird (S. 120). Jüdische Kinder sollten lernen, was sie für ihren künftigen Beruf brauchen. „Dieß müßte entweder in den jüdischen Schulen geschehen" oder es müßte Eltern erlaubt werden, „ihre Kinder in die christlichen Schulen ... zu schicken" (S. 121). An dieser Stelle hätte man ein Wort über das Sprachproblem erwartet. Da es ausbleibt, sehen wir uns auf das argumentum e silentio angewiesen: Vermutlich setzte Dohm bei jüdischen Schülern Diglossie – Juden- und Standarddeutsch – voraus, oder er

---

[1] Vgl. dazu Simon 1988.

[2] Dohm 1781.

meinte, die Schüler würden sich ohne Förderungsmaßnahmen sprachlich angleichen.

Drei Jahre bevor Dohms Werk erschien, hatte Moses Mendelssohn (zusammen mit David Friedländer) in Berlin die jüdische Freischule gegründet, die genau das anstrebte, was Dohm postulierte. Das bezeugt das Lesebuch dieser Schule, auf das noch zurückzukommen sein wird. Die Freischule, die übrigens auch christlichen Kindern offenstand, war nicht das einzige Mittel, dessen Mendelssohn sich bediente, um die Judenschaft zur Sprachkultur der Umwelt zu erziehen: Er schuf eine Bibelübersetzung in „reinem Deutsch", die mit hebräischen Lettern gedruckt wurde, damit diejenigen sie lesen konnten, denen er sie zudachte. (Daß diese Bibelübersetzung zugleich den Zweck verfolgte zu verhindern, daß weltlich gebildete Juden zur Luther-Bibel griffen, kann hier vernachlässigt werden.) Mendelssohn war gewiß nicht der einzige Jude, der über europäische Bildung verfügte, doch durch sein Eintreten für die Emanzipation wurde er zum Verkünder der Tendenzen seiner Zeit: der deutschen Aufklärung.[3]

Mendelssohn verlebte in Dessau seine Kindheit, eingebunden in die Gemeinschaft, in der Judendeutsch Kommunikationsmittel war, und er mußte – nach eigener Aussage – erhebliche Mühe darauf verwenden, „reines Deutsch" zu erlernen. Die Bemühungen Mendelssohns und anderer, den Juden ihren speziellen Soziolekt abzugewöhnen, führten nicht mit einem Schlag zum Erfolg: Im 19. Jh. war Judendeutsch noch verbreitet. An schriftlichen Quellen, wie Briefen, Geschäftsbüchern usw., läßt sich der Sprachstand ablesen. Wie aber ist die mündliche Kommunikation vorzustellen? Auf diesem Gebiet bestehen erhebliche Forschungslücken; das ist begreiflich, die Quellen fließen spärlich.

Zunächst müssen wir zwischen gruppeninterner Kommunikation und dem Verkehr mit der nichtjüdischen Umwelt unterscheiden. Daß es Verständigungsschwierigkeiten gegeben hätte, ist nicht überliefert, wohl aber ist bezeugt, daß die Sprechweise von Juden als fremdartig, befremdlich, abstoßend oder komisch empfunden wurde. Aufschlüsse gewährt Sprachparodie, gewährt Figurenrede in belletristischen Texten, in denen Juden sprechend auftreten; darauf haben in letzter Zeit Literaturwissenschaftler ihr Augenmerk gerichtet. Auf diese Arbeiten kann verwiesen

---

[3] Im Jahr 1783, also zu Mendelssohns Lebenszeiten, führten jüdische Laienschauspieler in Dessau das Lustspiel „Der Mißtrauische" von Weiße auf, die, wie Figura zeigt, in der Lage waren, „reines Deutsch" zu sprechen. Ein wohlwollender Nichtjude spendete ihnen in einer Kritik Lob für die Aufführung und suchte sie in ihrem Bildungswillen zu bestärken. (vgl. Literatur- und Theater-Zeitung, 6. Jg., Berlin 1783, S. 235ff.; zitiert nach Simon 1987, S. 9f.).

werden.[4] Im Mittelpunkt der Untersuchungen stehen Romane von Gustav Freytag und Wilhelm Raabe, um hier als Beispiele nur die Werke zweier bekannter Schriftsteller zu nennen.

Es wird heute allgemein akzeptiert, daß Judenrede in der Belletristik des 19. Jh. bestimmten Mustern folgt, zum Klischee geworden ist, bei dem die Spezifika in erster Linie die Syntax, weniger die Phonetik und kaum die Lexik betreffen. (Lexikalische Besonderheiten, meine ich, mußten schon deshalb vermieden werden, weil die Leser semitische Etyma gar nicht verstanden hätten; vermutlich haben auch die Autoren sie nicht gekannt, abgesehen von einigen Bezeichnungen, die in die niedere deutsche Umgangssprache eingegangen sind.)

Die zuweilen strittige Frage, ob die Judenrede in einigen belletristischen Werken antisemitische Gesinnung zum Ausdruck bringt, ist für unseren Zusammenhang nicht relevant. Wichtig ist, als Ergänzung vorliegender Arbeiten zu betonen, daß (bei Freytag, Raabe u.a.) als Modell für die Stilisierung der Judenrede nicht wirkliches Judendeutsch oder gar Jiddisch gedient hat, sondern das Deutsch, das jiddische Muttersprachler im Verkehr mit Nichtjuden verwendeten: Sie beabsichtigten, Standarddeutsch zu sprechen, aber das gelang ihnen nur mit Interferenzfehlern aus dem Jiddischen. Diese Fehler waren syntaktischen und phonetischen Charakters, durch die die Verständlichkeit nicht beeinträchtigt wurde. Da das Komponentenbewußtsein in der Regel gut ausgebildet war, auch bei ungebildeten Jiddischsprechern, ließen sich lexikalische Interferenzen, besonders semitische Etyma, vermeiden, die die Rezeption der Rede behindert hätten.

Während also die in belletristischen Texten vorgeführte Rede von Juden nur bedingt als Informationsquelle für das Judendeutsch des 19. Jh. nützlich ist, hilft uns – neben schriftlichen Primärquellen, wie Briefen usw. – die Sprachbeschreibung: Das 1844 in Hamburg erschienene Werk von Anton Rée über Sprachverhältnisse bei den Juden seiner Zeit[5] gibt uns ein ausgezeichnetes Material an die Hand. Einige Thesen des Verfassers sind heute nicht mehr diskussionswürdig, so z.B. die Behauptung, sprachliche Besonderheiten seien auf die Eigentümlichkeiten des Körperbaus zurückzuführen (S. 74ff.); dem widerspricht allerdings Rées pädagogisches Hauptanliegen: Den Kern seiner Darlegungen bilden Ratschläge, wie das Judendeutsch überwunden werden kann. Der Körperbau läßt sich aber nicht ändern! Auf der anderen Seite muten die Erkenntnisse

---

[4] Z.B. Gelber 1986.

[5] Rée 1844.

des Autors modern an: Sie sind noch heute anregend und vermitteln zuweilen den kuriosen Eindruck, Rée kenne den heutigen Stand sprachwissenschaftlicher Forschung.

Der Verfasser konstatiert, nicht alle Juden, aber die meisten erkenne man an ihrer Sprache (S. 1), für die sich Nichtjuden kaum interessieren, da sie sie mit Gaunersprache gleichsetzen. Das Judendeutsch sei nicht als Jargon, nicht als verderbte Sprache aufzufassen, sondern es folge Gesetzen (S. 15), darum bezeichne er es als „die jüdische Mundart" (S. 2). Einige Juden halten das Judendeutsch für fehlerhaftes Deutsch (S. 12) und bekämpfen es leidenschaftlich, andere ergreifen nicht weniger enthusiastisch für diese tradierte Sprachform Partei, kurz: die Wertungen seien entgegengesetzt (S. 10). Derartige extreme Positionen gebe es zwar noch, sie seien aber veraltet, da die fieberhafte Aufregung über die Emanzipation nun abgeklungen sei (S. 16). Objektive Beurteilung sei nun möglich und auch notwendig (S. 11); es sei ein Bedürfnis, die judensprachlichen Besonderheiten zu erforschen (S. 30) und den Juden sei das Recht auf sprachliche Besonderheiten nachdrücklich zuzugestehen (S. 26).

Es fällt auf, daß der Autor immer wieder auf seine Objektivität pocht. Gewiß, er wahrt die Höflichkeit gegenüber Verteidigern des Judendeutschen und nennt sie „die edeln Männer alten Schlages in unsern Gemeinden, und man müßte keine Ahnung vom Idealen überhaupt haben, wenn man an der Aufrichtigkeit und Redlichkeit solcher Gesinnungen nur im entferntesten zweifeln wollte" (S. 44). Er betont, nicht alle Elemente des Judendeutschen seien zu beseitigen (S. 123), rein kirchliche Ausdrücke seien überhaupt nicht zu bekämpfen (S. 137); wir ergänzen: weil es sich dabei um Termini technici handelt. Aber dann läßt Rée doch die Katze aus dem Sack: „Die jüdische Mundart [muß] ausgerottet [sic!] werden vom Erdboden", es wird „auch vor der vollständigen Vernichtung [sic!] des besondern Dialects an keinen entschiedenen Sieg der Umwälzung unter den Juden zu denken sein" (S. 61). Das sind starke Worte! Um Ausrottung und Vernichtung geht es dem Verfasser. Das und nichts anderes ist das Ziel seiner Publikation; wie es zu erreichen sei, bildet den Hauptinhalt des Werks. Warum? Durch ihre besondere Mundart werden die Juden zum Gespött der Umwelt (S. 40), das Judendeutsch sei nicht zeugungsfähig, weil es – wie auch die Volksdialekte der Nichtjuden – primitiver sei als die Literatursprache (S. 109); die Simplizität zeige sich z.B. im Fehlen der Hypotaxe (S. 71). Groß sei „der materielle Schaden, welchen die Mundart mit sich führt" (S. 34), und schließlich sei der Glaube, die jüdische Religiosität, nicht mehr mit der Sprachform verbunden (S. 46).

181

Hier soll weder der Gehalt von Rées Werk ausgeschöpft, noch sollen alle seine weiterführenden Erkenntnisse aufgelistet werden, obgleich dies lohnend wäre; wir wollen lediglich einem Gedanken folgen, der auf Forschungslücken hinlenkt. Der Verfasser wendet gegen das Judendeutsche ein, „daß es schwerlich auch nur zwei Örter giebt, an denen unser Dialect völlig auf dieselbe Art gesprochen wird" (S. 95f.), so daß man sich versucht fühle, „nicht weiter von einer, sondern von mehrern jüdischen Mundarten zu reden" (S. 96). Es gibt also gravierende regionale Unterschiede! „Selbst bei der deutlichsten Ausprägung der jüdischen Sprachweise tritt in ihr nicht nur die Landessprache überhaupt, sondern auch ein bestimmter Dialect derselben ... hervor" (S. 3). Und doch betont Rée die Einheit des Judendeutschen (S. 4), die Vielheit verschwinde zugunsten einer „höhere[n] Einheit" (S. 96).

Worin besteht die Vielfalt, die im wesentlichen noch der Erforschung harrt? Auf genaue Beobachtung gründet sich der Hinweis, das Judendeutsch erscheine „in sehr verschiedenen Graden" (S. 86), und das hänge vom Bildungsgrad des Sprechers ab. Mit dieser Feststellung wird auf die gleitenden Übergänge zwischen Soziolekt und Standardsprache angespielt, wie wir sie ja aus dem Kontakt zwischen deutschen Dialekten und deutscher Standardsprache kennen, der zu häufigen wechselseitigen Interferenzen führt. Wichtig ist die Bemerkung, das altjüdische Leben habe eine geschäftliche und eine religiöse Seite (S. 56), und daraus ergeben sich Folgen für die Sprache, worauf Rée allerdings nicht hinweist. Wir müssen versuchen zu präzisieren: Es gibt im Judendeutschen verschiedene Funktionalstile, die nicht einfach durch die Begriffe „religiös" und „geschäftlich" charakterisiert werden können, aber doch mit verschiedenen Lebenssphären zusammenhängen.

Es gibt eine spezifische judendeutsche Kaufmannssprache, bei der Soziolekt und Fachsprache sich verschränken. Dieses Phänomen ist bisher nicht untersucht worden. Daß sich das Judendeutsche in weiten Gebieten Europas als Verkehrssprache der Juden bewährt hat, wird nicht nur nicht bestritten, sondern häufig betont. Die mühelose Verständigung beruht darauf, daß die spezielle Kaufmannssprache eine Koiné darstellen konnte.

Über die mündliche Kommunikation wissen wir naturgemäß wenig. Man darf annehmen, daß ein Sprecher des Judendeutschen, der ohnehin mit Partnern der nichtjüdischen Umwelt anders sprach als mit Juden, sich auch anders ausgedrückt hat, wenn er mit einem unmittelbaren Nachbarn redete, als wenn er mit einem Juden aus entfernter Landschaft ins Gespräch kam: Er wird in diesem Fall Regionalismen möglichst vermieden haben. Auf diese Weise ließ sich tatsächlich Einheit in der Mannigfaltigkeit bewerkstelligen.

Die Mannigfaltigkeit der Funktionalstile harrt noch der Untersuchung. Der Materiallage wegen sei noch einmal ein Rückgriff auf das 18. Jh. gestattet: Die judendeutschen Brautbriefe Moses Mendelssohns unterscheiden sich sprachlich erheblich von den Briefen an seine Schwiegermutter, in denen es wesentlich um Geschäftliches geht. Nicht nur enthalten diese weit mehr semitische Etyma als jene, sondern auch die syntaktischen Differenzen sind erheblich. Einen Sprachvergleich der Briefe an die beiden Adressatinnen habe ich bereits in Angriff genommen.

Moses Mendelssohn hat sich mühelos mit Judendeutschsprechern in weiten Gebieten verständigt. Diese Feststellung ist banal, weil allgemein bekannt. Und doch hat er, der schon als Vierzehnjähriger aus Dessau nach Berlin kam und hier die Sprache der Berliner Aufklärer annahm, die anhaltinische Phonetik treu bewahrt. Darauf ist noch niemand aufmerksam geworden! In seinem mit David Friedländer gemeinsam herausgegebenen Lesebuch für die jüdische Freischule[6] findet sich ein Hinweis auf die Aussprache des Graphems *e* im Deutschen, die weder dem Standarddeutsch noch dem Berlinischen entspricht: „Das e wird oft wie ein ae ausgesprochen. Am häufigsten geschiehet solches am Anfange eines Worts, wenn das e am Ende der Sylbe steht, wie in Lesen, Leder, legen, Feder. In andern aber behält es seinen eigenthümlichen Laut; wie in ewig, gehen, sehen, stehn etc."[7] Es ist heute nicht mehr mit Sicherheit zu sagen, welche Teile des Lesebuchs Mendelssohn und welche Friedländer erarbeitet hat. Moritz Stern, der Herausgeber des Reprints, vermutet, die Passage, der das Zitat entnommen ist, stamme von Friedländer, doch halte ich das nicht für wahrscheinlich: Friedländer kam aus seiner Geburtsstadt Königsberg nach Berlin; in beiden Regionen war diese Aussprache nicht üblich, wohl aber in Dessau.

Literatur

Dohm, Ch. W. (1781): Über die bürgerliche Verbesserung der Juden. Berlin/Stettin.

Gelber, M. H. (1986): Das Judendeutsch in der deutschen Literatur. In: Moses, S./Schöne, A. (Hrsg.): Juden in der deutschen Literatur. Frankfurt/M., S. 162ff.

---

[6] Mendelssohn/Friedländer 1779.

[7] Mendelssohn/Friedländer 1779, S. 2f.

Mendelssohn, Moses/Friedländer, David (Hrsg.) (1779): Lesebuch für jüdische Kinder – Zum Besten der jüdischen Freyschule. Berlin. Nachdruck der Soncino-Gesellschaft. Berlin 1929.

Rée, Anton (1844): Die Sprachverhältnisse der heutigen Juden, im Interesse der Gegenwart und mit besondrer Rücksicht auf Volkserziehung besprochen von Dr. Anton Rée. Hamburg.

Simon, Bettina (1988): Jiddische Sprachgeschichte. Frankfurt/M.

Simon, Hermann (1987): Ausgrabung einer Ausgrabung. In: Nachrichtenblatt des Verbandes der Jüdischen Gemeinden in der Deutschen Demokratischen Republik. Juni 1987, S. 9f.

JOACHIM SCHILDT

Zu einigen Entwicklungstendenzen im politischen Wortschatz der deutschen Arbeiterbewegung

1. Zum Stand der Erforschung des politischen Wortschatzes der deutschen Arbeiterbewegung

Wer sich die Geschichte der deutschen Sprache im 19. Jh. zum Untersuchungsgegenstand gewählt hat – jene Zeit also, in der die Voraussetzungen und Grundlagen für die gegenwärtige Sprachentwicklung gelegt wurden – kommt nicht umhin, sich auch mit der Frage zu beschäftigen, welchen Anteil die seit der industriellen Revolution stark anwachsende Arbeiterklasse – eingeschlossen die unterschiedlich organisierte Arbeiterbewegung mit ihren meist aus dem Bürgertum stammenden Theoretikern und Anführern – an den sich in diesem Jahrhundert vollziehenden sprachlichen Entwicklungsprozessen hatte.

Nun wurde die Sprachgeschichte des 19. Jh. ohnehin – mehrfach angemerkt – bisher von der Sprachgeschichtsforschung insgesamt stiefmütterlich behandelt, aber besonders groß ist das Defizit bei der Erforschung des Einflusses der Arbeiterklasse, speziell auch der Arbeiterbewegung, sowie Angehöriger unterprivilegierter Schichten auf die Sprachentwicklung. Ganz abgesehen davon, daß man heute überhaupt noch nicht imstande ist, präzisere Aussagen dazu machen, wie sich die schrittweise Aneignung des Standards durch breite Schichten des Volkes auf dessen Normengefüge auswirkte, fehlt es darüber hinaus an systematischen Untersuchungen auf allen Ebenen des Sprachsystems, so auch in der Lexik.[1] Der politische Wortschatz – um nur einige Bereiche herauszugreifen – der Gewerkschaftsbewegung ist genauso wenig beschrieben wie der von Parteiprogrammen oder politischen Schriften, die im Auftrage der in der 2. Jahrhunderthälfte gegründeten Arbeiterparteien verfaßt wurden. Die Sprache prominenter Theoretiker der Arbeiterbewegung[2] –

---

[1] Sehr verdienstvoll ist Brunner/Conze/Koselleck 1972-1984. Es stellt jedoch die Entwicklung zentraler Begriffe in den Mittelpunkt und geht auf sprachliche Fragen nur am Rande ein.

[2] 1952 wurde am damaligen „Institut für deutsche Sprache und Literatur" der Deutschen Akademie der Wissenschaften zu Berlin ein „Marx-Engels-Wörterbuch" begründet. 1963 lagen eine vollständige Exzerption der Werke von Marx und Engels sowie Probeartikel vor. Die Sprachwissenschaftler des Akademieinstituts wollten ein Bedeutungswörterbuch des gesamten Wortschatzes, der sich in den Werken von Marx und Engels findet, erarbeiten. Das entsprach jedoch nicht den Vorstellungen der damaligen Führung der SED, die ein Sachwörterbuch zentraler Termini des Marxismus forderte. So

ich nenne Bebel, Bernstein, Engels, Kautsky, Lassalle, Liebknecht, Luxemburg, Marx, Mehring – ist weitgehend unerforscht. Es sind bisher umfassendere Aussagen weder möglich zu der Frage, welchen Teil des politischen Wortschatzes der Arbeiterbewegung der Arbeiter[3] kannte oder vielleicht auch aktiv verwendete, noch zu dem Problem, inwieweit dieser politische Wortschatz der Arbeiterbewegung schon Bestandteil der Allgemeinsprache war.

Aufgrund dieser Forschungslage muß ich mich daher darauf beschränken, einige typische Erscheinungen in der Entwicklung des politischen Wortschatzes der Arbeiterbewegung herauszugreifen. Ich demonstriere bei dieser Auswahl das sprachwissenschaftlich Relevante weitgehend an Beispielen aus Untersuchungen, die vor einigen Jahren im Zentralinstitut für Sprachwissenschaft der Berliner Akademie der Wissenschaften durchgeführt wurden.[4] Bevor ich jedoch auf diese Fragen eingehe, halte ich es als Voraussetzung für das Verständnis für erforderlich, kurz auf einige Schwerpunkte in der Entwicklung der Arbeiterbewegung im 19. Jh. hinzuweisen.

Mit der Entstehung und Entwicklung des Industriekapitalismus in Deutschland in der ersten Hälfte des 19. Jh. begann sich auch die Arbeiterklasse, der 4. Stand, herauszubilden. In den dreißiger Jahren entstanden erste politische Vereinigungen, in denen sich Arbeiter organisierten. 1834 wurde in Paris die Geheimorganisation „Bund der Geächteten" gegründet. Wandernde Handwerksgesellen, die zunächst noch die Mehrzahl der Mitglieder bildeten, verbreiteten in Deutschland die vom Bund herausgegebene Zeitschrift „Der Geächtete" und Flugschriften. 1838 wurde ein neuer proletarischer Geheimbund in Paris gegründet, der „Bund der Gerechten". Sein Programm war von W. Weitling verfaßt, einem Verteter des utopischen Sozialismus. 1846 wurde die Leitung des Bundes von Paris nach London, dem Schwerpunkt der Organisation, verlegt. Ihr traten 1847 K. Marx und F. Engels bei. Der Bund beauftragte auf dem 1847 in London abgehaltenen Kongreß beide mit der Abfassung

---

wurden die Arbeiten an diesem Projekt eingestellt.

[3] Eine Ausnahme bildet Levenstein 1912. Er stellte Befragungen bei Arbeitern aus den wichtigsten Industriegebieten an und ließ sie Fragebögen ausfüllen, in denen sie darauf Antwort geben sollten, welche Bücher sie gelesen hätten. Eine Auswertung dieses Materials, in dem sich Hinweise auf die Kenntnis bestimmter Werke von Bebel, einzelner Werke von Marx und Engels („Manifest der Kommunistischen Partei", „Das Kapital", „Der Anti-Dühring") sowie der Arbeiterpresse finden, hat unter sprachwissenschaftlichen Gesichtspunkten O. Basler ausgewertet. Vgl. Basler 1914.

[4] Vgl. Autorenkollektiv 1978 sowie Autorenkollektiv 1981.

eines für die Öffentlichkeit bestimmten Parteiprogramms und nannte sich seitdem „Bund der Kommunisten". 1848 erschein das „Manifest der kommunistischen Partei", die Geburtsurkunde des wissenschaftlichen Kommunismus.

In der 2. Hälfte des 19. Jh. wuchs in dem Maße, wie sich die industrielle Revolution mehr und mehr durchsetzte, die Arbeiterklasse an. Massen von Arbeitern konzentrierten sich in den Großstädten und industriellen Ballungsgebieten. Hier entstanden – jetzt auf deutschem Boden – neue Organisationen der Arbeiterbewegung, Arbeitervereine, deren Aufgabe die Interessenvertretung der Arbeiter gegenüber dem Arbeitgeber sein sollte. 1863 wurde in Leipzig der „Allgemeine Deutsche Arbeiterverein" (ADAV) gegründet, zu dessen Präsidenten F. Lassalle gewählt wurde. Politisches Hauptziel des Arbeitervereins, dessen Publikationsorgan der „Neue Sozialdemokrat" wurde, war es, das allgemeine, gleiche und direkte Wahlrecht zu erkämpfen. Auf dem 5. Vereinstag des Verbandes deutscher Arbeitervereine, der 1868 in Nürnberg tagte, setzten Bebel und Liebknecht die Annahme eines neuen Programms durch, das sich eng an die „Allgemeinen Statuten" der „Internationalen Arbeiterassoziation" (später I. Internationale) anschloß. Der Vereinstag faßte u.a. den Beschluß, verstärkt für die Bildung von Gewerkschaften zu wirken. Ende der sechziger Jahre war auch die Zeit herangereift für die Gründung einer Arbeiterpartei, die vor allem auch politische Ziele verfolgte. 1869 wurde in Eisenach die „Sozialdemokratische Arbeiterpartei Deutschlands" gegründet, deren Programm von Bebel entworfen wurde. Es beruhte weitgehend auf dem des Nürnberger Vereinstages des Verbandes deutscher Arbeitervereine. Parteiorgan war der von Liebknecht in Leipzig herausgegebene „Volksstaat".

Nach der Reichsgründung von 1871 wurde immer häufiger die Forderung erhoben, die Arbeiterorganisationen zu vereinigen, um noch schlagkräftiger die ökonomischen und politischen Interessen der Arbeiter vertreten zu können. 1875 gelang in Gotha die Vereinigung der „Sozialdemokratischen Arbeiterpartei Deutschlands" (Bebel) und des „Allgemeinen Deutschen Arbeitervereins" (Lassalle) zur „Sozialistischen Arbeiterpartei Deutschlands". Die Sozialdemokratie hatte nunmehr gesamtnationalen Charakter und gab dem Kampf der Arbeiterklasse Richtung und Ziel. Bebel und Liebknecht setzten sich als Führer mit einem Programm durch, das zwar wichtige sozialistische Prinzipien enthielt, aber hinter den Forderungen und Vorstellungen von Marx zurückblieb.

1878 trat das Sozialistengesetz, genauer gesagt das „Gesetz gegen die gemeingefährlichen Bestrebungen der Sozialdemokratie", in Kraft, durch das Bismarck nicht nur die Arbeiterklasse, sondern alle demokratischen und liberalen Kräfte politisch niederhalten wollte. Parteiorganisationen, Gewerkschaften, deren Zeitungen und Druckschriften wurden verboten. Genossenschaftsdruckereien wurden geschlossen, Versammlungen und andere öffentliche Veranstaltungen mit sozialdemokratischen Tendenzen wurden verboten. 1890 lehnte dann unter dem Druck einer stärker werdenden Arbeiterbewegung der deutsche Reichstag die Verlängerung des Sozialistengesetzes ab. Aus den Reichstagswahlen desselben Jahres gingen die Sozialdemokraten als stärkste Partei hervor.

Nach 1890 zog die deutsche Sozialdemokratie auf ihrem ersten Parteitag nach dem Fall des Sozialistengesetzes Bilanz ihres zwölfjährigen Kampfes, traf Vorbereitungen für ein neues Parteiprogramm und gab der Partei den neuen Namen „Sozialdemokratische Partei Deutschlands". 1891 wurde auf dem Erfurter Parteitag ein neues Parteiprogramm angenommen, das – durch revolutionäre Züge und sozialistische Grundsätze gekennzeichnet – den im „Manifest der kommunistischen Partei" durch Marx und Engels 1848 formulierten Vorstellungen relativ nahe steht.

Auch bei den Gewerkschaften kam es nach dem Fall des Sozialistengesetzes zu einer Neuorientierung. Die deutschen Gewerkschaften sollten reorganisiert werden, starke Zentralverbände sollten geschaffen werden, die eng miteinander zusammenarbeiteten. Zur Realisierung dieser Ziele wurde 1890 eine „Generalkommission der Gewerkschaften Deutschlands" als Koordinierungszentrum gebildet.

Soviel zum historischen Hintergrund. Die wenigen skizzenhaften Ausführungen sollen auch verdeutlichen, wie vielfältig die Richtungen und Strömungen in der Arbeiterbewegung waren, die bei einer sprachlichen Untersuchung des hier verwendeten politischen Wortschatzes berücksichtigt werden müßten.

2. Zum Einfluß von Fremdsprachen auf den politischen Wortschatz der Arbeiterbewegung

Eines der wesentlichen Kennzeichen von Teilen des politischen Wortschatzes der Arbeiterbewegung besteht darin, daß Fremdsprachen wie das Englische und Französische sprachlich in unterschiedlicher Art und Weise auf seine Ausbildung eingewirkt haben.

Zum Einfluß des Französischen: In Frankreich waren bereits im 18. Jh. utopisch-kommunistische Ideen aufgekommen. In dieser Tradition stehend entwickelten zu Beginn des 19. Jh. Saint Simon (1760-1825) und Fourier (1772-1837) gesellschaftskritische Vorstellungen, Gesellschaftskonzeptionen, in denen Klassengegensätze durch Beispiel und Umerziehung überwunden werden sollten. Diese Ideen, vor allem die Lehre vom

Klassenkampf, wurden in den dreißiger und vierziger Jahren von der sich in Deutschland formierenden Arbeiterbewegung aufgegriffen, vor allem natürlich von ihren Theoretikern.

Sprachlich wirkte sich das z.B. in Lehnbedeutungen aus, d.h. im Deutschen bereits vorhandene Wörter bildeten ein neues Semen nach französischem Vorbild aus. *Ausbeutung,* zunächst 'ertragreiche Ausschöpfung materieller und ideeler Werte' schloß an frz. *exploitation* an und wurde nun in der Arbeiterbewegung im Sinne von 'Aneignung fremder Arbeit durch den Besitzer der Produktionsmittel' gebräuchlich. *Arbeiter,* zunächst 'der mit der Hand Arbeitende' erhielt im Anschluß an frz. *ouvrier* – denkbar ist auch der Einfluß von engl. *working man* – die Bedeutung 'Angehöriger der sich entwickelnden Arbeiterklasse'. Das Antonym zu *Arbeiter* ist *Kapitalist.* Mitte des 17. Jh. in der Bedeutung 'reicher Bürger' von *Kapital* abgeleitet, wurde das Wort unter dem Einfluß von frz. *capitaliste* 'Angehöriger der Kapitalistenklasse' – so seit 1832 bei Blanqui – ebenfalls in dieser Bedeutung verwendet.

Proletarier, nach dem „Deutschen Wörterbuch" von J. und W. Grimm 'ein besitzloser, von der hand in den mund lebender mensch',[5] im 18. Jh. nach lat. *proletarius* gebildet, erhielt nach 1830 unter dem Einfluß von frz. *prolétaire* seine politische Bedeutung 'Angehöriger der sich entwickelnden Arbeiterklasse', wie sie bei Saint Simon vorgebildet war.

Frz. *bourgeoisie* 'Bürgertum, Bürgerstand' gelangte in der 2. Hälfte des 18. Jh. zunächst mit diesem hinsichtlich seiner sozialen Geltung nicht genau festgelegten Inhalt ins Deutsche. Im Anschluß an den Gebrauch, den die Saint-Simonisten im Französischen einführten, wurde das Wort nun bei den Theoretikern der Arbeiterbewegung, so auch bei Marx, im Sinne von 'kapitalistische Ausbeuterklasse' verwendet. Dasselbe gilt für frz. *bourgeois* „Bürger", ursprünglich 'Bewohner einer Stadt' im Unterschied zum Adel und zur Landbevölkerung, das als *Bourgeois* ,'Bürger', seit der Mitte des 18. Jh. im Deutschen begegnet; seit der Mitte des 19. Jh. findet es sich dann – ebenfalls im Anschluß an saint-simonistischen Gebrauch – in Frankreich als 'Angehöriger der Kapitalistenklasse'.

Bereits Ende des 16. Jh. ist *Classe,*[6] später *Klasse,* in der allgemeinen Bedeutung 'Abteilung, Gruppe mit gemeinsamen Merkmalen' belegt; es geht auf lat. *classis* zurück. Seit dem 18. Jh. stand *Klasse* auch für 'Menschengruppe innerhalb der Gesellschaft'. In England und Frankreich waren Historiker und Sozialökonomen zu der Erkenntnis gekommen, daß

---

[5] Grimm 1889, Sp. 2164.

[6] Vgl. Autorenkollektiv 1989, H-P, S. 842f.

189

sich die Existenz von Klassen in der bürgerlichen Gesellschaft aus ökonomischen Verhältnissen erklärt; frz. *classe* bzw. engl. *class* wurden von ihnen dementsprechend definiert. Darauf aufbauend bestimmten Marx und Engels *Klasse* auch im Deutschen als 'große Gruppe von Menschen, die sich von einer anderen besonders nach ihrem Verhältnis zu den Produktionsmitteln und dadurch auch in der Erlangung und dem Umfang des Anteils am gesellschaftlichen Reichtum unterscheidet'.

Neben den Lehnbedeutungen existieren auch Lehnübersetzungen aus dem Vokabular der utopischen Sozialisten und französischer Historiker, d.h. Übersetzungen nach dem Muster französischer Wörter und Wendungen. Beipiele hierfür sind *lutte des classes,* das deutsch mit *Klassenkampf* wiedergegeben wurde, oder die Wendung *dictature du prolétariat,* die sich im Deutschen als *Diktatur des Proletariats* findet. Bei *Arbeiterklasse* ist nicht eindeutig zu entscheiden, ob es auf frz. *classe des ouvriers* oder engl. *working class* zurückgeht.

Vereinzelt wurden in der 1. Hälfte des 19. Jh. auch einzelne Wörter direkt aus dem Französischen übernommen, ohne daß eine Anpassung an das Deutsche erfolgte. Als Beispiel dafür kann *Exploitation* gelten, das bei den Saint-Simonisten die gängige Bezeichnung für 'Aneignung fremder Arbeit durch den Besitzer der Produktionsmittel' war. Marx z.B. bevorzugte in den 3 Bänden seines „Kapitals" *Exploitation* gegenüber synonymem *Ausbeutung;* es findet sich auch in einer relativ großen Zahl von Komposita als Determinativum, z.B. *Exploitations: -feld, -form, -grad, -mittel, -system, -theorie, -wut.*

Zum englischen Einfluß: In England, wo sich die industrielle Revolution wesentlich früher als in Deutschland durchgesetzt hatte, erreichte die kapitalistische Entwicklung bereits zum Ende des 18. Jh. ein relativ hohes Niveau. In Übereinstimmung damit existierte auch eine hochentwickelte Lehre von den ökonomischen Verhältnissen unter kapitalistischen Bedingungen. A. Smith (1723-1790) und sein Schüler D. Ricardo (1772-1823) hatten wesentliche Gesetzmäßigkeiten erkannt, so z.B., daß die kapitalistische Wirtschaft nach objektiven ökonomischen Gesetzen funktioniert. Die klassische bürgerliche politische Ökonomie wurde in dem Maße, wie sich die industrielle Revolution im ersten Drittel des 19. Jh. auch in Deutschland zu entfalten begann, zu der entscheidenden Quelle, aus der die Theoretiker der sich formierenden Arbeiterbewegung schöpften, wenn sie die ökonomischen Verhältnisse auf deutschem Boden beschreiben und analysieren wollten.

So stellen einige zentrale Bezeichnungen der politischen Ökonomie in Deutschland Lehnübersetzungen dar, also Übersetzungen nach dem Muster des Englischen. Wohl unter dem Einfluß von engl. *those who live by wages,* wie A. Smith die Klasse der den Reichtum der Gesellschaft vermehrenden Arbeiter nennt, entstehen im Deutschen die Komposita *Lohnarbeitsleute* (1776) und später *Lohnarbeiter* (1796), das in dt. ökonomischen Schriften seit den 20er Jahren des 19. Jh. geläufig wird.[7] Nach dem Muster von engl. *class of labourers* und *labouring class, working class* wurde im Deutschen in der 2. Hälfte des 18. Jh. *arbeitende Klasse* und in den dreißiger Jahren des 19. Jh. *Arbeiterklasse* gebildet. Durch Marx, der die führende Rolle der Klasse der Lohnarbeiter im Kampf um die Befreiung von der Ausbeutung erkannte, fand *Arbeiterklasse* schnell Verbreitung. Mit direktem Bezug auf englische Verhältnisse wurde in den vierziger Jahren des 19. Jh. *Arbeiterbewegung* gebildet. Vorbild war engl. *working-men's movement,* das sich seinerseits an frz. *parti du mouvement* anlehnte.

Auch Lehnbedeutungen entstanden unter englischem Einfluß. Bei *Gewerkschaft,* dem Fachwortschatz der Bergleute entstammend und seit dem 16. Jh. in der Bedeutung 'Gesamtheit aller Teilhaber an einem Bergwerk' belegt, bildete sich nach dem Vorbild von engl. *trade union* die seit 1868 bezeugbare Bedeutung 'organisatorischer Zusammenschluß der Arbeiter zur Vertretung und Durchsetzung ihrer ökonomischen und politischen Ziele' aus. *Demonstration,* seit dem 16. Jh. in der Bedeutung 'Darlegung' nachweisbar, entwickelte unter dem Einfluß von engl. *demonstration* die Lehnbedeutung 'politische Willensbekundung, öffentliche Kundgebung zur Durchsetzung politischer Ziele'.

Ein markantes Beispiel für die direkte Übernahme eines Wortes aus dem Englischen, das dem politischen Wortschatz der Arbeiterbewegung angehört, stellt *Streik* dar in der Bedeutung 'Arbeitsniederlegung mit dem Ziel der Durchsetzung ökonomischer und politischer Ziele, Ausstand'. Es geht auf engl. *to strike* zurück, das seit 1810 in dieser Verwendung bezeugt ist. Die Bezeichnung, die bis 1890 noch in der englischen Schreibweise *Strike* begegnet, bezog sich zunächst auf englische Verhältnisse, wurde aber seit dem Leipziger Buchdruckerstreik 1865 auch auf Arbeitskämpfe in Deutschland angewendet und fand danach schnell Verbreitung. Wie einer distanzierenden Bemerkung Bismarcks von 1878 zu entnehmen ist, galt das Wort damals noch als Ausdruck der Sprache der Arbeiter, ging dann aber schnell in den Wortschatz der Allgemeinsprache ein.

---

[7] Vgl. Autorenkollektiv 1989, A-G, S. 71.

3. Zur Herausbildung von Fachwortschätzen im politischen Wortschatz der Arbeiterbewegung

Zu den charakteristischen Erscheinungen in der Entwicklung des politischen Wortschatzes der Arbeiterbewegung gehört die Herausbildung von Fachwörtern (Termini) und damit von Fachwortschätzen, die sich in bestimmten wissenschaftlichen Sachbereichen der Philosophie, Ökonomie und der Gesellschaftslehre vollzog. Mit Fachwörtern können wissenschaftliche Einheiten geordnet und klassifiziert werden, mit ihrer Hilfe lassen sich wissenschaftliche Erkenntnisse prägnant zusammenfassen. Sie sind in der Regel definiert und besitzen innerhalb eines wissenschaftlichen Systems einen bestimmten Stellenwert.

Im Prozeß der Ausarbeitung der Theorie standen für ein Denotat in der Regel mehrere mehr oder weniger synonyme Bezeichnungen zur Verfügung, von denen in den jeweiligen Theorien bestimmte ausgewählt und zum Träger des terminologischen Gehalts, also definiert wurden. Bevor auf den Terminologisierungsprozeß selbst anhand einzelner Beispiele eingegangen wird, soll zunächst an einigen Denotaten gezeigt werden, aus welcher sprachlichen Vielfalt dabei ausgewählt werden konnte:

/Arbeiter/: *Arbeiter, Arbeitsmann, Arbeitnehmer, Arbeitssklave, Fabriksklave, Lohnarbeiter, Lohnsklave, Prolet, Proletar, Proletarier*

/Arbeiterklasse/: *Arbeiterklasse, Arbeiterschaft, Arbeiterstand, arbeitende Hände, arbeitende Klasse, Proletariat*

/Ausbeutung/: *Ausbeutung, Ausnutzung, Auspowerung, Auspumpung, Aussaugung, Exploitation*

/proletarisch/: *kommunistisch, proletarisch, revolutionär, rot, sozialistisch*

/Revolution/: *Aufstand, Revolution, Umwälzung, Umsturz*

Innerhalb des Denotatsbereichs/Arbeiterklasse/ war z.B. in den Lehren der utopischen Sozialisten, speziell bei Lassalle, *Arbeiterstand* der zentrale Terminus. Das wird auch darin deutlich, daß er ihn eindeutig gegenüber *Proletariat* bevorzugte. Vgl. folgende Definition aus einer seiner Reden:

> es [wird] ... *nöthig sein, uns klar zu werden über das, was wir denn eigentlich unter „Arbeiter" oder „Arbeiterstand" verstehen. ... Arbeiter sind wir alle, insofern wir nur eben den Willen haben, uns in irgend einer Weise der menschlichen Gesellschaft nützlich zu machen. Dieser*

vierte Stand ... ist eben deshalb gleichbedeutend mit dem ganzen Menschengeschlecht.[8]

Proletariat – Bourgeoisie bei Marx entsprach daher bei Lassalle *Arbeiterstand – Bürgertum.*[9]

Sieht man sich die Werke von Marx und Engels an, so fällt zunächst die Vielfalt der Bezeichnungen auf, die für den Denotatsbereich/Arbeiterklasse/ verwendet wurden. 1845 hob Engels in seiner Schrift „Die Lage der arbeitenden Klasse in England" sogar hervor, daß er die Ausdrücke *Arbeiter (working men)* und *Proletarier, Arbeiterklasse, besitzlose Klasse* und *Proletariat* fortwährend als gleichbedeutend gebraucht.[10] Im Zuge der weiteren Arbeit an ihrem terminologischen System begann dann ein Prozeß, in dessen Verlauf einige Synonyme aufgegeben wurden. Seit dem „Manifest der kommunistischen Partei" von 1848 waren dann *Proletariat* und *Arbeiterklasse* Kernwörter dieses Denotatsbereichs. Vgl. dazu folgenden Ausschnitt aus dieser programmatischen Schrift:

> *Geschlechts- und Altersunterschiede haben keine gesellschaftliche Geltung mehr für die Arbeiterklasse. Es gibt nur noch Arbeitsinstrumente, die je nach Alter und Geschlecht verschiedene Kosten machen. ... Von allen Klassen, welche heutzutage der Bourgeoisie gegenüberstehen, ist nur das Proletariat eine wirklich revolutionäre Klasse.*[11]

Während *Proletariat* überwiegend in den politisch-agitatorischen, programmatischen und historischen Schriften verwendet wurde, machten sie im ökonomischen Schrifttum vor allem von *Arbeiterklasse* Gebrauch. Ihr Einsatz war also von der Textsortenspezifik abhängig. Nach 1860 trat dann *Proletariat* gegenüber *Arbeiterklasse* allmählich in den Hintergrund. Insgesamt wurde *Proletariat* von Engels häufiger gebraucht als von Marx, aber ab etwa 1880 benutzte auch Engels fast ausschließlich *Arbeiterklasse.*

Betrachtet man die Programme der drei im letzten Drittel des 19. Jh. gegründeten Arbeiterparteien, so ergibt sich folgendes Bild. Im Programm der 1869 in Eisenach gegründeten „Sozialdemokratischen Arbeiterpartei Deutschlands", die noch stark unter dem Einfluß der Lassalleaner stand, verwendete man zur Bezeichnung der Arbeiterklasse *arbei-*

---

[8] Lassalle 1891, S. 176.

[9] Vgl. Conze 1972, S. 216f.

[10] Marx/Engels Bd. 2, S. 234.

[11] Marx/Engels Bd. 4, S. 469-472.

tende Klasse und *Arbeiterklasse* selbst. Man vgl.:

> *Der Kampf für die Befreiung der arbeitenden Klassen ist nicht ein Kampf für Klassenprivilegien und Vorrechte, sondern für gleiche Rechte und gleiche Pflichten und für die Abschaffung aller Klassenherrschaft*[12]

sowie

> *In Erwägung, daß die politische und ökonomische Befreiung der Arbeiterklasse nur möglich ist, wenn diese gemeinsam und einheitlich den Kampf führt, gibt sich die Sozialdemokratische Arbeiterpartei eine einheitliche Organisation.*[13]

Auch im Parteiprogramm der „Sozialistischen Arbeiterpartei Deutschlands", in der sich 1875 in Gotha „Lassalleaner" und „Eisenacher" vereinigten, war der Einfluß des lassalleanischen Ideengutes noch relativ stark. Im Gothaer Programm wurde nur *Arbeiterklasse* gebraucht. Vgl. dazu:

> *In der heutigen Gesellschaft sind die Arbeitsmittel Monopol der Kapitalistenklasse; die hierdurch bedingte Abhängigkeit der Arbeiterklasse ist die Ursache des Elends und der Knechtschaft in allen Formen.*[14]

Nach Aufhebung des Sozialistengesetzes 1890 zog die deutsche Sozialdemokratie Bilanz. Das Ergebnis war 1891 ein neues Programm, das den Vorstellungen von Marx und Engels stärker verpflichtet war, und ein neuer Name: „Sozialdemokratische Partei Deutschlands". *Arbeiterklasse* dominiert in diesem Programm. Vgl.: *Die Befreiung der Arbeiterklasse ist also ein Werk, an dem die Arbeiter aller Kulturländer gleichmäßig beteiligt sind.* [15] Aber vereinzelt begegnet auch *Proletariat* bzw. *Proletarier.* Vgl.:

> *Diese gesellschaftliche Umwandlung bedeutet die Befreiung nicht bloß des Proletariats, sondern des gesamten Menschengeschlechts, das unter den heutigen Zuständen leidet. Aber sie kann nur das Werk der Arbeiterklasse sein.*[16]

Das bestätigt die Feststellung von W. Conze in seinem Artikel „Proletariat, Pöbel, Pauperismus" in „Geschichtliche Grundbegriffe. Hi-

---

[12] Berthold/Diehl 1967, S. 45.

[13] Berthold/Diehl 1967, S. 45.

[14] Berthold/Diehl 1967, S. 47.

[15] Berthold/Diehl 1967, S. 84.

[16] Berthold/Diehl 1967, S. 83.

storisches Lexikon zur politisch-sozialen Sprache in Deutschland",[17] daß
Proletariat/Proletarier im letzten Drittel des 19. Jh. – offenbar unter
dem Einfluß des „Manifests der kommunistischen Partei" – zunehmend
bevorzugt wurde. Das gilt auch für die Anhänger Lassalles, die 1869/70
in Augsburg eine Arbeiterzeitung unter dem Titel „Der Proletarier" herausgaben.

4. Zur Entwicklung von Fachwörtern des politischen Wortschatzes der Arbeiterbewegung

Innerhalb des politischen Wortschatzes der Arbeiterbewegung kam es
bei den definierten Fachwörtern, z.B. den den Kerngehalt der Lehre
vom Klassenkampf tragenden Termini in dem Maße zu Veränderungen,
wie Marx und Engels, ausgehend von utopisch-sozialistischen Vorstellungen, diese Lehre weiterentwickelten. Das soll am Beispiel von *Proletariat*
nachgezeichnet werden.

Proletariat, das Mitte der dreißiger Jahre des 19. Jh. schlagartig im
Zusammenhang mit der Diskussion um den Pauperismus auftrat, wies
als Terminus des utopischen Sozialismus mit der Bedeutung 'die sich
entwickelnde Klasse der Armen, Besitzlosen, der Proletarier' folgende
Merkmalsstruktur auf:

(1) die Klasse der Armen, Elenden, Besitzlosen

(2) die Klasse der Abhängigen, Ausgebeuteten

(3) die sich vereinigende, ein gemeinsames Bewußtsein entwickelnde
Klasse

(4) die Klasse der Aufrührerischen, Revolutionären.

Das Merkmal 'Klasse der Armen, Elenden, Besitzlosen' dominiert.

Marx und Engels entwickelten in den vierziger Jahren die Lehre vom
Klassenkampf weiter. Im „Manifest der kommunistischen Partei" von
1848 legten sie die erste zusammenfassende Darstellung des wissenschaftlichen Kommunismus vor. Danach verläuft die historische Entwicklung
gesetzmäßig und führt zum Sturz des Kapitalismus und zum Sieg des Sozialismus/Kommunismus in der ganzen Welt. Die gesellschaftliche Triebkraft dieser gesetzmäßigen Entwicklung ist der Klassenkampf. Der Arbeiterklasse, dem Proletariat, fällt die welthistorische Aufgabe zu, eine
neue, klassenlose, von Ausbeutung und Unterdrückung freie Gesellschaft

---

[17] Vgl. Conze 1984, S. 27ff.

zu schaffen. Da die Stellung des Proletariats in der kapitalistischen Gesellschaft und die sich daraus ergebenden Klasseninteressen und Ziele überall gleich sind, lautete die programmatische Losung des Manifests: „Proletarier aller Länder, vereinigt euch". In diesem Kontext wurde nun *Proletarier* neu definiert und wies als Terminus mit der Bedeutung 'die Klasse der Unterdrückten im Kapitalismus' folgende Merkmalstrukturen auf:

(1) die Klasse der Besitzlosen an Produktionsmitteln

(2) die Klasse der doppelt freien Lohnarbeiter, der Ausgebeuteten

(3) die Vereinigten, Klassenbewußten

(4) die Errichter der Diktatur des Proletariats.

Jetzt dominiert nicht mehr das Merkmal 'die Klasse der Armen, Elenden, Besitzlosen', sondern das Merkmal 'die Errichter der Diktatur des Proletariats'. Diese Bedeutung findet sich in folgenden Ausschnitten aus dem Manifest:

> *In demselben Maße, worin sich die Bourgeoisie, d.h. das Kapital, entwickelt, in demselben Maße entwickelt sich das Proletariat, die Klasse der modernen Arbeiter, die nur so lange leben, als sie Arbeit finden, und die nur so lange Arbeit finden, als ihre Arbeit das Kapital vermehrt. Diese Arbeiter, die sich stückweise verkaufen müssen, sind eine Ware wie jeder andere Handelsartikel.*[18]

> *Von allen Klassen, welche heutzutage der Bourgeoisie gegenüberstehen, ist nur das Proletariat eine wirklich revolutionäre Klasse. Die übrigen Klassen verkommen und gehen unter mit der großen Industrie, das Proletariat ist ihr eigenstes Produkt.*[19]

> *Der nächste Zweck der Kommunisten ist derselbe wie der aller übrigen proletarischen Parteien: Bildung des Proletariats zur Klasse, Sturz der Bourgeoisieherrschaft, Eroberung der politischen Macht durch das Proletariat.*[20]

5. Zum Eindringen von Elementen des politischen Wortschatzes der Arbeiterbewegung in den Wortschatz der Allgemeinsprache

Generell ist davon auszugehen, daß der politische Wortschatz der Arbeiterbewegung zunächst wohl nur bei den aus bürgerlichen Kreisen stam-

---

[18] Marx/Engels Bd. 4, S. 468.

[19] Marx/Engels Bd. 4, S. 472.

[20] Marx/Engels Bd. 4, S. 474.

menden Theoretikern der Arbeiterbewegung, in Kreisen der Arbeiter sowie mit ihnen Sympathisierender gebräuchlich war. Das gilt besonders für die politischen Termini, deren theoretischer Gehalt wohl weitgehend nur den führenden Köpfen bekannt war. Ihr Gebrauch, die umfassende Realisierung ihres theoretischen Gehalts, setzte einen wissenschaftlichen Horizont voraus, der dem Arbeiter im Normalfall aufgrund der Verhältnisse im Volksschulwesen fehlen mußte.

Schrittweise fand dieser politische Wortschatz jedoch auch Eingang in den Wortschatz der Allgemeinsprache. Für seine Verbreitung in der Arbeiterbewegung – die Termini eingeschlossen – sorgte zum einen die Arbeiterpresse. Erwähnt seien das von Liebknecht herausgegebene „Demokratische Wochenblatt" (1868/69), der „Volksstaat" (1869/76), der „Vorwärts" (1876/78), aber auch sozialdemokratische Regionalzeitungen wie „Das Schlesische Tageblatt" oder die „Sächsische Arbeiterzeitung", in der Zeit des Sozialistengesetzes der „Sozialdemokrat", der 1879/88 zunächst in Zürich, anschließend bis 1890 in London erschien, illegal nach Deutschland eingeführt und verbreitet wurde. Zum anderen trugen auch Schriften agitatorisch-propagandistischen Charakters führender Persönlichkeiten der Arbeiterbewegung zu seiner Verbreitung bei. Das Interesse an politischer Information wuchs gerade in der Zeit des Verbots der Sozialdemokratie stark an. Während die Sozialdemokraten sowie die Gewerkschaften 1878 über 56 Presseerzeugnisse mit rund 160.000 Lesern verfügten, waren es 1890, nach der Aufhebung des Sozialistengesetzes, über 100 Presseorgane mit ca. 600.000 Lesern. Diese Steigerung ist umso bemerkenswerter, als während dieser Zeit so gut wie alle Druckerzeugnisse im Ausland hergestellt und illegal eingeführt werden mußten, also trotz damit verbundener Gefahren ein illegaler Zeitungs- und Literaturvertrieb auf- und ausgebaut wurde.

Zu den Schriften führender Vertreter der Arbeiterbewegung, die auf besonderes Interesse stießen, gehörte z.B. Bebels 1883 erschienenes Werk „Die Frau und der Sozialismus", das Rekordauflagen erlebte. 1902 erschien die 33., 1910 die 50. Auflage. Zwei Beispiele, das eine aus einer Zeitung, das andere aus einer Schrift Rosa Luxemburgs, sollen – stellvertretend für andere – die Verbreitung sozialdemokratischen Gedankengutes belegen:

Demokratisches Wochenblatt (1869)

> *Das Kapital ist international, darum muß der Kampf gegen das Kapital international geführt werden – Proletarier aller Länder vereinigt euch.*[21]

---

[21] Demokratisches Wochenblatt 1868, S. 270a.

Rosa Luxemburg (1899)

Nach der Marxschen Lehre führt die ökonomische Entwicklung in der modernen Gesellschaft zum Untergang des selbstwirtschaftenden Arbeiters und zu seiner Verwandlung in einen Lohnarbeiter, der von dem Kapitalisten ausgebeutet wird. ... [Die] Konzentration der Kapitalien bildet nach Marx ... die materielle Grundlage ... zur Aufhebung der kapitalistischen Gesellschaft. ... Sie stellt die historische Aufgabe: Einführung einer sozialistischen Gesellschaftsordnung: sie produziert die Kräfte zur Lösung der Aufgabe: die Proletarier.[22]

Darüber hinaus ist jedoch davon auszugehen, daß Teile des politischen Wortschatzes der Arbeiterbewegung allmählich auch bei Nichtarbeitern bekannt wurden. Zumindest ist eine passive Kenntnis wesentlicher Bezeichnungen anzunehmen. J. Grimm z.B. führte in der 3. Lieferung des „Deutschen Wörterbuchs" beim Artikel „Arbeitskraft" an:[23]

man betrachtet den menschen mit seiner arbeitskraft wie eine waare, deren preis mit der menge des angebots und der nachfrage danach steigt und fällt.

Auch bekannte Konversationslexika wie der „Brockhaus" oder „Meyers Konversationslexikon" buchten politischen Wortschatz der Arbeiterbewegung, speziell auch Termini wie *Lohnarbeit, Kapital, Arbeiterklasse, arbeitende Klasse.*

Brockhaus (14. Auflage 1894)

ein Gegensatz zwischen kapitalbesitzenden Unternehmern und kapitallosen Lohnarbeitern war [im Mittelalter] noch nicht vorhanden. ... Die moderne Fabrikindustrie ... schuf aber nicht nur eine neue ... Arbeiterklasse, sondern ... stellte Arbeitgeber und A [rbeiter] als Fremde einander gegenüber, die Kluft zwischen Arbeit und Kapital erweitert sich mehr und mehr. ... Somit versteht'man gegenwärtig unter A [rbeiter] etwas ganz anderes als vor hundert ... Jahren. Erst die moderne Großindustrie hat den heutigen Arbeiterstand geschaffen, und erst auf dem Boden der kapitalistischen Gütererzeugung sind die mannigfachen Fragen erwachsen, welche sich auf die Verbesserung der Lage der arbeitenden Klassen beziehen.[24]

Meyers Konversationslexikon (6. Auflage 1904)

... ist es üblich geworden, den Begriff Arbeiter etwas enger zu fassen, indem man (so insbes. die Sozialisten) darüber die Klasse der Lohnarbeiter (arbeitende Klassen, Arbeiterstand) im Gegensatz zu den ...

---

[22] Luxemburg 1970, S. 538.

[23] Grimm 1854, Sp. 544.

[24] Brockhaus 1894, Sp. 812a.

Kapitalisten versteht.[25]

Außerdem trugen auch bürgerliche Presseorgane, die sich von ihrem Standpunkt mit der Arbeiterfrage auseinandersetzten, dazu bei, daß sich der politische Wortschatz der Arbeiterbewegung auch in der Allgemeinsprache verbreitete. Die „Neue Preußische Zeitung" z.B., auch „Kreuzzeitung" genannt, veröffentlichte 1891 eine Artikelreihe „Diktatur des Proletariats", in der sie sich mit der Sache und damit mit der entsprechenden Wendung auseinandersetzte. Dabei ließ sie natürlich – entsprechend ihrer politischen Position – keine Gelegenheit ungenutzt, sich vom Inhalt, wie er in großen Teilen der Arbeiterbewegung galt, zu distanzieren, und bemühte sich, negative Emotionen auszulösen. Vgl. dazu folgenden Ausschnitt:

> *Was die „Übergangsperiode einer revolutionären Diktatur des Proletariats" bedeutet, darüber hat die Pariser Kommune von 1871 Aufschluß gegeben.*[26]

Mit dem Eindringen von Wörtern des politischen Wortschatzes der Arbeiterbewegung, also auch der Termini, in den Wortschatz der Allgemeinsprache, d.h. mit der zunehmenden Häufigkeit ihres Gebrauchs in allen Klassen und Schichten des deutschen Volkes war verbunden, daß sie auch metaphorisch eingesetzt werden konnten. Für die Termini bedeutete das einen Prozeß der Entterminologisierung. W. Fleischer hat diesen Vorgang folgendermaßen beschrieben: Wenn die Stufe einer gewissen Allgemeinverständlichkeit, Geläufigkeit und Vertrautheit erreicht ist, „so kann – vom passiven Verständnis zum aktiven Gebrauch – eine neue Verwendung und damit Entterminologisierung eintreten", dann „können Termini in Situationen des alltäglichen Lebens übertragen und mit Bedeutungen verwandt werden, die nicht mehr der terminologischen Bedeutung entsprechen."[27]

In dem Maße, wie sich bürgerliche Kreise mit dem politischen Anliegen der Arbeiterbewegung auseinandersetzten, kam es auch dazu, daß jetzt eine Bezeichnung – je nach politischem Standpunkt des Sprechers/Schreibers – unterschiedlichen Denotatsbezug aufweisen konnte (Homonymie), daß sich neue Sememe eines Lexems ausbildeten (Polysemie) oder daß Denotate unterschiedlich bewertet wurden. Während bei *Proletarier* – wie schon gezeigt – im Sprachgebrauch revolutionärer Teile der Arbeiterklasse das Merkmal 'die Errichter der Diktatur des Proletari-

---

[25] Meyers 1904, Sp. 673b.

[26] Neue Preußische Zeitung 1891, S. 3a.

[27] Vgl. Fleischer 1969, S. 481.

ats' dominant war, konnte in anderen Fällen, z.B. bei Nichtarbeitern, das Merkmal 'Klasse der Armen, Elenden, Besitzlosen' vorherrschen. Vgl. dazu folgenden Ausschnitt aus „Der Demokrat" von 1850:

> ... *daß die sicher vorschreitende Entwerthung der Arbeitskraft eine immer weitere Ausdehnung der traurigen Masse des Proletariats, einer abhängigen, entwürdigten, um die bloße Existenz kämpfenden Klasse ist, das kann nicht oft genug gesagt werden.*[28]

Insgesamt war die Folge, daß es seit dem letzten Drittel des 19. Jh. im ideologierelevanten Wortschatz der Allgemeinsprache verstärkt zu semantischen Differenzierungen kam, die von den jeweiligen politischen Positionen des Sprechers/Schreibers abhängig waren.

Literatur

Autorenkollektiv (1978): Zum Einfluß von Marx und Engels auf die deutsche Literatursprache. Studien zum Wortschatz der Arbeiterklasse im 19. Jahrhundert. Von einem Autorenkollektiv unter der Leitung von Joachim Schildt. Berlin (Bausteine zur Sprachgeschichte des Neuhochdeutschen, Bd. 59).

Autorenkollektiv (1981): Die Auswirkungen der industriellen Revolution auf die deutsche Sprachentwicklung im 19. Jahrhundert. Von einem Autorenkollektiv unter der Leitung von Joachim Schildt. Berlin (Bausteine zur Sprachgeschichte des Neuhochdeutschen, Bd. 60).

Autorenkollektiv (1989): Etymologisches Wörterbuch des Deutschen. Von einem Autorenkollektiv unter der Leitung von Wolfgang Pfeiffer. Berlin.

Basler, O. (1914): Die Sprache des modernen Arbeiters. Ein Versuch ihrer Darstellung. In: Zeitschrift für deutsche Wortforschung. Hrsg. von F. Kluge. Bd. 15. Straßburg, S. 246-270.

Berthold, L./Diehl, E. (Hrsg.) (1967): Revolutionäre deutsche Parteiprogramme. Vom Kommunistischen Manifest zum Programm des Sozialismus. Berlin.

Brockhaus (1894): Brockhaus' Konversations-Lexikon. 14. Aufl. Bd. 1. Leipzig/Berlin/Wien.

Brunner, O./Conze, W./Koselleck, R. (Hrsg.) (1972-1984): Geschichtliche Grundbegriffe. Historisches Lexikon zur politisch-sozialen Sprache in Deutschland. 5 Bde. Stuttgart.

Conze, W. (1972): Arbeiter. In: Brunner/Conze/Koselleck. Bd. 1.

---

[28] Der Demokrat 1850, S. 97b.

Conze, W. (1984): Proletariat, Pöbel, Pauperismus. In: Brunner/Conze/ Koselleck. Bd. 5.

Demokratisches Wochenblatt (1868): Demokratisches Wochenblatt. Organ der Deutschen Volkspartei und des Verbandes Deutscher Arbeitervereine. Leipzig 1868 und 1869. Fotomechanischer Nachdruck Leipzig 1969, 1971.

Der Demokrat (1850): Der Demokrat. 2. Jg. Weimar.

Fleischer, W. (1969): Terminologie und Fachsprache im Bereich der Politik. In: Wissenschaftliche Zeitschrift der Pädagogischen Hochschule Potsdam. Gesellschafts- und sprachwissenschaftliche Reihe. 13. Jg. Potsdam.

Grimm, Jacob/Grimm, Wilhelm (1854): Deutsches Wörtbuch. Bd. 1. Leipzig.

Grimm, Jacob/Grimm, Wilhelm (1889): Deutsches Wörterbuch. Bd. 13. Leipzig.

Lassalle, Ferdinand (1891): Ausgewählte Reden und Schriften. Bd. 1. Leipzig.

Levenstein, A. (1912): Die Arbeiterfrage. München.

Luxemburg, Rosa (1970): Gesammelte Werke. Bd. 1, 1. Halbband. Berlin.

Marx, Karl/Engels, Friedrich: Werke. Bd. 2. Berlin.

Meyers (1904): Meyers Großes Konversations-Lexikon. 6. Aufl. Bd. 1. Leipzig/Wien.

Neue Preußische Zeitung (1891): Neue Preußische Zeitung. Jg. 1891, Nr. 61. Berlin.

SIEGFRIED GROSSE

Arbeitersprache im Ruhrgebiet

Im Rahmen der Tagungsthematik wurde mir die Aufgabe zuteil, über die Arbeitersprache im Ruhrgebiet während der zweiten Hälfte des 19. Jahrhunderts zu berichten. Der Anlaß hierfür sind zwei seit mehr als 10 Jahren an der Ruhr-Universität Bochum laufende, eng miteinander verbundene Forschungsprojekte, die das Ziel haben, Näheres über die sprachlichen Mischverhältnisse im Revier zu ermitteln.

Die Ruhr hat dem Land zwischen Duisburg und Dortmund und in der Nord-Süd-Ausdehnung von Dorsten bis Essen den Namen gegeben, weil sich in ihrer unmittelbaren Nähe zu Beginn des vorigen Jahrhunderts die ersten Bergwerke befunden haben. Inzwischen sind die Förderschächte und der Abbau immer weiter nach Norden vorgerückt. In Bochum z.B. gibt es keine Zeche mehr.

Das Ruhrgebiet ist keine historisch gewachsene Dialektlandschaft, wie wir sie in Süddeutschland finden, wo das Bayrische oder das Alemannische eine Jahrhunderte alte Tradition besitzen, deren Vokabular in Wörterbüchern greifbar und deren phonologische, morphologische und syntaktische Merkmale in Grammatiken aufbereitet sind. Die Geschichte des Ruhrgebiets dagegen ist mit 150 Jahren noch jung. Sie ist weder von natürlich gewachsenen Grenzen, noch von politischen oder konfessionellen Einflußbereichen geprägt, sondern hier haben sich Produktions- und Verkaufsgemeinschaften auf der Grundlage von Kohle und Stahl gebildet und einen Wirtschaftsverbund geschaffen, der inzwischen ein eigenständiger Lebensraum geworden ist, und zwar mit allen Vor- und Nachteilen der industriellen Zentren: Es gibt bei einer Gesamteinwohnerzahl von heute 5 1/2 Millionen viele große Städte, die dicht zusammenliegen und ineinander übergehen, ohne daß man es merkt. Günstige Verkehrsverbindungen auf Schiene, Straße und Kanälen öffnen das Land nach außen und fördern seine innere Mobilität. Konjunkturabhängige Beschäftigungsverhältnisse in den beiden heute höchst sensiblen Industriezweigen der Kohleförderung und der Eisenverarbeitung lassen die Arbeitslosenzahlen kontrastreich sinken und steigen. Zu- und Abwanderungen nach und aus dem In- und Ausland sorgen für eine besonders starke Fluktuation und für die sprachwissenschaftlich zwar interessanten, aber schwer zu analysierenden Mischverhältnisse in der Bevölkerung. Dazu tritt als sozialer Hintergrund die enge Nachbarschaft von Armut und Reichtum und die akademische Bildungserschließung durch Hochschulgründung erst ab 1961.[1]

---

[1] 18.7.1961 Beschluß des Landtages Nordrhein-Westfalen über die Errichtung

Ich kann im Rahmen dieses Beitrags keinen Abriß der Geschichte der Ruhrgebietsbesiedlung geben und zeigen, wie zuerst eine Binnenwanderung innerhalb des niederdeutschen Sprachgebiets vom Münsterland aus nach Süden eingesetzt hat, wie dann die Migrationsströme aus Sachsen, Schlesien, Ostpreußen, Polen und Siebenbürgen hinzugekommen sind, und als drittes Expansionsmoment ein besonders starker Geburtenüberschuß zu nennen ist, so daß in kurzer Zeit aus dem ursprünglichen Agrargebiet mit Dörfern und kleinen Städten ein mit Arbeit und Lohn anziehender und damals zugleich durch Schmutz und Häßlichkeit abschreckender industrieller Ballungsraum entstanden ist.

Hierzu seien ein paar Zahlen genannt:[2]

- 1850 hatte das Ruhrgebiet 360.000 Einwohner; 1914 mit 3.500.000 die zehnfache Zahl. In Essen lebten 1800 4.000 Menschen, 1910 443.000.
- 1845 wurden 3 Millionen Tonnen Kohle gefördert, 1870 waren es 34, 1913 290 Millionen Tonnen. Diese allein im Ruhrgebiet geförderte Menge entsprach der damaligen fünffachen Kohleförderung ganz Frankreichs.
- 1871 wurden 1,5 Millionen Tonnen Roheisen produziert, 1913 19 Millionen Tonnen.
- 1860 waren 70 % aller Beschäftigten des Ruhrgebietes in der Landwirtschaft tätig, 1907 waren es noch 30 %.
- 1861 zählte man im Maschinenbau 5.100 Arbeiter; 1907 1.120.000.

Im Vergleich hierzu sind die folgenden Zahlenwerte des gesamten deutschen Reichsgebietes aufschlußreich: 1871 lebten 30 % der Bevölkerung in den Städten; 1910 waren es mit 60 % doppelt so viele. Die deutsche Bevölkerung ist zwischen 1822 und 1896 um 174 % gewachsen; die Schülerzahl stieg im gleichen Zeitraum um 266 %.

Im Zuge dieser Entwicklung hat sich eine eigenständige regional geprägte Umgangssprache herausgebildet, in der sich hochsprachliche Züge mit niederdeutschen Charakteristika verbinden. Hier sei auf die Dissertation von Hildegard Himmelreich[3] und auf die neueren Arbeiten von Heinz

---

einer Universität in Bochum.

[2] Ruhrgebiet 1988, S. 28-40.

[3] Himmelreich 1943.

Menge,[4] Arend Mihm[5] und Udo Thies[6] hingewiesen.

Von den beiden Bochumer Forschungsprojekten befaßt sich das erste, an dessen Konzeption Herr Menge große Verdienste hat, mit der heute im Ruhrgebiet gesprochenen Sprache. Darüber ist bereits mehrfach berichtet worden.[7] Das zweite, sich anschließende Projekt versucht, die Ergebnisse der gegenwärtigen Bestandsaufnahme historisch zu überprüfen.[8]

Wir haben nach Zeugnissen aus der zweiten Hälfte des 19. Jahrhunderts gesucht, um Aufschluß darüber zu bekommen, wie in den eben skizzierten, von unregelmäßigen Beschleunigungsschüben gekennzeichneten Entwicklungsphasen im Revier geschrieben und gesprochen worden ist. Da es aus dieser Zeit weder Tonaufnahmen noch Gesprächsprotokolle gibt, mußten wir versuchen, geeignete schriftliche Zeugnisse zu finden und zu befragen.

Wir richteten unser Augenmerk auf informelle Texte, auf schriftliche Zeugnisse, die zwischen der geschriebenen und gesprochenen Sprache liegen, die also weder eine vorüberlegte konstruierte Schreibe noch eine aus dem Augenblick spontan entstandene Rede sind. Wir haben inzwischen etwa 3.500 Texte aus Archiven der Ruhrgebietsstädte und aus privatem Besitz gesammelt, von denen sich ein Drittel in der Bearbeitung befindet. Es sind: Schiedsmannprotokolle, Reisenotizen und -berichte, Tagebücher, Dankschreiben, Bittschriften, Briefe und Postkarten aus der Nähe und Ferne und Berichte über Erlebnisse aus dem 70er Krieg von Veteranen.

Die handschriftlichen Texte stammen aus der Zeit zwischen 1810 und 1940, mehr als zwei Drittel von ihnen aber aus der zweiten Jahrhunderthälfte. Sie unterscheiden sich nach der Schreibsituation und der Schreibabsicht, ihr Grad an Oralität schwankt erheblich. Oft steht die Spur gesprochener Sprache in spannungsvoller Verbindung zum konventionalisierten oder mustergeprägten Schreibduktus.

---

[4] Menge 1985, Menge 1977.

[5] Mihm 1985.

[6] Thies 1982.

[7] Grosse 1986.

[8] Grosse 1989.

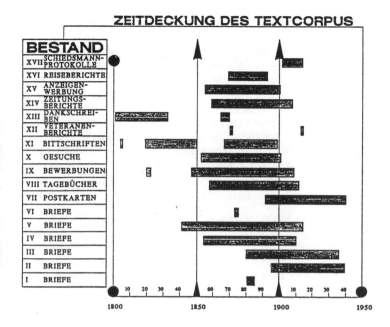

ZEITDECKUNG DES TEXTCORPUS

BESTAND

XVII	SCHIEDSMANN-PROTOKOLLE
XVI	REISEBERICHTE
XV	ANZEIGEN-WERBUNG
XIV	ZEITUNGS-BERICHTE
XIII	DANKSCHREI-BEN
XII	VETERANEN-BERICHTE
XI	BITTSCHRIFTEN
X	GESUCHE
IX	BEWERBUNGEN
VIII	TAGEBÜCHER
VII	POSTKARTEN
VI	BRIEFE
V	BRIEFE
IV	BRIEFE
III	BRIEFE
II	BRIEFE
I	BRIEFE

10 20 30 40   60 70 80 90   10 20 30 40

1800   1850   1900   1950

Das Problem der Reibung zwischen Schriftlichkeit und Mündlichkeit, das
uns bei der Transkription der heutigen Tonbandaufnahmen beschäftigt,
ist hier die Ausgangssituation, die gleichsam in einer umgekehrten Analyse zum Klingen gebracht wird; denn die Schreibenden richten sich oft
nach ihrem Gehör.

Wie steht es um die Schreibfertigkeit der Probanden? Die Entwicklung des deutschen Schulwesens ist bisher von der Sprachwissenschaft
zu wenig beachtet worden. Die vorliegenden, meist schulhistorisch oder
pädagogisch ausgerichteten Untersuchungen bringen zwar Statistiken
über Lehrer/Schüler-Relationen und Stundenpläne, aber sie sagen wenig
über die Wirksamkeit des Unterrichts in den drei Grundfächern Lesen,
Schreiben und Rechnen. Wie sollten sie das auch? Für die in 100 Jahren hier vielleicht zum Thema „Sprachentwicklung im 20. Jahrhundert"
stattfindende Tagung haben wir – obwohl im Besitz komplizierter elek-
tronischer Hilfsmittel – bisher auch noch keine sprachwissenschaftlich
aufschlußreichen Evaluationsergebnisse zur Verfügung gestellt.[9]

---

[9] Sehr viele Informationen zur Entwicklung des Schulwesens im deutschen
Sprachgebiet und vorzügliche weiterführende Bibliographien können den
beiden folgenden Werken entnommen werden: Petrat 1979,

Im 19. Jahrhundert gibt es sehr starke regionale Unterschiede. Die Rhein-
lande und Westfalen haben z.B. keine so frühe Förderung der allgemeinen Schul- und Unterrichtspflicht genossen wie Österreich. Aus dem Jahr
1814, als schon längst in der preußischen Gesetzgebung die Schulpflicht
verankert war, hat am Niederrhein etwa ein Drittel der Kinder über 6
Jahre noch keinen Unterricht gehabt. Die Ausbildung und Bezahlung der
Lehrer war schlecht. Es gab viel zu wenig Lehrkräfte und Schulhäuser.
Um die Jahrhundertmitte waren Klassen mit 80-90 Kindern keine Sel-
tenheit. Oft mußte der Unterricht ausfallen. 1839 wurde gesetzlich festgeschrieben, daß Kinder unter 9 Jahren nicht als Arbeitskräfte eingestellt werden durften und mindestens drei Jahre Schulbesuch vorweisen
mußten. 1853 erfolgte eine Novellierung dieses Gesetzes: Arbeitskräfte
mußten von jetzt an mindestens 12 Jahre alt sein.

Um die Jahrhundertmitte gab es im Ruhrgebiet Betriebe, deren Belegschaft zu gut einem Drittel aus Kindern bestand. Arbeiterbiogra-
phien aus dieser Zeit berichten, daß viele Kinder neben dem Schulbesuch
an den Nachmittagen und Abenden zur Arbeit eingesetzt wurden, um
die kümmerlichen Familienverhältnisse mit dem Zuverdienst zu verbes-
sern.[10]

Die Schulvisitationsberichte sind weniger aufschlußreich, als man hofft;
denn zeitgenössische Kommentare heben hervor, daß an den Visitati-
onstagen besonders viele Schüler anwesend waren, sehr viel mehr, als
es sonst die Regel war. Diese schlechten Verhältnisse haben sich in der
zweiten Jahrhunderthälfte schnell und ganz wesentlich verbessert: Die
Ausbildung der Lehrer wurde gefördert, es entstanden viele neue Schulen, das Schulsystem wurde differenziert – vor allem im Hinblick auf die
berufliche Ausbildung, so daß die Anzahl der Analphabeten stetig ab-
genommen hat und am Ende des Jahrhunderts nur noch einen relativ
kleinen Teil der Bevölkerung umfaßte. Mit Zahlenangaben möchte ich
vorsichtig sein, weil die mir zugänglichen Informationen – vermutlich
regional bedingt – zwischen 5 und 15 % schwanken.

Aber es ist als ganz große Errungenschaft festzuhalten, daß es in der
bislang 1100 jährigen an schriftlichen Zeugnissen verfolgbaren Text- und
Sprachgeschichte des Deutschen erstmals im 19. Jahrhundert eine Volks-
literarität gibt. Lesen und Schreiben waren bis dahin an eine zwar von
den Anfängen an wachsende und zu Beginn des 19. Jahrhunderts gewiß
bemerkenswerte Gruppe Gebildeter gebunden, die aber nur ein kleiner

---

Leschinsky/Roeder 1983.

[10] Z.B. Hoelz 1974, S. 305ff.

Teil der gesamten Sprechgemeinschaft gewesen ist. Die neuerworbenen Fähigkeiten des Lesens und Schreibens werden für die Organisationsformen der Massengesellschaft zu wichtigen Kommunikationsmitteln.

Arbeitersprache ist als Bezeichnung für das, was ein Arbeiter dieser Zeit spricht und schreibt, ein untauglicher Kollektivterminus; denn eine einheitliche Sprachform oder gruppenspezifische Stilhaltung des Arbeiters gibt es nicht. Abgesehen davon dürfte eine Definition des Begriffs 'Arbeiter' auch im 19. Jahrhundert schwer zu fassen sein: ein Hilfsarbeiter ist sehr viel weniger beruflich qualifiziert und wortgewandt als ein Facharbeiter, ein Landarbeiter spricht anders als der Industriearbeiter in einem großen Betrieb.

Ich verstehe im folgenden unter Arbeitersprache ausgewählte Beispiele geschriebener Zeugnisse von Männern und Frauen, die in der zweiten Hälfte des 19. Jahrhunderts im Ruhrgebiet gelebt und gearbeitet haben. Sie verfügen bestenfalls über eine achtjährige Grundschulausbildung, die in der Regel nicht in eine weitere Berufsausbildung mit einem qualifizierenden Abschluß übergeht. Es handelt sich um großstädtische Einwohner, also um den Hauptteil der Revierbevölkerung , der unterhalb der überregional gültigen und üblichen Schreib- und Sprechnormen miteinander kommuniziert und dessen Sprache bis vor kurzer Zeit von der Sprachwissenschaft für nicht repräsentativ und untersuchungswert gehalten worden ist.

Das graphematische Bild der Texte erlaubt Hinweise auf die gesprochene Sprache, wenn offensichtlich vom Schreiber internalisierte Regionalismen festgehalten werden, wie etwa *nich* oder *nix* für *nicht; verdächtichen* (zweimal mit *ch* geschrieben), *Vadder* mit zwei *d* in der Mitte und ähnliches. Eine festgelegte Rechtschreibenorm hat es damals nicht gegeben. Oft unterscheiden sich die im Schulunterricht gelehrten Schreibungen von Ort zu Ort erheblich, so daß Schwankungen und die beliebige Wahl zwischen Doppelformen keineswegs ein Zeichen sozialer Herkunft oder mangelhafter Bildung zu sein brauchen. Briefe von Angehörigen des Adels stehen in der individuellen, unsicheren Orthographie den Arbeiterbriefen nicht fern. Unsere Texte sind vor allem im Hinblick auf die Morphologie, die Syntax und das Vokabular interessant. Der wenig im Schreiben Geübte holt sich Rat, indem er sich am Muster eines Briefstellers orientiert oder die Hilfe eines berufsmäßigen Schreibers aufsucht. Zunehmende Grade von Selbständigkeit, stilistischer Souveränität und wachsender Entfernung vom Klischee sind Zeichen motivierter Schreiblust, die nicht jeder gewinnt. Zeugnisse von bemerkenswerter Mitteilsamkeit, ja sogar Eloquenz stammen von schreibfreudigen und begabten Arbeitern, deren Geschick weder generalisiert noch ignoriert werden darf.

Wir werten diese informellen Texte nur sprachlich aus; aber man kann dabei vom Inhalt nicht absehen. Die Dokumente geben Einblick in soziale Verhältnisse, die wir uns vom Standpunkt des augenblicklichen Wohlstandes und Überflusses kaum vorstellen können. In der Pragmalinguistik wird zu Recht nachdrücklich auf die Bedeutung der Situation für die Sprechhandlung hingewiesen. Diese hat, wie die Bittschriften, Berichte und Briefe zeigen, das gleiche Gewicht für das schriftliche Handeln, das dem Akteur durch die Filterung der Spontaneität, die mit jedem Schreibakt verbunden ist – oft sogar bis zur starken Behinderung des Ausdrucks- und Mitteilungsvermögens, schwerer fällt als der mündliche Vortrag.

Im folgenden gebe ich fünf verschiedene Beispiele, die Ihnen punktuelle Einblicke in die Quellentexte, ihre verschiedenartige Aussagekraft und ihre Problematik geben. Ich wende mich zunächst, das mag überraschen, der gebundenen Rede zu, die alles andere als alltäglich ist: den Gedichten von Heinrich Kämpchen, dem ersten Arbeiterdichter des Ruhrgebiets.

Kämpchen wurde 1847 in Altendorf bei Essen geboren. Nach dem Volksschulabschluß wurde er, wie das in seiner Familie üblich war, Bergmann. Bis 1889 hat er auf der Zeche Hasenwinkel in Bochum gearbeitet. Da er sich in diesem Jahr am Arbeitskampf und Streik aktiv beteiligt hatte, wurde er ausgesperrt und blieb bis zu seinem Tod im Jahr 1912 ohne Arbeit und regelmäßigen Verdienst. Vom Augenblick seiner Aussperrung an begann er zu schreiben. Er hatte sich nach der Schulzeit mit großem Eifer weitergebildet, vor allem durch die Lektüre der Bergarbeiterzeitung, der lokalen Blätter und der Werke Goethes, Schillers, Heines und der Droste, die er intensiv las. Seine eigene schriftstellerische Tätigkeit ist erstaunlich. Wir kennen von ihm nur Gedichte, keine Prosa. Er scheint die Form des Verses, den Wechsel von Hebung und Senkung und den Reim, die er geläufig – wenn auch nicht in großer Variationsbreite – beherrscht, als festes und sicheres Gerüst für seine Aussagen zu brauchen. Die Gedichte zeigen große Sorgfalt. Sie sind von dem, wie bezeugt, Plattdeutsch sprechenden Kämpchen hochsprachlich korrekt abgefaßt, nicht frei von Klischees und Sentimentalität, aber stets von einem wachen und lebhaften Engagement getragen. Denn Kämpchens Themen sind das Tagesgeschehen seiner engsten Ruhrgebietsumgebung und seines Bergmannsberufs, den er jetzt mit der Distanz des Außenstehenden sieht. Er schreibt über Streiks, geringe Löhne, Ausbeutung, die Gefahren des Bergbaus, Unsicherheit am Arbeitsplatz, Grubenunglücke, die schwere Arbeit unter Tage, Berufskrankheiten, 1. Mai, die Arbeiterbewegungen. Die Resonanz auf seine Gedichte, die bald auf der ersten Seite der Bergarbeiterzeitung gedruckt werden, wächst. Eine Reihe seiner Arbeiten wird vertont und viel gesungen. Er schreibt auch, in der Art naiver Sonntagspoesie, über den Rhythmus der Jahreszeiten, Feste, Familienfeiern und für Freunde und Bekannte. Die vielen, ja in ihrer Gesamtheit noch gar nicht erfaßten Gedichte Kämpchens, die ihn zum Autor seiner eng umgrenzten Arbeitswelt machen, gehören zu den relativ wenigen Quellen, die ein reiches fachsprachliches Vokabular der Bergbausprache enthalten: z.B. *Abkehrschein, Berge, an- aus-* und *befahren, Hangendes, Hauer, Keilhauer, Mutterklotz, Pferdejunge, Schrämen, Kerben, Schuß, Steiger, Stempel, Stollen, Streb, Strecke, Strossenbolze, Wetter.*

Es überrascht, daß sich sonst im Vokabular der doch sehr zahlreichen und verschiedenartigen Texte, die wir besitzen, nur ganz geringe Spuren der beruflichen Arbeit oder der technischen Entwicklung der Zeit finden.

Da bei Kämpchen Arbeitsplatz und Arbeiterpolitik ständig thematisiert werden, entspricht seine Sprachverwendung vielleicht am ehesten dem, was man sich unter Arbeitersprache vorstellen könnte.

Der kühle Grund[11]

In einem kühlen Grunde
Da geht ein Mühlenrad,
Doch brausen wilde Wasser
Darinnen früh und spat.

Da dröhnen Donnerschläge,
Daß laut der Grund erkracht,
Da wird gepocht, gehämmert
Bei Tage und bei Nacht.

Doch trüber Lampenschimmer
Hellt nur den Grund allein,
Nie dringen Mond und Sonne
In seine Tiefen ein.

Und wer da träumen wollte
In diesem kühlen Grund,
Er würde bald erfahren,
Daß Träumen nicht gesund.

Zu hart ist dort das Lager,
Es fehlen Deck' und Flock,
Auch würde bald ihn wecken
Des Treibers Meterstock.

Auch sonst ist dort noch vieles
Nicht heilsam und gesund,
Doch kennt ihr zur Genüge

---

[11] Kämpchen 1984, S. 35.

Wohl selbst den kühlen Grund.

Grabt ihr doch Kohlen drunten
Schon lange fort und fort,
Gelt, Knappen, zu bekannt nur
Ist euch der kühle Ort.

Taub und blind[12]

Da unten tief in den Schächten und Stollen,
Da brütet es wieder mit dumpfen Grollen,
Da ballen sich wieder die Wetter dicht,
Sie aber achten und merken es nicht –
Und lassen die Löhne nur niederrasseln,
Und lassen die Strafe nur niederprasseln
Und nullen die Wagen, die Bergmannsfleiß
Zu Tage gefördert mit Bergmannsschweiß.
Sie hören nicht, was schon so mancher hört,
Sie sehen nicht, was schon so mancher sieht,
Der schnöde Golddurst hat sie betört,
Das tolle Hasten nach Mehrprofit.
Und wenn der Riese sich wieder reckt,
Zu Ende geht auch die Knechtsgeduld –
Und wenn er wieder die Zähne bleckt,
Sie tragen einzig allein die Schuld.

Das nächste Beispiel ist ganz anderer Art. Die Schreiberin dieses Bittge-
suches verfügt längst nicht über den Bildungsgrad Heinrich Kämpchens.
Sie hat für den Beginn und das Ende ihres Antrags vermutlich Hilfe in
Anspruch genommen, entweder durch Befragen eines im behördlichen
Schriftverkehr Erfahrenen oder durch Kopie einer ihr zugänglichen Vor-
lage:

Acta betreffend Gesuche um Unterstützung aus dem Bürger und Armen
Fonds 1804/05
|STA Essen Rep. 102 Abtl. XXII Nr. 2|

1. |Eingang: 24.2.1804. Text und Unterschrift identisch|
An eine Hochlobliche Magistradt hie selbst Eine arme Wittwe die gar
keinen hülfe und beistandt in der Weld hat findet sich genöthiget eine
hochlöbliche Magistradt um beistandt anzuflehen weil ich mit meine
arme Kinder nicht mehr weis dorchzukommen und auch nicht weis wo
her ich die Hausmiete nehmen soll weil ich auch gans bin zurück geko-
men denn es ist bekandt das ich auch habe 8 Wochen den kleinen aus
den Weisen Hause hier gehabt als ein der sich selber nicht helfen konte
und viel laufrei gehabt weil ich imer vom einem zu ander gewiesen und
dadorch zurück gekommen also wolte Eine hoch löbliche Magistradt ge-
beten haben um etwas beistandt zu der Haus Miete. Wo mit ich verbleibe
mit allerhochachtung eine arme Wittwe Breuckers geborne Kaysers

---

[12] Kämpchen 1984, S. 36.

|Entwurf eines Antwortschreibens|
Essen d. 2. März 1804 An die Witwe Breuckers geborne Kaysers hie-
selbst expediert d 2" März 1804 insinuirt den 2 Marz 1804 Friedrich
Ullmer
Wenn die Wittwe Breuckers in der sine dato et praes den 24ten *v.M.*
eingereichten Vorstellung um Bewilligung einer Unterstützung zu Be-
zahlung der Hausmiethe bitten will, so kan dies Gesuch wegen Mangel
eines fonds und um so mehr nicht statt finden, weil Supplicantin bereits
unterstützt wird und sich damit begnügen muß.
Sigt. Essen in Magistratu + ... + und Senatores Müller[13]

Text und Unterschrift stammen von der gleichen Hand. Die Schilderung
der eigenen Notlage durchbricht das hierarchische Ritual; die mündliche
Diktion dominiert die schriftliche: es gibt keine Satzgrenze mehr; Dativ
und Akkusativ werden vertauscht, Akkusativ und Nominativ ebenfalls;
das finite Verb steht nicht am Ende des Nebensatzes.

Eine interessante Quelle für die Kenntnis gesprochener Sprache im 19.
Jahrhundert sind Gerichtsakten, die bisher wohl kaum für sprachwissenschaftliche Studien erschlossen worden sind. Ich habe mich an die
Bochumer Gerichte in der Hoffnung gewandt, Protokolle von Verhandlungen einsehen zu dürfen, die wortgetreue Aussagen von Beklagten,
Klägern und Zeugen wiedergeben. Aber leider werden diese Dokumente
nur 10 Jahre lang archiviert und dann vernichtet. Die Einsichtnahme
ist aus den verständlichen Gründen des Vertrauens- und Datenschutzes
an langwierige Genehmigungsverfahren gebunden, die nicht ohne weiteres positiv entschieden werden. Ich werde versuchen, diese für den heutigen Sprachgebrauch aufschlußreichen Akten einsehen zu können, da
mich der Grad der transkribierten Genauigkeit einer akustischen Information – oder, anders gewendet – die vielleicht erschließbare Transfor-
mation des gesprochenen Wortes durch den Protokollanten interessiert.
Natürlich ist dabei die Gerichts- und Verhandlungssituation zu bedenken, deren Sprechhandlungen zu besonderen Textsorten führen. Denn
sowohl die Aufforderungen und Fragen von Richter, Anklage und Verteidigung als auch die Aussagen der entsprechenden Dialogpartner sind
absichts- und zielgerichtet. Die Spontaneität der Sprechenden ist von
vornherein kanalisiert oder gar eingeschränkt, das heißt, es handelt sich
um Belege gesprochener Sprache von situationsbedingter, keinesfalls allgemeiner Repräsentativität.

Aber in den Protokollbüchern der Schiedsmänner habe ich eine andere,
und, wie es scheint, elementare und bessere Quelle gefunden. Schiedsleute
– heute Männer und Frauen, zur Jahrhundertwende nur Männer – sind

---

[13] Grosse/Grimberg/Hölscher/Karweick 1989, S. 33f.

ausgewählte, angesehene gerichtsbeauftragte Bürger, juristische Laien, die im Vorfeld eines offiziellen, auf einer Klage beruhenden Verfahrens versuchen, Streitigkeiten zwischen zwei Parteien zu schlichten, um die Gerichte von Bagatellfällen zu entlasten. Über den vom Schiedsmann anberaumten Sühnetermin wird ein kurzes Protokoll angefertigt, das den Verhandlungstag nennt, die beteiligten Parteien, die An- und Abwesenden, die Formulierung der Beschuldigung des Klägers und das Ergebnis des Schlichtungsversuches, das oft negativ ist, also keinen Ausgleich vermeldet. Über einen sich dann eventuell anschließenden Instanzenweg wird nichts gesagt.

Für den Ablauf von Verhandlungen ist die Preußische Schiedsmannordnung vom 29.3.1879 gültig gewesen, die in vielen Teilen auf einer Ordnung des Jahres 1841 beruht und die erst wieder 1924 durch zwei Novellen geändert worden ist.[14] In dieser Ordnung regelt der sehr ausführlich kommentierte § 25 das Protokoll, in dem bestimmte Fakten in einer festen Reihenfolge aufgenommen sein müssen. An dieses formal vorgegebene Gerüst halten sich unsere Protokollanten stets. Interessant ist die Kommentierung zu 25,3 'Gegenstand' des Streits, wo es heißt „Aus dem Protokoll muß erkennbar sein, daß zwischen den Parteien Streit bestanden hat, denn nur in diesem Falle [...] ist der Schiedsmann zuständig. Dieser Streit wird vom Protokollanten entweder in direkter Rede oder als wörtliches Zitat wiedergegeben. Die Auseinandersetzung bleibt unerwähnt. Daß es sich bei den fraglichen Äußerungen um Beleidigungen handelt, wird stillschweigend aus dem Konsensus der gesellschaftlich gültigen Wertkonventionen angenommen.

Heute werden die Schiedsleute in Seminaren auf ihre Funktionen und Aufgaben vorbereitet. Der Bochumer Amtsgerichtsdirektor, der Sinn und Nutzen dieser Einrichtung sehr positiv beurteilt und die Schiedsleute regelmäßig zu einem Erfahrungsaustausch einlädt, sagte, daß auf jedes Schiedsamt heute in der Regel jährlich etwa 40 bis 50 Sühnetermine kämen.

Mir war das älteste erhaltene Protokollbuch aus Bochum-Langendreer zugänglich, das drei Schiedsmänner zwischen 1902 und 1918 geschrieben haben. Es enthält rund 450 Protokolle, auf denen meine folgenden Beobachtungen beruhen. Die Schiedsmänner sind damals 50 bis 60 Jahre alt gewesen, sie sind also zwischen 1840 und 1850 geboren. Eine akademische Ausbildung hatten sie nicht.

---

[14] Hartung 1925, S. 1ff.

Gegenstand der Verhandlungen sind meistens Verleumdungen und Beleidigungen, das heißt Rufschädigungen und tätliche Auseinandersetzungen, also Schlägereien. An erster Stelle ist die Nachrede über sexuelle Beziehungen zu nennen: der Vorwurf des Ehebruchs, der Hurerei, eine angeblich un- und außereheliche Schwangerschaft, Abtreibung und Geschlechtskrankheiten. Häufig sind Verdächtigungen des Diebstahls: kleinere Geldbeträge, Kartoffeln aus dem Keller, Gemüse aus dem Garten, Kohlen, Wäsche von der Leine. Des weiteren gibt es Vorwürfe des Meineides und der Unterschlagung und Klagen über Verschmutzung des Arbeitsplatzes, des gemeinsamen Hausflures oder Vorgartens und Beschwerden über die vermeintlich frechen und unerzogenen Kinder der Nachbarschaft, schließlich die Zurückweisung von Beschimpfungen oder Erfindungen und Verbreitung von Gerüchten. Die Themen der Bagatellfälle weisen auf den Ort der Handlung hin: Flure und Treppenhäuser, Straßen in Kolonien und Siedlungen, Gastwirtschaften, Arbeitsstellen. Es sind die Reibungsflächen des engen Zusammenlebens in der Mietskaserne und der rasch angewachsenen Städte. Stets ist der Kläger bestrebt, mit der Zurückweisung der ihn getroffenen Beleidigung sein Ansehen im engen Kreis der Lebens- und Wohngemeinschaft wieder herzustellen, sei es, daß der Beklagte sich öffentlich in einer Zeitungsanzeige entschuldigen oder einen Sühnebetrag für einen gemeinnützigen Zweck zahlen muß. Kläger und Beklagte sind Männer und Frauen, die letzteren in der Überzahl. Die Personen werden mit Artikeln, Vor- und Familiennamen vermerkt, z.B. der Peter Knies zu Langendreer, Ehepaare und Ehefrauen tragen den Namen des Mannes, also: die Eheleute Artur Römer, die Ehefrau Fritz Füsting, die Witwe Heinrich Gosse, oft wird der Beruf angegeben: der Bergmann XY, der Weichensteller AB, der Fabrikarbeiter HT etc.

Drei Textebenen sind zu unterscheiden: 1. die kanzleigeprägte Formel des Eingangs und Schlusses, 2. der vom Protokollführer geschilderte Schlichtungsfall und 3. der zitierte Satz des Anstoßes, den der Kläger als Beleidigung oder Verleumdung empfindet und bestraft wissen möchte, um sein verletztes Ansehen öffentlich wiederherzustellen. Dabei entstehen Stilbrüche; und zwar immer dann, wenn der Protokollant Schwierigkeiten hat, die ihm übertragene Amtsfunktion und die Konstellation zweier Parteien in grammatikalisch korrekter Kongruenz wiederzugeben. Die drei genannten Textvarianten sind Schritte von der mustergelenkten Schriftlichkeit über die amtlich beeinflußte, mündlich geprägte Schreibweise bis zum gesprochenen Zitat, das allerdings auch – wie noch zu zeigen ist – Glättungen erfahren hat. Aber Graduierungen sind an einem kurzen Text gut erkennbar.

Interessant ist der Übergang vom beschreibenden Bericht zur indirekten Rede, der noch eigens untersucht werden muß, und zwar im Hinblick auf die Wahl der Konjunktionen, der Tempora, der Modi, der Para- und Hypotaxe.

Zwischen den papierenen Kanzleiwendungen und den distanzierten indirekten Fallbeschreibungen des Schiedsmannes reißt plötzlich der schriftsprachliche Text auf und läßt mit dem wörtlich zitierten Ausspruch des Beklagten, mit den Worten des Anstoßes, die Streitsituation erkennen. Die feindlichen Parteien werden im Aktenstaub der 90 jährigen Protokolle lebendig mit kurzen affektgeladenen Äußerungen, mit Flüchen, Beschimpfungen, Ausrufen, Befehlen und Vergleichen. Die synchrone Erregung wird spürbar. Das Zitat ist das Kernstück des Protokolls. Diese hypotaktisch kaum gegliederten Einsatz-Aussagen sind zwar nur punktartige Momentaufnahmen eines einzelnen Sprechers, gleichsam Minimalbelege, aber in der Ansammlung von 450 Protokollen entsteht ein Gesamtbild der Spannungen des alltäglichen Zusammenlebens auf engem Raum. Wir lernen nur den Kulminationspunkt von Auseinandersetzungen kennen, die im Treppenhaus der Mietskasernen rasch gewachsener Städte mit hohen Wogen des Klatsches vorausgegangen sind und schließlich den Streit zum Schiedsmann geschwemmt haben. Unsere bisherigen Aufnahmen gesprochener Sprache, in denen ein Arbeiter monologisch über ein Ereignis seiner Berufstätigkeit berichtet oder Fragen zu Bräuchen früherer Zeiten freundlich beantwortet oder Gespräche zwischen zwei oder drei Schrebergärtnern, die Vor- und Nachteile der Unkrautvernichtung erörtern, spiegeln nicht die elementare Wut der Auseinandersetzung wider, die sich mit Flüchen, Drohungen und verletzenden Abwertungen hemmungslos und unverbildet Luft macht und damit die kurzen Sätze prall füllt.

Die Protokollanten haben die zitierten Sätze offenbar genau wiedergegeben; denn auf die inhaltlich exakte Fassung des Beweisstückes legt der Kläger großen Wert. Die Genauigkeit betrifft das Vokabular, die Morphologie, die Syntax und die Vollständigkeit der Aussage, aber nicht die Phonologie. Denn die bekannten Ruhrgebietscharakteristika wie etwa *dat* und *wat* für *das* und *was, gets* statt *jetzt* oder Kontraktionen wie *hasse* für *hast du* und *isset* für *ist es,* oder *nich* bzw. *nix* für *nicht* und die Einstreuung der Assertionsmorpheme *ne* und *woll,* die bestimmt gesprochen worden sind, fehlen. Hier transformiert und korrigiert die Amtsperson des Schiedsmannes offensichtlich. Die stereotypen Kanzleifloskeln wiederholen sich, sie sind sprachlich nur dort interessant, wo sie zum individuell gestalteten Protokoll überleiten: z.B.

Der Bergmann W.M. zu Langendreer hat am 7. Juni dieses Jahres die
Anberaumung eines Sühnetermins mit der Ehefrau Johann L. hierselbst
beantragt, weil Letzterer den genannten M. in Beziehung seinen min-
derjährigen Tochter dadurch beleidigt haben sollte, sie hätte 20 M 50 Pf
gestohlen.

Die maskuline Form *Letzterer* bezieht sich auf den Namen des Ehemannes, mit dem die Beklagte eingeführt wird. Der grammatikalische Name kollidiert mit dem natürlichen Geschlecht in der Substitution, und die Reaktion zur formelhaften Wendung *in Beziehung* klappt nicht. Viele Beispiele zeigen, daß die amtlichen Wendungen den sonst gewandt schreibenden Protokollanten fremd sind, daß sie von ihnen weder gesprochen, noch geschrieben werden, sondern internalisierte Requisiten des Amtes sind.

Orthographische Fehler sind selten: das Suffix *-ig* wird oft *-ich* geschrieben, z.B. *richtich, verdächtichen, bezichtichen,* selten gebrauchte Wörter scheinen das Gehörte wiederzugeben: z.B. *Schwinzüchtich.*

Häufig sind die regional üblichen Kasusvertauschungen:

– Akkusativ für Nominativ z.B. ... *weil Letzterer den X bezichticht*
 haben sollte, den Brief geöffnet zu haben, welchen an seine Tochter
 gerichtet wäre und denselben Inhalts verbreitet hätte.

– Der Nominativ erscheint anstelle des Akkusativs: *Sie hätte ein Jahr*
 lang jeden Tag ein Kerl Husar bei sich gehabt.

– Akkusativ statt Dativ: z.B. *Sie ist mit unsittliche Anträge belästigt*
 worden. Sie hätte aus ihre Küche Kaffeebohnen gestohlen; Er liefe
 alle junge Mädchen nach.

– Dativ statt Akkusativ: *Er hat mit Weingläser zwischen dem Pu-*
 blikum geworfen.

Ab und zu gibt es Fehler in der Morphologie des Verbs: *Die Beklagte hatte ihren Mann gebittet; während sie ausspeite; Er dringte in das Zimmer ein.*

Oder es werden die beiden Partizipien in ihrer Anwendung verwechselt: *Sie hat sich schamverletzt aufgeführt* (statt *schamverletzend); Vor dem Unterzeichneten erschienen.*

Oder die falsche Wortbildung wie: *die minderjährlichen Kinder; er gebrauchte minderliche Redensarten* für *herabmindernde Redensarten.*

Ein weiteres und reichhaltiges Spektrum zeigt das Vokabular der Personenbeschimpfungen, das im Vergleich zur Gegenwart Unterschiede aufweist, die semäntische Verschiebungen und Änderungen des Sprachgebrauchs deutlich machen. Würde man heute die Anrede *Sie Scheren-schleifer* zum Anlaß nehmen, den Gesprächspartner vor den Friedens-richter zu zitieren? Wohl kaum. Den herumziehenden Scherenschleifer ordnete man – so das Grimm'sche Wörterbuch – gesellschaftlich ab-wertend Zigeunern und Italienern zu und hielt ihn für einen Ausbund flinker Geschwätzigkeit. Auch Hunde farbigster Promenadenmischung wurden *Scherenschleifer* genannt. Diese Bedeutungen kennt man heute nicht mehr. Eine solche historische Erschließung ist mir dagegen bei *Sie Grünwams* oder *Du armer Johannes* nicht gelungen, die gleichfalls als ehrverletzend empfunden worden sind.

Altertümlich wirkt auf uns das häufig belegte *Frauenzimmer,* meist in Verbindung mit den Adjektiven *alt, dumm, gemein* und *schlecht.* Auch *verfluchtes Frauenmensch* oder *Bauerntrine* dürften heute ungebräuch-lich sein, ebenfalls *Hammel,* und zwar nur belegt in Bezug auf Frauen. Im Zusammenhang mit Anschuldigungen sexueller Art sind *Biest, Hure, Luder, Sau, Schneppe, Schwein* und *Weib* viele Male zu finden, oft ver-sehen mit den Adjektiven *alt, dick, dreckig, faul, gemein, schwarz* und *verdammt.*

Bei den Männern rangiert *Spitzbube* an erster Stelle, wobei die ursprüng-liche Bedeutung des Täuschers und Falschspielers noch lebendiger gewe-sen sein mag als heute. Weitere Beleidigungen sind *Bulle, Gauner, Ha-lunke, Hurenhengst, Lappes, Lügner, Lump, Räuber, Rotzjunge, Schwein, Schwindler, Schuft, Trinker, Waschlappen.* Dieses breitere als für Frauen belegte Vokabular scheint zeitlos Gültigkeit behalten zu haben. Als Kollektivzuweisung für Familien oder Gruppen begegnen: *Drecksvölker, Mistgesindel, Schweinepack.*

Es gibt Ausfälle gegenüber den polnischen Einwanderern: *dummer Po-lenack, die Polenacken, die Polenackenbande, dumme Polacksche;* und ebenfalls sind judenfeindliche Beschimpfungen belegt: *Judenlümmel, Ju-denbengel, Judenjunge, Judenpack.* Als politische Beleidigung begegnet zweimal *Sozialdemokrat.*

Das beleidigende Wort wird zusammen mit dem Verb *ausschimpfen* ge-wissermaßen als amtlicher Phraseologismus notiert, wenn es nicht im wörtlichen Zitat enthalten ist, als *Er soll sie als dreckiges Sauweib aus-geschimpft haben.*

Auch sonst zeigt das Vokabular sprechsprachliche Grobheiten: *Fressen* und *Schnauze, saufen, fressen, spucken, verrecken, durchbrennen* (für *weglaufen), keine Grütze im Kopf haben, huren, vögeln, im Asch lecken,* wobei das Substantiv dieser häufig belegten Aufforderung ruhrgebiets-korrekt ohne *r* geschrieben wird. Das heutzutage als selbständiges Wort und vor allem als Präfix intersozial beliebte *Scheiß* erscheint kein einziges Mal. Die folgenden Beispiele mögen einen kurzen Eindruck der Texte vermitteln:

> *Du dummes Weib hast mich Wurzel und dicke Bohnen aus meinem Garten gestohlen. – Du Sautier solltest dich was schämen, du hast ein Kind von sieben Monate im Abe geschmissen. – Du schlechter Hund, wenn ich dich kriege, schlage ich Dir die Knochen kaputt. – Da kuckt die alte Hure wieder zu Fenster raus und stiehlt so gern die Kostgänger das Geld aus der Tasche. – Er wollte ihr mit einer Flasche am Kopfe werfen.*

Alle Sätze der zitierten wörtlichen Rede zeigen die Charakteristika der gesprochenen Sprache des Ruhrgebiets, wie wir sie aus unseren Tonbandaufnahmen kennen. Sie besetzen in sehr viel dichterer Folge die sprachlichen Äußerungen als in den eigenen Formulierungen der Schiedsmänner:

- Kasusvertauschung von Nominativ und Akkusativ, von Dativ und Akkusativ und jeweils umgekehrt
- Pluralbildungen auf *-s: Bengels, Mädchens*
- Erhaltung des Dativ *-e: am Kopfe, im Hause*
- Eigentümlichkeiten im Gebrauch der Präpositionen: *er hat gegen Kollegen gesagt, nach die Zeche gehen, sich vor die Brust fassen*
- Umschreibung der Verbalform mit *tun: er tat mich nicht sehen*
- Gebrauch der progressiven Verlaufsform: *er ist am Arbeiten.*
- Bezeichnung des Genitivs mit dem Possessivpronomen *mein Vater sein Garten.*

Es fallen aber auch Wendungen auf, die heute nicht mehr üblich sind und die ich in besonders häufiger Weise in der zeitgenössischen Trivialliteratur gefunden habe:

- Die Zeitadverbien *abends, morgens, nachts, mittags, tags,* usw. werden stets mit dem Artikel *des* gebraucht, also *des Morgens, des Nachts* etc.
- Als Relativpronomen wird fast ausschließlich *welcher, welche, welches* genommen.
- Und merkwürdig – die Beobachtung gilt für unser ganzes Corpus – ist die Deixis: *derselbige, ebenderselbe, demselbigen zufolge, daselbst, hierorts, ebendaselbst.*

Zum Schluß gebe ich noch zwei sehr verschiedene Briefe als Beispiel längerer, spontan verfaßter Texte zur Kenntnis. Der erste stammt von Georg Balke, der als Sohn eines Kötters 1844 in Eickel geboren wurde. Er war das sechste von sieben Kindern. Da der Vater drei Jahre nach seiner Geburt stirbt, muß Georg als Kind arbeiten. Seine Mutter hat einmal Strafgeld zahlen müssen, weil Georg 72 Tage nicht zur Schule gegangen ist; denn er hatte das Vieh zu hüten. Als 13-jähriger arbeitet er bereits in der Papiermühle Dahlhausen. Dann wird er Bergmann, ab 1865 auf der Zeche Hannibal in Bochum Marmelshagen. Er will im Beruf weiterkommen und Steiger werden. Aber da er die Aufnahmeprüfung nicht besteht, kann er die Bergschule nicht besuchen. Er erkrankt durch die Arbeit an Silikose, wird zweimal zur Kur geschickt und stirbt 1899 im Alter von 55 Jahren. Die Familie ist streng evangelisch und kirchlich fest gebunden. Dies geht aus dem Briefwechsel mit der Tochter Emilie hervor. Das Ehepaar Balke spricht Eickeler Platt, von dem in den Briefen, die eine erstaunliche hochsprachliche Gewandtheit zeigen, nicht viel zu spüren ist.

Der inhaltliche Kreis, den die Briefe umschreiben, ist sehr eng: Arzt, Brunnen, Zimmer, Bett, Ausgaben, Fragen nach dem Befinden der Familie. Die Brief-Texte Balkes sind parataktisch gegliedert. Die Sätze werden weniger als grammatikalische Gebilde denn als inhaltliche Einheiten empfunden und oft erst mit Beendigung eines Gedankenganges durch einen Punkt abgeschlossen. Die Reihung der Mitteilungen erfolgt, besonders bei der Schilderung des Tagesablaufes, in zeitlicher Abfolge, wobei zahlreiche Zeitadverbien eingestreut werden.

Lippspringe den 25/7.1898 Meine liebste Lieben daheim! Zu allererst liebe Mama will ich Dir mitteilen was mir der Arzt sagte nach dem er meinen Urin untersucht hatte am vergangenen Samstag: eine Lebensgefahr ist nicht vorhanden, es ist aber immer wieder diese böse Bronchial-Catarrh nun ich sehe es hat sich noch nichts gebessert, deshalb wollen wir weiter nichts machen, als das Wasser trinken und wenn die Witterung wärmer wird wollen wir mal baden, Wenn dies baden nur geht mit mir, will ich es auch versuchen denn fast jeden Abend sind mir die Beine noch angelaufen ich denke dies würde sich dadurch besser verlieren wenn es aber nicht warm genug ist thue ich es nicht. Nun meinst Du wegen dem heizbarem Zimmer; dies läßt sich jetzt noch nicht machen, die meisten Leute hier geben 28 Mark Pension, wenn ich nun einen Ofen beanspruchen wollte würde ich jedenfalls Rm 30.00 zahlen müßen. Ich muß mir auch noch einen Mann kommen lassen des Morgens zum ab reiben, kostet jedesmal 35 Pf. und das Frotiertuch kostet Rm 2.50 wo sollte dies alles her kommen, dies kostet ja ein Heidengeld. Ich denke wenn wir mal mit dem in Dortmund an gang bleiben würde die Sache sich so wohl machen außer dem Wassertrinken. Der Auswurf bei mir ist bedeutend geringer geworden und auch nicht mehr blutig sondern wie gewöhnlich gelb, und das Essen schmeckt mir auch noch das ist noch ein Glück. Es fehlt mir das bequeme Bett. Bei uns konnte ich viel besser liegen das muß man sich erst alle angewöhnen Es ist mir heute ganz gut und habe ganz kein Röcheln wenn's nur heute Abend nicht wieder kömmt Nun der liebe Gott wird mir auch noch diesmal helfen das ich wieder gesund werde. Was ist denn mit Wings vorgefallen? grüß Ihn doch von mir, ich habe Ihn doch nicht vertönt; warum brachte er Dir das Geld nicht mit? Grüße auch die Frau Kleemann von mir und theile

> *Ihr meine Freude mit das der Arzt gesagt habe Lebensgefahr wäre noch*
> *nicht vorhanden nur der böse Bronchialcartarrh Ich hatte sonst schon*
> *alle Hoffnung aufgegeben. Es wird aber auch das beste sein Ich schreibe*
> *dem Herrn Betriebsführer selbst einmal oder wie meinst du es. Heute*
> *Nachmittag habe ich nach Dortmund geschrieben. Da ich nun nichts*
> *mehr weiß so mache ich Schluß denn ich muß zum Brunnen. Es grüßte*
> *Euch Alle recht herzlich Euer liebender Gatte und Vater.*[15]

Ganz anders ist der Brief Matthias Dorgathens, der 1852 in Styrum bei
Mülheim an der Ruhr geboren wurde, als eins von sechs Kindern. Der Va-
ter arbeitet als Schiffer in Duisburg. Nach dem Besuch der evangelischen
Elementarschule geht er ins Bergwerk. 1881 verläßt er als einer von 8683
Auswanderern die Heimat. Wir wissen nicht, wann er zurückgekommen
ist. 1889 stirbt er in Styrum im Alter von 37 Jahren.

Er empfindet das Briefeschreiben an seine Angehörigen wie ein Gespräch,
das er in der Fremde oft vermißt. Allerdings fordern die Briefsteller zum
Schreiben auf, weil ein Brief die Möglichkeit zur Unterhaltung eröffne.

Im ersten Brief teilt Dorgathen der Familie ein Lied mit, das ihm gut
gefällt und das er dem heimatlichen Gesangverein zur Aufführung empfiehlt. Nach der Wiedergabe des vermutlich verstümmelten Textes, dessen Verse nicht nach den Reimen abgesetzt sind, singt er offenbar die
Melodie den Adressaten vor – in der Hoffnung, den Klang der Mitteilung beigefügt zu haben.

> *Ich will euch ein Lied auf schreiben / das könt ihr im Gesanckverein*
> *Hoffnung / singen /*
>
> *Auf stillem Meer bei günstigem*
> *Winde mus mus der Schifer den Sturm*
> *überwinden Imer mith frohen Sinn*
> *weith in die Ferne hin Sante Loshina*
> *Sante Loshina.*
>
> *Ei Warum den so traurich an*
> *jeden Abend wenn sich die Lüfte*
> *so kühl und so labend Fröhligen Wieder(=)*
> *hall, tönt es ja überall, Sante Loschina*
> *Sante Loschina.*
>
> *Auch in Amerika im Fremde Lande*
> *hat mann vihl qualen am Meeres*
> *Strande Imer mith frohen Sinn*
> *Denk ich nach Deutschland hin.*
> *Santa Loschina Sante Loschina.*[16]

---

[15] Grosse/Grimberg/Hölscher/Karweick 1989, S. 114f.

[16] Grosse/Grimberg/Hölscher/Karweick 1989, S. 126.

Nun bast auf die Melodie geht / so ich will sie euch vohr singen / Ich will schlissen denn es wirth / dunkel und ich kann nicht guth / mehr sehn und ich habe auch / Leibschmerzen die habe ich schon ein / bar Tage gehabt Ein Grus / ann Alle Sangesbrüder / Ich bringe jetzt 2 Briefe nach die / Post dißen und einen for / Hermann Bottenbruch es grüst / Matth Dorgathen (Fragment, o.O., o.J.).

Das zweite Schreiben aus dem Jahre 1882 ist ein typischer Auswandererbrief. Die Schreibfertigkeit Dorgathens reicht an die Georg Balkes nicht entfernt heran: Orthographie, Interpunktion, Kongruenz, Morphologie und Syntax weichen erheblich von der Norm ab, aber sie sind der gesprochenen Sprache nahe *(du schreibs, du kanz)*. Englische Ausdrücke werden übernommen. Beim Schildern der deutsch-englischen Predigt beginnt Dorgathen sogar, den plattdeutschen Satz für seine plattsprechende Familie zu übersetzen. Der Gesichtskreis des Auswanderers ist sehr viel weiter als der Balkes, für den die Kur in Lippspringe wohl die größte Entfernung gewesen ist, die er in seinem Leben von Bochum aus zurückgelegt hat. – Die sprachliche Auswertung des Dorgathen-Briefcorus ist bereits weit gediehen und wird von Martin Grimberg vorgelegt.

Bakinhmamm den 17 Dezember 1882
Liebe Eltern und Brüdern /
Ich will euch eben mittheilen das ich / jetz ein Brief von euch bekommen / habe Aber es stand kein Datum drauf / Es lag ein Blatt Papier von Johann / Tusche mith drein ich Glaube das der / Brief wohl lange auf dem Wege ge= / weßen ist. Liebe Eltern ich bin Gott / sei Dank noch Gesund und freue mich / das ihr es auch noch seith wie ich aus / dem Brief und Herm Buttenbruch schreibt // Es mir auch ich habe ein Brief von ihm / beckomen Liebe Eltern und Brüdern for / Etliche Sontage sinth wir nach Logen gefa= / hren, Aber das war eine Fahrt wir / fuhren zuerst mith einem Wagen bis / Stretzwille [New Straitsville – MG] 6 Meihlen und dann mim / Zug von Stretswille nach Logen da / wurde eine neue luterische Kirge / Eingeweiht die hatten sich von den Andern / getrenth die Luterische sagen die Glaubten / nicht recht und die sagen die jetz die / neue Kirche hatten die Alte Kirche lerte / und Glaubte nicht Recht das ist hir was mith / dem Glauben wir fuhren von Backinghamm / mith son Alten Wagen und welch ein Weg / dann steihl Berg auf dann wider so Berg // Ab wir wahren froh Als wir in Stretz(=) / wille Ankamen denn die Wagen wahren / so voll wir Glaubten All Augenblicke / Er währ+uhmg+Umgeschlagen, Aber es / ging guth da ging in den Zug und von / da nach Logen das Fest war ganz schön / zuerst wurde Gesungen vom Gemischten / Cohr deutsch und Gepretigt deutsch da wurde / Englisch gepredigt und gesungen da gingen / wir ins Hottel Essen des Mittags nochmahl / in die Kirche und dann wider von Logen / nach Stretzwille Unterwegs schlugen sich / die Enländer im Zug Als wir balt in / Stretzwille wahren sagte der Alte Mathias / Kraft von Speldorf ein Schiffer Vather / wirth in wohl kennen Also er sagte // Och Gott nu schtont mi die Hohren de / Bergg wenn ick an den auhlen Mis Wagen / dink, Ach Gott mir stehn die Hahre zu Berge / wenn ich

220

an den Alten Mist Wagen denke, / Es ging Aber guth wir kahmen Alle
wohl / und Glücklich nach Bakinghamm. / Lieber Bruder du schreibs
das du wider / zu Haus bist, und das Soltadenleben / herzlich satt wares
das kann ich mich denken / denn das ihr da tügtig drann mustet in /
den 10 Wochen das sagten die hir schon / die auch in Deutschland
Soldat wahren / Aber es sinth auch keine 3 Jahre Lieber Bruder / du
schreibs mir du hättes mir auch Einen / Pfeifenkopf machen laßen, da
freuth mich / sehr und ich hätte in auch wohl Gern Aber / ich denke
das ich Apriel Sontag Aufhöre. // Vorleufig zu Arbeithen in Amerika /
und wider nach Haus kome und dann bin / ich auch noch bang das er
zerbrigt denn / es ist eine weithe und beschwerliche Reiße / wenn ich
Aber Apriel noch nicht nach / Haus komme mann kann Alles nicht /
Wissen dann kanz du in mir schicken / ich Glaube Aber das ich nach
Haus kome / und Bruder Wilhelm ich freue mich das / du Bruder
Heinrich besucht hast auf dem / Friderichs felt und das ihr noch guthe
Arbeith / habt und das zu Haus der Roggen schon / aus ist ich denke
wenn er Reif ist dann // bin ich wider zu Haus Liebe Eltern und /
Brüdern es geth hir jetz ganz schlecht ja jetz / Augenblicklich gar nicht
forige Woche haben / wir gestrikt jetz stopt die Companie / wir haben
in 14 Tagen balt nichts verdinth / und es kann noch lange dauern eh
wir wider / schaffen Morgen haben wir Versamlung / dann wird es
ausgemacht wann oder wie / wenn es schlecht ausfält haben wir noch
Mona(=) / the Sontag da habe ich zum Glück vorige Woche / ein Brief
bekomen von mein frühere Kamerad / von Massilonn der ist im Stath
Ilinois das ist in / die West, sehr weith das kostet von hier 16 Dolar / da
kann ich guthe Arbeith krigen wenn dann / hir Alle Strike brechen dann
fahr ich dahin / Ich will schlissen Grüst Alle Bekante und / Verwande
Schwestern und Schwäger euch / grüst euer Sohn und Bruder Matthias
Dorgathen / grüst Hermann Bungert / mith und sagte er solte mir mahl
/ schreiben, und von euch bitte ich auch / eine Antworth // bitte eine
baltige Antworth / schreibt Oheim Heinrech nicht // Einen Grus von
Friderich Goltscheid // und grüst sein Bruder und seine Mutter

Das sehr umfangreiche Material der Bochumer Textsammlung stellt noch
viele Aufgaben. Es weist nach unseren bisherigen Beobachtungen darauf
hin, daß die Plattdeutsch sprechenden Schreiber versuchen, ihre Mitteilungen hochsprachlich zu fassen und dabei zu einer umgangssprachlichen
Variante kommen, wie sie heute gesprochen wird.

Literatur

Grosse, Siegfried (1986): Gesprochene Sprache im Ruhrgebiet. In: DAAD Dokumentationen und Materialien. Jugoslawisch-Deutsches Germanistentreffen in Dubrovnik. Bonn, S. 435-477.

Grosse, Siegfried (1989): Sprachwandel und Sprachwachstum im Ruhrgebiet während der zweiten Hälfte des 19. Jahrhunderts. In: Cherubim, D./Mattheier, K.J. (Hrsg.): Voraussetzungen und Grundlagen der Gegenwartssprache. Berlin/New York, S. 281-295.

Grosse, Siegfried/Grimberg, Martin/Hölscher, Thomas/Karweick, Jörg (1989): Denn das Schreiben gehört nicht zu meiner täglichen Beschäftigung. Bonn.

Hartung, F. (1925): Preußische Schiedsmannordnung in der vom 1. Januar 1925 geltenden Fassung. Mannheim/Berlin/Leipzig.

Himmelreich, Hildegard (1943): Volkskundliche Beobachtungen an der Umgangssprache in Gelsenkirchen. Diss. phil. Münster.

Hoelz, Max (1974): Kindheit und erste Arbeitsjahre auf dem Lande (1889-1905). In: Emmerich, Wolfgang (Hrsg.): Proletarische Lebensläufe. Bd. I. Hamburg, S. 305-309.

Kämpchen, Heinrich (1984): Seid einig, seid einig – dann sind wir auch frei. Hrsg. v. Carl, Rolf-Peter/Köpping, Walter/Campmann, Rainer W./Vogt, Jochen. Oberhausen.

Landauer, G. (1913): Erinnerungen eines Proletariers aus der revolutionären Arbeiterbewegung. Berlin.

Leschinsky, Achim/Roeder, Peter Martin (1983): Schule im historischen Prozeß. Zum Wechselverhältnis von institutioneller Erziehung und gesellschaftlicher Entwicklung. Frankfurt/Berlin/Wien.

Menge, Heinz (1977): Regionalsprache Ruhr: Grammatische Variation – niederdeutsches Substrat. In: Korrespondenzblatt des Vereins für niederdeutsche Sprachforschung 84/1977, S. 48-59.

Menge, Heinz (1985): War das Ruhrgebiet auch sprachlich ein Schmelztiegel? In: Mihm, Arend (Hrsg.), S. 149-162.

Mihm, Arend (Hrsg.) (1985): Sprache an Rhein und Ruhr. Dialektologische und soziolinguistische Studien. Wiesbaden.

Petrat, Gerhard (1979): Schulunterricht, seine Sozialgeschichte in Deutschland 1750-1850. München.

Ruhrgebiet (1988): Ruhrgebiet – Daten, Fakten und Adressen einer Region im Wandel. Bonn.

Thies, Udo (1982): Sprachverhalten im Ruhrgebiet – ein Beitrag stadtsprachlicher Forschung. In: Bausch, K.H. (Hrsg.): Mehrsprachigkeit in der Stadtregion. Stuttgart, S. 107-148.

ISA SCHIKORSKY

Zwischen Privatheit und Öffentlichkeit. Autobiographische Texte von Handwerkern

Am 29. März 1837 verläßt der Buchbinder Johann Christoph Stengel sein Heimatdorf in der Nähe von Nürnberg und begibt sich auf die obligatorische Gesellenwanderschaft. Er führt während dieser Zeit ein Tagebuch, das am Ende der zehnjährigen Reise auf rund 300 Seiten angewachsen ist. Die Schreibfreudigkeit des Gesellen Stengel war keineswegs eine Ausnahmeerscheinung. In den Archiven sind zahlreiche Dokumente zu entdecken, in denen Handwerker diese wichtigste Phase ihrer Berufsbiographie aufgezeichnet haben (vgl. Quellenverzeichnis). Zwar repräsentieren die überlieferten Tagebücher, Erinnerungshefte und Briefe von Handwerkern sicher keine Massentextsorte, die vielfältigen Quellen belegen aber dennoch sehr anschaulich, daß – entgegen eines weitverbreiteten Vorurteils – von einer ausschließlich mündlichen Sprachkultur der sogen. „kleinen Leute" im 19. Jahrhundert keine Rede sein kann.

Aufzeichnungen von Handwerkerwanderungen – zunächst überwiegend in Briefform (vgl. Cordes 1937/38) – sind seit dem Ende des 14. Jahrhunderts nachweisbar. Erste Wandertagebücher finden sich im 17. Jahrhundert (vgl. Fischer 1957, S. 9f.). Die Blütezeit und damit zugleich auch der produktive Höhepunkt dieser Art von Texten liegt dann allerdings erst im 19. Jahrhundert. Diese Feststellung steht im Einklang mit einer anderen Beobachtung: Neben dem Kriegserleben bildet die Gesellenwanderung das zweite zentrale Motiv autobiographischer Schriftlichkeit von Handwerkern in diesem Zeitraum. In Beschreibungen der beruflichen Vita steht die Wanderzeit im allgemeinen im Mittelpunkt, wenn nicht gar die Darstellung ausschließlich auf diesen Lebensabschnitt beschränkt bleibt. Da also die Handwerkerwandertexte eine wesentliche Facette zum zeitgenössischen Textsortenspektrum beitrugen, sind sie auch als Gegenstand der Sprachgeschichte des 19. Jahrhunderts beachtenswert.

Für eine nähere Beschäftigung mit dieser Quellengruppe sprechen aber noch weitere sprachhistorisch relevante Gründe: Da die Texte nur zu einem Teil an ein allgemeines Publikum, zu einem anderen Teil jedoch an einen sehr eng begrenzten Kreis vertrauter Personen gerichtet waren, lassen sich privater und öffentlicher Schriftsprachgebrauch miteinander vergleichen. Dadurch können weiterhin Forschungsergebnisse zu ähnlichen, öffentlich-literarischen Textsorten sinnvoll ergänzt werden. Die Wanderaufzeichnungen erlauben darüber hinaus Aussagen über den Schriftsprachgebrauch der im 19. Jahrhundert noch bedeutenden Berufsgruppe der Handwerker, der bislang kein nennenswertes sprachhistorisches Interesse entgegengebracht wurde. Und schließlich ermöglichen die relativ homogenen und gut rekonstruierbaren Merkmale des situativen und sozialhistorischen Umfelds der Wandertexte neue Erkenntnisse über sprachsoziologische Entwicklungen und sprachliche Erscheinungen kollektiven Mentalitätenwandels.

'Autobiographisch' in einem weiten Sinn sind alle Texte zu nennen, die eine thematische Verankerung in der konkreten Lebenswelt des Verfassers aufweisen. Ich beschränke mich im folgenden weitgehend auf autobiographische Beschreibungen von Gesellenwanderung in Form von Tagebüchern und Erinnerungen und lasse Wanderbriefe, wegen der besonderen Kommunikationsmerkmale, unberücksichtigt.[1] Die grundsätzliche Divergenz zwischen Tagebüchern und Erinnerungen besteht in dem unterschiedlich großen Zeitabstand zwischen Erleben und Schreiben. Während in Tagebüchern die Beschreibung unmittelbar, d.h. mehr oder weniger synchron zur Wanderung erfolgt, werden Erinnerungen erst im Rückblick aus großer zeitlicher Distanz zu den Wandererlebnissen aufgeschrieben.

Den Ausgangspunkt der Beobachtungen bilden die Texte selbst, die als eigenständige, abgeschlossene, schriftsprachliche Ausdrucksformen einer durch ihren Beruf bestimmten Sozialgruppe verstanden werden. Analyse und Interpretation der sprachlich-textuellen Erscheinungen erfolgen in engem Zusammenhang mit den sozialhistorischen Voraussetzungen für dieses Texthandeln. Anhand exemplarischer Belege sind aufzuzeigen: Bedingungen der textuellen Situierung, Schreibintentionen, Grundzüge der Textstruktur, thematische Leitlinien sowie die Verwendung spezifischer lexikalischer und stilistischer Mittel. Das Ziel ist, die wesentlichen zeitbedingten Veränderungen der Textsorte „Wanderaufzeichnungen von Handwerkern" im Verlauf des 19. Jahrhunderts herauszuarbeiten.

Allerdings läßt sich die Entwicklung der Texte nicht kontinuierlich verfolgen, da die Zeitabstände zwischen den erhaltenen Quellen sehr unregelmäßig sind. Deshalb sollen zwei Zeiträume miteinander verglichen werden. Die beiden Phasen korrespondieren mit zwei Überlieferungsschwerpunkten: Der erste liegt in der 1. Hälfte des 19. Jahrhunderts, in den 30er und 40er Jahren; der zweite am Ende des Jahrhunderts, etwa ab 1880. Die Texte beider Zeiträume unterscheiden sich bereits auf den ersten Blick deutlich voneinander. Während aus den 30er und 40er Jahren zumeist private Tagebücher vorliegen (vgl. Schikorsky 1990), überwiegen am Ende des Säkulums Lebenserinnerungen, die jetzt auch zum Teil

---

[1] Vgl. aber die Briefe: Rose 1826; Müller 1863; Ascherfeld 1837.

aus der Privatheit in die literarische Öffentlichkeit überführt wurden. Wenngleich daneben und dazwischen natürlich verschiedene Misch- und Übergangsformen auftreten, so lassen sich doch generalisierend die Texte der ersten zu denen der zweiten Jahrhunderthälfte in Kontrast setzen.

Private Wandertexte (1800 - 1850)

Mit der Einführung der Gewerbefreiheit, zunächst ab 1810 im Zuge der Napoleonischen Reformen in den französischen Gebieten und in Preußen[2], später dann in weiteren deutschen Ländern, begann die allmähliche Auflösung der seit dem späten Mittelalter bestehenden zünftigen Organisationsstrukturen. Die „Krise des Handwerks" verschärfte sich in den folgenden Jahrzehnten in dem Maße, in dem die Industrialisierung voranschritt. Als Folge des allgemeinen Bevölkerungsanstiegs einerseits und der wirtschaftlichen Stagnation des Handwerks andererseits, kehrte sich das Zahlenverhältnis von Gesellen und Meistern schließlich um. Einer von den Zünften streng limitierten Anzahl von Meistern stand eine immer größere Masse von Gesellen gegenüber, denen die Erlaubnis zur Meisterprüfung, Niederlassung und bürgerlichen Existenzgründung verwehrt blieb. Konservatives Beharrungsvermögen, fehlende Innovationsbereitschaft, das Festhalten an Standesehre und Exklusivitätsanspruch verstärkten die Niedergangssymptome des vormals hochgerühmten Handwerksstands. Vielen Handwerkern drohte ein sozialer Abstieg in Armut und Proletariat, nur wenigen gelang dagegen der Aufstieg zum Unternehmer oder Fabrikbesitzer.

Die Grundzüge der Gesellenwanderung blieben von den ersten Krisenanzeichen im Handwerkswesen zunächst relativ unberührt. Seit dem 14. Jahrhundert war es für den Handwerker üblich geworden, in der Zeit zwischen dem Abschluß der Lehre und der Etablierung als Meister zu wandern, d.h. jeweils eine zeitlang in verschiedenen Betrieben seines Gewerbes an verschiedenen Orten tätig zu sein (vgl. Wissell 1971ff., Bd. 1, S. 301ff.). Der Geselle verließ seine Heimat, um *„außerhalb derselben für sein Geschäft und überhaupt für das ganze Leben sich auszubilden, Erfahrungen zu sammeln, Kenntnisse zu erwerben und in vielfacher Beziehung vollkommener zu werden"* (Stengel 1837, S. 1).

Die stark schematisierten und ritualisierten Modalitäten des Wanderns waren ursprünglich von den Zünften festgelegt und überwacht worden.

---

[2] Zur Entwicklung des Handwerkswesens im 19. Jahrhundert vgl. Bopp 1932, Stadelmann/Fischer 1955, Jantke 1955, Abel 1978, Engelhardt 1984, Elkar 1984, Bergmann 1984 (S. 13-72: Reportagen zur sozialen Lage der Handwerker).

Genaue Bestimmungen existierten unter anderem hinsichtlich des Verfahrens der Arbeitssuche und Arbeitsaufnahme, der Aufenthaltsdauer am jeweiligen Ort, der Einhaltung der Reiseroute, der zu benutzenden Übernachtungsstätten, der Wanderdauer, der Höhe der Geldgeschenke und für vieles weitere mehr (vgl. Wissell 1971ff.). Mit der Aufhebung des Wanderzwangs am Beginn des 19. Jahrhunderts wurden auch die Privilegien der Zünfte beschnitten. Statt dessen übernahmen jetzt die einzelnen Staaten wesentliche Reglementierungsaufgaben.

Die Arbeitszeugnisse der Zünfte, die sogenannten Handwerkerkundschaften (vgl. Stopp 1982ff; Dettmer 1983) genügten nun nicht mehr zur Legitimation. Das Kernstück der polizeilichen Überwachung bildete der „Wanderpaß", der - so heißt es etwa in einem preußischen Erlaß von 1833 - nur den Gesellen ausgestellt wurde, die

> a) eine Kunst oder ein Handwerk betreiben, bei welchem das Wandern allgemein üblich und Behufs der Vervollkommnung darin angemessen ist;
> b) völlig unbescholten und körperlich gesund sind
> c) das dreißigste Lebensjahr noch nicht überschritten, auch nicht schon vorher fünf Jahre mit oder ohne Unterbrechung auf der Wanderschaft zugebracht haben [und schließlich]
> d) außer den erforderlichen Kleidungsstücken nebst Wäsche ein baares Reisegeld von mindestens Fünf Thalern beim Antritt der Wanderschaft besitzen (Bekanntmachung 1833, S. 1f.).

Mindestens ebensowichtig wie die schriftlichen Legitimationspapiere war für die wandernden Gesellen die Kenntnis der mündlichen Zunftformeln und Handwerksgebräuche, durch die sie sich im kommunikativen Umgang mit Kollegen und Meistern als zünftige Handwerksburschen ausweisen konnten. Hierbei handelte es sich in erster Linie um ritualisierte Gesprächssequenzen in Verbindung mit symbolischen Tätigkeiten. Der Geselle Christian Mengers schildert in seinen Erinnerungen mehrfach, wie solche Szenen aussehen konnten. So beschreibt er z.B. die Situation, in der ein in Arbeit stehender Geselle auf der Herberge die durchreisenden Kollegen seines Handwerks begrüßt:

> Dabei ging es so zu: Der Arbeitsgeselle tritt ein. „Fremde Klempner hier?" - Der Fremde: „Zu dienen". Dabei mußte er aufstehen und zwei Knöpfe seines Rockes von links nach rechts zuknöpfen. - „Seien Sie willkommen. Was sind Sie für ein Landsmann, wo haben Sie zuletzt gearbeitet? Kann ich Ihnen aufwarten?" - Der Fremde: „Steht in guter Hand". - „Womit kann ich dienen?" - Der Fremde: „Mit Rat und Tat und guten Worten, mit Bier und Wein von allen Sorten". - „Bitte setzen Sie sich. Hier, trinken Sie erst einmal, wohl bekomms!" (Mengers 1910, S. 27f.).

Obgleich die äußeren Bedingungen des Wanderns in der ersten Hälfte des 19. Jahrhunderts hier nur sehr grob skizziert werden konnten, verweisen sie doch auf die Einbindung der Gesellen in verschiedene Handlungsbereiche. Dementsprechend sind auch verschiedene Sprachhandlungsbereiche zu differenzieren, die jeweils vor allem durch spezifische lexikalische und stilistische Ausdrucksmittel gekennzeichnet sind. Die Sprachausprägung der Wandergesellen setzte sich im wesentlichen aus Elementen dreier handwerkstypischer Register zusammen: Da ist zum einen die Fachsprache des jeweiligen Handwerksberufs zu nennen (vgl. Maurer 1943; Drechsler 1896); zweitens die Organisationssprache der reglementierenden Staatsbehörden, Zünfte und Handwerkervereinigungen und drittens schließlich die Gruppensprache des zünftig-geselligen Umgangs der Gesellen untereinander oder zwischen Gesellen und Meistern (vgl. z.B. Rauers 1936).

Dazu kamen außerdem soziolektal begründete, regionale Sprachunterschiede. Daß die Handwerker der ersten Jahrhunderthälfte im mündlichen Sprachgebrauch noch überwiegend ihren Heimatdialekt verwendeten, belegen zahlreiche zeitgenössische Beispiele. So wurde etwa der jugendliche Protagonist einer Erzählung aus dem Handwerkermilieu durch einen Gesellenstreit über die Frage, ob Tischler oder Schreiner die korrekte Berufsbezeichnung sei, *„auf die nicht vorher gekannte Verschiedenheit der Volksdialecte aufmerksam, welche ihn später auf der Wanderschaft oft Unterhaltung gewährte"* (Preusker 1845, S. 14).

Nun ist die Ausbeute an anschaulichen Belegen handwerkstypischer Ausdrücke, zumindest soweit es den Zeitraum bis 1850 betrifft, enttäuschend gering.[3] Sowohl in der Wortwahl als in der stilistischen Gestaltung ist in den Tagebüchern kaum etwas Handwerkstypisches zu entdecken. Das hängt auch damit zusammen, daß das Handwerkerleben selbst kaum thematisiert wird: Nichts oder nur sehr wenig ist zu erfahren über den Alltag der Handwerker, die Arbeitsbedingungen und Arbeitsabläufe, über Gespräche und Kontakte mit Kollegen usw. Lediglich einzeln eingestreute Ausdrücke, meist sogar aus der Allgemeinsprache entlehnte und nur mit einer zusätzlichen handwerksspezifischen Bedeutungskomponente versehene Lexeme, deuten den situativen Kontext an. Beispiele dafür sind: *Felleisen* [Ledertasche, Rucksack] , *Gesellenstube,*

---

[3] Die im folgenden zu schildernden Merkmale verweisen auf die dominierenden Tendenzen in den Wandertexten, die z.B. auch mit denen der Kriegsaufzeichnungen von Handwerkern weitgehend übereinstimmen. Es gibt aber auch Gegenbeispiele: z.B. die Briefe der Goldschmiedegesellen Adalbert und Wilhelm Ascherfeld (1837-1841), die aus einem ganz anderen Bildungsmilieu stammten.

Kollege, Herberge, Reisegeld, Wanderbuch, Condition [Anstellung] , *visieren, Umschauen* [Arbeit suchen] , *Verschreibung* [eine Anstellung bekommen] , *Geschenk* [festgelegter Geldbetrag] , *Fremde, sich fremd machen* oder *Feierabend nehmen.*

Feststellen lassen sich darüber hinaus dialektale Interferenzen und Stilbrüche: z.B. Vokalentrundungen und -vertauschungen wie in *hechsten, Helzern, gehert, fihrt, bekömmt* (vgl. Niess 1833), die Ersetzung des Dativs durch den Akkusativ; umgangssprachliche Verkürzungen; die Häufung des Relativadverbs *wo* und Wendungen wie: *hin machen* [wandern] oder *der Reihn hat da einen Fall* (Niess 1833, S. 9). Daß die Autoren die geschriebene Standardsprache zum Teil nicht sicher beherrschten, weist auf ihre kleinbürgerliche soziale Herkunft mit entsprechend elementarer Schulbildung hin.

Aus diesem wenig ergiebigen Befund ist also zu schlußfolgern: Das Besondere und Erklärungsbedürftige dieser Texte liegt nicht etwa in der Verwendung einzelner Wörter aus dem Kontext des Handwerks, sondern - im Gegenteil - gerade im weitgehenden Fehlen sprachlicher Merkmale, die auf den Berufskontext zu beziehen sind. Die Autoren blendeten einen großen Teil ihres Erlebens, ihrer Handlungsweisen, ihrer Gedanken aus der schriftlichen Darstellung aus, und sie vermieden in ihrer Schriftsprachlichkeit zumeist den Gebrauch der mündlichen Kommunikationsformen, mit denen sie in ihrer Arbeits- und Lebenswelt konfrontiert wurden.

Erklärlich werden diese Beobachtungen, wenn man versucht, die Intentionen aufzuspüren, die diesen Texten zugrundeliegen. Zunächst ist deutlich hervorzuheben, daß Schreiben, und zwar insbesondere freies und privates, nicht von äußeren Zwängen oder Zwecken veranlaßtes Schreiben, für den allergrößten Teil der Handwerkerschaft am Beginn des 19. Jahrhunderts keineswegs ein selbstverständliches Tun bedeutete. Als bewußte Tätigkeit gehörte das private Schreiben der „kleinen Leute" zusammen mit einigen weiteren Kulturtechniken zu einem sittlich begründeten bürgerlichen Bildungsprogramm mit dem Anspruch oder wenigstens mit der Hoffnung auf sozialen Aufstieg. Dies läßt sich an einer Reihe verschiedener Faktoren nachweisen.

Daß sich die Gesellen während ihrer Wanderschaft auch allgemein bilden wollten, zeigt sich schon allein daran, daß sie, trotz der Begrenztheit ihres Reisegepäcks, neben den notwendigen Legitimationspapieren, Stammbuchblättern und dem Notizbuch für eigene Aufzeichnungen, noch Platz für Reiselektüre wie beispielsweise Gebets- und Erbauungsbücher, Gedichtbändchen (z.B. Michaelsen: Seume), Sprachlehrbücher oder eines der speziellen Reisehandbücher für Wandergesellen hatten.[4]

In diesen Handbüchern fanden die jungen Handwerker außer vielen anderen Informationen auch Anleitungen, wie sie ihre Freizeit mit moralisch einwandfreien, sinnvollen Beschäftigungen füllen sollten. Empfohlen werden Spaziergänge mit Freunden, Gespräche über gute und nützliche Gegenstände, das Lesen guter und nützlicher Bücher, Musizieren und – nicht zuletzt – die Führung eines Tagebuchs:

> *Ein solches Tagebuch, in welches aber Alles ganz der Wahrheit gemäß aufgezeichnet werden muß, hat nicht nur in jeder Beziehung einen sehr wesentlichen Nutzen für den Besitzer, sondern auch noch in spätern Jahren gewährt das Lesen darin, und die dadurch angeregte Erinnerung an die glückliche und frohe Jugendzeit, große Freude* (Wandergern 1839, S. 64).

Mit dem sich (geistig) vielseitig bildenden Gesellen wurde das sittlich positive Gegenbild zum trinkfreudigen, lärmenden Kollegen heraufbeschworen. Diesen Kontrast bekam z.B. auch der Handwerker Dewald zu spüren:

> *Mir war recht wunderlich in der fremden Gesellschaft, davon die mehrsten sich im großen Herbergszimmer mit Saufen, Schreien und Spielen recht ausbündig aufführten. [...] Tat garnit im geringsten dergleichen und notierte meinen vorigen Weg im Reisebuch* (Dewald 1936, S. 12).

Sehr deutlich zeigt sich der Bildungsanspruch auch in der Auswahl der dargestellten Themen. Zwar riet der Autor des erwähnten Reisehandbuchs dazu, im Tagebuch nicht nur die Sehenswürdigkeiten zu vermerken, sondern auch neu erworbene berufliche Kenntnisse und Fertigkeiten sowie alle guten und bösen Handlungen genau zu verzeichnen, gleichwohl widmeten sich die Verfasser der vorliegenden Texte bis etwa 1850 fast ausschließlich den *Merkwürdigkeiten.* Der berufliche Alltag der z.T. langfristigen Beschäftigungsverhältnisse wurde in der Regel mit dürren Formulierungen wie *arbeitete da 17 Wochen* (Voges 1848, S. 36) oder *Arbeitete bis den 7ten September nahm dan Feierabend* (Niess 1833, S. 22) rasch übergangen. Auch eine Funktion als Tugend- und Lasterregister erfüllte das Tagebuch bei keinem der Gesellen, wie überhaupt Überlegungen, Vorstellungen und Gefühle kaum thematisiert wurden.

Mit einer gewissen Regelmäßigkeit führten die Autoren dagegen äußere Bedingungen und Zustände an, die sich ganz konkret und unmittelbar auf ihr Befinden während der Wanderschaft auswirkten. Dazu gehörten

---

[4] Vgl. z.B. Rathgeber 1828, Wandergern 1839, Vocke 1853, Linke 1891. Zur Vorbereitung auf die Wanderschaft dienten Erzählungen für Lehrlinge und junge Gesellen, z.B. Hirtz 1844 oder Preusker 1845.

Bemerkungen über die Straßen- und Wetterverhältnisse ebenso wie die knappen Bewertungen von Übernachtungsstätten und Verpflegungsqualität. Typisch sind folgende Formulierungen:

> *gingen [...] nach Thielenwiese, einer Postation, wo wir über Nacht blieben, daselbst sehr schlechte und schnöde Behandlung. Tages darauf gingen wir bein schönsten Wetter und starken Nebel weiter* (Voges 1848, S. 4) oder *gingen [...] bis Heise, 2 Meilen hinter Hannover, hatten aber den schlechtesten Weg, da die Chasse wie mit einem Lehmteige überzogen war* (Michaelsen 1834, S. 39) oder *Der Meersburger Seewein soll berühmt sein, mir ist er aber sehr sauer vorgekommen* (Stengel 1837, S. 10f.).

Thematisch im Zentrum stehen jedoch eindeutig Beschreibungen topographischer Besonderheiten. Auch hier richtete sich allerdings das Augenmerk der Reisenden kaum auf gesellschaftliche Zusammenhänge, wie etwa die einschneidenden politischen Geschehnisse und Umwälzungen, die z.B. dem im Revolutionsjahr 1848 aufbrechenden Karl Voges sicher nicht verborgen blieben. Erwähnenswert waren den Autoren in erster Linie die touristischen Attraktivitäten, das (dem Wortsinn nach) 'Sehens-' oder 'Merk-würdige' der Städte und Landschaften. Aufgezählt wurden gewöhnlich jeweils einige der wichtigsten Gebäude und Denkmäler der Städte sowie herausragende Naturerlebnisse, vor allem der erste Anblick des Rheins oder der Alpen. Aktuell war außerdem ein großes Interesse an innovativen technischen Monumenten und Konstruktionen, wozu vor allem Fabriken, Eisenbrücken, Eisenbahnen und Dampfschiffe gehörten.

Die weitgehende Vernachlässigung der beruflichen Erlebensaspekte bei gleichzeitiger inhaltlicher Hervorhebung der historisch bedeutsamen Naturdenkmäler und Kulturartefakte zeigt an, daß auch die Handwerksgesellen das Diktum „Reisen bildet" (vgl. Elkar 1980, S. 66f.) für sich in Anspruch nahmen. Den Vorstellungen des aufgeklärten Bürgertums folgend, wonach eine allgemeine und umfassende Bildung eher und besser durch konkrete Anschauung als durch trockene Büchergelehrsamkeit zu erwerben sei, ordneten die Gesellen das eigentliche Ziel ihrer Wanderschaft, die berufliche Aus- und Weiterbildung, dem Streben nach allgemeiner Bildung unter. Das Grundmotiv der bürgerlichen 'Bildungsreise' schlug sich sogar auf die Wortwahl nieder. Obwohl die Verben *wandern* und *gehen* die Fortbewegungsart der Handwerker am angemessensten bezeichnen, verwendeten die Gesellen den viel allgemeineren Ausdruck *reisen* fast ebenso häufig (vgl. Schikorsky 1990, S. 207f.).

Daß die Bildungs- und Aufstiegsorientierung von Handwerksgesellen keine gesellschaftliche Ausnahmeerscheinung war, erwähnt unter anderem Wilhelm Heinrich Riehl in seiner Schrift über den „Vierten Stand". Seiner Einschätzung nach waren es nicht etwa die armen Handwerksbur-

schen, die vom sozialen Abstieg bedroht waren, „sondern jene vornehm-
thuerische Klasse, welche nicht mehr 'auf die Wanderschaft geht', sondern 'zu ihrer Ausbildung reist' [...] welche [...] über ihren Stand hinaus-
will" (Riehl 1850, S. 246f.).

Doch mag es außerdem noch einen viel banaleren Grund für die thematische Dominanz einer rezeptiven Außenweltperspektive sowie die ebenfalls
auffällige formale Gleichförmigkeit der Wandertexte aus der Frühphase
des 19. Jahrhunderts geben. Die Aufzeichnung individueller persönlicher Erlebnisse während Arbeit und Freizeit hätte vom Schreiber ein
hohes Maß eigenständiger sprachlicher Umsetzungs- und Formulierungs-
leistung erfordert – vielleicht ein zu hohes, wenn man die meist rudi-
mentären Schreib- und Lesefähigkeiten berücksichtigt, die im Deutschunterricht zeitgenössischer Volksschulen vermittelt wurden.

Für die Beschreibung allgemeingültiger Sachverhalte und überindividuel-
ler sinnlicher Wahrnehmungen, wie sie in den Texten überwiegen, konnten die Autoren dagegen auf bekannte, situations- und erlebnisadäquate
Textmuster, -vorbilder und -stereotype zurückgreifen, die zum Beispiel
in Form von Reisehandbüchern und Reisebeschreibungen vorlagen.

Tatsächlich sind neben den inhaltlichen auch auffällige strukturelle Ähn-
lichkeiten zwischen den Texten zu bemerken, die auf weitgehend über-
einstimmende Textsortenvorstellungen schließen lassen. Gemeinsamkeiten bestehen insbesondere in drei Punkten.

Zum einen in der engen Verkopplung von Zeit und räumlicher Bewegung
als Mittel der Textgliederung. Im Unterschied zu der in Tagebüchern gemeinhin üblichen Orientierung an der Chronologie umfassen die einzelnen Schreibakte der Wandertagebücher zumeist längere Wander- bzw.
Streckenabschnitte. Zur innertextuellen Segmentierung dienten dann
primär die Ortsangaben, die nur manchmal mit Zeitdaten verbunden
wurden. Dies entspricht der Anordnung der Ortsbeschreibungen entlang
einzelner Reiserouten in den Handbüchern.

Die zweite strukturelle Ähnlichkeit betrifft die syntaktische Verknappung
der Texte. Typisch für den sogen. „Telegrammstil" der Wanderaufzeichnungen sind häufige Leerstellen bei Subjekt und Prädikat. Auch hierin
stimmen Wandertexte und Reisehandbücher, deren Ortsbeschreibungen
z.T. reine Aufzählungen sind, partiell überein. Von Musterübernahmen
abgesehen, könnten für die Verkürzungen jedoch auch schreibökonomi-
sche Überlegungen des Autors maßgeblich gewesen sein, der seine Aufzeichnungen auf das für ihn Wichtigste, nämlich die Objekte seiner
Wahrnehmung, beschränken wollte.

Daraus ergibt sich dann schließlich als drittes Strukturmerkmal die Kürze der Ausführungen insgesamt. „Beschreiben" und „Berichten" sind die vorherrschenden Darstellungsarten. Kennzeichnend dafür sind: strenger Sach- und Faktenbezug; rasche und unverbundene Wechsel von einem Gegenstand zum nächsten; äußerst knappe Bewertungen, meist in Form von Adjektiven; weitgehender Verzicht auf Erzählelemente, sprachliche Ausschmückungen, Bildhaftigkeit oder besondere Stilmittel.

Diese Eigenschaften prägten den Grundaufbau der Wandertexte im wesentlichen bereits seit dem 17. Jahrhundert (vgl. Fischer 1957). Am Beispiel von Beschreibungen der Stadt Kassel lassen sich neben den Übereinstimmungen mit möglichen Textmustern auch die individuellen Variationsspielräume in der formalen und sprachlichen Textgestaltung erkennen:

> *Kassel ist eine Schöne Stadt vorzieglich die Königs Strase von der Stadt eine Stunde ab das schöne Schloss die Wilhelms höhe und da hinter das alte Schloß wo der Hercules aufsteht es steht auf den Höchsten Berge wo in der Mitte der wasser fall und auf beiden seiten Masiefen Treppen von 367 Stufen hinauf fihren* (Niess 1833, S. 3).

> *Gegen Abend kamen wir in Cassel an, wo wir am Sontag auch blieben. Dies ist aber eine der schönsten u lebhaftesten Städte Deutschlands aber trozdem nur 1 Knopmacher darinn lauter Posamentier, überhaupt wird es hier schlecht für die Knopfmacher. Am Nachmittage gingen wir nach der Wilhelmshöhe u Löwenburg, eine alterthümliche Burg wo der alte Kristoffel auf der Wilhelmshöhe steht, etwas weiter herunter nach Cassel zu, ist das Kurfürstliche Schloß, woran jeder Seite 1 Löwe das Hessische Wappen liegt. Oben schwischen diesen beiden Burgen fließt ein kleiner Bach herunter, worauf unten Schwäne u türkische Enten schwimmen. Auch sprang diesen Nachmittag die Fontaine oben* (Voges 1848, S. 7ff.).

In Vockes Reise-Taschenbuch für junge Handwerker und Künstler von 1853 heißt es unter anderem:

> *Kassel, die Residenz des Kurfürsten von Hessen, eine der schönsten Städte Deutschlands, Merkw.: Unter den öffentlichen Plätzen nimmt der große mit schönen Gebäuden umgebene u. auf 3 Seiten mit Lindenalleen geschmückte Friedrichsplatz den ersten Rang ein. [...] Aber Kassels größter Ruhm ist das 1 St. von hier gelegende prachtvolle Schloß Wilhelmshöhe mit einem ausgezeichneten Garten u. weitläufigen Waldanlagen, herrlichem Wasserspiegel, Fontainen u. Wasserfällen. Inmitten diesem, wohl dem schönsten Parke in Europa, liegen die Löwenburg, das Riesenschloß mit der großartigen Kaskade, die Teufelsbrücke u. a. sehenswerthe Gegenstände [...]* (Vocke 1853, S. 86f.).

Darüber hinaus ist eine Verwendung poetisch geprägter Sprachstereotype festzustellen, die meist im Zusammenhang mit Naturschilderungen auftreten (vgl. Schikorsky 1989, S. 235). Im Gegensatz zur gewöhnlichen Kargheit der Beschreibungen schwelgten die Autoren hier z.T. in schwärmerischer Ausführlichkeit. Die metaphorischen Ausschmückungen erinnern mehr oder minder vage an Vorbilder aus der schönen Literatur, die bei diesen Formulierungen vielleicht Pate gestanden haben. Beispielhaft ist etwa folgende Passage:

> *Die Gebirge, die bei meiner Hinreise noch im winterlichen Schneege-*
> *wande dastanden, zeigten jetzt ihren grünen Sommerschmuck, umzo-*
> *gen von der dunklern Farbe des Tannengehölzes, das sich weiter hinauf*
> *immer mehr verliert, und endlich nur die kahle Felsenspitze unbedeckt*
> *läßt, gleich einem Greise im Festschmucke, dessen eisgraues Haupt aber*
> *eine gewisse Ehrfurcht einflößt. Schäumende Wasserfälle stürzten mit-*
> *unter aus den Felsen hervor, um den jungen Rhein, der durch dieses*
> *Thal sich schlängelt ihr Wasser zu geben* (Stengel 1837, S. 18f.).

Für solche mehr oder weniger identischen Musterübernahmen sind in der Schriftsprachlichkeit „kleiner Leute" des 19. Jahrhunderts zahlreiche Belege aus den unterschiedlichsten Bereichen, vor allem aus dem privaten und öffentlichen Briefverkehr, zu finden (vgl. Grosse 1989, S. 290f.; Cherubim 1987). Im Zusammenhang mit dem Tagebuchschreiben erscheint das bloße Abschreiben oder die sinngemäße Übertragung von Textvorlagen allerdings wenig zweckmäßig, da doch eigentlich gerade die starke emotionale und persönliche Nähe des Autors zu seinen Aufzeichnungen als ein konstitutives Element der Textsorte „Tagebuch" gilt. Diese Bestimmung auf die Handwerksgesellentexte anzuwenden, hieße jedoch, die Intentionen der Autoren gründlich mißzuverstehen. Den „kleinen Leuten", und somit auch den Wandergesellen in der ersten Hälfte des 19. Jahrhunderts war das Tagebuchschreiben im allgemeinen weder ein seelisch-bekennendes, noch ein literarisch-ästhetisches Bedürfnis, sondern stellte einen Wert für sich dar, und zwar in zweifacher Hinsicht.

Die schriftliche Fixierung erfüllte zum einen den Zweck, die Wahrhaftigkeit des Erlebens zu bestätigen. Das Tagebuch hatte für den Gesellen eine wichtige Funktion als Erinnerungs- und Erzählskript für ausführliche mündliche Schilderungen im Freundes- und Familienkreis nach der Rückkehr in seine Heimat. Durch das Aufschreiben wurde gewissermaßen der Beweis geführt: 'Dort bin ich gewesen'. Genau diese Bestätigungsabsicht hatte auch der Schlossergeselle Hermann Müller im Sinn, als er seinen Eltern einen Brief aus Venedig schickte:

> *Wundern werdet ihr euch daß ich schon wieder schreibe [...] , doch ich*
> *konnte es nicht unterlassen euch zu benachrichtigen daß ich jetzt in der*
> *Residenz und Hauptstadt von Italien bin, denn wenn ich einst zu Hause*
> *komme und würde euch erzählen daß ich Venedig gesehen so würdet ihr*
> *es mir am Ende garnicht glauben, also schwarz auf weiß ist der Beweiß*
> (Müller 1863, S. 2).

Des weiteren diente das Schreiben der Manifestation des bürgerlichen Bildungsanspruchs. Dies wurde primär durch die bewußte Orientierung an der Standardsprache zum Ausdruck gebracht. Die Kenntnis der schriftsprachlichen Regeln und Normen galt als unverzichtbare Voraussetzung für den sozialen Aufstieg schlechthin. Denn, so heißt es in einer Jugenderzählung:

> *wenn auch die bequeme und so recht von Herzen gehende heimathliche Volks=Mundart im häuslichen Leben gern gebraucht wird und werden kann, [so erscheint] dennoch ein der Schriftsprache gemäßes Hochdeutsch gegen Höherstehende, wie in größeren Gesellschaften, ebenso nothwendig [...] als, selbst auch bei dem Handwerker, es stets für ein wesentliches Zeichen höherer Bildung gilt* (Preusker 1845, S. 15).

Je nach Schulbildung, Schreibzeitpunkt und individueller Kompetenz gelang die Anpassung an die Zielvarietät Standardsprache mehr oder weniger vollkommen. Für das Schreibbewußtsein des Autors spielte der Perfektionsgrad der sprachlichen Gestaltung eine relativ nebensächliche Rolle, ebenso wie der dargestellte Inhalt nicht notwendigerweise Ausdruck eines innersten Bedürfnisses sein mußte. Entscheidend war zunächst allein der Akt des Schreibens. Denn als Schreibender bezeugte der Handwerker seine Vertrautheit mit einer anerkannten bürgerlichen Kulturtechnik.

Anpassung und Nachahmung sind also die beiden wesentlichen Strategien sprachlich-textueller Gestaltung der Wandertagebücher zwischen 1800 und 1850. In der Fortführung älterer Traditionen sind die Handwerkertexte als Dokumente bildungsbürgerlichen Aufstiegsstrebens zu begreifen. Ihre besonderen Kennzeichen sind: die Selbstdarstellungsfunktion als „Gebildete" und darüber hinaus die privaten Intentionen als Merk-, Erinnerungs- und Erzählskript; die thematische Vernachlässigung von Berufs- und Alltagsaspekten; die thematische Bevorzugung topographischer Auffälligkeiten; die Textstrukturierung und -segmentierung primär nach räumlichen und sekundär nach zeitlichen Gesichtspunkten; die inhaltliche, syntaktische und stilistische Verknappung; die Orientierung an den Regeln der Standardsprache; die weitgehende Vermeidung bewußter Übernahmen aus der gesprochenen Sprache sowie der geringe Anteil handwerkstypischer Varianten.

Private und veröffentliche Wandertexte (um 1900)

Am Ende des 19. Jahrhunderts präsentieren sich die schriftlichen Wandertexte der Handwerksgesellen in sehr veränderter Gestalt. Zunächst ist jedoch zwischen 1850 und 1880 die Zahl der überlieferten Quellen rückläufig. Falls dieser Befund nicht auf der Zufälligkeit und Unsystematik meiner Materialerhebung beruht, ist ein zeitweiliges Abflachen des Interesses an der Wanderschaft und/oder an deren schriftlicher Fixierung dahinter zu vermuten. Eine solche Annahme erscheint vor dem Hintergrund der gesellschaftlichen Zustände der Zeit durchaus plausibel.

Die zweite Hälfte des 19. Jahrhunderts prägt eine zunehmende Beschleunigung und Dynamisierung der gesellschaftsverändernden Prozesse. Mit zeitlicher Verzögerung gegenüber Frankreich und England setzte nun auch in Deutschland die Industrialisierung mit allen ihren Folgen voll ein. Die endgültige Einführung der Gewerbefreiheit und damit die Auflösung der alten zünftigen Organisationsstrukturen des Handwerks ließen sich nicht mehr aufhalten. Damit verlor die Handwerkerschaft faktisch ihre sozialständische Legitimationsbasis. Ein großer Teil von ihr mußte sich in die Industriearbeiterschaft einreihen. Viele dieser ehemaligen Handwerker waren allerdings politisch sehr aktiv. Aus ihnen rekrutierte sich das Kernpotential und die Führungsspitze der sozialdemokratischen Arbeiterbewegung.

Neben verschärften Wanderbestimmungen und politisch begründeten, staatlichen Wanderbeschränkungen (z.B. Wanderverbote für die Schweiz, Frankreich und Belgien) mögen wohl auch die allgemein unruhige Lage nach der Revolution von 1848, vor allem jedoch die Kriege von 1864/66 und 1870/71, zu denen die jungen Handwerker als Soldaten eingezogen wurden, die Wandermotivationen verringert haben.

Welches auch im einzelnen die maßgeblichen Ursachen für den Rückgang der Wanderaufzeichnungen waren, fest steht jedenfalls, daß zum Ende des 19. Jahrhunderts hin, nachdem seit 1871 mit der Errichtung eines deutschen Kaiserreichs eine oberflächliche und trügerische Ruhe eingekehrt war, die Gesellen noch immer wanderten und daß sie weiterhin ihre Erlebnisse aufschrieben. Ja, sie waren jetzt sogar schreibfreudiger denn je.

Das Erscheinungsbild der Textdokumente unterscheidet sich von den schlichten, relativ einheitlich gestalteten Wandertagebüchern der vorhergehenden Phase in mehr als einer Hinsicht: Es ist differenzierter, vielschichtiger, uneinheitlicher und variationsreicher geworden.

Die Zahl der Tagebuchschreiber nimmt offensichtlich ab. Daran werden die veränderten äußeren Bedingungen der Wanderschaft sicher nicht ganz schuldlos gewesen sein. Denn die allgemeine Beschleunigung der gesellschaftlichen Prozesse machte vor dem Gesellenwandern nicht halt: Aus dem Wanderer war inzwischen ein wirklicher Reisender geworden – ein Eisenbahnreisender.

Die Gesellen der 30er Jahre hatten die Eisenbahn noch als Sehenswürdigkeit bestaunt und ihren Nutzen zwiespältig bewertet. So schrieb etwa Johann Eberhard Dewald über seine erste Fahrt:

> *Ist ein wunderliches Gefühl, mit sausender Schnelligkeit dahinzufahren und Minuten für Wege zu brauchen, daran man wohl sonst einen halben Tag marschiert. Ist dabei allerdings nit sehr erquicklich, vom Rauch und Ruß des Dampfes überschüttet zu werden, die einem der Wind in das Gesicht treibt* (Dewald 1936; zit. nach Fischer 1957, S. 131).

1878 stellte dann der Verfasser eines Handwerksburschen-Lexikons resignierend fest:

> *Wo früher auf holpriger Landstraße der Postwagen einher rumpelte und der Allerwelts=Schwager mit munterem Posthornton die Mädchen in Dörfern und Städten aus den Federn blies, glitzert heute die eherne Doppelschlange – der eiserne Weg des schnaubenden Dampfrosses und der markerschütternde Ton der Pfeife gellt dem Wandernden aus weiter Ferne verlockend entgegen. Mit dem Postwagen ist die Poesie des Reisens, mit der Eisenbahn der letzte 'Bruder Straubinger' verschwunden. [...] Wer heute nicht zu Fuße gehen muß, fährt mit der Bahn* (Linke 1878, S. 5).

An die Stelle der langsamen Fortbewegung von Ort zu Ort – die auch die Struktur der älteren Tagebücher bestimmt hatte, war jetzt der rasche Ortswechsel getreten, der vielleicht nicht mehr die nötige Muße für den schriftlichen Nachvollzug der zeitlich verkürzten Reiseetappen ließ. Der Eisenbahnreisende übenahm eine Statistenrolle. Die 'Welt' mußte nicht mehr aktiv erschlossen werden, sondern sie bewegte sich am Reisenden, der aus dem Abteilfenster sah, vorbei (vgl. Schivelbusch 1977, S. 52ff.).

Allerdings gelang es dem Bäckergesellen Ernst Goertz, der sich im Sommer 1892 auf eine kurze Wanderschaft begab, auf recht eindrucksvolle Weise, die Beschleunigung des Reisens in eine Beschleunigung der Sprache umzusetzen. In impressionistischer Manier schildert er eine Zugfahrt von Potsdam nach Berlin. Ihm geht es nicht mehr um eine sachorientierte Auflistung der traditionellen Kultursehenswürdigkeiten, sondern um eine Niederschrift ganz subjektiver Assoziationen zu den vorüberfliegenden Orten bzw. Ortsnamen. So entsteht eine Textcollage mit Versatzsstücken aus Werbetexten, Gassenhauern und Gedankensplittern:

> *Nun ich bestieg den Zug und die Fahrt begann. Eine Station nach der anderen wurde zurückgelegt, Passagiere stigen ein und aus, ich sah teils zum Fenster hinaus, teils in eine daliegende Zeitung, ich fühlte für keines volles Interresse, die Gegend war nicht besonders schön und die Zeitung nicht besonders geistreich. 'Grunewald' rief der Schaffner, als der Zug mitten in einem Walde hielt, wo nur Schienen, und einige Gebäude den Bahnhof verrieten. Ich lächelte das war also der berühmte 'Grunewald' der jetzt in Aller Munde lebt? Selbst von den Lippen ei-*

nes hübschen Zigeunermädchens hörte ich leise die schalkhafte Melodie: 'Rechts um die Ecke! Links um die Ecke! Überall im Grunewald ist Holzauktion ' [...] Vorbei! Weiter braust der Zug, zwischen krüppeligen Bäumen dahin. Charlottenburg! Nun noch ein paar Stationen und der Schlesische Bahnhof, mein Ziel war erreicht. 'Blookeos holl Cacao.' Feinste Marke las ich in mit riesenhaften Lettern als Reklame an den Häusern, während der Zug vobeisauste. Zehn, zwanzigmal, auch Empfehlungen der 'Berliner Morgenzeitung' u.s.w. Wieder fuhren wir in einen großen Bahnhof ein. [...] 'Stralau Rummelsburg' Aha! vom 'Stralauer Fischzug' und vom Gefängnisse Rummelsburg hatte ich auch schon gehört. 'Sadowa!' Sonderbar! Wie nur der Ort zu dem Namen gekommen sein mag? Sadowa, deutsch 'Königgrätz', ist er nach der blutigen Schlacht 1866 so genannt? 'Koepenick' 'Friedrichshagen'. Na, nun muß aber doch bald Berlin kommen? Träum ich denn? Schlaf ich denn? Wald, Wald und immer wieder Wald (Goertz 1892, S. 2ff.).

Im Gegensatz zu den bislang besprochenen Tagebüchern baute Goertz in seine Aufzeichnungen selbstbewußt und mit kritischer Distanz zahlreiche Elemente der gesprochenen Sprache ein, bis hin zur Abbildung seiner heimatlichen, sächsischen Mundart: Beispiele dafür sind etwa: *„Nu freilich!?"* oder *„Da schlag aber doch gleich en Kreuz hin, mit Donnerwetter hinein"* (Goertz 1892, S. 5f.); einen Brandenburger zitiert er mit den Worten: *„Dit sind ja Bonbons? Na nu hört aber allens uff!"* (ebd. S. 14); und einem sächsischen Polizisten legt er in den Mund: *„Ihr scheint mir eine scheene Clique zu sein! Wo habt Ihr Euch denn uffgegabelt"* (ebd. S. 32).

Noch ein weiteres sprachliches Merkmal kennzeichnet dieses Tagebuch: nämlich die Verwendung von handwerkstypischen Ausdrücken. Und zwar handelt es sich dabei um die sogenannte 'Kundensprache' oder auch 'Sprache der Walz' (vgl. Sinz 1986, S. 157ff.), eine Varietät, die erst in der zweiten Hälfte des 19. Jahrhunderts eine deutlich handwerkssprachliche Färbung annahm. Als historisch gewachsenes Konglomerat unterschiedlichster Herkunft mit großen Anteilen des Jiddischen und des Rotwelschen galt die Kundensprache ursprünglich als Sprache der Gauner, Landstreicher und Bettler.

Aus dem Verlust von Autonomie und Exklusivität des Handwerkswesens resultierten unter anderem Ausgleichs- und Mischungsprozesse zwischen den verschiedenen sozialen Gruppen der Landstraße. Zu mannigfachen kommunikativen Kontakten kam es während des Wanderns sowie in den Gasthäusern und Herbergen, die jetzt nicht mehr den Handwerksgesellen allein vorbehalten waren, sondern ebenso von Nichtseßhaften, Gelegenheitsarbeitern und gesellschaftlichen Außenseitern aufgesucht wurden. Auf diesem Wege kam es dann in der Folge zur Verbindung und zum Austausch von Ausdrücken der älteren Kundensprache mit solchen aus der traditionellen Gruppensprache des Handwerks. Ab 1863 erschienen zahlreiche Lexika und Wortlisten zur Kundensprache, von denen sich einige speziell an die Handwerker richteten.[5] Obwohl diese Gruppenvarietät hinsichtlich der sozialen Zugehörigkeit ihrer Sprecher weiterhin sehr unscharfe Konturen behielt, ersetzte sie zunehmend die von den sprachlichen Gebräuchen und Riten der Zünfte und Gesellenvereinigungen geprägte, ältere Umgangssprache unter den Handwerksburschen. Beispiele aus dem Tagebuch von Goertz sind etwa: *Kunde, Stromer, fechten, talfen* [betteln] , *tippeln* [wandern] , *gefleppt werden* [Papiere vorzeigen müssen] , *Stromer, Vater, Kollex, Schuster* [Schimpfname für einen Bäcker] .

Über die regionalen und handwerkstypischen Sprachelemente hinaus sind für den Schreibstil von Goertz charakteristisch: eingeschobene Anekdoten, Lied-, Sprichwort- und Klassikerzitate, häufiger Wechsel zwischen Lyrik und Prosa, zwischen Beschreiben, Berichten und Erzählen sowie der Einsatz rhetorischer Figuren. Somit spiegelt sich in dem Tagebuch des literarisch ambitionierten Bäckergesellen ein breites Spektrum der Lebensbereiche von der realen Alltagswelt des Autors bis hin zur erstrebten Bildungswelt des Bürgers in der Vielfalt sprachlicher und stilistischer Varianten wider.

Für die Textsorte „Wandertagebuch" sind diese lebendigen und farbigen Aufzeichnungen ein eher untypisches Einzelbeispiel. Klare Parallelitäten lassen sich jedoch zu den im gleichen Zeitraum entstandenen, veröffentlichten Wandererinnerungen herstellen.

Daß die schreibenden Handwerker und Arbeiter sich am Ende des 19. Jahrhunderts stärker den retrospektiven Textformen zuwandten, hängt sicher wesentlich damit zusammen, daß sich jetzt auch in unteren Sozialschichten die Schreib- und Lesefähigkeiten allmählich verbessert hatten und der Ausdrucksreichtum sowie die Sicherheit im Umgang mit den schriftlichen Gestaltungsmöglichkeiten gestiegen waren. Aus großer zeitlicher Distanz, z.T. Jahrzehnte nach dem Abschluß der Wanderzeit, beschrieben die altgewordenen Gesellen ihre Erlebnisse. Die Motivationen und Intentionen, die sie dabei leiteten, waren andere geworden. Verfaßt wurden diese Texte nun nicht mehr zur eigenen Erinnerung, sondern für die nachfolgenden Generationen. Adressaten waren zumeist die Kinder

---

[5] Oft wird die 'Kundensprache' zusammen mit der sogen. 'Gaunersprache' abgehandelt; vgl. Avé=Lallemant 1858ff., Rocholl 1885 (S. 171-181), Stumme 1903, Ostwald 1906, Günther 1919, Wohnsitz 1982. Kluge datiert in seinem rotwelschen Quellenbuch (1901) die erste Wortliste speziell „Zur Sprache der Handwerksburschen" auf das Jahr 1863 (Sammlung von Jos. Max. Wagner; vgl. S. 421ff.).

und Enkelkinder (z.B. bei Bechstedt 1859).

Neben die weiterhin innerhalb des Bezugs- und Rezeptionsrahmens der Privatheit verbleibenden Texte traten solche, die für ein allgemeines Publikum geschrieben wurden. Selten allerdings stammte der Wunsch, an die Öffentlichkeit zu treten, vom Autor selbst. Von wenigen Fällen abgesehen, in denen es galt, eine außerordentlich steile Karriere nach dem Muster „Vom Schlosser zum Minister" (Severing 1950) zu beschreiben, kam ein Handwerker, der solche Aufstiegserfolge nicht vorzuweisen hatte, der vielleicht sogar im Verlauf seines Lebens sozial abgestiegen war, in der Regel nicht auf den Gedanken, seine Erinnerungen einem größeren Leserkreis zugänglich machen zu wollen. Veröffentlicht und z.T. auch überhaupt erst geschrieben wurden die Handwerkererinnerungen im allgemeinen aufgrund von Anregungen von Bildungsbürgern, wobei sich vor allem Lehrer und Pastoren als Förderer hervortaten.

Nachdem die Autobiographie des Schweizer Bauernsohns und späteren Webers Ulrich Bräker am Ende des 18. Jahrhunderts zunächst eine singuläre Erscheinung geblieben war, setzte ungefähr in der Mitte des 19. Jahrhunderts ein stärkeres Interesse an Lebenserinnerungen 'kleiner Leute' ein, das seinen Höhepunkt an der Wende zum 20. Jahrhundert fand. Von den vielfältigen und verschiedenartigen Bedingungen für diese Entwicklung wirkten sich vor allem drei auch auf die sprachliche Gestaltung der Handwerkeraufzeichnungen aus. Gemeint sind Tendenzen zu unzeitgemäßer Handwerksschwärmerei, zu realitätsferner Sozialromantik sowie zur Poetisierung des Alltags 'kleiner Leute'.

Die Intentionen der Schreiber waren häufig von einer unkritischen Schwärmerei für das alte Zunftsystem bestimmt. Am Ende des 19. Jahrhunderts wurden in verklärender Weise ein positives Wertesystem und eine ständische Einheit des Handwerks beschworen, die – wenn sie in dieser Form überhaupt jemals bestanden hatten, längst der Vergangenheit angehörten. Es ging also weniger um die faktischen Gegebenheiten der Gegenwart als vielmehr um nostalgisch-idealisierende Vorstellungen von der 'guten, alten Zeit' des Handwerks. Geschildert werden sollten eine *versunkene Zeit* bzw. die *letzten Blütetage der Zunft* (Mengers 1910, S. VI).

Obwohl das Handwerk in wirtschaftspolitischer Hinsicht stark an Bedeutung verloren hatte, betonten die Gesellen ihre Zugehörigkeit zu diesem Berufsstand jetzt besonders nachhaltig, um sich damit vom Proletariat abzugrenzen, das in der Werteskala des Sozialprestiges noch unter dem kleinbürgerlichen Handwerk rangierte. Dieser Mentalitätswandel läßt sich auch an der sprachlichen Gestaltung der Texte ablesen. War der am bürgerlichen Aufstieg orientierte Geselle der ersten Jahrhunderthälfte bemüht gewesen, den sprachlichen Bezug zu seinem handwerklichen Lebenskontext zu vermeiden, so dokumentierte der vielleicht vom sozialen Abstieg bedrohte Geselle am Ende des Jahrhunderts durch den Gebrauch zahlreicher handwerkstypischer Ausdrücke ganz bewußt seine enge Bindung an die Berufsgruppe der Handwerker.

Unbekümmert verwendeten die Autoren nebeneinander Sprachelemente der verschiedenen mündlichen Kommunikationsbereiche des Handwerks. Exemplarisch zeigt dies etwa der Text des Bäckergesellen Christian Wilhelm Bechstedt (1859). Innerhalb einer kurzen Passage finden sich dort beispielsweise Belege für die Fachsprache der Bäcker: *Kasseler Bäckerei* und *naßwirken;* für die Organisationssprache der Zünfte: *Kundschaft, das Zeichen zum Zusprechen, in Arbeit sprechen* sowie die Gruppensprache der Gesellen: *Hui Schütz* [Meister] , *Löb=Schütz, Bruder* bzw. *Brüderchen, Felleisen, Herberge, Fremde, Schicht machen, pappen* und *Bergkneipen* (Bechstedt 1859, S. 116). Die Intensität der kundensprachlichen Färbung ist bei Bechstedt, dessen Wanderschaft am Beginn des 19. Jahrhunderts stattgefunden hatte, noch nicht so ausgeprägt wie bei Autoren, die erst am Ende des Jahrhunderts ihre Wanderzeit antraten (vgl. Keil 1947f.).

Auffällig sind weiterhin die großen Anteile von Regionalismen in den Darstellungen. Die Autoren versuchten, ihren eigenen mündlichen Sprachstil und auch den ihrer Gesprächspartner möglichst genau nachzubilden. Mit Ausdrücken wie: *Meester, alleen, bei's Gericht gehen, mir* statt 'mich', *dir* statt 'dich' , sowie den umgangssprachlichen Verkürzungen *verlang, nich, nu, naus, drüber,* gibt beispielsweise Bechstedt (1859, S. 116) die Sprache eines Berliner Gesellen wieder.

Von dem Wunsch des Verfassers nach Authentizität und stilistischer Farbigkeit einmal abgesehen, korrespondierten die – im Vergleich zu den früheren Aufzeichnungen – außergewöhnlich zahlreichen Einflüsse von Dialekten und Umgangssprachen in den Wandererinnerungen der Handwerker auch mit sozialromantischen Tendenzen am Ende des 19. Jahrhunderts, die in einer Glorifizierung des schlichten Lebens der 'kleinen Leute' zum Ausdruck kam. Ohne die tatsächlichen gesellschaftlichen Zustände und Mißstände wie soziale Entwurzelung und Pauperisierung breiter Bevölkerungskreise zu berücksichtigen, die im Prozeß der Industrialisierung auftraten, wurde das *„bescheidene Leben",* das *„Leben, das Arbeit, Mühe und Sorgen"* war (Mengers 1910, S. IX), idealisiert. Diese Sichtweise existierte nicht nur im gehobenen Bürgertum, das damit bedrohte Standesprivilegien legitimieren und festschreiben wollte, sondern ebenfalls bei einigen Handwerkern, teils aus Resignation, teils aus

Gründen der Beharrung auf sogenannten Handwerkstugenden. In diesem Punkt unterscheiden sich die Handwerkererinnerungen großenteils von den Arbeiterautobiographien der Sozialdemokraten mit gesellschaftspolitischem Anspruch.

Die Hochschätzung des kargen Handwerkerlebens implizierte jedoch auch eine Ablehnung des Strebens nach höherer Bildung. Dies schlägt sich in der sprachlichen Gestaltung der Erinnerungen nieder. *„Einfach und schlicht, wie es einem zünftigen Handwerksburschen geziemt, habe ich meine Erinnerungen niedergeschrieben"*, betont etwa Christian Mengers in seiner Einleitung (Mengers 1910, S. X). Konnten stilistische Schlichtheit und enge Dialektgebundenheit in den Texten der ersten Jahrhunderthälfte auch als Zeichen geringer Bildung gedeutet werden, so dienten sie jetzt als Ausweis wahrer Volkstümlichkeit. Und die bürgerlichen Herausgeber der Handwerkererinnerungen, die sich ansonsten nicht scheuten, weitreichende Eingriffe in den Manuskripten vorzunehmen, ließen die regionalen Sprachvarianten mit Bedacht stehen: *„Alle dialektischen Besonderheiten aber, auch wo sie nicht als schriftdeutsch gelten, sind absichtlich stehen gelassen, sodaß der Leser sicher ist, eben einen rein volksmäßigen Schriftsteller zu lesen"* (Mengers 1910, S. VII; Vorwort eines ungenannten Herausgebers); und im Vorwort zu einer anderen Textsammlung begründet der Herausgeber Adolf Levenstein seinen Verzicht auf Korrekturen folgendermaßen: *„Gerade das so oft verzweifelte Ringen mit der Form macht ja erst die Schilderungen so echt lebenswahr"* (Levenstein 1909, Nachwort).

Nicht zu trennen von den beiden Aspekten Handwerksschwärmerei und Sozialromantik ist der dritte, nämlich die Entdeckung von Armut, Elend, Arbeit und Alltag der sozialen Unterschichten als poetischen Gegenständen der Literatur (vgl. Brandl/Creutzburg 1974, Münchow 1981, Literatur 1987, S. 182ff.). Dabei fielen die unterschiedlichen Motive und Interessen des Buchmarktes, der bürgerlichen Herausgeber, der Leserschaft und der Handwerker-Autoren zusammen oder ergänzten sich. Begonnen hatte dieser Literarisierungsprozeß um die Mitte des 19. Jahrhunderts, wie beispielsweise die ironische Bemerkung in einem Roman von Robert Prutz zeigt:

> *Die sociale Frage, [...] Das Ding ist einmal in der Mode, alle Welt will etwas Sociales lesen: verhungernde Proletarier, reiche Wucherer, bleiche Weberkinder – auf mein Wort [...] ich liebe eine behagliche Existenz und mein ganzer ästhetischer Magen dreht sich um, wo ich eine von diesen Jammerhöhlen erblicke, selbst nur im Buche. Aber die Zeit will es, die Literatur verlangt es* (R. Prutz: Das Engelchen. T.1, Leipzig 1851, S. 196. Zit. nach: Literatur 1987, S. 182).

Um diese Zeit erschien auch die wohl erste Autobiographie eines Handwerkers (Neumann 1853). Wenn auch die bürgerlichen Schriftsteller (z.B. Hauptmann, Ibsen, Holz, Schlaf) sich bemühten, die Lebensverhältnisse der unteren Bevölkerungskreise so naturalistisch wie möglich nachzubilden, so fehlte ihren Werken aber doch die spezifische Wahrhaftigkeit des Authentischen, die gerade den besonderen Reiz der modischen Armutsschilderungen ausmachte. Denn die fiktionale Vorstellung von Elend und Armut erregte die Gemüter weit weniger, als die Darstellung der unschönen Realität. Diesen literarischen Anspruch konnten nun aber nur die Arbeiter und Handwerker selbst erfüllen.

Wichtige Funktionen übernahmen die bürgerlichen Herausgeber, die geeignete Autoren aussuchten, sie unter Umständen erst zum Schreiben anregten und schließlich entschieden, was von den Texten in welcher Form tatsächlich publiziert wurde. Ihre Intentionen waren recht divergent: Gerade bei den Handwerkerautobiographien spielten aus der christlichen Soziallehre abgeleitete Grundüberzeugungen keine geringe Rolle. Während es diesen Herausgebern primär um eine Wiederherstellung bzw. Festigung von Sittlichkeit und Religiosität im Handwerkerstand ging, zielten andere, die der Sozialdemokratie nahestanden, bevorzugt auf Ausbildung und Stärkung eines Klassenbewußtseins der Arbeiter und proletarisierten Handwerker ab. Darüber hinaus erschienen zum Teil düstere Milieuschilderungen, die – ohne spezielle Wirkungsabsicht – vom allgemeinen Erfolg dieser modischen Literatur mit profitieren.

Breit gefächert waren auch die Interessen der Leser. Sie schwankten in den Extremen zwischen tatsächlichem Informationsbedürfnis und sensationsgierigem Ergötzen an Beschreibungen von Elend und Armut.

Wie stand es aber nun um die Motivationen der schreibenden Handwerker selbst? Für sie waren sicher der Erhalt von Traditionen und die Bewahrung einer spezifischen Gruppenidentität die wichtigsten Gründe, warum sie zur Feder griffen. Einige hofften allerdings auch, daß ihnen auf diesem Weg noch ein später Aufstieg zum bürgerlichen Schriftsteller gelänge. Vor allem nach dem Bestseller-Erfolg der Lebenserinnerungen Carl Fischers von 1903/04 schien dies nicht unwahrscheinlich, denn das Buch wurde immerhin auch wegen „seines literarischen Wertes" gerühmt (Literatur 1987, S. 194). Von wenigen Ausnahmen abgesehen, blieb den Handwerkerautoren jedoch, was Ansehen und Verdienst betraf, nur ein kurzer zweifelhafter Ruhm beschieden, denn sie gerieten – zumindest als Literaten – meist schnell in Vergessenheit.

Die öffentliche Wirkungsabsicht sowie die schriftstellerische Ambitioniertheit der Autoren bewirkten eine – im Vergleich zu den Tagebüchern der ersten Jahrhunderthälfte – bewußtere und differenziertere Textgestaltung. An die Stelle von Kürze und Knappheit waren jetzt epische Breite und Weitschweifigkeit getreten; erzählerische Elemente dominierten stärker; zahlreiche Anekdoten wurden in die Erinnerungen aufgenommen; der Kanon der behandelten Themen war breiter gefächert: Neben den topographischen Beschreibungen nahmen jetzt auch Schilderungen von Arbeitserlebnissen, Handwerkerbräuchen, geselligen Zusammenkünften, und teilweise auch von Liebesabenteuern, breiten Raum ein; die auch weiterhin überwiegende Außenweltorientierung wurde an manchen Stellen durch reflexive Einschübe unterbrochen; insgesamt wurden die Erinnerungen stärker in den sozialen und gesellschaftlichen Kontext eingebettet.

In sprachlich-stilistischer Hinsicht war eine größere Spontanität und Kreativität zu bemerken. Im Vordergrund stand nicht mehr so deutlich der Versuch einer Anpassung an das Ideal der geschriebenen Standardsprache, sondern eine tendenziell freiere und selbstbewußtere Anlehnung an die eigene mündliche Alltagssprache. Dazu gehörten außer den erwähnten Ausprägungen der Handwerkersprachen, Dialekte und Umgangssprachen weitere „volkstümliche " Elemente wie z.B. Sprichwörter, Gemeinplätze, Lieder, Gedichte und z.T. auch religiöses Vokabular (z.B. Fischer 1903). Einen größeren Stellenwert nahm der schriftliche Nachvollzug einzelner Gesprächssequenzen oder längerer Gespräche ein, wobei die Autoren bemüht waren, die individuellen Spracheigenheiten jedes Gesprächspartners nachzuempfinden. Ausgeprägte Metaphorik und zahlreiche emphatische Hervorhebungen, die vor allem durch Interjektionen ausgedrückt wurden, bildeten weitere auffällige Stilzüge der Handwerkererinnerungen.

Zusammenfassung

Das sprachliche Erscheinungsbild der Handwerkertexte ist äußerst vielschichtig und veränderte sich im Verlauf des 19. Jahrhunderts deutlich. Diese Entwicklung stand im Zusammenhang mit dem sich ebenfalls verändernden kollektiven Bewußtsein der Handwerker. Wenn dieser Wandel auch ganz sicher nicht so geradlinig und einsträngig verlief, wie der hier angestellte Vergleich zweier Phasen nahelegen könnte, so ließen sich aber doch einige Haupttendenzen des Entwicklungsprozesses bezeichnen.

Waren am Beginn des 19. Jahrhunderts noch Anpassung an die schriftliche Standardsprache und Nachahmung von textuellen Vorbildern die hervorstechendsten Merkmale der Wandertexte gewesen, so verloren diese Kriterien nach und nach an Bedeutung, als sich die Handwerker allmählich eine größere und bessere Schriftsprachkompetenz aneignen konnten. Die damit einhergehende Steigerung ihres kollektiven sprachlichen Selbstbewußtseins hatte auch eine Aufwertung der sozialgruppenspezifischen mündlichen Ausdrucksmöglichkeiten zur Folge, die noch durch weitere zeitgenössische Tendenzen gefördert wurde. Neben der geschriebenen Standardsprache wurden jetzt auch die verschiedenen Formen der gesprochenen Sprache als legitimes Gestaltungsmittel der Wanderaufzeichnungen betrachtet. Wo die Symbiose gelang, entstanden tatsächlich innovative Texte mit einem handwerkerspezifischen Profil. Diese Ansätze zu einer sozial geprägten, schriftsprachlichen Kreativität 'kleiner Leute' wurden jedoch nicht weiterentwickelt. Entsprechende Texte von Handwerkern oder Arbeitern blieben auch im 20. Jahrhundert selten.

Quellen

(Die Jahreszahlen hinter den Namenssiglen geben den Schreibbeginn an; die in Klammern gesetzten Zahlen verweisen auf das Jahr der Veröffentlichung)

Ascherfeld 1837 (1949/50): Zwei Essener Goldschmiede auf der Wanderschaft. Reisebriefe der Brüder Adalbert und Wilhelm Ascherfeld aus den Jahren 1837-1841. Eingeleitet und ergänzt von Milly Ascherfeld. In: Beiträge zur Geschichte von Stadt und Stift Essen. Hrsg. von dem Historischen Verein für Stadt und Stift Essen. 63, S. 1-156.

Bechstedt 1859 (1925): Christian Wilhelm Bechstedt: Meine Handwerksburschenzeit 1805-1810. Nach der Urschrift hrsg. von Ch. Francke-Roesing. Köln.

Bräker (1789): Ulrich Bräker: Lebensgeschichte und Natürliche Ebentheuer des Armen Mannes im Tockenburg. Zürich.

Burmester 1909 (1986): E.-A. Roloff: Herzog Wilhelms Hofgärtner (Johann Carl) Gustav Burmesters (13.7.1830-1910) Lehr- und Wanderjahre. In: Braunschweigischer Kalender 1987, S. 72-76.

Dewald 1836 (1936): Biedermeier auf der Walze. Aufzeichnungen und Briefe des Handwerksburschen Johann Eberhard Dewald 1836-1838. Hrsg. von Georg Maria Hofmann. Berlin o.J.

Ernst (1911): Karl Ernst: Aus dem Leben eines Handwerksburschen. 2. Aufl. Neustadt im Schwarzwald.

Fischer (1903): Carl Fischer: Denkwürdigkeiten und Erinnerungen eines Arbeiters. Hrsg. und mit einem Geleitwort versehen von Paul Göhre. Jena/ Leipzig. 2. Aufl. Leipzig 1904.

Fischer (1957): [Textsammlung] : Wolfram Fischer: Quellen zur Geschichte des deutschen Handwerks. Selbstzeugnisse seit der Reformationszeit. Göttingen/ Berlin/ Frankfurt.

Goertz 1892: Wandertagebuch des Bäckergesellen Ernst Goertz aus Dresden, 2. Juni 1892 – ca. 3. Juli 1892. 55 Seiten. Stadtarchiv Lüneburg, o. Sign.

Keil (1947f.): Wilhelm Keil: Erlebnisse eines Sozialdemokraten. 2. Bde. Stuttgart 1947/48.

Levenstein (1909): [Sammlung von Handwerkerlebensläufen] : Adolf Levenstein (Hrsg.): Proletariers Jugendjahre. Berlin.

Mengers (1910): Christian Mengers: Aus den letzten Tagen der Zunft. Erinnerungen eines alten Handwerkers aus seinen Wanderjahren. Leipzig.

Michaelsen 1834 (1929ff.): F. Beumer: Die Wanderjahre des hamburgischen Schneidergesellen Friedrich Rudolph Michaelsen 1834-1839. Auszug aus seiner Familienchronik und aus seinem Tagebuch. In: Hamburgische Geschichtsblätter 2 (1929), S. 38-43, S. 93-95; 3 (1930), S. 111-112, S. 190-192; 3 (1931), S. 209-212, S. 226-231.

Müller 1863: Zwei Briefe des Schlossergesellen Hermann Müller aus Innsbruck und Venedig an seine Eltern in Halberstadt, 5. Juni 1863, 4 Seiten; 16. Juni 1863, 3 Seiten. Niedersächsisches Staatsarchiv Wolfenbüttel, 298 N, Nr. 379.

Neumann (1853): Carl Neumann: Aus einer Fabrikstadt. Schicksale und Erfahrungen eines Fabrikarbeiters. Hrsg. von Tobias Leberecht. Zwickau.

Niess 1833: Wandertagebuch des Zimmermanns Heinrich Theodor Nieß aus Braunschweig, 19. Oktober 1833-1839/40. 49 Seiten. Stadtarchiv Braunschweig: Nachlaß Nieß: G IX 8, Nr. 16.

Riedel 1823 (1938): Benjamin Riedel: Gut Gesell, und du mußt wandern. Aus dem Reisetagebuche des wandernden Leinewebergesellen B. Riedel 1803-1816; bearb. und hrsg. von Zollhöfer. Goslar.

Rocholl (1885): D. Rocholl: Dunkle Bilder aus dem Wanderleben. Aufzeichnungen eines Handwerkers. Bremen.

Rose 1826 (1983): K. Rose: Heinrich Rose wollte 1826 lieber ein Paar Stiefel machen, als einen Brief schreiben. Ein 141 Jahre alter Privatbrief aus Leipzig nach Ottenstein. In: Unsere Heimat. Mitteilungsblatt des Heimatvereins für Schöningen und Umgebung 32, H.4, S. 9-11.

Scholl 1881 (1922): Carl Scholl: Lebenserinnerungen eines alten Handwerkers aus Memel, des Böttchers Carl Scholl. Hrsg. von M. und J. Rehsener. Stuttgart/ Gotha.

Severing (1950): Carl Severing: Mein Lebensweg. Bd.I: Vom Schlosser zum Minister. Köln o.J.

Stengel 1837: Wandertagebuch des Buchbinders J. C. Stengel aus Nürnberg, 1837-1847. 2. Bde. Stadtarchiv Nürnberg: E 5 Handwerkerarchive Buchbinder Nr. 25 und Nr. 26.

Ullrich 1904: Lebenserinnerungen des Schuhmachermeisters Peter Ullrich aus Leipzig, 1857-1873. 23 Seiten. Archiv der sozialen Demokratie Bonn, Nachlaß Motteler: Nr. 2715.

Voges 1848: Wandertagebuch des Knopfmachers Karl Voges aus Peine, Oktober 1848 – ca. Februar 1851. 205 Seiten. Stadtarchiv Peine, o.Sign.

Literatur

Abel, Wilhelm (Hrsg.) (1978): Handwerksgeschichte in neuer Sicht. Göttingen.

Avé-Lallemant, Friedrich Christian Benedict (1858ff.): Das deutsche Gaunertum in seiner social-politischen, literarischen und linguistischen Ausbildung zu seinem heutigen Bestande. 4 Theile. Leipzig 1858-1862.

Bekanntmachung (1833): Bekanntmachung in Betreff des Wanderns der Gewerbs-Gehülfen. Berlin 24.4.1833.

Bergmann, Klaus (Hrsg.) (1984): Schwarze Reportagen. Aus dem Leben der untersten Schichten vor 1914: Huren, Vagabunden, Lumpen. Reinbek.

Bopp, P.H. (1932): Die Entwicklung des deutschen Handwerksgesellentums im 19. Jahrhundert unter dem Einfluß der Zeitströmungen. Paderborn.

Brandl, Bruno/Creutzburg, Günter (1974): Die große Walz. Das Handwerk im Spiegel der Literatur des 19. und 20. Jahrhunderts. Berlin.

Cherubim, Dieter/Objartel, Georg/Schikorsky,Isa (1987): „Geprägte Form die lebend sich entwickelt". Beobachtungen zu institutionsbezogenen Texten des 19. Jahrhunderts. In: Wirkendes Wort 2, S. 144-176.

Cordes, G. (1937/38): Die Briefe der Brüder Gottschalck aus Goslar. In: Niederdeutsches Jahrbuch 63/64, S. 59-72.

Dettmer, Klaus (1983): „Kundschaft zu tun ..." Wanderzeugnisse eines Berliner Zimmermannsgesellen. In: Berlin in Geschichte und Gegenwart. Jahrbuch des Landesarchivs Berlin 2, S. 31-52.

Drechsler, Paul (1896): Handwerkssprache und -brauch. In: Germanistische Abhandlungen 12, H.2, S. 11-35.

Elkar, Rainer S. (1980): Reisen bildet. Überlegungen zur Sozial- und Bildungsgeschichte des Reisens während des 18. und 19. Jahrhunderts. In: Krasnobaev, B.J./Robel, G./Zemann, H. (Hrsg.): Reisen und Reisebeschreibungen im 18. und 19. Jahrhundert als Quellen der Kulturbeziehungsforschung. Berlin , S. 51-82.

Elkar, Rainer S. (1984): Wandernde Gesellen in und aus Oberdeutschland. Quantitative Studien zur Sozialgeschichte des Handwerks vom 17. bis zum 19. Jahrhundert. In: Engelhardt, Ulrich (Hrsg.): Handwerker in der Industrialisierung. Stuttgart, S. 262-293.

Engelhardt, Ulrich (Hrsg.) (1984): Handwerker in der Industrialisierung. Lage, Kultur und Politik vom späten 18. bis ins frühe 20. Jahrhundert. Stuttgart.

Fischer, Wolfram (1957): Quellen zur Geschichte des deutschen Handwerks. Selbstzeugnisse seit der Reformationszeit. Göttingen.

Griep, Wolfgang/Jäger, Hans-Wolf (Hrsg.) (1983): Reise und soziale Realität am Ende des 18. Jahrhunderts. Heidelberg.

Grosse, Siegfried (1989): Sprachwandel und Sprachwachstum im Ruhrgebiet in der zweiten Hälfte des 19. Jahrhunderts. In: Cherubim, D./ Mattheier, K. J. (Hrsg.): Voraussetzungen und Grundlagen der Gegenwartssprache. Berlin/New York, S. 281-295.

Günther, L. (1919): Die deutsche Gaunersprache und verwandte Geheim- und Berufssprachen. Leipzig.

Hirtz, Daniel (1844): Des Drechslers Wanderschaft, für Jung und Alt erzählt. Straßburg.

Jantke, Carl (1955): Der Vierte Stand. Die gestaltenden Kräfte der deutschen Arbeiterbewegung im 19. Jahrhundert. Freiburg.

Klenz, Heinrich (1910): Schelten-Wörterbuch. Die Berufs-, besonders Handwerkerschelten und Verwandtes. Straßburg.

Linke, August (1891): Deutsches Handwerksburschen-Lexikon. Ein unentbehrlicher Rathgeber für jeden wandernden Handwerksburschen. 10. Aufl. Dresden (1. Aufl. 1880).

Literatur (1987): Literatur im Industriezeitalter. Eine Ausstellung des Deutschen Literaturarchivs im Schiller-Nationalmuseum Marbach am Neckar. 2. Bde. Marbach.

Maurer, Friedrich (1943): Zur Handwerkersprache. In: Maurer, Friedrich/ Stroh, Fritz (Hrsg.): Deutsche Wortgeschichte Bd. 3: Stämme und Landschaften; Stände und Berufe; Geschichte der Namen. Berlin, S. 135-157.

Münchow, Ursula (1981): Arbeiterbewegung und Literatur. 1860-1914. Berlin/Weimar.

Ostwald, Hans (1906): Rinnsteinsprache. Lexikon der Gauner-, Dirnen- und Landstreichersprache. Berlin.

Preusker, Karl (1845): Der Sophien-Dukaten oder des Tischlers Gustav Walthers Lehrjahre. Eine Erzählung. Leipzig.

Rathgeber (1828): Der treue Rathgeber. Ein Taschenbuch für Handwerksgesellen und Lehrlinge. Hrsg. von einem alten Meister. Annaberg.

Rauers, Friedrich (1936): Hänselbuch. Schleif-, Vexier-, Deponier-, Tauf- und Zeremonien-Buch. Recht und Gewohnheit aller ehrlichen Kauf-, Fuhrund Seeleute, eines ehrbaren Handwerks, der Universitäten, der Bauern, Jäger und Ritterschaft, aller Geschlechter und löblichen Vetterschaften [...] . Essen.

Riehl, Wilhelm Heinrich (1850): Der Vierte Stand. In: Deutsche Vierteljahrsschrift 4, S. 182-268.

Schikorsky, Isa (1989): Zum sprachlichen Alltag „kleiner Leute". Privattexte als Gegenstand der Sprachgeschichte. In: Cherubim, D./Mattheier, K. J. (Hrsg.): Voraussetzungen und Grundlagen der Gegenwartssprache. Berlin/ New York, S. 229-244.

Schikorsky, Isa (1990): Private Schriftlichkeit im 19. Jahrhundert. Untersuchungen zur Geschichte des alltäglichen Sprachverhaltens „kleiner Leute". Tübingen.

Schivelbusch, Wolfgang (1977): Geschichte der Eisenbahnreise. Zur Industrialisierung von Raum und Zeit im 19. Jahrhundert. München/Wien.

Sinz, Herbert (1986): Lexikon der Sitten und Gebräuche im Handwerk. Freiburg/Basel u.a..

Stadelmann, Rudolf/Fischer, Wolfram (1955): Die Bildungswelt des deutschen Handwerkers um 1800. Studien zur Soziologie des Kleinbürgers im Zeitalter Goethes. Berlin.

Stopp, Klaus (1982f.): Die Handwerkskundschaften mit Ortsansichten. Beschreibender Katalog der Arbeitsattestate wandernder Handwerksgesellen 1731-1830. 5 Bde. Zweibrücken 1982-1983.

Stumme, Hans (1903): Über die deutsche Gaunersprache und andere Geheimsprachen. Leipzig.

Vocke, Karl (1853): Reise-Taschenbuch für junge Handwerker und Künstler. Ein allgemeiner Wegweiser durch ganz Deutschland und die angrenzenden Länder mit 754 Reiseplänen, Beschreibung der Gebirgsreisen und der Merkwürdigkeiten von 170 der bedeutendsten Städte Deutschlands und der Schweiz, nebst einer Uebersicht der Eisenbahnen, einem Münz-, Maß- und Gewichtsverzeichniß und einer Reisekarte. Eisleben.

Wandergern, Heinrich Ludwig (1839): Der Handwerker in der Fremde. Eine vollständige Anleitung, wie Gesellen sich sowohl auf Reisen, als auch in den Werkstätten zu verhalten, so wie über das Betragen, welches sie auf den Herbergen, bei Polizeibehörden und an andern Orten zu beobachten haben, um sie zu glücklichen Menschen und nützlichen Staatsbürgern zu bilden. 2. Aufl. Hanau (1. Aufl. 1829).

Wissell, Rudolf (1971ff.): Des alten Handwerks Recht und Gewohnheit. 2., erweit. und bearb. Ausgabe, hrsg. von Ernst Schraepler. 4 Bde. Berlin 1971-1985.

Wohnsitz (1982): Wohnsitz: Nirgendwo. Vom Leben und vom Überleben auf der Straße. Hrsg. vom Künstlerhaus Bethanien. Berlin.

ANGELIKA LINKE

Zum Sprachgebrauch des Bürgertums im 19. Jahrhundert. Überlegungen zur kultursemiotischen Funktion des Sprachverhaltens

1. Terminologische und methodische Vorüberlegungen

Wenn man sich mit dem Sprachgebrauch des Bürgertums im 19. Jahrhundert beschäftigt, so beschäftigt man sich zwangsläufig mit denjenigen sozialen Schichten, die für diese Epoche der deutschen Sprachgeschichte im wörtlichen Sinne tonangebend waren und deren Sprachgebrauch wohl am ehesten die Grundlage dessen bildet, was in der Sprachgeschichtsschreibung des Deutschen oft generalisierend als „die Sprache des 19. Jahrhunderts" behandelt wird.[1] Das heißt allerdings nicht, daß die Sprache des Bürgertums nicht Erscheinungsformen gehabt hätte, die in der Tradition bisheriger Sprachgeschichtsschreibung noch zu wenig berücksichtigt und mithin noch gar nicht allgemein bekannt sind.

Ich erhebe nicht den Anspruch, hier neue Horizonte zu erschließen. Die Absicht mit den nachfolgenden Überlegungen ist lediglich, die sprachgeschichtliche Perspektive ein wenig zu verrücken, sie zu „pragmatisieren", und damit nicht nur die Frage nach dem Sprachgebrauch ins Zentrum zu stellen, sondern auch danach zu fragen, in wieweit sich bestimmte Sprachgebrauchsweisen im Bürgertum des 19. Jahrhunderts tatsächlich als „bürgerlich" interpretieren lassen.

Damit meine ich weniger diejenigen Kommunikationsformen, die in direkter instrumenteller Weise mit den Anforderungen verbunden sind, welche z.B. die sich professionalisierenden bürgerlichen Berufsgattungen mit sich bringen und die somit auf ihre Weise typisch „bürgerlich" sind. Im Zentrum meines Interesses stehen vielmehr Sprachgebrauchsweisen, die mehr „stilistischen" Wert haben und sich als symbolische Formen der Selbstdarstellung und der gruppenspezifischen Konstitution von Lebenswelt interpretieren lassen. Das heißt also, daß ich Sprache in etwa so betrachte, wie man in kulturhistorischen Untersuchungen z.B. die Moden der Kleidung oder die Ausdrucksweisen der bildenden Kunst betrachtet. M.a.W.: Es geht um das eigentlich Bürgerliche am Sprachgebrauch des Bürgertums. Aus diesem Interesse ergibt sich zwangsläufig

---

[1] In welchem Umfang und in welcher Weise die sprachgeschichtliche(n) Epoche(n) zwischen der Zeit der Französischen Revolution und dem Ende der Weimarer Republik in der Sprachgeschichtsschreibung berücksichtigt, bearbeitet und interpretiert wurde(n), ist nachzulesen in Polenz 1989.

250

eine Reihe von terminologischen und methodischen Problemen.

1.1. Bürgertum als „Kultur"?

Die Frage danach, welche gesellschaftlichen Gruppierungen nun eigentlich gemeint sind, wenn man pauschal von „Bürgertum" spricht, gehört zu den Gretchenfragen der sozialhistorischen Bürgertumsforschung. Ich möchte deshalb ganz kurz darauf eingehen. Die Heterogenität der mit der Bezeichnung „Bürgertum" angesprochenen Gruppe, die schwache Abgegrenztheit ihrer „Ränder" sowie die prononcierte Typik einzelner Teilgruppen (z.B. Bildungsbürgertum, Unternehmer, städtisches jüdisches Bildungsbürgertum) scheinen eine griffige und doch umfassende Bestimmung zu verunmöglichen. Daß sich die „klassischen" Parameter wie Ausbildung, Einkommensverhältnisse, Geburts- oder Besitzstand für eine befriedigende Definition als unzureichend erweisen, ist in der Bürgertumsdiskussion der Geschichtswissenschaft v.a. in neuerer Zeit immer wieder bestätigt worden.

Die durchgehende Eigenheit, der gemeinsame „Zug", der sich bei aller Verschiedenheit dennoch abzeichnet, läßt sich offenbar nicht auf äußere Faktoren zurückführen, sondern liegt vielmehr in einer Gemeinsamkeit der Werthaltungen und Normen, der Einstellungen und Wunschbilder – also in einem Konglomerat ideeller, geistiger und psychischer Dispositionen sowie in den Verhaltensweisen und Gepflogenheiten, die diesen entsprechen. Auf diese – zugegebenermaßen diffusen – „inneren" Faktoren wird zurückgegriffen, wenn in neueren Studien zur Sozialgeschichte versucht wird, das Bürgertum „als Kultur" zu definieren.[2]

Ein solches Kultur-Verständnis von 'Bürgertum' läßt sich aber auch schon in zeitgenössischen Aussagen erkennen. Denn nichts anderes ist wohl gemeint, wenn Tucholsky (1919) den Bürger als eine „geistige Klassifikation" bezeichnet und erklärt: „man ist Bürger durch Anlage, nicht durch Geburt und am allerwenigsten durch Beruf."[3] Das Auftreten, die Haltung gegenüber der Welt sowie die internalisierten Normen und Wertmaßstäbe zeichnen den Bürger aus – mehr als Besitz oder berufliches Betätigungsfeld. So muß man es wohl auch verstehen, wenn Mathilde Möhring in Fontanes gleichnamigem Roman nach ihrer – die Standesgrenzen überschreitenden – Verlobung mit dem Bürgermeisterssohn Hugo Grossmann ihrer ängstlichen und unsicheren Mutter erklärt:

---

[2] Vgl. z.B. Kocka 1987a, v.a. S. 42ff. und Kocka 1988a, v.a. S. 26ff.; Nipperdey 1987, Bausinger 1987, Kaschuba 1988.

[3] Zitiert nach Frevert 1988, S. 104, Anm. 7.

Sieh, du schadest uns. Ich habe dir neulich gesagt, wir seien keine 'kleinen Leute', die Runtschen sei kleine Leut, und das ist auch richtig,
aber wenn du immer gleich so weimerst, dann sind wir auch 'kleine
Leute'. Wir müssen nu doch ein bißchen forscher sein und so, was man
sagt, einen guten Eindruck machen. [...] Und wenn nicht einen forschen
Eindruck, so doch einen anständigen und gebildeten. Aber weimern is
ungebildet.[4]

Wie man nun offenbar durch „weimern" in Gefahr gerät, den Eindruck kleiner – eben nicht mehr bürgerlicher – Verhältnisse zu
machen, so muß es andererseits auch Verhaltensweisen geben, die
den „forschen", „anständigen" und „gebildeten" Eindruck vermitteln. Ich gehe deshalb von der sozialhistorischen Hypothese einer
spezifisch bürgerlichen Kultur aus und frage – mit Blick auf die Sprache – nach spezifischen Sprachhandlungstypen bzw. nach Charakteristika
sprachlicher Umgangsformen, die möglicherweise zur Konstituierung eines übergreifenden gemeinsamen Selbstbildes der heterogenen bürgerlichen Gruppierungen beigetragen haben.

1.2. Sprachgeschichte und Pragmatik

Auf die methodischen Probleme, die sich aus der gewählten Unter-
suchungsperspektive ergeben, kann ich an dieser Stelle nur verweisen, nicht aber näher eingehen. Es handelt sich in erster Linie um
diejenigen Schwierigkeiten, die im Zusammenhang mit der Forderung
nach einer pragmatisch orientierten Sprachgeschichtsforschung bereits
von Cherubim, Henne, Sitta und anderen diskutiert worden sind und
die wohl eine nie völlig ablösbare Hypothek für pragmahistorische Fragestellungen bilden.[5] Dazu kommt, daß bei meinem Untersuchungs-
interesse die Frage nach dem kultursemiotischen Wert bürgerlichen
Sprachgebrauchs eng mit der Frage nach den Normen und Idealen
gekoppelt ist, an denen sich dieser Sprachgebrauch orientiert. Denn
gerade wenn wir davon ausgehen, daß sich gesellschaftliche Gruppie-

---

[4] Fontane 1988, S. 78. Daß Mathilde Möhring eben tatsächlich nicht zu
den kleinen Leuten, sondern trotz einfachster Herkunft und Vermögens-
verhältnisse der bürgerlichen Lebenswelt zugehört und somit eine akzep-
table Partie ist, zeigt sich dem Bräutigam angesichts eines kleinen Sou-
pers, „das Thilde samt einer Flasche Rüdesheimer, mit einer aufgekleb-
ten Rheingaulandschaft als Beweis ihrer Echtheit, aus einem benachbarten
grossen Restaurant herbeigeschafft hatte. Das Aufmerksame, das darin lag,
und beinahe mehr noch der gute Geschmack, mit dem alles arrangiert worden war blieben nicht ohne Wirkung auf Hugo, der sich plötzlich von dem
Gefühl ergriffen sah, doch vielleicht in seinem dunklen Drange das Rechte
getroffen zu haben." (S. 89, Hervorhebung A.L.).

[5] Sitta 1980; Henne 1980; Cherubim 1983a und b.

rungen nicht nur durch das definieren (lassen), was sie sind – also durch die realen Bedingungen und Formen ihrer Existenz –, sondern auch durch das, was sie wollen – also durch die kollektiven Wünsche, Werte und Normvorstellungen –, ist die Frage nach spezifisch bürgerlichen Normen sprachlichen Verhaltens wichtig,[6] unabhängig davon, daß beides – Sprachhandlungsrealität und Sprachhandlungsnormen – sehr weit auseinanderklaffen kann.

1.3. Quellenprobleme

Als Quellentexte, die in erster Linie über Sprachgebrauchsnormen Auskunft geben, in zweiter Linie aber auch – zumindest indirekt – einen gewissen Rückschluß auf tatsächlichen Sprachgebrauch zulassen, ziehe ich Anstandsbücher heran – eine Textsorte übrigens, die in der zweiten Hälfte des 19. Jahrhunderts bis hin zum zweiten Weltkrieg einen ungeheuren Aufschwung erlebte.[7] Daneben benutze ich die Wiedergabe sprachlicher Umgangsformen in zeitgenössischer Literatur (wobei ich sowohl die „klassischen" Autorinnen und Autoren als auch Werke der damals populären „leichten" Literatur berücksichtigte) sowie entsprechende Äußerungen und Kommentare von Zeitgenossen in Briefen, Tagebüchern und Lebenserinnerungen.

Die Beobachtungen, die ich im folgenden referieren werde, und die Überlegungen, die ich dazu anstelle, werden durch die Quellenprobleme, die solche Textsorten nun ihrerseits wieder mit sich bringen, natürlich in gewisser Weise beständig relativiert.[8] Es kann deshalb vorläufig nur darum gehen, Hinweise auf Auffälligkeiten und Tendenzen anzubieten, die noch nicht als gesicherte Fakten gelesen werden dürfen.

2. Sozialgeschichtliche Vorüberlegungen

Die Betrachtung von Sprachgebrauchsformen und -mustern unter dem Aspekt der symbolischen Interaktion ist verbunden mit der Frage nach dem Stellenwert sprachlicher Umgangsformen in der bürgerlichen Gesellschaft. Dabei geht es zunächst einmal darum aufzuzeigen, welche Auswirkungen die gesellschaftspolitischen, sozialen und wirtschaftlichen

---

[6] Gessinger (1980) vermutet bereits für die Entwicklung im 18. Jahrhundert, daß „wenn die eingangs aufgestellte These stimmt, daß die sprachliche Erziehung des gebildeten Bürgers zu einem höheren Grad von Sprachbewußtsein führte, dann müßte sich nachweisen lassen, daß Veränderungen der Form mündlichen Sprachgebrauchs auch bewußt wahrgenommen werden" (S. 85).

[7] Vgl. hierzu Krumrey 1984.

[8] Vgl. hierzu ausführlicher Linke 1988, S. 126ff.

Umwälzungen und damit auch die lebenspraktischen Veränderungen des 19. Jahrhunderts auf die kommunikativen Bedürfnisse der Zeitgenossen sowie auf die realen Kommunikationsbedingungen und -zwänge haben. In einem zweiten Schritt ist zu untersuchen, wieweit diese Veränderungen des Sprachlebens auch das Sprachbewußtsein prägen, ob sich also im Zuge veränderter Ansprüche und Bedürfnisse auch die – mehr oder weniger bewußten – Normen des Sprachgebrauchs ändern.

Wie auch in verschiedenen anderen Aufsätzen in diesem Sammelband dargelegt wird, haben sich die Kommunikationsbedürfnisse und -bedingungen im 19. Jahrhundert gegenüber dem 18. Jahrhundert kontinuierlich – zum Teil eher drastisch – geändert.[9] Insofern kann man sagen, daß dem Kommunikationsmittel 'Sprache' im alltäglichen Dasein weiter Bevölkerungsschichten ein neugearteter und auch ein umfassenderer Stellenwert zukommt. Mit scheinen dabei vor allem vier Punkte relevant, die auf den ersten Blick recht heterogen sind und sehr unterschiedliche Einflußbereiche betreffen. Sie sind trotzdem nicht unabhängig voneinander zu sehen:

(1) Das „Sprachhandlungsprogramm" der Aufklärung, in dem der „vernünftige Discours" eine zentrale Stelle einnimmt, erhebt die allmähliche Verfertigung der Gedanken beim Reden zum einzig sinnvollen Mittel sowohl der Selbsterziehung zur Mündigkeit als auch der kritischen Auseinandersetzung mit Staatsmacht und Obrigkeit. Wo das freie Aushandeln von Meinungen und die Überzeugungskraft des Einzelnen als Grundlage des menschlichen Miteinanders betrachtet werden, muß der einzelne auch artikulationsfähiger sein als in Strukturen, in denen die Macht des geburtsrechtlichen Standes (und damit die eindirektionale Macht des Befehls) diese Grundlage bildet. Beim „Raisonnieren", bei der diskursiven Abwägung von Argument und Gegenargument ist die Sprache mehr als nur äußerliches Vehikel: Wortmächtigkeit wird hier (im besten Falle) zur politischen Macht – zumindest aber wird an die politische Macht immer eindringlicher die Forderung nach argumentativer Legitimierung gestellt.[10] Die

---

[9] Ich rechne mit einem „langen" Jahrhundert von der Zeit der Französischen Revolution zum ersten Weltkrieg.

[10] Dies gilt im 19. Jahrhundert nicht nur für bürgerliche Schichten: In Arbeiterbildungsvereinen sowie in Schulungsprogrammen von Parteien wird öffentliches sprachliches Auftreten und Diskutieren als Voraussetzung für die politische „Mitsprache" geübt. Vgl. hierzu Kettmann (1981), der aus einem SPD-Versammlungsaufruf zitiert: „Es wird gewünscht, daß jeder redet, jeder sich ausspricht. Und wenn das auch in der kläglichen Form geschieht, jeder ist sicher, nicht ausgelacht zu werden, denn eben dazu sind wir allvierzehntägig hier zusammen, damit wir uns schulen, um in den großen

Rolle der Sprache als Mittel politischer Bewußseinsbildung in einer sich allmählich konstituierenden bürgerlichen Öffentlichkeit ist zu Beginn des 19. Jahrhunderts also vermutlich eine andere als hundert Jahre vorher.

(2) Auch die Vielfalt der Kommunikationssituationen, in denen Sprache in komplexer Form eingesetzt werden muß, hat sich aufgrund der politischen, wirtschaftlichen und sozialen Veränderungen erweitert, sowohl gesamtgesellschaftlich als auch für den einzelnen. Wesentliche Parameter hierfür sind Arbeitsteiligkeit, Spezialisierung und Professionalisierung in Beruf und Industrie, die Trennung von Arbeitswelt und Privatsphäre, Erweiterung und Veränderung der „Freizeit" und der damit verbundenen Aktivitäten, Verstädterung, räumliche und soziale Mobilität. Mit letzterer ist hier nicht einmal in erster Linie die Bewegung aus einer sozialen Schicht heraus und in eine andere hinein gemeint, sondern die Möglichkeit der (gleichzeitigen) Teilhabe an verschiedenen sozialen Gruppen – also eine Art soziale Beweglichkeit um ein gegebenes Zentrum herum. Als zeitgenössischer Beobachter aus dem letzten Viertel des Jahrhunderts kann hier Georg Simmel zitiert werden, der betont, daß

> [...] in jedem Beruf, der über- und untergeordnete Personen enthält, jeder in dem Kreise seines besonderen Geschäfts, Amtes, Büreaus etc. darin [steht], der jedesmal Hohe und Niedere zusammenschließt, und außerdem in dem Kreise, der sich aus den Gleichgestellten in den verschiedenen Geschäften etc. bildet; wenn er sich seines Staatsbürgertums und der Zugehörigkeit zu einem bestimmten socialen Stande bewußt ist, außerdem Reserveoffizier ist, ein paar Vereinen angehört und einen die verschiedensten Kreise berührenden geselligen Verkehr besitzt: so ist dies schon eine sehr große Mannichfaltigkeit von Gruppen.[11]

Interessant ist auch die Wertung, die Simmel an dieser Stelle anfügt: Die Anzahl der Gruppen kann – so Simmel – als eine Art „Gradmesser der Kultur" gelten.[12]

(3) Die „Entdeckung der Kindheit" und die damit verbundenen pädagogischen Reformen des 18. Jahrhunderts, die v.a. im gebildeten Bürgertum rezipiert werden, führen zu einem Erziehungsstil, der sich durch verschiedene Neuerungen auszeichnet. Einmal durch eine engere Beziehung der Kinder zu den Eltern (die sich aus einem häufigeren Beisammensein der Familienmitglieder sowie aus einer Inten-

---

Versammlungen unsern Gegener mit Erfolg antworten zu können." (S. 57).

[11] Simmel 1989, Bd. 2, S. 239.

[12] Simmel 1989, Bd. 2, S. 239f.

sivierung der emotionalen Bindung v.a. an die Mutter ergibt), dann durch eine verstärkte Bindung an die häusliche Sphäre (die verbunden ist mit einer sozialen Abstempelung der „Gassenkinder") sowie schließlich durch eine „argumentative" Durchsetzung von Erziehungsmaximen. Körperliche Strafen spielen zwar nach wie vor eine große Rolle, eine „vernünftige" Behandlung der Kinder zielt jedoch darauf ab, sie zur Einsicht in die von den Eltern gesetzten Schranken zu bewegen und eine Verinnerlichung der vermittelten Normen zu fördern.[13]

Mit anderen, bei Bernstein entlehnten Worten kann man hier – wenn auch nur sehr vorsichtig – von der Propagierung und Förderung eines eher personalen Erziehungsstiles sprechen, der im Gegensatz zu einer Erziehung im Rahmen eher positional bestimmter Familienstrukturen die Individualität der Beteiligten berücksichtigt und deshalb in viel stärkerem Maße auf verbale Auseinandersetzung, auf Argumentation und sprachliche Explikation angewiesen ist. Der „vernünftige Discours" erobert also bis zu einem gewissen Grad auch die bürgerlichen Kinderstuben und prägt die Sprachwelt, in die die Kinder hineinwachsen.

(4) Schließlich bedarf auch das weit über die eigentlich bürgerliche Kerngruppe hinausreichende bürgerliche Standesprädikat und Integrationsmoment der Bildung – anders als adelige Standesprädikate wie z.B. die Jagd oder die Reitkunst – zu seiner Vermittlung wie zu seiner Darstellung der Sprache. Allein schon die Erfahrungswelt der Schule ist weitgehend sprachgebunden; der produktive und rezeptive Umgang mit Buch und Schrift in der eigenen wie auch z.T. in fremden Sprachen gehört für bürgerliche Kreise zur obligatorischen Ausbildung, zumindest für die Söhne, in zunehmendem Maße aber auch für die Töchter.[14] Die Auslandsreise (mit dem Vorbild der adeligen Ka-

---

[13] Vgl. Schlumbohm, Jürgen 1982, S. 225ff.

[14] Nicht nur bei der Vermittlung von Wissen, sondern auch bei der individuellen Aneignung und Reflektierung dieses Wissens wird die Sprache und die elaborierte Sprachbeherrschung als Medium der Bildungsarbeit immer wichtiger: Bereits 1786 erklärt der Pädagoge Christian Gotthilf Salzmann in einem Bericht über seine Reformschule in Schnepfenthal, die dem Philanthropin Basedows nachempfunden war, daß die Schüler dazu aufgefordert waren, jeden Tag ihre Erfahrungen und Erkenntnisse niederzuschreiben und in dieser tagebuchartigen Form sich Rechenschaft über ihre Ausbildung und Entwicklung zu geben (vgl. Ruppert 1982, S. 68). Im Schreiben bzw. in der sprachlichen Aufarbeitung von Erfahrungen wurde offenbar ein adäquates Mittel der Selbsterziehung sowie der Disziplinierung von Wahrnehmung und Erleben gesehen. Gleichzeitig stellten solche Schreibübungen ihrerseits wieder ein Mittel zur Steigerung der Sprachbeherrschung dar. Wohl aus ähnli-

valierstour) als Teil einer gehobenen weltmännisch-humanistischen
Ausbildung, mehr aber noch als zweckmäßiger Bestandteil einer Be-
rufslehre (speziell im Handels- und Bankwesen) bedingt und fördert
die aktive Beherrschung einer oder mehrerer Fremdsprachen; und
auch wo keine sachlichen Ursachen gegeben sind, ist in Kreisen, die
es sich leisten können, ein Auslandsaufenthalt der Tochter – z.B. in
einem Welschschweizer Pensionat – ein Muß.

Bildungsgeprägt ist außerdem ein Großteil der weder an Beruf noch
an die Familie direkt angebundenen „freizeitlichen" Vergesellschaf-
tungsform der Vereine.[15] Diese „neuhumanistische Bildungsreligion",
die dem Bürgertum sowohl in der selbstbewußten Behauptung gegenüber adeligen Kreisen als auch in der Abwehr der Vereinnahmung
durch die „ungebildeten" Schichten den Rücken stärkte,[16] ist für ihre
Rituale auf die Sprache angewiesen; wo Bildung einen zentralen Wert
darstellt, kommt der Sprache bzw. ihrer Beherrschung durch den
einzelnen eine entsprechend bedeutsame Stellung zu, sowohl in der
Kommunikationspraxis als auch in der mehr oder weniger bewußten
Hochschätzung sprachlicher Fähigkeiten und Fertigkeiten.[17]

---

chen Beweggründen entstand ein mir aus Privatbesitz zugängliches ausführ-
liches Reisetagebuch eines 15jährigen Basler Bürgersohnes über eine Reise
durch mehrere Schweizer Kantone.

[15] Natürlich ist hier mit großen Unterschieden zu rechnen. Doch auch wenn
zwischen den Lesekabinetten des 18. und frühen 19. Jahrhunderts und Vereinigungen wie den Burschenschaften und Studentenverbindungen im letzten Drittel des 19. Jahrhunderts große inhaltliche, ideelle und soziale Unterschiede bestehen, so dürfte doch zumindest im Selbstverständnis ihrer
Mitglieder das Bildungsprädikat ein konstitutiver Faktor gewesen sein.

[16] Vgl. Wehler 1987, Bd. 2, S. 239; auch Engelhardt (1989), der von einem
„statuseigenen Kommunikations- und Lebensführungsstil" spricht, „der die
ästhetischen und sozialmoralischen Konsequenzen von Bildungsbesitz nach
innen wie nach außen sichtbar werden ließ" (S. 59).

[17] Wehler (1987, Bd. 2) weist u.a. darauf hin, daß „im Hinblick auf Sozial-
status, Reichtumsmacht und politischen Einfluß auf Verhalten, Geschmack
und Berufschancen [...] , den Lebensstil und die Sprache, die Durchset-
zungsfähigkeit und die Ziele, nicht zuletzt auch die ideologische Deutung
der sozialen Umwelt" Bildungsbürgertum und Bourgeoisie mehr als das
alte Stadtbürgertum prägend wirkten. (S. 175) Vor allem die „ähnliche
primäre Sozialisation durch Bildungsinstitutionen" führt im 19. Jahrhundert dazu, die ursprünglich relativ weiter voneinander getrennten Kreise
neureicher Unternehmer-Bourgeoisie mit Stadtbürgertum, Bildungsbürgertum und aufstrebendem Kleinbürgertum näher zusammenzuführen; die Be-
ziehungsnetze, die sich aus gemeinsam verbrachter Zeit am Gymnasium, auf
den Universitäten, in Verbindungen, Burschenschaften und Vereinen ergaben, machten auch die Grenzen zwischen den Heiratskreisen durchlässig.
(S. 238).

3. Bürgerliche Sprachkultur

Ausgehend von der bereits vorgestellten Überlegung, daß sich „Bürgerlichkeit" sinnvollerweise als spezifische Kulturform betrachten lasse, möchte ich nun die Hypothese aufstellen, daß die Sprache – die zunächst nur ein mögliches Medium unter vielen ist – das zentrale Formelelement bürgerlicher Kultur ist. Oder, anders gesagt, daß die in und mit dem Bürgertum entwickelte Sprachkultur nicht nur notwendiger und direkter Ausdruck real gegebener Lebensumstände und Kommunikationsbedingungen ist, sondern daß diese Sprachkultur zugleich konstitutives Element bürgerlichen Selbstgefühls ist und einen Habitus darstellt – Cherubim spricht in ähnlichem Zusammenhang von „Sprachgestus"[18] –, der nach außen (gegenüber der Gesellschaft) wie nach innen (in bezug auf die eigene Identität) trägt und stützt.[19] Dieser Überlegung möchte ich im folgenden anhand einzelner Beobachtungen nachgehen.

3.1. Einzelbeobachtungen auf verschiedenen Ebenen des Sprachgebrauchs

Ich berücksichtige zu diesem Zweck zwei relativ weit auseinanderliegende Sprachgebrauchsebenen:

- einerseits die Ebene komplexer Sprachhandlungen bzw. sprachlicher Rituale,
- andererseits die Ebene der Aussprache und der paraverbalen Phänomene.

Damit ist nicht gesagt, daß sich bürgerliche Sprachkultur vorwiegend auf diesen Ebenen manifestiert. Was ich im folgenden anführe, hat Beispielcharakter und müßte sich in der einen oder anderen Weise auch auf weiteren Ebenen des Sprachgebrauchs nachweisen lassen.

3.1.1. Sprachliche Produktionen als Teil bürgerlicher Festkultur

Sowohl in der Öffentlichkeit als auch im halböffentlichen oder privaten Kreis bilden sprachliche Produktionen einen unerläßlichen und wichtig genommenen Bestandteil bürgerlicher Festkultur. Begrüßungsadresse,

---

[18] Vgl. Cherubim 1983, S. 406.

[19] Die Wertschätzung sprachlicher Fähigkeiten sowie ein gesteigertes Sprachbewußtsein und eine Hellhörigkeit gegenüber dem Sprachgebrauch der Umgebung hat nicht zuletzt mit dem im 19. Jahrhundert immer wichtiger werdenden Verständnis der deutschen Sprache als dem die deutsche Nation einigendem Band zu tun, ein Aspekt, der auch für den Deutschunterricht v.a. an den höheren Ausbildungsanstalten prägend ist.

Eröffnungsansprache, Gedichtvortrag, Gedenkrede, Schlußworte: Dies sind fixe Elemente sowohl bei Schillerfeiern, bei Schulfesten, bei Denkmalsenthüllungen oder später bei der festlichen Begehung von Kaisers Geburtstag und bei der Feier des Sedantages. Sich in solchen Zusammenhängen in gekonnter Form sprachlich artikulieren zu können, gehört einerseits zu den Anforderungen, die bestimmte gesellschaftliche Positionen mit sich bringen, verleiht andererseits aber auch zusätzliches Ansehen.

Doch auch bei größeren und kleineren Festlichkeiten in privatem Rahmen gehören Charade oder die Lesung eines Dramas mit verteilten Rollen zum ritualisierten Ablauf des Tages oder des Abends.[20] Der sprachliche Auftritt, d.h. die Fähigkeit und Bereitschaft zur mehr oder weniger inszenierten Demonstration sprachlicher Fertigkeiten, scheint gerade auch in der halböffentlichen Sphäre gesellschaftlicher Kontakte von Bedeutung.

Die Erziehung zu solchem Tun fängt in frühem Kindesalter an, wenn die Jüngsten der Familie zu Weihnachten, zum Geburtstag der Mutter oder zur goldenen Hochzeit der Großeltern ein Gedicht auswendiglernen müssen. Denn es muß offenbar früh eingeübt werden, was später, beim Eintritt in die Gesellschaft und im sozialen Umgang mit Gleich- wie mit Höhergestellten, den Ruf eines angenehmen Unterhalters und eines gebildeten Causeurs einbringen soll.[21]

---

[20] Wem hier eigene Ideen oder auch die glückliche Hand zur Auswahl geeigneter Vorlagen fehlen, hat eine breite Palette einschlägiger Hilfsliteratur zur Verfügung mit Titeln wie: „Heiterkeits Brevier. Lustige Vorträge für gesellige Kreise"; „der Coupletsänger und Deklamator"; „Festspiele und Prologe"; „Neue Polterabend-Scherze, Hochzeits-Gedichte und Tafel-Lieder" etc. Einige eher barocke Titel stellen auch schon auf dem Umschlag klar, welche Hilfen der Leser oder die Leserin erwarten kann, so z.B. bei folgendem Büchlein: „Ausgezeichnet amüsiert! Neuestes Gesellschaftsbüchlein, enthaltend: die interessantesten, heitersten und überraschendsten Unterhaltungen im Freien wie im Zimmer in neuesten Arrangements und reichster Auswahl, nebst einer Anleitung zum Deklamieren im Familienkreise, wie in grösseren Gesellschaften. Unentbehrlich für Alle, welche ihre Gäste angenehm unterhalten, oder Gesellschaften erheitern wollen" von Carl Heyne, Naumburg o.J. Aber auch viele Anstandsbücher widmen den verschiedensten Formen solcher „gesellschaftlichen Unterhaltung" längere Kapitel mit detaillierten Anleitungen zur Vorbereitung und praktischen Durchführung, oft verbunden mit einem Anhang von konkreten Textvorschlägen.

[21] Grundsätzlich scheint dies für beide Geschlechter zu gelten. Dem „schönen Geschlecht" jedoch, bei dem der sprachliche Ausdruck v.a. mit ästhetischen Maßstäben gemessen wird, werden Unzulänglichkeiten in dieser Hinsicht offenbar eher verziehen als den Männern, da bei letzteren die sprachliche Bildung (auch) einen wesentlichen Karrierefaktor darstellt. Solange sich die „Karriere" einer Frau in einer standesgemäßen Heirat erschöpft, bleiben Sicherheit und Brillanz im sprachlichen Auftritt Qualifikationen, die zwar auszeichnen und als Ausweis einer „guten" Herkunft und Erziehung gefragt

Das Repertoire sprachlicher Produktionen ist umfangreich; was aufgeführt, vorgetragen oder vielleicht auch nur zitiert wird, ist nicht unabhängig vom sozialen Status der Ausführenden und spiegelt die in vieler Hinsicht eben doch bestehenden Unterschiede zwischen den sozialen Gruppierungen wider. In jedem Fall und in allen Kreisen aber bringt ein gelungener Vortrag gesellschaftliche Meriten. So schildert z.B. Max Kretzer in seinem „Meister Timpe" (ein Buch, das als Untertitel die Bezeichnung „ein sozialer Roman" führt) folgenden Auftritt bei einer Abendgesellschaft im Hause eines neureichen Fabrikbesitzers:

> Herr Knispel, der Allerwelthumorist, nahm auf einige Zeit die Aufmerksamkeit der Herrschaften in Anspruch. Dem Drängen der Damen nachgebend, hatte er sich vor der Glastür des Balkons auf einen Rohrsessel gestellt und deklamierte ein plattdeutsches Gedicht von Reuter mit einer solchen Ausdrucksfähigkeit und Komik, daß der Frau Rosé, die eine geborene Mecklenburgerin war, vor Lachen die Tränen über die Wangen liefen, alle in die heiterste Stimmung gerieten und selbst der lange, hagere Herr Ramm aus seiner Zurückhaltung heraustrat und die Behauptung wagte, Fritz Reuter sei doch wirklich ein bedeutender Humorist gewesen. [...] Die jungen Damen waren mit diesem einen Vortrag nicht zufrieden. Sie umringten den Deklamator und flehten in allen Tonarten: „Ach, noch etwas anderes, lieber Herr Knispel" [...] „Sie haben ja so viel davon auf Lager, bester Herr Knispel [...] ". Frau Urban machte jedoch dem Zureden ein Ende, indem sie zur Tafel ins Nebenzimmer bat.[22]

Der Erfolg, den Herr Knispel hier mit seiner deklamatorischen Einlage hat, ist vorauszusehen, denn sein Verhalten entspricht ganz den Empfehlungen, wie sie z.B. das „Neue Komplimentierbuch" von Ernst Ritter zu dieser Frage abgibt. Es heißt hier:

> Deklamatorische Vorträge geben meistenteils nur Herren und sollten eigentlich nur dann damit hervortreten, wenn sie besondere Begabung dazu haben. Komische Vorträge, heitere Lieder und gefällige Salonkompositionen werden in den meisten Fällen mehr Wirkung erzielen und Beifall finden, als ernste und klassische Sachen.[23]

---

sind, unter bestimmten Umständen aber vernachlässigbar, ja vielleicht sogar kontraproduktiv sind. So heißt es z.B. in Fontanes „Effi Briest" über die Tatsache, daß die Kantorstöchter Bertha und Hertha ihren Gedichtvortrag an Effis Polterabend verpatzen: „Aber auch das hatte wenig geschadet. Einige feine Kenner waren sogar der Meinung gewesen: „das sei das Wahre, Steckenbleiben und Schluchzen und Unverständlichkeit – in diesem Zeichen (und nun gar, wenn es so hübsche rotblonde Krausköpfe wären) werde immer am entschiedensten gesiegt." (Fontane 1978, S. 35).

[22] Kretzer 1927, S. 90.

[23] Ritter o.J.[1895?], S. 46. Trotz dieser Empfehlung Ritters sollte man natürlich auch für ernstere Anläße gewappnet sein. Im Mädchenroman „Drei Freundinnen" profiliert sich die Seminaristin Helene Pflug durch einen Ge-

In jedem Fall aber, so das „Lexikon der feinen Sinne" von 1888, ist die „Deklamation eine beliebte und empfehlenswerte gesellschaftliche Unterhaltung."[24] Der Rückgriff auf die klassische Dichtung oder auch auf geeignete Vorlagen aus der zeitgenössischen leichten Literatur ist für solche Zwecke üblich, zumal wenn es um die Aufführung ganzer Stücke geht, an der dann eine größere Gruppe von Personen beteiligt ist. Solches Liebhabertheater ist dabei nicht nur ein Vergnügen für die Zuschauer, sondern „ist noch überdies als eine wichtige Lection in der großen Lebensschule zu betrachten für den Umgang mit Menschen von verschiedenen Charakteren und Neigungen".[25]

Neben solcher vorbereiteter und bewußter Demonstration sprachlicher Talente findet sich eine beiläufigere und spontanere Art der sprachlichen Selbstinszenierung: das Erzählen von Anekdoten. Dieser Sitte wird in Anstandsbüchern durchwegs viel Aufmerksamkeit gewidmet, unter gleichzeitiger Warnung vor Mißbrauch, worunter sowohl der zu häufige als auch der zu steife Vortrag gerechnet wird. Denn die „ergötzliche" Erzählweise mit dem Effekt einer „ungemein heiteren Stimmung am Gesellschaftstische" ist eine Kunst, die nicht jeder beherrscht. Und in diesem Fall ist es besser zu schweigen: Denn schlechte Anekdotenerzähler langweilen nicht nur, sie schädigen damit auch ihr Ansehen, und zwar in einem Maße, daß sich „der Eingeweihten [die ein entsprechendes Unvermögen ahnen] eine gewisse Angst bemächtigt, wenn jene mit ihrer Erzählung beginnen."[26]

Schließlich gehört auch die Beherrschung des Literaturzitats, wie sie in der Sammlung von Büchmann vergegenständlicht ist, zum gesellschaftlichen Rüstzeug, und zwar nicht nur als angelegentliches Einsprengsel in der Rede bzw. im Gespräch, sondern auch als abrufbarer Wissensschatz bei Rätselspielen, bei Tanzspielen (mit organisierter Partnerzusammenführung) und sonstigen gesellschaftlichen Unterhaltungen.

---

dichtvortrag anläßlich eines Besuchs ihrer Klasse am Grabe der Gönnerin des Lehrerinnenseminars. Als sie auf die Frage des Rektors: „Sprechen Sie ein ernstes Gedicht auswendig?" ohne zu zögern mit einem Gedichtvortrag reagieren kann, beeindruckt sie die Anwesenden tief: „Ihre wundervolle Ausdrucksweise, ihr schönes, modulationsfähiges Organ, ihre Kunst zu sprechen, brachte es mit sich, daß ihre Zuhörer wie in einem Banne gefesselt, ihren Worten gelauscht hatten; selbst die vorzügliche Rede des Rektors hatte nicht solchen Beifall entzündet wie die Wiedergabe des schlichten Liedchens von Emil Rittershaus." (Felseneck o.J., S. 57).

[24] Adelfels o.J. [1888]: Stichwort „Deklamation", S. 79.

[25] Lewald 1847, S. 126.

[26] Rocco 1876, S. 68ff.

3.1.2. Die gute Sprache

Die Ebene der komplexen Sprachhandlungen bzw. sprachlichen Rituale, auf der auch die sprachlichen Fest-Produktionen angesiedelt sind, bildet jedoch nur einen von mehreren Bereichen, auf die es ankommt, wenn man einen „anständigen" und „gebildeten" Eindruck hinterlassen möchte. Eine in gewisser Hinsicht grundlegendere Funktion kommt der Ebene der Aussprache bzw. der Lautung und der Intonation zu.

Wenn es darum gehen sollte, die Bedeutung dieser Ebene mit einem Schlagwort zu umschreiben, so würde ich hier am ehesten vom „Eliza-Syndrom" sprechen. Die Geschichte der Eliza Doolittle, der Tochter eines Londoner Müllkutschers, die im phonetischen Laboratorium und unter dem wissenschaftlichen Sprachdrill von Professor Higgins die Verwandlung vom armseligen Blumenmädchen zur „fair Lady" durchmacht, ist das sprachliche Tellerwäschermärchen des 19. Jahrhunderts. Wie die meisten Tellerwäschermärchen entspricht es nicht der Realität, trifft aber die Sache, und mehr noch die Ideologie dahinter, im Kern.[27] Denn auch wenn – im Süden des deutschen Sprachgebietes noch weitaus mehr als im Norden – selbst im Sprachgebrauch der gehobeneren Schichten der regionale Anklang durchwegs zu hören gewesen sein dürfte, so wird doch das Ideal der „akzentfreien" Rede, wie sie „auf den Theatern des Landes üblich geworden"[28] zur allgemein anerkannten Norm. Der Vorbildcharakter der Bühnenaussprache ergibt sich zum Großteil aus

---

[27] Daß es sich bei der sozialen Aufsteigerin um eine Frau handelt, darf nicht als zufällig angesehen werden: Wehler (1987, Bd. 2) verweist die Annahme, daß in der mobilen Atmosphäre des industriellen Wachstums im 19. Jahrhundert der Aufstiegsweg quer durch alle sozialen Schichten für jedermann weitgehend offen gewesen sei, ins Reich der „sozialromantischen Legenden". Es trifft zwar zu, daß Heiratsschranken aufgeweicht werden (einer Stichprobe zufolge sollen rund ein Viertel der akademischen bürgerlichen Beamten mit Töchtern ihrer adligen Kollegen verheiratet gewesen sein (Wehler 1987, Bd. 2, S. 154), die Einheirat in eine bedeutend höher angesiedelte soziale Schicht dürfte jedoch zumindest Männern praktisch nicht möglich gewesen sein.

Welcher Anstrengungen und Opfer es aber auch für eine Frau aus der Unterschicht bedurfte, um sich nur schon die äußerlichen – gerade auch sprachlichen – Attribute einer standesgemäßen Partie für einen bildungsbürgerlichen Bräutigam anzueignen, zeigt in erschütternder Weise die Lebensgeschichte der Elise Egloff, Nähmädchen in Zürich und später Frau Professor Henle. Aus dem Briefwechsel zwischen Elise und ihrem zukünftigen Mann sowie zwischen diesem und seiner Schwester bzw. seinem Schwager, die Elises „Erziehung" zum Teil übernehmen, geht auch deutlich hervor, wie eng die Ausbildung zu bestimmten sprachlichen Fertigkeiten (hier v.a. die Entwicklung eines „passenden" Briefstils und einer angemessenen Art, sich in fremder Gesellschaft zu unterhalten) mit einer Disziplinierung von Gefühlen und Affekten verbunden ist. Vgl. Kübler 1987.

[28] Meyers Großes Konversationslexikon, 6. Auf. 1904, Stichwort „Aussprache".

dem Ansehen, das das Theater als National- und Bildungsinstitution im
18. und 19. Jahrhundert errungen hat; die Kodifizierung durch Siebs im
Jahre 1898 dokumentiert dies in expliziter Form.

Die Frage nach der „richtigen" bzw. „korrekten" Aussprache erhält ihr
neues Gewicht, aber auch aus der Entwicklung der Phonetik als eigenständiger, „exakter" Wissenschaft, die sowohl mit traditionell sprachwissenschaftlichen als auch mit naturwissenschaftlichen Forschungsberei-
chen verknüpft ist. In diesem Sinn ist auch Eliza Doolittle vordergründig
das Produkt eines wissenschaftlichen Experiments; es sind jedoch die damit untrennbar verbundenen sozialen Implikationen, die das eigentliche
Thema und damit auch den Motor und das Zentrum der Geschichte
bilden.

Wenn wir uns nun die Normen ansehen, die in Anstandsbüchern in bezug auf die Aussprache genannt werden oder zumindest zum Ausdruck
kommen, so fällt auf, daß die Vorstellung einer „korrekten" Aussprache
bzw. Lautung im 18. Jahrhundert – wenn überhaupt – nur am Rande
auftaucht. In älteren Anstandslehren wird dagegen in den Kapiteln „Vom
Reden" in erster Linie die Ästhetik der Artikulation besprochen, so z.B.
wenn es heißt:

> Eben so natürlich und ungezwungen muß auch die Aussprache selbst
> seyn, kein widriges Gekrächze, kein Stammeln, Schreien, Singen, kein
> dumpfes Gepolter, kein Verschlucken der Wörter und Sylben darf
> man sich erlauben. Je reiner und metallartiger die Stimme ist, de-
> sto lieblicher wird sie. Man vermeide dabei gellende Töne der Ober-
> stimme oder tiefe Basstöne, murmele nicht durch die Zähne, spreche
> nicht durch die Nase oder mit aufgeblasenen Backen, offenem Munde,
> aus voller Kehle, überschreie sich nicht und suche so viel als möglich
> Wohlklang und Anmuth in die Stimme zu legen. Freilich gehört dazu
> Übung, vorzüglich durch guten Gesang: aber Vollkommenheiten werden
> ja selten angeboren, sie müssen erworben werden.[29]

Verstöße gegen die „Sprachrichtigkeit" bzw. die „Regeln der Sprachlehre"
werden in älteren Werken zwar ebenfalls als „pöbelhaft" angemahnt, betreffen aber das Gebiet der Grammatik und scheinen gegen Ende des 19.
Jahrhunderts ebenfalls als wichtiger empfunden zu werden: Sie werden
zumindest ausführlicher und oft an erster Stelle besprochen – so v.a.
das prototypische Beispiel der Verwechslung von *mir* und *mich,* welches
ja ebenfalls auf dialektalen Sprachgebrauch verweist. Im Verlauf des 19.
Jahrhunderts wird die Warnung vor unbekümmertem Dialektgebrauch
zum festen Bestandteil bei der Aufzählung der Schreckgespenster unfei-
nen Sprechens. So beginnt das Kapitel „Konversation" in Emil Roccos

---

[29] So das „Neueste Complimentirbuch" von J.J. Alberti (1828, S. 113).

„Umgang in und mit der Gesellschaft" (Halle 1876) folgendermaßen:

> Achte auf deine Sprache, vor allem vermeide Ziererei. Damit soll nicht
> etwas gesagt sein, daß jedermann reden soll, wie ihm der Schnabel ge-
> wachsen. Keineswegs! Wenn auch schwer zu verlangen ist, daß jeder
> vollständig dialektfrei spreche, so darf man von einem den gebildeten
> Kreisen Angehörenden doch erwarten, daß er seinen heimathlichen Dia-
> lekt soviel als möglich mildere und nach und nach ablege. [...] Etwas
> ganz anderes aber ist es, wenn ein junges Mädchen – nicht so unange-
> nehm berührt dies bei einem jungen Mann – durch ihre Sprache nicht
> nur ihre Heimath verräth, sondern auch zeigt, daß sie in ihrem Le-
> ben auf gute und richtige Aussprache nicht viel gegeben hat. Ganz zu
> schweigen von dem moralischen Sturzbad, welches man nolens volens
> empfängt, wenn ein anmuthstrahlendes Gesicht den Mund zur Rede
> öffnet und gleich im ersten Satz „aus Versehen" Dativ und Accusativ
> verwechselt. Nichts ist so sehr geeignet, den Strahlenkranz der Anmuth
> erbleichen zu machen, als diese blamable Angewohnheit, „mir" und
> „mich" konsequent falsch zu brauchen. [...] immerhin wird ein mit dieser
> Schwäche Behafteter nie über ein bestimmtes Niveau der Gesellschaft
> hinaus kommen.[30]

Beinahe noch deutlicher wird die Gewichtung der Sprachsünden bei
Adelfels, wo es unter dem Stichwort „Sprechen" heißt:

> Rein, korrekt, gesittet, bündig, verständlich und angenehm sind die
> Eigenschaften, welche man beim Sprechen sich zur Gewohnheit machen
> soll.

Die Erläuterung dieser Zuschreibungen macht dann deutlich: „rein" ist
gleichbedeutend mit „dialektfrei". Denn:

---

[30] Rocco 1876, S. 51f. In diesen Ausführungen kommt etwas zum Tragen, was
sich in bezug auf die Sanktionen, denen „schlechter" Sprachgebrauch unterliegt, als roter Faden durchzieht: Die Doppelmoral des sprachlichen Anstandes. Sie ergibt sich aus einer Überlagerung von schichtspezifischen und
geschlechtsspezifischen Sprachverhaltensnormen. So gilt z.B. nicht nur eine
dialektal gefärbte Sprache, sondern auch eine laute Sprache oder eine grobe
Sprache als pöbelhaft, und Personen beiderlei Geschlechts gefährden dadurch ihr soziales Ansehen. Doch während solche sprachlichen Faux-Pas
eine Dame der Gesellschaft auch noch in Gefahr bringen, unweiblich zu wirken und damit ihre Attraktivität für das andere Geschlecht zu verlieren,
also zu einer doppelten Deklassierung führen, läßt sich eine laute, deftige
und dialektal-grobe Sprache beim Mann immerhin noch als Zeichen unver-
stellter Virilität ausdeuten: Ein solches Benehmen ist zwar nicht fein, aber
doch männlich. Diese doppelte Norm, bei der Mann und Frau mit verschiedenen Maßstäben gemessen werden, hat sich bis heute erhalten; vgl. z.B.
Trudgill (1983, S. 169-186), der sich in diesem Zusammenhang auch mit
dem Unterschied zwischen sprachlicher Selbsteinschätzung von männlichen
und weiblichen Versuchspersonen und ihrem tatsächlichen Sprachverhalten
beschäftigt. Auch die hier häufig zu beobachtende Differenz hängt mit dem
Vorhandensein mehrerer, nicht deckungsgleicher Wertmaßstäbe für Sprachverhalten zusammen.

So viel Ursprüngliches und Kerniges auch der Dialekt hat, die Bildungssprache erfordert das reine Schriftdeutsch. Ein anderes ist es, wo der Gesprächsgegenstand es mit sich bringt, oder im Verkehr mit Leuten, welchen nur der Dialekt geläufig ist.[31]

Dem bürgerlichen Standesprädikat der Bildung wird also die „Reinheit der Hochsprache"[32] zugeordnet; dagegen scheint der ästhetischen Qualität einer „lieblichen" Stimme keine erwähnenswerte Bedeutung mehr zugemessen zu werden.[33]

Allerdings: Nicht der Dialekt an sich wird abgelehnt: Seine „Ursprünglichkeit und Kernigkeit" werden sogar explizit anerkannt. Und auch die Tatsache, daß man selbst Dialekt spricht, ist nicht grundsätzlich deklassierend: Es kommt lediglich darauf an, den Dialektgebrauch auf bestimmte Situationen und bestimmte Gesprächspartner zu beschränken. Die bereits erwähnte „Mannichfaltigkeit von Gruppen", in denen sich der weltläufige Bürger bewegt, bringt die Notwendigkeit mit sich, eine entsprechende Mannichfaltigkeit der Sprachstile zur Verfügung zu haben und zu wissen, wann welcher Ton anzuschlagen ist. Wem allerdings „nur der Dialekt geläufig ist", grenzt den Radius seines sozialen Umgangs stark ein.[34]

Dagegen finden sich in der Literatur des späteren 19. Jahrhunderts zahlreiche Beispiele dafür, daß Angehörige der höheren und höchsten Kreise in der entsprechenden Situation durchaus Dialekt benützen, und die Beliebtheit von Dialektliteratur (Fritz Reuter, Karl Groth etc.) sowie die zunehmende Bedeutung der dialektologischen Forschung in der Sprachwissenschaft bestätigen dieses Bild.[35] Einige Hinweise lassen sogar darauf schließen, daß auch in manchen an sich dialektfernen Situationen der

---

[31] Adelfels o.J. [1888], S. 234.

[32] Diese Reinheit wird bereits im Elementarschulunterricht durch bewußte Achtung des Dialekts und Einübung hochsprachlicher Lautung angestrebt, vgl. z.B. Vesper 1989, S. 250.

[33] Denn selbst bei der bei Adelfels zuletzt genannten Eigenschaft, dem „angenehmen" Sprechen, geht es im wesentlichen um die Dialektfreiheit der Sprache. Als Erklärung heißt es nämlich: „Dagegen vermeide man alles Schreien wie auch das singende Sprechen, welches besonders manchen Dialekten eigen ist." (S. 235).

[34] Für einzelne Sprachregionen dürften in diesem Punkt allerdings sehr unterschiedliche Restriktionen geherrscht haben, zumal auch die Trennlinie zwischen einer „gehobenen" Umgangssprache mit dialektaler Färbung, wie sie etwa im Schwäbischen oder Obersächsischen ausgebildet war und einer als „grobem" Dialekt empfundenen Varietät regional verschieden verlief. Vgl. hierzu z.B. Schildt 1981, S. 17ff.

[35] Der alte Konsul Buddenbrook, der, wie es im gleichnamigen Roman heißt,

bewußte Griff zum eigenen oder zu einem fremden Dialekt (sozusagen im Sinne eines Zitats) als unterhaltsam oder gar als chic galt.[36]

Insgesamt scheint sich in bezug auf die Wahrnehmung und Beurteilung der Lautung im Verlauf des 19. Jahrhunderts ein Wandel vom Ideal der „wohlklingenden" Stimme zur Norm der „korrekten", dialektfernen und damit überregional orientierten Aussprache abzuzeichnen. Das Kriterium der ästhetischen Befriedigung wird abgelöst durch die Orientierung an der realitätsfernen Vorstellung einer „reinen" Sprache, als deren „objektives" Maß sowohl die Schriftsprache als auch – eng damit zusammenhängend – die Bühnensprache betrachtet wird; beides Maßstäbe, die nicht unabhängig vom Bildungsideal der Zeit gesehen werden können.

3.2. Zum Verhältnis von verbalem und nonverbalem Verhalten

Die beiden bis hierher referierten Beobachtungen ermöglichen noch keine eindeutige Schlußfolgerung. Sie legen aber zumindest die Vermutung nahe, daß bestimmte Bereiche des sprachlichen Verhaltens immer bewußter als Variablen der sozialen Identität wahrgenommen und entsprechend beobachtet bzw. gepflegt werden. Entsprechende Veränderungen lassen sich auch noch an anderer Stelle beobachten.

Wenn man die Entwicklung der Verhaltensstandards im Spiegel der Anstandsbücher verfolgt, zeichnen sich zwei direkt voneinander abhängige Tendenzen ab:

1. scheint es so zu sein, daß bestimmte nonverbale Umgangsformen zunehmend durch entsprechende sprachliche Routinen ersetzt werden

2. scheinen sprachliche Umgangsformen und speziell die Kunst, sich in unprätentiöser Weise gewandt und sicher auszudrücken, gegen Ende

---

„die Welt gesehen" hat und „Anno 13 vierspännig nach Süddeutschland gefahren war, um als Heereslieferant für Preußen Getreide aufzukaufen", verwendet im sprachlichen Umgang mit seiner Familie noch Französisch, Hochsprache und Plattdeutsch quasi gleichberechtigt nebeneinander (so zum Beispiel, wenn er sich über die seiner Meinung nach falsche Erziehung seiner Enkelin ärgert: „Excusez, mon cher! [...] Mais c'est une folie! Du weißt, daß solche Verdunkelung der Kinderköpfe mir verdrüßlich ist! Wat, de Dunner sleit in? Da sall doch gliek de Dunner inslahn!" (Mann 1922, Bd. 1, S. 15); während sein Enkel Thomas Buddenbrook zwar ebenfalls noch Plattdeutsch beherrscht, dies aber nur noch im betont leutseligen Verkehr mit seinen Arbeitern, nie jedoch gegenüber Familienmitgliedern verwendet (vgl. z.B. Bd. 2, S. 17f.).

[36] Vor solchen Verwendungsweisen scheint Rocco zu warnen, wenn er davon spricht, daß nichts „lächerlicher" sei „als wenn junge Leute fremden Dialekt nachahmen wollen. Man merkt die Absicht und wird verstimmt." (Rocco 1876, S. 51).

des 19. Jahrhunderts für breitere Bevölkerungsschichten relevant zu sein als vorher.

Diese beiden Punkte sind auch deshalb wichtig, weil sich hier unter Umständen ein Gefälle bzw. ein Übergang zwischen einer (älteren) adligen Körper- und Bewegungskultur und einer (neuen) bürgerlichen „Sprachkultur"[37] abzeichnet. Ich muß an dieser Stelle deshalb auch etwas ausholen:

Trotz vehementer Kritik an den Sonderrechten des Adels, die als anachronistisch empfunden werden, und trotz Kritik an elitärer adliger Lebensführung und an adliger Mentalität haben bei der Ausbildung bürgerlicher Selbstdarstellungsweisen und Umgangsformen adliger Vorbilder eine wichtige Rolle gespielt.[38] Wer es konnte – und vor allem gegen Ende des 19. Jahrhunderts konnten es in Unternehmerkreisen einige – erwarb sich mit luxuriösen Landsitzen, herrschaftlicher Dienerschaft und aufwendigem Lebensstil zumindest die äußeren Attribute sozialer Gleichstellung mit dem Adel.[39] Doch selbst in den weniger finanzkräftigen Kreisen des Bürgertums gelten adlige Auftretensweisen und Umgangsformen als vorbildlich und werden, wenn auch selten direkt imitiert, so doch oft in 'anverwandelter' Form übernommen.[40]

---

[37] Wenzel (1867) verwendet den Begriff „Sprachcultur" und versteht darunter sowohl „die Sprache selbst" als auch den „Ton, in welchem der Gebildete mit dem Gebildeten spricht" (S. 63).

[38] Wehler 1987, Bd. 2, S. 206.

[39] Wehler 1987, Bd. 2, S. 206.

[40] Wie stark adlige Repräsentationskultur (gerade durch ihre „unbürgerliche" Losgelöstheit von Zweckbindung und alltäglicher Nutzbarkeit) fasziniert, hat Habermas am Beispiel des „Wilhelm Meister" exemplarisch gezeigt. Schlüsselstelle ist hier die Aussage Wilhelms, daß es „dem Edelmann, der mit den Vornehmsten umgeht, zur Pflicht wird, sich selbst einen vornehmen Anstand zu geben, indem dieser Anstand, da ihm weder Tür noch Tor verschlossen ist, zu einem freien Anstand wird, da er mit seiner Person, es sei bei Hofe oder bei der Armee, bezahlen muss, so hat er Ursache, etwas auf sie zu halten, und zu zeigen, daß er etwas auf sich hält." (zitiert nach Habermas 1969, S. 22f.).

Eine bedeutend weniger reflektierte, deshalb aber nicht weniger wirksame Veränderung bürgerlicher Normen unter dem Einfluß adliger Vorbilder zeigt Guiseppe Tomasi di Lampedusa in seinem Roman „Der Leopard": In der Begegnung des Fürsten von Salina mit dem reichen, aber ungebildeten Land-Bürgermeister Don Calògero Sedara fühlt sich letzterer auf eine ihm selbst zunächst unerklärliche Weise vom Auftreten des Fürsten angezogen: „Er merkte, daß ein guter Teil dieses Zaubers von den guten Manieren herkam und machte sich klar, wie angenehm ein guterzogener Mensch wirkt – denn er tut im Grunde nichts weiter, als die immer unangenehmen Kundgebungen eines großen Teils der menschlichen Bedingtheit fortzulassen und eine

Insgesamt legt die Lektüre von Anstandsbüchern den Schluß nahe, daß von adliger Bewegungsanmut eine starke Faszination ausging und sie folglich in einem gewissen Umfang zur Nachahmung angeregt hat, daß sie auf Dauer jedoch keinen festen Platz finden konnte in dem durch ganz andere Parameter bestimmten Lebensalltag des aufstrebenden und sich als tragende Schicht konsolidierenden Bürgertums.[41] Verbale Routinen der Anrede, sprachliche Begrüßungs- und Höflichkeitsrituale waren in den sich ständig mehrenden unterschiedlichsten Kontaktsituationen ein bedeutend flexibleres und adäquateres Mittel der Selbstdarstellung und Beziehungsdefinition. Die leichte Beherrschung der „Leibes- und Gesichtsstellung" sowie der „Bewegung aller Glieder" entsprach der Bewegungskultur des Adels, die beim einzelnen von frühester Jugend an durch eine entsprechende körperorientierte (und auf der anderen Seite mehr

---

Art vorteilhaften Altruismus auszuüben. [...] Langsam begriff Don Calògero gewisse Dinge: daß nämlich eine gemeinsame Mahlzeit nicht notwendig ein Orkan von Kaugeräuschen und Fettflecken sein müsse; daß ein Gespräch sehr wohl so geführt werden könne, daß es nicht einem Streit unter Hunden ähnlich sei; weiter, wenn man einer Frau den Vortritt lasse, so sei dies ein Zeichen von Kraft und nicht, wie er gemeint hatte, von Schwäche; auch könne man von einem Gesprächspartner mehr erhalten, wenn man zu ihm sage: „ich habe mich nicht klar genug ausgedrückt", statt: „du hast ja überhaupt nichts kapiert!"; und wenn man solche Vorsicht walten lasse, so gereichten Speise, Reden, Frauen, Gesprächspartner völlig dem zu Nutzen, der sie gut behandelt habe. Es wäre vermessen zu behaupten, Don Calògero habe aus allem, was er gelernt hatte, sogleich Nutzen gezogen; er verstand sich von da an ein wenig besser zu rasieren und sich weniger zu entsetzen über die Menge der Seife, die man zur Wäsche gebraucht hatte – das war alles. Aber von da an begann für ihn und die Seinen jenes ständige Sichverfeinern eines Standes, das im Laufe von drei Generationen einfache, grobe Bauern in Edelleute verwandelte, die sich nicht mehr zu verteidigen wissen." (Lampedusa o.J., S. 162).

Fontane zeigt diese „Orientierung nach oben" in bezug auf Umgangsformen und Lebenshaltungen im Verhältnis verschiedener bürgerlicher Schichten zueinander. Nach dem frühen Tod ihres Mannes kehrt Mathilde Möhring wieder zu ihrer Mutter nach Berlin und in die dortigen kleinbürgerlichen Verhältnisses zurück. Sie akzeptiert aber nicht mehr alle häuslichen Routinen wie früher und entdeckt auch, daß sich in ihre mehr berechnende, nüchterne und an den gegebenen Umständen orientierte Lebenshaltung unmerklich etwas von der Verfeinerung und Sentimentalität ihres Mannes eingeschlichen hat: „Ich dachte, wunder was ich aus ihm gemacht hätte, und nu finde ich, daß er mehr Einfluß auf mich gehabt hat als ich auf ihn." (Fontane [Möhring] 1988, S. 133).

[41] Die latente Orientierung an höfischem Auftreten wird gerade dann deutlich, wenn diese Vorbilder explizit abgelehnt bzw. als überholt dargestellt werden. So etwa in Carl Friedrich von Rumohrs „Schule der Höflichkeit für Alt und Jung" (1834): „Gegenwärtig also bezeichnet das Wort Höflichkeit nicht mehr die courtoisie, oder streng höfische Sitte, sondern die Gewohnheit und Kunst in jeglicher Beziehung von Menschen zu Menschen, im Reden, wie im Handeln, stets den zu treffenden Ton zu finden und anzuschlagen." (S. 51).

bildungsferne wenn nicht sogar bildungsfeindliche) Erziehung im Reiten, Fechten und Tanzen entwickelt wurde.

In der durch Bildung und berufsorientierte Wissensvermittlung geprägten Erziehung bürgerlicher Schichten war die körperliche Ertüchtigung als Mittel zum Zwecke der Gesundheit und der Wehrtüchtigkeit zwar einbezogen, wurde jedoch nie in dem Maße zum Persönlichkeitszeremoniell, wie das beim adligen Vorbild der Fall war.[42] Die Selbstverständlichkeit der graziösen Haltung blieb deshalb mehr Wunschbild, als daß sie zur Realität wurde, auch wenn immer wieder gefordert wird, das „anmuthige Benehmen" so zu perfektionieren, daß es den Anschein habe, das „Benehmen der Werktage" zu sein, „das uns zur andern Natur geworden ist."[43]

Der Gegensatz zwischen Ablehnung des Inhalts bei gleichzeitiger Wertschätzung der Form wird exemplarisch deutlich in folgendem Auszug aus einer Anstandslehre aus dem Jahre 1803, dem „Katechismus oder Regeln der Höflichkeit in kurzen Fragen und Antworten [...]"[44] Dort wird einleitend gefragt:

	Sind die Sitten der Hofleute nachzuahmen?
Antwort:	Die Sitten der Hofleute, das Innere betreffend, sind gemeiniglich nicht nachzuahmen: denn der Beweggrund ihrer Handlungen ist insgemein Eitelkeit, Hoffart, Ehrsucht, Eigennutz, Neid u.d.gl.
Frage:	Ist aber das Äusserliche der Hofleute nachzuahmen?
Antwort:	Ja, insgemein. Denn das Äusserliche ist ehrerbiethiges Bezeugen gegen Höhere; Leutseligkeit gegen Gleiche und Niedrige; Anständigkeit in Reden und Gebärden; Nettig- und Sauberkeit in standesmässiger Kleidung, und in allem Dem, was Einem zugehört.

Ähnliche Argumentationen finden sich oft in Einleitungen und Vorwörtern zu Anstandsfibeln, in denen die Autoren oder Autorinnen die Exi-

---

[42] Wo äußerliche Übernahmen adliger Körperkultur stattfanden, wurden sie oft mit 'bürgerlichen Inhalten' aufgefüllt: So z.B. beim Tanzunterricht, der in der Erziehung der Söhne und Töchter weiter bürgerlicher Kreise seinen Platz hatte, dessen zentrale Funktion jedoch die Einübung gesellschaftlichen Auftretens und die Pflege sozialer Kontakte sowie die Anbahnung zwischengeschlechtlicher Beziehungen im Hinblick auf den Heiratsmarkt waren. Auch für die Fechtübungen der korporierten (bürgerlichen) Studenten sowie für das in bürgerlichen Kreisen im 19. Jahrhundert quasi populär werdende Duellwesen zeigt Ute Frevert deutliche funktionale Unterschiede zu den entsprechenden adligen Verhaltensweisen auf. (Frevert 1988).

[43] So der Journalist und Schriftsteller August Lewald in seinem „Buch der Gesellschaft. Für angehende Weltleute" (1847, S. 197).

[44] Bauer 1803, S. 5f.

stenzberechtigung, ja Notwendigkeit des jeweiligen Werkes gegenüber einer offenbar durchaus gängigen Ansicht verteidigen, derzufolge „feine Lebensart und gute Manieren bloß Sache der höheren Stände sein [sollten] und das Bürgertum nichts damit zu schaffen [hätte] ", da „der tüchtige Mensch eben durch seine Tüchtigkeit vorwärts kommt." Dem wird dann entgegengehalten, daß „die gute Lebensart eine schöne und angenehme Zugabe zur Tüchtigkeit" sei sowie „das Leben verschönt und angenehmer macht."[45]

Die tatsächliche Anverwandlung adliger Umgangsformen an die bürgerliche Lebens- und Alltagswelt scheint nun einerseits in einer gewissen Redimensionierung zu bestehen – gerade in Anstandsbüchern des ausgehenden 18. und beginnenden 19. Jahrhunderts wird oft vor einem lächerlich wirkenden „zuviel" gewarnt – andererseits in einer „Verbalisierung", also in einer zunehmenden Versprachlichung ehemals nonverbaler Verhaltensformen.

Als Beispiel für einen solchen Prozeß möchte ich hier das sogenannte 'Complimentirwesen' aufgreifen. Darunter wird noch zu Beginn des 19. Jahrhunderts meist ganz allgemein das höfliche bzw. „artige" Auftreten gegenüber einem Interaktionspartner verstanden – entsprechend häufig findet sich die Bezeichnung „Complimentirbuch" im Titel von Anstands- und Sittenlehren. In eingeengterem Sinn ist unter 'Compliment' eine Form des Grüßen zu verstehen.[46]

Wenn man nun Anstandsbücher aus dem späteren 18. Jahrhundert und der ersten Hälfte des 19. Jahrhunderts mit solchen der Jahrhundertwende vergleicht, so fällt – tendenziell zumindest – folgendes auf: Zunächst einmal scheinen sich sowohl Art als auch Aufwand des nonverbalen Grußverhaltens zu ändern, denn:

---

[45] Josewirz 1884, S. VIIIf. Die Ambivalenz zwischen bewußter (aufgeklärter) Ablehnung höfischer Umgangsformen und Bewunderung adliger Repräsentationskultur zeigt sich im ausgehenden 18. Jahrhundert vielleicht noch deutlicher als später. Ein ausdrückliches Beispiel für die bewußte Absetzung von adligem Umgangszeremoniell findet sich bei Ruppert (1981, S. 142), der auf die ausgesprochen bürgerliche Organisationsform von Lesegesellschaften des 18. Jahrhunderts verweist, die sich u.a. darin zeigt, daß in den Statuten des Nürnberger „Lesekabinetts" von den Mitgliedern gefordert wird, „alles Komplimentieren" beim Eintreten wie beim Verlassen der Räumlichkeiten zu unterlassen.

[46] Eine ausführliche – pragmalinguistisch orientierte – Darlegung von Formen und Funktionen des 'Compliments' und seiner interaktiven Bedeutung findet sich bei Beetz 1981.

- während in den älteren Büchern z.B. noch darauf hingewiesen wird, das „Scharren" bzw. „Ausscharren" mit den Füßen nicht zu übertreiben[47] und überhaupt alle übertriebenen „Tanzmeister-Bewegungen" zu unterlassen
- wird später vermehrt vor Nachlässigkeit im Bewegungsverhalten gewarnt. So heißt es z.B. bei Friedberg (1892):

> Es ist nicht schicklich, wie das so viele Leute thun, mit dem Finger an den Hut zu fassen, nach militärischer Weise, oder den Hut mit hastiger Bewegung vom Kopf zu reissen und sofort wieder aufzustülpen. Die Bewegungen müssen stets ruhig und gemessen bleiben. Der Arm soll sich in schöner, abgerundeter Linie nach aufwärts bewegen, man fasse den Hut vorn an der Krämpe, hebe ihn etwa einen halben Fuss hoch über den Kopf, halte ihn hier einige Sekunden schwebend, um denselben dann je nach dem Grade des Grusses tiefer oder länger abzuziehen.[48]

Außerdem – und sicher nicht unabhängig davon – verengt sich die Bedeutung des Begriffs 'Compliment':

- In den älteren Büchern werden unter der Bezeichnung 'Compliment' oft in erster Linie nonverbale Verhaltensweisen verstanden, die in die „Complimente im Gehen, Sitzen und Stehen" unterteilt werden.[49] Im Hinblick auf die Durchführung lassen sich außerdem „Kopf- oder Handcompliment" unterscheiden.[50] Noch das „Buch des Anstandes und der feinen Lebensart" (Ende 19. Jahrhundert) erklärt:

> Unter Compliment versteht man zweierlei, nämlich: eine Artigkeit, die man Jemandem bei irgend einer Gelegenheit sagt, – oder – eine Höflichkeitsbezeugung, durch welche man Anderen seine Achtung beweist, und

---

[47] z.B. bei Alberti 1828, S. 125.

[48] Friedberg 1892, S. 44.

[49] Daß diese Dreiheit z.T. durch das „Compliment im Wagen" sowie das „Compliment zu Pferde" ergänzt wird, verweist auf den gentilen Ursprung dieser Verhaltensformen.

[50] Die Differenzierung verschiedener Complimentformen entspricht einerseits rein äußerlichen, situativen Gegebenheiten, andererseits aber auch den unterschiedlichen Affektzuständen, die ausgedrückt werden sollen, sowie den möglichen sozialen Konstellationen unter den Beteiligten. Dies zeigt sich z.B. bei der Erläuterung von Hand- und Kopfcomplimenten bei Wenzel (1867, S. 84), der erklärt: „Nebst diesen drei Arten von Complimenten kann man noch das Kopf- und Handcompliment anmerken. Das erste ist ein Nicken, d.h. eine kleine Verbeugung mit dem Kopfe, mit einer bemerkbar freundlichen Miene. Es ist gemeinlich das Compliment des Mannes oder der Dame von sehr hohem Range gegen Untergebene, nur mit dem Unterschiede, daß bei der Dame das Nicken öfter wiederholt, und die Miene freundlicher und lächelnder wird."

271

die in einer einmal angenommenen Bewegung, Beugung oder Stellung des Körpers besteht. [...] [51]

- Doch während in älteren Anstandsbüchern ein Kapitel „Vom Complimentieren" praktisch ein obligater Bestandteil des Inhaltsverzeichnisses ist, verschwinden solche Kapitel gegen Ende des Jahrhunderts. Das „Lexikon der feinen Sitte" von 1888 z.B. führt unter dem Stichwort „Kompliment" keine nonverbalen Verhaltensweisen mehr auf, und auch in anderen Anstandsbüchern der Jahrhundertwende finden wir den Begriff „Kompliment" vorwiegend im Kapitel „Vom Umgang mit Damen" und dann nur noch in der Bedeutung, in der wir ihn heute kennen, nämlich im Sinn einer mehr oder weniger ehrlich gemeinten, schmeichelhaften Bemerkung.[52]

- Schließlich ist auch der nonverbalen Grußgeste des Handkusses – ursprünglich Ehrenbezeugung gegen Personen beiderlei Geschlechts – eine zunehmend sinkende Popularität beschieden. In Anstandsbüchern des 19. Jahrhunderts wird er noch als zwar galante, aber schwierige (und in manchen Gegenden als affektiert geächtete) Weise der Begrüßung von Personen weiblichen Geschlechtes charakterisiert[53] und in etwa dieser Form fristet er auch noch heute in gehobeneren Kreisen ein eingeschränktes Leben. Doch selbst in Regionen, in denen ihm vormals mehr Ansehen zuteil geworden war, existiert er heute allenfalls noch in der versprachlichten Schwundstufe des „Küß die Hand, gnä'Frau" – verbunden allenfalls mit der knappen Andeutung einer Verbeugung.[54]

---

[51] Döring 1880, S. 25.

[52] Als Bezeichnung für eine nonverbale Verhaltensweise bleibt „Kompliment" allenfalls noch für die Bewegungen und Gesten reserviert, mit denen man jemandem den Vortritt beim Betreten oder Verlassen eines Raumes gewährt, was sich bis heute im Begriff des „Hinauskomplimentierens" erhalten hat.

[53] Vgl. z.B. Adelfels o.J. [1888], S. 140; Düring-Oetken 1896, S. 195.

[54] Allenfalls muß auch die „deutsche" Sitte des Händedrucks, der als übliche Form der Begrüßung (auch wenn man nicht näher bekannt ist) erst im Laufe des 19. Jahrhunderts allgemein aufkommt, als eine vereinfachte Adaption des Handkusses interpretiert werden. Anstandsbücher, die die Sitte des Sich-die-Hand-Gebens als neu aufkommende Form der Begrüßung bzw. Verabschiedung vermerken, weisen z.T. darauf hin, daß die Bitte „um ein Händchen" – sofern galant vorgetragen – vor allem von jüngeren Damen meist auch gewährt werde, daß es andererseits aber auch das Vorrecht der Damen sei, „diesen oder jenen Herren ihrer Bekanntschaft durch „ein Händchen" auszuzeichnen" (z.B. Junker o.J. [1887?], S. 13; Ritter o.J. [1885?], S. 28f.).

Insgesamt ergibt sich der Eindruck einer zunehmenden Versprachlichung des Grußrituals sowie einer zunehmend getrennten Wahrnehmung von verbalem und nonverbalem Verhalten. Wo ehemals Bewegung und sprachliche Äußerung als zu einem Interaktionsakt verschmolzen erscheinen, werden im Verlauf der Zeit verbale und nonverbale Verhaltensweisen in der Beschreibung stärker auseinandergehalten. Und während in älteren Benimmbüchern die Anrede sowohl in Gewichtung als auch in zeitlicher Abfolge eher als zweitrangiger Faktor der Begrüßung erscheint, kehrt sich dieses Verhältnis später um und die sprachliche Form des Grußes scheint zu dominieren.

Parallel zu dieser Tendenz zeigt sich in den Anstandsbüchern des 19. und frühen 20. Jahrhunderts ganz allgemein eine zunehmende Ausführlichkeit bei der Reglementierung und Kommentierung verbaler Verhaltensweisen. So wird z.B. bei der Beschreibung vorbildlicher Tischsitten in älteren Anstandsbüchern meist ausschließlich der Umgang mit den Speisen selbst, sowie mit Teller, Besteck, Servietten etc. thematisiert; das sprachliche Verhalten bei Tisch wird, wenn überhaupt, erst in zweiter Linie erwähnt. Um die Jahrhundertwende dagegen wird die korrekte Handhabung von Tischgerätschaften sowie die elegante Meisterung des Eßvorgangs zwar nach wie vor angesprochen (oft allerdings mit dem Zusatz, daß sich dieses oder jenes ja eigentlich von selbst verstehe),[55] die Beschäftigung mit Fragen wie:

- Über was spricht man beim Essen?
- Und über was darf auf keinen Fall gesprochen werden?
- Wie unterhält man eine Tischdame?
- Wie verhält sich die junge Dame im Gespräch mit ihrem Tischherrn?
- Wie bringt man eine Toast auf den Gastgeber oder die Gastgeberin aus?
- Wie verhält man sich während einer Tischrede?

etc. nehmen im Verhältnis zu früher mehr Platz ein. Dem „Gespräch bei Tisch" wird unter Umständen sogar ein eigenes Kapitel gewidmet.

Auch bei der Beschreibung des richtigen Verhaltens in Gesellschaften und bei Visiten wird den sprachlichen Umgangsformen und vor allem

---

[55] Diese Beobachtung läßt sich vielleicht auch mit Überlegungen von Norbert Elias verbinden, der annimmt, daß „am Ende des 18. Jahrhunderts, kurz vor der Revolution, in der französischen Oberschicht annähernd jener Standard der Eßgebräuche, und gewiß nicht nur der Eßgebräuche, erreicht [ist], der allmählich dann in der ganzen „zivilisierten" Gesellschaft als selbstverständlich gilt." (1976, Bd. 1, S. 139).

dem Gesprächsverhalten immer mehr Platz eingeräumt. Bei Kapitelüberschriften wie: „Das gesellschaftliche Gespräch und seine Anforderungen",[56] „Die gesellschaftliche Unterhaltung"[57] etc. zeigt sich in dem Attribut „gesellschaftlich" außerdem der Öffentlichkeitsaspekt, der dem gesprächsweisen Umgang zugeordnet wird und ihn zum geeigneten Forum individueller wie kollektiver Selbstdarstellung werden läßt.[58]

Die Tradition der Konversationsbücher, in denen seitenweise Musterdialoge für die (je nach Epoche anders benannte) „zierliche", „galante" oder „weltmännische" Unterhaltung abgedruckt sind, reicht zwar weit zurück und wurde auch im 17. und 18. Jahrhundert durchaus gepflegt. Während es hier jedoch oft um den korrekten Umgang mit sozial Höherstehenden (z.B. um die richtige Anrede und Titulierung), um ganz bestimmte Kontaktsituationen sowie um die Vermittlung eines Inventars von rhetorischem Schmuckwerk ging, dominieren im späteren 19. und frühen 20. Jahrhundert zunehmend Ratschläge und Vorschriften für den Verkehr mit Gleichgestellten.[59] Außerdem ist die Menge der verschiedenen Situationen, für deren sprachliche Bewältigung man instruiert wird, gegenüber früher beträchtlich gewachsen; entsprechend oft wird auf „grundsätzliche" Sprachverhaltensregeln verwiesen, deren individuell zu leistende Anpassung an die verschiedenen Situationen dann zur eigentlichen Gesprächskunst gehört. Auffällig ist, daß nun gerade auch der gesprächsweise Umgang im privaten Kreise zum Gegenstand von Anstandsfragen wird und also auch in diesem Bereich das, was sich schickt, von dem, was sich eben nicht schickt, sehr genau unterschieden wird.[60]

---

[56] K...sky, Johann Edler von, 1890?

[57] Ritter, Ernst 1885?

[58] Vgl. Linke 1988, S. 125.

[59] Ratschläge zur Bewältigung ungewohnter oder (noch) fremder sozialer Situationen sowie Hinweise auf den korrekten und erfolgversprechenden (sprachlichen) Umgang mit Vorgesetzten bzw. sonstigen Ranghöheren bilden natürlich auch weiterhin einen wesentlichen Teil von Benimmbüchern. Ein großer Teil der Ratschläge und Verhaltensregeln wird jedoch sichtlich in der Absicht erteilt, Leser und Leserinnen zu besonders perfekten Vertretern ihrer eigenen Gesellschaftsgruppe heranzubilden. D.h. der Akzent liegt oft weniger bei der Frage: „Wie muß ich mich verhalten, um nicht unangenehm aufzufallen", als vielmehr bei der Frage: „Durch welche Verhaltensweisen zeichne ich mich als repräsentativer Vertreter bzw. als vorbildliche Vertreterin meines Standes aus?"

[60] Diese Beobachtung läßt sich vielleicht im Zusammenhang mit dem von Elias postulierten Abbau der gesellschaftlichen Formalitäts-Informalitäts-Spanne im Verlauf der letzten 200 Jahre sehen. Elias illustriert dies an der unbekümmerten Sprache, die der junge Mozart in den sogenannten „Bäsle-

4. Sprache als zentrales Formelement bürgerlicher Kultur

Wenn ich nun zum Schluß zusammenfasse, was ich bisher an Beobachtungen und Überlegungen referiert habe, läßt sich daraus natürlich noch kein geschlossenes Bild bürgerlicher Sprachverhaltensnormen oder gar der ihnen entsprechenden, real gelebten Sprachkultur zeichnen. Als Tendenz läßt sich jedoch festhalten, daß sich Veränderungen abzeichnen sowohl in der Bewußtheit, mit der Sprache und Sprachgebrauch wahrgenommen werden, als auch in der Art dieser Wahrnehmung und schließlich – als Voraussetzung wie als Folge davon – auch im tatsächlichen Sprachgebrauch. Die Hypothese, daß Sprache zum zentralen Formelement bürgerlicher Selbstdarstellung wird, ist damit sicher noch nicht eindeutig belegt, aber immerhin eher gestützt als erschüttert worden. Was die Interpretation dieser Entwicklungstendenzen anbelangt, so möchte ich an dieser Stelle abschließend drei Vermutungen äußern:

(1) ich habe bereits oben darauf hingewiesen, daß die bürgerliche Werthaltung von Sprache damit zu tun haben könnte, daß die Sprache als Formelement in bürgerlichen Lebenszusammenhängen teilweise das ersetzt bzw. ersetzen muß, was in der Welt des Adels in Körper- und Bewegungskultur zum Ausdruck gekommen war. So ist es ja vielleicht auch nicht ganz zufällig, daß die Wörter und Ausdrücke, mit denen wir die Art und Weise bezeichnen, in der wir mit unserer sozialen Umwelt in gesellschaftlichen Kontakt treten, vorwiegend der Sphäre des nonverbalen Verhaltens entnommen sind: Wir sprechen noch heute (und die Anstandsbücher des 19. Jahrhunderts tun dies auch) vom <u>Umgang</u> mit und vom <u>Auftreten</u> in der Gesellschaft und davon, wie man sich anmutig oder allenfalls auch weltmännisch in der Öffentlickeit oder Halböffent-

---

Briefen" verwendet. Im Gegensatz zur biographisch-psychologischen Deutung dieser Briefe, die den erotisch-unverblümten Sprachgebrauch an der individuellen Person Mozarts festmacht, interpretiert Elias dies als Indiz für das sprachliche Empfinden und Verhalten einer ganzen sozialen Gruppe: „Die Gesellschaft Mozarts war also charakterisiert durch die Gleichzeitigkeit einer Formalität im Verkehr von sozial über- und untergeordneten Menschen, die an zeremonieller Härte jede entsprechende Formalität unserer Tage weit übertrifft, und einer Informalität innerhalb der eigenen Gruppe, die ebenfalls weit über das hinausgeht, was gegenwärtig im geselligen Verkehr von relativ gleichgestellten Menschen möglich ist" (S. 419). Der Ausgleich dieses Formalitäts-Informalitäts-Gefälles bringt nach Elias eine „stärkere Beanspruchung der Selbstzwangapparaturen mit sich und zugleich ein häufiges Experimentieren, eine strukturelle Verunsicherung" (S. 53). Es gibt zwar kaum noch Situationen, in denen man – wie z.B. Mozart im Umgang mit fürstlichen Gönnern – einem völlig starren Kanon festgesetzter Verhaltensweisen unterliegt, dafür erfordern aber tendenziell alle Lebensbereiche ein hohes Maß an Selbstdisziplin und eigenverantworteter Verhaltensreglementierung (Elias 1990).

lichkeit <u>bewegt</u>.[61]

Allerdings: Im Verlauf des 19. Jahrhunderts wird ein neuer Ausdruck zum Leitbegriff, der zwar vereinzelt auch schon im 18. Jahrhundert auftaucht, im letzten Viertel des 19. Jahrhunderts aber zur Hauptmetapher für die gemeinte Sache – das richtige Benehmen – avanciert und im 20. Jahrhundert wenn nicht im Titel, so doch zumindest im Untertitel jeder zweiten Anstandslehre erscheint: der gute <u>Ton</u>. Und so wie das weltmännische <u>Auftreten</u> durchaus auch das <u>sprachliche</u> Verhalten einschloß, so ist nun mit dem „guten Ton" natürlich auch das nonverbale Verhalten angesprochen. Aber eben: Die Betrachtungsweise scheint sich – zumindest in der Akzentsetzung bzw. in der Perspektive – verändert zu haben.

(2) Die gesteigerte Sensibilität gegenüber sprachlichem Verhalten und die entsprechende Ausführlichkeit der Kommentierung und Reglementierung in Anstandsbüchern könnte auch als Hinweis darauf verstanden werden, daß der „<u>Prozeß der Zivilisation</u>", den Norbert Elias vor allem hinsichtlich nonverbaler Verhaltensweisen und speziell anhand der Tischsitten nachzeichnet und transparent macht, sich nun verstärkt der Sprache bzw. ihrer Gebrauchsformen bemächtigt. Die bewußte Beobachtung und differenzierte Beurteilung sprachlicher Verhaltensweisen wäre dann als Ausdruck einer verstärkten <u>Disziplinierung</u> des <u>Sprachgebrauchs</u> zu sehen, die äußerlich als Verfeinerung, Differenzierung und Elaborierung sprachlichen Verhaltens auftritt und damit im Sinne eines Kulturgutes interpretiert und internalisiert wird.[62]

(3) Ob, wie und wieweit der erhöhte Stellenwert sprachlicher Verhaltensregeln schließlich auch mit der Überformung einer spezifisch bürgerlichen Gefühlskultur bzw. mit der verstärkten sprachlichen Stilisierung und Disziplinierung von Emotionen zu tun hat, wäre eine an die bisherigen Überlegungen anschließende Fragestellung.

---

[61] Für *Anstand:* mhd. v.a. in Zusammenhang mit Kriegswesen: so viel wie Waffenstillstand, auch: Bereitschaft des Heeres; dann auch Jägersprache: Harren auf das Wild; daraus dann 'Anstand' im Sinne von schicklichem Auftreten, *Benehmen:* ahd. piniman, mhd. benehmen: wegnehmen, (sich) frei machen von, und *Takt:* in Anlehnung an franz. *tact* (ursprünglich „Berührung", „(Tast-)Gefühl") gilt – wenn auch in bedeutend vermittelterer Art und Weise – dasselbe.

[62] Die Aufmerksamkeit, die im 19. Jahrhundert dem sogenannten „Slang" sowie generell der Sprache von Randgruppen entgegengebracht wird, und die Differenzierungen in Anstandsbüchern, die bestimmte Ausdrücke „unter jungen Leuten" oder „beim Sport" erlauben, die sonst nicht zulässig sind, können als Argumente für diese Überlegung beigezogen werden.

Literatur

Quellentexte: Belletristik

Felseneck, Marie von (o.J.): Drei Freundinnen. Berlin.

Fontane, Theodor (1978): Effi Briest. Stuttgart.

Fontane, Theodor (1988): Mathilde Möhring. Frankfurt a.M.

Kretzer, Max (1927 [1887]): Meister Timpe. Ein sozialer Roman. Berlin.

Kübler, Gunhild (Hrsg.) (1987): „Geprüfte Liebe." Vom Nähmädchen zur Professorenfrau. Jacob Henle und Elise Egloff in Familienbriefen (1843-1848). Zürich/München.

Lampedusa, Giuseppe Tomasi di (o.J.): Der Leopard. Zürich.

Mann, Thomas (1922): Buddenbrooks. Verfall einer Familie. 2 Bde. Berlin.

Quellentexte: Anstandsbücher

Adelfels, Kurt (o.J. [1888]): Das Lexikon der feinen Sitte. Praktisches Hand- und Nachschlagebuch für alle Fälle des gesellschaftlichen Verkehrs. Stuttgart.

Alberti, J.J. (1828): Neuestes Complimentirbuch oder Anweisung, in Gesellschaften und in allen Verhältnissen des Lebens höflich und angemessen zu reden und sich anständig zu betragen [...]. Quedlinburg/Leipzig.

Bauer, Gilbert, P. (1803): Katechismus oder Regeln der Höflichkeit in kurzen Fragen und Antworten sammt schriftlichen Aufsätzen von Briefen, Titeln, Obligationen, Quittungen und Konto für die Schüler und Jugend auf dem Lande. Augsburg.

Döring, J. (Hrsg.) (o.J. [1880?]): Das Buch des Anstands und der feinen Lebensart. Mülheim a.d. Ruhr.

Düring-Oetken, Helene Freiin von (1896): Zu Hause, in der Gesellschaft und bei Hofe. Eine Schilderung des gesellschaftlichen Lebens. Berlin.

Friedberg, Eugen (o.J. [1892?]): Neues Komplimentierbuch. Eine Anstandslehre für Herren und Damen enthaltend die wichtigsten und besten Regeln für den gesellschaftlichen Verkehr [...]. (2. Aufl.) Köln.

Josewirz, Ferd[inand] (1884): Das Buch der guten Lebensart. Ein Ratgeber für den Verkehr in der Familie, in der Gesellschaft und im öffentlichen Leben. Oberhausen/Leipzig. (4. Aufl.; 1. Aufl. 1880).

Junker,Franz, Dr. (o.J. [1887?]): Das feine Benehmen in Gesellschaften. Styrum.

K...ski, Johann Edler von (o.J. [1890?]): Der gute Ton. Anleitung, um sich in den verschiedensten Verhältnissen des Lebens und der Gesellschaft als feiner, gebildeter Mann zu benehmen. Wien/Pest/Leipzig.

Lewald, August (1847): Das Buch der Gesellschaft. Für angehende Weltleute. Stuttgart.

Ritter, Ernst (o.J. [1885?]): Neues Komplimentierbuch. Regeln des Anstandes und der feinen Lebensart. Styrum a.d. Ruhr/Leipzig.

Rocco, Emil (1876): Der Umgang in und mit der Gesellschaft. Halle.

Rumohr, Carl Friedrich von (1834): Schule der Höflichkeit. Für Alt und Jung. Stuttgart/Tübingen.

Wenzel, J.G. (1867): Der Mann von Welt oder Grundsätze und Regeln des Anstandes, der feinen Lebensart und der wahren Höflichkeit, für die verschiedenen Verhältnisse des Gesellschaft. Zwölfte, nach den herrschenden Sitten der Gegenwart umgearbeitete Auflage. Pest/Wien/Leipzig.

Sekundärliteratur

Bausinger, Hermann (1987): Bürgerlichkeit und Kultur. In Kocka (1987b), S. 121-143.

Beetz, Manfred (1981): Komplimentierverhalten im Barock. Aspekte linguistischer Pragmatik an einem literarhistorischen Gegenstandsbereich. In: Frier, Wolfgang (Hrsg.): Pragmatik. Theorie und Praxis. Amsterdam, S. 135-181.

Cherubim, Dieter (1983a): Zur bürgerlichen Sprache des 19. Jahrhunderts. In: Wirkendes Wort 33, S. 398-420.

Cherubim, Dieter (1983b): Sprachentwicklung und Sprachkritik im 19. Jahrhundert. Beiträge zur Konstituierung einer pragmatischen Sprachgeschichte. In: Cramer, Thomas (Hrsg.): Literatur und Sprache im historischen Prozeß. Vorträge des Dt. Germanistentages, Aachen 1982. Bd. 2. Tübingen, S. 170-188.

Cherubim, Dieter/Mattheier, Klaus J. (Hrsg.) (1989): Voraussetzungen und Grundlagen der Gegenwartssprache: sprach- und sozialgeschichtliche Untersuchungen zum 19. Jahrhundert. Berlin/New York.

Elias, Norbert (1976): Über den Prozeß der Zivilisation. 1. Bd. Frankfurt a.M.

Elias, Norbert (1990): Studien über die Deutschen: Machtkämpfe und Habitusentwicklung im 19. Jahrhundert. Hrsgg. von Michael Schröter. 3. Aufl., 1. Aufl. 1989. Frankfurt a.M.

Engelhardt, Ulrich (1989): Das deutsche Bildungsbürgertum im Jahrhundert der Nationalsprachenbildung. In: Cherbim, Dieter/Mattheier Klaus J., S. 57-73.

Frevert, Ute (1988): Bürgerlichkeit und Ehre. Zur Geschichte des Duells in England und Deutschland. In: Kocka (1988b) Bd. 3, S. 101-140.

Gessinger, Joachim (1980): Sprache und Bürgertum. Sozialgeschichte sprachlicher Verkehrsformen im Deutschland des 18. Jahrhunderts. Stuttgart.

Habermas, Jürgen (1969): Strukturwandel der Öffentlichkeit. Untersuchungen zu einer Kategorie der bürgerlichen Gesellschaft. Neuwied/Berlin (4. Aufl.).

Henne, Helmut (1980): Probleme einer historischen Gesprächsanalyse. In: Sitta (1980), S. 89-102.

Hermann, Ulrich (Hrsg.)(1982): Die Bildung des Bürgers. Weinheim/Basel.

Kaschuba, Wolfgang (1988): Deutsche Bürgerlichkeit nach 1800. Kultur als symbolische Praxis. In: Kocka (1988b), S. 9-45.

Kettmann, Gerhard (1981): Die Existenzformen der deutschen Sprache im 19. Jahrhundert – ihre Entwicklung und ihr Verhältnis zueinander unter den Bedingungen der industriellen Revolution. In: Schildt, Joachim u.a. (1981), S. 35-97.

Kocka, Jürgen (1987a): Bürgertum und Bürgerlichkeit als Probleme der deutschen Geschichte vom späten 18. zum frühen 20. Jahrhundert. In: Kocka (1987b), S. 21-64.

Kocka, Jürgen (Hrsg.) (1987b): Bürger und Bürgerlichkeit im 19. Jahrhundert. Göttingen.

Kocka, Jürgen (1988a): Bürgertum und bürgerliche Gesellschaft im 19. Jahrhundert. Europäische Entwicklungen und deutsche Eigenarten. In: Kocka (1988b), Bd. 1, S. 11-79.

Kocka, Jürgen (Hrsg.) (1988b): Bürgertum im 19. Jahrhundert. Deutschland im europäischen Vergleich. 3 Bde. München.

Krumrey, Horst-Volker (1984): Entwicklungsstrukturen von Verhaltensstandarden. Eine soziologische Prozeßanalyse auf der Grundlage deutscher Anstands- und Manierenbücher 1870-1970. Frankfurt a.M.

Linke, Angelika (1987): Das Complimentierbuch oder Die Gabe der gewandten Unterhaltung. In: Praxis Deutsch 83, S. 10-13.

Linke, Angelika (1988): Die Kunst der „guten Unterhaltung": Bürgertum und Gesprächskultur im 19. Jahrhundert. In: ZGL 16.2., S. 123-144.

Linke, Angelika (1989): Sprachgebrauch und Sprachgeschichte. In: Praxis Deutsch 96, S. 9-19.

Nipperdey, Thomas (1987): Kommentar: „Bürgerlich" als Kultur. In: Kocka (1987b), S. 143-149.

Polenz, Peter von (1989): Das 19. Jahrhundert als sprachgeschichtliches Periodisierungsproblem. In: Cherubim, Dieter/Mattheier, Klaus. J. (Hrsg.), S. 11-31.

Ruppert, Wolfgang (1981): Bürgerlicher Wandel. Studien zur Herausbildung einer nationalen deutschen Kultur im 18. Jahrhundert. Frankfurt a.M.

Ruppert, Wolfgang (1982): Bürgertum im 18. Jahrhundert. In: Hermann, Ulrich (Hrsg.), S. 59-80.

Schildt, Joachim (1981): Einleitung. In: Schildt, Joachim u.a., S. 11-31.

Schildt, Joachim u.a. (Hrsg.) (1981): Auswirkungen der industriellen Revolution auf die deutsche Sprachentwicklung im 19. Jahrhundert. Berlin (DDR).

Schlumbohm, Jürgen (1982): Familiale Sozialisation im gehobenen deutschen Bürgertum um 1800. In: Hermann, Ulrich (Hrsg.), S. 224-235.

Simmel, Georg (1989): Über sociale Differenzierung. In: Georg Simmel. Gesamtausgabe. Frankfurt a.M. Bd. 2, S. 109-297.

Sitta, Horst (1980): Pragmatisches Sprachverstehen und pragmatikorientierte Sprachgeschichte. In: Sitta, Horst (Hrsg.), S. 23-33.

Sitta, Horst (Hrsg.) (1980): Ansätze zu einer pragmatischen Sprachgeschichte. Züricher Kolloquium 1978. Tübingen.

Trudgill, Peter (1983): On Dialect. Social and Geographical Perspectives. Oxford.

Vesper, Wilhelm (1989): Die Bedeutung des Sprachunterrichts für die Entwicklung der deutschen Standardsprache im 19.Jahrhundert. In: Cherubim, Dieter/Mattheier, Klaus J. (Hrsg.), S. 245-259.

Wehler, Hans-Ulrich (1987): Deutsche Gesellschaftsgeschichte. 2 Bde. München.

Die nationalpolitische Bedeutung der Germanistik im 19. Jahrhundert

Podiumsgespräch mit Alan Kirkness, Ruth Römer und Hartmut Schmidt

Moderation: Helmut Henne

Vorbemerkung

Wenn das Podiumsgespräch und die sich daran anschließende Diskussion zu einem (guten) Ende geführt sind, endet zugleich die Aufgabe desjenigen, der das Gespräch vorbereitet und geleitet hat. Ich sah meine Funktion vor allem darin, die Beteiligten „zu Wort" kommen zu lassen und zuzuhören. Diese Rolle möchte ich durchhalten. Soviel aber darf ich doch sagen: Beeindruckt hat mich der Ernst, mit dem die Argumente vorgetragen und zur Kenntnis genommen wurden. Dabei wurde wiederum deutlich, daß zur Germanistik notwendig die Geschichte ihres Faches gehört; daß diese Geschichte von jeder Generation nicht neu geschrieben, wohl aber neu akzentuiert und bewertet werden muß. Nur so sind die Fragen, die hier anschließend gestellt und diskutiert werden (nunmehr schriftlich erweitert), zureichend zu beantworten. Die Grimms und ihre Vorläufer und Nachfolger haben fortwährend Geburtstag. H.H.

HARTMUT SCHMIDT

Die nationalpolitische Bedeutung der Germanistik im 19. Jahrhundert: Deutschland 1848 - Vaterland der Germanisten? Anfragen im März 1990

I.

Wie beurteilt ein Germanist aus der ehemaligen Königlich Preußischen, dann Deutschen Akademie der Wissenschaften zu Berlin, jetzt – seit wenig mehr als 20 Jahren – Akademie der Wissenschaften der DDR, im März des Jahres 1990 die nationalpolitische Bedeutung der Germanistik im 19. Jahrhundert? Auch wer die Skepsis gegenüber vorschnellen Parallelisierungen historischer und gegenwärtiger Konstellationen teilt, muß sich der Pflicht, die eigenen Erfahrungen und Interessen in diesen Vergleich einzubringen, wohl stellen.

Im Blickfeld steht in beiden Jahrhunderten eine Spanne von etwa 45 Jahren. In der 1. Hälfte des 19. und in der 2. Hälfte des 20. Jahrhunderts sind diese etwa 45 Jahre in der Ausgangslage geprägt durch Krieg und militärische Niederlage, durch den Versuch der Schuldzuweisung nach dem Sündenbockmodell. Auf die Zertrümmerung des alten Staatsgebäudes folgt – im 19. Jahrhundert im ganzen Land, im 20. Jahrhundert nur in einem Teilgebiet – die Einführung staatlicher Repressionen gegen eine aufkeimende Freiheitsbewegung. Mittel der Repression sind Prozesse, Zensur, strenge Beaufsichtigung der Universitäten, Eingriffe in Berufslaufbahnen. Eine ungeduldige Jugend und Studentenschaft sucht neue Organisationsformen; Wissenschaften und Wissenschaftler werden nicht nur nach ihren Sachaussagen gewertet, sondern auf ihre Aussagefähigkeit in nationalen Belangen geprüft. Die Behörden festigen schließlich den Zusammenhang durch Einigungen in Zoll- und Währungsfragen, aber schon im 19. Jahrhundert zielten die Hoffnungen der Mehrheit auf mehr als den gemeinsamen Binnenmarkt, nämlich auf die Festschreibung der Grundrechte des Bürgers und auf Verfassungen, die sie respektieren. Die wichtigsten Losungsworte hießen 'Deutschland', 'Einigkeit', 'Recht' und 'Freiheit'. 'Gleichheit' und 'Brüderlichkeit' waren nicht vergessen, aber in der Regel doch nicht mehrheitsfähig (ich erinnere nur an die beim Wartburgfest im Oktober 1817 gehaltenen Reden und Jacob Grimms Polemik in der Paulskirche). Reichlich 40 Jahre nach dem Verzicht Habsburgs auf die deutsch-römische Kaiserkrone und der Auflösung der alten Reichsstruktur versuchten die Bürger – nicht die Regierungen –, die Vision 'Deutschland' zu verwirklichen. Der preußische König versicherte 1848 in Berlin, nun gehe sein Land in Deutschland auf, aber nach nur einem

Jahr durfte das politische Wagstück des Volkes trotzdem für ein weiteres Vierteljahrhundert als gescheitert gelten.

II.

Welche Rolle spielte damals die Germanistik? Hat sie – wenigstens in der ersten Jahrhunderthälfte – das pulsierende, auf- und abschwellende Nationalbewußtsein der Deutschen gelenkt oder nur reflektiert? Jacob Grimm, Leitfigur für eine Mehrheit von Liberalen und auch viele Demokraten, wollte „der Geschichte das Bett von der Sprache her aufschütteln". Dürfen wir wirklich schlußfolgern und unterstellen, 'der Nationalgeschichte sei das Bett von der Germanistik her aufgeschüttelt worden'? Einige ausländische Beobachter haben es zweifellos so gesehen. Der Däne Hinrichsen (wohl ein Pseudonym für Claus Manicus, s. Janota 1980, S. 327) tadelte 1848 „die germanistische Lehre von Deutschlands Welthegemonie" (bei Janota, S. 135) und sprach vom „germanistischen Hochmuthsgenius" (ebd. S. 137), von den „germanistischen Theorien" (S. 138), die seit 20 Jahren, also parallel zur Deutschen Grammatik J. Grimms, entwickelt und der deutschen Jugend eingeimpft worden seien. Er sah bereits, und zwar sehr kritisch, die Frankfurter Nationalversammlung als politische Fortsetzung der vorhergehenden Germanistenversammlungen. Die deutsche Germanistik hielt er für schuldig an den nationalistischen Strömungen in ganz Europa. Zeitgenössische Zeugnisse solcher Art wiegen schwer. Trotzdem muß die These vom politisch entscheidenden Einfluß der Germanistik genauer geprüft werden. Ehe wir urteilen, müssen wir fragen:

(1) Was soll für die erste Hälfte des 19. Jahrhunderts unter Germanistik oder – schon eingeschränkt – unter deutscher Germanistik verstanden werden? (Die frühesten Belege für die Bezeichnung der Vertreter einer Deutschen Philologie als 'Germanisten' hat U. Meves 1989 bei Gustav Freytag und Carl Mager für das Jahr 1840 nachgewiesen, s. Meves 1989, S. 12 u. 28.) Meinen wir im Sinne Carl Magers und Gustav Freytags (1840) oder Jacob Grimms (1846) die Vertreter einer umfassenden Deutschen Philologie, die wenigstens Sprachwissenschaft, Literaturwissenschaft, Rechtswissenschaft, Geschichtswissenschaft einschließt, oder verstehen wir unter der Germanistik des 19. Jahrhunderts doch nur die engeren Wurzeln unseres heutigen Fachs ohne Jus und Historie?

(2) Müssen wir wirklich das ganze nationale Erziehungsprogramm der Männer um F.L. Jahn (Turnen, Wehrbereitschaft, Sprachreinigung) so ohne weiteres in den Verantwortungsbereich der Germanistik hineinrechnen, oder ist es nicht eher so, daß die wissenschaftliche Germanistik zwar

Berührungszonen mit diesem Erziehungsprogramm aufweist, aber von Identität keine Rede sein kann?

III.

Ein Mann wie Campe war zwar Sprachforscher, Sprachreiniger und Lexikograph, aber ist er deshalb schon zu den Germanisten zu zählen? H.F. Maßmann war 1817 noch Theologiestudent. Er hat beim Reformationsjubiläum auf der Wartburg Bücher verbrannt, war Turner, später auch Sprachreiniger und Germanist, aber dies alles gehört nicht so ohne weiteres in einen Topf. J. Grimm hatte wenig übrig für die Turnerei, noch weniger für den Purismus. Und schließlich: Wenn sich Germanisten zu politischen Fragen äußern, sprechen sie da immer als Germanisten oder sogar im Namen 'der Germanistik'? Gab es diese als ein einigermaßen einheitliches Argumentationssystem?

Auch wenn der Germanistik-Begriff Jacob Grimms und seiner Zeitgenossen anders und weiter war als unserer, so sind doch politische Aktivitäten wie der Protest der Göttinger Sieben oder Jacob Grimms Abgeordnetentätigkeit und auch sein Engagement für ein deutsches Schleswig-Holstein tatsächlich zuerst politisch zu bewerten und nicht germanistisch. Oder anders gesagt: Der germanistische Anteil an politischer Meinungsbildung sollte nach Möglichkeit präziser bestimmt werden.

Gegen eine schärfere Trennung von politischer und germanistischer Argumentation und Wirkung spricht allerdings, daß für viele Zeitgenossen schon die Beschäftigung mit altdeutscher Sprache und Literatur ein politisches Bekenntnis darstellte. Dürfen wir trennen, was für die Zeitgenossen zusammenfiel, und das uns Peinliche verdrängen? Drei Beispiele könnten die übliche oder auch natürliche Verbindung sprachwissenschaftlicher und nationalpolitischer Argumentation belegen:

1. Der grundlegende Zusammenhang von deutscher Sprache, deutschem Volk, Deutschland

Jacob Grimm meint in seiner Göttinger Antrittsvorlesung vom 13. November 1830 (De desiderio patriae), „das band der vaterlandsliebe" zeige sich nirgends stärker als in der „gemeinsamkeit der sprache". Der gemeinsame Sprachbesitz habe „das bewusstsein unserer deutschheit [...] erhoben, und gekräftigt", „geistiges aufblühen und politisches erstarken eines volks scheinen mit der entwickelung seiner sprache innig zusammen zu hängen" (Grimm Bd. 5, S. 480); „Deutschland erhalten heiszt also auch, alles auf die pflege und ausbildung deutscher sprache wenden" (ebd. 482).

285

2. Der politische Anspruch der germanistisch geleiteten frühen Sprachvereine

Die Berlinische Gesellschaft für deutsche Sprache begann ihre Tätigkeit im Januar 1815 mit der Verpflichtung, sich nur um Sprachfragen, nicht um politische Probleme zu kümmern. Aber 1849 beruft sich einer ihrer tätigsten Funktionäre darauf, daß diese Zurückhaltung nur äußerlicher Art gewesen sei, denn:

> Männer der Wissenschaft, ohne unmittelbaren Einfluß auf die Gestaltung des Staatslebens, traten [1815, H.S.] zusammen, um für ihr Theil mit vereinten Kräften zu wirken, was sie vermochten. Erfüllt von der Überzeugung, daß so lange ein Volk Achtung und Liebe zu seiner Sprache; [...] so lang auch das Volk sich als Volk, als <u>ein</u> Volk weiß, ob auch staatliche Formen es spalten und zerstreunen mögen, daß [...] so lange [...] nie an seinem staatlichen Aufschwunge zu verzweifeln ist; – erfüllt von dieser Überzeugung vereinten sich jene Männer, um die deutsche Sprache von ihren Schlacken zu reinigen (Holzapfel 1849, S. 1).

3. Die besonders enge Verquickung sprachwissenschaftlicher und nationalpolitischer Argumentationen in der Fremdwortfrage

> Alle Sprachen, solange sie gesund sind, haben einen naturtrieb, das fremde von sich abzuhalten und wo sein eindrang erfolgte, es wieder auszustoszen, wenigstens mit den heimischen elementen auszugleichen. [...] es ist pflicht der sprachforschung [...] dem maszlosen und unberechtigten vordrang des fremden widerstand zu leisten [...]. (fremde wörter) haben wol versucht sich einzunisten und eine stelle zu besetzen, die noch offen stand, oder aus der sie ein heimisches wort verjagten; doch ist ihnen ungelungen eigentlich sich anzubauen, ihr aufenthalt scheint in vielen fällen gleichsam ein vorübergehender und man wird [...] sie gar nicht vermissen (J. Grimm in DWB Bd. 1, S. XXVI-XXVIII).

IV.

Die politische Einbindung der Germanistik des frühen 19. Jahrhunderts ist nicht zu leugnen. Aber war dies wirklich eine spezifische Einbindung oder galt der Anspruch auf nationalpolitische Wirkung nicht ebenso für deutsche Theologen, Naturwissenschaftler oder Altphilologen? Der Einflußbereich der Schulen und die Möglichkeiten der Lehrer, politisches Gedankengut zu vermitteln, sollen nicht vergessen werden; aber in einer Zeit, die einen akademisch ausgebildeten Deutschlehrer eigentlich noch gar nicht kannte, weil die entscheidende Bedingung für die Zulassung zum Deutschlehrerberuf noch nicht das Germanistikstudium, sondern das der Klassischen Philologie war, darf die Germanistik nur sehr bedingt für die nationalpolitische Ausstrahlung der akademischen Lehrer verantwortlich gemacht werden.

Wichtig erscheint mir die Frage, ob es den Germanisten gelang, spezifische Anliegen ihres Faches in die Politik einzuführen. Exemplarisch hierfür ist wohl die Tätigkeit Jacob Grimms in der Frankfurter Nationalversammlung. Als Heinrich von Gagern am 26. März 1848 Jacob Grimm aufsuchte, um ihn für die Teilnahme am Vorparlament und für die Kandidatur zur Nationalversammlung zu gewinnen, ging es ihm weniger um den Germanisten als um die Identifikationsfigur des politischen Liberalismus, aber J. Grimm war beides. Adolf von Harnack hat „den Umschwung zum Liberalismus in weiten Kreisen der deutschen Gelehrten" auf die Göttinger Ereignisse des Jahres 1837 datiert (A.v. Harnack 1900, S. 777).

Jacob Grimms Autorität hat dem deutschen Liberalismus in der Folge ganz sicher genutzt, auch wenn er nach Frankfurt und Gotha jede engere Bindung dann doch scheute. Für ihn besaß das Recht auf Freiheit fundamentale Bedeutung, in fachlichen Argumentationen nicht minder als in politischen, aber er sah dieses Recht nicht mit einer parteipolitischen Brille, sondern als Menschenrecht und seit alters zu beanspruchenden Besitz auch und gerade des deutschen Volkes. Dieses 'auch und gerade' ist ein schwieriger Punkt. J. Grimm hat mehrfach versucht, germanistische Anliegen, seinen Freiheitsbegriff, seine Vorstellung vom 'deutschen Volk' und seine Überzeugung von Rechtsstaatlichkeit, in die Frankfurter Debatten über die Grundrechte und die Schleswig-Holstein-Frage einzubringen. Weil ihm dies nicht nach Wunsch gelang, schied er im September 1848 aus der Versammlung aus. Das 'deutsche Volk' wurde in der Paulskirche eben trotz der Anträge Jacob Grimms nicht unter germanistischem Aspekt definiert, sondern juristisch-praktizistisch: In der am 27.12.1848 durch den Reichsverweser Erzherzog Johann verkündeten Fassung der 'Grundrechte des deutschen Volkes' hieß es: „Das deutsche Volk besteht aus den Angehörigen der Staaten, welche das deutsche Reich bilden" (Artikel 1, § 1). Damit wurde der Begriff des deutschen Volkes – trotz aller Minderheitenprobleme – ausschließlich aus der Staats- und Reichszugehörigkeit abgeleitet und nicht aus dem Konnex von Sprache, Geschichte, Recht, Sitte und Überzeugung.

In Jacob Grimms Südtirol-Antrag hatte es geheißen: „Man darf erwarten, daß die drei Abgeordneten Südtirols, welche für die Abtrennung ihrer Heimat von Deutschland sich erklärt haben, als undeutsch gesinnte Männer, jetzt von freien Stücken aus der Nationalversammlung weichen werden" (Staatsbibl. Preuß. Kulturbesitz, Nachlaß Grimm 415). Aus der Bereitschaft zum Austritt aus dem Reich wurde als eigentlicher Vorwurf der der undeutschen Gesinnung abgeleitet. Das Gegenbeispiel West- und Ostpreußens, die bis 1848 nie zum Deutschen Reich oder zum Deutschen

Bund gehört hatten, blieb ausgespart. Um so bedeutsamer erscheint der fehlgeschlagene Versuch des Liberalen Jacob Grimm, seinen germanistisch bestimmten Begriff von 'deutscher Freiheit' an den 'deutschen Boden' zu binden und diese Freiheit nicht nach politischen Bedingungen auszuteilen, sondern als Angebot an jeden Unfreien jeder Nation zu fassen, der Deutschland – oder auch nur ein Schiff unter deutscher Flagge – erreichen konnte (vgl. H. Schmidt 1987). Jacob Grimms Traum eines Deutschland, das seine Freiheitsgarantie für alle 'über alles' stellte, war politisch nicht durchsetzbar.

Wenn wir die nationalpolitische Bedeutung der älteren Germanistik kritisch reflektieren, haben wir in der Regel nur die Verstiegenheiten und die nationalistischen Entwicklungen im Blick, die von Germanisten vertreten wurden und die uns bis heute schwer zu schaffen machen. Daß die Germanistik, aufs Ganze gesehen, in einer vergleichsweise schwachen Position war, zeigt sich darin, daß gerade die freiheitlichen Anregungen aus dem Kreis der Germanisten kaum offene Ohren fanden. Germanisten haben auch im 19. Jahrhundert vorwiegend referiert, ediert, kommentiert und debattiert. Wirkliche Macht haben sie nicht besessen. Die Frage bleibt, ob sie den nachfolgenden Generationen nicht nur Irrwege eröffnet und Irrtümer vermittelt haben, sondern wesentliche Anregungen – auch nationalpolitischer Art –, die uns noch heute zu denken geben.

Die preußisch-deutsche Entwicklung zum vormundschaftlichen Staat in der zweiten Hälfte des 19. Jahrhunderts haben bedeutende Vertreter unseres Faches zunächst ganz sicher nicht gewollt. Als aber der Staat die Hoffnungen der 1848er auf ein einiges Deutschland zu erfüllen schien, wurde seine Verantwortung für die Erziehung seiner Bürger – nicht nur in Schule, Universität und Armee – sehr weitgehend akzeptiert und seine Autorität auch von den germanistischen Hochschullehrern in der Regel verinnerlicht, anerkannt und mitgetragen. Die eigene Verantwortung wurde in die des Staates eingebunden oder ihr untergeordnet. Die alte Sehnsucht nach einem <u>noch</u> größeren, 'besseren', 'deutscheren' Land – oft genug auf erschreckende Weise ergänzt um die Forderung nach Ausschluß oder Eindeutschung der 'Fremden' – schien verwirklicht und erlaubte die Identifizierung der staatsrechtlichen Formel 'Deutsches Reich' mit dem ererbten allgemeinsprachlichen 'Deutschland'-Begriff. Das Ende der Herrschaft der Nationalsozialisten stellt die schlichte Identifizierung von 'Deutschland' und 'Deutschem Reich' dann zwar wieder in Frage, aber schon 1949 wurde das Hoffnungswort 'Deutschland' endgültig auf die Erde geholt. Zum ersten Mal in der deutschen Geschichte erhielt es den Rang einer Staatsbezeichnung, in Anspruch genommen nicht durch das Ganze, sondern einen Teil. Eine historische Utopie erschien realisiert, lokalisiert und – wie ich meine – regionalisiert. Sogar für die Bürger der DDR, deren Herrschern der Mut fehlte, die Konkurrenz der Staatsnamen durch die Eigenbezeichnung 'Demokratische Republik Deutschland' zu neutralisieren, lag Deutschland nun für vier Jahrzehnte nicht mehr in der Zukunft, sondern im Westen. Der Traum so vieler Generationen, auch der Germanisten von 1848, war damit nicht erledigt, er behielt seine Kraft, vielleicht sogar dort stärker, wo ihm die Worte fehlten.

Unklar blieb allerdings zunächst, wie die Leitwerte 'Einheit', 'Recht', 'Freiheit' und 'Wohlstand' (wir würden wohl lieber von 'Lebensqualität' sprechen) ins Verhältnis zu setzen seien. Philipp Wackernagel, der der 'Wüstenei der Republik' eine im Christentum begründete Monarchie vorzog, formulierte 1849 die offene Frage an Deutschland voller Skepsis so:

> Und nun sagt dir der Eine, du müßtest vor allem darnach trachten, dich wieder zu einer mächtigen Einheit zusammenzufaßen: Freiheit und Wohlstand würden sich dann von selber finden; der Andere, du solltest nur alles, was dich drückt, abwerfen und dich wieder ganz frei fühlen, die Einheit wäre dann bald gemacht und aller Armut gesteuert; der Dritte, die Hauptsache sei der Erwerb: eine gute Handelspolitik müße dir viele und reiche Märkte für den Absatz deiner Erzeugnisse eröffnen, dann würde sich Einheit und Freiheit von selber finden (Wackernagel 1849, S. XVIf.).

Deutlich gefaßt wurden 1848 immerhin die Grundrechte des Einzelnen. Auf den oben zitierten § 1 folgen diese Festlegungen:

> § 2. Jeder Deutsche hat das deutsche Reichsbürgerrecht. Die ihm kraft dessen zustehenden Rechte kann er in jedem deutschen Lande ausüben [...]. § 3. Jeder Deutsche hat das Recht, an jedem Orte des Reichsgebietes seinen Aufenthalt und Wohnsitz zu nehmen [...]. § 4. Kein deutscher Staat darf zwischen seinen Angehörigen und andern Deutschen einen Unterschied [...] machen, welcher die letzteren als Ausländer zurücksetzt.

Auch Germanisten mögen sich nun dafür einsetzen, daß Maßstäbe des späten 20. Jahrhunderts hinter den Erwartungen der Vorgänger von 1848, die damals die öffentliche Diskussion mitzugestalten versuchten, nicht zurückbleiben.

Literatur

DWB (1854): Deutsches Wörterbuch von Jacob Grimm und Wilhelm Grimm. Bd. 1. Leipzig.

Grimm, Jacob (1871): Kleinere Schriften. Bd. 5. Hrsg. v. Karl Müllenhoff. Berlin.

Harnack, Adolf von (1900): Geschichte der Königlich Preußischen Akademie der Wissenschaften zu Berlin. 1. Bd., 2. Hälfte. Berlin.

Holzapfel, Rudolph (1849): Die Goethefeier zu Berlin im Jahre 1849. Berlin.

Janota, Johannes (Hrsg.) (1980): Eine Wissenschaft etabliert sich. 1810-1870. Tübingen.

Meves, Uwe (1989): „Über den Namen der Germanisten". Oldenburg (= Oldenburger Universitätsreden 30).

Schmidt, Hartmut (1987): 'Kein Deutscher darf einen Sclaven halten' – Jacob Grimm und Friedrich Wilhelm Carové. In: Neumann, Werner/Techtmeier, Bärbel (Hrsg.): Bedeutungen und Ideen in Sprachen und Texten. Berlin.

Wackernagel, Philipp (1849): Trösteinsamkeit in Liedern. Frankfurt/Main.

RUTH RÖMER

Die nationalpolitische Bedeutung der Germanistik im 19. Jahrhundert: Der Indogermanenmythos als Triebkraft des deutschen Nationalismus

Die Nationwerdung setzte sich im 18. und 19. Jahrhundert in Europa und auch in Deutschland mit historischer Notwendigkeit durch. Bei der Entstehung eines deutschen nationalen Selbstbewußtseins hat die deutsche Germanistik eine bedeutende Rolle gespielt. Deutsche Philologen edierten deutsche historische Texte, sammelten Wörter in einen Thesaurus und wendeten die Blicke des gebildeten Teiles der Nation auf die deutsche Kultur- und Geistesgeschichte. Die wichtigsten Männer in diesem Prozeß waren die Brüder Grimm. Sie waren sich eines nationalen Antriebs und Zweckes ihres wissenschaftlichen Tuns wohl bewußt. Ihr Streben nach nationaler Einheit und nach Sammlung und Beschreibung der deutschen geistigen Schätze war progressiv und völlig im Einklang mit der Zeit. Sie und andere begründeten die Germanistik.

Doch hatte die Germanistik einige Geburtsfehler. Die mangelnde Unterscheidung zwischen dem aus der Antike übernommenen Begriff der „germani" und dem Begriff der germanisch sprechenden Stämme Mitteleuropas um die Zeit Christi wies den Sprachgermanen einen größeren Geschichtsraum zu, als sie ihn wahrscheinlich besessen haben. Das konnte vom Nationalismus, wie hier ein übersteigertes Nationalbewußtsein genannt werden soll, ausgenutzt werden.

Eine mangelhafte Unterscheidung zwischen den Begriffen „deutsch" und „germanisch" verschaffte dem Deutschen ebenfalls eine größere Extension. Sie hatte in Deutschland Tradition, wurde aber durch die Autorität Jacob Grimms neu gestärkt, der sich weigerte, den „fremden Namen" *germanisch* zu benutzen, und *diutisk,* also *deutsch* für die Bezeichnung der germanischen Sprachen vorzog, was dahin führte, daß er sämtliche germanischen Sprachen „deutsche Sprachen" nannte. Das Gotische ist ihm also eine deutsche Sprache, ebenso das Angelsächsische.

Wir sprechen hier über die nationalpolitische Bedeutung der Germanistik, man muß aber hinzufügen, daß in Deutschland auch die Indogermanistik eine nationalpolitische Rolle gespielt hat. Vielleicht ist Deutschland das einzige Land, in dem die Indogermanistik für nationalpolitische Propaganda ausgebeutet wurde. Die Wissenschaftler, vor allem Bopp, der Begründer, und die späteren Junggrammatiker, haben eine Leistung vollbracht, die man zu den größten Leistungen der abendländischen Wissenschaft rechnen kann. In ihren Schriften findet sich kein nationaler oder nationalistischer Anklang. Von diesen Wissenschaftlern hatte der deutsche Nationalismus nichts zu hoffen. Dennoch übernahm er aus der Indogermanistik einige Themen und machte sie seinen Zwecken dienstbar.

Die Entdeckung der indoeuropäischen Sprachfamilie brachte das Germanische und damit auch das Deutsche in direkte Verwandtschaft mit den Sprachen weltgeschichtlich hochberühmter Völker, der Inder, der Griechen und der Römer. Also wurden die germanischen Völkerschaften, speziell natürlich die späteren Deutschen, in einem falschen Schluß über die Sprache als ein ebenso großes Kulturvolk hingestellt. Als dann im Laufe des Jahrhunderts auch noch Nordeuropa und Norddeutschland als Ausgangsort der indogermanischen Wanderungen postuliert wurden, behaupteten deutsche Nationalisten, einige der größten Kulturen der Weltgeschichte seien von deutschem Boden ausgegangen.

Der deutsche Nationalismus des 19. Jahrhunderts wurde jedoch weniger von der Indogermanistik gespeist als vielmehr von Traditionen, die vor ihnen da waren: Das war die gänzlich außerwissenschaftliche, bösartige Argumentation aus der Zeit der Befreiungskriege, die sich gegen die Franzosen richtete, deren Sprache als verdorben von ihren römischen Anfängen an hingestellt wurde. Diese Agitation war seit dem Barock bekannt, und ihre Neuauflage eröffnete ihrerseits neue Wege zu einem haßerfüllten Dilettantismus bis ins 20. Jahrhundert hinein. Sie ist heute erloschen.

Der immer aggressiver auftretende deutsche Nationalismus schöpfte noch aus einer dritten sprachlichen Quelle, der Sprachphilosophie Wilhelm von Humboldts. Diese ging auf universalistische und weltbürgerliche Gedanken des 19. Jahrhunderts zurück und war zunächst national gar nicht verwertbar. Aber einige Postulate erwiesen sich als brauchbar und als verhängnisvoll.

Erstens: Daß die Sprachen der Welt in aufsteigender Linie die geistige Entwicklung des Menschengeschlechts begleiteten, daß es also vollkommenere und weniger vollkommene Sprachen gäbe, und weiter, daß die indogermanischen flektierenden Sprachen in der Werteskala der Sprachen den höchsten Rang einnähmen, was ein ethnozentrischer Irrtum war.

Zweitens: Daß die Sprachen der Nationen von einem Geist der Nationen aufgebaut seien, der an ihnen noch erkennbar sei, und daß jeder Nationalgeist vom anderen verschieden sei. Diese Gedanken fuhren in die Köpfe deutscher nationalistischer Fanatiker und brachten eine endlose Kette falscher Schlüsse über den deutschen Nationalcharakter und den Geist der deutschen Sprache hervor. Auch diese Tradition, die kein einziges wissenschaftliches Ergebnis hervorgebracht hat, ist heute erloschen.

Zum Schluß möchte ich eine Kuriosität anführen: Bei der Erörterung der nationalpolitischen Bedeutung der Germanistik muß man fragen, wer die Leute waren, die mit Sammlungen von Sprach- und Textzeugnissen das deutsche Nationalbewußtsein wecken wollten: Es waren die sprachwissenschaftlich Gebildeten aus den höheren Mittelschichten. Und wer die Leute waren, die mit falscher Berufung auf sprachliche Tatsachen den deutschen Nationalismus anfeuerten: Das waren die sprachwissenschaftlich weniger Gebildeten, die aber der gleichen sozialen Schicht angehörten. Diese Schicht nennt man heute Intelligenz. Die Unterklassen, die Bauern und das sich herausbildende Proletariat, waren zu Sprachreflexionen überhaupt nicht imstande, konnten wohl nicht einmal ein Fremdwort als solches identifizieren. Heute, nach hundert und mehr Jahren, ist die Lage gerade umgekehrt: Der größte Teil der Intelligenz ist anational, wenn nicht sogar antinational, und das sogenannte Volk ist national gesinnt. Bei beiden Teilen der Nation gibt es allerdings kaum noch Berufungen auf die Sprache.

Beiträge der Zuhörer

Staat, Sprache und Nation stimmen in der Neuzeit mit Ausnahme von Island nirgends überein.

Gründe für die Fremdwortfeindschaft in Deutschland scheinen zu sein:

1. daß die Oberschicht in Deutschland eine französische Sprachkultur gepflegt hat,
2. die Stimmung gegen Napoleon,
3. die Irrealität des Heiligen Römischen Reiches.

Der Anspruch auf die älteste Sprache hing mit einer deutschen Identitätsschwäche zusammen, war angstgespeist und entsprang nicht einem souveränen Überlegenheitsgefühl.

ALAN KIRKNESS

Die nationalpolitische Bedeutung der Germanistik im 19. Jahrhundert: Ersetzt statt erforscht - Thesen zu Lehndeutsch, Purismus und Sprachgermanistik

0. Vorbemerkung

Die Thesen in der hier abgedruckten Form (2.) lagen den Teilnehmern der Tagung schriftlich vor, wie auch die tabellarischen Übersichten über Wortentlehnungen und Lehnwortbildungen (3.), und wurden in stark gekürzter Fassung vorgetragen. Nachgetragen wurden die Anmerkungen und weiterführende Literaturhinweise, die die bei thesenartiger Darstellung nicht möglichen Begründungs- und Argumentationszusammenhänge wenigstens andeuten sollen. Die Standortbestimmung (1.) wurde unmittelbar nach der Tagung niedergeschrieben, um den frischen Eindruck der Diskussion und mir wesentlich Erscheinendes festzuhalten. Sie ist nicht etwa als solipsistische Bekenntnis zu verstehen, sondern als persönlicher Kommentar zu den apodiktisch formulierten Thesen, der vielleicht zur Klärung des Erkenntnisinteresses bei einem Thema beitragen könnte, das m.E. nur scheinbar sachlich-neutral abgehandelt werden kann.

1. Zur Standortbestimmung

Als die Organisatoren das Tagungsprogramm zusammenstellten und das Thema des Podiumsgesprächs festlegten, konnten sie nicht voraussehen, wie aktuell und brisant das Thema bis zur Tagung werden sollte. Betroffen durch die Ereignisse in Europa seit Ende 1989 waren einmal die deutschsprachigen Germanisten aus Österreich, der Schweiz und der Bundesrepublik, vor allem aber aus der DDR, ist man doch durch Ereignisse in dem eigenen Heimatland auf eine ganz besondere Art und Weise betroffen. So standen ja zur Zeit der Tagung die Wissenschaftler aus der DDR unmittelbar vor entscheidenden, freien und geheimen Wahlen. Betroffen waren aber auch die Germanisten aus dem Ausland, allen voran wohl diejenigen aus den angrenzenden (kleineren) Ländern wie Dänemark und den Niederlanden, Polen und der Tschechoslowakei. Auffällig war jedoch, daß während der Podiumsdiskussion praktisch nur Deutsche sich zu Wort meldeten. Die Diskussion beeindruckte durch Offenheit und Ehrlichkeit, durch das Bemühen um Sachlichkeit und zurückhaltende Formulierung. Wie nicht anders zu erwarten – und von den Organisatoren auch so vorgesehen – war, blieb die Diskussion nicht beim 19. Jahrhundert stehen, sondern bezog das 20. Jahrhundert mit ein. Die

Frage nach einem bzw. dem deutschen „Sonderweg" wurde mehrfach gestellt. Beantwortet wurde sie trotz verschiedener Ansätze nicht, was nicht verwunderlich ist, denn dieser „Sonderweg" ist m.E. letztlich nicht rational begründbar oder erklärbar. Auch wir Germanisten, die wir uns mit der Vergangenheit unseres Fachs auseinandersetzen, sind meiner Überzeugung nach hierdurch überfragt. Nichtsdestotrotz scheint es mir notwendig, daß diese Auseinandersetzung ständig fortgesetzt und die Frage nach der nationalpolitischen Bedeutung der Germanistik immer wieder auf die Tagesordnung gesetzt wird.

Bei dieser Auseinandersetzung sollten wir nicht nur eher historiographisch die Vergangenheit aufarbeiten, indem wir z.B. die Handlungen früherer Germanistengenerationen unter die Lupe nehmen, deren Beweggründe aufspüren und deren Folgen aufzeigen, sondern wir sollten vor allem auch sub specie historiae unser eigenes germanistisches Tun und Lassen in der Gegenwart reflektieren. Denn dieses können wir notfalls noch revidieren und ändern, jenes dagegen nicht mehr. Dementsprechend geht es mir primär um die Lehren, die die Geschichte der Gegenwart aufgibt. Dies gilt ganz allgemein, erst recht jedoch für das Thema des Podiumsgesprächs: „Die nationalpolitische Bedeutung der Germanistik". So hatten es offenbar auch die Organisatoren der Tagung verstanden, denn das Podiumsgespräch war ja ein Beitrag neben anderen zum Tagungsthema: „Das 19. Jahrhundert. Sprachgeschichtliche Wurzeln des heutigen Deutsch".

Mein Beitrag zum Podiums- und Tagungsthema handelt(e) von den fremdsprachlichen lexikalischen Einflüssen auf das Deutsche (im 19. Jahrhundert) und von der Einstellung deutscher Sprachteilhaber diesen Einflüssen gegenüber. Dies war zum einen biographisch bedingt: Sprachlich gesehen war Deutsch für mich neben Latein und Französisch die dritte Fremdsprache, die ich auf Gymnasium und Universität studierte. Sprachwissenschaftlich betrachtet beschäftigte ich mich zuerst vor allem mit Französisch und Englisch. Ich war also schon voreingenommen, als ich zu Deutsch und zur Sprachgermanistik kam. So war ich beispielsweise mit dem lexikalischen Erbe der gräkolateinischen Antike in den modernen europäischen Kultursprachen etwa als hard words bzw. inkhorn terms im Englischen oder als mots savants im Französischen vertraut. Das sind Bezeichnungen, die in erster Linie Sprachsoziologisches, die Geltung dieses Erbes im Spracherwerb und Sprachgebrauch, zum Ausdruck bringen. Im Deutschen dagegen gelten sie als Fremdwörter. Der deutsche Begriff des Fremdworts, der primär auf dem Merkmal Herkunft beruht und Sprachsoziologisches somit hinter Etymologisches zurücktreten läßt, war mir u.a. deshalb fremd; es war mir eben ein Fremdwort. Grund genug, mich wissenschaftlich damit auseinanderzusetzen in dem Versuch, eine – vom Latein, Französischen und Englischen her beeinflußte – Außenperspektive in die germanistische Diskussion einzubringen: Aufgrund anderer Sprach- und Fremdsprachenkenntnisse sowie eventuell auch anderer linguistischer Kompetenz ist der Auslandsgermanist in einer anderen Lage als sein deutscher oder deutschsprachiger Kollege; er benutzt, betrachtet, beurteilt und bewertet das Deutsche zwangsläufig anders als der native speaker.

Die Wahl des Themas hatte zum zweiten mit der Bringschuld der Wissenschaft(ler) zu tun. Die sog. Fremdwortfrage beschäftigt nämlich deutsche Sprachteilhaber offensichtlich sehr, wie man an der Häufigkeit der Zeitungsglossen und -briefe über, meist gegen das Fremdwort oder aber an der Vielzahl und Vielfalt der heutigen Fremdwörterbücher ablesen kann: So erschien z.B. rechtzeitig zur Tagung wieder eine neubearbeitete und erweiterte Auflage des Duden-Fremdwörterbuchs, die fünfte bereits seit 1960. Mit dem Interesse der breiten Öffentlichkeit kann also gerechnet werden. Die Fremdwortfrage ist aktuell, was im 19. Jahrhundert auch nicht anders war, und fordert sprachkritische Germanisten aus dem Elfenbeinturm fachinterner Wissenschaftsdebatten heraus. Dies gilt umsomehr, als es den Germanisten m.E. doch gelingen müßte, den Nachweis dafür zu erbringen, daß einerseits in der Diachronie die Fixierung auf das Fremdwort den Blick für das eigentümliche Zusammenspiel von Entlehntem und Ererbtem in der Herkunftsstruktur des deutschen Wortschatzes versperrt, indem sie u.a. Inhaltsseitiges bzw. das innere Lehngut außer Acht läßt; und daß andererseits in der Synchronie die Fixierung auf das Fremdwort von dem brisanten Problem der explodierenden Fachwortschätze und der zunehmenden Überfrachtung der gemeinsprachlichen Lexik durch den immer mehr anschwellenden Fach- und Bildungswortschatz nur ablenkt und wegführt, indem sie u.a. Etymologisches statt des Sprachsoziologischen hervorhebt.

Sie gründet drittens auf der Überzeugung, daß der gängige Fremdwortbegriff und das vorherrschende Fremdwortverständnis, und die damit einhergehende, wertende Polarisierung des deutschen Wortschatzes in Fremdwörter und deutsche Wörter, ihre sprachgeschichtlichen Wurzeln im 19. Jahrhundert haben, und daß diese Wurzeln mit den Wurzeln eines fremdenfeindlichen/xenophobischen Nationalgefühls verwachsen sind. Dieses Nationalgefühl blieb bis weit in das 20. Jahrhundert hinein verhängnisvoll, hat sich aber inzwischen überlebt. Das Podiumsgespräch bot eine – unerwartet aktuelle – Gelegenheit dar, erneut die Frage zu stellen, warum sich Sprachgermanisten dennoch heute immer noch einer Terminologie und Begrifflichkeit bedienen, die m.E. als nationalpolitisches Relikt gelten kann und muß. Die Thesen stellten mit anderen Worten die Frage nach der nationalpolitischen Bedeutung der Germanistik (im 19. Jahrhundert) auf der lexikalischen Ebene. Sie beschränkten sich bewußt auf einen einzigen, wenn auch ganz zentralen, lexikalischen Punkt in dem Versuch, hier konkrete, gegenwartsbezogene Fortschritte zu erzielen. Der Versuch mißlang: In der Diskussion wurde die Frage nicht einmal angesprochen, geschweige denn einer Antwort näher geführt.

2. Thesen

1.1. Mit Blick auf den fremdsprachlichen lexikalischen Einfluß, teilen deutsche Sprachteilhaber heute den Wortschatz meist dichotomisch in deutsche Wörter und Fremdwörter ein. Nach herkömmlicher Auffassung sind Fremdwörter aus anderen Sprachen übernommene Wörter,[1] während deutsche Wörter letztlich germanischstämmig sind. Die Dichotomie beruht somit auf dem Merkmal Herkunft und ist etymologisch begründet. Sie drückt eine Wertung aus, und berücksichtigt nur Ausdrucksseitiges. Ihre Wurzeln liegen im frühen 19. Jh., als „deutsch" auch in der Wissenschaft vielfach synonym mit „germanisch" verwendet wird, als Begriff und Bezeichnung des Fremdworts in Puristenkreisen geprägt werden.

1.2. In der Germanistik als der Wissenschaft des Deutschen (und/oder des Germanischen?) wird infolge der Erforschung vor allem des Alt(hoch)deutschen diese Einteilung meist weiter differenziert durch die Unterscheidung zwischen Fremdwort und (ausdrucksseitig assimiliertem) Lehnwort, die gelegentliche Verwendung von „Erbwort" für „deutsches Wort", und die Berücksichtigung des inneren Lehnguts bzw. der Lehnprägung. Grundmuster bleibt jedoch die Polarisierung in deutsche Wörter und Fremdwörter: Aktuelles Beispiel ist die Orthographiereformdiskussion – Schreibung der

---

[1] Repräsentativ für die Bedeutungsangabe von *Fremdwort* in einem heutigen allgemeinen einsprachigen deutschen Wörterbuch ist die Angabe in der ersten Auflage des Duden 1983, S. 435: *„aus einer fremden Sprache übernommenes (in Aussprache, Schreibweise od. Flexion noch nicht voll der übernehmenden Sprache angeglichenes) Wort".* Bemerkenswert ist die abgeänderte Angabe in der 2., völlig neu bearbeiteten und stark erweiterten Auflage 1989, S. 537: *„aus einer fremden Sprache übernommenes od. in der übernehmenden Sprache mit Wörtern od. Wortteilen aus einer fremden Sprache gebildetes (in Aussprache, Schreibweise od. Flexion noch nicht voll der übernehmenden Sprache angeglichenes) Wort".* Der Beispielsatz ist dagegen in beiden Auflagen gleich: „übertriebener Gebrauch von Fremdwörtern". Auf einen Kommentar muß aus Raumgründen verzichtet werden.

Wörter vgl. Fremdwortschreibung.[2]

2.1. Kennzeichnend für das 19. Jh. (und weiterhin bis etwa Mitte des 20. Jhs.) ist eine anhaltende öffentliche Diskussion über das Fremdwort, die u.a. in zahlreichen puristischen Schriften verschiedenster Art ihren Niederschlag findet.[3] Sind die Argumente gegen die Fremdwörter anfangs noch relativ sprachbezogen und differenziert, verflachen sie zusehends und zunehmend: es überwiegen nationale, bald schon nationalistische, und Fremdwörter werden im Grunde wegen ihrer (fremden) Herkunft abgelehnt, insbes. aber als Symptome und Signale unerwünschten, verderblichen fremden Einflusses auf das Deutsche und vor allem auf die Deutschen (Schweizer? Österreicher?). Sprachreinigung bzw. Fremdwortpurismus wird zum völkischen Purismus. Seltene Ausnahmen wie die Erklärung gegen den Sprachverein 1889 bestätigen nur die Regel, daß die Puristen eindeutig das Feld behaupten.

2.2. Charakteristisch für die Germanistik in diesem Zeitraum ist Ambivalenz gegenüber den Puristen, wobei im späten 19. Jh. viele Hochschullehrer sich der puristischen Bewegung anschließen oder mit ihr sympathisieren, und Abstinenz hinsichtlich (der Erforschung) des Fremdworts, und erst recht des Lehnguts im Neuhochdeutschen, was wohl u.a. mit der relativen Hervorhebung der älteren Sprachstufen und der Dialekte im Gegensatz zur nhd. Standardsprache zusammenhängt. Wiederum bestätigen seltene Ausnahmen wie Hermann Paul die allgemeine Regel.[4]

---

[2] In dem Band zur Neuregelung der deutschen Rechtschreibung. Bd. 2. Hrsg. von der Kommission für Rechtschreibfragen des Instituts für deutsche Sprache wird durchgehend zwischen den Bereichen „Schreibung der Wörter (Laut-Buchstaben-Beziehung)" und „Fremdwortschreibung" unterschieden, vgl. z.B. S. 47-68 und S. 69-86 oder S. 125-145 und S. 147-169. Vgl. auch die Titelei des Rechtschreibduden: Duden Rechtschreibung der deutschen Sprache und der Fremdwörter. Diese wenigen Beispiele sind symptomatisch; es ließen sich beliebig viele andere aus allen Bereichen der Sprachbeschreibung anführen.

[3] Zur Geschichte des Sprachpurismus vgl., jeweils mit weiterführender Literatur: von Polenz 1967, Kirkness 1975, Ülkü 1975, Bernsmeier 1977, Bernsmeier 1980, Bernsmeier 1983, Kirkness 1984, Schiewe 1988; vgl. auch Reichmann 1978.

[4] Gemeint ist das 22. Kapitel: „Sprachmischung" seiner Prinzipien der Sprachgeschichte, S. 390-403, in dem Paul in Auseinandersetzung mit Whitney und vor allem Schuchardt die sonst übliche Fixierung auf das Fremdwort überwindet und differenziert auf verschiedene Formen des Sprachkontakts und dessen lexikalische Folgeerscheinungen eingeht.

2.3. Kennzeichnend speziell für die Lexikographie im gleichen Zeitraum ist der auffällige Gegensatz zwischen der Vielfalt der praktischen fremdworterklärenden und vor allem -ersetzenden Gebrauchswörterbücher, wobei bezeichnenderweise „Verdeutschungswörterbuch" als Titel älter ist als „Fremdwörterbuch", und der grundsätzlichen Nichtaufnahme der Fremdwörter in eher wissenschaftlichen allgemeinen einsprachigen Wörterbüchern, wobei seltene Ausnahmen wie der germanistische Außenseiter Sanders wiederum die Regel von Adelung und Campe über Grimm u.a. – das germanistische Nationalwerk – bis zu Kluge und Trübner bestätigen.[5]

3. Kurzum: „Im Streit um Meidung oder Ersatz von Fremdwörtern blieben diese selbst wissenschaftlich unerforscht. Ja man kann die Behauptung wagen: durch solche Isolierung wurden sie dem natürlichen Prozeß der Integration (z.B. im Vergleich zum Englischen, Schwedischen, Niederländischen) entzogen und blieben, wofür man sie schalt: fremde Wörter" (Horst Munske[6]). Hier liegen die Wurzeln der immer noch aktuellen Fremdwortfrage – und der scheinbaren Germanistenscheu vor dieser Frage.[7] Von den offenkundigen Defiziten der historischen Germanistik lassen sich Desiderate der Gegenwarts- und Zukunftsgermanistik herleiten. Sie betreffen Begrifflichkeit und Terminologie, Erfassung und Beschreibung des nhd. Lehndeutsch als etymologisch begründeter Kategorie.

4.1. Zur etymologischen Erfassung des nhd. Lehndeutsch, speziell im 19. Jh., sind mindestens vier Lehngutkategorien erforderlich:
1) Wortentlehnungen und 2) Lehnprägungen einerseits, die aus zwischensprachlicher Transferenz (von Ausdruck und Inhalt (1) bzw. vom Inhalt allein (2)) aus einer Fremdsprache in das Deutsche

---

[5] Vgl. hierzu Kirkness 1983, Kirkness 1988; speziell zum Deutschen Wörterbuch von Jacob Grimm und Wilhelm Grimm vgl. Fratzke 1987.

[6] Munske 1981, S. 358.

[7] Vgl. z.B. Braun 1979, S. 7: „Auf der einen Seite registriert man eine permanente öffentliche Beschäftigung mit schier unlösbaren Fremdwortfragen; daraus kann man – zumindest indirekt – auf real bestehende Informationsbedürfnisse schließen. Auf der anderen Seite beobachtet man den bedauerlichen Tatbestand, daß wissenschaftliche Disziplinen wie Sprachwissenschaft und Germanistik sich fast gar nicht mit dem Themenkomplex beschäftigen. Die Fremdwort-Diskussion ist an vielen Hochschulen kein Thema; sie findet keinen Platz im Fächerkatalog der Disziplinen und kaum Zugang zu Hochschulseminaren. Daher fehlt es bis heute an sprachwissenschaftlich gesicherten Gesamtdarstellungen zu einem Themenbereich mit einer besonders ausgeprägten Interessenstruktur in der Öffentlichkeit."

resultieren; sowie 3) Lehnwortbildungen und 4) Lehnersatzwörter andererseits, die sich aus innereinzelsprachlichen Entwicklungen deutschen Lehnguts (vor allem Wortentlehnungen) nach der Übernahme ins Deutsche ergeben.

4.2. Die Wurzeln des heutigen Lehndeutsch liegen deutlich vor dem 19. Jh., wobei die entscheidende Schwelle zur Gegenwart um 1770 zu liegen scheint. Wortentlehnungen und Lehnprägungen sind von ahd. Zeit bis in die Gegenwart zwar in unterschiedlicher Stärke, dennoch konstant belegt. Lehnwortbildungen sind vor allem in nhd. Zeit zunehmend nachweisbar. (In puristischer Absicht geprägte) Lehnersatzwörter dagegen sind Spezifika des Nhd. von ca. 1600-1940. Zu den Wortentlehnungen und Lehnwortbildungen (= Fremdwörtern) im Nhd., bes. im 19. Jh., vgl. die nachfolgenden Tabellen aus dem DFWB (3.).

4.3. Wissenschaftlich erforscht ist das deutsche Lehngut des 19. Jhs. (und weiterhin bis etwa Mitte des 20. Jhs.) trotz der umfangreichen Fremdwortliteratur und -lexikographie nur in Ansätzen. Relativ gut dokumentiert sind lediglich die Lehnersatzwörter,[8] sehr schlecht dagegen die Lehnprägungen.[9] Hinsichtlich der Wortentlehnungen und Lehnwortbildungen ist der Germanist vorerst auf einige wenige (Fremd-)Wörterbücher angewiesen, allen voran das DFWB 1913-88, im 19. Jh. daneben Sanders 1871 (und 1860-65) und Kehrein 1876.[10] Auf Primärquellen beruhende, wissenschaftlichen Ansprüchen genügende Spezialstudien zu Entlehnungen aus den einflußreichsten einzelnen Herkunftssprachen, vor allem Englisch und Französisch, gibt es bis heute ebensowenig wie theoretisch und empirisch abgesicherte historisch-diachrone Untersuchungen zu den Lehnwortbildungen.[11]

---

[8] Vgl. z.B. (die Wortlisten in) Steuernagel 1926, Holz 1950, Kamb-Spies 1962, Kirkness 1975.

[9] Für Lehnwörter und Lehnprägungen aus dem Russischen vgl. Kohls 1964; hinsichtlich des 19. (und des 20.) Jhs. handelt die Arbeit von Kamb-Spies 1962 von den puristischen Verdeutschungen, also den Lehnersatzwörtern im Gegensatz zu den Lehnprägungen.

[10] Sanders 1860-1865, Sanders 1871, Kehrein 1876; vgl. hierzu Kirkness 1988, S. 715-718.

[11] Im Institut für deutsche Sprache wird zur Zeit ein Lexikon der Lehn-Wortbildung erarbeitet, das hinsichtlich der Lehnwortbildungen Abhilfe schaffen wird. Vgl. hierzu Hoppe/Kirkness/Link/Nortmeyer/Rettig/Schmidt 1987, Link 1988.

5. Die historisch-diachrone wissenschaftliche Erforschung des Lehn-
deutschen, auch in seinem Verhältnis zum Indigendeutschen, setzt
die Überwindung der (im nachpuristischen Zeitalter ungerechtfer-
tigten) Fixierung auf das Fremdwort voraus, und ist selbst wiederum eine Voraussetzung für eine zeit- und sachgemäße Antwort
auf die sog. Fremdwortfrage in der Synchronie. Diese tut not,
denn die vom 19. Jh. herrührende national-puristische 'Antwort'
ist keine.[12]

3. Tabellen

Es folgen Tabellen zum Verhältnis von Wortentlehnungen und Lehnwortbildungen im Neuhochdeutschen, bes. im 19. Jh.
Die Tabellen enthalten Annäherungswerte, keine absoluten Zahlen aus
dem 'Deutschen Fremdwörterbuch' (DFWB)[13] .

---

[12] Bereits 1967 hat Peter von Polenz den Weg zu einer wissenschaftlich fun-
dierten, sach- und zeitgemäßen Fremdwortbehandlung in der Synchronie
gezeigt; vgl. von Polenz 1967.

[13] Deutsches Fremdwörterbuch 1913-1988; wegen der drei verschiedenen Bear-
beitungsphasen, A-K durch Hans Schulz (1913), L-P und Q durch Otto Basler (1942, 1972) und R-Z im IDS (1977-1983) und der sich dadurch jeweils
verschiebenden „Gegenwarts"sprache wird in der zweiten Tabelle zwischen
den Buchstabenstrecken A-Q und R-Z unterschieden.

Herkunftssprache / Zeitraum	Franz.	Engl.	Latein	Griech.	Ital.	Hauptsächl. Fremdspr.	Deutsch
15.Jh.	20	–	257	24	25	326	48
16.Jh.	145	1	936	138	107	1327	250
17.Jh.	500	17	523	81	147	1268	290
18.Jh.	863	86	488	128	107	1672	623
Summe 15.–18.Jh.	1528	104	2204	371	386	4593	1211
19.Jh.	378	182	155	60	29	804	1076
20.Jh.	35	111	16	7	4	173	907

Wort-strecke	Zeitraum	Herkunftssprache Franz.	Engl.	Latein	Griech.	Ital.	Hauptsächl. Fremdspr.	Deutsch
A–Z	1800–49	259	91	102	37	17	506	547
	1850–99	106	83	45	16	11	261	482
	19. Jh.	13	8	8	7	1	37	47
	Summe	378	182	155	60	29	804	1076
A–Q	1800–49	188	47	75	30	13	353	137
	1850–99	81	37	27	7	9	161	108
	19. Jh.	12	8	4	6	–	30	23
	Summe	281	92	106	43	22	544	268
R–Z	1800–49	71	44	27	7	4	153	410
	1850–99	25	46	18	9	2	100	374
	19. Jh.	1	–	4	1	1	7	24
	Summe	97	90	49	17	7	260	808

Literatur

Bernsmeier, Helmut (1977): Der Allgemeine Deutsche Sprachverein in seiner Gründungsphase. In: Muttersprache 87, S. 369-395.

Bernsmeier, Helmut (1980): Der Allgemeine Deutsche Sprachverein in der Zeit von 1912 bis 1932. In: Muttersprache 90, S. 117-140.

Bernsmeier, Helmut (1983): Der Deutsche Sprachverein im „Dritten Reich". In: Muttersprache 93, S. 31-58.

Braun, Peter (Hrsg.) (1979): Fremdwort-Diskussion. München.

Deutsches Fremdwörterbuch (1913-1988): Deutsches Fremdwörterbuch. Begründet von Hans Schulz, fortgeführt von Otto Basler, weitergeführt im Institut für deutsche Sprache. Bd. 1-7. (Straßburg) Berlin/New York.

Duden (1983, 1989): Duden. Deutsches Universalwörterbuch. 1. Aufl. 1983. 2. völlig neu bearbeitete und stark erweiterte Aufl. 1989. Mannheim/Wien/Zürich.

Fratzke, Ursula (1987): Zum Fremdwort im Deutschen Wörterbuch. In: Dückert, Joachim (Hrsg.): Das Grimmsche Wörterbuch. Untersuchungen zur lexikographischen Methodologie. Leipzig/Stuttgart, S. 153-169.

Holz, Guido (1950): Joachim Heinrich Campe als Sprachreiniger und Wortschöpfer. Diss. (masch.). Tübingen.

Hoppe, Gabriele/Kirkness, Alan/Link, Elisabeth/Nortmeyer, Isolde/Rettig, Wolfgang/Schmidt, Günter Dietrich (1987): Deutsche Lehnwortbildung. Beiträge zur Erforschung der Wortbildung mit entlehnten WB-Einheiten im Deutschen. Tübingen (Forschungsberichte des Instituts für deutsche Sprache 64).

Kamb-Spies, Renate (1962): Lehnprägungen der deutschen Sprache. Diss. (masch.). Tübingen.

Kehrein, Josef (1876): Fremdwörterbuch mit etymologischen Erklärungen und zahlreichen Belegen aus Deutschen Schriftstellern. Stuttgart.

Kirkness, Alan (1975): Zur Sprachreinigung im Deutschen 1789-1871. Eine historische Dokumentation. 2. Bde. Tübingen (Forschungsberichte des Instituts für deutsche Sprache 26, 1/2).

Kirkness, Alan (1983): Zur germanistischen Fremdwortlexikographie im 19./20. Jahrhundert: Bibliographie der Fremd- und Verdeutschungswörterbücher 1800-1945. In: Germanistische Linguistik 1-3, S. 113-174.

Kirkness, Alan (1984): Das Phänomen des Purismus in der Geschichte des Deutschen. In: Besch, Werner/Reichmann, Oskar/Sonderegger, Stefan (Hrsg.): Sprachgeschichte. Ein Handbuch zur Geschichte der deutschen Sprache und ihrer Erforschung. Bd. 1. Berlin/New York, S. 290-299.

Kirkness, Alan (1988): Nachwort „Deutsches Fremdwörterbuch" – eine historische Dokumentation als Beitrag zur Geschichte der germanistischen (Fremdwort-)Lexikographie. In: Deutsches Fremdwörterbuch. Bd. 7, S. 701-840.

Kohls, Siegfried (1964): Russisches lexikalisches Lehngut im deutschen Wortschatz (der letzten vier Jahrhunderte). Diss. (masch.). Berlin.

Kommission für Rechtschreibfragen des Instituts für deutsche Sprache (Hrsg.) (1989): Vorschlag zur Neuregelung der deutschen Rechtschreibung. Der kommentierte Vorschlag der Kommission für Rechtschreibfragen des Instituts für deutsche Sprache, Mannheim, und die Stellungnahme der Gesellschaft für deutsche Sprache, Wiesbaden. Düsseldorf (Sprache der Gegenwart 77).

Link, Elisabeth (1988): Lehnwortbildung im Wörterbuch. In: Harras, Gisela (Hrsg.): Das Wörterbuch. Artikel und Verweisstrukturen. Jahrbuch 1987 des Instituts für deutsche Sprache. Düsseldorf (Sprache der Gegenwart 74), S. 223-264.

Munske, Horst (1981): Rezension des Deutschen Fremdwörterbuchs (Bd. 3-5). In: Zeitschrift für Dialektologie und Linguistik 48, S. 357-359.

Paul, Hermann (1966): Prinzipien der Sprachgeschichte. 7. Aufl. Tübingen.

von Polenz, Peter (1967): Sprachpurismus und Nationalismus. Die 'Fremdwort'-Frage gestern und heute. In: von Wiese, Benno/Henß, Richard (Hrsg.): Nationalismus in Germanistik und Dichtung. Dokumentation des Germanistentages in München vom 17.-22. Oktober 1966. Berlin, S. 79-112.

Reichmann, Oskar (1978): Deutsche Nationalsprache. Eine kritische Darstellung. In: Germanistische Linguistik 2-5, S. 389-423.

Sanders, Daniel (1860-1865): Wörterbuch der deutschen Sprache. 3 Bde. Leipzig.

Sanders, Daniel (1871): Fremdwörterbuch. 2 Bde. Leipzig.

Schiewe, Jürgen (1988): Sprachpurismus und Emanzipation: J.H. Campes Verdeutschungsprogramm. Hildesheim/Zürich/New York (Germanistische Linguistik 96-97).

Steuernagel, Otto (1926): Die Einwirkungen des Deutschen Sprachvereins auf die deutsche Sprache. Berlin (Wissenschaftliche Beihefte zur Zeitschrift des Deutschen Sprachvereins 41).

Ülkü, Vural (1975): Sprachreinigungsbestrebungen in Deutschland seit den 80er Jahren des 19. Jahrhunderts bis zur Gegenwart. Ankara.

HELMUT KOOPMANN

Die Vorteile des Sprachverfalls. Zur Sprache der Lyrik im 19. Jahrhundert

I.

Sprachverfall ist an sich nicht zu messen. Er tritt im allgemeinen nur dann als solcher in Erscheinung, wenn er kontrastiv beleuchtet wird; denn er setzt Konventionen voraus, die nicht mehr eingehalten werden können, und das Bewußtsein dessen, daß dem so ist. Dabei wird die Differenz zwischen früher einmal gesetzter und jetzt nicht mehr erfüllbarer Norm in der Regel als Verlust bewertet, genauer: als solcher bewertet aus der Einsicht in das sprachliche Unvermögen der eigenen Zeit.

Betrachtet man Sprachverfall so, dann erlaubt das auch Überlegungen zu seinem zeitlichen Auftreten im Bereich des 19. Jahrhunderts. Es ist die Wende vom 18. zum 19. Jahrhundert, die den Boden bereitet für das Bewußtsein vom „Sprachverfall". Es kam auf, als die Idee des Niedergangs überhaupt aufgekommen war. Das hat seine eindeutigen historischen Gründe, und diese liegen nicht nur in der (nicht neuen) Erkenntnis der Gültigkeit biologischer Vorgänge auch im Bereich der Kultur. Die Idee vom Niedergang der eigenen Zeit ist zugleich Resultat von Geschichtserfahrungen, wie sie die Französische Revolution als Komplementärerscheinung zu allen Fortschrittsphantasien mit sich gebracht hatte. Zivilisationsermüdung war aber auch Regressionsphänomen einer gegen Ende des 18. Jahrhunderts fragwürdig gewordenen Aufklärung. Edward Gibbon schrieb, am römischen Schicksal das eigene exemplifizierend, das erste Standardwerk dieses Niedergangsbewußtseins mit seiner „History of the Decline and Fall of the Roman Empire" (1776-1788). Sie war in Deutschland gut bekannt. Über weite Strecken des 18. Jahrhunderts gab es kein Bewußtsein eines Sprachverfalls, weil es Verfallsbewußtsein an sich nicht gab. Im 19. Jahrhundert aber ist die These vom Kulturverfall der eigenen Zeit allgegenwärtig. Sprachverfall ist eines seiner Kennzeichen.

II.

Das Bewußtsein vom Sprachverfall zu Beginn des 19. Jahrhunderts ist also an besondere Voraussetzungen gebunden. Denn nicht jedes Ausufern und nicht jede Erstarrung müssen Sprachverfall sein: Gehören Formalismus oder Schwulststil wie im 17. Jahrhundert zum Normensystem einer Sprache, sind die genannten Phänomene also intentionalisiert oder konventionalisiert, so sind sie nicht Niedergangserscheinungen. Auch eine

307

mehr oder weniger weitverbreitete Sprachkritik ist noch kein Zeichen von Sprachverfall. Das Gegenteil ist richtig. Denn in Zeiten funktionierender Normensysteme gibt es zwar immer wieder Abweichler, aber dieses Abweichlertum wird, sofern es überhaupt zur Kenntnis genommen wird, in der Regel sofort von den Positionen eines intakten Normensystems aus kritisch begutachet: Einem (möglichen) Verfall wird also unverzüglich Einhalt geboten, und wer die Rolle der Kritik etwa im 18. Jahrhundert kennt, der weiß, daß damit jedes Ausscheren aus der Norm mit der ganzen Macht philosophischer Urteilssprüche unterdrückt wurde. Sprachkritik, wie sie im 18. Jahrhundert geübt wird, ist immer auch ein Appell an eine für überall und immer durchsetzbar gehaltene Sprachkultur bei nicht bezweifeltem Wissen um die Möglichkeit wie auch um die Notwendigkeit einer solchen.

Ein Beispiel einer noch funktionierenden Sprachkritik und eines noch intakten Normenbewußtseins bietet Schillers Kritik an Bürgers Gedichten von 1791. Schiller konstatiert zwar schon ausdrücklich „den Verfall der lyrischen Dichtkunst" – und damit den der lyrischen Sprache.[1] Aber er antwortet auf diesen Verfall mit einem lyrischen Kulturprogramm, das er wie ein Bollwerk dagegen aufrichtet. Mit anderen Worten: Der lyrische Dichter erfährt von ihm genau, was er zu sein und zu schreiben hat, will er als solcher vor der literarischen Kritik bestehen. Der wichtigste Eckpfeiler dieses Bollwerks lautet „Veredelung", und unter Veredelung versteht Schiller (in der pathetischen Sprache seiner Zeit) einen Läuterungsprozeß „zur reinsten herrlichsten Menschheit", dem die Individualität zu unterwerfen ist. Diese muß generisch werden, das Subjektive zum „ächt Objektiven", alles Vereinzelte und Ich-Bezogene also ausgelöscht, das Genotypische hingegen hervorgekehrt werden. Wer das nicht weiß, kann weder mit Schillers Balladen noch mit seinen philosophischen Gedichten etwas anfangen. Bürger nun, der sogenannte Volksdichter, weicht davon ab, kann nicht „das Individuelle und Lokale zum Allgemeinen" erheben, und so zieht er sich Schillers Kritik zu. Schiller verdammt im gleichen Atemzug auch noch den Leser, der an Liedern Gefallen findet, „worin noch der ganze trübe Strudel einer ungebändigten Leidenschaft braust und wallt und mit dem Affekt des begeisterten Dichters auch alle seine eigentümlichen Geistesflecken sich abspiegeln".[2] Darin mag vielleicht ein gutes Stück Schillerscher Selbstkritik verborgen sein, auf die eigene vormalige Sturm und Drang-Dichtung bezogen. Aber Schiller urteilt, was Bürger angeht, nicht nur aus dem Bewußtsein einer erfolgrei-

---

[1] Schiller 1958, S. 245.

[2] Schiller 1958, S. 261.

308

chen Selbstüberwindung, sondern hat auch einen Trumpf, den er gegen den Kritisierten ebenso rücksichtslos wie verständnislos ausspielt. Denn er verfügt über Grundsätze und erinnert den Kontrahenten daran, daß der diese Grundsätze „im Ernst nicht wohl leugnen, nicht mißverstehen" könne, „ohne seine Begriffe von der Kunst verdächtig zu machen".[3] Hier haben wir das Normensystem in seiner Rigorosität, und mit ihm zieht Schiller zu Felde gegen einen lyrischen Anarchisten, einen poetischen Nonkonformisten. Vom Sprachverfall wird man angesichts eines so intakten Systems und so unbezweifelter Grundsätze nicht sprechen können. Der Abweichler wird unmittelbar kritisch in die vorhandene Sprachnorm integriert. Auch ein Verdammungsurteil wie das Schillers ist noch ein Integrationsversuch – freilich mit negativen Vorzeichen.

Aber kommt Verfall nicht schon an den Rändern dieses Sprachimperiums hoch? Der Sprachnorm hatte sich jeder zu fügen. Doch sie war nicht länger Maßstab für Dichter von Profession. Die Aufklärung hatte den Geltungsbereich ihrer Normen, am Zeitalter des Barock und der galanten Poesie gemessen, rigoros erweitert und ihnen eine quasi kulturelle Grundgesetzlichkeit zuerkannt. In Verbindung mit dem unbeschränkten Zutrauen der Aufklärung in die unbeschränkte Ausdrucksmöglichkeit des Menschen aber bedeutete das, daß dem Egalitätsanspruch des Zeitalters zufolge im Prinzip jeder das leisten sollte, was nicht jeder leisten konnte. Schiller schrieb noch 1799: „Jeder gebildete Mensch muß seine Empfindungen poetisch schön ausdrücken und folglich ein gutes Gedicht (lyrisches) machen können".[4] Aber das war bereits der Anfang vom Ende. Zumindest wurde hier die Tür für den Sprachverfall aufgestoßen. Denn im Gefolge dieser Gutgläubigkeit, was die Erziehungsfähigkeit des Menschen anging, erschien der Typ des Dilettanten, stellte sich das Problem der zwar notwendigen, aber nicht mehr möglichen Einhaltbarkeit der poetischen Norm – und damit das des Normenverfalls, das zum Sprachverfall führen mußte. Dilettantismus ist eine der direktesten Begleiterscheinungen der Aufklärung, weil er die Umsetzung jener egalitär-erzieherischen Vorstellung ist, die Schiller als allgültige Maxime formuliert hatte. Gegen Ende des 18. Jahrhunderts sollte ihr jeder, konnte ihr aber nicht jeder genügen. Norm und Normerfüllung wichen bedrohlich oft voneinander ab.

Das hätte zwar noch nicht unbedingt zu Sprachverfall führen müssen. Doch es kam noch etwas hinzu, was ihn vielleicht stärker noch als alles

---

[3] Schiller 1958, S. 262.

[4] Schiller 1963, Anhang: Schemata über den Dilettantismus (7). Lyrische Poesie.

andere beschleunigte: das auffällige Fehlen nachmeßbarer, verständlicher und damit bewußt befolgbarer Maßstäbe gegen Ende des 18. Jahrhunderts. Zwar gab es schon lange keine Poetiken mehr, keine lyrischen Gesetzbücher, die Regeln boten und Anwendungsmodalitäten lehrten. Es gab nur eine Macht, die angesichts der aufklärerischen Ausweitung der lyrischen Produktivität dem Wildwuchs, der damit zwangsläufig drohte, Einhalt gebieten und wenn nicht Normen, so doch Muster liefern sollte: die der Tradition. Schiller hat das ebenso klar wie kompromißlos formuliert, als er schrieb: „Da es nun keine objective Gesetze weder für das innere noch für das äusere eines Gedichts noch giebt, so müssen sich die Liebhaber strenger noch als die Meister an anerkannte gute Muster halten und eher das Gute was schon da ist nachahmen als nach Originalität streben".[5]   Die Tradition sollte also im ausgehenden 18. Jahrhundert das ersetzen, was Regelbücher im 17. Jahrhundert waren, und Tradition war auch, wie Schiller wußte, die „einer reichen cultivierten Dichtersprache". Doch es zeigt sich, daß im Zeitalter des Dilettantismus die Orientierung an Mustern allein offenbar nicht mehr ausreichte, und hier wird etwas von den spezifischen Bedingungen des Sprachverfalls am Ausgang des 18. Jahrhunderts sichtbar. Denn gerade die Traditionsbezogenheit, die eigentlich dem Sprachverfall entgegenwirken sollte, stellte sich als eine seiner wesentlichen Ursachen heraus. Der Reichtum der kultivierten Dichtersprache machte sie für alle verfügbar, und so wurde sie zum großen Selbstbedienungsladen, dem jeder entnehmen konnte, was er brauchte – die Sprachfülle erschien als Überfülle, Tradition als Zusammenfluß verschiedenartigster Traditionen, und der anerkannten guten Muster gab es offenbar zu viele, als daß eines oder einige selektiv für vorbildlich erachtet werden konnten. Poesieklitterung war das Ergebnis, und Schiller sah sich der Erkenntnis konfrontiert, daß sein Heilmittel ein gefährliches Gift war. Die Orientierung an möglichst allen guten Mustern bedeutete Beliebigkeit; sie führte direkt in einen ebenso weitverbreiteten wie fragwürdigen Alexandrinismus.

Schiller hat den damals schon drohenden Sprachverfall durch das Überhandnehmen der Verfügbarkeit und der Beliebigkeit in der Aneignung von Traditionen sehr wohl gesehen. Er notierte – und seine Darstellung ist nichts anderes als die Beschreibung eines Sprachverfalls –: „Alle Dilettanten sind Plagiarii. Sie entnerven und vernichten jedes original schöne in der Sprache und im Gedanken, indem sie es nachsprechen, nachäffen und ihre Leerheit damit ausflicken. So wird die Sprache nach und nach mit zusammen geplünderten Phrasen und Formeln angefüllt, die nichts mehr sagen, und man kann ganze Bücher lesen, die schön

---

[5] Schiller 1963, Anhang.

stilisiert sind und gar nichts enthalten. Kurz alles wahrhaft schöne und gute der ächten Poesie wird durch den überhandnehmenden Dilettantism profaniert, herumgeschleppt und entwürdigt".[6] Wie schwierig Schillers Bastion zu halten war, zeigt sich am Begriff des „original schönen". Er ist nicht definiert, und er kann gar nicht definiert werden. Wer darüber entscheidet, ist nicht ein poetisches Gesetz oder eine Vorschrift, sondern neben den Mustern, die aber an sich nicht mehr viel besagen, der Kritiker, der in dieser Zeit gewissermaßen noch als philosophische Inkarnation der poetischen Normen gilt: der Kritiker als Richter und Regelinterpret. Hier tritt die ausführende Instanz – ein Verfallsphänomen eigener Art – an die Stelle des Gesetzes, die Exekutive spricht dort, wo die Legislative sprechen müßte, weil die Gesetze selbst nicht mehr definierbar sind. „Unwissende Selbstherrlichkeit einer poetisch mangelhaften Diktion" ist Kennzeichen dieses Dilettantismus, Sprachverfall seine Begleiterscheinung. „Schöngeisterey", „Belletristerey", „Frauenzimmergedichte", „belletristische Flachheit und Leerheit", „Nullität", Geistlosigkeit und Gehaltlosigkeit, „unruhiger Productionsbetriebe" – das sind die Injurien, die Schiller dem Dilettantismus nachruft, und es ist zugleich das Urteil einer poetischen Zensur, die freilich mit dem Ende des Jahrhunderts auch an das Ende ihrer Gültigkeit gekommen ist. Andere Charakteristika sind „Flachheit", „Gedankenleerheit", „Sinnlichkeit", „Karikatur", „falsche Kennerschaft", „Mittelmäßigkeit", „Verderbnis des Geschmacks", „Vorliebnehmen mit dem Schein", „Pfuscherey", letzteres vor allem dort, wo eine ausgebildete Sprache fehlt. Das ist der Fall in Deutschland, und Schillers Dichterkritik schlägt geradezu in Nationalkritik um, wenn er schreibt: „Daß die deutsche Sprache durch kein großes Dichtergenie sondern durch bloße mittelmäßige Köpfe anfieng zur Dichtersprache gebraucht zu werden, mußte dem Dilettantism Muth machen, sich gleichfalls darinn zu versuchten". [7]

Aus dem Phänomen des Dilettantismus heraus sind also die wichtigsten Bedingungen für den Sprachverfall in der ersten Hälfte des 19. Jahrhunderts zu benennen: zum einen Traditionsverlust in der Sonderform eines Übermaßes an Traditionen, das Unverbindlichkeit bedeutet, d.h. ein gleichsam „leeres" Traditionsbewußtsein ohne Geschichtsbindung, das zwangsläufig zu lyrischer Klitterei führen mußte; sodann das Ende einer literarischen Kritik, die sich zwar noch auf ihren hohen Rang beruft, ohne sich jedoch überzeugend begründen zu können; drittens aufkommender Subjektivismus als Gegenreaktion auf die Ära des „ächt Objek-

---

[6] Schiller 1963, Anhang.

[7] Schiller 1963, Anhang.

tiven". Das sind Komplementärerscheinungen des Zusammenbruchs des alten Normensystems, wie sich das etwa auch an der ausufernden Gattungsvielfalt, am Aufkommen neuer literarischer Zweckformen, an der vollkommenen Diffusion der Begriffe im Bereich der Poetik abzeichnet (Roman und Novelle sind nicht mehr voneinander unterscheidbar, poetische Definitionen, so meinte Karl Gutzkow, „wie auf der Flucht").[8]

Zeitgenössische Äußerungen dazu finden sich wiederholt. So hat Heine die satirische Geißel über die schwäbische Dichterschule geschwungen, die nur noch „das schöne Wetter besinge, die Frühlingssonne, die Mayenwonne, die Gelbveiglein, und die Quetschenbäume".[9] Das war literarische Kritik am Sprach- und Imaginationsverfall einer schwäbischen Provinziallyrik, und wir wissen, wie sehr Heine sie auch anderswo geübt hat: nicht zuletzt am Grafen Platen, an dem er das kritisierte, was der angesichts der überreichen literarischen Traditionen nur zu selbstverständlich nutzte. Daß jener kein Dichter sei, ist der ritournellartige Refrain in seiner Streitschrift gegen Platen, in der er den lyrischen Seiltänzer als poetischen Kompilator entlarvt: „Wenn der Graf Platen noch so hübsch in den Ghaselen seine schaukelnden Balancierkünste treibt, wenn er in seinen Oden noch so vortrefflich den Eiertanz exekutiert, ja, wenn er, in seinen Lustspielen, sich auf den Kopf stellt – so ist er doch kein Dichter".[10] Platen tut das, was Schiller unbedingt dem Dilettantismus zugerechnet haben würde: Er vermischt hemmungslos Traditionen. So heißt es bei Heine: „Graf Platen hingegen, trotz seinem Pochen auf Klassizität, behandelt seinen Gegenstand vielmehr romantisch, verschleiernd, sehnsüchtig, pfäffisch, – ich muß hinzusetzen: heuchlerisch [...]". Platen will Iliaden und Odysseen erfinden und erweist sich gerade darin als Dilettant in der Erscheinungsform des 19. Jahrhunderts, also als Epigone – ein Alexandrinist reinsten Wassers, der in den lyrischen Traditionen herumrührt, bis er sein fragwürdiges Gebräu zusammengekocht hat. Das kann er nicht nur schneller als andere, sondern auch sehr viel schlechter. So bleibt er ein Poet, der „sich ghaselig hingibt in windiger Weichheit"[11] – „in mühsam gefeilten Versen", wie sich versteht, ein höchst zweifelhafter poetischer Sudelkoch, eben „kein Dichter".

Lyrischer Verfall? Sprachverfall, Verfall an Ausdrucksfähigkeit, an Überzeugungskraft, an Individualität, an Substanz? Wir sind gewohnt, Lyrik

---

[8] Gutzkow o.J., Bd. 8, S. 114.

[9] Heine 1978, S. 154.

[10] Heine o.J., S. 353.

[11] Heine o.J., S. 355 u. 357.

des 19. Jahrhunderts über relativ weite Partien hin so zu lesen, und an Beispielen fehlt es nicht. Die Auswahl fällt schwer, nicht weil es zu wenig, sondern weil es zu viel gibt. Einige Beispiele mögen das demonstrieren.

> *Wär' ich ein muntres Hirschlein schlank,*
> *Wollt' ich im grünen Walde gehn,*
> *Spazieren gehn bei Hörnerklang,*
> *Nach meinem Liebsten mich umsehn.*

Der Verfasser dieser Verse, hinter denen man wohl nicht allzuviel lyrischen Tiefsinn vermuten darf: Joseph von Eichendorff. [12]

> *Oh süß Kind, Geliebte, Schwester,*
> *Schatten, Leben, Leid und Lust,*
> *Alle Vöglein haben Nester,*
> *Und mein Herz hat eine Brust.*

Das ist eine Strophe aus dem Gedicht „Im Wetter auf der Heimfahrt", der Verfasser: Clemens Brentano.[13] Dann ein Bundeslied:

> *Geist des Bundes, schwebe nieder,*
> *Deines Altars Flammen glühn,*
> *Aus den Augen meiner Brüder*
> *Seh ich Opferflammen sprühn.*
> *Hörst Du unsere Hymnen tönen?*
> *Sie verkünden deinen Ruhm;*
> *Komm herab zu deinen Söhnen*
> *In Germanias Heiligtum.*

Der Verfasser: Wilhelm Hauff.[14] Oder:

> *Es blasen die blauen Husaren,*
> *Und reiten zum Thor hinaus;*
> *Da komm' ich, Geliebte, und bringe*
> *Dir einen Rosenstrauß.*

Der Verfasser: Heinrich Heine.[15]

> *Ihr Ritter, die ihr haus't in euren Forsten,*
> *ist euch der Helmbusch von dem Haupt gefallen?*
> *Versteht ihr nicht den Panzer mehr zu schnallen?*
> *Ist ganz die Rüstung eures Muth's zerborsten?*

Der Verfasser: Friedrich Rückert.[16]

---

[12] Eichendorff 1957, S. 207.

[13] Brentano 1968, S. 572.

[14] Hauff 1970, S. 363f.

[15] Heine 1975, S. 289.

[16] Rückert 1868, S. 9.

Zum Schluß dieser poetischen Blütenlese noch ein ganzes Gedicht:

> *Du Rose, wenn du neidenswerth willst sterben,*
> *So lass' frühmorgens pflücken dich vom Strauche,*
> *Bevor sich an des Mittags Gluthenhauche*
> *Die duftigen Schimmer deiner Wang' entfärben.*
>
> *Und sinkt der Mittag müde auf die Matten,*
> *Rast' ich am Bächlein in den kühlsten Schatten,*
> *Ein leises Flüstern geht in allen Bäumen,*
> *Das Bächlein plaudert wirre wie in Träumen,*
>
> *Da saßen wir beisammen, still und traurig,*
> *Und sahn uns an, und wurden immer traur'ger.*
> *Die Eiche säuselte wie Sterbeseufzer,*
> *Tiefschmerzlich sang die Nachtigall herab.*
>
> *Nun schleichen aus dem Moore kühle Schauer*
> *Und leise Nebel übers Heideland;*
> *Der Himmel ließ, nachsinnend seiner Trauer,*
> *Die Sonne lässig fallen aus der Hand.*

Dieses Gedicht hat keinen Verfasser, oder vielmehr es hat ihrer vier. Sie heißen Rückert,[17] Eichendorff,[18] Heine[19] und Lenau.[20]

Diese Kompilation ist zweifellos lyrischer Frevel. Aber solch ungutes Tun wird dem Leser leichtgemacht. Und daß es so leichtgemacht wird, scheint ein Zeichen eben des Sprachverfalls zu sein. Ganze Strophen sind konvertibel, Gedichte achtbarster Lyriker lassen sich ineinanderschieben, und so könnten etwa aus zwanzig alten Naturgedichten ebensoviele neue entstehen, ohne daß irgendeine Zeile neu geschrieben worden wäre.

Sprachverfall? Vermutlich könnten auch anakreontische Gedichte ineinandergeschachtelt werden, und nicht weniger leicht ließen sich Zeilen von Gryphius-Gedichten solchen von Hofmannswaldau implantieren. Und doch würde es sich um sehr verschiedene Dinge handeln. Barocklyrik läßt das Formelwesen und damit Austauschbarkeit ausdrücklich zu. Individuelles ist (wie noch bei Schiller) verpönt, Generisches hochwillkommen. Und das Ordo-Denken sichert den Barockgedichten ein gemeinsames Bezugssystem, auf das sich Gryphius wie Lohenstein beziehen können.

---

[17] Rückert 1868, S. 339.

[18] Eichendorff 1957, S. 81.

[19] Heine 1975, S. 311

[20] Lenau 1971, S. 64.

Im 19. Jahrhundert aber ist an die Stelle dieses einheitlichen Bezugssystems eine Vielfalt von beliebigen Kombinationsmöglichkeiten getreten. Auffälliger noch ist die Diskrepanz zwischen Aussage und Form, auch die relative Belanglosigkeit vieler Themen. Wo Zeitprobleme auftauchen, etwa bei Eichendorff oder Rückert, sind sie in einen lyrischen Bombast eingewickelt, der den eigentlichen Anlaß des Gedichtes oft völlig verkennen läßt. Es gelingt der Lyrik denn auch, zuweilen über etwas hinwegzutäuschen, worüber Prosa und Drama sehr viel weniger hinwegtäuschen: die innere Widersprüchlichkeit der Zeit. Die Zahl der Äußerungen über sie ist Legion, und sie ziehen sich quer durch alle poetischen Fraktionen und politischen Gruppierungen hindurch. Die Lyrik ist weitgehend davor bewahrt geblieben, sie stellt sich nicht selten als poetisches Himmelreich dar, in dem die Rechnungen alle noch aufgehen. Die literarische Revolution, die nahezu alle Gattungen in dieser Zeit erfaßt hat, hat um die Lyrik einen relativ großen Bogen gemacht. Heine ist die große Ausnahme, nicht die Regel, denn diese wird verkörpert von Platen und Vischer, Zimmermann und Lenau. „Jetzo ist die Zeit der Kleinen", dichtete Immermann in seinem „Tulifäntchen". Man wird, was die Masse der lyrischen Gedichte in der ersten Hälfte des 19. Jahrhunderts angeht, dieser Bestandsaufnahme kaum widersprechen können.

III.

Haben wir richtig argumentiert? Wir haben es nur insoweit, als wir der weitverbreiteten, seit René Wellek populären These gefolgt sind, daß das Wesen einer literarischen Epoche durch ein Normensystem geprägt sei und daß dieses ihre Unverwechselbarkeit wie auch ihren Rang ausmache.[21] Mag eine Feststellung wie die Welleks zunächst auch nur identifikatorischen Charakter haben, so schleichen sich damit unvermeidlich aber auch wertende Vorstellungen ein, und eben sie gaben oft Anlaß zur Abwertung des 19. Jahrhunderts. Sie ist auch heute noch weitverbreitet. Doch ist Wertabfall von einem Normensystem tatsächlich ein Untergangsphänomen? Sprachverfall kann auch Sprachbefreiung bedeuten. Und reagiert nicht die Sprache nach 1800 auf das Ende der klassischen Normen geradezu mit einem gleichsam verbalen Freudentaumel? Vieles spricht dafür, daß die vorangegangene Konvention plötzlich als verhaßte Diktatur empfunden wurde, von der man sich befreit sah. Was vorher geordnet und wohlkanalisiert erschien, schwemmte plötzlich über die Ufer, machte sich in einer scheinbar anarchischen Sprachvielfalt deutlich. Wir sind beim zweiten Teil eines Themas, das in der Tat janusgesichtig ist wie kaum etwas anderes, was die Sprachgeschichte des 19. Jahrhunderts

---

[21] Wellek/Warren 1956, S. 24.

angeht: bei den Vorteilen des Sprachverfalls.

Mit der schönen objektiven Welt war es in der Tat zu Ende, aber was Schiller als Verlust beklagt hatte, haben Heine und die Romantiker mit Frohlocken begrüßt. Der beginnende Subjektivismus ist auch ein sprachlicher Subjektivismus, und Heine ist sein vermutlich wichtigster Fürsprecher. Ein Ich-Perspektivismus löst die allgemeinen Feststellungen ab, und das Ich, das sich sprachlich ausdrückt, ist nicht, wie in der Aufklärung, ein mehr oder weniger normiertes Ich mit generellen Fähigkeiten und Lernbedürfnissen, sondern eine unteilbare Einzigartigkeit. Das drückt sich sofort in einer Neigung zu Neologismen aus, die ja immer ein gleichzeitig beredter und stummer Protest gegen sprachliche Normensysteme sind. Heine, wohl einer der am stärksten sprachschöpferischen Lyriker des frühen 19. Jahrhunderts, läßt das eindrucksvoll in seinen „Nordsee"-Zyklen erkennen. Das zweite Gedicht des Ersten Zyklus beginnt mit: *Am blassen Meeresstrande / Saß ich gedankenbekümmert und einsam.*[22] Das sind noch nicht Neologismen im strengen Sinne, aber der Neologismus ist im frühen 19. Jahrhundert ohnehin ein vielgestaltiges Phänomen. Man wird auch Wendungen wie den *blassen Meeresstrand* ebenso dazurechnen wie die bei Heine zahlreich aufkommenden Synästhesien. Als er oder vielmehr das lyrische Ich nun derart am Meeresstrande sitzt, hört er – Lautmalereien seien hier übergangen – ein *wiegenliedheimliches Singen.* Das ist eine fesselnde Neuprägung, wenngleich wir zugeben müssen, daß sie ihre gedanklichen Unschärfen hat. Aber von dieser Art begegnet vieles in den „Nordsee"-Zyklen. Die Mädchen haben *neugierkluge Augen*[23] und sie hören zu *mit kleinen, horchenden Herzen.* Die Sonne neigt sich *hinab in's weitaufschauernde, silbergraue Weltenmeer.* Silbergrau ist die Luft oder vielmehr der Abendduft bei Dutzenden anderer Dichter auch, aber das weitaufschauernde Weltenmeer[24] findet sich vorher nicht. *Stolze, glückgehärtete Menschen,*[25] der Sonnengott und sein *fluthenkaltes Wittwerbett,* der Nordwind, der *ungestaltet über dem Meer, platt auf dem Bauch liegt,*[26] die tollen Geschichten, die er erzählt, *dunkeltrotzig und zaubergewaltig,* der *fluthbefeuchtete Sand* – eine sehr subjektiv gesehene und sprachlich subjektiv ausgedrückte Welt. Wenn vom *weißen Tanz der Wellen* die

---

[22] Heine 1975, S. 359.

[23] Heine 1975, S. 361.

[24] Heine 1975, S. 361.

[25] Heine 1975, S. 363.

[26] Heine 1975, S. 365.

Rede ist,[27] von der wild ertosenden Flut, dann wissen wir zwar, daß das wohl schon um 1820 verbrauchte Formulierungen waren. Davon ist damals kein Dichter frei, Heine weniger als andere. Aber wenn im Sturm die *weitgähnenden Fluthabgründe* erwähnt sind,[28] wenn vom *smaragdenen Frühling* gesprochen ist[29] und von der *schwarzen Sonne* [30] – fast ein expressionistisches Bild – , von den Möwen als *Lüfteseglern*,[31] von den Riesengestalten der Wolken im *luftigen Pantheon*,[32] dann sind das so unerhört neue Wendungen, daß wir gerne die *schimmernden Segel*[33] oder die *weißgekräuselten Wellen* in Kauf nehmen – da zahlt Heine auch einmal mit kleiner abgegriffener poetischen Münze. Aber seine Neuprägungen sind beachtlich. Denn hier ist, stärker noch als etwa im Sturm und Drang, ein Protestpotential verbalisiert, das sich nicht, wie damals, gegen die allgemeine Feldzugslinie der Aufklärung richtete, sondern gegen die hochstilisierte Sprache der Klassik.

Man wäre schlecht beraten, wollte man dieses Abgleiten von der Norm als Sprachverfall klassifizieren; vielmehr erscheint gerade die klassische Norm als eine schon verfallene Sprache, und das gibt zu bedenken, ob Begriffe wie 'Sprachnorm' und 'Sprachverfall' im frühen 19. Jahrhundert in ihrem Bedeutungsgehalt nicht vielmehr völlig reziprok angewandt werden müssen. Um es überspitzt zu sagen: Die von Schiller noch so leidenschaftlich propagierte Sprachnorm ist im Grunde bereits Sprachverfall, der landläufige Sprachverfall hingegen etwas Lebendiges, Freiheit, Aufbruch oder, um es mit einer biologistischen Formel zu benennen, Evolution. Evolution aber ist immer antinormativ, Norm und Normensysteme hingegen sind Erstarrungen, signalisieren ein Zur-Ruhe-Kommen der Sprache, und es sieht so aus, als ob derartige Norm-Zustände dazu neigten, ihre unerbittlichen Anwälte und gesetzestreuen Ankläger zu finden, die alles verurteilen, was nicht Erstarrung ist. Neologismen sind in dieser Zeit im Unterschied zum Pietismus subjektbezogene Aussageversuche, mit nichts anderem im Hintergrund als dem eigenen Erlebnishorizont, oder sagen wir besser: dem eigenen Sprachvermögen, das eben

---

[27] Heine 1975, S. 373.

[28] Heine 1975, S. 379.

[29] Heine 1975, S. 397.

[30] Heine 1975, S. 403.

[31] Heine 1975, S. 407.

[32] Heine 1975, S. 413.

[33] Heine 1975, S. 421.

nicht mehr einer Norm angepaßt wird, sondern der Realität, und wenn es tatsächlich nach dem angeblichen Verfall der Sprachnorm der Klassik so etwas wie eine Sprachkrise gegeben haben sollte, so ist es eine produktive Krise gewesen mit dem Ziel, der subjektiv erlebten Wirklichkeit sprachlich so nahe wie möglich zu kommen, wie das eben Heine in seinen Nordsee-Zyklen so einleuchtend demonstriert. Wir haben ähnliche Beispiele bei der Droste und bei Mörike.

IV.

Literarische und sprachliche Umbruchperioden – und das 19. Jahrhundert ist eine solche gewesen – führen nicht selten dazu, daß konträre Tendenzen freigesetzt werden. Normative Systeme und Wertvorstellungen haben immer nur eine sehr begrenzte Bandbreite, denn es liegt in der Natur der Sache, daß Normabweichungen, Variationen oder auch Erweiterungen nichts Neues zulassen und eben dieses als das definieren, was sie aus der Sicht der Normsetzung sind: als Sprachverfall. Im 19. Jahrhundert aber, nach dem Ende der Normen, lassen sich zum wachsenden Realitätsbezug in der Sprache auch gegenläufige Tendenzen von ungefähr gleicher Stärke ausmachen, und gelegentlich finden diese sich sogar in den Werken ein- und desselben Dichters. Um es vereinfacht zu sagen: Den Annäherungen an die Realität entspricht eine Abwendung von der Realität, freilich nicht ins Ideale oder objektiv Schöne hin, sondern in das Spiel mit anderen Sprachen, literarischen Formen, Kulturen. Bei allem Interesse Schillers am Spiel und der Freiheit des Spiels: Normen lassen ein solches im Grunde genommen nicht zu. Normen sind auch Sprachfesseln, und in der Lyrik des 19. Jahrhunderts findet sich der verspätete, aber um so nachdrücklichere Protest dagegen. Eine poetische Entgrenzung findet statt, und sie macht an den Grenzen Europas durchaus nicht halt. Das Wiederaufkommen des Petrarkismus ist kein Zufall: Heine und Mörike, Storm und Rückert sind gleichermaßen zumindest in Teilen ihrer Lyrik Petrarkisten.

Ein besonders gutes Beispiel bietet die Lyrik von Rückert. Rückert hat diverse poetische Sträuße zusammengebunden; einer ist „Liebesfrühling" betitelt, dazu kommen noch die Agnes-Lieder und die Amaryllis-Lieder. Der „Liebesfrühling" ist, vom Standpunkt eines wertüberzeugten Lyrikbegriffes her gesehen, reinster Kitsch. Die Stadien des Rückertschen Liebesfrühlings würden jedem Lore-Roman Ehre machen. Sie reichen von „Erwacht" und „Geschieden" über „Gemieden", „Entfremdet" bis hin zum „Wiedergewonnen" und „Verbunden". Das ist eine ebenso lange wie unglaubwürdige lyrische Affäre, dutzendfach variiert in alle nur möglichen und denkbaren Verästelungen hinein, und selbst in juveniler Verblendung würde man nicht auf die Idee kommen, man habe es hier mit persönlichen Bekenntnisgedichten zu tun. Dazu ist alles viel zu leichtfüßig. *Liebste* und *Liebchen* sind Dutzendworte, und überall stehen die Linden zu dicht, ist in zu vielen Gedichten ständiger Frühling, spricht die Geliebte allzu leichtzüngig bei des Mondes stillem Leuchten, und die Rosen, altes Liebessymbol, haben hier nur eine Funktion: Sie sollen die Liebesgluten, die völlig unglaubhaften, farbkräftig verdeutlichen. Rückert ist mit unendlicher Variationslust ausgestattet, und er tut es, auf allerdings recht säkularisierte Weise, den alten Pietisten nach, wenn er ein Gedicht mit den beiden Zeilen beginnen läßt: *Ich seh's an allen Zeichen, / Daß meine Sonne kommt.*[34] Sie kommt, sie naht, erwacht, erblüht, erscheint; sie ist sein, sein allein, gehört nur ihm. Das Ende ist ein lyrisch-erotischer Sonnenbrand, und der Leser fragt sich, warum so viele lyrische Umwege nötig gewesen sind, um die Geliebte als Sonne zu beschreiben. Aber gerade die Schwäche dieses Gedichtes ist zugleich sein eigentlicher Gewinn: Denn auch der lyrische Tölpel merkt sehr bald, daß es hier gar nicht um die Geliebte geht, sondern daß hier die Variationskunst und Variationslust die treibenden poetischen Motoren sind, und läßt man sich von denen mitbewegen, hat man am Ende sogar sein Vergnügen an der lyrischen Drechselkunst.

Doch Rückerts lyrische Sprache ist alles andere als einfallslose Reimerei. Sucht man nach Wirklichkeitsbezügen, tappt man zwar im Leeren herum. Die Welt ist völlig entsubstantialisiert, und dazu paßt, daß im gleichen Zyklus nicht von einer, sondern gleich von tausend Nachtigallen die Rede ist, von tausend Frühlingsrosen, tausend Liebessternen und tausend Edelsteinen. Eine Inflation, ohne Zweifel, aber wir haben es hier nicht mit einem Ausverkauf an eigenen Empfindungen zu tun. Wir haben es vielmehr mit lyrischen Schreibübungen zu tun, sie sollen die Sprache gelenkig erhalten. Stoßen wir auf Formeln wie *Schiffer der Liebe,* so mögen wir uns fragen, ob das eine kühne oder eine verunglückte Metapher ist, ein niedliches lyrisches Spiel oder ein kleiner lyrischer Betriebsunfall. Aber wir werden der Entscheidung enthoben durch die Einsicht, daß hier die sprachliche Verfügbarkeit das lyrische Maß aller Dinge ist. Was Rückert recht ist, ist Heine in seinem „Buch der Lieder" nur billig. Vielleicht sind es nicht tausend Frühlingsrosen, aber die Rose und das rosenfarbige Gesicht der Geliebten, die blauen Äuglein und der schneeweiße Hals begegnen auch dort.

Wirklichkeitsbezug gibt es in diesem Teil von Heines „Buch der Lieder" nicht, und ebensowenig ist glaubhaft, was Rückert schreibt. Wenn

---

[34] Rückert 1868, S. 464.

der uns lyrisch versichert, daß er am Bach wetteifernde Hirtengesänge gehört habe, daß sich seine Brust schwellend gehoben habe, als er von Liebesleid und Sommerlust erfuhr, wenn er von der verklärten Lichtnatur spricht, vom tönenden Schmuck und vom Glanz des Himmels – nichts stimmt. Ist das lyrisches Epigonentum? Jedenfalls hat der Dichter niemals erlebt, was er schildert, aber weil er auf der anderen Seite die eigene Erfahrung überhaupt nicht braucht, kann er alles schildern. Seine Arbeitsprinzipien sind Beliebigkeit und Variationslust, und das bringt mit sich, daß sehr vieles austauschbar ist. Denn eine innere Folgerichtigkeit ist nicht da und will auch nicht vorgetäuscht werden. Auch ganze Zyklen könnte man umstellen, ohne daß sich an der Aussage das geringste ändern würde. Nirgendwo ein Lebenskondensat, alles nur rhetorischlyrische Präsentation eines Schmerzes, den wir weder Rückert noch Heine abnehmen und von dem beide auch gar nicht glaubhaft machen wollen, daß er echt gewesen sei. Schmerz ist poetischer Rohstoff, und nur das. Diese Ausdünnung an realistischem Gehalt steht dabei in einer Wechselbeziehung zum erhöhten Pathos; Pathos ist der Versuch, durch Übertreibung sofort jeden Verdacht zu ersticken, daß hier etwas Wirkliches gemeint sein könnte. Pathos ist also nicht Ausdruck eines uneingestandenen Mangels, sondern ein Weg, um vom Erlebnis fortzukommen. Das Ende vom Lied ist ein Kunstbau, mit großer lyrischer Fertigkeit erstellt. Er macht dem Leser, der sucht, was nicht dahintersteht, schwer zu schaffen. Denn wer Individuelles finden will, stößt auf Allgemeinheiten und fühlt sich am Ende möglicherweise betrogen, hat er doch nur ein Sprechen in Klischees gehört, wo er vielleicht Unmittelbarkeit erwartete. Ein pausenloser lyrischer Theaterdonner geht bei Rückert auf den nieder, der vielleicht dankbar wäre für ein echtes Lebenszeichen. Aber das gibt es nicht in dieser Lyrik – man muß sie anders lesen. Bei Eichendorff fängt es schon an, daß einzelne Motive und typische Situationen dutzendfach, hundertfach durchgespielt werden, daß in einem Waldgedicht allzu viele Register gezogen werden. Das Ende ist eine Alleskönnerschaft, für die Rückert wiederum das beste Beispiel liefert.

Rückert konnte wirklich alles. Nicht nur, daß er die klassischen indoeuropäischen Sprachen beherrschte, er wußte sich in der Sprache der Tamilen und im Sanskrit zu Hause, hat das Drawidische studiert, persische und türkische Literatur. Das hat auch dem Lyriker Möglichkeiten eröffnet, um die ihn mancher beneidet haben dürfte. Haben wir uns einmal von der Vorstellung befreit, daß freie Verfügbarkeit Sprachverfall, daß Spiel mit Formeln Epigonentum sei, sind wir also aus dem Bannkreis des klassischen Normendenkens herausgeraten, so ist der ungeheure Reichtum an Formeln, Motiven, Situationen ein Glücksfall, kein poetisches Verhängnis. Rückert war ein lyrischer Akrobat hohen Grades, und er konnte in der Tat so ungefähr alles besingen, was ihm unter die Feder kam, und das auch in ungefähr allen Schattierungen und Aussageformen. Sein lyrisches Werk ist Alexandrinismus reinsten Wassers, aber man muß die ungeheure Bereicherung erkennen, die damit verbunden ist. Erlebnislyrik: eine ärmliche Selbstbeschäftigung, von hierher gesehen, klassische Normen und das „ächt Objektive" eine lyrische Schmalspurbahn, die in einer Sackgasse endet. Rückerts große Leistung ist die Amalgamation abendländischer und morgenländischer Kunstformen, von der Übertragung der östlichen Weltliteratur ins Deutsche ganz abgesehen. Man muß auch die ungeheure lyrische Kreativität als Gewinn buchen, nicht als beliebige Fließbandproduktion von Gedichten. Nur eines darf man nicht dahinter suchen: erlebte Wirklichkeit. Wir könnten auch sagen: Mit Rückert hat die Lyrik wieder zu einem Reichtum zurückgefunden, der früher schon vorhanden gewesen, aber dann in der Klassik und bei den Klassizisten gründlich verlorengegangen war. Barocke Bilder, Anakreontik und Rokokolyrik, das Graziöse des 18. Jahrhunderts, Hexameter, Pentameter, Distichen, sapphische Oden, alkäische Oden, Sonette, Alexandriner – alles vorhanden. Rückerts Lyrik ist eine weltliterarische poetische Literaturgeschichte vom 17. Jahrhundert bis zu seiner Gegenwart. Die lyrischen Traditionen wieder verfügbar gemacht zu haben, ist die große Leistung des 19. Jahrhunderts.

Am Ende dieser Entwicklung steht – vielleicht – Storm. Das Etikett, er sei ein Erlebnisdichter, überdies noch Husumer Prägung, ist eine für ihn tödliche Kategorie. Nur zu oft hat man bei Storm übersehen, welch außerordentlicher Reichtum an lyrischen Möglichkeiten auch in seiner Lyrik lebt. Das würde bei einem Erlebnisdichter ohnehin sonderbar anmuten. Auch Storm ist ein Virtuose auf der Klaviatur der lyrischen Überlieferungen; das romantische Gedicht und das Erlebnisgedicht sind nur zwei Möglichkeiten auf seinem poetischen Manual. Die Spruchdichtung Storms nutzt barocke Überlieferungen, ohne daß Storm dabei parodistisch geworden wäre, wie später Arno Holz das geliebt hat. Wir haben Gedichte ohne strophische Gliederung, Vierzeiler, Sonette, erzählende Gedichte, Ghaselen, Rätsel, Dialoggedichte, Chöre, Stammbuchblätter, Grabsprüche, Sinnsprüche in jeder Form, Gedichte in Märchenform oder vielmehr Märchen in Gedichtform; lyrische Zwiegesänge, Zweizeiler, Anakreontisches, Wortspiele, auch witzige Poesie im Sinne der Anakreontik. Mit den Erlebnisdichtern hat Storm nichts tun, aber ein lyrischer Verwandter Rückerts ist er ohne jede Frage. Leider hat selbst die Storm-Forschung ihn gelegentlich auf das „Konzept des Erlebnisgedichts" hin festgelegt – so konnte man vor einiger Zeit noch lesen.[35]

---

[35] Vinçon 1972, S. 46.

Schlimmes Mißverständnis, ein krasses Übersehen der chamäleonhaften Fähigkeiten und damit seiner lyrischen Produktivität. Dabei liegen die Konstruktionspläne der Gedichte offen zutage, das lyrische Geheimnis ist – zum Glück – herauseskamottiert. Wozu es also suchen?

Realitätssuche und Realitätsverweigerung – das ist die Spannweite einer Lyrik, die normalerweise als Epiphänomen des Sprachverfalls gilt. Das Ende eines Normensystems ist Paradoxalität. Konträre Tendenzen prägen das Bild der Lyrik im 19. Jahrhundert aber auch noch in anderer Hinsicht. Daß die Sprache im frühen 19. Jahrhundert gleichsam auszulaugen droht, ist verständlich. Das Ende von Sprachnorm führt nahezu zwangsläufig zu Verflachungsprozessen, zur Einebnung von Bedeutungen, zur Einengung von Aussagemöglichkeiten. Alles in allem: das Münzgeld der Worte wird abgegriffener. Das war für Rückert Voraussetzung seiner Sprachspiele, für den Heine der Nordseebilder Anlaß zu Neuprägungen. Beides sind Reaktionen auf die neuen sprachlichen Verfügbarkeiten, auf das Abgegriffensein des poetischen Münzgeldes.

Wenn nach 1800 auf der einen Seite also so etwas wie eine sprachliche Inflation einsetzt, die lyrische Sprache, mit Eichendorff beginnend, bedeutungsentleert erscheint, wann immer von *Waldeinsamkeit, dem Rauschen der Bächlein,* von *Sehnsucht* und dem *Morgen* die Rede ist (lauter Gedichtüberschriften Eichendorffs), so kommt im frühen 19. Jahrhundert – und auch das ist ein Vorteil des Sprachverfalls – ein gleichsam allegorisches Sprechen auf. Das mag teilweise auf die Zensur zurückgeführt werden: Eine doppelte Aussageform, eine aus Schutzgründen verdeckte Rede empfahl sich vor allem im politischen Bereich. Aber wir haben eine Allegorisierung der Sprache auch anderswo. Eichendorff macht hier wieder den Anfang. Wenn in „Der alte Garten" von dem Springbrunnen die Rede ist, der immerfort noch von der alten schönen Zeit plaudert, dann wissen wir, daß damit nicht nur die verlorene Kindheit gemeint ist, sondern mit dem Kindheitsgarten auch der verlorene Garten Eden. Das so unpräzise Bild von der im Springbrunnen symbolisierten „alten schönen Zeit" bekommt seinen Doppelsinn, oder besser: hinter der vordergründigen Bedeutung tut sich eine eigentliche auf. Wenn in „Frische Fahrt" vom *magisch wilden Fluß* gesprochen wird und der Sänger *von dem Glanze selig blind* auf dem Strome fahren will, dann mag das die Donau oder auch der Rhein sein, auf jeden Fall ist es der Lebensstrom. Die Dämmerung bedeutet Zeitenwende, das Schiff ist ein Lebensschiff, hinter Rom erscheint Jerusalem. Mörike hat versucht, im Bild des Feuerreiters die Französische Revolution zu beschreiben, Eichendorff das gleiche Phänomen mit Hilfe einer Gewittermetaphorik, Kleist mit Hilfe des Bildes vom Erdbeben. Die Metaphorisierungskraft der Sprache ist in den ersten Jahrzehnten des 19. Jahrhunderts außerordentlich groß, Realien werden überall als Gleichnisse genutzt: der gallische Hahn auf dem Dache, rote Mützchen, der Blocksbergritt, ein dreifarbiges Zelt, das wilde Tier in der eigenen Brust. Der zeitgenössische Leser wußte das sehr wohl in seiner doppelsinnigen Bedeutung zu erkennen.

Das alles war nichts Neues, gewissermaßen nur angewandte oder reproduzierte Aufklärung, die das allegorische Sprechen liebte. Winckelmann hatte schon seine Leser darüber belehrt, daß eine Allegorie aus sich selbst verständlich sei. Nun darf man im allegorischen Sprachgebrauch des frühen 19. Jahrhunderts aber nicht nur eine Nachwirkung der Aufklärung sehen. Im Doppelsinn einer Sprache steckt vielmehr ebenfalls Spielmaterial, das von den Schriftstellern gerne genutzt wurde. Auch darin zeigt sich die reproduktive Kraft der Sprache. Sprachinflationäre Tendenzen also einerseits, der große Ausverkauf der Worte – auf der anderen Seite die Unterschichtung oberflächlicher Wortbedeutungen. Auch das ist zweifellos ein paradoxaler Prozeß. Er sollte hier, da er nicht ausführlich dargestellt werden kann, wenigstens umrissen sein.

Wo führt das alles hin? In die intellektuelle Poesie der Moderne, aber auch dahin, daß die Literatur jetzt für die Realität selbst genommen wird. Im 19. Jahrhundert sind schon die lyrischen Verfahren entwickelt, die wir später etwa bei T.S. Eliot in seinen „Four Quartetts" oder im „Waste Land" finden, bei Rilke und bei George. Georges Zeile *Kein ding sei wo das wort gebricht* steht nicht nur am Ende der Erlebnisdichtung, sondern auch am Beginn der Moderne, die das Erlebnis nicht mehr braucht, um schreiben zu können. Wirklichkeit existiert nur in der Sprache, und es sind die angeblichen Epigonen, die Dilettanten, die Alexandrinisten vom Schlage Rückerts, die dem vorgearbeitet haben. Daß die Realität in den Worten sei, hat Sartre noch 1946 in seinem Essay über das Wesen der Literatur festgestellt. Hofmannsthals berühmter Chandos-Brief gehört ebenfalls in diesen Zusammenhang. Da wird auf höchst beredte Weise über die Grenze des Redens gesprochen, da wird in eleganter Sprache gesagt, daß die Sprache versage. Das ist richtig und falsch zugleich. Denn die Sprache versagt häufig, wo sie Wirklichkeit nachschreiben will, aber sie versagt nie, wo sie selbst als Wirklichkeit genommen wird. Das ist vielleicht der größte Gewinn des Sprachverfalls.

Literatur

Brentano (1968): Clemens Brentano. Werke. 1. Bd. Hrsg. von Wolfgang Frühwald, Berhard Gajek, Friedhelm Kemp. München.

Eichendorff (1957): Joseph Freiherr von Eichendorff. Gedichte. Epen. Dramen. Hrsg. von Gerhart Baumann in Verbindung mit Siegfried Grosse. Stuttgart.

Gutzkow (o.J.): Karl Gutzkow. Gesammelte Werke. 2. Ausgabe. 12 Bde. Jena.

Hauff (1970): Wilhelm Hauff. Sämtliche Werke in 3 Bänden. Nach den Originaldrucken und Handschriften. Bd. 3. München.

Heine (o.J.): Heinrich Heines Sämtliche Werke. Bd. 3. Hrsg. von Ernst Elster. Leipzig und Wien.

Heine (1975): Heinrich Heine. Historisch-Kritische Gesamtausgabe der Werke. Bd. I/1. Buch der Lieder. Bearb. von Pierre Grappin. Hamburg.

Heine (1978): Heinrich Heine. Historisch-Kritische Gesamtausgabe der Werke. Bd. 11. Ludwig Börne, Eine Denkschrift und Kleinere politische Schriften. Bearb. von Helmut Koopmann. Hamburg.

Immermann (1971): Karl Immermann. Werke in fünf Bänden. 1. Bd. Unter Mitarbeit von Hans Asbeck, Helga-Maleen Gerresheim, Helmut J. Schneider, Hartmut Steinecke hrsg. von Benno von Wiese. Frankfurt/M.

Lenau (1971): Nicolaus Lenau. Sämtliche Werke und Briefe. In zwei Bänden. 1. Bd. Gedichte und Versepen. Hrsg. von Walter Dietze. Frankfurt/M.

Rückert (1868): Friedrich Rückert's gesammelte poetische Werke in 12 Bänden. Bd. 1. Frankfurt/M.

Schiller (1958): Schillers Werke. Nationalausgabe. Bd. 22. Vermischte Schriften. Hrsg. von Herbert Meyer. Weimar.

Schiller (1963): Schillers Werke. Nationalausgabe. Bd. 21. Philosophische Schriften. 2. Teil. Unter Mitwirkung von Helmut Koopmann hrsg. von Benno von Wiese. Weimar.

Wellek/Warren (1956): Wellek, René/Warren, Austin: The Theory of Literature. 2. Aufl. (1. Aufl. 1942). New York.

Vinçon (1972): Vinçon, Hartmut: Theodor Storm in Selbstzeugnissen und Dokumenten. Hamburg.

DIETZ BERING

Sprache und Antisemitismus im 19. Jahrhundert

Das abzuhandelnde Thema steht innerhalb des Denkrahmens dieser Tagung an eigentümlicher Stelle. Blickt man auf den Untertitel: „Sprachgeschichtliche Wurzeln des heutigen Deutsch", so muß man sagen, daß antisemitischer Sprachgebrauch jetzt an den Rand der Gesellschaft gedrängt ist. Es hängt dies nicht so sehr mit Selbstreinigungsleistungen der Deutschen zusammen, sondern erstens mit dem Bruch, den die Niederwerfung Deutschlands 1945 brachte, zweitens aber mit der Tatsache, daß die Menschen, denen man mit jenem Sprachgebrauch entgegentrat, aus dem Lande gejagt oder umgebracht worden sind.

Das Thema rückt aber sofort in zentrale Position, wenn man auf den Haupttitel der Tagung schaut: „Das 19. Jahrhundert". Da hat man ein weites Feld vor sich mit dramatischen Entwicklungen, an denen alle gesellschaftlichen Gruppen Anteil hatten: zu Anfang des Jahrhunderts (in Preußen z.B 1812) die staatsrechtliche Aufnahme der Juden. Sie waren eine kleine Minderheit, die der Mehrheitskultur weithin als das Fremde par excellence erschien, so weit entfernt, daß man diese jüdische Gruppe ein „Stück übriggebliebenes Mittelalter" genannt hat. Kraß geschieden war man insbesondere durch Glauben, staatsrechtlichen, sozialen und ökonomischen Status – nur 10 % der Juden lebten damals in wirtschaftlich gesicherten, wohlhabenden Verhältnissen, 15 % in kleinbürgerlichem Milieu, während das Gros (75 %) an den Rand der Gesellschaft gedrängt war und dort eine ökonomisch marginale Existenz führte[1] – weiterhin geschieden von der Mehrheit durch ein besonderes Namensystem, durch spezifischen äußeren Aufzug und getrennt nicht zuletzt durch eine besondere Sprache. Zieht man eine kleine bereits assimilierte Oberschicht ab, so kann man sagen: Die zu assimilierende Minderheit sprach durchweg Jiddisch.

Im Verlauf des 19. Jahrhunderts sieht man nun eine dramatische Entwicklung, einen durchgreifenden Abbau der Verschiedenheiten, auch der sprachlichen: gleich zu Beginn die Annahme fester Familiennamen, bald die Assimilierung in Kleidung und Barttracht, sehr schnell die Einfädelung ins zeitalterbestimmende Wirtschaftssystem dergestalt, daß die Juden bis zur Reichsgründung 1870 ihre wirtschaftliche Position fast umdrehen konnten. Zwei Drittel gehörten jetzt zum großen und mittleren,

---

[1] Zu den Sozialdaten vgl. Holeczek 1981, S. 158f; Zmarzlik 1981, S. 251.

nur 15 % zum Kleinbürgertum und gerade noch 5 % verharrten in der marginalen Randposition.[2] Jetzt waren viele geneigt, ihre rituellen Verpflichtungen dem problemlosen geselligen Verkehr zu opfern oder sie doch diskret zu beachten. Kurz: Am Ende des 19. Jahrhunderts standen die Juden da, von außen nur noch für Kenner des Milieus zu identifizieren, fast ununterscheidbar, nicht zuletzt, weil sie das alte Eigenidiom nun gegen das Hochdeutsche getauscht hatten. Bedenkt man diesen (vom Startpunkt aus gesehen) dramatischen Umbruch und rechnet hinzu, daß von der deutschbürtigen Bevölkerung nur 5 %, höchstens 15 % zum Bürgertum gehörten,[3] vergegenwärtigt man sich obendrein, welch dramatische Pressionen, ohne jede soziale Abfederung, die Gesamtbevölkerung bei der Geburt der modernen Wirtschaftsformen hatte über sich ergehen lassen müssen, dann ist klar, welch günstiges Feld das 19. Jhdt für die gängigen Zugschemata der Sündenbocksuche gewesen ist. Und der daraus resultierende Antisemitismus brauchte nicht viel Einfallsreichtum, um auch auf sprachlichem Gebiet polemische Feldzüge gegen die Juden zu führen. Ich nenne vier Attacken, die ich einzeln abhandeln werde – die erste ausführlich, die folgenden als knappe Skizzen und Forschungsvorschläge.

Erstens: die Attacken auf die besondere Sprache der Juden – auf das Jiddische, als es noch tatsächlich von den meisten gesprochen wurde, und später auf das Jüdeln, nachdem die Vollform des Jiddischen abgelegt war und man nur noch an leichten Abweichungen einen polemischen Ansatzpunkt finden konnte bis hin zu der Zeit, als man – angesichts vollkommener sprachlicher Assimilation – die gar nicht vorhandene Abweichung einfach unterstellte.

Zweitens: an diesem Punkt konnte nun die Argumentationsweise auch umkippen, indem die Antisemiten, aller Beweise für das Kleben der Juden am unmodern-archaisch-minderwertigen Jiddisch beraubt, nun das genaue Gegenteil attackierten: die vorauseilende, zersetzende Modernität präge die Sprache der Juden und unterminiere das gute deutsche Deutsch – in der Presse, im Feuilleton und in seichter, undeutscher eben nur artistischer Literatur. (Dieser Punkt wird aus darstellungstechnischen Gründen hinter dem folgenden abgehandelt).

Dritte polemische Ebene: die antisemitische Markierung der 1812 gewählten Namen – dies, wenn sie markierbare Züge an sich hatten, und wenn nicht, dann die Unterstellung von Namen als die eigentlich

---

[2] Vgl. Anm. 1.

[3] Vgl. Kocka 1988, S. 13.

zukömmlichen, an denen dann Spott und Aggression wirklich Haftfläche finden konnten.

Viertes Feld: die Formierung einer spezifisch antisemitischen Sprache und Rhetorik, in der vor allem die biologischen Metaphernsysteme hervorstechen.

Ehe ich nun diese vier Felder[4] einzeln beschreibe, muß ich noch deutlich sagen, was eingangs nur angedeutet ist: Für mein Thema endet das 19. Jahrhundert 1945. Denn bei der Sprache des Antisemitismus ist es besonders deutlich zu sehen: Die Schauderzeiten des Nationalsozialismus sind nicht plötzlich über die Deutschen hereingebrochen. Die Wurzeln sind im 19. Jhdt klar zu sehen, auch schon ihr Aufwuchern, und ohne das kann man die Zeiten fast völliger Dominanz nationalsozialistischer Sprach- und Reaktionsformen nicht richtig einschätzen. Um die besonders enge Verquickung hier anzudeuten, werde ich auch einige Quellen aus den Anfangszeiten des Nationalsozialismus mit heranziehen.

1. Angriffe auf die Sprache der Juden

Es ist unbestritten: Die Aufnahme der Juden in die europäischen Staaten am Anfang des 19. Jhdts war nicht die Folge einer Assimilation, sondern es war ein Vorgriff auf erhoffte und geforderte Angleichung. Dieser den Juden angesonnene „Assimiliationspakt" entsprang einer Mentalität, die nicht weit genug entfernt gedacht werden kann von heutzutage dominierenden Vorstellungen über „interkulturelle Pädagogik". Gesa Siebert-Ott resümiert in ihrem Aufsatz über „Kulturverlust – Sprachverlust – Identitätsverlust", daß in der Ausländerpolitik „inzwischen ein weitgehender Konsens besteht, emanzipatorischen den Vorzug vor assimilatorischen Konzepten zu geben".[5] Damals konnte Andersartigkeit bei der Mehrheit nur den Wunsch nach alsbaldiger Auslöschung hervorrufen. Die Andersartigkeit der Eintreffenden war deutlich, ja kraß – ablesbar besonders an ihrem sprachlichen Vermögen, das nun so geschildert werden soll, daß die Ansatzpunkte judenfeindlicher Argumentationen auf Anhieb hervortreten. Als Muttersprache, als Sprache des täglichen binnenjüdischen und familiären Verkehrs sprachen sie Jiddisch. Zwar geteilt in west- und ostjiddische Varianten, hatte diese Sprache aber doch eine uns kaum noch vorstellbare Reichweite. Von der Maas bis eben nicht nur an die Memel, sondern über Litauen, Lettland bis zum Peipussee in Estland und in

---

[4] Aus Platzgründen kann ich auf den Vorwurf, den Juden habe man das Rotwelsche, die Gaunersprache, zu danken, nicht eingehen.

[5] Siebert-Ott 1990, S. 434.

Südeuropa noch einmal tausend Kilometer weiter nach Osten – über die Bukowina, die Ukraine bis hin zum Ende des Asowschen Meers konnten sich die Juden verständigen.[6] Hebräisch, sehr oft nur den Männern bekannt, war im schriftlichen Gebrauch bevorzugt und sonst eine sakrale Sprache, dem Gottesdienst, dem Bibel- und Talmudstudium reserviert. Die oft viersprachigen Ostjuden konnten überdies Russisch und/oder Polnisch.[7] Eine solche weit in den Osten reichende Sprachmächtigkeit konnte der aufnehmenden Mehrheitskultur nicht unbedingt anheimelnd sein, war doch nicht für die nötige Distanz ausgerechnet zum Osten gesorgt, der seit der Aufklärung als Bezirk tiefster Unkultur eingeschätzt wurde.

Die Aufklärung hatte aber auch das Westjiddische als den europäischen Sprachen unebenbürtige, unkultivierte Sprache gebrandmarkt, zum bloßen „Jargon" erklärt, zum Kennzeichen einer auf niedrigstem Niveau lebenden Bevölkerungsgruppe, unwürdig für einen auf der Höhe der Zeit stehenden Geist.[8] In diesem Punkt waren sich christliche Beurteiler und Exponenten der jüdischen Aufklärung einig. Goethes Bemerkung über die Sprache im Frankfurter Ghetto ist bekannt:

> Die Enge, der Schmutz, das Gewimmel, der Akzent einer unerfreulichen Sprache, alles zusammen machte den unangenehmsten Eindruck, wenn man auch nur am Tore vorbeigehend hineinsah.[9]

Die Einlassungen Moses Mendelssohns findet man nicht weniger oft zitiert: Um einen Rat angegangen für die Neuformulierung des Judeneides vor Gericht, hatte er energisch gegen eine neuerliche Mischung von Jüdisch-Deutsch (=Jiddisch), Hochdeutsch und Hebräisch plädiert.

> Ich fürchte, dieser Jargon hat nicht wenig zur Unsittlichkeit des gemeinen Mannes beigetragen; und verspreche mir sehr gute Wirkung von dem unter meinen Bürgern seit einiger Zeit aufkommenden Gebrauch der reinen deutschen Mundart.[10]

„Nur keine Vermischung der Sprachen!"[11] Das war der Kulminationspunkt seiner Argumentation und ist für uns ein Hinweis auf die ideolo-

---

[6] Karten vgl. z.B. bei Althaus 1965/68, S. 18; Weissberg 1988, S. 80f.

[7] Information nach Althaus 1965, S. 21.

[8] Vgl. z.B. Althaus 1965/68 Teil 2, S. 21 oder ders. 1968, S. 244.

[9] Werke Bd 9, S. 149.

[10] Zitiert bei Gilmann 1980, S. 516.

[11] Zitiert bei Toury 1982, S. 77.

gische Basis, die jüdische Reformer und antijüdische Nationalisten gemeinsam betraten, wenn auch zu verschiedenen Zwecken. Jiddisch ist eine sogenannte „Schmelz-"[12] oder „Mischsprache"[13] – wie das Englische können wir von linguistischer Warte völlig zu Recht sagen, machen aber damit dennoch historisch einen Fehler. Wie wenig diese Mischqualität nämlich dem Englischen etwas anhaben konnte, so negativ schätzten Aufklärer und noch negativer später die antisemitischen Nationalisten diese Tatsache beim Jiddischen ein. Ihm hielt man das „reine" Hochdeutsch als allein würdiges Maß entgegen, und dann stand es da als verunreinigte Sprache. Die Urteile in diese Richtung sind Legion: „verdorben und verzerrt" sagte Goethe,[14] „halb tierische Sprache"[15] meinte der jüdische Historiker Graetz, „abgestoßendes Gestammel" urteilten wiederum andere.[16]

Jetzt deutet sich ein wichtiges Strukturmerkmal des sprachgeleiteten Antisemitismus an. Die bestimmte Eigenart des Jiddischen kontrastiert in besonders scharfer Weise mit den Zielpunkten und ideologischen Positionen der romantisch-national Denkenden: Ein Gemisch (bekanntlich aus vorwiegend deutschen, aber auch hebräischen und slavischen Bestandteilen) war diese Sprache und konnte so nur der Verachtung anheimfallen in einer historischen Konstellation, in der Kampf um Einheit, Zurückdrängung der Dialekte, Errichtung einer verpflichtenden Sprachnorm selber ein Entwicklungsziel der deutschen Nation war, das man seit Ende des Jhdts sogar mit chauvinistischen Reinheitsgeboten durchsetzen wollte.[17] Eine noch selbst um Existenz, Festigkeit und Identität

---

[12] Terminus bei Kiefer 1985, S. 1201.

[13] Althaus 1965, S. 7.

[14] Zitiert bei Althaus 1968, S. 241.

[15] Zitiert bei Prawer 1986, S. 97.

[16] Zitiert bei Aschheim 1982, S. 12. Von Hundt-Radowsky (1819, S. 67) behauptet ausdrücklich eine Änlichkeit zwischen der Sprache der Juden und der Zigeuner. Richard Wagner beklagte später, daß „in diesem Jargon mit wunderlicher Ausdruckslosigkeit Worte und Konstruktionen durch einander geworfen werden" (1850, S. 78).

[17] Vgl. Bernsmeier 1980, S. 118ff. Die antisemitischen „Alldeutschen Blätter" geißelten Fremdwortgebrauch mit Verdikten wie: „Hochverrat am teuersten Erbe der Ahnen" (4, 1894, S. 127) oder mit Aufforderungen solcherart: „Auch heute sollte der schlichte in seinem sprachlichen Gefühl noch nicht geschädigte Mann nicht anders denn unsere Ahnen sprechen" (ebd. S. 84). 1898 plädierten sie dann für ein „Sprachengesetz für das Deutsche Reich" (S. 149f.), das scharf gegen Anderssprachige in Elsaß-Lothringen und in den polnischen Gebieten Front machen sollte. Einen besonders guten Blick

gegen Kleinstaaterei kämpfende Nation muß im 19. Jhdt. immer als
Hintergrund gedacht werden. „Was Deutsch spricht soll Deutsch werden" hatte es ja in der Paulskirche geheißen.[18] Schließlich rücken wir
noch das Charakteristikum deutschen Bürgertums vor unser Auge, das
ja nicht auf politische Macht zu setzen in der Lage war und daher mit geistiger, mit Bildungsmacht zu kompensieren suchte. Vor diese Horizonte
gestellt, konnte sich das Jiddische immer nur als ausgesprochen defizitär,
den deutschen Interessen zuwiderlaufend abheben. Bedenkt man nun
noch die besondere Funktion, die die deutsche Sprache innerhalb dieser
Einheitswünsche hatte, am konzentriertesten vielleicht ausgedrückt von
Jakob und Wilhelm Grimm in der Vorrede zu ihrem Wörterbuch: „Was
haben wir denn gemeinsames als unsere Sprache und Literatur?"[19] ,
dann sehen wir die großen Linien, die genaue Vorwegeinschätzungen über
die Verdammung des Jiddischen und ihre Gründe ermöglichen.

Gegen dies allgemeine Panorama gehalten, wiegen spezifische, aus den
Strukturmerkmalen des Jiddischen entwickelte, pur grammatische Ar-
gumentationen nicht so schwer. Es paßte zwar genau in einen fatalen
Vorurteilszusammenhang und konnte auch sicher innerhalb der wissen-
schaftlichen Welt, nicht aber in der communis opinio Niederschlag finden.
Das Jiddische hat nämlich eine stark reduzierte Flexion. Im Singular-
Paradigma der Nomen verfügt es lediglich über zwei Formen, im Plural
nur noch über eine; statt des Genitivs wird durchweg die periphrasti-

---

auf die Gesamtentwicklung bietet: Frank 1976 – von Herders Emphase für
„Reinheit" der deutschen Sprache (Bd. 1, S. 403) über die Funktion der
Spracherziehung während der napoleonischen Freiheitskriege („Dazu war es
nötig, in allen Deutschen die Liebe zur Muttersprache zu wecken und ihnen
die Pflege und Reinerhaltung des Mutterlautes zur heiligen Pflicht zu machen", Bd. 1, S. 439) bis zu dem nationalen Schub nach der Reichsgründung,
der die Einheitssehnsucht bis zum „Germanismus" (Otto Lyon) steigerte
und mit Tönen folgender Art grundierte: Es bleibe doch die Muttersprache „der stärkste und dauerhafteste Kitt der Nationalität, das festeste und
wesentlichste Band des Volksthums, das alle umschlingt, die in einer Zunge
reden, mögen sie auch in den fernsten Gegenden weilen und wohnen" (Bd.
2, S. 487). Standen die Dinge so, dann war es konsequent, daß sich Sprachreiniger wie H.K. Lenz (1895) aufmachten und „Jüdische Eindringlinge im
Wörter- und Zitatenschatz der deutschen Sprache" zwecks Ausmerzung zusammenstellten.

[18] Mosse 1970, S. 10.

[19] Deutsches Wörterbuch Bd. 1, Leipzig 1854, Sp. III. Zwar hatte „Sprache als
einheitsstiftendes Symbol" (Gessinger 1980, S. 149) im zerrissenen Deutschland eine besondere Funktion. Die allgemeine Durchschlagskraft solcherart
Argumentationen kann man aber erst richtig ermessen, wenn man sie nicht
mehr allein als deutsches Spezificum sieht. Karl W. Deutsch zählt (1972, S.
600) allein 15 europäische Nationen auf, die im 19. Jhdt über ihre Sprache
und Literatur zu nationalem Selbstbewußtsein kamen.

sche Form mit der Proposition 'fun/fin' benutzt.[20] Generell, sagt Josef Weissberg, habe das Jiddische „die optimale Vereinheitlichung" angestrebt.[21] Diese Fakten muß man sich konfrontiert denken mit dem einhelligen Urteil führender Sprachwissenschaftler des 19. Jahrhunderts. Wilhelm Wackernagel, Friedrich Schlegel und vor allem Wilhelm von Humboldt interpretierten doch mindere Flexion und erhöhte Analytizität (im Denkraum von „organisch" vs. „mechanisch") als Anzeichen von minderem Rang der Sprache.[22] Damit nun aber nicht der Eindruck entsteht, einzig und allein in deren Studierstuben und elitären Gesprächszirkeln seien solche Meinungen vertreten worden, sei hier schon der später ausführlich zu Wort kommende Hamburger Pädagoge Anton Rée zitiert, der seine Glaubensgenossen unbedingt vom konjugations- und deklinationsarmen Jiddisch abbringen wollte, glaubte er doch als treuer Gefolgsmann jener großen Vorbilder:

> Je ursprünglicher einem Volke seine Sprache ist, desto biegungsreicher ist sie und umgekehrt. [...] Je näher ein Volksstamm dem eigentlichen Kerne der Nation steht, desto biegungsreicher ist sein Dialect und umgekehrt.[23]

Welchen Erfolg man nun mit der Verhöhnung des Jiddischen und seines verwässerten Ablegers, des „Jargons",[24] haben konnte, kann am besten

---

[20] Vgl. Weissberg 1988, S. 126, 127. Über Vereinheitlichungsphänomene beim Verb vgl. S. 135 („Das Präsens wurde vereinheitlicht"; „Das Präteritum verschwand spurlos"), S. 139 (Einebnung des Unterschiedes zwischen 1. Pers. und der durch Grimmsche Brechung geeinten 2. + 3. Person).

[21] Ebd. S. 139. Vereinfacht wurde auch die Behandlung des deutschen Verbkomplexes, der ja im Deutschen durch die Satzklammer auseinandergerissen ist, in der Tiefenstruktur aber, zusammengefügt, als eine Konstituente angesetzt wird und so auch im Jiddischen und im Jargon an der Oberfläche erscheint, also eigentlich viel „richtiger" erscheint (was Wagner noch beckmesserisch als undeutschen Fehler brandmarkte, Werke Bd. VIII, S. 231). Zur Behandlung der Wortfolge in Hauptsatz, Nebensatz (identisch!) und bei zusammengesetzten Prädikaten vgl. z.B. Birnbaum 1974, S. 42; Kiefer 1985, S. 1209 („der Grad seiner Trennung von unflektierten Elementen [...] bleibt minimal") und das Urteil von Althaus 1981, S. 219: „Aufhebung der Klammerstellung des Verbs am Satzende der Nebensätze [...] gilt als typisch für die jüdische Syntax und wird darum bei literarischem Gebrauch als wichtigstes syntaktisches Mittel angewendet".

[22] Vgl. hierzu Römer 1985, S. 105-110. Dort auch Urteile über die (etwas weniger stark herausgestrichene) Minderwertigkeit des Hebräischen.

[23] Rée 1844, S. 73.

[24] Die Verwechslung der beiden bekämpfte schon Nathan Birnbaum 1910, S. 315f., der, wie später viele, klarstellte, daß das Jiddische eine selbständige Sprache und der „Jargon" (das „Jüdeln", „Mauscheln") eben nur die Verwässerung des ersten durch Mischung mit Assimilationsdeutsch sei.

an der judenfeindlichen Posse „Unser Verkehr" gezeigt werden. Ein bis dahin unbekannter Schreiber, der Breslauer Arzt Karl Borromäus Sessa, hatte sie 1812 verfaßt und 1813 in seiner Heimatstadt zur Aufführung gebracht. Als sie nun 1815 auch in Berlin gegeben werden sollte, wurde sie, kurz bevor sich der Vorhang hob, vom judenfreundlichen Staatskanzler Hardenberg höchstpersönlich verboten. Den Effekt der dann schließlich doch durchgesetzten Aufführungen schildert Hans-Joachim Neubauer anhand zeitgenössischer Quellen so:

> Der Erfolg von „Unser Verkehr" war überwältigend: 'bis zu den untersten Volksklassen' wirkte seine Anziehungskraft, und selbst 'Menschen, die man darüber erhaben glauben sollte', zogen ins Theater und bescherten den Königlichen Schauspielen volle Kassen.[25]

Wie ist das bei der folgenden Trivialhandlung möglich? Der jüdische Trödelhändler Abraham Hirsch und seine Frau Rachel verabschieden ihren Sohn Jakob, der in der Welt sein Glück machen soll. Dieser trifft auf Lydie, Tochter des reichen Juden Polckwitzer. Um die Schöne bewirbt sich – zunächst mit größerem Erfolg – auch Isidorus Morgenländer, ein deutschtümelnder, überassimilierter Stutzer. Als das Gerücht aufkommt, Jakob habe das große Los gezogen, schwenkt Lydie auf Jakob um. Als sich das Gerücht als Gerücht erweist, läßt sie, wie alle, sofort wieder von ihm ab.

Der Witz liegt in folgendem: Vater Abraham Moses spricht so (hier bei der Verabschiedung des Sohns):

> As der Sühn süll raisen ebbes Moos verdienen – nü, so wollen mer wünschen glückliche Geschäfte uf den Weg! – Er süll finden blanke Tholer un' Lugedore, er süll sich in Acht nehmen fer falschen Pepieren und schofler Woore! (S. 5)

Der Sohn Jakob spricht so:

> Ich will werfen den Jüden bei Seit, ich bin doch aufgeklärt – ich hob doch gar nischt Jüdisches an mer! (S. 8f.)

Jeder hört: Er spricht anders als der Vater – <u>etwas</u> anders, wenngleich noch nicht so wie die angebetete Lydie Polckwitzer, die sich so vernehmen läßt, als ihr der ungeschickt hastige Jakob ein Loch in die Schleppe getreten hat:

> Däs Kleid schenk' ich weg, darauf kommt mir's nicht an – aber, der Anstand! – Mer seht's doch nicht, Lieber? (S. 9)

---

[25] Neubauer 1987, S. 318. Über die Aufführungsgeschichte S. 314-316. Über die Breitenwirkung des Stücks vgl. auch Bering 1988, S. 233.

Hier stimmt schon die Wortstellung, nur Reste jiddischer Lautung bleiben. Richtiges Deutsch spricht keiner, denn Isidorus Morgenländer, der es in seinen Kenntnissen am weitesten gebracht hat, läßt sich bei seinem ersten Zusammentreffen mit seinem Konkurrenten Jakob auf höchst eingentümliche Art vernehmen:

> JAKOB (erblickt ihn und läuft hastig auf ihn zu). Isaschar! Isaschar! Bist du's? Wo kumst du zu gaihn her?
> ISIDORUS (immer ernst, monoton und voll Pathos). Isidorus heiß ich jetzt und komme aus den Fernen des geheimnißvollen Osten! – Hier aber erblicke ich wie im Traum eine alte, wohlbekannte Gestalt, und eine freundliche Stimme ruft mich bei meinem verklungenen Namen. (S. 17)

Man sieht: Die Register reichen von ganz „unten", vom tiefsten Jargon, der den Zuschauern natürlich als reines Jiddisch vorkommen sollte, bis zur Travestie eines Hochglanz-Hochdeutsch. Jede Figur bekommt auf dieser Skala eine bestimmte Stelle zugewiesen. Hans-Joachim Neubauer, Mitarbeiter am „Zentrum für Antisemitismusforschung", hat das sehr gut beschrieben.[26] Der Effekt besteht im witzig entlarvenden Kontrast: beim alten Abraham im Gegeneinander von fast ungebrochenem (wenngleich für die Zuschauer zurechtgemodelten) „Jiddisch" als unsägliche, nie und nimmer zu korrigierende Abweichung vom echten, würdigen Deutsch. Bei Jakob besteht sie im versuchten Abschliff des jargonhaften Jiddisch; es ist zuweilen von den ganz groben phonologisch-grammatischen Abweichungen, vom Hebräischen völlig gereinigt und verweist jetzt hämisch auf den Kontrast von angezielter, aber faktisch eben nicht erreichter Annäherung. Bei Lydie ist der Abstand schon deutlich kleiner; sie „jüdelt" nur noch, und bei Isidorus Morgenländer schließlich amüsiert der Kontrast von grammatisch richtigem Deutsch und jenem stilistischen Obersoll, das die richtige Art, Deutsch zu reden auf noch lächerlichere Weise verfehlt. Denn: <u>Oberhalb</u> getroffen ist auch daneben. Bezeichnend, weil die Kernaussage symbolisierend, ist die Reaktion von Abraham, Rachel, Polckwitzer, Lydie und Jakob als der Irrtum vom großen Geld auffliegt: Durch diesen Schock der Kontrolle beraubt, beginnen alle fünf ihre Schmerzensausrufe mit *Ai waih!* – geschrieben mit vom deutschen orthographischen System abweichenden *ai*. (S. 32) Durch dies sprachliche Signal sind sie – trotz aller ihrer angedrechselten Unterschiede – auf die eine Ebene zurückgestellt: unassimilierte (und viele haben gedacht: unassimilier<u>bare</u>) Juden. Keiner machte sich sicher Gedanken darüber, daß mit der *ai*-Schreibung die phonetische Eigenart

---

[26] 1988, S. 35-42. Für die Überlassung dieser unveröffentlichten Magisterarbeit danke ich dem Verfasser. Er bereitet eine Dissertation über den Antisemitismus auf deutschen Bühnen in der ersten Hälfte des 19. Jhdts vor.

des deutschen Diphtongs [aj] ja sogar viel richtiger getroffen war als mit der vorschriftsmäßigen, phonetisch eindeutig „falschen" Verschriftung *ei*.

Das Vorgetragene kann man nun in einer Mikroanalyse der grammatischen und stilistischen Eigentümlichkeiten detaillierter beschreiben. Es würde Präziseres, in der Substanz aber nichts anderes herauskommen. Wichtiger für uns ist eine weitere Überlegung, warum die Verhöhnung des jüdischen Idioms im ganzen 19. Jhdt solch durchdringende Kraft hatte. Niemand kommt umhin, fremdsprachigen Ankömmlingen Defizite in der Zielsprache, aber gleichzeitig sicheren Besitz einer Erstsprache zu attestieren. Eben diese Erstsprache hatten die deutschen (westjiddischen) Juden nicht. Sie waren mangels einer anderen Primärsprache in toto eine Abfälschung des Deutschen, ohne Rückzugs- und Stabilisierungsmöglichkeit in einer Primärsprache und daher falsch und lächerlich bis in den Grund.

Bekanntlich haben sich die Juden willig auf den Weg der Assimilation gemacht. In der letzten Zeit mehren sich die Warnungen, sich die Geschwindigkeit des Vorrückens zu groß vorzustellen.[27] Die moderne Linguistik, verstanden als ein Teilbereich der kognitiven Psychologie, hat überzeugende Argumente zusammengetragen, daß man eingeschliffene Sprachstrukturen nach der Pubertät restfrei so leicht nicht abwerfen kann, weil bis zu diesem Zeitpunkt genetisch vorgegebene Raster eingefahren werden, die dann aber als fixiert gelten müssen. So ist wohl dem Hamburger Pädagogen Anton Rée zu glauben, der 1844 in einer theoretisch außergewöhnlich hochstehenden Abhandlung über „Die Sprachverhältnisse der heutigen Juden" schreibt, daß „die überwiegende Mehrzahl der Juden noch heutigen Tags" Reduktionsformen der alten Mundart sprächen und nur „sehr wenige" ununterscheidbar reines Deutsch.[28]

---

[27] Vgl. z.B. die jüngsten besonders abgewogenen Äußerungen von Volkov (1990). Lowenstein (1976) stellt die Positionen so gegeneinander: a) „Most writers describe the changes in Jewish life as if they were rapid and relatively uniform. [...] Yiddish disappeared in Germany soon after Mendelssohn's translation of the Bible" (S. 41) (für diese Position vgl. z.B. das besonders krasse Fehlurteil von Best (1973, S. 39): Westjiddisch – ein Sprachzweig, „der im 18. Jahrhundert bis auf geringe Reste unterging") – „In the early nineteenth century the German Jews who had abandoned or substantially modified their traditional way of life were still in the minority" (S. 42).

[28] Rée 1844, S. 92. Die hier nur für die deutschen Verhältnisse vorgetragenen Fakten weitet Rée sofort zu einem allen Juden eigentümlichen Problem aus: „so stellt es sich sehr bald entschieden heraus, daß viele Juden ihre Muttersprache nicht nur im nördlichen, sondern auch im südlichen Deutschland, nicht nur in genanntem Lande, sondern in ganz Europa, ja, auf der ganzen Erdoberfläche, [...] auf eine eigenthümliche Weise sprechen, so daß sich das jüdische Element, die jüdische Mundart [...] nicht verkennen läßt." (S. 93) Man kann also sehr wohl die jüdische Geschichte unter dem Aspekt eines

Unser Thema „Sprache und Antisemitismus" drängt jetzt natürlich zur Frage, wie diese sprachlichen Eigentümlichkeiten denn im Alltag aufgenommen worden sind, denn: Die Lachnummer Sessas muß ja nicht unbedingt die soziale Wirklichkeit verzerrungsfrei widerspiegeln, wenngleich ein solcher Erfolg „bis zu den untersten Volksklassen" (s.o. S. 332) nicht ohne jeden gelungenen Verweis auf die Realität erklärbar ist. Der Pädagoge Rée hingegen spricht die Realität direkt an:

> Jede auch nur entfernte Berührung eines durch den in Rede stehenden Dialect sich Auszeichnenden mit einem Fremden zieht ihm Gespött und Verhöhnung zu; mit welchem Recht dies geschieht, ist uns hier wieder gleichgültig; [...] Batterien stürmen, Horatius Cocles II. sein, das ist nur eine Kleinigkeit gegen den Heroismus, welcher gerade bei klarer Einsicht und einem liebevollen Herzen dazu gehört, ein durch die Sitte scheinbar privilegiertes Lachen geduldig hinzunehmen. [...] Eine spottende Miene des Christen! und der Jude, selbst der beste und sanfteste, wird Meilen weit von dem Herzen jenes entfernt. (S. 40f.)

Ganz auf Assimilationskurs, plädierte Rée für intensive Bekämpfung der jüdischen Mundart[29] , und man kann davon ausgehen, daß seit der Mitte des 19. Jhdts die Menge der akzentfrei sprechenden Juden deutlich zugenommen hat. Ab 1870 waren sie die deutliche Mehrheit. In der vierten Generation dann – um 1900 – muß man mit einer vollkommenen Sprachassimilation für die in Deutschland geborenen Juden rechnen.

---

besonders gelagerten Zweitsprachen-Erwerbs sehen und diesen dann unter Herbert A. Strauss umfassenden Begriff von der jüdischen „Akkulturation" stellen: „Akkulturation kann an objektiven, d.h. durch unabhängige Beobachter nachprüfbaren Merkmalen, wie Sprache, Gewohnheiten und Kleidung im einzelnen festgestellt werden." (Strauss 1985, S. 9). Ausführlich über Rée s. Freimark 1980, S. 250f. mit Ausführungen über die parallel verlaufende Debatte über die Zurückdrängung des Plattendeutschen.

[29] Rée 1844, 60f. Sehr interessant ist an dieser Stelle, daß Rée zwar die mangelnde Gleichberechtigung als Bürger der verschiedenen Länder bedauert, aber dagegensetzt, daß die Juden aber so gut wie diese „gleich berechtigte Deutsche" seien (S. 58). Dementsprechend fiel das Deutsch der Juden besonders pur aus, weil sie ja den zugrundeliegenden (jiddischen) Dialekt vollkommen verbannen wollten/mußten, während die „Deutschen" ihre dialektale Herkunft nicht so stark abzulegen gezwungen waren, sondern durchaus auch durchscheinen ließen. So ist es zu verstehen, wenn Toury (1982, S. 84) sagt: Sogar die Professoren hätten an den Universitäten jeweils noch berlinert, „Sächsisch" oder „Bayerisch" gesprochen, allein die Juden eben reines Deutsch, welche Bemerkung hier schon die Basis für die im unmittelbaren Anschluß dargestellten Angriffe abgeben und die Möglichkeit vorbereiten soll, zu einer umfassenden Beurteilung des Unrechtsgehalts des sprachlichen Antisemitismus zu kommen.

Wie wurde nun dieser Fortschritt von den Antisemiten eingeschätzt? Sie beriefen sich immer wieder auf einen wahrlich deutschen Zeugen, auf Richard Wagner, der sich 1850 in seinem Pamphlet: „Das Judenthum in der Musik" so geäußert hatte:

> Der Jude spricht die Sprache der Nation, unter welcher er von Geschlecht zu Geschlecht lebt, aber er spricht sie immer als Ausländer. [...] In einer fremden Sprache wahrhaft zu dichten, ist bisher selbst den größten Genies noch unmöglich gewesen.

Besonders widere „uns" an, die rein sinnliche Kundgebung der jüdischen Sprache. Es sei ein „fremdartig und unangenehm", „zischender, schrillender, summsender und murksender Lautausdruck", kurzum ein „Gelabber".[30] Linguistische Scheinargumentation *(fremdartig, zischend, schrill)* geht ganz offen ins reine Schimpfen über *(murksen, Gelabber)*. Wichtiger noch ist die Apodiktizität des Urteils. Da gibt es keine Beschränkung auf die noch mit jiddischem Einschlag sprechenden Juden und keine Sonderrolle für die steigende Zahl der rein sprechenden. Es trifft alle.

Die von Wagner vertretene Position bot so auch eine Handhabe, wenn die angeführten Sprachkennzeichnungen ganz offenbar nicht mehr zu hören waren. Man konnte in den Mystizismus fliehen: Er spricht das nicht als Deutscher. Ich zitiere hier den antisemitischen Literaturwissenschaftler Otto Hauser, um zu zeigen, daß dieser Argumentationsbogen, in den sich Adolf Bartels[31] als eine tragende Säule stellte, bis 1933 reicht:

---

[30] Wagner 1850, S. 70f. Ähnlich über die jüdische Musik, deren Wesen er mit dem der jüdischen Sprache in Verbindung setzt: „Wer ist nicht von der widerwärtigsten Empfindung [sc. der Musik in der Synagoge], gemischt von Grauenhaftigkeit und Lächerlichkeit, ergriffen worden beim Anhören jenes Sinn und Geist verwirrenden Gegurgels, Gejodels und Geplappers, das keine absichtliche Karrikatur widerlicher zu entstellen vermag" (S. 76). Die These, unausweichlich undeutsch sei besonders die Intonation der Juden wurde auch noch in der Weimarer Republik verfochten, z.B. von Stapel (1928, S. 42), vom Rasseforscher Günther z.B. (vgl. Römer 1985, S. 172). Vgl. auch Stapels (1928, S. 42) Klage über die vielen Gutturale und den aggressiven Satzrhythmus der jüdischen Sprache. Schon N. Birnbaum führte das Argument ins Feld, daß jener immer wieder behauptete Mißklang nur in „deutsch gewohnten Ohren" wahrgenommen werde (1910, S. 319).

[31] Er bezog sich (1925, S. 37), wie viele andere, auf die gängige Theorie der Mimikry-Natur der Juden, die ja dazu taugte, jedwede sichtbare Manifestation als bloße Mache zu denunzieren, also auch das offensichtlich reine Hochdeutsch. „Daß jüdische Dichtung in deutscher Sprache einen anderen Klang hat als echtdeutsche, wissen auch wir Laien [...], ja, wir erkennen auch die jüdisch deutsche Prosa als solche, empfinden z.B. ganz deutlich, wo Ludwig Börne mauschelt, und bestimmte Judaismen im modernen Zeitungsstil" (ebd. S. 42). „Wer aber das deutsche Blut nicht hat, der kann

Nichts scheidet den Juden – jeden Juden – so scharf von dem arischen Deutschen wie seine völlige Unfähigkeit, das Deutsche deutsch zu sprechen und zu schreiben.[32]

Natürlich bürdet solch extreme gegen den offenen Augenschein gerichtete Position Beschwerlichkeiten, genauer: Uminterpretationsverfahren auf. Es wurden da zwei Wege beschritten. Dem ersten soll sogleich, dem zweiten etwas später nachgegangen werden.

Wenn man es nicht wirklich hören kann, dann muß man die jüdische Sprechweise hinter der äußeren Fassade beleuchten, und dann kommt das Jüdeln plötzlich doch noch heraus. Ich zähle Fälle dieser Art auf und dazu welche, die ähnliche Funktion hatten:

1. Der Schauspielerin Edith Krohn (dieser Fall ist sehr gut bezeugt) gefährdete man 1910 die Karriere, als herauskam, sie sei Jüdin; denn genau von diesem Zeitpunkt an hörten plötzlich viele, daß sie doch tatsächlich nicht rein lautiere, sondern etwas jüdele.[33]

---

auch nicht vollen Anteil haben an der deutschen Sprache" (Bartels 1915, S. 94); „die deutsche Sprache ist und bleibt ihm im Kern eine fremde, soweit er sie auch zu beherrschen scheint". „Sind denn bei Heine wirklich Naturlaute?" (Bartels 1906, S. 95, 231; vgl. dort weiter gegen Heines Sprache, S. 215).

[32] 1933, S. 16. Das waren nicht nur seltene Blüten aus nationalistisch-akademischem Milieu. Ignatz Goldziher berichtet z.B. in seinem Tagebuch am 14.8.1894 (1978, S. 179), daß er während seiner Ferien im Tutzinger Schloß folgende Einschätzung der Gräfin Levetzow anhören mußte: „keiner von ihnen [sc. von der „jüdischen Rasse"] könne Deutsch, auch Ebers' Schriften werden von Guthe in Leipzig corrigirt, man erkenne am Stil gleich, dass der Verf. Jude ist." Auch Mystizismus der angeführten Art waren nur Ableger viel umfassenderer Denkstukturen: „Der Hammer", die verbreitetste antisemitische Zeitschrift, hatte schon 1905, S. 272 einen Artikel über die „Stärkung des deutschen Wesens durch die deutsche Schule" mit dem erstaunlichen (aber für Abweisungen sehr leistungsstarken) Satz begonnen: „Es läßt sich nicht leugnen: Der Deutsche von heute hat in seinem Wesen viele undeutsche Eigenschaften angenommen. Man kann denjenigen nicht ganz Unrecht geben, die behaupten, die Mehrzahl der Deutschen sei im Denken, Fühlen und Handeln gar nicht mehr deutsch." Jeder noch so redlichen Selbsteinschätzung der Menschen wie auch den objektiven Fakten konnten durch solch mysteriöse Annahmen der Argumentcharakter genommen werden. 1913 dekretierte z.B. „Der Hammer" über die Ostjuden und das Berliner Kulturleben: „Er selbst [sc. der Ostjude] hat – nach seinen Begriffen – die Hindernisse eines fremden Landes, einer ihm oft fremden Sprache überwunden." (S. 299) Daß man für eine solche bloß mysteriöse Annahme an keiner Stelle konkrete Sprachanalysen als Beweisstücke vorlegen konnte, versteht sich von selbst.

[33] Bering 1988, S. 247, 207. Vgl. auch das ns. Urteil über das „Deutsch" von Alfred Kerr in Anm. 42.

2. Äußerungen von Juden belegte man in despektierlicher Weise mit jiddischen Ausdrücken: „Geseiere" seien die Argumentationen seiner Gegner, meinte Adolf Bartels.

3. Antisemitische Pamphlete wurden in den 1890er Jahren noch ganz im Jargon geschrieben,[34]

4. die deutsch geschriebenen kräftig mit jiddischen Ausdrücken und Orthographien untermischt. Ein einziger Ausruf *Waih!* oder *haißt* (mit *ai* geschrieben) hatte entlarvende Funktion.[35]

5. In Dramen und Romanen tauchten jüdisch sprechende Personen auf, um zu zeigen, wie die Juden wirklich seien und um darzutun, daß sie eigentlich nicht zu assimilieren seien.[36]

Wo dann schließlich selbst die verfälschende Kraft der Antisemiten nichts mehr Jüdisches hinter der offensichtlich lautreinen Sprache ausmachen konnte, da wurde schließlich „das Sprachproblem [...] zum Problem der Tendenz und des Inhalts": Jetzt wurde „Mauscheln" (d.h. wie Mausche [jidd. = Moses] sprechend) zu einer pseudolinguistischen Katergorie, die in Wirklichkeit nur noch den verderblichen Inhalt der Rede meinen sollte.[37]

Natürlich wurde die Kenntnis des Jiddischen und des jüdelnden Jargons auch wachgehalten durch die kursierenden Witzsammlungen,[38] durch die Sondersprache bestimmter Gewerbetreibender, die Viehhändler z.B.,[39]

---

[34] Z.B. Stußlieb 1892.

[35] Vgl. z.B. Der Mauscheljude 1880, S. 4, 10, 13, 14, 21 u.ö.

[36] Z.B. Althaus 1981, bes. S. 226 über Dinters Machwerk „Die Sünde wider das Blut". Gelber (1986, S. 165): „Judendeutsch als ein immer wiederkehrendes wichtiges Element des deutschen literarischen Antisemitismus fungiert hat". Dort auch über die faktisch antisemitische Wirkung des Jiddischen in Gustav Freytags „Soll und Haben" (S. 170, 175).

[37] Abgeleitet bei Toury 1982, S. 92 (dem sicherlich tiefdringendsten Aufsatz zu den angeschnittenen Fragen).

[38] Z.B. Jossel 1912 (in der 41. Aufl.!): 190 gepfefferte Jüdische Witze. Weißensee bei Berlin;

[39] Vgl. Althaus 1965, S. 1f; Bischoff erklärt die Notwendigkeit seines: „Jüdisch-Deutscher Dolmetscher. Ein praktisches Jargon-Wörterbuch [...]" so: „Unentbehrlich" sei die Kenntnis des jüdischen Jargons „für alle die, welche mit dem niederen jüdischen Handelsstande, z.B. mit Viehhändlern, Produkten- und Altwarenhändlern, Hausierern etc. in engerer geschäftlicher Verbindung stehen" (1901, S. 6). Über diese geradezu ritualisierte Händlersprache vgl. auch Toury 1982, S. 87.

auch durch die neu aus den Ostgebieten Kommenden.[40] Aber die negative Tradition allein hätte wohl auch genügt, um die antijiddische Polemik so problemlos klappen zu lassen, wie sie z.B. in Goebbels' Krawall-Zeitung „Der Angriff" tatsächlich gebraucht wird – 1928 z.B.: Korrespondieren könne man mit dem Berliner Polizeipräsidium nur in Jiddisch, weil man allein diese Sprache dort verstehe;[41] Alfred Kerr sei der „grauße" Literaturpapst von Mosse.[42] Mit dem Ruf „neudaitsch alle Wege" biedere sich der Parteiführer Marauhn beim Reichsbanner an und habe prompt die „Daitsche Staatspartei"[43] gegründet – dies alles garniert mit immer wieder auftauchendem *Waih!*, z.B.:

> Lenchen Mayer mit dem weichen ay,
> fiel in Ungnad' bei Herrn Böß. Au waih![44]

Oder man legte das, was man für Jiddisch hielt, den verhaßten Personen auch direkt in den Mund, Leopold Jessner z.B., dem Berliner Regisseur, der durchgreifend modernisierte und nicht in den staubüberdeckten Requisiten und im Interpretationsmief des Wilheminischen Prunktheaters verkommen wollte; ihn traktierte man deshalb in der Theaterkritik des „Angriff" so:

> Wer sagt, daß Schiller, Goethe und Shakespeare es gemeint haben e
> so? Kennte mer nicht behapten, daß se gemeint haben eppes anderes? –

---

[40] Seit dem Berliner Antisemitismusstreit war Treitschkes Diktum vom „hosenverkaufenden Ostjuden" gängig, der sich alsbald durch dunkle Geschäfte nach oben durchgeschlängelt habe, um die Schaltstellen der deutschen Wirtschaft zu besetzten. Über deren „häßliche und lächerliche Sprache, über ihre Tracht und was sonst noch der Bespöttelung und Entrüstung wert scheint", vgl. die umfassende Arbeit von Maurer (1986, hier S. 29).

[41] Angriff 1928, Nr. 49, S. 5.

[42] Angr. 1929, Nr. 22, S. 2, wo der so Angegangene übrigens noch besonders verhöhnt wird, weil er doch tatsächlich das Jiddische mit dem (übrigens völlig richtigen) Argument verteidige, daß es „altes gutes Sprachgut des früheren Mittelalters" sei, welcher Rückbezug wohl nur etwas Richtiges treffe, wenn man bedenke, daß „das „Deutsch" des Herrn Kerr in gewisse infantile Bezirke sprachlicher Unvollkommenheiten zurückweist".

[43] Angr. 1930, Nr. 61, S. 1; vgl. auch „Daitsche Staatsbirger jiddischen Glaubens" Angr. 1930, Nr. 62, S. 9.

[44] Angr. 1929, Nr. 24, S. 13 (es handelt sich um die jüdische Fechterin und den Berliner Oberbürgermeister); vgl. auch die Redeweise eines Wucherjuden in Angr. 1930, Nr. 72, S. 9: „Se nehmen m'r nur mai Zait!" (über die eigentlich lautgerechtere Verschriftung vgl. o. S. 333f.); für den abundativen Einsatz des Signals *Waih* sei aus dem „Angriff" angeführt: 1927, Nr. 1, S. 3; 1928, Nr. 24, S. 5; Nr. 23, S. 5; 39, S. 3; 42, S. 3; 1929, Nr. 35, S. 6 und 12; 1930, Nr. 52, S. 2 und öfter.

Und Reb Ephraim Leopold Jeßner Jeiteles stellte fest, daß die Klassiker auch gemeint haben kennten eppes andres.[45]

Jedermann vestand, was jeweils gemeint war, und dieses (ohne viele besondere Worte funktionierende) polemische Mittel dankte seine Treffsicherheit eben auch der langen Tradition antisemitischer Verfemung des Jiddischen im 19. Jhdt.

Ich bin in dieser breiteren Darstellung des Antisemitismus gegen Jiddisches so verfahren, daß die drei anderen angekündigten Punkte kurz abgehandelt werden können. Es ist jetzt nämlich ein Panorama entwickelt, in dem diese drei problemlos verortet werden können. Überdies sind uns jetzt Verfahren bekannt, die es ermöglichen, über die wirklichen Bestimmungspunkte jüdischer Existenz (reines Hochdeutsch seit zirka 1870, spätestens 1900; schon vorher durchweg deutsch[national]e Einstellung) hinwegzuspringen und Juden sich auf einer imaginierten Ebene so zurechtzumodeln, wie es die antisemitische Ideologie erforderte, jüdelnd nämlich.

2. Namenpolemik

Als zweite Ebene sprachorientierter Attacken nun die antisemitische Namenverfemung.

Wie war Jakob in jenem Erfolgsstück „Unser Verkehr" auf seinen alten Bekannten und Konkurrenten Isidorus Morgenländer zugegangen? – mit dem Namen „Isaschar". Der so Angesprochene hatte dann eine Namenänderung signalisiert. „Isidorus heiße ich jetzt." Sessa stellt diesen Wechsel nicht dar als eingeräumtes Recht, ja als eine Pflicht, die jedes europäische Land (Preußen z.B. in Paragraph 2 des Emanzipationsgesetzes vom 13. März 1812) den Juden auferlegt hatte, vielmehr als Eigenmächtigkeit aus Täuschungsgründen, zumindest als Eskapade eines eitlen Gecken. Der abgelegte Name nun, der in der Bibel an den Sohn Jakobs und Leas gegeben ist (Gen. 30, 18) – woher kannten ihn die Berliner Zuschauer im Jahre 1815 überhaupt? Gewiß nicht aus realem Umgang mit den gerade aufgenommenen jüdischen Mitbürgern, denn von den 1.628 Haushaltsvorständen, die vorschriftsmäßig im Emanzipationsjahr (also drei Jahre vorher) ihren festen Familiennamen gewählt hatten (und dabei in Berlin ausdrücklich auch ihre Vornamen nachbessern konnten)[46] hieß kein einziger so, und es wählte auch kein einziger so. Das nicht genug: Die offensichtlich gut amüsierten Berliner Zuschauer hätten

---

[45] Angr. 1929, Nr. 36, S. 6.

[46] Bering 1988, S. 60.

auch im ganzen Kurmärkischen Regierungsdepartement – in 63 Ortschaften also, von Angermünde über Potsdam, Frankfurt/O. bis Zossen, alles zusammen: 2700 Haushaltsvorstände – selbst in diesem weiten Areal hätte sie keinen einzigen mit dem Namen „Isaschar" finden können.[47] Judenfeindliche Phantasie hatte diesen Namen aus biblischem Uraltbestand imaginiert (übrigens kein singulär dastehender Fall)[48] und mit den gewünschten Assoziationen gefüllt. „Isidor" war (als Gleichklangsname auch zu Isaak) so selten (zweimal auf der Berliner Liste), daß er in dieser Abseitigkeit gut war, das Hochgestochene jenes Morgenländer zu symbolisieren – kein schlechter Griff, denn auf diesen Namen konzentrierten sich dann die namenpolemischen Angriffe ein Jahrhundert, bis er dann schließlich als dichtestes Konzentrat antisemitischer Verunglimpfung Goebbels' Feldzüge gegen den Berliner Polizeivizepräsidenten Bernhard Weiß fast ganz tragen konnte, indem er diesem gut assimilierten preußischen Juden einfach diesen Namen unterschob.[49]

In der Abhandlung „Der Name als Stigma. Antisemitismus im deutschen Alltag" findet sich eine Markierungstabelle, auf der 74 Familiennamen nach der Schwere ihrer antisemitischen Belastung angeordnet sind. 25 % aller Juden trugen einen solchen Namen, freilich 1 % aller deutschbürtigen Deutschen trugen genau dieselben (scheinbar jüdischen) Namen.[50] Von hinreichender Trennschärfe bei den Namenattacken konnte also nicht die Rede sein. Aber *Cohn, Mendel, Aron, Fränkel, Hirsch, Goldstein* usw. galten eben aufgrund langer Einübung im 19. Jhdt als jüdisch, ebenso welche mit bestimmten Namenteilen, so die auf *-stein*, auf *-berg* oder die auf *-eles* (Diminutivbildung mit Genitiv) endenden.

Bei den durchaus häufigen „kerndeutschen" Namen der Juden zeigte sich für Antisemiten ein ähnliches Problem wie es ihnen angesichts der lupenrein deutsch sprechenden Juden entgegentrat. Eigentlich war es doch kein richtiges Deutsch, hatten die Antisemiten entgegen der platterdings nicht zu übersehenden Sprachrealität dekretiert und mit Demaskierungen begonnen. Nun kam die zweite Entlarvung der Mimikrynatur „des" Juden auf den Namenebene: Eigentlich hieß er in Wirklichkeit dann ganz

---

[47] Die komplette Liste erschien 1813 als „Beilage zum 40sten Stück des Amtsblatts der Königl. Kurmärkischen Regierung".

[48] Hundt-Radowsky nannte in seinem 1819 erschienenen „Judenspiegel" eine Figur, die sich, stark jüdelnd, über die Gewerbefreiheit äußerte: Saul Isaschar (S. 140-142).

[49] Bering 1983.

[50] Bering 1988, S. 212-221 und für die Vornamen (mit *Isidor* als Spitzenwert) S. 238-240.

anders: *Isaschar* statt *Isidorus Morgenländer*. Wenn es nun für einen solchen Namenswechsel nicht den geringsten Anhaltspunkt gab, ging man einen Schritt weiter: Sollten Mensch und Name übereinstimmen, dann <u>müßte</u> er doch so heißen, eben *Isidor* statt *Bernhard* oder wie die Nationalsozialisten 1939 dann auch verwaltungstechnisch vorschrieben: *Israel* alle jüdischen Männer, *Sara* alle jüdischen Frauen.

Was geschah also auf dem Felde „Sprache und Antisemitismus" innerhalb des 19. Jhdts, und wofür konnte es in dieser Zeit und später bis zum Ende der Nazi-Herrschaft genutzt werden? Es wurde ein sprachlich fixiertes Vorurteilssystem eingeübt und festgeschrieben, das die Juden nicht mehr als das erscheinen ließ, was sie wirklich waren, sondern in das zwängten, was sie nach Meinung der Antisemiten waren oder: <u>eigentlich</u> sein sollten.

3. Zersetzende Modernität jüdischen Sprachgebrauchs

Nachdem nun die Funktion von Namenverfemungen klar ist, finden wir auch bequem auf jenen Weg, der (wie oben angekündigt) als zweiter aus jenem Dilemma der Antisemiten führen sollte, daß doch die Juden im letzten Drittel des 19. Jhdts (und über jeden Zweifel erhaben: im ersten Drittel des 20.) für jedermann hörbar gemeinhin reines Deutsch sprachen und schrieben.

Es entsprang nicht antisemitischer Phantasie, daß Juden in der deutschen Presse eine herausragende Rolle als Verleger, Journalisten, ja überhaupt als Träger der deutschen Kultur spielten.[51] H. K. Lenz machte sich 1893 (S. 33) in seinem Pamphlet: „Judenliteratur und Literaturjuden" darauf folgenden Reim:

> Herr Zwiebeles, Herr Knobeles,
> Herr Schimpfeles, Herr Lobeles,
> Herr Schundeles, Herr Pfandeles,
> Herr Spotteles, Herr Schandeles:
> Das sind die Meister der Kritik,
> Die edele Tafelrunde;

---

[51] Die herausragende Stellung der Juden vor allem in der liberalen Presse ist mehrfach betont worden (vgl. z.B. Gay 1989, S. 190-193 u. Suchy 1989, S. 169). Den Terminus „Zeitungsjude" weist N. Hortzitz (1988, S. 90, 225) schon für die Zeit des Frühantisemitismus nach. Über antisemitische Sprache im Problemfeld Presse vgl. auch Cobet 1973, S. 72-76. Anwürfe wegen der „Mauschelei" in der Presse findet man sozusagen in jedem antisemitischen Pamphlet, vgl. z.B. das Kapitel „Fort mit der Mauschelpresse" in: Der Mauscheljude 1880, S. 27-30; weiter in der antisemitischen Presse: Hammer 1906, Nr. 101, S. 510; 1910, Nr. 183, S. 58; 1911, Nr. 214, S. 265 und sehr viel öfter.

Sie loben jedes neue Werk,
Das riecht nach dem alten Bunde.

Der Kritiker „Schundeles" fördert also auch Minderwertiges. Mag das hier – wie anderswo auch – noch primär inhaltlich gemeint sein,[52] die Juden werden auch gezielt verklagt, eben den stilistischen Modernismus in den Zeitungen auf dem Gewissen zu haben. Ferdinand Kürnberger, der als erster (1860 und 1876) weitblickend die sprachlichen Modernisierungphänome der Presse untersucht hat, sah nun nicht _nur_ schlechte Seiten an diesen Veränderungen, die eine neue Stilebene heraufführen sollten. Kürnberger prognostizierte: „Schriftsprache wird mehr und mehr heißen: Journalsprache".[53] Zwar erbringe die progressive Aufnahme sprech- und niedersprachlicher Elemente der Volkssprache eine Mehr an Stärke und Nachdrücklichkeit, die die Presse unbedingt brauche (S. 10), ein „Unglück" bleibe es aber trotzdem. So schrieb er denn „Pöbelhafter Zeitungsstil" über das Kapitel 2, und die zweite Abirrung, die militante Aufrüstung der Presse-Meinungssprache, schilderte er so: „In tjost und buhurt ergraut, sieht man den berühmten Ritter Aaron Mendel für die zollfreie Einfuhr der Halbgarne eine Lanze brechen" und den „Simon Fränkel" für die zollfreie Lumpeneinfuhr sogar „seine Lanze einlegen."[54]

Daß zu einer modernen – eben in den deutschen Landen lange hinausgezögerten – demokratischen Öffentlichkeit ein öffentliches Ringen um die Begriffe gehört, galt den Konservativen meist als ein bloßes jüdisches Sprachzerstörungsmanöver, während es modernen Forschern, spätestens seit Brunner, Conze und Kosellecks „Historische Grundbegriffe", ein selbstverständliches Kennzeichen der Sprache seit dem 19. Jhdt ist. Auch hier funktionierte also die Sündenbocktheorie: Jüdische Machenschaften war eben alles, was zur modernen Zeitungssprache gehört. Da nun die Juden wiederum auffällige Exponenten moderner Großstadtkultur waren[55] und das moderne Zeitungswesen mit diesen Ballungsräumen in genuinem Zusammenhang steht, stimmte scheinbar

---

52 Änlich nunmehr mit stilistischem Akzent aber ebenso anhand von Namenpolemik: „Der Hammer" in einem Artikel „Eine Schwäche unserer nationalen Presse" (1904, Nr. 39, Febr., S. 50): „Sie loben sich gegenseitig aus dem Drecke heraus. Was Cohn schreibt, wissen Levy und Meyer sofort „geistvoll" zu interpretieren". vv.

53 Kürnberger 1866, S. 25.

54 Kürnberger 1872, S. 4f.

55 Eine oftmals beschriebene Tatsache (vgl. z.B. Rürup 1975, S. 83, 166), die bisher nur von Jacob Toury in Bezug auf die sprachlichen Folgen gewürdigt worden ist (1982, S. 89ff.).

wieder alles zusammen: Die Juden waren die Profiteure und Arrangeure des modernen Großstadtlebens; dieses galt als Ausgeburt der Zivilisation und Zerstörer deutscher Kultur; also redeten die Juden auch nur in einer „Zivilisationssprache", der „blutmäßig gebundene Begriffe" unbekannt seien.[56] Eine tief hinabreichende Tradition und dazu der festgefügte Zusammenhang mit bewußtseinsstrukturierenden Grundvorstellungen (Kultur-Zivilisationsantithese) brachten es dazu, daß 1927 die Forderung des „Der Hammer", der bekanntesten antisemitische Zeitschrift, vielen plausibel erschien:

> Wo der unverbildete deutsch-germanische Mensch spricht, spricht er blutsecht deutsch; wo der Jude „deutsch" spricht, spricht er „jüdisch-deutsch". Das Ganze auf kurze Formel gebracht: Entfernen wir aus dem deutschen Zeitungs- und Schriftwesen den überragenden Einfluß der Juden, so haben wir die unmittelbare Heilung aller Schäden der deutschen Zeitungssprache.[57]

Solch absurd anmutende Thesen bekommen weitere systemimmanente Plausibilität, wenn man sich vor Augen hält, daß z.B. die „Fixigkeit" und der Aktualitätszwang der Presse, die den Sprachgebrauch tatsächlich neuen Normen unterwarfen, von eben dieser antisemitischen Zeitschrift schon 1906 (S. 506) aus der typisch jüdischen Behendigkeit, Profitgier und Kaltherzigkeit abgeleitet wurden. Diese Eigenschaften machten eben ein Schreiben ad hoc über alles und jedes überhaupt erst möglich, während doch der Deutsche bei irgendwelchen Katastrophenereignissen erst einmal stocke oder gar ans zeitraubende Helfen denke. Menschen, die mit ihren Einschätzungen auf einer solchen Basis standen, war es dann natürlich nur konsequent, eine „Gesundung des nationalen Leben[s]" von der durchgreifenden Reform des Preß-Wesens zu erhoffen, wo z. Zt. noch „täglich tausend Fälscher und Giftmischer ihre ätzenden

---

[56] Zitate bei Römer 1985, S. 174.

[57] Febr. 1927, S. 78, als Kommentar zum 18. Preisausschreiben des Deutschen Sprachvereins: „Die Schäden der deutschen Zeitungssprache, ihre Ursachen und ihre Heilung". 1903 (S. 292f.) hatte er schon – nach vorherigem Lobpreis der „Menschheits-Liebe Wagners" – dekretiert: im Zeitungs-Jargon mache sich die Phrase in so widerlicher Weise breit, „daß aus einer anschauliche, ehrliche deutsche Sprache nachgerade zur Lebensfrage unseres Volkes geworden ist"; eine ähnliche Äußerung Wilhelm Stapels in seiner national-konservativen Zeitschrift „Deutsches Volkstum" (1921, S. 48f.): „Sie reden unsre Sprache, gebrauchen unsre Begriffe [...] Aber Blut und Seele sind jüdisch und also werden Sprache, Begriffe, Kunstmittel zu einem Ausdruck <u>ihres</u> Vokstums" mit anschließenden Angriffen auf die starke Position der Juden in Kunsthandel, Kritik, Zeitungs- und Buchwesen. Zu solchen Vorstellungswelten paßt dann, daß in den „Alldeutschen Blättern" die „Sprach- und die Rasse-Fremden" im „Deutschen Reich" in <u>einem</u> Artikel abgehandelt wurden (4, 1894, S. 50f.).

Tropfen in die Gemüter ungestört einflößen" dürften. Ihre konkrete Forderung ging dann 1906 schon dahin, daß nur noch „deutsche Männer deutsche Zeitungen schreiben dürften".[58]

Natürlich kann ein moderner Sprachwissenschaftler eben dort nur eine neue stilistische Existenzform der Sprache sehen,[59] wo die Rechten Zersetzung ausmachten. Der ideologiegeleitete Irrtum der Konservativen hindert nicht, er fordert die Linguisten vielmehr heraus, die Geschichte dieser spezifischen Denunziation endlich zu schreiben.

4. Antisemitische Metaphorik

Bei diesem letzten Punkt des Themas „Sprache und Antisemitismus" bedarf es besonders dringlich eines neudurchdachten methodischen Ansatzes. Noch ganz im Glauben an die unbedingt bannende – und damit entschuldigende ? – Macht der Sprache befangen, untersuchte man nach dem Kriege alsbald die biologischen Metaphern, die im Sprechen über Juden gehäuft auftraten.[60] 1965 veröffentlichte Alexander Bein Bemerkungen zur Semantik der Judenfrage: „Der jüdische Parasit". Obwohl er einräumt, daß die biologistisch-organischen Vorstellungen von Sprache bis in die Romantik zurückreichen, schreibt er gleichwohl fest:

> Im ausgehenden 19. Jahrhundert und im Beginn des 20. haben drei Entwicklungen sich in ihr vollzogen: die Biologisierung, die Technisierung und die Mythisierung.[61]

So machte man sich dann auch auf und untersuchte die antisemitische Sprache vor allem in eben <u>dieser</u> Zeit. Christoph Cobet z.B. legte 1973

---

[58] Der Hammer 1906, S. 510. Wurde einmal angemahnt, sich die Abhängigkeit spezifischen Geistes und einer spezifischen Sprache nicht <u>zu</u> eng vorzustellen, dann wurden Formulierungen eingefügt, die wiederum eher Angst machten, als daß sie den Haß gegen Juden abbauen konnten. In den Zeitglossen der Nr. 232 aus dem Jahr 1912 beließ es „Der Hammer" also nicht beim Satz: „Es kann sich jemand sehr wohl der deutschen Sprache bedienen und im Grunde doch recht undeutsch sein." Er fügte an: „Haben wir doch eine Bevölkerungsklasse unter uns, die sich zuweilen der deutschen Sprache geschickter bedient als mancher Deutsche, und dennoch dem deutschen Wesen so fremd und feindselig gegenübersteht, wie nur irgend denkbar" – ohne Zweifel ein ärgerliches Faktum für Menschen mit deklamatorisch überzogenem Selbstwertgefühl.

[59] Vgl. z.B. Kettmann 1981. Im übrigen sind sich alle Sprachwissenschaftler einig: Die Sprache des Rundfunks und der Zeitungen ist heute allemal stilprägender als es die Sprache der Klassik je gewesen sein dürfte.

[60] So schon in der ersten ernst zu nehmenden Arbeit von C. Berning 1963, S. 105ff.

[61] Bein 1980, S. 123.

eine Dissertation über den „Wortschatz des Antisemitismus in der Bismarckzeit" vor und wandte sich da vor allem dem ideologie- und wir-
kungsgeschichtlich zentralen Werk Eugen Dührings zu: „Die Judenfrage
als Racen-, Sitten- und Kulturfrage". Er weitet die Fragestellung aber
auf die gesamte Bismarckzeit aus und bietet da im lexikalischen Teil
„Bezeichnungen für die Juden". 62 verschiedene führt er an, von denen 15
tatsächlich auf biologische Metaphern zurückgeführt werden können.[62]
Abbau des metapherntragenden Vergleichs zugunsten einer realen Ineins-
setzung des ehemals nur Verglichenen schreibt er dann als ein wesentliches Merkmal der biologistischen Sprache des Antisemitismus fest.[63]

Diese Ergebnisse schienen sich den Vorwegannahmen also ganz gut
zu fügen. Dennoch, gegen solche vermeintliche Schlüssigkeit gehalten,
hätte eine Behauptung doch erstaunend wirken müssen, wie sie George
L. Mosse mehrfach in seinem schon 1970 erschienen Buch: „Germans
and Jews" vortrug: Praktisch alle sozial-kulturellen Manifestationen, die
man der Rassenlehre des späteren 19. Jhdts zuschreibe, seien schon
vor dem Aufstieg des Rassismus an der Tagesordnung gewesen.[64] Mu-
stert man die neue sprachwissenschaftliche Forschung, so hat sich diese
These bewahrheitet. Nicoline Hortzitz breitet in ihrer Dissertation über
den „Frühantisemitismus in Deutschland (1789-1871/72)" erstaunlich
umfangreiches Material über biologische Metaphern aus.[65] Jüngst urteilten Rainer Erb und Werner Bergmann vom Berliner „Zentrum für
Antisemitismus-Forschung" in einer umfassenden Darstellung des Eman-
zipationszeitraumes von 1780 bis 1860 zum Schluß ihres eindringlichen
Sprach-Kapitels so:

> Vergleicht man die angeführten Beispiele mit der antisemitischen Se-
> mantik des späten 19. Jahrhunderts und weiter bis in die NS-Periode
> hinein, dann zeigt sich, daß die judenfeindliche Metaphorik in ihren we-
> sentlichen Grundzügen bereits in der Emanzipationsperiode entwickelt
> war und später zwar Aktualisierungen und eine große quantitative Zu-
> nahme, jedoch kaum eine grundsätzliche Veränderung erfuhr. (1989, S.
> 215).

---

[62] Cobet 1973, S. 215-225. *Bluthunde, -igel, -sauger, Krebs, Parasiten* (in fünf-
facher Variation), *Schädlinge, Schmarotzer, -insekten, Schwamm, Ungeziefer, Würmer* (2x angeführt).

[63] 1973, S. 45f., 243.

[64] Mosse 1970, S. 35 u.ö.

[65] Sie bietet z.B. in der lexematischen Rubrik mit der Bewertungskomponente
„nicht menschengemäß" – aus 34 Quellen systematisch zusammengetragen
– 94 Lemmata, von denen 52 aus biologischem Bereich kommen (Hortzitz
1988, S. 177-181).

Der eigentliche Unterschied liege nur darin, daß es seit der 2. Hälfte des Jahrhunderts zu einer Mythisierung der biologischen Perspektive und zu einer quantitativen Überflutung mit solchen Reden gekommen sei.

Diese neueren Ergebnisse scheinen zunächst einmal richtig. Nimmt man nämlich z.B. eine der verbreitetsten und radikalsten antijüdischen Schriften, von Hundt-Radowskys „Judenspiegel" (1819), so zählt man von S. 61 bis 90 in den drei thematisch durchaus einschlägigen Kapiteln[66] 15 biologisch fundierte Metaphern. Setzt man nun gegen diese Ergebnisse den Befund aus dem eben genannten Werk Eugen Dührings, das den rassistischen Ansatz doch vor allem begründete, so findet man auf den ersten 45 Seiten nur 16, also eher weniger als mehr.[67] Ehe man nun aus dem allen einfach den Schluß zieht: <u>Alle</u> sprachlichen Mittel sind schon im 19. Jhdt vorgebildet, sogar schon vor der rassistischen Wende; das letzte Drittel des 19. Jhdts und die Nazis brachten außer der Masse nichts Neues, schlage ich eine Vertiefung der Forschungsweisen vor.

Es unterliegt keinem Zweifel, daß die polemisch-pragmatische Kraft der Metapher in ihrem „problem setting" besteht. Das soll heißen: Ist der Staat erst einmal metaphorisch als Schiff definiert, dann ist es leicht, weil konsequent, zu behaupten, daß er auch des (einen) Steuermanns bedarf; dann muß man Untergang fürchten, den unbeherrschbare Naturgewalten (nicht Menschen) herbeiführen (keiner ist verantwortlich) oder aber Untergang durch den Sabotageakt eines einzigen Verräters an Bord (der allein ist schuld).[68] Und jetzt das problem setting für Juden

---

[66] „Was sind die Juden?", „Die Juden als Staatsbürger" und „Die Juden als Kaufleute, Geldwechsler und Hausirer!"

[67] Es handelt sich thematisch um keineswegs weit von Hundt-Radowsky abgelegene Themen: 1. „Gesellschaftliches Aufkommen der Juden in der neuesten Zeit", 2. „Charakterspiegelung in Religion und Moral".

[68] Mechanismen dieser Art sind in letzter Zeit häufig diskutiert und von Stefan G. Stobbe zusammenfassend diskutiert worden. Für die Überlassung seiner noch ungedruckten Dissertation (Marburg 1988) danke ich. Vgl. dort das Kap. I.1.2. „Metapher als Ersatz – Stellvertreter oder Original" mit einschlägigen Zitaten, z.B. „The effect, then, of (metaphorically) calling a man a „wolf" is to evoke the wolf-system of related commonplaces" (Max Black). Oder von Hans Blumenberg: „Der Raum der Metapher ist der Raum der unmöglichen, der fehlgeschlagenen oder noch nicht konsolidierten Begriffsbildung", in unserem Zusammenhang z.B. das Schwanken des nationalsozialistischen Denkens über Juden zwischen Mensch und Tier. Schließlich ein Zitat von Michael Walzer: „A single vocabulary describes animal bodies and political communities and makes the second appear almost as familiar, as natural, as well organized as the first. So kings become heads and soldiers arms; change is unterstood in terms of growth; disorder is described as a desease; decline as senility".

als Ungeziefer. Erste durch die Metapher generierte Frage: Wie werden wir mit der Massenhaftigkeit fertig (faktisch imaginierte Realität: die aus dem Osten, eben jenem fast unendlich weiten Sprachraum bei uns „einfallen")? Zweite Frage: Welche Vernichtungsmittel schlagen durch? Dritte: In welcher Weise soll man solche Mittel anwenden? Antwort: heimlich, denn der Kammerjäger agiert nicht coram publico.

Die Gefährlichkeit dieser durch Metaphern eröffneten Assoziationsfelder besteht darin, daß sich – wie in der jüngsten, leider noch unveröffentlichten Dissertation von Stephan G. Stobbe über die völkische Metaphorik bewiesen – die Vorstellung von metaphorischem Assoziationsfeld zu Assoziationsfeld schwingen kann, ohne je zum nicht-metaphorischen Ausgangspunkt zurückzukehren. Es könnte der Unterschied des vorrassistischen und rassistischen 19. Jhdts nun nicht einfach in der Menge der Metaphern liegen, sondern darin, daß man später immer seltener zum Ausgangspunkt zurückging, die Metaphernwelt also dichter, tiefer ist. Ich gebe ein Beispiel: In seinem abschließenden Kapitel sagt von Hundt-Radowsky (S. 146):

> Am Beßten wäre es jedoch, man reinigte das Land ganz von dem Ungeziefer, und hierzu giebt es gleichfalls zwei Mittel. Entweder die Juden durchaus zu vertilgen oder sie [...] zum Lande hinausjagen.

Mit „Ungeziefer" ist gesetzt 1. der Schritt „reinigen" als Qualifizierung der Abwehrprozedur, 2. „vertilgen" als Art und Weise der Abwehrprozedur. Dieser zweite Schritt wird aber nicht an die Metapher angebunden, sondern es wird 1815 noch zu Jude zurückgegangen und der Metaphorisierungsprozeß damit unterbrochen. Es gilt, eine Methode zu finden, die die Stufen der Beibehaltung von Metaphernperspektiven genau quantifiziert und die lange hinausgezögerten oder gar die vollkommen unterlassenen Rückbezüge dingfest macht. Meine Hypothese ist, daß man im 20. Jhdt viel weiter gespannte Bögen findet, innerhalb derer man das Anfangsobjekt gar nicht mehr in den Blick bekommt. Das durch solche Forschungsmethoden geschärfte Auge sähe vielleicht Erklärungen für ganz eigentümliche Vorgänge: Himmlers berüchtigte Ruhmesrede auf die SS-Leute, die trotz solcher Massenvernichtungsarbeit anständige Leute geblieben seien – sie könnte ein ferner Reflex des problem settings sein. Die Arbeitsweise des Kammerjägers hat bestimmte soziale Folgen: Sein Beruf zählt zu den nicht-ehrbaren. Himmlers Rede könnte auch ferner Nachklang auf solcherart Folgen sein, die die Ausgangsmetapher für die Täter nach sich zieht.

Systematische Erforschung des problem-setting und genaue Vermessung der metaphorischen Bögen ist mein erster Vorschlag. Und ein zweiter: Die problem-setting-Kraft der Metapher wächst dramatisch, wenn es andere

Metaphernsysteme gibt, die Anschlußmöglichkeiten bieten. Erst muß der Staat konkret als biologistisch gefaßter „Organismus" gesehen werden, daß die Gesamtbedrohung durch „Befall" plausibel wird. Nimmt man nun z.b. die Jahrhundertmitte, so dominiert in Preußen die Vorstellung vom „christlichen Staat". Liest man die einschlägigen Quellen: Stahls Staatslehre, den Briefwechsel Friedrich Wilhelm IV. mit den Gebrüdern Gerlach und mit Bunsen, so findet man in der Staatslehre eine sehr sparsame Verwendung biologischer Metaphern. Am Ende des 19. Jhdts aber und dann allemal in der Weimarer Republik bei den rechten Kräften: da dominiert der völkisch-organisch gedachte Staat – wie allgemein bekannt und von Stobbe an einer umfassenden Untersuchung über Wilhelm Stapel und seine Zeitschrift „Deutsches Volkstum" detailliert bewiesen ist. Jetzt passen die Metaphernsysteme von Ungeziefer und befallenem Organ zusammen.

Natürlich wird keiner mehr glauben, unausweichlich sei die Vernichtung der Juden, wenn man sie ins Metaphernsystem „Ungeziefer" gezwungen hat innerhalb eines Staates, der sich vornehmlich als natur-wüchsiges, organisches Gebilde sieht. Ebensowenig wird aber jemand abstreiten, daß menschenunwürdige Behandlung bei einer derart systematischen Herausdrängung aus sonst für Menschen gültigen Sprachsystemen prädisponiert. Was nämlich sonst als Grauen aus einer planen Alltagsperspektive unübersehbar heraustünde, das wird mittels dieser Metaphernsysteme zunächst einmal sprachlich als gängige Normalität eingeebnet und wird so erheblich unauffälliger – beileibe nicht unsichtbar.

Von dem zuletzt geschilderten Falle aus könnte man den Extrakt des Vortrages so darbieten: Es scheint klar, daß die sprachlichen Wurzeln, besser: mehr als nur die Wurzeln des Komplexes „Sprache und Antisemitismus" im 19. Jhdt liegen. Daß sie sich aber im folgenden so dramatisch auswuchsen, läßt sich vielleicht nicht so sehr aus ihnen selbst erklären, wie daraus, daß diese Wurzeln im 20. Jhdt mit ganz anderen Systemen interagieren konnten.

Literatur

190 gepfefferte Jüdische Witze (o.J., um 1900). Weißensee bei Berlin.

Althaus, Hans Peter (1965/68): Die jiddische Sprache. Eine Einführung. 2 Teile. In: Germania Judaica. NF 14. 4. Jg. Heft 4, S. 1-23; NF 23. 7. Jg. Heft 1, S. 1-24.

Althaus, Hans Peter (1968): Die Erforschung der Jiddischen Sprache. In: Zeitschr. für Mundartforschung. Beihefte NF. Nr. 5, S. 224-263.

Althaus, Hans Peter (1981): Soziolekt und Fremdsprache. Das Jiddische als Stilmittel in der deutschen Literatur. In: ZfdPh 100. Sonderheft Jiddisch, S. 212-232.

Althaus, Hans Peter (1986): Ansichten vom Jiddischen. Urteile und Vorurteile deutschsprachiger Schriftsteller des 20. Jahrhunderts. In: Röll, Walter/Bayerndörfer, Hans-Peter: Auseinandersetzungen um jiddische Sprache und Literatur. Jüdische Komponenten in der deutschen Literatur. Die Assimilationskontroverse. Tübingen, S. 63-71.

Bartels, Adolf (1906): Heinrich Heine. Auch ein Denkmal. Dresden/Leipzig.

Bartels, Adolf (1915): Nationale oder universale Literaturwissenschaft. Eine Kampfschrift gegen Hanns Martin Elster und Richard M. Meyer. München.

Bein, Alex (1965): Der jüdische Parasit. In: Viertel-J.-Hefte f. Zeitgesch. 13, S. 121-149.

Bein, Alex (1980): Die Judenfrage – Biographie eines Weltproblems. 2 Bde. Stuttgart.

Bering, Dietz (1983): Der Kampf um den Namen Isidor. Polizeivizepräsident Bernhard Weiß gegen Gauleiter Joseph Goebbels. In: BZN. NF 18, S. 121-153.

Bering, Dietz ([2]1988): Der Name als Stigma. Antisemitismus im deutschen Alltag 1912-1933. Stuttgart.

Berning, Cornelia (1963): Die Sprache des Nationalsozialismus. In: Zs. f. dte Wortforschung 19, S. 94-112.

Bernsmeier, Helmut (1980): Der Allgemeine Deutsche Sprachverein in der Zeit von 1912 bis 1932. In: Muttersprache 90, S. 117-140.

Best, Otto F. (1973): Mameloschen. Jiddisch – Eine Sprache und ihre Literatur. Frankfurt/M.

Birnbaum, Nathan (1910): Der „Jargon". In: ders.: Ausgewählte Schriften zur jüdischen Frage. Bd. 2. Czernowitz, S. 46-51.

Birnbaum, Nathan (1910): Die Sprache des jüdischen Volkes. In: ders.: Ausgewählte Schriften zur jüdischen Frage. Bd. 1. Czernowitz, S. 308-325.

Birnbaum, Salomo A. (1974): Die jiddische Sprache. Ein kurzer Überblick und Texte aus acht Jahrhunderten. Hamburg.

Bischoff, E. ([3]1901): Jüdisch-Deutscher Dolmetscher. Ein praktisches Jargon-Wörterbuch. Leipzig.

Cobet, Christoph (1973): Der Wortschatz des Antisemitismus in der Bismarck-zeit. München (=Münchner Germanistische Beiträge 11).

Der Mauscheljude ([4]1880), von einem deutschen Advokaten. Ein Volksbüchlein für deutsche Christen allen Bekenntnisse. Paderborn.

Dühring, Eugen (1881): Die Judenfrage als Racen-, Sitten- und Culturfrage. Mit einer weltgeschichtlichen Antwort. Karlsruhe/Leipzig.

Erb, Rainer/Bergmann, Werner (1989): Die Nachtseite der Judenemanzipation. Der Widerstand gegen die Integration der Juden in Deutschland 1780-1860. Berlin (=Antisemitismus und jüdische Geschichte 1).

Frank, Horst Joachim (1976): Dichtung, Sprache, Menschenbildung. Geschichte des Deutschunterrichts von den Anfängen bis 1945. 2 Bde. München.

Freimark, Peter (1980): Sprachverhalten und Assimilation. Die Situation der Juden in Nordwestdeutschland in der 1. Hälfte des 19. Jahrhundert. In: Saeculum 31, S. 240-261.

Frey, Thomas (d.i. Fritsch, Theodor) (1887): Antisemiten-Katechismus. Eine Zusammenstellung des wichtigsten Materials zum Verständniß der Judenfrage. Leipzig.

Gay, Peter (1989): Der berlinisch-jüdische Geist. Zweifel an einer Legende. In: ders.: Freud, Juden und andere Deutsche. Herren und Opfer in der modernen Kultur. München, S. 189-206.

Gelber, Mark H. (1986): Das Judendeutsch in der deutschen Literatur. Einige Beispiele von den frühesten Lexika bis Gustav Freytag und Thomas Mann. In: Moses, Stéphane/Schöne, Albrecht: Juden in der deutschen Literatur. Frankfurt/M., S. 162-178.

Gessinger, Joachim (1980): Sprache und Bürgertum. Zur Sozialgeschichte sprachlicher Verkehrsformen im Deutschland des 18. Jahrhunderts. Stuttgart.

Gilman, Sander L. (1980): Moses Mendelssohn und die Entwicklung einer deutsch-jüdischen Identität. In: ZfdPh 99, S. 506-520.

Goethe, Johann Wolfgang ([4]1961): Werke. Hamburger Ausgabe. Bd. 14.

Goldziher, Ignaz (1978): Tagebuch. Hrsg. von A. Scheiber. Leiden.

Hauser, Otto (1933): Die Juden und Halbjuden der deutschen Literatur. Danzig/Leipzig.

Holeczek, Heinz (1981): Die Judenemanzipation in Preußen. In: Martin, B./Schulin, H. (Hrsg.), S. 131-160.

Hortzitz, Nicoline (1988): 'Früh-Antisemitismus' in Deutschland (1789-1871/72). Strukturelle Untersuchungen zu Wortschatz, Text und Argumentation. Tübingen (=Germanistische Linguistik 83).

Hundt-Radowsky, Hartwig v. (1819): Judenspiegel. Ein Schand- und Sittengemälde alter und neuer Zeit. Würzburg.

Jakobson, R. (1945): The Beginnings of National-Self-Determination in Europe. In: Fishman, J.A. (Hrsg.) (1968): Readings in Sociology of Language. The Hague/Paris, S. 585-597.

Jossel, Chaim ([41]1912): Schabbes-Schmus. Schmonzes Berjonzes. Berlin.

Kettmann, Gerhard (1981): Die Existenzformen der deutschen Sprache im 19. Jahrhundert – ihre Entwicklung und ihr Verhältnis zueinander unter den Bedingungen der industriellen Revolution. In: Schildt, J. (Hrsg.): Auswirkungen der industriellen Revolution auf die deutsche Sprachentwicklung im 19. Jahrhundert. Berlin, S. 34-97.

Kiefer, Ulrike (1985): Das Jiddische in Beziehung zum Mittelhochdeutschen. In: Besch, W./u.a. (Hrsg.): Sprachgeschichte. Ein Handbuch zur Geschichte der deutschen Sprache. Bd. 2, S. 1201-1210.

Kocka, Jürgen (1988): Bürgertum und bürgerliche Gesellschaft im 19. Jahrhundert. Europäische Entwicklungen und deutsche Eigenart. In: ders. (Hrsg.): Bürgertum im 19. Jahrhundert. Deutschland im europäischen Vergleich. Bd. 1. München, S. 11-78.

Kürnberger, Ferdinand (1967): Feuilletons. Ausgew. und eingel. von K. Riha. Frankfurt/M. (darin: Sprache und Zeitungen, 1866; Die Blumen des Zeitungsstils, 1872).

Lenz, H.K. (1895): Jüdische Eindringlinge im Wörter- und Zitatenschatz der deutschen Sprache. Allen Sprachreinigern gewidmet. Münster i. W.

Lowenstein, Steven M. (1976): The Pace of Modernisation of German Jewry in the Nineteenth Century. In: Leo Baeck Institute Yearbook 21, S. 41-56.

Martin, Bernd/Schulin, Ernst (Hrsg.) (1981): Die Juden als Minderheit in der Geschichte. München (=dtv 1745).

Maurer, Trude (1986): Ostjuden in Deutschland. Hamburg.

Moses, Stéphane/Schöne, Albrecht (Hrsg.) (1985): Juden in der deutschen Literatur. Frankfurt/a. M.

Neubauer, Hans-Joachim (1987): Auf Begehr: Unser Verkehr. Über eine judenfeindliche Theaterposse im Jahre 1815. In: Erb, Rainer/Schmidt, Michael: Antisemitismus und jüdische Geschichte. Berlin (=Festschrift für Herbert A. Strauss), S. 313-328.

Neubauer, Hans-Joachim (1988): Karl Borromäus Alexander Sessas Posse „Unser Verkehr" und ihre Nachfolgestücke. Eine Vergleichende Untersuchung. Unveröffentl. Magister-Arbeit. FU Berlin.

Prawer, Siegbert S. (1986): „Das verfluchte Gemauschel". Jiddische Dichtung im Kampf der Sprachen. In: Kontroversen. Alte und neue. Bd. 1. Tübingen (=Internationaler Germanisten-Kongreß Göttingen), S. 96-110.

Rée, Anton (1844): Die Sprachverhältnisse der heutigen Juden, im Interesse der Gegenwart und mit besonderer Rücksicht auf Volkserziehung. Hamburg.

Römer, Ruth (1985): Sprachwissenschaft und Rassenideologie in Deutschland. München.

Rürup, Reinhard (1975): Emanzipation und Antisemitismus. Studien zur „Judenfrage" der bürgerlichen Gesellschaft. Göttingen.

Sessa, Karl Borrhomäus Alexander (o.J.): Unser Verkehr. Eine Posse in einem Aufzuge. Leipzig.

Siebert-Ott, Gesa (1990): Kulturverlust – Sprachverlust – Identitätsverlust. Gedanken zu Neuorientierung einer Pädagogik als Ethnopädagogik oder interkultureller Pädagogik. In: Diskussion Deutsch. H. 114, S. 434-448.

Stapel, Wilhelm (1928): Über das seelische Problem der Symbiose des deutschen und des jüdischen Volkes. Hamburg.

Stobbe, Stefan G. (1989): Die Bildersprache des deutschen Volkstums – Eine Studie zur national-völkischen Metaphorik. Diss. Marburg. (unveröffentl.).

Strauss, Herbert A. (1985): Akkulturation als Schicksal. Einleitende Bemerkungen zum Verhältnis von Juden und Umwelt. In: Ders./Hoffmann, Christhard (Hrsg.): Juden und Judentum in der Literatur. München.

Stußlieb, Ernst (1982): Der Aufgeblasene Talmudlöwe. Ergötzliche Gespräche und lehrreiche Gespräche des Herrn Schochet Isidor Eisenstein mit seinem Sohne Moritz. Würzburg.

Suchy, Barbara (1989): Die jüdische Presse im Kaiserreich und in der Weimarer Republik. In: Schoeps, J.H. (Hrsg.): Juden als Träger bürgerlicher Kultur in Deutschland. Stuttgart/Bonn, S. 311-328.

Toury, Jacob (1977): Der Eintritt der Juden ins deutsche Bürgertum. In: Liebeschütz, Hans/Paucker, Arnold (Hrsg.): Das Judentum in der Deutschen Umwelt 1800-1850. Tübingen (= Schriftenreihe wissenschaftlicher Abhandlungen des Leo Baeck Instituts 35), S. 139-242.

Toury, Jacob (1982): Die Sprache als Problem der jüdischen Einordnung im Deutschen Kulturraum. In: Jahrbuch des Instituts für deutsche Geschichte. Beiheft 4, S. 75-96.

Volkov, Shulamit (1990): Deutsche und Juden im Zeitalter der Emanzipation. Überlegungen zu historischen Erfahrungen. In: NZZ v. 7.9. Nr. 206.

Wagner, Richard (1850): Das Judenthum in der Musik. In: Gesammelte Schriften und Dichtungen. Bd. 5. Leipzig, S. 66-85.

Weissberg, Josef (1988): Jiddisch. Eine Einführung. Bern u.a. (=Germanistische Lehrbuchsammlung 27).

Zmarzlik, Hans-Günter (1981): Antisemitismus im Deutschen Kaiserreich 1871-1918. In: Martin, B./Schulin, E. (Hrsg.), S. 249-270.

WALTHER DIECKMANN

Sprachwissenschaft und öffentliche Sprachdiskussion — Wurzeln ihres problematischen Verhältnisses

1. Ein problematisches Verhältnis

Einen Tag nach Abschluß der letztjährigen Jahrestagung des Instituts für deutsche Sprache über die Tendenzen und Perspektiven der deutschen Gegenwartssprache erschien auch in meiner Tageszeitung ein dpa-Bericht über die Vorträge und Diskussionen. Er trug die Überschrift „Wissenschaftler widersprechen These vom Verfall der deutschen Sprache" (1989). Der Inhalt entspricht der Schlagzeile. Ins Zentrum des Interesses wird die Frage nach dem Zustand der deutschen Sprache gerückt, und es kommen die „Professoren Grosse, Wimmer und Stickel" mit ihrer Auffassung zu Wort, die deutsche Sprache lebe und werde reicher, sei auch insgesamt gut in Schuß und die These vom Sprachverfall vermutlich in erster Linie ein Generationsproblem. Der einzige Vortrag, über den inhaltlich berichtet wird, ist der von Sitta über das gestiegene Schreibvermögen von Gymnasiasten und Studenten (vgl. Sitta 1990). Am folgenden Tag erscheint eine Glosse zu dem Agenturbericht, betitelt „Alterserscheinungen" in Anspielung an die These vom Sprachverfall als Generationsproblem. Der Autor „-thes" (Matthes 1989) kann kaum glauben, was dpa getickert hat und schließt die Möglichkeit nicht aus, daß der journalistische Kollege die zitierten Wissenschaftler vielleicht hier und da mißverstanden hat. Auf das Alter freilich will er nichts kommen lassen, es schütze zwar vor Torheit nicht, verschaffe aber bessere Vergleichsmöglichkeiten. Diese nutzend, kommt er zum Ergebnis: „Ob man es Sprachverfall nennen soll, wenn heutige Abiturienten und Akademiker die Rechtschreibsicherheit früherer Volksschulabsolventen nicht erreichen, mag offenbleiben. Sicher aber gehört es nicht zu dem, was heute besser ist als früher".

Dieses kleine Zeugnis öffentlicher Berichterstattung über eine sprachwissenschaftliche Tagung mag genügen, um andeutend zu begründen, warum ich das Verhältnis zwischen Sprachwissenschaft und öffentlicher Sprachdiskussion im Titel „problematisch" genannt habe. Der Vorgang weist typische Züge auf. Das Nachdenken über Sprache findet in unterschiedlichen Räumen und auf unterschiedlichen Foren statt; von einigen Grenzgängern abgesehen sind es unterschiedliche Gruppen von Personen, die sich auf den recht streng getrennten Foren bewegen; die Verständigung zwischen ihnen ist mühsam, wenn nicht unmöglich; die Auseinandersetzung zwischen ihnen stark polemisch geprägt, und das letzte Wort haben in aller Regel nicht die Sprachwissenschaftler.

Der historische Rückblick hat, insofern als nach den Wurzeln eines gegenwärtig problematischen Verhältnisses gefragt wird, die Funktion, aus der historischen Analyse Hinweise darauf zu gewinnen, wann und aus welchen Gründen sich die Trennung einer wissenschaftlichen und einer öffentlichen Sprachdiskussion ausgebildet hat, inwieweit sie notwendig war und ist und inwieweit eventuell aufhebbar.

2. Sprachwissenschaft und öffentliche Sprachdiskussion in der ersten Hälfte des 19. Jahrhunderts

Von einem Verhältnis zwischen A und B kann man erst dann sprechen, wenn die Elemente, die in das Verhältnis eingehen, eine gewisse Eigenständigkeit gewonnen haben. Diese Voraussetzung entwickelt sich im vorliegenden Falle in den ersten Jahrzehnten des 19. Jahrhunderts mit der Entstehung und Etablierung der Sprachwissenschaft in institutionalisierter Form als akademischer Disziplin in Gestalt der historischen und vergleichenden Sprachforschung (vgl. Bahner/Neumann 1985). Auf ein Datum will ich mich nicht, brauche ich mich auch nicht festzulegen; sicher ist aber, daß schon um 1820 eine ausgesprochene Spannung zwischen der sich ausbildenden historischen Sprachwissenschaft und dem heterogen strukturierten Bereich der Sprachdiskussion im Umkreis der Schule und der Sprachdidaktik, der Sprachgesellschaften und dem weiten Feld der Publizistik besteht. Und zwar ist diese Spannung nicht voll zu erklären mit dem in allen Wissensgebieten zu beobachtenden Faktum, daß die Professionalisierung und Institutionalisierung wissenschaftlicher Disziplinen die öffentliche Rezeption und Verwertung ihrer Ergebnisse erschwert oder gar verhindert und die für die jeweiligen Gegenstände nicht speziell Ausgebildeten, aber gleichwohl Interessierten, in die Rolle der Autodidakten oder der mit einiger Geringschätzung betrachteten Laien abdrängt.

Die Geschichtsschreibung der Sprachwissenschaft hat lange im eingeengten Blick auf die historische Sprachforschung eine starke Um- und Neuorientierung vom 18. zum 19. Jahrhundert wahrgenommen und das, was sich diesem Bild nicht fügte, als Auslaufendes, an die Peripherie Gedrängtes, wissenschaftlich Überholtes eingeschätzt. Was u.a. als auslaufend wahrgenommen wurde, zeigt das folgende Zitat:

> Als communis opinio deutscher Sprachgeschichtsforschung kann [...] angesehen werden, daß im Spektrum der vielfältigen Sprachbewegungen des 18. Jahrhunderts die Herausbildung einer weithin anerkannten, in Literatur und Wissenschaft brauchbaren Schriftsprache das herausragende Ereignis ist [Blackall 1966] . Dem trägt auch die sprachwissenschaftliche Praxis dieser Zeit Rechnung: Am Ende des Jahrhunderts kommt es (aus heutiger Sicht folgerichtig) zu einem gewissen Abschluß

der lange während en sprachkritischen Diskussionen und zur Festschreibung und Dokumentation der neuen Schriftsprache als Standardsprache
durch Lexikographie und Grammatikographie anerkannter Autoritäten
[Cherubim 1983, S. 402].

Wenn man bei „sprachwissenschaftlicher Praxis" z.B. an Jacob Grimm
denkt, so hat die referierte Meinung viel für sich. Nimmt man jedoch
insgesamt ins Blickfeld, was die Zeitgenossen in der ersten Jahrhunderthälfte bewegt hat, so bekommt man ein ganz anderes Bild: das Bild
einer breit angelegten Diskussion über die deutsche Gegenwartssprache
und die Notwendigkeit ihrer weiteren Ausbildung, Vervollkommnung und
Verbreitung in deutlichem Anschluß an die aufklärerischen Traditionen
des 17. und 18. Jahrhunderts, eher Kontinuität also als Umbruch. Überspitzt könnte man sogar sagen, daß es die sich etablierende historische
und vergleichende Sprachwissenschaft war, die sich aus dem gesamt-
gesellschaftlichen, gegenwartsbezogenen Diskussionszusammenhang, der
die Reflexion über die deutsche Sprache im 18. Jahrhundert charakteri-
sierte, aussonderte.

Aber welche Probleme bestanden denn noch? War denn nicht in der
Tat inzwischen eine „weithin anerkannte, in Literatur und Wissenschaft
brauchbare Schriftsprache" entstanden und auch in Lexikographie und
Grammatikographie normativ festgeschrieben worden? – Nimmt man
den Sammelband „Reichthum und Armut deutscher Sprache" (Dieckmann 1989) zur Hand, so findet man in der ersten Hälfte des Jahrhunderts kaum jemanden, der sich im wohlgefälligen Blick auf das von
den Klassikern Erreichte im Lehnstuhl zurücklehnte. Die Klage über den
bedauernswerten Zustand der deutschen Sprache herrscht vor, und das
Ziel ist, hier mehr national, dort mehr liberal motiviert, nicht Konser-
vierung, sondern zukunftsgerichtet weitere Entwicklung, Ausbildung und
Vervollkommnung. Worin bestehen die Mängel? Sie lassen sich, aus einiger Entfernung von den einzelnen Autoren (z.B. A. Müller, Jahn, Arndt,
Körner, F. Schlegel, Jochmann, Wienbarg, Mundt, Auerbach) betrachtet, wie folgt zusammenfassen:

(1) Wir haben inzwischen eine nationale Sprache in der schönen Literatur
und in der Philosophie und den Wissenschaften, aber nur dort. Insbesondere fehlt uns eine öffentliche Sprache für die notwendige Diskussion
der großen gesellschaftlichen und politischen Fragen der Zeit, auch eine
Sprache des öffentlichen geselligen Verkehrs. – Das erste Problem ist
also die eingeschränkte funktionale Geltung der bestehenden Standardsprache. Im allgemeinen herrscht ein klares Bewußtsein davon, daß sich
in einem bestimmten Kommunikationsbereich eine gemeinsame Sprache
nur in der kommunikativen Praxis ausbilden könne, daß man also nicht

den Sprachstil eines bestimmten Bereichs, etwa der Literatursprache, auf einen anderen übertragen kann. Der Mangel auf der sprachlichen Ebene wird als eng verknüpft mit einem gesellschaftlichen Übelstand wahrgenommen.

(2) Die geschriebene Standardsprache in ihrer funktional begrenzten Geltung ist Besitz einer schmalen Schicht der Bevölkerung, nicht aber die Sprache des Volkes, nicht einmal allgemein verwendetes Medium des Verkehrs in den oberen Gesellschaftsschichten. – Das zweite Problem ist also die extrem eingeschränkte soziale Geltung der geschriebenen Standardsprache.

(3) Wir haben, funktional und sozial stark eingeschränkt, eine geschriebene, aber keine gesprochene Sprache.

(4) Die Sprache, die wir haben, ist eine vor allem von den Wissenschaften geprägte Büchersprache, deren Charakter die notwendige Erweiterung des Gebrauchs behindert.

Die Mängelliste zeigt, daß im Vergleich mit der zweiten Hälfte des 18. Jahrhunderts inzwischen nicht mehr Normierung und Kodifizierung als Hauptproblem gilt, sondern Erweiterung des standardsprachlichen Gebrauchs vordringlich geworden ist, wiewohl auch dieses sprachpolitische Programm sich in die Tradition aufklärerisch-volkspädagogischer Bestrebungen stellen läßt. Das Normproblem taucht in diesem Zusammenhang in unterschiedlicher Weise auf, je nachdem, wie die wünschenswerte funktionale und soziale Erweiterung nach Auffassung der jeweiligen Autoren bewerkstelligt werden soll. Wer wie Jahn und manche Nachfolger bis hin zu Auerbach in der Jahrhundertmitte die Büchersprache durch Rückgriff auf die Dialekte und die Prinzipien der gesprochenen Sprache oder auf historische Sprachstufen verlebendigen will, muß es sich angelegen sein lassen, die Gottschedschen und Adelungschen Festschreibungen, z.B. in der Frage der Dialektismen und der Archaismen, zu lockern oder rückgängig zu machen. Andererseits ist nicht zu übersehen, daß für die Aufgabe, die Geltung der Standardsprache über das Bildungsbürgertum hinaus zu erweitern, dem Sprachunterricht eine wesentliche Rolle zufiel, und daß die schulische Erlernung einer nur rudimentär oder gar nicht im sprachlichen Verkehr erworbenen Sprache Normen für den richtigen und guten Gebrauch voraussetzt. Außerdem übernahm der Deutschunterricht an Gymnasien im gleichen Zeitraum zunehmend Aufgaben des Grammatikunterrichts und der Rhetorik, die vormals mit dem Lateinunterricht verknüpft waren (vgl. Abels 1988), was die normative Tendenz unterstützte. Da die sich etablierende Germanistik für solche Aufgaben keine Hilfe anbot, stützten sich die zeitgenössischen Grammatiker und Rhetoriker weiterhin auf die älteren Traditionen der normativen und der philosophischen Grammatik, ja die Prinzipien der philosophischen Sprachforschung gewannen in den ersten Jahrzehnten des 19. Jahrhunderts sogar noch einmal verstärkt Geltung (vgl. Naumann 1986). Erst nach der Mitte des Jahrhunderts gibt es einen deutlichen Einfluß der historisch-vergleichenden Sprachwissenschaft auf die Schulgrammatik und den Sprachunterricht.

Man kann nun zwar von den Grammatikern, wie in anderer Weise von den Philosophen, Dichtern, Publizisten, die sich an der Diskussion über die gegenwärtige deutsche Sprache und die Möglichkeiten zu ihrer Veränderung beteiligten, sagen, sie befänden sich wissenschaftlich nicht auf der Höhe der Zeit; doch ist das Argument schwach, wenn man als Maßstab für die Wissenschaftlichkeit die historische Sprachwissenschaft nimmt. Relativ zu den Problemen, die in der öffentlichen Sprachdiskussion thematisiert werden, und auch denen, für die die grammatischen, stilistischen und rhetorischen Lehrwerke geschrieben werden, stellen die Prinzipien und Methoden der historischen Sprachwissenschaft keine geeignete Grundlage dar.

Akademische Sprachwissenschaft und öffentliche Sprachdiskussion sind in der ersten Jahrhunderthälfte sicherlich nicht unverbundene, jedoch schon deutlich getrennte Bereiche der Reflexion über Sprache, und beide sind es aus eigenem Recht.

3. Aspekte öffentlicher Sprachdiskussion seit ca. 1850

3.1. Sprachkritik im Dienst sozialer Abgrenzung

Dies, das eigene Recht, auch der Sprachkritik der zweiten Jahrhunderthälfte zuzubilligen, fällt schwerer, zu stark ist sie von sekundären Motiven, besonders von dem Bemühen um soziale Distinktion überlagert. Die Sprachsituation hatte sich schon um die Jahrhundertmitte verändert. Zwar kann man nicht sagen, daß die gesellschaftlichen Aufgaben, die die liberalen und nationalen Sprachkritiker der ersten Jahrhunderthälfte mit ihrem Programm der funktionalen und sozialen Erweiterung zu lösen versucht hatten, inzwischen gelöst waren; doch hatte sich die Standardsprache in vielen Kommunikationsbereichen zunehmend durchgesetzt, und es hatte sich die Schicht derer, die die Standardsprache aktiv und passiv beherrschten, erweitert. Die Sprachkritiker reagierten aber nun gerade auf diese veränderte Situation mit einer entschiedenen Kritik und mit einer zum Teil heftigen Polemik gegen die Träger negativ bewerteter Sprachformen. Sprachkritik verband sich in problematischer Weise mit dem Willen zu sozialer Abgrenzung, und in dieser Funktion rückte die

Frage nach dem richtigen und falschen Sprachgebrauch, die in der ersten Jahrhunderthälfte nicht das dominante Thema gewesen war, erneut ins Zentrum der öffentlichen Sprachdiskussion.

Wer grenzt sich gegen wen ab? In der Literatur zur Sprachpflege und Sprachkritik im 19. Jahrhundert herrscht die Meinung vor, das Bürgertum grenze sich mit sprachpflegerischen Mitteln von den unteren Schichten ab, die „Standardsprachenideologie " unterstütze die „Abgrenzung von Bürgertum und Arbeiterschaft" (Cherubim/Mattheier 1989, S. 7). Das ist wohl nicht ganz richtig. Die Angst des Bürgers vor Pöbelherrschaft und Anarchie, deutlich Ausdruck findend schon zu den Zeiten revolutionärer Bewegungen nach 1789 und um 1830 und 1848, und die gesellschaftliche und politische Frontstellung gegen die sich organisierende Arbeiterbewegung in der zweiten Jahrhunderthälfte kann zwar nicht bezweifelt werden, genausowenig wie entsprechende Tendenzen in der Bildungs- und Schulpolitik im gesamten Zeitraum; das in der Sprachkritik sich ausdrückende Abgrenzungsbedürfnis richtet sich jedoch nicht gegen das städtische und ländliche Proletariat. Angemessener ist es, im Sinne Wehlers (1987, bes. Kap. III, S. 4) von einer „sozialdefensiven Maßnahme" im „innerbürgerlichen Konkurrenzkampf" zu sprechen. Die Großfamilie des eigentlichen Bildungsbürgertums, die akademisch geschulte, meist staatlich angestellte Intelligenz in Bürokratie, Kirche, Universitäten und Gymnasien, verteidigte ihre Vormachtstellung gegen andere Fraktionen des Bürgertums, die zunehmend an gesellschaftlicher Geltung gewannen: das Handels- und Besitzbürgertum, die technische Intelligenz, die Angehörigen der sich ausbildenden freien Berufe.

Diese Stoßrichtung ist einfach zu erklären, wenn man bedenkt, worauf die soziale Distinktion des Bildungsbürgertums beruht hatte: auf Bildung eben, die zudem im neuhumanistischen Verständnis in erster Linie philosophisch-historisch-literarische Bildung war und ganz zentral die Beherrschung der Standardsprache voraussetzte. Das Merkmal der Beherrschung der Standardsprache verlor jedoch mit der faktischen Erweiterung ihres Gebrauchs zunehmend seinen unterscheidenden Wert. Die bildungsbürgerliche Exklusivität wurde aber im gesamten Jahrhundert nicht von den „niederen", sondern von den nachrückenden bürgerlichen Schichten bestritten. So darf man sich von den nicht seltenen Ausfällen Schopenhauers gegen den „Pöbel" nicht in die Irre führen lassen; es ist durchweg bürgerlicher Pöbel, der in den 30er und 40er Jahren die Sprache verhunzt hat. Die „ganz jämmerlichen, winzigen, schwindsüchtigen, mißgeschaffenen Menschen" (Schopenhauer 1985, Bd. 1, S. 352) mit „flachen Schädeln, aus denen trübe Schweinsaugen spähen" (Bd. 4, I, S. 241), mit „kahlen Köpfen, langen Bärten, Brillen statt der Augen, als

Surrogat der Gedanken ein Cigarro im thierischen Maul" (Dieckmann 1989, S. 241), „die langbärtigen Zwerge, die überall euch zwischen die Beine laufen, und deren Eltern schon bloß aus Gnaden der Kuhpocken am Leben geblieben sind" (ebenda, S. 247), sind allesamt bürgerlich. Schopenhauer findet oder vermutet solche Exemplare unter den philosophischen Kollegen, unter den Wissenschaftlern, unter den Angehörigen der freien Berufe (Ärzten, Advokaten, Richtern und Berufsjournalisten) und in der technischen Intelligenz, die er zum Volk rechnet: „Man soll nicht vergessen, daß jeder Mensch, der kein Latein versteht, zum Volke gehört, auch wenn er ein großer Virtuose auf der Elektrisirmaschine ist und das Radikal der Fluß[spath]säure im Tiegel vorzeigen könnte" (Schopenhauer 1985, Bd. 4, II, S. 79). Das Latein ist auch nötig, um richtig Deutsch sprechen und schreiben zu können, nämlich z.B. nicht „italiehnisch" mit langem geschlossenen e, geschrieben e, „wie ein Dreckfeger", sondern, da abgeleitet von lat. *Italia,* mit offenem e, geschrieben ä (Bd. 4, II, S. 37).

Vierzig Jahre später, bei Wustmann (1912, S. 21f. u.ö.), taucht das „niedrige Volk", das „unwissende", „faule", auch „plebejische", schon eher als Träger der bekämpften Sprachdummheiten auf. Den Beispielen, bei denen er sich gegen die der „feinern Umgangssprache" abträglichen Sprachformen der Ladendiener und Ladenmädchen und der Gassensprache wendet, stehen jedoch etwa gleich viele gegenüber, bei denen er den gesunden sprachlichen Sinn und die Lebendigkeit der Sprache des Volkes, besonders wenn es sich auf obersächsischen Gassen tummelt, gegen das „Papierdeutsch" ins Feld führt. Der Hauptgegner ist immer noch der halbgebildete Bürger, der den Amtsstil, den Zeitungsstil und den Geschäftsstil verantwortet, nicht zu vergessen freilich die „Herren Pädagogen", die Volksschullehrer. – Die Einschätzung der Sprache der Unterschicht ist bei allen, die sich – wie Hildebrand (1867), Wustmann (1912), Schroeder (1906), Engel (1922) u.a. – zum Anwalt einer „Sprache des warmen, tätigen Lebens" (Schroeder) gegen den „Papierstil" und den „schablonenhaften" Sprachgebrauch (Engel) machen, ambivalent. Einerseits wollen sie die feinere Umgangssprache von plebejischen Sprachformen freihalten, andererseits brauchen sie aber die Sprache des Volkes, um die Erstarrungen der zeitgenössischen Schriftsprache aufzulösen. Der Ambivalenz wird man vielleicht mit der Charakterisierung gerecht: Sie lieben nicht das Volk, aber wenigstens den Volksmund.

Eines der klarsten Programme für Sprachpflege im Dienste sozialer Abgrenzung stammt nicht aus dem 19. Jahrhundert, sondern wurde vor nunmehr 23 bzw. 24 Jahren den Teilnehmern einer Jahrestagung dieses Instituts von Süskind präsentiert. Er spricht von der Qual, die es einem empfindlichen Menschen auch schon bereiten kann, wenn er in einem öffentlichen Lokal die Katarakte eines frechen, brülligen, wie auf ständige Zoten reagierenden Gelächters vernehmen muß, aus denen sich so eine mittelbürgerliche Sonntagsabendkonversation vorzüglich zusammenzusetzen scheint. Ich spreche von Qual – es ist auch Verzweiflung dabei, was alles sich an Rohheit und frechem Neureichenthum in unserer Gesellschaft laut- und breitmacht. Und solcher Verzweiflung, mutatis mutandis, müßte auch einer Sprachpflege heute einiges innewohnen – Verzweiflung darüber, daß Ordnungen gestört sind. (Süskind 1968, S. 192).

Auf Abhilfe sinnend, läßt er seinen Blick nach England schweifen, wo die kodifizierte Norm des „King's English", so meint er, „bis heute mit wahrhaft akademischer Gewalt" entscheidet, „wo ein Mensch, wenn er den Mund auftut, hingerechnet wird" (ebda., S. 194). Ähnliches erhofft er sich von der Sprachpflege auch in Deutschland: „eine ins Gesellschaftliche, ganz allgemein ins Politische ausstrahlende Wirkung" (S. 194). Welche denn wohl? Offenbar Normbestimmungen, die die Sortierung der Sprecher in die Gruppe derer ermöglicht, die das gutbürgerliche Lokal am Markt am Sonntagabend rechtmäßig besuchen, und in die Gruppe derer, die sich dort zu Unrecht breitmachen.

Nichts Schlimmeres könnte einer so motivierten Sprachkritik passieren, als wenn die Mischpoke sich tatsächlich den gewünschten Gebrauchsweisen der Sprache anbequemen würde! Das steht indes nicht zu befürchten. Die sprachlichen Phänomene, die inzwischen zur „Hinrechnung" vorzugsweise verwendet werden, sind so geartet, daß man ihnen nicht ohne sprachliche Verrenkungen gerecht werden kann, so daß sie auch in Zukunft unbegrenzt zur Verfügung stehen werden. Sie sind das Endprodukt einer zunehmenden Verengung des sprachkritischen Horizontes als Folge einer immer höher angelegten Meßlatte.

Am Anfang des 19. Jahrhunderts konnte die Frage, wer als sprachlich gebildet gelten sollte, im wesentlichen mit dem Kriterium der standardsprachlichen Lese- und Schreibfähigkeit entschieden werden. Mit der zunehmenden Ausbreitung dieser Fähigkeit verlagerte sich die Unterscheidung zum einen auf die zusätzliche Beherrschung einer zumindest standardnahen Umgangssprache. In Hinblick auf die geschriebene Sprache bekam die Forderung nach Freiheit von Dialektismen, Regionalismen und Umgangssprachlichem verstärkt Gewicht, besonders aber die Verpflichtung auf die spezifischen Stiltraditionen der klassischen deutschen Literatur, die in der Sprachkritik der zweiten Hälfte des 19. Jahrhunderts bekanntermaßen eine große Rolle spielt.

Zur Gegenwart hin hat sich das Spektrum der Gegenstände, die Anlaß sprachpflegerischer Bemühungen werden, aber noch weiter verengt –

auch verglichen z.B. mit Wustmann. Ich habe mir die ca. zwanzig Taschenbücher der letzten zwanzig Jahre, die meine heimische Seminarbibliothek enthält und deren Verfasser ihr Augenmerk ausdrücklich auf das richtige und gute Deutsch richten, die heutigen Wustmänner also, etwas genauer angesehen. Solch ein Buch enthält typischerweise 30, 50, höchstens 70 Artikel zu einzelnen grammatischen oder lexikalischen Problemen. Unter ihnen befinden sich, mehr oder weniger vollständig, die z.T. 100 - 200 Jahre alten sprachkritischen Ladenhüter: *derselbe* und *der gleiche, scheinbar* und *anscheinend, lehren* und *lernen, auf* und *offen, hoch* und *hinauf, hin* und *her, als* und *wie, brauchen* ohne *zu,* Genetiv oder Dativ nach *trotz* oder *wegen, trotzdem* als subordinierende Konjunktion, Umschreibung des Konjunktivs mit *würde,* Verwechslung der Vergangenheitstempora und eine Handvoll andere. Obligatorisch ist ferner eine Reihe von Artikeln zu Sprachformen, deren richtige Verwendung im Deutschen, folgt man der Argumentation der Sprachkritiker, beim Sprachbenutzer die Kenntnis fremder Sprachen voraussetzt. Auch unter den wirklichen oder vermeintlichen Pleonasmen sind besonders die Fremdwörter beliebt, der *Werbeprospekt* auf der *Glasvitrine,* das *vorprogrammierte* Scheitern des *Testversuchs* und das *maschinengeschriebene Manuskript,* deren pleonastischer Charakter sich nur dem erschließt, der die fremdsprachliche Verwendung des Wortes kennt und dem Argument zu folgen bereit ist, daß sich der Gebrauch eines Fremdwortes im Deutschen formal und inhaltlich am Gebrauch in der Ursprungssprache zu orientieren habe. Eine gewisse Variation weist eine dritte Abteilung auf, bestehend aus Modewörtern und Neologismen, und eine Restgruppe, die ich als „Sonstiges" auf sich beruhen lasse. Die Glossen, die in solchen Büchern gesammelt werden und meistens aus den Sprachecken von Zeitungen stammen, betreffen inzwischen überwiegend oder sogar ausschließlich Sprachformen, deren „richtige" Verwendung im faktischen Sprachgebrauch, auch dem der Standardsprecher, nicht sicher verankert ist und deshalb auch nicht im sprachlichen Verkehr, sondern nur in formellen Lernsituationen oder durch Lektüre sprachkritischer Bücher erworben werden kann. Und das genau macht die Voraussage sicher, daß die Ladenhüter den Sprachkritikern auch in Zukunft erhalten bleiben werden, und mit ihnen die Dummen, über die sich auch die Leser und Leserinnen erheben können. Fast alle Zeitungen versichern ja glaubhaft, mit welcher Zustimmung die Leser die Arbeit der Glossisten leserbriefschreibend begleiten. Sie freilich können die Sprüche vom *hin* und *her* und vom *brauchen* ohne *zu* längst auswendig. Gemeint sind immer die anderen.

3.2. Kriterien zur Bestimmung der Sprachrichtigkeit

Der erneute Hinweis auf die Rolle der Sprachkritik in der Verteidigung bildungsbürgerlichen Sprachkapitals zeigt, daß die Frage nach dem richtigen und guten Deutsch bis heute von einem sachfremden Gesichtspunkt überlagert ist. Er erlaubt aber noch kein Urteil über Sinn und Nutzen der Frage nach dem richtigen Deutsch und über die Kriterien, auf Grund deren Richtigkeit festgestellt und gegebenenfalls normativ gefordert wird. Die Kriterien sind, auch unabhängig davon, daß sie zu sozialdistinktiven Zwecken verwendet werden, zwischen Sprachwissenschaft und Sprachkritik strittig. Sie sollen Gegenstand des letzten Vortragsteils sein.

Die erste Beobachtung, die man bei einer systematischen Lektüre von Sprachglossen macht, ist, daß eine einigermaßen konsistente Beurteilungsgrundlage offenbar nicht vorhanden ist. Von Fall zu Fall wählt der Sprachkritiker andere Kriterien oder kombiniert verschiedenartige aus einem Reservoir, das vor allem die folgenden Möglichkeiten enthält: (1) die Berufung auf eine Autorität (z.B. den Duden oder das, was man in der Schule gelernt hat), (2) die Berufung auf den gegenwärtigen Sprachgebrauch, (3) die Berufung auf den früheren Sprachgebrauch, (4) die Berufung auf bestimmte auszuzeichnende Sprechergruppen (z.B. die guten Schriftsteller der Gegenwart oder der Vergangenheit), (5) die Berufung auf eine erhöhte Funktionalität (z.B. die Möglichkeit semantischer Differenzierung) und (6) die Berufung auf die Struktur der Wirklichkeit bzw. das diese Wirklichkeit „sachgemäß", „logisch", „richtig" erfassende Denken. Häufig werden die Argumente auch gehäuft, ohne daß klar ist, welches Kriterium die Beweislast trägt und welche zusätzliche Unterstützung liefern sollen. Für den linguistischen Betrachter irritierend ist ferner die geringe Verallgemeinerbarkeit der vorgebrachten Argumente bzw. die Unsicherheit darüber, ob der Kritiker selbst sie für verallgemeinerbar hält. Wenn *propagandieren* falsch ist, weil der lateinische Stamm *propag-* lautet, ist dann auch *Propagandist* falsch oder nicht? Wenn aber nicht, warum soll für die eine Ableitung etwas anderes gelten als für die andere? Man wird häufig den Verdacht nicht los, daß die Autoren schon zu wissen glauben, was richtig ist, und sekundär sich etwas Passendes aus dem Topf möglicher Argumente aussuchen.

In der bisherigen sprachwissenschaftlichen Auseinandersetzung mit der Sprachkritik herrscht die Deutung vor, daß die sprachkritische Handhabung des Problems der Richtigkeit auf wissenschaftlich überholten Positionen des 19. Jahrhunderts beruht, in Sonderheit auf den sprachtheoretischen Grundlagen und methodischen Prinzipien der traditionellen Philologie und der historischen und vergleichenden Sprachwissenschaft, und durch eine unzulässige Vermischung synchronischer und diachronischer

Sprachbetrachtung charakterisiert sei. Diese Deutung hat viel für sich. Zum einen findet man ja tatsächlich solche historisierenden Argumente, zum anderen ist sie sehr gut mit der konservierenden, soziale Abgrenzung ermöglichenden Funktion der Sprachkritik vereinbar, von der im letzten Abschnitt die Rede war. Andererseits ist die Methode, die Richtigkeit des jeweils gegenwärtigen Sprachgebrauchs über den Rückgriff auf vergangene Sprachzustände zu bestimmen, gar nicht einmal vorherrschend, und sie wird von denen, bei denen man sie vor allem vermutet, den Sprachkritikern der letzten Jahrzehnte des 19. Jahrhunderts, z.B. Wustmann oder Engel, ausdrücklich kritisiert. Ich möchte deshalb die Aufmerksamkeit gezielt auf den zuletzt genannten Argumentationstyp, die Berufung auf die Struktur der Wirklichkeit bzw. das richtige Denken, lenken.

Neben der historischen Argumentation zieht sich durch das ganze 19. Jahrhundert eine andere, bei der Sprachkritiker Aussagen über die Richtigkeit aus einem bestimmten Verständnis der Beziehung zwischen Wort, Begriff und Ding, Sprache, Denken und Wirklichkeit gewinnen. Außerdem erweist sich die historische Argumentation nicht selten als Oberfläche, hinter der wieder das erwähnte Verständnis der Beziehung von Sprache – Denken – Wirklichkeit erkennbar wird. Wenn z.B. Richtigkeit der Sprache mit Goethe illustriert wird, dann oft deshalb, weil Goethe richtig und gut geschrieben habe, und das heißt im Rahmen des Argumentationsmusters, daß er seine Sprache in die richtige Relation zur Welt der Gedanken und zur Wirklichkeit gesetzt hat. Und dies stellt der Sprachkritiker nicht historisch, sondern auf einer einzelsprachunabhängigen und zeitlos gültigen Beurteilungsgrundlage fest. – Zunächst einige Beispiele, um die Art dieser Argumentation zu veranschaulichen.

(1) Ein gegenwärtiger Sprachglossenschreiber, Gerd Wittig (1980), nimmt sich einige Wörter vor, mit denen man im Deutschen, wie er sagt, ein fruchtbares Stück Land bezeichnen kann, nämlich *Aue, Wiese, Flur, Anger* und *Weide*. Daß die Ausdrücke sowohl stilistisch als auch historisch unterschiedlich markiert sind, kümmert ihn nicht. Er schickt sich an, für jeden Ausdruck eine eigene referentielle Bedeutung anzugeben. Um das im Fall von *Anger* und *Weide* bewerkstelligen zu können, bestimmt er *Anger* als „natürlichen Weideplatz mit schlechtem Boden". Wie kommt er darauf? Einen Hinweis gibt der Klammerzusatz „mit lateinisch *ager* = *Acker* verwandt" – ein etymologisches Argument. Es hat jedoch im Kontext dieses Artikels eher die Funktion einer Ersatzlösung an einem Punkt, an dem es ihm nicht recht gelingt, das nachzuweisen, was er nachweisen möchte: daß jeder sprachliche Ausdruck in einer guten Sprache seine ihm eigene Referenz hat bzw. haben sollte.

Damit befindet er sich ganz in Übereinstimmung mit seinem Kollegen vom „Tagesspiegel", der einige Wochen zuvor ausdrücklich geschrieben hatte, „daß eine gute Sprache keine überflüssigen Wörter kennt" (Tormen 1980). Was überflüssig ist, entscheidet sich im Vergleich mit der Wirklichkeit bzw. mit dem, was der jeweilige Autor der gedanklichen Unterscheidung für bedürftig hält. Faktisch erweist sich freilich in aller Regel, daß kein Wort überflüssig ist, denn der Zwang, eine direkte Korrelation zwischen Wörtern, Begriffen und Dingen herzustellen, ist so stark, daß zur Not ein Bedeutungsunterschied konstruiert wird; und dies kann, muß aber nicht geschehen durch Verweis auf die Etymologie.

(2) Der gleiche Autor beklagt in einer Glosse zu „Derselbe, der gleiche" (Wittig 1982) zunächst, daß der Ausdruck *der gleiche* „inzwischen überstark geworden sei". Das könnte Ausgangspunkt für eine historische Begründung der bekannten Bedeutungsunterscheidung sein. Wittig geht jedoch wieder einen anderen Weg. Er wendet sich der Wirklichkeit der Würste und Mützen zu und entdeckt dort Arten und Exemplare. Dann schwingt er sich auf die Ebene der Gedanken mit der Bemerkung, daß „es doch zumindest gedanklich sehr einfach [sei], dieselbe Wurst, die man soeben gekauft hat, wenn man sie in den Mund nehmen will, von der gleichen Wurst zu unterscheiden, die man schon gestern verzehrte". Die Schwierigkeit des dritten Schrittes, zu begründen nämlich, daß das gedanklich Unterschiedene auf der sprachlichen Ebene notwendig mit zwei verschiedenen Wörtern, und zwar genau mit den Ausdrücken *derselbe* und *der gleiche* unterschieden werden müsse, umgeht der Autor dadurch, daß der die beiden Ausdrücke schon in den Satz einschmuggelt, mit dem er die Notwendigkeit der gedanklichen Unterscheidung klärt, und damit voraussetzt, was begründet werden soll. Die Umgehung dieses heiklen Punktes ist übrigens typisch. Wenn ein anderer Glossist schreibt: „Ich kann mich nur zu jemandem hin bewegen [...], er aber nur zu mir her" (Ibel 1962, S. 104f.), dann verbleibt er sogar auf der ersten Ebene, und es klingt so, als würden einem die Knie versagen, wenn man es anders versuchte.

(3) Das dritte Beispiel, es stammt von Gerhard Storz, unterscheidet sich von den ersten beiden dadurch, daß es kein lexikalisches, sondern ein grammatisches Problem betrifft, und daß der Autor sich auf eine alte Tradition beruft.

> Einen Konzessivsatz mit 'trotzdem' zu beginnen [...] ist falsch, weil die Verwendung der Partikel als Konjunktion gegen die Funktionalität der Syntax verstößt. Wir bedürfen des 'trotzdem' dort, wo wir etwas anderes, beispielsweise das 'obgleich', 'wiewohl' nicht brauchen können (Storz 1963, S. 185).

Das Beispiel dient Storz dazu zu zeigen, daß Sprachrichtigkeit eine andere Grundlage besitze als die „bloße Gewöhnung". Daher kann der Sprachgebrauch nicht Entscheidungsgrundlage sein. An seine Stelle tritt wiederum nicht die Geschichte, sondern die „Funktionalität der Syntax", womit – das ist wichtig – nicht die Funktionalität speziell der Syntax des Deutschen gemeint ist, sondern menschlicher Sprache überhaupt. Er beruft sich auf die Grammatiker im Altertum und in der Neuzeit, die „im Grunde das Funktionieren der Sprache" zu fassen suchten, „und deshalb lag ihrer Festsetzung der Sprachrichtigkeit das Bemühen um Sprachgerechtigkeit zu Grunde" (S. 285). Zu den allgemeinen Funktionsprinzipien gehört offenbar nicht nur wie in den ersten Beispielen eine Eins-zu-eins-Beziehung zwischen Ausdrücken und Inhalten, sondern auch, daß ein Ausdruck *(trotzdem)* nur eine grammatische Funktion erfüllt. Unterschiede in der Welt der Gedanken sollen generell ihre direkten Entsprechungen in der Welt der sprachlichen Ausdrücke haben.

(4) Wustmann spricht sich verschiedentlich gegen Versuche aus, das Problem der Sprachrichtigkeit geschichtlich zu lösen. Sein Sprachgefühl erlaubt es ihm sehr wohl, auch die Klassiker zu kritisieren, von denen er im Gegensatz zu vielen heutigen Nachfolgern weiß, daß sie nicht immer in seinem Sinne richtig und schön geschrieben haben. Anläßlich der Behandlung der Inversion nach *und* ironisiert er den „wunderlichen Standpunkt", der es manchen Sprachgelehrten verbietet, die Inversion falsch zu finden, weil sie nämlich alt sei, und begegnet diesem Standpunkt mit dem Ausruf: „Als ob eine häßliche Spracherscheinung dadurch schöner würde, daß sie jahrhunderte alt ist" (Wustmann 1912, S. 307f.). Was hat er entgegenzusetzen? Ein Sprachgefühl, das auch bei ihm nicht selten Gefühl für Sprache überhaupt ist. Es ist z.B. am Werke, wenn er *fast in allen Fällen* richtig, *in fast allen Fällen* aber falsch findet. Die Präposition *in* müsse unmittelbar vor dem Wort stehen, das sie regiert: „Das ist so natürlich und selbstverständlich wie irgend etwas, es kann gar nicht anders sein"; „dieses Gesetz geht durch alle Sprachen, denn es ist in der Natur der Präpositionen begründet" (ebenda, S. 315).

(5) Als letztes Beispiel nehme ich noch einmal Schopenhauer, der die Verhunzung der Gegenwartssprache in zahllosen Einzelfällen im Vergleich mit Goethe oder den antiken Sprachen zu belegen sucht; der Urgrund seiner Sprachkritik ist m.E. aber auch eine Zeichentheorie, nach der „die Begriffe [...] Zeichen für Vorstellungen, wie Worte Zeichen für Begriffe" sind (Schopenhauer 1985, Bd. 1, S. 30), und eine bestimmte Auffassung über die optimale Realisierung dieser Beziehung. Dazu gehört u.a. wiederum die Eins-zu-eins-Beziehung zwischen sprachlicher Form und Bedeutung bzw. grammatischer Funktion. Auf dieser Grundlage erwei-

sen sich bestimmte Wörter als unsinnig: „Das Wort *Absolut* ist an und für sich etwas ganz Unsinniges" (ebenda, S. 135). Warum? Es kann von keinem Objekt prädiziert werden. Umgekehrt werden Lücken im Wortschatz entdeckt, wenn für Begriffe Ausdrücke fehlen. Das ergibt u.a. ein Kriterium für die Aufnahme von Fremdwörtern: Fremdwörter sind zu begrüßen, wenn sie die Begriffe vermehren (Schopenhauer 1913, S. 633); die anderen sind nicht nur überflüssig, sondern schädlich, weil Synonymie der vollkommenen Sprache fremd ist. Gleiches gilt umgekehrt für die Polysemie: „Daß Ein Wort zwei verschiedene Bedeutungen hat, ist ein Uebelzustand, dem man stets entgegenarbeiten soll: sie [die Sprachverhunzer] befördern ihn!" (Schopenhauer 1985, Bd. 4, II, S. 40). Was für die Lexeme gilt, gilt auch für Derivationsmorpheme. Mit größter Strenge besteht er auf der je spezifischen Bedeutung von *Vorlage* und *Vorlegung, Vergleich* und *Vergleichung, Entschluß, Entschließung, Entschlossenheit* etc. (Bd. 4, II. S. 40, S. 47 u.ö.), wie auch darauf, daß ein Ausdruck nicht Doppelfunktionen in verschiedenen Wortklassen erfüllen dürfe: Ausdrücke, die adjektivische Funktionen haben, dürfen nicht zugleich als Adverbien verwendet werden usw. (Bd. 4, II, S. 51f.).

Welche Rolle spielt nun die Geschichte in diesem Zusammenhang? Schopenhauer ist davon überzeugt, daß die ersten Menschen „instinktgemäß", wie die Biber ihren Bau und die Bienen ihre Waben, eine vollkommene Grammatik geschaffen haben, daß aber die Geschichte der Sprache seitdem ein Prozeß zunehmenden Verfalls ist (Schopenhauer 1851, S. 460-468). Goethe kann deshalb Vorbild sein, weil er diesem Ursprung relativ näher steht als die Zeitgenossen; das Lateinische und Griechische ist dem Ursprung näher als Goethe, und das Sanskrit ist das Vollkommenste, was erreichbar ist, bevor die Entwicklung im Dunkel der Vorgeschichte verschwindet. Ich wage jedoch zu behaupten, daß es Schopenhauer in seinen sprachkritischen Maßstäben nicht erschüttert hätte, wenn ihn jemand davon überzeugt hätte, daß es die vollkommene Sprache, die seine Beurteilungsgrundlage ist, in Wirklichkeit nie gegeben hat.

Was die Beispiele deutlich machen sollten, ist ein Verfahren zur Bestimmung der Sprachrichtigkeit, das sich in folgender Weise charakterisieren läßt:

(1) Urteile über sprachliche Richtigkeit werden abgeleitet aus einer spezifischen Auffassung über die Beziehung zwischen Sprache, Denken und Wirklichkeit.

(2) In diesem Beziehungsgefüge ist *Sprache* nicht im Sinne von 'Einzelsprache', sondern von 'Sprache überhaupt' aufzufassen. Der Sprachkritiker, der sich auf sein Sprachgefühl beruft, beruft sich nicht auf ein Gefühl

für seine Sprache, sondern auf universelle „Sprachgerechtigkeit" (Storz).

(3) Da dieses Gefühl eine einzelsprachunabhängige, letztlich sogar sprachunabhängige Grundlage hat, kann es sowohl auf den konkreten Sprachgebrauch in einer Sprache als auch auf das grammatische und lexikalische System der Einzelsprachen reagieren und letztere wertend vergleichen. Das erklärt vielleicht, warum Sprachkritiker zur Irritation der Linguisten zwischen Kritik an der Sprache und Kritik am Sprachgebrauch oft nicht unterscheiden.

(4) Untersucht man, worauf das Sprachgefühl ablehnend oder zustimmend reagiert, so scheint ein ganz zentraler, auf allen Ebenen der Sprache anwendbarer Maßstab die Kongruenz zwischen Wörtern, Gedanken und Dingen zu sein, die in der Auffassung der Sprachkritiker eine Eins-zu-eins-Beziehung zwischen Form und Inhalt bzw. Funktion erfordert. Dieses Kriterium ermöglicht es, die Frage nach der Sprachrichtigkeit, unabhängig vom Sprachgebrauch, sinnvoll zu stellen, ermöglicht in der Regel eine Ja-Nein-Entscheidung und erklärt, warum im Falle variierender Formen immer nur eine richtig sein kann.

(5) In den Beispielen selbst nicht deutlich geworden ist eine weitere in der Sprachkritik wirksame Vorstellung, die indes möglicherweise nicht notwendig mit den ersten vier Punkten verbunden ist. Sie läßt sich dahingehend formulieren, daß sprachliche Formen nicht nur eine je eigene, sondern eine ihnen wesentlich zugeordnete „wahre", „eigentliche" Bedeutung haben, der man durch Beachtung ihrer Wörtlichkeit oder durch Rückgriff auf die Historie habhaft werden kann. Das läuft tendenziell auf eine Deutung des Zusammenhangs von Form und Inhalt als nicht arbiträren hinaus.

Fragt man nach den sprachtheoretischen Wurzeln einer so argumentierenden Sprachkritik, so entfallen sowohl die strukturalistischen Sprachtheorien als auch die der historischen und vergleichenden Sprachwissenschaft des 19. Jahrhunderts. Nicht zu übersehen sind freilich die Affinitäten zu den Traditionen der philosophischen Sprachbetrachtung des 17. und 18. Jahrhunderts, die, wie schon früher erwähnt, in das 19. Jahrhundert weit hineinreichen. Ich weiß nicht, ob sich ein lückenloser Traditionszusammenhang vom 18. Jahrhundert bis heute nachweisen ließe, schließe die Möglichkeit aber nicht aus. Wie dem auch sei, an dem negativen sprachwissenschaftlichen Urteil über die sprachkritische Praxis des Umgangs mit dem Kriterium der Sprachrichtigkeit in den letzten 120-140 Jahren brauchte sich zunächst nichts zu ändern. In der Begründung für den Vorwurf, von wissenschaftlich unhaltbaren Vorstellungen über Charakter und Funktionieren von Sprache auszugehen, müßte der Verweis auf die Traditionen der historisch-vergleichenden Sprachwissenschaft nur um den Verweis auf die Traditionen der philosophischen Grammatik ergänzt werden.

4. Sprachkritische, alltagsweltliche und linguistische Sprachtheorien: ein problematisches Verhältnis?

Es scheint mir jedoch die Frage berechtigt, ob die skizzierten Vorstellungen über Sprache nicht eine Affinität zu verbreiteten alltagsweltlichen Sprachtheorien haben und, unabhängig von einem möglicherweise auch existierenden wissenschaftsgeschichtlichen Traditionszusammenhang, dort ihre Wurzeln haben und immer wieder neu erhalten. Das könnte auch der Sprachwissenschaft nicht gleichgültig sein, weil sie es dann nicht nur mit einigen unverbesserlichen Sprachschulmeistern zu tun hat, sondern mit den normalen Sprachteilhabern, deren Sprache sie zu beschreiben und deren Sprachbewußtsein sie zu rekonstruieren beansprucht.

Nun könnte man das nicht selten zu beobachtende Einverständnis zwischen Sprachkritikern und Sprachteilhabern, auch bezüglich der sprachtheoretischen Grundlagen, als Ergebnis eines über Generationen reichenden, vor allem über die Schule vermittelten Einflusses eben solcher Sprachkritiker deuten, im Verein mit Schulgrammatik und anderem abgesunkenen wissenschaftlichen Kulturgut. Die in Frage stehenden Auffassungen über Sprache wären, wenn sie Resultat dieses Einflusses sind, mit dem Begriff „alltagsweltlicher Sprachtheorien" falsch bezeichnet, wären sie doch Ergebnis einer fehlgeleiteten und angelernten Reflexion über Sprache, fern von und möglicherweise sogar im Gegensatz zu dem alltagsweltlich wirksamen, die kommunikative Praxis unreflektiert bestimmenden Sprachbewußtsein. Vorsicht ist geboten! Kein Zweifel, daß die Norm der Verwendung von *brauchen* ohne *zu* in diesem Sinne angelernt ist und den, der sie hersagt, nicht davor bewahrt, im folgenden Satz *brauchen* ohne *zu* zu gebrauchen, genauso wie es nicht unbedingt überrascht, daß jemand, der mir kürzlich versicherte, ihn störe die Hauptsatzkonstruktion nach *weil*, und er vermeide sie, in der Begründung für diese Selbsteinschätzung den Gegenstand seines Unbehagens reproduzierte.

Die in Frage stehenden Auffassungen über Sprache liegen möglicherweise jedoch tiefer. Nimmt man einerseits das linguistische Arbitraritätsprinzip und andererseits die nicht nur bei Sprachkritikern zu beobachtende Suche nach der „eigentlichen" Bedeutung eines Wortes, die zwar nicht die Faktizität einer nicht-arbiträren Beziehung von Ausdruck und Inhalt, aber die Möglichkeit einer solchen voraussetzt, und in der vor allem ein starkes Bedürfnis Ausdruck findet, es möge eine nicht-arbiträre Beziehung walten, so scheint mir die Frage, was angelernt und was wirkendes Sprachbewußtsein ist, nicht einfach zu entscheiden. Die Sprachgeschichte kennt ja sehr wohl die Prozesse der Sinngebung des Sinnlosen, genannt „Volksetymologie", wie auch die Homonymenflucht und ähnliche Erscheinungen. Orientiert man sich an den Alltagstheorien über Sprache, kommt man auch in gewisse Schwierigkeiten mit neueren Ansätzen der linguistischen Semantik, in denen die Vorstellung, Wörter hätten eine kontextunabhängige Bedeutung, nur als unzulässige Hypostasierung überholter semantischer Theorien vorkommt. Auch diese Hypostasierung scheint mir dem alltagsweltlichen Sprachbewußtsein nicht fremd, und gegen dieses richtet das Urteil „wissenschaftlich überholt" nichts aus, kann man doch auch umgekehrt kritisch fragen, welche und wessen Sprache es denn ist, die Linguisten beschreiben, und von der gilt, daß es in ihr keine kontextunabhängigen Bedeutungen gibt, das Arbitraritätsprinzip waltet, Sprachrichtigkeit allein eine Sache des Gebrauchs ist usw.

Ich gebe also zu bedenken, ob nicht die Sprachkritiker z.T. etwas Ausdruck geben, was auch im alltagsweltlichen Sprachbewußtsein verankert ist, und ob deshalb nicht die linguistische Kritik als Kritik an der Unwissenschaftlichkeit der Sprachkritik am Problem vorbeigeht, schließlich auch, ob man nicht – wie bei der Sprachkritik der ersten Hälfte des 19. Jahrhunderts – immer noch sagen könnte, auch die heutige sei, trotz ihrer Unzulänglichkeiten und der zuweilen kaum erträglichen Ignoranz, eine Form der Auseinandersetzung mit Sprache aus eigenem Recht.

Literatur

Abels, Kurt (1988): Zum Verhältnis von Deutschunterricht und Germanistik vom Anfang des 19. Jahrhunderts bis um 1960. In: Oellers, Norbert (Hrsg.): Das Selbstverständnis der Germanistik. Aktuelle Diskussionen. (Vorträge des Germanistentages Berlin 1987, Bd. 1) Tübingen: Niemeyer, S. 105-119.

Bahner, Werner/Neumann, Werner (Hrsg.) (1985): Sprachwissenschaftliche Germanistik. Ihre Herausbildung und Begründung. Berlin: Akademie-Verlag.

Blackall, Eric Albert (1966): Die Entwicklung des Deutschen zur Literatursprache 1700-1775. Stuttgart: Metzler.

Cherubim, Dieter (1983): Zur bürgerlichen Sprache des 19. Jahrhunderts. Historisch-pragmatische Skizze. In: Wirkendes Wort 30, S. 398-422.

Cherubim, Dieter/Mattheier, Klaus J. (1989): Vorwort. In: Cherubim, Dieter/Mattheier, Klaus J. (Hrsg.): Voraussetzungen und Grundlagen der

Gegenwartssprache. Sprach- und sozialgeschichtliche Untersuchungen zum 19. Jahrhundert. Berlin/New York: W. de Gruyter, S. 1-9.

Dieckmann, Walther (Hrsg.) (1989): Reichthum und Armut deutscher Sprache. Reflexionen über den Zustand der deutschen Sprache im 19. Jahrhundert. Berlin/New York: W. de Gruyter.

Engel, Eduard (1922): Deutsche Stilkunst. 30. Aufl. Leipzig: G. Freytag (1. Aufl. 1912).

Glinz, Hans (1987): Die Sprachtheorien in und hinter den Lehrern und die Entwicklung der Sprachfähigkeit in den Schülern. In: Wimmer, Rainer (Hrsg.): Sprachtheorie. Der Sprachbegriff in Wissenschaft und Alltag. Jahrbuch 1986 des Instituts für deutsche Sprache. Düsseldorf. Schwann-Bagel, S. 206-236.

Hildebrand, Rudolf (1867): Vom deutschen Sprachunterricht in der Schule und von etlichem ganz Anderen, das doch damit zusammenhängt. In: Pädagogische Vorträge und Abhandlungen 1. Leipzig: J. Klinkhardt, S. 69-147.

Ibel, Rudolf (1962): Im Spiegel der Sprache. Kurzweilige und besinnliche Glossen zur deutschen Sprache. München: Heimeran.

Matthes, Günter (1989): Von Tag zu Tag: Alterserscheinungen. In: Der Tagesspiegel v. 25. Febr.

Naumann, Bernd (1986): Grammatik der deutschen Sprache zwischen 1781 und 1856. Die Kategorien der deutschen Grammatik in der Tradition von Johann Werner Meiner und Johann Christoph Adelung. Berlin: E. Schmidt.

Schopenhauer, Arthur (1851): Parerga und Paralipomena: kleine philosophische Schriften. Berlin: A.W. Hayn.

Schopenhauer, Arthur (1913): Parerga und Paralipomena. Kleine philosophische Schriften. Hrsg. v. Paul Dessau. (Sämtliche Werke, Bd. 5,2) München: Piper.

Schopenhauer, Arthur (1985): Der handschriftliche Nachlaß in fünf Bänden. Hrsg. v. Arthur Hübscher. München: dtv.

Schroeder, Otto (1906): Vom papiernen Stil. 6. Aufl. Leipzig/Berlin: B.G. Teubner (1. Aufl. 1889).

Sitta, Horst (1990): Defizit oder Entwicklung. Zum Sprachstand von Gymnasialabsolventen und Studenten. In: Stickel, Gerhard (Hrsg.): Deutsche

Gegenwartssprache. Tendenzen und Perspektiven. Berlin/New York: W. de Gruyter, S. 233-254.

Storz, Gerhard (1963): Absichten und Grenzen der Sprachkritik. In: Figuren und Prospekte. Ausblicke auf Dichter und Mimen, Sprache und Landschaft. Stuttgart: Klett, S. 281-291.

Süskind, W.E. (1986): Gedanken zur Sprachpflege. In: Moser, Hugo (Hrsg.): Sprachnorm, Sprachpflege, Sprachkritik. Jahrbuch 1966/1967 (Sprache der Gegenwart 2) Düsseldorf: Schwann, S. 191-203.

Tormen, Ernst (1980): Sprachprivatissimum. In: Der Tagesspiegel v. 17. 8.

Wehler, Hans-Ulrich (1987): Deutsche Gesellschaftsgeschichte. Zweiter Band: Von der Reformära bis zur industriellen und politischen „Deutschen Doppelrevolution" 1815-1845/49. München: C.H. Beck.

Wissenschaftler widersprechen These vom Verfall der deutschen Sprache. „Leistungen von Schülern und Studenten sind gestiegen". In: Der Tagesspiegel v. 24. Febr. 1989.

Wittig, Gerhard (1980): Sprachprivatissimum. In: Der Tagesspiegel v. 26. 10.

Wittig, Gerhard (1982): Sprachprivatissimum: Derselbe, der gleiche. In: Der Tagesspiegel v. 31. 1.

Wustmann, Gustav (1912): Allerhand Sprachdummheiten. Kleine deutsche Grammatik des Zweifelhaften, des Falschen und des Häßlichen. 6. Aufl. Straßburg: K.J. Trübner (1. Aufl. 1891).

GREGOR KALIVODA

Parlamentarischer Diskurs und politisches Begehren – Untersuchungen zum Sprachgebrauch des 1. Vereinigten Preußischen Landtags von 1847

1. Der Forschungsgegenstand: Sprache und Politik

Die Konjunktion der Begriffe Sprachgeschichte und Nationalgeschichte thematisiert ein linguistisches Erkenntnisinteresse, verweist auf ein forschungspraktisches Desiderat[1] und fordert die dazugehörende methodische Standortbestimmung. Dies gilt insbesondere für die Beschreibung der politischen Sprache und ihrer historischen Realisierungsformen.

Der Terminus *Politische Sprache* ist seit 1789 belegt.[2] Sieyès bedient sich dieses Begriffs in seiner Schrift: „Was ist der dritte Stand?". Angezeigt ist damit die gesellschaftlich-revolutionäre Schöpfung und die politisch-theoretische Bestimmung einer Vokabel, die fachwissenschaftlich und historisch von Bedeutung sind. Zugleich macht dieser Begriff einen Bedingungszusammenhang deutlich: Theorie und Praxis der Politik, politisches Denken und Handeln gehen zwar nicht in Sprache auf, sind aber wesentlich abhängig von ihrer zeichenhaften Darstellung. Die Ablösung und Sicherung von Herrschaftsformen, die ordnende Gestaltung von gesellschaftlichen Beziehungen, die Funktionsfähigkeit von Institutionen, die Herbeiführung und Umsetzung politischer Entscheidungen sind nicht denkbar ohne die Produktion und Rezeption von Texten, d.h. ohne sprachliche Kommunikationsprozesse.[3]

Die Bestimmung der Eigenschaften und Funktionen von politischer Sprache in einer historischen Perspektive heißt also zunächst und vor allem: Textanalyse. Will man Texte sprachgeschichtlich angemessen rekonstruieren, so hat man sie als Zeugnisse für kommunikative Ereignisse, d.h. als spezifische Formen des Sprachgebrauchs zu betrachten. Die Textanalyse bedarf daher eines pragmatischen Fundaments.[4] Damit ist eine fachliche und methodische Abgrenzung formuliert zu rein begriffs- oder sprachsystemgeschichtlich interessierten Forschungsunternehmen der Linguistik.

---

[1] Z.B. bei Dieckmann 1969, S. 23; Holly 1982, S. 10; Gessinger 1982, S. 120; v. Polenz 1989, S. 12.

[2] Vgl. Guilhaumou 1989, S. 20.

[3] Vgl. Grünert 1984, S. 29.

[4] Vgl. v. Polenz 1980, Titel.

Daß die bisherige historische Forschung vor allem auf dem Gebiet des parlamentarischen Sprachhandelns „durch pragmatische Untersuchungen ergänzt werden"[5] muß, wird v.a. sinnfällig durch die geringe Anzahl von Arbeiten, die bisher zu diesem Forschungsgegenstand vorliegen.[6] Die Forderung von P. v. Polenz, daß „Sprachgeschichte mit Sozialgeschichte in Beziehung zu setzen" sei,[7] bedeutet für die Analyse des politisch-parlamentarischen Sprachgebrauchs die Durchführung weiterer empirisch-deskriptiver Vorarbeiten, bevor auch theoretisch befriedigende Resultate erzielt werden können. Im Mittelpunkt stehen dabei nicht die systematisierbaren und formalisierbaren Verwendungspotentialitäten der langue, sondern die parole, d.h. das Sprechen in seinem Realitätscharakter. „Die Notwendigkeit der Interdisziplinarität liegt für das parlamentarische Sprechen auf der Hand. Hier sind neben den linguistischen Verfahren auch die Ergebnisse von Geschichtswissenschaft und Politologie von Bedeutung, die das Feld konturieren, von dem parlamentarisches Sprechen ursächlich ausgeht und auf das hin es sich realisiert."[8] Die theoretische Bestimmung einer „historischen Textpragmatik",[9] die bisher nur in ihren Hauptlinien formuliert ist,[10] hätte diesen interdisziplinären Zugang zum Gegenstand substantiell zu reflektieren. Theoretisch wichtige Determinanten für eine historische Pragmatik politischer Texte können hier nicht erschöpfend behandelt werden. Beispielhaft seien jedoch folgende konstitutiven Momente[11] hervorgehoben:

I. Texte und Handlungen/Ereignisse

Politisches Reden und politisches Handeln stehen in einem komplexen Zusammenhang. Politisches Reden ist sowohl Movens als auch Reflex politischen Handelns. Im Terminus *Sprachgebrauch* ist dieser Nexus aufgehoben. Politische Handlungen vorzubereiten, zu verhindern, zu motivieren, zu rechtfertigen, zu steuern heißt sprachliche Zeichen auszutauschen und Texte zu kommunizieren. Handlungen und Ereignisse konstituieren

---

[5] Holly 1982, S. 10.

[6] Heiber 1953; Zimmermann 1972[2] ; Grünert 1974; Gumbrecht 1978, Kalivoda 1986; Guilhaumou 1988.

[7] v. Polenz 1989, S. 12.

[8] Kalivoda 1986, S. 18.

[9] Gumbrecht 1978, S. 43.

[10] Vgl. Gumbrecht 1978; Sitta 1980; Holly 1982.

[11] Vgl. dazu auch Grünert 1980[2] , S. 5 f.

die Thematik politischer Texte, liefern ihren semantischen Horizont und sind als Textreferenzen sachliche Strukturglieder der Botschaft.

II. Texte und Öffentlichkeit

Zur Kultur politischer Rede gehört Öffentlichkeit. Geheimpolitik oder Partizipation, demokratische oder hierarchische Öffentlichkeit, Akklamation oder Kritik sind oppositive Muster in der Sphäre der Öffentlichkeit mit Wirkung auf Möglichkeiten und Grenzen politischer Kommunikation.

III. Texte und Redner

Form und Inhalt, Überzeugungskraft und Intention von politischer Rede sind auch abhängig von der Biographie des Redners: Ob Demokrat oder Monarchist, Gelehrter oder Handwerker, Fürst oder Bürger, Herrscher oder Beherrschter, der Lebensweg, die persönlichen Erfahrungen und die gesellschaftliche Stellung des Redners werden im Text zum Ausdruck gebracht.

IV. Texte und Auditorium

Die politische Rede richtet sich an eine Zuhörerschaft mit spezifischen Interessen, Erfahrungen, Erwartungen und Wertvorstellungen. Sprecherintentionen und textuale Wirkungsabsichten können sich nur dann erfolgreich realisieren, wenn das Auditorium als Vollversammlung, republikanischer Club, Festgemeinde, Massenaufmarsch oder Honoratiorentreffen vom Redner sprachlich konstituiert wird.

V. Texte und Intentionen

Die politische Rede ist zweckgebunden. Ob dem Movere, Docere oder Delectare verpflichtet, sie hat Auslöse-, Steuerungs- und Appellfunktion, sucht Einstellungen, Attitüden, Verhaltensweisen zu affirmieren oder zu verändern. Sie kann argumentativ aufklären oder manipulativ verschleiern, informieren oder verführen, den Verstand ansprechen oder Gefühlshaushalte modellieren, Hörer beschwichtigen oder Massen fanatisieren. Der instrumentale Charakter der politischen Rede ist gebunden an die Intentionen des Sprechers.

VI. Texte und sprachliche Mittel

Die politische Rede bedient sich sprachlich-rhetorischer Mittel. Als feierlich-pathetische oder sachlich-nüchterne, als bildkräftig-gefühlsbetonte oder technisch-rationale Rede schafft sie eindringliche Nähe oder

unbeteiligte Distanz. Sie realisiert sich in einfachen oder bombasti-
schen, anschaulichen oder abstrakten Formen, ist ein Text der Schlag-
worte, Sprachhülsen oder der Denkanstöße und des Abwägens. Politische
Rede bevorzugt den ableitend-folgernden Duktus oder den überredenden
Wortschwall.

Politische Handlungen und Ereignisse, politische Redner und Hörer, gesellschaftliche und institutionelle Diskursräume, Intentionen, Wirkungen
und sprachliche Zeichen bilden einen historisch dimensionierten text-
pragmatischen Zusammenhang, der um den formativen Aspekt der Textsorte ergänzt werden muß: Parlamentarische Debatten und Wahlreden,
Festansprachen und Predigten, Aufrufe und Flugblätter, Massenlieder
und Kampfparolen sind Teil nationaler und übernationaler Diskurse, in
denen gesellschaftliche Handlungs- und Erfahrungsweisen symbolisiert
und kommuniziert werden. Sie strukturieren das Kontinuum des politischen Sprachgebrauchs nach kommunikativen Einheiten, die zugleich
Orientierungsrahmen für eine politische Textgeschichte sind. Ihr semantischer Horizont konstituiert sich nach dem Prinzip der Diskursverflech-
tung bzw. der Intertextualität, die sich in affirmativen oder oppositiven
Bezügen manifestiert.

Als beispielhaft für eine textpragmatische Vorgehensweise können die
Verfahren der Stilistik und Rhetorik angesehen werden,[12] die auch die
Frage des Sprachwandels thematisieren. Gerade die Rhetorik untersucht
Zeugnisse praktischer politischer Beredsamkeit nach personalen, situativen und textualen Bedingungen und liefert insofern ein Paradigma
für die historisch orientierte Analyse von bereichsspezifischem Sprachgebrauch. Textpragmatische Orientierungsarbeit leisten auch diskursana-
lytische Unternehmungen,[13] die über lexem- oder begriffsgeschichtliche
Verfahren hinausgreifen und den Beschreibungszugriff vom Sprechakt bis
zum Textganzen und zur Sprechweise entwickeln.

Insgesamt ist damit die Analyse des politischen Sprechens als Sprach-
gebrauchsgeschichte gesetzt. Sie kann definiert werden als Resultante
aus Sprecher-/Hörergeschichte, Situationsgeschichte und Textsortenge-
schichte.

---

[12] Vgl. Wunderlich 1970; Gumbrecht 1978; Cherubim 1980; Kalivoda 1986.

[13] Vgl. Guilhaumou 1989.

2. Politische Sprache zwischen 1800 und 1848

Fragt man nach dem Beginn, der Ausformung und Tradierung des politisch-parlamentarischen Sprachgebrauchs in Deutschland, nach seiner gesellschaftlichen Verankerung und parteilich-ideologischen Konturierung, so bildet die Sprachgeschichte des 19. Jh. ein zentrales linguistisches Forschungsfeld. Es ist das Feld der bürgerlichen Diskurse, die den Arkan der monarchischen Geheimpolitik durchbrechen und die gesellschaftlichen Angelegenheiten öffentlich machen. Dies gilt für den Bereich der Ökonomie, wo neue Produktionsweisen begrifflich eingeholt werden, für den Bereich der Politik, wo Partizipation Zielgröße ist sowie für den Bereich der Ideologie, wo Untertanenmentalität ersetzt wird durch den Ausdruck bürgerlichen Selbstbewußtseins. Es sind evolutionäre und revolutionäre Sprechweisen in Deutschland, für die mindestens zwei Quellen in Rechnung gestellt werden müssen:

I. Das Erziehungs- und Emanzipationsprogramm der europäischen Aufklärung

Die philosophisch-anthropologisch fundierte Aufhebung der Unmündigkeit ist hier v.a. in ihrer staatstheoretischen und juristischen Auswirkung von Bedeutung: Die Diskurse kreisen um die Begriffe des Naturrechtes, der Menschenrechte und der Rechte des Individuums, die gegen die metaphysisch-erbrechtlich begründete Herrschaftsform des Absolutismus aufgeboten werden. Der bürgerliche Anspruch auf eine neue Legitimationsgrundlage, eine allgemeingültige Verfassung und die Gesetzmäßigkeit des staatlichen Handelns suspendiert die repressive Formel vom Gottesgnadentum fürstlicher Herrschaft.

II. Die Botschaft der französischen Revolution

Die Ereignisse von 1789 machen auch in Deutschland erfahrbar, „wie sich in den revolutionären Texten selbst ein neuer Umgang mit und ein neues Bewußtsein von Sprache herstellte und in welchem Maße dieser Prozeß der Revolutionierung...entscheidend für die Herausbildung einer politischen und demokratischen Sprache in Frankreich – und Europa – wurde."[14] Die Revolutionierung der Herrschaftsform und die Umgestaltung der Sprache gehen Hand in Hand. Begriffe wie *Recht, Emanzipation, Toleranz, Fortschritt, Öffentlichkeit, Mehrheit, Volk, Nation, Parlament* oder *Verfassung* erhalten hier ihre Bedeutung als Zeit-, Ziel-, Kampf- oder Solidarisierungsbegriffe,[15] ihre Semantik wird politisch-

---

[14] Guilhaumou 1989, S. 12.

[15] Vgl. v. Polenz 1989, S. 23.

praktisch faßbar. Den revolutionären Erfahrungszusammenhang bringt der Gesetzgeber Grégoire 1794 auf folgende appellativ-programmatische Formel: „Von nun an soll die Redeweise der Freiheit an der Tagesordnung sein!".[16] Diese neue Art des Redens konkretisiert sich im wesentlichen um die Begriffe *Peuple* (Volk, Staatsvolk), *Citoyen* (mündiger Bürger, Staatsbürger) und *Droit* (Gerechtigkeit, Rechtmäßigkeit), die als Eckpfeiler einer revolutionären Semantik gelten können.

Die Rezeption der französischen Ereignisse in Deutschland und den damit verbundenen bürgerlich-politischen Aufbruch macht Damaschke exemplarisch fest: „Am Ende des Untertanenstaates stand Johann Gottlob Fichte. Er steht aber auch am Beginn der neuen Zeit, die durch Napoleon I. in Deutschland erzwungen wurde."[17] Fichtes „Reden an die deutsche Nation" sind nicht nur die Forderung nach Verwirklichung bürgerlich-demokratischer Ideale, sondern er bringt die Nation selbst als Zielgröße in den Diskurs ein. Die Befreiung von den Fesseln des Feudalismus, die Parlamentarisierung des Regierens und die Bildung einer Staatsnation sind in Deutschland im 19. Jh. korrespondierende politische Forderungen. In den Befreiungskriegen von 1813-1815 wird die Idee der deutschen Nation, der staatlichen Einheit allerdings gegen Frankreich, gegen die französische Besatzungsmacht profiliert: politische Umgestaltung – ja, politische Fremdherrschaft – nein.

Die erste Hälfte des 19. Jh., die Zeit zwischen der Gründung des Deutschen Bundes 1815 und der deutschen Revolution 1848/49 ist eine Phase des dialektisch-oppositiven Kräftemessens. Die Rekonstruktion des politischen Sprachgebrauchs hat davon auszugehen, daß gesellschaftliche Umwälzungsversuche und die Etablierung neuer Sprechweisen Gegenreaktionen der alten Mächte provozieren. Beharrung steht gegen Veränderung, Emanzipation gegen Repression: Die neue bürgerliche Klasse beansprucht die politische Definitionsmacht für sich,[18] der herrschende Sprachgebrauch wird vom absolutistischen Adel mit Zensur, Berufsverbot, Repression und Verfolgung verteidigt. Zum politisch-praktischen Kampf tritt der politisch-semantische Krieg. Das Wechselspiel zwischen bürgerlichem Anspruch und feudaler Eindämmungspolitik treibt den handlungspraktischen und sprachlichen Prozeß voran. Der Kulminationspunkt ist die Revolution. Sprachliche Konkurrenz und politische

---

[16] Zitiert bei Guilhaumou 1989, S. 22.

[17] Damaschke 1921, S. 285.

[18] Vgl. Schlieben-Lange 1988, S. 9.

Unterdrückung produzieren neue Texte und Solidarisierungsformen, gesellschaftliche Bewegungen schaffen neue Kommunikationsprozesse, die den überkommenen Herrschaftsdiskurs ideologiekritisch aufbrechen: „Die radikale Abwendung von einer alten politischen und sozialen Ordnung führt...auch zu einer Auseinandersetzung mit Wertesystemen, Normen und kulturellen Formen der überwundenen Gesellschaftsform."[19] Nach Foucault[20] werden die Kämpfe der politischen Beherrschung in Diskursen symbolisch übersetzt und in Diskursen manifestiert sich das politische Begehren. Es sind dies Techniken der Abgrenzung und Identifikation, die handlungsanleitende Potenz besitzen. „Die neuen sozialen und politischen Zustände müssen sprachlich greifbar und vermittelbar, die alten im Medium der Sprache inkriminiert werden."[21] Angesprochen sind damit auch die grundlegenden Muster der Parteilichkeit. Zusammen mit der oppositiven Qualität der politischen Diskurse und der Dialektik des sprachlich-gesellschaftlichen Prozesses konstituiert die Parteilichkeit der Rede und Handlung das sprachpragmatische Feld, von dem die Textanalyse auszugehen hat. Solche kontradiktorischen Muster lassen sich beispielhaft benennen:

- die absolutistische Monarchie steht gegen den bürgerlichen Rechtsstaat,
- das fürstliche Patent gegen die Verfassung,
- die Kleinstaaterei gegen den Nationalstaat,
- die Ständeordnung gegen die bürgerliche Gesellschaft,
- der feudale Agrarstaat gegen den Industriestaat,
- das Fürstenkabinett gegen das Parlament,
- die monarchische Sprache des Arkans gegen die öffentliche Sprache des Volkes.

Diese Rahmendaten für eine Geschichte des Politischen Sprechens im 19. Jh. sind zu ergänzen um Hinweise auf die dialektische gesellschaftliche Ereignisgeschichte. Einige Daten seien auch hier in Erinnerung gerufen:

I. Restaurative Manifestationen	II. Bürgerliche Manifestationen
1814/15 Wiener Kongress und Restitution der Monarchie	1815 Gründung der deutschen Burschenschaften in Jena
1815 Bundesakte und Deutscher Bund	1817 Wartburgfest

---

[19] Schlieben-Lange 1988, S. 9.

[20] Foucault 1974, S. 7 ff.

[21] Schlieben-Lange 1988, S. 9.

1819	Karlsbader Beschlüsse und Demagogenverfolgung	1830	Rezeption der französischen Julirevolution
1820	Wiener Ministerkonferenzen	1832	Hambacher Fest
1824-30	Bundesmaßnahmen zur Erhaltung von Sicherheit und Ordnung	1833	Frankfurter Wachensturm
		1847	Tagung der Liberalen und Demokraten
1835/36	Maßnahmen des Bundesverfassungsschutzes	1848	Märzrevolution

Diese politische Konkurrenzsituation führt zur Ausbildung von Parteien, massenwirksame Texte und bürgerliche Großveranstaltungen dokumentieren den Prozeß einer sich erweiternden politischen Öffentlichkeit. „Sprachgeschichtlich sind beide Vorgänge von großer Bedeutung, einmal weil sich nun parteipolitisch orientierte, gruppenspezifisch gebundene Zeicheninventare, Zeichensysteme herausbilden, die miteinander konkurrieren, zum anderen weil neue Formen des öffentlichen Kommunizierens entstehen, neue Sprachhandlungen und in Texten kondensierte Sprachhandlungsmuster."[22] In argumentativ-appellative Sequenzen eingebunden, repräsentieren diese Sprechhandlungen den politischen Wunsch des Volkes und konstituieren die Gestalt des Wortführers. Das politische Subjekt manifestiert sich auch als bewirkendes Sprachsubjekt. Die Entwicklung von der Sprache der Aufklärung zur Sprache des Rechtes und der Verfassung bis zur Sprache des Volkes indiziert die kontinuierliche Ausweitung eines politischen Sprachgebrauchs, dessen Telos die Eroberung der Diskurshegemonie ist. „Diese neue Art von Äußerungen konkretisiert sich im wesentlichen einmal um das Wort citoyen und die neuen Bedeutungen, die dieses Wort annimmt, und andererseits um die Modalitäten der Sprechakte des Bittens und Forderns."[23] Der Bewegung vom Prinzip der Staatsbürgerschaft zum Forderungsakt[24] steht das Prinzip monarchistischer Beharrung und der Zurückweisungsakt gegenüber. Beide basalen Akte bilden antagonistische diskursive Zentren: kompromißlose Radikale und Demokraten einerseits und restaurativer

---

[22] Grünert 1985, S. 81.

[23] Guilhaumou/Maldidier 1988, S. 61.

[24] Vgl. Guilhaumou 1989, S. 49 ff.

Feudaladel andererseits setzen mit diesen Akten eine scharfe gesellschaftliche und ideologischsprachliche Zäsur. Dieses Spannungsverhältnis zwischen Aufbruch und Eindämmung wird modifiziert durch Positionen des Kompromisses, dessen sprachlicher Gravitationsort der Zugeständnisakt, dessen Handlungsmaxime die Evolution ist. Der dazugehörende legislative Text ist die Verfassung als Dokument einer konstitutionellen Monarchie. Repräsentanten dieser Positionen sind der liberale Adel und das liberale Großbürgertum. In den Süddeutschen Landtagen findet dieser politische Gestaltungswille seit 1818 seinen sprachlichen und parlamentarisch-institutionellen Ausdruck, Preußen bildet mit seinem ersten Zentralparlament von 1847 das entwicklungsgeschichtliche Schlußlicht. Die Kompromißformel der Konstitution, der Text des gegenseitigen Zugeständnisses konnte jedoch den Diskurs des Begehrens und die umgestaltende Praxis nicht kanalisieren und den Dammbruch von 1848 nicht verhindern.

Betrachtet man die Manifestationen der politischen Beredsamkeit in Deutschland in der ersten Hälfte des 19. Jh., so kommt der Parlamentsrede eine zentrale Bedeutung zu: Sie wird zum Inbegriff des bürgerlichen Diskurses, sie repräsentiert den Ort und die Textgattung des politischen Wollens. Der Bruch mit dem Kontinuum der Herrschaft ist ein Bruch mit deren Vokabular und ein Bruch mit ihrer institutionellen Struktur.[25] Für die bürgerliche Politik steht der öffentlich-deliberative Diskurs und das Organ der Repräsentation auf der Tagesordnung. Mit der Parlamentarisierung und Veröffentlichung von Administration und Diskurs wird im 19. Jh. in Deutschland die Tradition der republikanischen Verfaßtheit und der demokratischen Streitkultur eröffnet, der Volksvertreter und seine Sprechweisen werden historisch greifbar.

Die parteilich-oppositive, persuasive und kontextuelle Bedingtheit des politischen Sprechens gilt auch für den Diskurssektor des parlamentarischen Sprachgebrauchs. Er wird geprägt durch parteilich gebundene Redner, die ihren Standpunkt im dialektischen FÜR-UND-WIDER durchzusetzen versuchen, die retrospektive und prospektive Begründungszusammenhänge entwickeln und Argumente aus ihrem ideologischen Weltbild sowie aus dem überparteilichen Topos des Gemeinwohls schöpfen.[26] Sie konstituieren damit einen Oppositiven Diskurs, dessen Hauptreferenzen in Sachdarstellung, Selbstdarstellung und Gegnerdarstellung zum Ausdruck kommen.[27]

---

[25] Vgl. Marcuse 1972[3], S. 55 f.

[26] Vgl. Kalivoda 1989, S. 270.

[27] Vgl. Kalivoda 1988, S. 87.

Im 19. Jh. wäre denn in Deutschland die parlamentarische Rolle und die repräsentative Sprechweise schrittweise eingeübt, entwickelt und gefestigt, nicht als Selbstverständlichkeit, sondern als kontinuierliche Durchsetzungsanstrengung mit Hilfe parteilicher Begrifflichkeiten und textual gebundener Sichtweisen und Handlungsanleitungen. Mit der linguistischen Beschreibung der Debatten des ersten Preußischen Zentralparlamentes kann die sprachliche Antizipation, Definition und Etablierung neuer Regierungsformen beispielhaft demonstriert werden.[28]

3. Sprachgebrauch des 1. Vereinigten Landtags von 1847

Nach einem festgelegten Programm und unter Leitung des Hofmarschalls Graf Keller wird der Landtag am 11. April 1847 eröffnet. Der Anzug ist en gala, die Aufstellung der Teilnehmer nach Rang und Stand zugewiesen und die Feierlichkeit diesem historischen Augenblick in der preußischen Geschichte angemessen. In den Reden zur Eröffnung dominiert das Genus demonstrativum, das Movere bestimmt den Ton.[29] Nicht sans culotte und turbulent, sondern im Gehrock und moderat präsentiert sich das erste preußische Zentralparlament. In Gegensatz zu gallischem Revoluzzertum zeigt diese atmosphärische Momentaufnahme die preußische Disziplin. Die Prädikate ordentlich und höflich kennzeichnen den gesamten Ablauf der Debatte. Nicht die Guillotine, sondern das Wort ist die Waffe des politischen Begehrens.

3.1. Der historische Kontext

Die relativ späte Einrichtung des preußischen Zentralparlamentes ist die monarchistisch profilierte Einlösung der Verfassungsversprechen von 1810, 1815 und 1820. Sie ist ein Zugeständnis am Vorabend der Revolution, nachdem die Stein-Hardenbergschen Reformen und die Einrichtung von Provinziallandtagen das bürgerliche Begehren nicht neutralisieren konnten. Die Begriffe *Patent* und nicht *Konstitution, Vereinigter Landtag* und nicht *National-Versammlung, Stände* und nicht *Volksvertreter* dokumentieren auf terminologischer und textualer Ebene die Halbherzigkeit dieses monarchischen Parlamentarisierungsangebotes. Der Verfassungskonflikt war nicht behoben, sondern nur umformuliert. Die Alternativen zu diesem monarchischen Konstrukt hatten die bürgerlichen

---

[28] Die Deskription der Reden des 1.VL ist Teil der Ergebnisse eines Forschungsprojektes zum politisch-parlamentarischen Sprachgebrauch. Dieses Projekt arbeitete von 1981-86 am FB Germanistik der Gesamthochschule Kassel.

[29] Vgl. Kalivoda 1986, S. 71 f.

Mitglieder des Landtags als praktisches Beispiel vor Augen: die französische und angelsächsische Verfassungsgeschichte und die Entwicklung des süddeutschen Konstitutionalismus, der z.B. durch Rotteck und Welcker auch theoretisch fundiert wurde. Die Texte der konservativen Theoretiker Metternich, Gentz, Müller, Haller und Stahl hatten in Preußen jedoch mehr Einfluß. Sie lieferten die Präferenzschematik für den Monarchen, die inhaltliche Füllung der Zurückweisungsakte.

3.2. Die institutionelle Spezifik

Das monarchische Patent von 1847, als Text der Landtagseinberufung, trägt als Pseudoverfassung den Stempel des konservativ-monarchischen Staatsdenkens. Entsprechend ist der Landtag institutionell organisiert:

- Der Rahmen ist altständisch geprägt (feierliche Eröffnung, Thronrede, Debatte auf Basis von Petitionen, Landtagsabschied).

- Es nehmen ständische Vertreter teil und nicht Volksvertreter (Mitglieder der Herrenkurie nehmen qua Geburtsadel teil, die anderen Stände – Ritter, Städte, Landgemeinde – werden über die Provinziallandtage entsandt. Teilnahmevoraussetzungen sind das Grundeigentum, was Arbeiter, Händler, Intellektuelle ausschließt, christlicher Glaube, was Juden ausschließt und Unbescholtenheit, was Systemgegner fernhält.

- Die Beratungskompetenz und das Petitionsrecht sind eingeschränkt (Außenpolitik ist Sache des Monarchen, Periodizität wird nicht gewährt).

- Die Einteilung in Herrenkurie und Kurie der drei anderen Stände ist ein undeutliches Zweikammersystem. Die Kurien können gemeinsam beraten, oder – auf Geheiß des Monarchen – getrennt tagen. Ebenso ist eine nach Provinzen gesonderte Beratung möglich (itio in partes). Das Bewußtsein und die Praxis einer einheitlichen Volksvertretung ist damit prophylaktisch verhindert.

Angesichts dieses monarchisch dekretierten Pseudoparlamentarismus romantisch-mittelalterlicher Provenienz schwelt der Verfassungskonflikt während der Debatten weiter. In einem deklarativen Grundsatztext zu den Rechten der Parlamentarier bringen die fortgeschrittensten Liberalen ihren Anspruch während der Verhandlungen zum Ausdruck – eine Unbotmäßigkeit, die durch den König scharf verurteilt wird. Die Liberalen, dies sei hier noch angemerkt, setzen sprachliche Unterscheidungshandlungen nicht nur zum absolutistischen Diskurs, sondern auch zum Diskurs der Demokraten und Republikaner: Kontrolle der absoluten

Monarchie und Verhinderung der Volksherrschaft ist ihre programmatische Stoßrichtung.

Die thematischen Debatten des Landtags sind durchgängig vor der Folie von grundlegenden Oppositionspaaren zu sehen: Die Gegenüberstellung von Absolutismus und Konstitutionalismus, Untertan und Bürger, Ständesystem und Repräsentativsystem, Konservativismus und Liberalismus buchstabiert eine diskursive Zäsur und einen gesellschaftlichen Widerspruch. Sie markiert zugleich die politische Topik, an der sich die rhetorische Argumentation der parteilichen Redner orientiert.

Obwohl das monarchische Prinzip noch dominiert, können die bürgerlichen Landtagsmitglieder das zentrale Forum für ihre Ziele nutzen: Sie brechen die restaurative Politik der Staatsarkana deliberativ auf und machen deren Repression deutlich. Die gegebene Publizität und das breite Interesse der Staatsbürger treiben die Zuspitzung des gesellschaftlichen Konfliktes voran und schaffen bei den Parlamentariern ein neues Rollenbewußtsein: Sie verweigern die Zustimmung zur staatlichen Schuldenaufnahme, als die Petition auf periodische Tagung vom Monarchen zurückgewiesen wird. Eine neue Politik wird sprachlich und praktisch im Parlament und im Volk erfahrbar: die Politik des Aushandelns, der Mehrheitsfindung, der Abstimmung. Sie ersetzt schrittweise das fürstliche Diktat und die Texte der Verfügung, des Erlasses und der Anweisung.

Die nachfolgend aufgeführten Sprachbelege sind der „Adreßdebatte" des Landtages entnommen.[30] Die Grundlage dieser Debatte, die sich zum Verfassungsdiskurs entwickelt, sind oppositive Texte: das monarchische Patent, die Thronrede, die Adresse des Landtags und die Antwort des Monarchen. Die Auswahl der Belege orientiert sich am Debattenablauf (diskursive Eigenschaften) und an der Debattentypik (zentrale Sprachzeichen). Die Destination der Debatte ist die Formulierung der Adresse als Antworttext an den Monarchen. Damit wird die Umstrittenheit der Regierungsform thematisch. Progressive und Konservative versuchen ihr Votum in den Redebeiträgen mehrheitsfähig zu machen und konstituieren damit den ersten parlamentarischen Sprachstreit Preußens. In Gegensatz zu idealtypischen Konsensmodellen kann dieser Streit als praktischer Oppositiver Diskurs begriffen werden.

---

[30] Abgedruckt in: Bleich 1977, Reprint der Landtagsprotokolle. Die Belege sind kursiv gesetzt.

3.3. Diskursive Eigenschaften, deliberative Stile, parteiliche Darstellungsweisen

Ein uneingeschränktes Pro zum *monarchischen Prinzip* formuliert der selbstgefällige König in der Thronrede, um die Abgeordneten vor Debattenbeginn auf die Praxis und den Diskurs der Tradition einzuschwören. In der Debatte präsentiert Innenminister Bodelschwingh ein vorsichtig modifiziertes Pro, indem er eine parlamentarische *Petition* an den Monarchen akzeptiert. Das uneingeschränkte Contra wird vom selbstbewußten westfälischen Freiherrn und Landrat Vincke vorgetragen, der für die *Deklaration der Rechte* plädiert, während Gutsbesitzer Auerswald ein moderat modifiziertes Contra präsentiert, indem er eine *Rechtsbitte* vorschlägt, den bürgerlichen Forderungsakt aber ablehnt. Die Beiträge dieser Redner können paradigmatisch herangezogen werden zur diskursiven und ideologiesprachlichen Konturierung des oppositiven parlamentarischen Grundmusters. Die anderen Redner folgen dieser Typologie der Standpunkte und Voten, d.h. den grundlegenden Akten der Zurückweisung oder vorsichtigen Gewährung bzw. des Bittens oder Forderns. Da Demokraten, Republikaner und Radikale im Landtag fehlen, trifft der autoritäre Sprachgebrauch der Monarchisten nur auf eine gemäßigte bürgerlich-liberale Kritik. Die Initiierung eines zentralen Verfassungsdiskurses ist diese Kritik gleichwohl.

In der Rede des Monarchen kulminiert die feierlich-pathetische Behauptung von der Gelungenheit seines *Patents*. Als opinion leader der *Hofpartei* insistiert er auf der romantisch-konservativen Landesvaterschaft und auf dem orthodox-religiösen Gottesgnadentum. Als „belehrend, ermahnend und scheltend" kennzeichnet Biedermann[31] diese Rede, mit welcher der kompromißlose Monarch eine gegenteilige Wirkung auslöst: Er initiiert und provoziert das „rasche Zusammenrücken der oppositionellen Elemente zu einer Partei."[32] In architekturmetaphorischer Wendung positiviert Friedrich Wilhelm sein ständisches Gesetzeswerk:

> *Der edle Bau ständischer Freiheiten ist heute*
> *durch Ihre Vereinigung vollendet. Er hat sein*
> *schützendes Dach erhalten.*

Dieses Werk darf *nicht gleich durch ungenügsame Neuerungssucht in Frage gestellt werden.* In einer vorsichtigen Einschränkung seines Änderungsverdiktes stellt er eine *Bildsamkeit* (Weiterentwicklung) des Patentes dem *Walten der Erfahrung* und der *göttlichen Vorsehung* anheim.

---

[31] Vgl. Biedermann 1847, S. 28.

[32] Biedermann 1847, S. 29.

Dominant bleibt jedoch die Ich-zentierte Darstellung des monarchischen Anspruchs:

Ich habe erkannt, zuerkannt, gewährt, gegeben...
Ich muß bewahren...
Ich weiß mich frei von jeder Verpflichtung...
Ich will vereinigen...
Es war mein fester Entschluß...

In einer Selbstaufwertung stellt der Monarch fest, daß er *mit der ganzen Freiheit der königlichen Machtvollkommenheit* ein *weises Gesetz* geschaffen habe. Diese Assertion untermauert er mit dem Gestus der Drohung:

Ich bin aber unversöhnlicher Feind jeder
Willkürlichkeit und mußte es vor allem dem
Gedanken sein, eine ständische Versammlung
künstlich-willkürlich zusammenzusetzen.

Zurückgewiesen wird damit die allgemeine Wahl, die Parteibildung und die Rolle des Volksvertreters. Ständische Zuordnung gilt ihm als überkommenes, *göttliches Recht,* dem in kopulativer Beziehung die *Pflicht* und die *Treue* zugeordnet werden. In einer Verkennung der Tatsachen postuliert Friedrich Wilhelm, daß *sein treues Volk* die *Gewährung* der *Gesetze in warmer Dankbarkeit empfangen* habe. Mit landesväterlich-gefühlsbetonter Stilistik versucht er, einen Keil zwischen Volk und Abgeordnete zu treiben. Den konstitutionellen Liberalen wirft er vor, eine *Revolution in Staat und Kirche* anzuzetteln, ihre Petitions- und Forderungsakte disqualifiziert er in einer Klimax als *Akte zudringlicher Undankbarkeit, der Ungesetzlichkeit, ja des Ungehorsams, die letztendlich das natürliche Verhältnis zwischen Fürst und Volk in ein conventionelles umwandeln wollen.* Absolutistische Fundation und negative Konsekution werden hier argumentativ verbunden, indem der Monarch die von den Liberalen beanspruchten Basisterme *Naturrecht* und *Volk* für seinen Standpunkt okkupiert und ihren Bedeutungshorizont royalistisch auflädt. Der Diskurs gerät so auch zum Sprachkampf, zum semantischen Krieg. In einer hochpathetischen Wendung kündigt Friedrich Wilhelm an,

daß es keiner Macht der Erde je gelingen soll,
mich zu bewegen, das natürliche Verhältnis
zwischen Fürst und Volk in ein conventionelles,
constitutionelles zu wandeln, und daß Ich es
nun und nimmermehr zugeben werde, daß sich
zwischen unseren Herr Gott im Himmel und
dieses Land ein beschriebenes Blatt, gleichsam
als eine zweite Verfassung eindränge, um uns

> *mit seinen Paragraphen zu regieren und durch*
> *sie die alte, heilige Treue zu ersetzen.*

Gemessen am Stand der politischen Diskurse und der gesellschaftlichen Entwicklung ist dies eine bibelrhetorisch stilisierte, anachronistische Form der Herrschaftslegitimation. Die suggestiv-beschwörende diskursive Trennung zwischen Liberalen und König, Liberalen und Volk wird durch die Ablehnung parteilicher Haltungen intensiviert:

> *Das Treiben der Parteien auf der einen Seite,*
> *die Gesinnung meines Volkes auf der anderen*
> *sind jetzt klar und unzweifelhaft.*

Die göttliche Vorsehung steht gegen das Verfassungspapier, das Parteientreiben gegen die alte Treue. Diese Strategie der sprachlichen Kontrastierung dehnt der Monarch auch auf die Presse aus. Ihr gilt seine refutatio, da

> *in einem Teile derselben ein finsterer Geist*
> *des Verderbens herrscht, ein Geist der*
> *Auflockerung zum Umsturz und frechster Lüge,*
> *schmachvoll für die deutsche Treue und die*
> *preußische Ehre.*

In intensiv-steigerndem Stil attestiert der Monarch dem *Liberalismus Verstimmung, Mißtrauen, offenen Ungehorsam, geheime Verschwörung, ja versuchten Königsmord,* wobei er dies in negativ motivierender biomorpher Metaphorik als *arge Früchte des argen Baumes* brandmarkt: Liberalismus als Rebellentum und Erbsünde.

Mit einer fictio personae vergrößert der König das Auditorium auf das *Ganze seines Volkes,* indem er ihm – gegen das liberale Begehren – ein Festhalten an tradierten Wertmustern und Ordnungsmodellen unterstellt:

> *Mein Volk will nicht das Mitregieren von*
> *Repräsentanten, die Schwächung der Hoheit, die*
> *Teilung der Souveränität, das Brechen der*
> *Vollgewalt seiner Könige.*

In einer amplifizierenden Aufwertung gerät ihm das Volk zum *alten, christlichen, biederen, treuen, tapferen, bewährten Volk,* dessen Treue sich gegen den *Mordbrand* einer gesellschaftlichen Revolution stellen wird. Das ist die Beschwörung der Zukunft:

> *Die Treue zur Krone ist die Bahn, auf der die echten Söhne des*
> *Vaterlandes zu wandeln haben.*

Mit dieser Sprechweise bereitet Friedrich Wilhelm einen redeschließenden appellativen Partnerbezug vor:

Lösen Sie jetzt ihr Wort; Erfüllen Sie alle
Ihren theuer geleisteten Eid.

Die semantischen Zentren seines Redetextes lassen sich in zwei triadischen Formeln fassen:

- Gott – König – Vaterland (Formel der Gesellschaftsordnung)
- Preußische Ehre, bürgerliche Pflicht, deutsche Treue (Formel des Wertesystems).

In der Adreßdebatte, die eine Landtagsantwort auf die Thronrede auszuhandeln hat, werden die sprachlichen Trennlinien des Monarchen konservativ affirmiert und liberal kritisiert. Die oppositiven Standpunktkundgaben folgen dem archetypischen Muster von Gut und Böse sowie dem juristischen Urteil zwischen Rechtmäßigkeit und Unrecht. Stil und Duktus des Herrschers und der Volksvertreter oszillieren dabei zwischen den Polen zurückhaltender Höflichkeit und offener Anklage. Der Vorwurf des Rechtsbruches wird gegenseitig erhoben, die Wahrheit von beiden Seiten in juristischer Ableitung und mit pathetischem Appell beansprucht.

Eine Stützung des königlichen Diskurses unternimmt Landtagskommissar Bodelschwingh, indem er das Patent als *Vollendung eines großen legislatorischen Werkes* apostrophiert, die *Verfassungsversprechen* hat es auf das *treueste* und *vollständigste* erfüllt. Er modifiziert sein Contra gegen die Konstitution und das parlamentarische Prinzip jedoch, indem er die Möglichkeit zu einer *Petition,* zum Akt des Bittens, als *gesetzmäßigen Weg* der Wunschäußerung akzeptiert. Auch Lichnowsky, ein Vertreter der Herrenkurie, wendet sich gegen einen *Frevel* am

> *königlichen Gesetzgeber, der durch seine große Gabe den ersten Stein,*
> *den Grundstein zum festen Gebäude unserer Verfassung auf*
> *Jahrhunderte gelegt hat.*

Lichnowsky schließt hier an die Architekturmetaphorik der Thronrede an und kennzeichnet den Schöpfer des Verfassungsgebäudes mit einer Reihe von Hochwertprädikaten. In hymnischer Epideiktik nennt er den Monarchen *ein seltenes Geschenk der Vorsehung, einen helleuchtenden Meteor, einen Morgenstern der Freiheit.* Auf Basis dieser Sach- und Personendarstellung kann er auch dafür eintreten, daß nicht Forderungen angemessen seien, sondern *Vertrauen* auf die politische Klugheit des Monarchen: Er wird *keines unserer alten Rechte schmälern* und die Bitten des Landtags anhören. Auch Arnim positiviert einen diplomatisch-versöhnlichen Weg der Mäßigung und refutiert parteiliche Spaltungen. Er plädiert dafür, die Rechtsstandpunkte *im Laufe der Debatte zur Reife zu bringen. Ausreifung, weise Mäßigung und Vertrauen* werden als evolutionäre Prinzipien gegen *Umwälzung* und *Revolution* ausgespielt. Doch auch Arnim läßt an seiner Fundation keine Zweifel: Die *beiden wesentlichen Grundlagen*, auf denen Preußen ruht, sind *die Stärke des monarchischen Prinzips* und *ein sicherer und geordneter ständischer Rechtsboden*. Auch Bürgermeister Gier, Vertreter der Städte, weist alle *Angriffe* auf das Patent zurück und plädiert für das emotional gefaßte Positivum des *innigen Dankes* für *ein großes und ehrenhaftes Geschenk*. Auf Seiten der Landgemeinden schließt sich Schultheiß Giesler aus Sachsen dem Dank- und Vertrauensappell an. Diese personale Konstituente der Debatte macht deutlich, daß Treue zur Monarchie und Untertanenmentalität quer durch alle Stände vertreten sind.

Das parlamentarisch motivierte Contra zum monarchischen Prinzip formuliert vor allem der Westfale Freiherr von Vincke. Er ist Vertreter der progressiven Rheinprovinzen und präsentiert sich als *Mann der That*, für den die *Pflichten zur Offenheit und Wahrheit* handlungsleitende Maximen sind. Als selbstbewußter Parlamentarier insistiert er auf der Formulierung eines deklarativen Textes, einer *Erklärung der Rechte*. Seine Refutatio gilt dem subalternen Text einer *Dankadresse*. Nicht *leere Worte, sondern Handlungen* sind für Vincke das Gebot der Stunde. Dies stützt er mit einer landsmannschaftlich motivierten Sentenz:

> *Wir in Westfalen haben uns immer an den Kern*
> *gehalten, nicht an die Schale.*

Im Begriff des *Landes-Repräsentanten* wird für ihn die parlamentarische Rolle auch sprachlich greifbar. Im Sinne der Gemeinwohl-Motivation geht es ihm nicht um Standesinteressen, sondern um das *gemeinsame Gefühl des Staatsverbandes* und um *die gesammten Landes-Interessen*. Die Periodizitätsforderung steht dabei im Zentrum seiner Standpunktkundgabe. Das Patent, das periodische Legislaturen ausschließt, bezeichnet er metaphorisch als *einen bitteren Tropfen Wermuth, der sich in den Kelch der Freude mischt* und juristisch als *eine Verletzung wohlhergebrachter Rechte*. Mit affektbetonter Bildkraft und historischer Ableitung realisiert Vincke beide rhetorischen Wirkungsrichtungen: Herz und Verstand sind angesprochen. *Als Mann des Rechts* insistiert er auf dem Prinzip der Mitbestimmung, die Macht im Staat muß konstitutionell zwischen König und Parlament geteilt werden. Dies ist seine parlamentarisch-repräsentative Fundation. Die soziomorphe Metapher von der *großen Staatsfamilie* illustriert seinen Forderungsakt, seinen Anspruch auf Mitwirkung:

> *Unsere Rechte bilden gleichsam ein eisernes Inventar,*
> *was wohl vermehrt werden wird...bis es eine vollständige*
> *Haushaltung wird, in der der Landesherr behaglich wohnt*
> *mit der großen Familie seiner Unterthanen, wovon aber*

kein Stück verloren gehen darf ohne die Zustimmung aller
Miteigenthümer.

Vincke kann daher ein kompromißloses Diktum formulieren, indem er feststellt, *daß der Monarch nicht befugt ist, die Rechte der Stände aufzuheben.*

Die rechtliche Dimension des bürgerlichen Anspruchs spezifiziert der Redebeitrag von Beckerath. Er reklamiert

– die Prüfung des Rechenschaftsberichtes der Staatsschuldenbehörde,
– die *Mitgarantie* der Stände bei Staatsanleihen,
– die Einsicht in die *Finanzlage des Landes,*
– die *Beschlußfassung über allgemeine Gesetze.*

Der Redner definiert diese enumerative Detaillierung als *Rechtsgebiete* des Landtags, die ihm als *wohlerworbenes Erbe* gelten. Die Stilmittel der Höflichkeit, der sprachlichen Vorsicht und der Zurückhaltung in der Formulierung gelten jedoch auch für den Bürger Beckerath:

> *Gehorsam dem Rufe Ew. Majestät und im Begriff,*
> *unsere Wirksamkeit zu beginnen, fühlen wir uns*
> *in unserem Gewissen gedrungen, zur Wahrung der*
> *ständischen Rechte die gegenwärtige, ehrfurchts-*
> *volle Erklärung am Throne niederzulegen.*

Der bürgerliche Diskurs, der Anspruch auf Einlösung der Verfassungsversprechen ist durchsetzt mit dem Vokabular der Subalternität. Die parlamentarische Rolle, das Mitwirkungsbegehren wird in Preußen sprachlich nur schrittweise erobert und konsolidiert. Immerhin begreift Beckerath sein Landtagsmandat auch als repräsentative Pflicht, nämlich *das Recht des Landes so lange zu wahren,* bis es *durch die Gesetzgebung selbst* völlig eingelöst ist. Zudem ergänzt er die rechtshistorische Ableitung des bürgerlichen Anspruchs um eine ethisch-moralische Dimension, indem er ihn aus einem *höheren Gesetz der Sittlichkeit* folgert. Neben dem *Interesse der Krone* steht gleichberechtigt das *Interesse des Volkes.* Darauf beruht der *Segen einer Verfassung* und die *Wohlfahrt des Volkes.* Beckerath schließt dabei mit einer conditio sine qua non: Erst mit der Einführung konstitutioneller Verhältnisse kann Preußen die Stellung einnehmen, *die ihm unter den Kulturvölkern der Erde gebührt.*

Mit dieser politisch vergleichenden, weltbürgerlichen Konsekution kennzeichnet Beckerath implizit Preußen als eine verfassungsmäßig verspätete Nation.

Der Kampf des Volkes gegen die napoleonische Besatzungsmacht, sein Einsatz bei der Schaffung des preußischen Staates sind auch für Camphausen ein wesentliches Fundament für den bürgerlichen Beteiligungswillen. Dieser wird durch das Patent nicht befriedigt. Er stuft es daher vorsichtig als politisch *unzweckmäßig* ein und macht dies an einem politischen Negativkatalog fest: Er beklagt

- *die mangelnde Einheit der ständischen Vertretung,*
- *die fehlende periodische Berufung,*
- *die Art der Zusammensetzung des Herrenstandes,*
- die Schwierigkeiten *bei der Ausbildung der Verfassung,*
- die *Beschränkung des Petitionsrechts* durch Quorum,
- die *Einforderung abgesonderter Gutachten,*
- *die fehlende Kompetenz des Landtags hinsichtliche seiner eigenen Geschäftsordnung.*

Nach seinem politischen Selbstverständnis folgt aus dem *Gewähltsein der Abgeordneten* das *Recht der Kommittenten zu verlangen, daß die von Ihnen Gewählten ihre ständischen Befugnisse ausüben und auf nicht eines der ihnen zustehenden ständischen Befugnisse verzichten.* In einer bekenntnishaften Formel kündigt Camphausen an, daß er *treu meinem Gewissen* und *treu meinem Mandate* handeln werde.

Das konstitutionelle Begehren intensiviert Mevissen durch die Kopulation von *Rechtsbewußtsein* und *Volksbewußtsein, Monarch und Volk.* Er präferiert expressis verbis eine parlamentarische *Rechtsverwahrung* und fordert den *gesicherten ständischen Rechtsboden.* Sollte ein *Minimum der Rechte* nicht gewährt werden, so kündigt er in einer Allusion revolutionäre Gewaltakte an:

> *Ich will in den tiefen Abgrund nicht hinein-*
> *sehen, der sich eröffnet, wenn diese Rechte*
> *jetzt von den Vertretern des Volkes nicht*
> *gewahrt werden, nicht in ihrem ganzen Umfange*
> *anerkannt werden.*

Daß der liberalen Zurückweisung des monarchischen Prinzips eine Verurteilung des demokratischen Umsturzes korrespondiert und sich dem konstitutionellen Diskurs damit zwei Fronten eröffnen, zeigt der Redebeitrag von Conze. Er plädiert für *Besonnenheit* im Vorgehen, für die *Reifung durch Erfahrung* und wendet sich gegen *ungezügelte Fortschrittler, Männer des Sturmschritts, Meister im Niederreißen* und präsentiert damit eine Freund-Feind-Schematik, die zur kompromißbereiten konservativen Position tendiert. Der Rechtsliberale nähert sich dem progressiven Adel. Auch Hansemann, Kaufmann aus Aachen, sieht in einer *kräftigen*

Aristokratie ein *Gegengewicht* zu den *neuen demokratischen Elementen*. Die Balance zwischen den gesellschaftlichen Kräften bringt er auf eine knappe Formel:

> *Die Rechte des Volkes müssen gewahrt werden, wenn die Räthe der Krone zu weit gehen, die Rechte der Krone, wenn die Demokratie zu weit gehen will.*

Liberale Rechtsverwahrung und Kompromißbereitschaft werden in der Antwort des Monarchen jedoch prinzipiell zurückgewiesen:

> *Die Gesetzgebung vom 3. Februar d.J. (Patent) ist in ihren Grundlagen unantastbar.*

Damit ist der Bruch zwischen Landtag und Monarch sprachlich indiziert: Die Abgeordneten verweigern ihre Mitarbeit. Biedermann nennt die Haltung des Königs eine *souveräne Mißachtung der ständischen Gewalt*.[33] Obwohl kompromißbereite Mitglieder der Herrenkurie wie York und Wied vor einem *Hyperroyalismus* warnen, bleibt der Monarch bei der Ablehnung jeglicher *Theilung der Gewalten*. Von Landtagsmitgliedern wie Bismarck, Solms und Manteuffel wird er darin bekräftigt. Die konsequente Verweigerung der liberalen Abgeordneten, die Ausfluß des monarchischen Vetos ist, verbucht Biedermann öffentlichkeitswirksam als *moralischen Sieg der Opposition*.[34]

3.4. Parteisprachliches Zeicheninventar

Wenn hinsichtlich des Landtagsdiskurses von parteisprachlichem Zeicheninventar die Rede ist, so kann damit nicht der Sprachgebrauch programmatisch und organisatorisch gefestigter Parteien gemeint sein. Vielmehr sind dies in der Zeit des Vormärz Inventare, mit denen Parlamentarier parteiliche, parteiergreifende Standorte formulieren, um so eine Grenzziehung zwischen Fraktionierungen oder Gruppierungen zu ermöglichen. Es sind erste Signale einer parteipolitischen Gliederung zwischen Konservativen und Liberalen mit einer jeweiligen Binnendifferenzierung. Sie dienen zur Selbst- und Fremdidentifikation, liefern die Konturen eines ideologischen Interpretationshorizontes und transformieren den politischen Diskurs im Vormärz. Dabei gibt es zwischen konservativen und liberalen Zeicheninventaren noch deutliche Überschneidungen: z.B. *Rechtsboden, Wohlfahrt, Treue*. Die Kennzeichnung der parteilichen Funktion von gemeinsam beanspruchten und gebrauchten Inventaranteilen ist auf die jeweils unterschiedliche ideologische Zuordnung und die

---

[33] Biedermann 1847, S. 459.

[34] Biedermann 1847, S. 333.

Relation zu anderen Begriffen des jeweiligen Inventars angewiesen. Bei kritischen Überschneidungsbereichen und terminologischen Gemeinsamkeiten oppositiver Parteiungen müssen die jeweiligen Begriffe gesondert reklamiert und verteidigt werden. Nur so können die partei-sprachlichen Zeichen ihre ideologische Unterscheidungs- und Solidarisierungsfunktion erhalten, nur so kann das sprachliche Koordinatensystem stabil gehalten werden. Am Beispiel des Treuebegriffs läßt sich dies folgendermaßen darstellen: Für die Konservativen ist *wahre Treue* die Untertanentreue, die begrifflich relationiert ist mit den Zeichen *Gott, König, Vaterland*. Die Liberalen interpretieren die Treue als Staatsbürgertreue, die dem semantischen Netz der Begriffe *Recht, Verfassung, Volk* zugeordnet ist. Die jeweilige semantisch-ideologische Determination ist dabei nicht nur rational, d.h. definitorisch von Bedeutung, sondern sie besitzt auch affektive Anteile, die auf die Disposition von Gefühlshaushalten gerichtet sind. In dieser rhetorischen Bandbreite wird das parteiliche Zeicheninventar auch argumentativ eingesetzt.

Die Parteisprache der Landtagskonservativen positiviert das monarchische Prinzip und negativiert die Sprechweise und das Begehren von Liberalen, Demokraten und Republikanern. Die liberalen Abgeordneten vollziehen sprachliche Unterscheidungshandlungen gegenüber royalistischen und republikanischen Positionen. Ihr Diskurs zielt auf den konstitutionellen Kompromiß mit der Monarchie, die Semantik ihres Volksbegriffs ist großbürgerlich-klassenspezifisch und nicht demokratisch gefüllt.

Der kompetitive Sprachgebrauch von Konservativen und Liberalen sei nachfolgend an parteisprachlichen Beispielen dokumentiert. Sie sind vier Begriffspaaren zugeordnet, welche die zentralen Streitpunkte des Landtagsdiskurses bezeichnen.

I. Recht und Gesetz

Beide Begriffe thematisieren die destinativen Sachrelevanzen der Adreßdebatte. Sie wird geführt als legislativer Diskurs, wobei die Liberalen eine *Rechtsverletzung* diagnostizieren und *Rechtsverwahrung* einlegen, während die Konservativen die *Rechtserfüllung* behaupten, für die eine *Dankadresse* der gebotene Landtagstext ist. Fundamental für beide Parteien ist der Begriff des *Rechtsbodens,* der in folgenden attribuierten Varianten auftritt:

- *Boden des Rechts,*
- *ständisch geordneter Rechtsboden,*
- *sicherer Rechtsboden,*
- *unerschütterlicher, festbegründeter Rechtsboden.*

Die *Rechtsbasis* der Konservativen ist dabei das monarchistische, gott-
gegebene Prinzip, das im Patent textual zum Ausdruck kommt. Dieses
Patent wird von den Royalisten als *unser Grundgesetz* apostrophiert,
das *frühere Gesetzgebungen auf das treueste und vollständigste erfüllt*.
Die *Bezeichnung und Wahrung des Rechtsbodens* ist bei den Liberalen
historisch dimensioniert: Sie rekurrieren auf das Gesetz als Instanz über
Monarch und Volk und auf durch Verfassungsversprechen

- *verbürgte Rechte,*
- *wohlhergebrachte und verbriefte Rechte,*
- *geschriebenes Recht,*
- *älteres und früher verbürgtes Recht.*

Im Patent sehen sie eine *Verletzung* der *Rechte des Volkes,* des *Rechts-
bewußtseins* und *Rechtsgefühls,* gegen die *ehrfurchtsvoll* aber auch
nachdrücklich und *positiv Verwahrung einzulegen* ist. Es gilt, das *Mit-
wirkungsrecht* des Volkes durchzusetzen und die *Rechtsgebiete* des Landtags einzuklagen.

II. Volk und Vaterland

Liberale und Konservative bedienen sich dieser Begriffe vor allem als
Motivationszeichen: Beide geben vor, mit ihren staatsrechtlichen Konzepten zum Wohl des Volkes beizutragen, wobei die Konservativen von
einer retrospektiv begründeten *Eintracht zwischen Fürst und Volk* ausgehen, während die Liberalen ihre parteiliche Präferenz in der *Eintracht
der Nation* sehen. Väterlich spricht der Monarch von *seinem Volk,* von
seinem *Vertrauen auf die Volkstreue* und wendet sich gegen alle, die
*Zwiespalt erregen zwischen König und Volk. Gefühle von Liebe und Treue
gegen König und Vaterland* werden von den Konservativen appellativ
beschworen. Für die Liberalen ist das Volk nicht mehr biedermeierlicher
Unterthan, sondern ein *selbständig gewordenes Volk* für das es *wahre
Volkspolitik* zu betreiben gilt: *Regungen, Interessen, Bedürfnisse, Er-
rungenschaften des Volkes* müssen verbalisiert werden

- zur *Befriedigung des Landes,*
- zur *Wohlfahrt Preußens,*
- zum *Gedeihen des Vaterlands* und
- zum *Wohl der Gesammtheit.*

Die *nationale Würde* Preußens bringen die Liberalen in einen Bedingungszusammenhang mit der Verfassung. Das Paar *Volk* und *Nation*
ist die gesellschaftliche und politische Ausdrucksseite des liberalen Va-
terlandsverständnisses. Es geht um den *constitutionellen Bau der vaterländischen Zukunft.*

III. Parlament und Abgeordnete

Die Landtagsdebatte problematisiert nicht nur die politische Rolle von Monarch und Volk, läßt nicht nur unterschiedliche staatliche Ordnungsvorstellungen diskursiv aufeinandertreffen, sondern sie rückt auch die Funktion der Debattierenden und den Ort des Diskurses ins Zentrum der Kontroverse. Die Entscheidung zwischen *Standesvertretung* und *Volksvertretung*, zwischen *Verpflichtung gegen den Monarchen* und *Verpflichtung gegen das Volk* muß argumentativ ausgehandelt werden. Patentrechtlich als Standesvertreter definiert, entwickeln die Liberalen zunehmend die Sprechweise des Volksvertreters und der Konstitution. Dagegen wird *ständische Gliederung* von den Konservativen als *gottgegeben* und *natürlich* positiviert. Es sind Stände

- *im geschichtlichen, deutschen Sinn,*
- *im althergebrachten Wortsinn,* es sind
- *germanische Stände, preußische Landstände,*

die sich als *echte Preußen* zeigen und denen *ein preußisches Herz* im Busen schlägt. *Das Gelüst nach der Rolle sogenannter Volksrepräsentanten, die eitle Sucht nach Opposition und Popularität, trübt die Harmonie zwischen Fürst und Volk und spaltet den Landtag in zwei Lager.* Die Prinzipien des Parlamentarismus (Repräsentation-Opposition-Mitwirkung-Regierungskontrolle) werden von den Konservativen zugunsten eines mittelalterlichen Staatsverständnisses suspendiert. Gegen diese Position der Hofpartei machen die Liberalen sprachlich mobil. Sie versuchen, ihre neue Rolle als

- *verfassungsmäßige Abgeordnete,*
- *Vertreter des Volkes,*
- *Vertreter der Nation und*
- *Landes-Repräsentanten*

terminologisch zu konturieren und institutionell zu verankern. Ihr parlamentarisches Tun begreifen sie als

- *Verpflichtung gegen unsere Kommittenten,*
- *Pflicht gegen die Staatsbürger,*
- *Treue zum Mandat,*

indem sie *Worte der Offenheit und Wahrheit* sprechen, ihre *Ansichten bekennen,* ihr *freies Wort geltend machen* und als *freie Männer* agieren. Auf *parlamentarischem Boden* zu stehen heißt für die Liberalen auch,

- *eine Wahl zu treffen,*
- *Gegensätze unverhüllt vorzutragen* und
- *die Verschiedenheit der politischen Meinungen anzuerkennen.*

Damit ist das Prinzip der Parteilichkeit und der parlamentarischen Opposition auch sprachlich zur Geltung gebracht und zwar gegen die pseudoharmonischen Beschwörungsformeln der konservativen Redner.

IV. Politik und Verfassung

Der Konflikt zwischen der monarchischen und konstitutionellen Verfaßtheit ist seit der Verfassungsklausel der Wiener Schlußakte vom 18.6.1815 virulent. Sie gilt den Liberalen als Verfassungsversprechen, mit dem sie ihr gewaltenteilendes Begehren rechtlich untermauern. Die konservative Beharrungspolitik insistiert jedoch auf dem *natürlichen monarchischen Staat* und wendet sich gegen den *künstlich-willkürlichen Verfassungsstaat.* Der *Kampf* gegen die Konstitution gerät den Royalisten zur Hauptschlacht gegen

- *die bösen Gelüste der Zeit,*
- *ein arges, rechtloses und entehrendes Treiben,*
- *den finsteren Geist des Verderbens, offenen Ungehorsam,*
- *geheime Verschwörung und vielgestaltete Untreue.*

Die Dominanz der Affektion in der sprachlichen Abwertung des politischen Gegners zeigt auch die Brisanz der Situation und die Furcht vor der revolutionären Veränderung. Gegen monarchistische Verfügungsgewalt und revolutionäre Umgestaltung verteidigen die Liberalen ihr *großes Ziel einer constitutionellen Verfassung.* Sie gilt ihnen als

- *Fortbildung unseres öffentlichen Lebens,*
- *edle Entfaltung der Nation,*
- *höhere Stufe der vaterländischen Entwicklung*
- und als Garantin der *nationalen Einheit.*

Als *Walten eines höheren Geistes,* als *Hauch der Weltgeschichte* wird diese Positivierung gegen die absolutistische Borniertheit aufgeboten. Der Weg der Verfassung ist der *Weg der civilisierten Nationen,* der Weg

- *zum Lösen eines jeden Zwanges,*
- *zur freieren Bewegung der Presse,*
- *zur Glaubens- und Meinungsfreiheit.*

Die Verwahrung gegen die *Rechtsverletzungen* und die Betonung parlamentarischer *Pflichten und Aufgaben* sind daher auch notwendige Konsequenzen liberaler *Volkspolitik* im ersten Vereinigten Landtag Preußens.

Literatur

Biedermann, K. (1847): Geschichte des ersten preußischen Reichstags. Leipzig.

Bleich, E. (1977): Der 1. Vereinigte Landtag in Berlin 1847. Teil I - IV. Vaduz (Reprint).

Cherubim, D. (1980): Zum Programm einer historischen Sprachpragmatik. In: Sitta, H. (Hrsg.): Ansätze zu einer pragmatischen Sprachgeschichte. Tübingen, S. 3-21.

Damaschke, A. (1921): Geschichte der Redekunst. Jena.

Dieckmann, W. (1969): Sprache und Politik. Heidelberg.

Foucault, M. (1974): Die Ordnung des Diskurses. München.

Gessinger, J. (1982): Vorschläge zu einer sozialgeschichtlichen Fundierung von Sprachgeschichtsforschung. In: Zeitschrift für Literaturwissenschaft und Linguistik, 47, S. 119-145.

Grünert, H. (1974): Sprache und Politik. Berlin/New York.

Grünert, H. (1980): Politische Reden in Deutschland. 2. Aufl. Frankfurt.

Grünert, H. (1984): Deutsche Sprachgeschichte und politische Geschichte in ihrer Verflechtung. In: Besch, W./Reichmann, O./Sonderegger, S. (Hrsg.): Sprachgeschichte. Berlin/New York. 1. Halbbd. S. 29-38.

Grünert, H. (1985): Sprache und Politik im 19./20. Jh. In: Stötzel, G. (Hrsg.): Germanistik – Forschungsstand und Perspektiven. 1. Teil. Berlin/New York, S. 80-90.

Guilhaumou, J. (1989): Sprache und Politik in der französischen Revolution. Frankfurt.

Guilhaumou, J./Maldidier, D. (1988): Die französische Sprache an der Tagesordnung (1789-1794). In: Zeitschrift für Literaturwissenschaft und Linguistik, 72, S. 60-79.

Gumbrecht, H.U. (1978): Funktionen parlamentarischer Rhetorik in der französischen Revolution. München.

Heiber, H. (1953): Die Rhetorik der Paulskirche. Diss. Berlin.

Holly, W. (1982): Zur Geschichte des parlamentarischen Sprachhandelns in Deutschland. In: Zeitschrift für Literaturwissenschaft und Linguistik, 47, S. 10-47.

Kalivoda, G. (1986): Parlamentarische Rhetorik und Argumentation. Berlin/New York.

Kalivoda, G. (1988): Stilistik der politischen Ausgrenzung. In: Sandig, B. (Hrsg.): Stilistisch-rhetorische Diskursanalyse. Tübingen, S. 269-284.

Kalivoda, G. (1989): Rhetorik des Machtstaates. In: Burckhardt, A./Hebel, F./Hoberg, R. (Hrsg.): Sprache zwischen Militär und Frieden. Tübingen, S. 269-284.

Marcuse, H. (1972): Versuch über die Befreiung. 2. Aufl. Frankfurt.

Polenz, P. von (1980): Zur Pragmatisierung der Beschreibungssprache in der Sprachgeschichtsschreibung. In: Sitta, H. (Hrsg.): Ansätze zu einer pragmatischen Sprachgeschichte. Tübingen, S. 45-51.

Polenz, P. von (1989): Das 19. Jahrhundert als sprachgeschichtliches Periodisierungsproblem. In: Cherubim, D./Mattheier, K.J. (Hrsg.): Voraussetzungen und Grundlagen der Gegenwartssprache. Berlin/New York, S. 11-30.

Schlieben-Lange, B. (1988): Konzeptualisierung, Diffusion, Formierung. Thesen zur Verwiesenheit von Revolution auf Sprache. In: Zeitschrift für Literaturwissenschaft und Linguistik, 72, S.7-15.

Sitta, H. (1980): (Hrsg.): Ansätze zu einer pragmatischen Sprachgeschichte. Tübingen.

Wunderlich, D. (1970): Die Rolle der Pragmatik in der Linguistik. In: Der Deutschunterricht, 22, S. 5-41.

Zimmermann, H.D. (1972): Die politische Rede. 2. Aufl. Stuttgart.

WOLFGANG BRANDT

Gesetzessprache. Ergebnisse einer Reihenuntersuchung

1. Der Entwicklungssprung im 19. Jahrhundert

„Die Literatur des 19. Jh. ist nicht die des 18., aber auch nicht die des 20. Jh." Mit diesem Satz, der so trivial ist, daß ihm schlechterdings nicht widersprochen werden kann, eröffnete zu meiner Studentenzeit ein Professor seine Vorlesung über die Literatur des 19. Jh. – und erntete schallendes Gelächter seines Auditoriums. Damit es mir nicht ebenso geht, möchte ich meine Eingangsthese etwas vorsichtiger und weniger banal formulieren: Die Gesetzessprache des 19. Jh. steht der des 20. Jh. wesentlich näher als der des 18. Jh. Oder anders ausgedrückt: Die sprachlichen Veränderungen, die sich vom Ende des 19. Jh. bis zur Gegenwart vollzogen haben, sind marginal gegenüber dem Entwicklungssprung, den die Gesetzessprache im 19. Jh. gemacht hat. Unter dem Verständlichkeitskriterium betrachtet, betrifft dies sowohl im positiven Sinne die Ordnung der Textstruktur, die Verkürzung der Sätze sowie die Vereinfachung ihres Baus als auch im negativen Sinne die Herausbildung des oft beklagten übersteigerten Nominalstils mit seiner Häufung von Substantiven und dabei vor allem von abstrakten Nominalattributen.

Konkretisieren wir diesen Entwicklungssprung, der ja bei einer Textsorte erstaunt, die sich aus mancherlei Gründen sprachlichen Neuerungen gegenüber sperrig zeigt, konkretisieren wir diesen Entwicklungssprung an zwei Gesetzen, das eine vom Anfang, das andere vom Ende des 19. Jh. Hierbei handelt es sich um die kurhessische **Verordnung wegen Verbesserung des Gesindewesens** aus dem Jahre 1801 und um das 1900 in Kraft getretene **Handelsgesetzbuch** aus dem Jahre 1897. Beide Texte bilden den zeitlichen Anfangs- bzw. Schlußpunkt der Gesetze aus dem 19. Jh., die wir im Rahmen eines empirischen Projekts, das die letzten drei Jahrhunderte umfaßt, untersucht haben.[1] Von den 20 Gesetzen des 20. Jh. entfallen je zehn auf die erste und die zweite Jahrhundert-Hälfte. Kürzere und mittellange Gesetze, so die **Gesinde-Verordnung,** sind dabei vollständig, bei den sehr umfangreichen Gesetzen, so z.B. dem **Handelsgesetzbuch,** sind Auszüge von mindestens 13.000 Wörtern untersucht worden. Das Teilkorpus des 19. Jh. umfaßt insgesamt eine Textmenge von knapp 135.000 Wörtern. Bei der Auswahl spielten neben der zeitlichen Streuung nach Möglichkeit auch Inhalt und Herkunft eine Rolle. So steht das preußische **Deichwesen-Gesetz** (1848) neben dem

---

[1] Die Materialbasis für das 18. Jh., sind 20, für das 20. Jh. 38 Gesetzestexte.

Badischen Landrecht (1809), das sächsische **Branntweinsteuer-Gesetz** (1833) neben der **Gewerbeordnung** des Norddeutschen Bundes (1869), die hessische **Blattern-Verordnung** (1828) neben dem **Strafgesetzbuch** des Deutschen Reiches (1871).[2]

Kehren wir zurück zu dem ältesten und dem jüngsten Text. Die **Gesinde-Verordnung** verweist sprachlich weit eher ins 18. als ins 19. Jh., ja wir können sie stellvertretend für die Gesetzessprache des 18. Jh. nehmen. Neben Besonderheiten der Rechtschreibung und Zeichensetzung (z.B. *Bedürfniße* vs. *Zeugnisse, Feyer* vs. *Seite, Nahme* vs. *Waare, Noth* vs. *Gut, Livree* vs. *Livre;* die Semikolon-Verwendung) erscheint uns zunächst die äußere Gliederung befremdlich. Denn zwei sich überschneidende Strukturen sind dem Text übergestülpt: zum einen eine Vierfach-Einteilung, gekennzeichnet mit römischen Ziffern, zum anderen eine durchgehende Paragraphen-Gliederung. Nicht selten stehen dabei die Gliederungsziffern nicht außerhalb, sondern innerhalb von Sätzen, z.B.

(1) *Was sodann*
    II. das Vermiethen selbst betrifft; So soll Jedermann, welcher sich als
    Diener, Knecht oder Magd vermiethen will, [...]

(2) *Vorzüglich aber soll*
                            §. 19.
    das Gesinde in Ansehung des Feuers und Lichts sehr vorsichtig und
    sorgfältig seyn, [...]

Demgegenüber ist das **Handelsgesetzbuch** ein systematisch durchstrukturiertes Gesetz, eingeteilt in drei Bücher zu je fünf bis acht Abschnitten, diese – wenn sachlich notwendig – noch in Titel untergliedert. Alle diese Struktureinheiten sind im Text und im Inhaltsverzeichnis mit Überschriften versehen. Die durchgezählten Paragraphen sind überschaubar, enthalten im Schnitt nur zwei bis drei Sätze. Von seiner Textstruktur und äußeren Gliederung her unterscheidet es sich in nichts von einem gut gemachten Gesetz aus unseren Tagen.

---

[2] Außer den genannten Gesetzen bilden folgende Texte das „Teilkorpus 19. Jh.": **Gesinde-Ordnung** (Preußen 1810), **Edikt, betreffend die bürgerlichen Verhältnisse der Juden** (Preußen 1812), **Mandat, den Verkauf von Arzneiwaaren betreffend** (Sachsen 1823), **Gesetz über die Bestrafung der Übertretungen der Ein- und Ausfuhrverbote** (Kurhessen 1831), **Gesetz über die Verpflichtung zur Armenpflege** (Preußen 1842), **Gesetz über die Verhältnisse der Miteigenthümer eines Bergwerks** (Preußen 1851), **Geschäfts-Ordnung für die Landstände** (Kurhessen 1852), **Bürgerliches Gesetzbuch** (Sachsen 1863), **Allgemeines Deutsches Handelsgesetzbuch** (Dt. Bund 1869), **Verordnung zur Verhütung des Zusammenstoßes der Schiffe auf See** (Dt. Reich 1880), **Bürgerliches Gesetzbuch** (Dt. Reich 1896).

Auch im syntaktischen Bereich sind beide Texte hervorragend geeignet, den Entwicklungssprung, von dem ich eingangs sprach, zu veranschaulichen. 1801 haben wir noch Sätze mit durchschnittlich 66 Wörtern, also mit einem Satzlängen-Wert, der fast dem der zweiten Hälfte des 18. Jh. entspricht. 1897 treffen wir dagegen auf Sätze mit nur noch 27 Wörtern im Schnitt, also auf einen Wert, der dem Durchschnitt des 20. Jh. sehr nahe kommt. Was dieser Satzlängen-Unterschied konkret bedeutet, möchte ich an einer kleinen Graphik (siehe Skizze 1, S. 403) illustrieren.

Die beiden Gesamtquadrate repräsentieren die jeweilige gesamte Textmenge beider Gesetze, also die Zahl aller Wörter. Die Quadrate mit den durchgezogenen Linien in der unteren linken Ecke geben den Textanteil wieder, der in Sätzen bis zu 22 Wörtern, also in kurzen und mittellangen Sätzen,[3] dargeboten wird, die Restfläche dementsprechend den jeweiligen Textanteil, der in Sätzen mit 23 und mehr Wörtern steht. Das Quadrat rechts oben greift daraus die Textmenge heraus, die in „Bandwurmsätzen" angeordnet ist, also in überlangen Sätzen mit 100 und mehr Wörtern. Der Unterschied zwischen beiden Texten ist evident. Gegenüber 1801 hat sich 1897 der Textanteil, der in kurzen und mittellangen Sätzen steht, mehr als verachtfacht. Dagegen beträgt der in superlangen Sätzen untergebrachte Anteil 1897 nur noch ein Zehntel des Anteils von 1801. Wie stark die Satzlänge mit der Satzstruktur zusammenhängt, können die gestrichelten Quadrate links unten veranschaulichen: Sie bilden den Textanteil ab, der in Einfachsätzen und Satzreihen angeordnet ist. Gegenüber der **Gesinde-Verordnung** ist er im **Handelsgesetzbuch** um das Dreizehnfache gestiegen. Dennoch steht fast drei Viertel der gesamten Textmenge auch 1897 noch in Satzgefügen – auch dies charakteristisch für die Gesetzessprache des 19. Jh. Doch die Satzgefüge des Gesetzes von 1897 sind wesentlich einfacher gebaut als die der Verordnung von 1801. Insgesamt hebt sich im Vergleich beider Texte die Satztiefe von 1,76 auf 0,80. Bei der funktionalen Betrachtung der Nebensätze fällt besonders die erhebliche Zunahme der Konditional- und Restriktivsätze (von 18,5 % auf 43,6 %) und der starke Rückgang der anderen Adverbialsätze, u.a. der Kausal-, Temporal-, Konzessiv- und Modalsätze, auf (von 24,3 % auf 6,5 %).

---

[3] Die Einteilung der Sätze in „kurze" (1-8 Wörter), „mittellange" (9-22 Wörter) und „lange" Sätze (über 22 Wörter) stammt von O.W. Haseloff (1971, S. 176f.). Wenn auch „psychologisch" begründet, ist sie selbstverständlich in ihrer Grenzziehung ebenso willkürlich wie jede andere Einteilung. Nicht anders steht es übrigens auch mit zeitlichen Grenzziehungen, z.B. der Einteilung nach Jahrhunderten, Jahrhunderthälften und Jahrzehnten.

Skizze 1: Textmengen-Anteile an Satzlängen und -strukturen

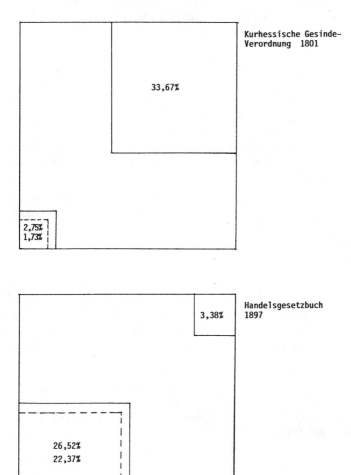

Kurhessische Gesinde-Verordnung 1801

33,67%

2,75%
1,73%

Handelsgesetzbuch 1897

3,38%

26,52%
22,37%

Innenquadrat rechts oben: Textmenge der Sätze mit 100 und mehr Wörtern
Innenquadrat links unten: Textmenge der Sätze mit bis zu 22 Wörtern
Gestricheltes Innenquadrat: Textmenge der Einfachsätze und Satzreihen

Auf der anderen Seite dokumentieren beide Gesetzestexte die forcierte Ausprägung des Nominalstils im 19. Jh. Der Anteil der Substantive an allen Textwörtern beträgt 1801 21,4 %, dagegen 1897 29,3 %. War dabei 1801 erst jedes zwölfte Substantiv des fortlaufenden Textes ein *ung*-Abstraktum, so 1897 bereits jedes fünfte. Unter den *ung*-Lexemen machten dabei 1801 die Komposita nur 6,1 % aus, ihre Textfrequenz lediglich 3,5 %. Demgegenüber hat sich 1897 der Anteil der Komposita verdreifacht (18,5 %), ihre Frequenz sogar vervierfacht (13 %). Darunter sind nun auch dreigliedrige Komposita, z.B. *Civilprozeßordnung* und *Zwangsvollstreckung*, die in der **Gesinde-Verordnung** noch nicht vorkommen. Fast verdoppelt hat sich im Handelsgesetzbuch die Zahl der Substantive, die in Attributstellung stehen (29,5 % vs. 15,5 % aller Substantive). Kommen in der **Gesinde-Verordnung** nur maximal dreistellige Nominalattribut-Ketten vor, so im **Handelsgesetzbuch** Ketten bis zu sechs Gliedern.

Im Vergleich zu 1801 sind 1897 die Wörter im Schnitt länger geworden (1,94 vs. 2,10 Silben pro Wort). Jedes sechste Textwort enthält eine Silbe mehr als in der **Gesinde-Verordnung.** Während diese Zunahme der durchschnittlichen Wortlänge, die nicht zuletzt auf den vermehrten Gebrauch von Substantivkomposita zurückzuführen ist, für die Gesamtentwicklung im 19. Jh. typisch ist, gilt dies nicht generell für den Fremdwortanteil in beiden Vergleichstexten. Denn das **Handelsgesetzbuch** zählt zu den Gesetzen, die zwar die Übernahme deutscher Rechtsbegriffe mitgemacht haben, die aber gleichwohl von den Sprachpuristen der Jahrhundertwende wegen der Verwendung von Fremdwörtern aus dem Bereich der Gesetzesmaterie, hier also dem Handels- und Bankwesen, kritisiert wurden.[4] Beispiele hierfür sind etwa: *Aktie, Bilanz, Firma, Inventar, Konkurs, Prinzipal, Prokurist, Provision* oder hybride Bildungen wie *Handelsregister, Handlungsagent* und *Kommanditgesellschaft.* Lateinisches Wortgut, das uns noch ganz vereinzelt in der **Gesinde-Verordnung** begegnet, z.B. *officia fisci,* fehlt selbstverständlich in dem Gesetz von 1897.

2. Pragmatische Faktoren

Dieser enorme Wandel in der Gesetzessprache des 19. Jh. ist selbstverständlich bedingt durch außersprachliche, pragmatische Entwicklungen. Besondere Auswirkungen auf die Gesetzessprache haben dabei im 19. Jh. folgende, eng miteinander verzahnte Faktoren gehabt:

---

[4] Siehe z.B. L. Günther 1898, S. 27ff.

2.1. Der Übergang von der Kasuistik zur generalisierenden Normativik als Folge des rechtssystematischen Denkens

In der kurhessischen **Gesinde-Verordnung** von 1801 steht z.B. folgende Passage, bei der es um die Pflichten des Gesindes geht:

(3)   *Da aber*

§. 13.

die Treue insbesondere eine der vornehmsten von diesen Pflichten des Gesindes gegen die Brodherrschaft ist; So verordnen Wir, daß alle Hausbedienten, ohne Unterschied, sie mögen bey hohen oder niedrigen Herrschaften in Kost und Lohn stehen, im Hause die Kost geniessen, oder Geld dafür bekommen und sich selbst dafür verköstigen, in ihres Herrn Hause oder ausser demselben wohnen, und Ladendiener, Gesellen, Lehrjungen, Bedienten, Knechte oder Mägde seyn, sich nicht die geringste Veruntreuungen und Verletzungen jener Pflicht zu Schulden kommen lassen sollen. Untreue Hausbedienten aber, welche ihrer Herrschaft Geld, Eßwaaren oder Feldfrüchte oder sonst etwas, wenn es auch noch so gering wäre, aus den Häusern, Scheunen, Gärten oder vom Felde entwenden, Knechte und Mägde, die den Pferden oder anderm Vieh das Futter entziehen, den zum Aussäen ohne Erlaubniß der Herrschaft das Land ackern, den Ackerlohn für sich behalten, oder auf irgend eine andere Art ihre Herrschaft betrügen, werden [...] bestraft.

Die Verfasser bemühen sich, alle nur denkbaren Fälle und Fallgruppen aufzuführen, gleich ob es sich um Personen, Sachen oder Handlungen dreht. Die preußische **Gesinde-Ordnung,** obgleich nur neun Jahre später entstanden, ein vergleichsweise überaus „modernes” Gesetz, verzichtet auf die Aufzählung der einzelnen Gesinde-Arten, der Unterbringungs-, Verköstigungs- und Veruntreuungsfälle. Seine Verfasser belassen es bei den Oberbegriffen für die beiden Vertragspartner *Gesinde* und *Herrschaft*,[5] tilgen jede Einzelfallbeschreibung, sprechen dafür abstrakt von *Schaden*. Selbstverständlich entfällt auch das Herausstellen der persönlichen fürstlichen Willenskundgebung außerhalb der Präambel. Heraus kommen zwei knappe Paragraphen:

(4)   § 64 *Das Gesinde ist schuldig, seine Dienste treu, fleißig und aufmerksam zu verrichten.*

§ 65 *Fügt es der Herrschaft vorsätzlich, oder aus grobem oder mäßigem Versehen Schaden zu: so muß es denselben ersetzen.*

Insgesamt handelt es sich um einen <u>Systematisierungs- und Abstraktionsprozeß</u>.

---

[5] Man beachte: in der Passage aus der Gesinde-Verordnung – Textbeispiel (3) – variieren die Autoren *Herrschaft* noch durch *Brodherrschaft, hohe und niedrige Herrschaft* und *Herr.*

2.2. Das Entstehen großer Kodifikationen

Hierbei sind zwei unterschiedliche Gründe bzw. Notwendigkeiten zu unterscheiden. Auf der einen Seite handelt es sich um die Zusammenfassung und die Reform des Rechts im materiellen und im juristischen Bereich. Dieser Prozeß setzte im 18. Jh. ein, bot mit dem preußischen **Allgemeinen Landrecht** von 1794 aber erst das große Vorbild für das 19. Jh. und führte z.B. im Zivilrecht zum **Badischen Landrecht** von 1809, dem **Bürgerlichen Gesetzbuch** des Königreichs Sachsen von 1863-65 und schließlich zum **BGB** von 1896. Die Gründe waren rechtsphilosophischer, reformatorischer und rein praktischer Natur: so "das Systemstreben des Vernunftrechts und das zunehmende Unbehagen an einer sich geheimwissenschaftlich gebenden Rechtspflege" (Hattenhauer 1987, S. 34), der Wunsch, Gerichte und Verwaltung durch bessere Rechtskenntnis der Bürger zu entlasten, die Forderung nach allgemeiner Rechtssicherheit und die Notwendigkeit materieller Reformen.

Der praktische Nutzen der Kodifikationen für Gesetzesbefolger wie Gesetzesanwender ist offensichtlich: Bevor z.B. in Sachsen 1863 im Rahmen des **Bürgerlichen Gesetzbuches** in 167 Paragraphen das Scheidungsrecht systematisch und generell geregelt wurde, mußte man sich aus dem **Codex Saxonicus** die Einzelregelungen zusammensuchen, die häufig in Form von Rescripten ergangen waren, und notfalls ein neues Rescript des Kammergerichts erbitten.

Auf der anderen Seite erzwangen die Veränderungen im staatlichen und wirtschaftlichen Bereich, so vor allem die Ausdehnung Preußens, die Entstehung des Norddeutschen Bundes und vor allem dann die Reichsgründung, eine Rechtsvereinheitlichung für den jeweiligen Geltungsraum. In diesem Zusammenhang sei an die **Gewerbe-Ordnung** des Norddeutschen Bundes von 1869, an das **Strafgesetzbuch** von 1871, das **BGB** und das **Handelsgesetzbuch** erinnert.

Zusammengefaßt können wir von einem Vereinheitlichungsprozeß sprechen.

2.3. Der Adressaten-Bezug

Im 18. Jh. mehrten sich die Stimmen, die forderten, die Gesetze müßten von den Gesetzesbefolgern, also zumindest von den gebildeten juristischen Laien, verstanden werden. Diese Forderung gipfelte nicht nur in der berühmten Kabinetts-Ordre Friedrichs des Großen von 1780, sondern wurde auch im **Allgemeinen Landrecht** von den Reformern Carl Gottlieb Svarez, Johann Heinrich Casimir Graf von Carmer und Ernst Ferdinand Klein mustergültig verwirklicht. Dies geschah u.a. dadurch, daß die **Landrecht**-Verfasser die Sprachkritik aufnahmen, die zuvor schon etwa Karl Ferdinand Hommel oder Josef von Sonnenfels am schwülstigen Kanzleistil geübt hatten. So macht der Leipziger Rechtsprofessor Hommel 1765 aus seinem Herzen keine Mördergrube:

> Ich hasse vor allen Dingen jene ellenlangen Schachtelsätze, in denen vieles auf einmal gebracht werden soll, und jene gewundenen Ausdrücke, 'die außer einer Sibylle niemand verstehen kann'. Nichts macht einen Vortrag verworrener und unverständlicher, als wenn man in einen Satz zehn andere mengt. Vor diesem Fehler, der den Juristen eigen ist, scheint Seneca die Gesetzgeber mit folgenden Worten zu warnen: 'Man mische nicht Gesetz in Gesetz'.[6]

Ganz ähnlich äußert sich Sonnenfels, u.a. Inhaber eines Lehrstuhls für Geschäftsstil und „Staatsstilist" am Wiener Kaiserhof:[7]

> Ich glaube, daß zu längeren Perioden als von zwey Gliedern bey Gesetzen nur selten ohne Abbruch der Deutlichkeit Gelegenheit seyn wird. Das Volk, für welches die Gesetze geschrieben sind, versteht nicht, was es nicht auf einmal zu umfassen fähig ist.

Und an anderer Stelle warnt er vor den negativen Folgen, die „verworrene, undeutliche Gesetze auf das Wohl des gemeinen Wesens und des einzelnen Bürgers" haben, „wenn sie wegen Dunkelheyt und Zweydeutigkeit ganz nicht oder nicht auf einerley Weise befolgt werden".[8]

Es ist gewiß kein historischer Zufall, daß diese kritischen, Syntax und Lexik der Gesetze betreffenden Überlegungen gerade in Preußen unter dem aufgeklärten Monarchen Friedrich auf fruchtbaren Boden fielen. Denn die Forderung nach sprachlicher und gedanklicher Knappheit, Klarheit und Einfachheit der Gesetzessprache und damit nach Verständlichkeit für die Untertanen deckte sich nicht nur mit den vernunftrechtlichen Postulaten der französischen und deutschen Aufklärung, sondern auch mit den auf Effizienz abzielenden Sprachbedürfnissen des preußischen Militär- und Verwaltungsstaates. Dennoch hatten sich die **Landrecht**-Verfasser nach Friedrichs Tode (1786) im inhaltlichen und sprachlichen Bereich gegen die Kritik der konservativen, am Kanzleistil hängenden Kräfte zu wehren, die in Friedrich Wilhelm II. mehr und mehr ihre Stütze fanden. Das **Landrecht** ließ der neue König zwar schließlich passieren, doch strich

---

[6] K.F. Hommel 1975, S. 124f. – Das Sibylle-Zitat ist nach Polleys Anmerkung auf S. 124 der Plautus-Komödie „Pseudolus" entnommen.

[7] Siehe G. Kleinheyer/J. Schröder 1976, S. 250-255.

[8] J. von Sonnenfels, Über den Geschäftsstil, 2. Aufl. 1785; zitiert nach H. Hattenhauer 1987, S. 47.

er im Publikationspatent die Bürger-Passagen, stufte den Titel **Allgemeines Gesetzbuch** zum herkömmlichen **Landrecht** herunter, das als Adressaten nicht wie geplant den Bürger, sondern den Juristenstand haben sollte.[9]

Die Adressatenfrage wurde aber weder von den preußischen Reformern noch von ihren Gegnern entschieden. Es war vielmehr „die Verwissenschaftlichung von Recht und Rechtsdenken" (Wassermann 1981, S. 133), die vor allem Carl von Savigny, der „unbestrittene geistige Mittelpunkt" der Historischen Rechtsschule (Hattenhauer/Buschmann 1967, S. 16), durch seine rechtsphilosophischen Arbeiten und sein praktisches Wirken im preußischen Staatsrat im Deutschland des 19. Jh. durchsetzte. Hattenhauer (1987, S. 66) bringt diesen Prozeß auf die schöne Formel: „Aus der Sprachkunst des Rationalismus sollte die Kunstsprache der Rechtswissenschaft werden." Wenn auch am Ausgang des Jahrhunderts ein starkes Interesse an Sprachkultur der Hauptgrund für jahrelanges Feilen an der Sprache des **BGB** war und zweifellos „die soziale Schicht des Bildungsbürgertums mit seiner Lesekultur stark angewachsen war" (Stickel 1984, S. 42), so führte der im **BGB** verwirklichte „hohe Abstraktionsgrad seiner Rechtsbegriffe" doch dazu, daß "das BGB kein volkstümliches Gesetzbuch geworden ist" (Kaufmann 1984, S. 178). Dieser Tatsache waren sich bereits die Zeitgenossen voll bewußt. So schreibt der Gießener Professor der Rechte Louis Günther 1898:

> Denn darüber herrscht wohl unter den einsichtigen Sachkundigen zur Zeit kaum noch eine Meinungsverschiedenheit, dass die Mehrzahl unserer neuern Reichsgesetze keine dem Volke allgemein verständliche und gewohnte Sprache redet. Auch das neue bürgerliche Gesetzbuch kann von diesem Urteile leider nicht ausgenommen werden (S. 19).

Der Versuch der Naturrechtler, Volksgesetzbücher zu schaffen und damit die Forderung nach Verständlichkeit für den Bürger zu erfüllen, erweist sich als Episode. Eindeutig wird der Adressatenkreis der Gesetzesanwender in Justiz, Verwaltung und Wissenschaft zu Lasten der Gesetzesbefolger, also der Bürger, bevorzugt. Die Herausbildung des extremen Nominalstils ist die sprachliche Folge dieser Entscheidung.

Wir können folglich in dem Zielkonflikt-Dreieck „Präzision, Effizienz, Verständlichkeit"[10] von einem Präzisions- und Effizienz-Prozeß sprechen, der bis heute – trotz aller andersartigen Beteuerungen unserer Politiker – weiterwirkt.

---

[9] Zum Allgemeinen Landrecht und den Verhältnissen in Preußen siehe H. Hattenhauer 1970 und 1987, S. 47-63.

[10] Siehe hierzu W. Otto 1978, S. 11ff. und 1981, S. 49ff.

2.4. Der Sprachpurismus

Eng verknüpft mit der Adressatenfrage ist der Prozeß, die Gesetzessprache von fremdem Wortgut zu reinigen. Hier setzte das 19. Jh. nicht nur konsequent die Bestrebungen des 18. Jh. fort, nämlich die lateinischen Termini des Römischen Rechts vollständig durch deutsche Rechtsbegriffe zu ersetzen, sondern in zunehmendem Maße wurde die „Reinigung" auch auf Fremdwörter ausgedehnt. Stand zunächst diese Entwicklung eindeutig im Zeichen naturrechtlicher Postulate und praktischer Erfordernisse, diente also der Maxime „Verständlichkeit für alle", so war diese Entwicklung vor allem nach der Reichsgründung in verstärktem Maße nationalistisch motiviert.[11] Die „deutsche" Sprache und folglich auch die deutsche Gesetzessprache hatten gefälligst „deutsch" zu sein. Wie sehr dieser Sprachnationalismus gegen Ende des Jahrhunderts die Gemüter beherrschte, belegen u.a. zahlreiche Vorschläge, die 1895 für den Wahlspruch des Allgemeinen Deutschen Sprachvereins eingereicht wurden, z.B.

> *Deutsch sei des Deutschen Rede.*
> *Unnützem Fremdwort Fehde* (F. van Hoffs)
>
> *Kein Fremdwort braucht ein deutscher Mann,*
> *Für das, was deutsch er sagen kann.* (E. Funk)
>
> *Willst Du ein guter Deutscher sein,*
> *So sprich auch Deine Sprache rein.* (C. G.)

Oder 1896 richtet Richard Jahnke folgende Verse „An das deutsche Volk":

> *Der Gott, der Deutschland groß gemacht,*
> *Befreit aus Welschlands Banden,*
> *Daß hoch und hehr in neuer Pracht*
> *Das deutsche Reich erstanden:*
> *Der will nicht, daß ein fremdes Wort*
> *Die deutsche Rede schände.*
> *[...]*
> *Drum wirf ihn weg, den fremden Tand,*
> *und schwör ihm heiße Fehde:*
> *Dem deutschen Sinn im deutschen Land ziemt nur die deutsche*
> *Rede.*[12]

---

[11] Vgl. W. Brandt 1988a, S. 121ff.

[12] Aus: Der deutschen Sprache Ehrenkranz. Dichterische Zeugnisse zur Geschichte der deutschen Sprache gesammelt und erläutert von Paul Pietsch. 3. vermehrte Aufl. Berlin 1922, S. 372 und 373f.

Das **Allgemeine Landrecht** Preußens und das **Badische Landrecht**
dokumentieren um 1800 die rezipientenbezogene, auf Verständlichkeit
ausgerichtete Eindeutschungsphase, das **BGB** um 1900 die sprachkultu-
relle, dabei aber stark nationalistisch gefärbte Reinigungsphase.

Insgesamt findet im 19. Jh. ein unterschiedlich motivierter Anti-Fremd-
wort-Prozeß statt, der ebenfalls bis heute – wenn nun auch unter dem
Deckmantel „Verständlichkeit" – weiterwirkt.

3. Die Vereinfachung der Syntax

Wie sieht nun die Entwicklung der von diesen Faktoren beeinflußten Gesetzessprache konkret aus? Herausgreifen möchte ich einige Ergebnisse
unserer empirischen Untersuchung, nämlich die Vereinfachung des Satzbaus und die Herausbildung des abstrakten Nominalstils, also die zwei
Entwicklungen, die auch für die moderne Gesetzessprache besonders charakteristisch sind.

Meine Eingangsthese, daß die Gesetzessprache des 19. Jh. der des 20. viel
näher als der des 18. Jh. steht, läßt sich zunächst einmal eindrucksvoll
an der durchschnittlichen Satzlänge beweisen.

Skizze 2: Satzlänge (Wörter pro Satz)

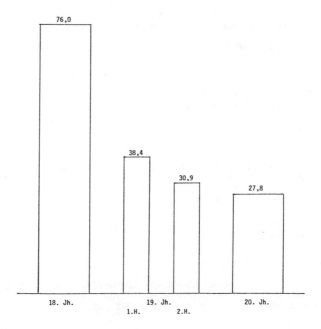

Wie Skizze 2 zeigt, vollzieht sich der entscheidende Sprung um 1800. Unter den Kriterien Stil und Verständlichkeit handelt es sich nicht nur um eine quantitative, sondern auch um eine entscheidende qualitative Veränderung. Gegenüber dieser Halbierung der Satzlänge ist die weitere Reduzierung im 20. Jh. um ganze drei Wörter in der Tat marginal; denn diese Reduzierung beträgt noch nicht einmal die Hälfte des Verkürzungsschrittes, der in der Mitte des 19. Jh. festzustellen ist.

Die entscheidende Wende stellt das **Allgemeine Landrecht** von 1794 dar. Es setzte zunächst zumindest für die preußische Gesetzgebung die syntaktischen Maßstäbe, die sich dann in der zweiten Jahrhunderthälfte in ganz Deutschland durchsetzen sollten. Während unter den zehn Gesetzen der zweiten Hälfte nämlich kein einziges mehr ist, dessen Satzlänge über 40 Wörter pro Satz liegt, sind es unter den zehn Gesetzen der ersten Hälfte noch vier. Nicht zufällig handelt es sich bei diesen vier ausschließlich um nichtpreußische Gesetze. Dem Vorbild des **Allgemeinen Landrechts** folgt außerhalb Preußens zunächst lediglich das **Badische Landrecht,** das allerdings als weitgehende Übersetzung des **Code Napoléon** dem französischen Original verpflichtet ist. Die Sätze des **Badischen Landrechts** und der preußischen Gesetze aus der ersten Jahrhunderthälfte sind im Schnitt um 16 Wörter kürzer als die der sächsischen und hessischen Gesetze. In Sachsen z.B. setzt der Umbruch erst in den dreißiger Jahren ein. Das **Branntweinsteuer-Gesetz** von 1833 hat eine Satzlänge von 30,3 Wörtern pro Satz. Das **BGB** des Königreichs Sachsen von 1863 erreicht dann mit 27,4 annähernd den Wert des **Allgemeinen Landrechts** (23,5).

Wenn man die von Fucks (1955, S. 236) und Arens (1965, S. 19ff.) ermittelten Satzlängen-Werte für Wissenschafts- und Erzählprosa zum Vergleich heranzieht, vollzieht sich im 19. Jh. eine Angleichung dieser drei Textsorten. In der zweiten Hälfte liegt die Gesetzessprache nur noch um zwei bzw. drei Wörter pro Satz höher. Im 20. Jh. dagegen klafft die Schere wieder um durchschnittlich fünf bzw. sechs Wörter pro Satz auseinander, und zwar entgegen dem allgemeinen schriftsprachlichen Trend von den Gesetzesverfassern verschuldet.

Zurück zur Gesetzessprache des 19. Jh. Die sprachliche Revolution, die wir an dem griffigen, aber pauschalen Wert „Satzlänge" veranschaulicht haben, ist prinzipiell nur möglich, wenn zumindest eine der beiden Bedingungen erfüllt ist:

1. Es müssen Verschiebungen bei der Wahl der Satzstrukturen stattfinden. Konkret: der Anteil der Einfachsätze muß zu Lasten der

Satzgefüge steigen; denn im Regelfalle sind in Gesetzen Einfachsätze höchstens halb so umfangreich wie Satzgefüge.

2. Die <u>Binnenstruktur der Satzgefüge</u> muß einfacher werden, d.h. vor allem: das einzelne Gefüge muß weniger Nebensätze enthalten, was automatisch zu einer Verkürzung führt.

Im Falle der Gesetzessprache des 19. Jh. kommen beide Bedingungen zum Tragen.

Verdeutlichen wir uns diese Zusammenhänge und Entwicklungen an unserem 3. Schaubild (S. 414). Es zeigt die prozentualen Anteile der Gefüge und der Einfachsätze, denen wir die 1 bis 2 % ausmachenden Satzreihen zugeschlagen haben. Verglichen mit dem 18. Jh. hat sich der Anteil der Einfachsätze zunächst verdreifacht, dann vervierfacht. Diese Entwicklung hat sich – wie generell in der deutschen Schriftsprache – im 20. Jh. fortgesetzt. Mindestens ebenso entscheidend, ja vielleicht noch entscheidender ist aber die Halbierung der durchschnittlichen Gefüge-Länge. Die genauen Werte stehen jeweils in den Klammern unserer Skizze. Der Vergleich mit dem 20. Jh. zeigt, daß hier keine bemerkenswerte Entwicklung mehr stattgefunden hat. Mit anderen Worten: die Gefüge-Struktur der Gesetzessprache unseres Jahrhunderts ist im vorigen ausgebildet worden. Und was für den Umfang gilt, findet seine weitgehende Entsprechung in der Binnenstruktur der Satzgefüge. Ihr Bau ist „einfacher" geworden. Dabei beinhaltet die Pauschalcharakterisierung „einfacher" vier unterschiedliche Prozesse:

1. Die bereits erwähnte quantitative Abnahme der Nebensätze pro Satzgefüge. Verglichen mit der **Gesinde-Verordnung** von 1801, gleichsam einem Gesetz des 18. Jh., verringert sich die Zahl der untergeordneten Sätze im Jahrhundertdurchschnitt auf die Hälfte.

2. Die Verringerung der Satztiefe, also der hypotaktischen Stufung. Die Satztiefe der Gefüge sinkt im Laufe des Jahrhunderts – verglichen wiederum mit der **Gesinde-Verordnung** – um etwa ein Drittel. Bezieht man die Zunahme der Einfachsätze mit ein, bedeutet dies für alle Textsätze fast eine Halbierung der Satztiefe.

3. Der Rückgang der Verschachtelung. In der **Gesinde-Verordnung** wird noch jeder fünfte Gefüge-Hauptsatz mehr als einmal durch Nebensätze unterbrochen. In der ersten Jahrhunderthälfte geschieht dies nur noch bei jedem 10. bis 11., in der zweiten Hälfte sogar nur noch bei jedem 13. Gefüge-Hauptsatz.

4. Die weitgehende Konzentrierung auf wenige funktionale Nebensatztypen. Bereits in der **Gesinde-Verordnung** entfällt fast die

412

Hälfte aller Nebensätze auf Attribut- und Konditional- bzw. Restriktivsätze. Ihr gemeinsamer Anteil erhöht sich in der ersten Hälfte auf gut zwei Drittel, in der zweiten Hälfte auf drei Viertel. Der Anteil der zahlreichen anderen Adverbialsatztypen - in der Gesinde-Verordnung noch 27 % - schrumpft dagegen im Laufe des Jahrhunderts auf 10 %, der der Inhaltssätze auf 15 %. Demgegenüber haben sich im 20. Jh. nur noch unwesentliche Verschiebungen ergeben.

Die tabellarische Auflistung der genauen Durchschnitts- und Anteilswerte bestätigt für die syntaktische Binnenstruktur und ihre funktionale Ausprägung noch einmal unsere Eingangsthese: die entscheidenden Veränderungen haben sich nicht erst im 20. Jh., sondern bereits im 19. Jh. vollzogen.

	Gesinde- verordnung 1801	19. Jh. 1. Hälfte	2. Hälfte	20. Jh.
Nebensätze pro Gefüge	4,1	2,2	1,8	1,7
Satztiefe der Gefüge	1,87	1,38	1,27	1,22
Nebensätze pro Satz	3,9	1,7	1,3	1
Satztiefe aller Sätze	1,76	1,05	0,88	0,67
Gefüge-Hauptsätze mit mehr als 1 eingeschachtelten Nebensatz	21,4 %	9,4 %	7,8 %	2,9 %
Attributsätze	28,4 %	43,1 %	36,5 %	36,7 %
Konditional- und Restriktivsätze	18,5 %	25,9 %	38,0 %	38,1 %
andere Adverbialsätze	27,3 %	14,7 %	10,1 %	5,9 %
Inhaltssätze	25,8 %	16,0 %	15,4 %	18,5 %

Skizze 3: Anteile der Satzstrukturtypen (in Prozent)

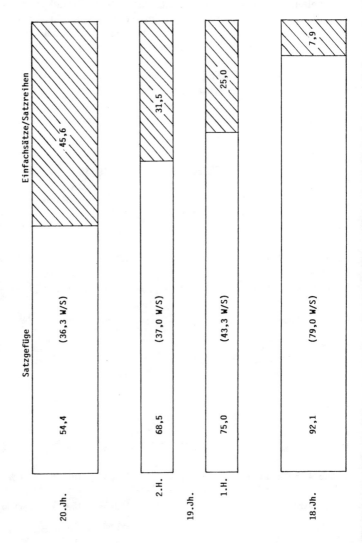

Satzgefüge   Einfachsätze/Satzreihen

20.Jh.   54,4   (36,3 W/S)   45,6

2.H.   68,5   (37,0 W/S)   31,5
19.Jh.

1.H.   75,0   (43,3 W/S)   25,0

18.Jh.   92,1   (79,0 W/S)   7,9

4. Die Herausbildung des abstrakten Nominalstils

Parallel zu diesen Entwicklungen im Satzbau verläuft im 19. Jh. die forcierte Herausbildung des Nominalstils. Wir können sie zunächst festmachen an der zunehmenden Bedeutung, die die Wortart <u>Substantiv</u> in der Gesetzessprache spielt. Im 18. Jh. sind 22,3 % aller Textwörter Substantive. Ihr Anteil steigt in der ersten Hälfte des 19. Jh. auf 24,9 %, in der zweiten Hälfte auf 27,9 % und erreicht im 20. Jh. 30,2 % (siehe Skizze 6). Die höchste Steigerungsrate, nämlich drei Prozentpunkte, treffen wir innerhalb des 19. Jh. an. Der entscheidende Anstieg setzt mit den dreißiger Jahren ein und steigert sich dann in der zweiten Jahrhunderthälfte. Keines der sechs Gesetze aus den Jahren 1801 bis 1830 erreicht die 25 %-Marke. Dagegen liegt nur eines der 14 Gesetze aus den folgenden 70 Jahren unter diesem 25prozentigen Substantiv-Anteil, dafür haben aber sechs einen Anteil von über 28 %.

Als pragmatische Faktoren für diese erhebliche Zunahme sind vor allem das Streben nach Systematisierung, Präzision und Effizienz anzuführen:

1. Sachverhalte werden begrifflich gefaßt, und dies kann man am besten mit der Kategorie „Substantiv" leisten.

2. Um jegliches Mißverständnis auszuschalten, greift man zur Wiederholung des Begriffes. Man verläßt sich nicht auf die Satzsemantik und den weiteren Kotext.

3. Um Einzelsätze, z.T. auch Satzpassagen aus dem Text lösen, sie also problemlos zitieren zu können, verzichtet man mehr und mehr auf die Möglichkeit der Pronominalisierung.

Folgende kurze Textpassage, der erste Abschnitt des § 176 des **BGB**, kann alle drei Punkte gut illustrieren:

(5) *Der Vollmachtgeber kann die Vollmachtsurkunde durch eine öffentliche Bekanntmachung für kraftlos erklären; die Kraftloserklärung muß nach den für die öffentliche Zustellung einer Ladung geltenden Vorschriften der Civilprozeßordnung veröffentlicht werden. Mit dem Ablauf eines Monats nach der letzten Einrückung in die öffentlichen Blätter wird die Kraftloserklärung wirksam.*

Nach dem Semikolon im ersten Satz hätte man fortfahren können mit: „hierbei muß er sich nach den Vorschriften der Civil-Prozeßordnung richten, die für die öffentliche Zustellung einer Ladung gelten". Dies geschieht aber nicht. Statt des attributiven Relativsatzes bevorzugen die Autoren die Partizipalkonstruktion, wobei es nun zwangsläufig zu der stilistischen Härte doppelter Präposition-Artikel-Setzung kommt: *nach den für die öffentliche Zustellung einer Ladung geltenden Vorschriften.* Außerdem substantivieren sie die Verbphrase *für kraftlos erklären,* erfinden bzw. verwenden also den in der Allgemeinsprache unbekannten Terminus *Kraftloserklärung.* Der folgende Satz hat nun dasselbe Subjekt wie dieser zweite Halbsatz, nämlich das Kompositum *Kraftloserklärung.* Dennoch verzichten die Verfasser auf die pronominale Anknüpfung, also „Sie wird wirksam", und wiederholen den abstrakten Begriff. Man beachte bitte: Dies passiert innerhalb eines überschaubaren Paragraphen-Abschnitts. Wie das Textbeispiel (4) zeigt, war es 1810 noch möglich, in einem neuen Paragraphen ausschließlich das Pronomen *es* – für *das Gesinde* im vorausgegangenen Paragraphen – zu benutzen, von dem Pronomen *denselben* – bezogen auf *Schaden* im vorangestellten Konditionalsatz – ganz zu schweigen. Am Jahrhundertende oder heute würde dieser § 65 wohl lauten: „Fügt das Gesinde der Herrschaft vorsätzlich oder aus grobem oder mäßigem Versehen Schaden zu, so muß das Gesinde den Schaden ersetzen." In dieser „Präzisierungs"-Fassung steigt der Substantiv-Anteil des Originals von 16,7 % auf 28,6 %.

Unser **BGB**-Text bietet darüber hinaus im ersten Satz ein schönes Beispiel dafür, daß die Gesetzesautoren einerseits Personen mit ihrer jeweiligen juristischen Rolle identifizieren, hier *Vollmachtgeber,* andererseits den Handlungsvorgang bzw. sein Resultat dem Handlungsträger vorziehen. Indem sie das logische Subjekt ausklammern, müssen sie zwangsläufig zu einer passivischen Konstruktion greifen; hier also: *die Kraftloserklärung muß veröffentlicht werden.*

Nicht zufällig handelt es sich bei *Kraftloserklärung* um ein *ung-*Abstraktum, und nicht zufällig sind sieben der dreizehn in unserer **BGB**-Passage vorkommenden Substantive Derivativa auf *-ung:* neben *Kraftloserklärung* (zweimal) noch *Bekanntmachung, Zustellung, Ladung, Civilprozeßordnung* und *Einrückung.* Denn da keine andere Wortgruppe so gut geeignet ist, den Systematisierungs- und Abstraktionsprozeß der Gesetzessprache in Sprachbegriffe umzusetzen, spiegelt die extreme Herausbildung des *ung*-Stils im 19. Jh. diese pragmatisch bedingte Entwicklung getreulich wider.

Skizze 4: Anteil der *ung*-Substantive an allen Substantiven (in Prozent)

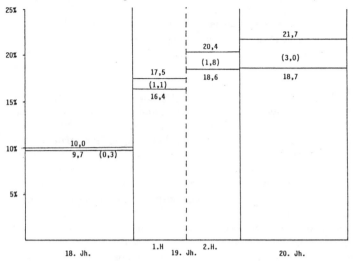

Wie die unteren Linien unserer 4. Skizze zeigen, ist bereits im 18. Jh. fast jedes zehnte Substantiv ein *ung*-Wort. Der entscheidende Sprung vollzieht sich wiederum in der ersten Hälfte des 19. Jh.: Jedes sechste Substantiv ist nun ein *ung*-Wort, in der zweiten Hälfte bereits fast jedes fünfte Substantiv. Hinzu kommt, daß im Zuge der vermehrten Komposita-Bildung im 19. Jh. die Verwendung von Komposita steigt, die als Determinans ein *ung*-Substantiv verwenden, also z.B. *Aufkündigungsfrist, Verbietungsrecht, Vertretungsbefugnis,* bisweilen auch Komposita mit *ung*-Determinans und *ung*-Determinatum, z.B. *Vorforderungs-Verfügung, Anfechtungserklärung, Vollstreckungshandlung.* Die oberen Linien unserer Graphik fassen jeweils die Frequenz aller *ung*-Substantive zusammen, die jeweiligen Differenzen zwischen den oberen und unteren Linien zeigen die zunehmende Tendenz, Substantiv-Komposita mit *ung*-Determinans zu verwenden.

Neben der vermehrten Komposita-Verwendung ist der zunehmende Gebrauch von *ung*-Substantiven mitverantwortlich für die Zunahme der durchschnittlichen Wortlänge, die von der ersten Hälfte des 18. Jh. bis zur Gegenwart kontinuierlich gewachsen ist.[13] Denn die *ung*-Wörter der Gesetze sind in ihrer übergroßen Mehrheit nicht von Simplicia, sondern

---

[13] Siehe W. Brandt 1988b. Im 19. Jh. steigt die Wortlänge bis 1850 auf durchschnittlich 2,07 Silben pro Wort, bis 1900 auf 2,12.

von bereits präfigierten Verben abgeleitet. Nehmen wir das sächsische **BGB** von 1863 zum Beispiel. Die untersuchten 500 Sätze enthalten 159 *ung*-Lexeme, wobei wir zunächst die Komposita nicht berücksichtigt haben. 138 dieser Lexeme sind Präfigierungen. Unter den insgesamt 23 verschiedenen Präfixen sind *ver-* (30), *be-* (25), *er-* (19), *an-* (9) und *ein-* (8) am häufigsten vertreten, z.B. *Veräußerung, Vergehung, Verrainung* oder *Befriedigung, Beschädigung, Bethätigung.* Hin und wieder stoßen wir auch auf Doppelpräfixe, z.B. *Beurtheilung, Berücksichtigung, Übereinstimmung, Verabredung, Wiederherstellung.* Dem gegenüber stehen nur 21 nichtpräfigierte *ung*-Lexeme, z.B. *Löschung, Nöthigung, Schenkung, Weigerung.* Obgleich einige von ihnen zu den zentralen Begriffen unserer analysierten Textausschnitte gehören und deswegen eine hohe Frequenz aufweisen – so *Scheidung* (51), *Trennung* (36), *Handlung* (26) –, haben die nichtpräfigierten *ung*-Substantive lediglich einen Frequenz-Anteil von 23,4 % an allen *ung*-Substantiven einschließlich der Komposita. Die im Text vorkommenden *ung*-Wörter sind also in ihrer überwiegenden Mehrzahl mindestens dreisilbig, zu einem Gutteil vier- und fünfsilbig, wobei bei der Pluralverwendung eine weitere Silbe hinzukommt. Beziehen wir die Komposita mit *ung*-Determinans oder -Determinatum mit ein, erhöht sich der Anteil der Vier- und Mehrsilber nicht unerheblich. Man nehme als Beispiele etwa zweigliedrige Komposita wie *Eigentumsübertragung, Ehelichsprechung, Nichtigkeitserklärung, Scheidungserkenntnis, Veräußerungsverbot* oder die 1863 noch relativ selten benutzten dreigliedrigen Komposita wie z.B. *Grundstücksbeschreibung.*

Der Frequenz-Anstieg der *ung*-Substantive dokumentiert folglich im Wortschatzbereich nicht nur den wachsenden Abstraktionsgrad der Gesetze, sondern zugleich auch die zunehmende, der begrifflichen Präzisierung dienende Differenzierung sowie die fortschreitende Informationsverdichtung.

Stellen wir zum Schluß die Frage: Mit welchem syntaktischen Mittel ordnen die Gesetzesautoren die sprunghaft angestiegene Zahl der Substantive in den Satzrahmen ein? Eine Grundmöglichkeit ist die koordinierte Aneinanderreihung, die Aufzählung, z.B. in unserer Textpassage (3) von 1801: *sie mögen* [...] *Ladendiener, Gesellen, Lehrjungen, Bedienten, Knechte oder Mägde seyn* oder *aus den Häusern, Scheunen, Gärten.* Derartige Aufzählungen gibt es natürlich bis heute in den Gesetzen, sei es in Form einer *offenen* oder einer *abschließenden Enumeration,* wie es in der juristischen Fachsprache heißt. Doch weit häufiger wird im 19. und 20. Jh. die zweite Grundmöglichkeit, die Subordination, benutzt, und d.h. die Verbindung von Substantiven in Form von

Nominalattributen.[14] In unserem Textbeispiel (5), der kurzen **BGB**-Passage, kommt kein einziger Fall von Koordination vor, dafür stehen aber fünf der 13 Substantive in Attributstellung, drei – *einer Ladung, der Civilprozeßordnung* und *eines Monats* – als Genitiv-Attribute, zwei – *nach der letzten Einrückung* und *in die öffentlichen Blätter* – als Präpositional-Attribute.

Skizze 5: Anteil der Nominalattribute an Substantiven (in Prozent)

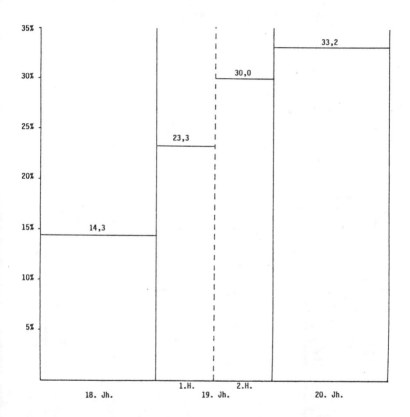

---

[14] Auch für die Gesetzessprache gilt, was H. Sitta in der Duden-Grammatik (1984, S. 594) allgemein „zum Problem der Abgrenzung von Satzglied und Attribut" schreibt: „In manchen Fällen, zumal wenn Präpositionalgefüge beteiligt sind, ist nicht immer klar zu entscheiden, ob ein Attribut oder ein selbständiges Satzglied vorliegt."

Wie sehr sich dieses Charakteristikum der gegenwärtigen Gesetzessprache im 19. Jh. ausgeprägt hat, zeigt unser fünftes Schaubild, das den Anteil der Substantive in Attributstellung an der Gesamtzahl aller Substantive darstellt. Wiederum ist der Anstieg im 20. Jh. relativ gering gegenüber den beiden großen Sprüngen in der ersten und zweiten Hälfte des 19. Jh. Daß in der Tat die extensive Nutzung der Subordination das syntaktische Mittel ist, um die wachsende Zahl der Substantive in den Satzrahmen zu integrieren, beweist Skizze 6.

Skizze 6: Substantiv-Anteil an Textwörtern (in Prozent)

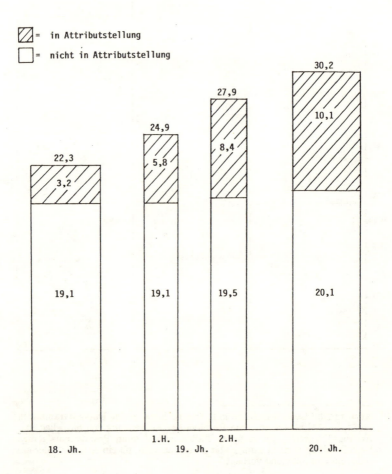

In allen Zeitabschnitten haben wir - gemessen an allen Textwörtern - einen fast gleichen Substantiv-Sockel von 19 bis 20 %. Er stellt den Anteil der nicht-attributiven Substantive dar. Demgegenüber nimmt der schraffiert gezeichnete Anteil der Nominalattribute erheblich zu. Das bedeutet: das Mehr an Substantiven im 19. und 20. Jh. wird fast ausschließlich in Form von Nominalattributen in den Satzrahmen eingefügt. Dieser erhebliche quantitative Anstieg der Nominalattribute ist das Produkt zweier Prozesse, die unabhängig voneinander verlaufen.

1. Die Zunahme der Nominalattribut-Konstruktionen.

Im 18. Jh. verteilen sich fünf Konstruktionen noch auf eine Textmenge von 200 Wörtern, im 19. Jh. auf eine von 100 Wörtern. Die Anzahl der Konstruktionen hat sich also verdoppelt.

2. Die Zunahme der Nominalattribut-Zahl pro Konstruktion.

Sie ist wesentlich geringer. Denn lediglich jede 13. Konstruktion enthält im 19. Jh. ein Attribut mehr als im 18. Jh.

Diese relativ geringe Steigerung verdeckt allerdings den qualitativ-strukturellen Wandel. Denn im 18. Jh. erklärt sich der vergleichsweise hohe Durchschnitt primär durch kasuistische Enumerationen in Attribut-stellung. Hierfür zwei Beispiele aus dem sächsischen **Bäume-Mandat** von 1726:

(6) *eine richtige Specification von allen denen Blößen, dürren Hügeln oder sauern Gründen, ingleichen von allen Wiesen, Feldern und andern Räumen* (§ 1)

(7) *Saamen von Eichen, Buchen, Ahorn, Birken, Erlen, Linden, Kiefern, Tannen, auch allerhand Obst-Körnern* (§ 13)

Dagegen gewinnen im 19. Jh. hierarchisch gebaute und in sich verschachtelte Attributketten mehr und mehr an Gewicht. Die Konstruktion *Ablauf eines Monats nach der letzten Einrückung in die öffentlichen Blätter* aus unserem Textbeispiel (5) besteht neben dem Konstruktionskopf *Ablauf* aus drei formal und funktional selbständigen Nominalattributen, wobei jeweils das nachfolgende dem vorausgegangenen Substantiv untergeordnet ist und es so näher spezifiziert. Die Konstruktion enthält zwar nur drei Nominalattribute, ist aber dreistellig und hat obendrein die Konstruktionstiefe „drei". Demgegenüber bilden die sechs bzw. neun koordinierten Nominalattribute der beiden **Bäume-Mandat**-Konstruktionen jeweils nur eine Stelle auf der ersten Unterordnungsstufe.

Nun ist die Struktur nominaler Fugungsketten noch relativ leicht zu durchschauen, wenn sie dem Grundprinzip der Kettenbildung in Reinform folgt, nämlich „umgekehrt angelegt" zu sein "wie ein zusammengesetztes Substantiv" (Grosse 1983, S. 20). Dies geschieht bei dem **BGB**-Beispiel oder in folgender Konstruktion aus dem § 141 des **Handelsgesetzbuches:**

(8) *im Falle*
      der Eröffnung
            des Konkurses
                  über das
                  Vermögen
                        eines
                        Gesellschafters

Ausgehend von dem „Kopf" *Falle* steigt die Konstruktion unter Einhaltung der linearen Reihenfolge vier Hierarchisierungsstufen herab. Das aus den Gliedern dieser Konstruktion gebildete Kompositum hat die umgekehrte lineare Anordnung und steigt dementsprechend auf.

                            fall
                    eröffnungs
            konkurs
        vermögens
Gesellschafter

Wesentlich schwieriger durchschaubar sind aber Nominalattribut-Konstruktionen, in denen Doppelabhängigkeiten und Verschachtelungen vorkommen. Bildlich gesprochen: Gehen wir bei der Konstruktion (8) die Treppe Stufe für Stufe herab, so müssen wir bei den komplexeren Strukturen treppab und treppauf steigen, beim Treppauf häufig springen und bisweilen auf einer Stufe Spagatschritte machen. Hierfür zwei Beispiele aus dem **Handelsgesetzbuch:**

(9)   *Besondere Bestimmungen der Satzung über die Befugniß des Vorstandes zur Vertretung der juristischen Person oder über die Zeitdauer des Unternehmens* (§ 33)

(10)   *besondere Bestimmungen über die Zeitdauer der Gesellschaft oder über die Befugniß der Mitglieder des Vorstandes oder der Liquidatoren zur Vertretung der Gesellschaft* (§ 198)

Bezeichnen wir die Ebenen der Konstruktionstiefe mit römischen Ziffern, die Stellen in der Reihenfolge der linearen Textabfolge mit arabischen Ziffern und die Glieder einer Stelle mit Kleinbuchstaben, erhalten wir für die Beispiele (9) und (10) die auf der nächsten Seite abgebildeten Strukturskizzen.

Strukturskizzen für die Beispiele (9) und (10)

Besondere Bestimmungen (= Konstruktionskopf)

I   1 der Satzung —— 2a über die Befugniß ——— 2b oder über die Zeitdauer

II   3 des Vorstandes   4 zur Vertretung   6 des Unternehmens

III   5 der juristischen Person

besondere Bestimmungen

I   1a über die Zeitdauer ———— 1b oder über die Befugniß

II   2 der Gesellschaft   3a der Mitglieder -- 3b oder der Liquidatoren   5 zur Vertretung

III   4 des Vorstandes   6 der Gesellschaft

Beide Konstruktionen haben dieselbe Stellenzahl „sechs" und Tiefe „drei", sind aber völlig unterschiedlich gebaut. Mit zunehmender Stellenzahl steigt folglich die Vielfalt des Konstruktionsbaus.

Doch die Auflösung der Struktur stellt nur ein Verstehensproblem dar. Ebenso gewichtig ist die semantische Interpretation der einzelnen Abhängigkeitsverhältnisse. Bei den Präpositionalattributen helfen bis zu einem gewissen Grade die Präpositionen weiter, z.B. *Bestimmungen über die Zeitdauer* = „worüber bestimmen?" oder *Befugniß zur Vertretung* = „wozu befugt sein?". Jedoch verweist Grosse (1983, S. 18) zu Recht auf „die Verwendungsvielfalt einzelner Präpositionen" in der Gesetzessprache und fragt, „ob hier fachlich bedingte semantische Unterscheidungen festzustellen sind, ob die Variabilität des Gebrauchs unbedachter Schreibweise entspringt oder ob man aus stilistischen Erwägungen variiert". So läßt sich in unserem Beispiel (8) *Konkurs über das Vermögen* gewiß nicht mit der Paraphrasierungsfrage „worüber Konkurs machen, worüber geschäftlich zusammenbrechen?" semantisch interpretieren. Die größten Probleme bereiten allerdings die Genitivattribute. Denn ihre formale Gleichheit verdeckt regelrecht ihre funktionale Vielfalt.[15] So handelt es sich beispielsweise bei den drei Genitivattributen der Konstruktion (8) um drei grundverschiedene Funktionen: *Fall der Eröffnung* = Genitivus explicativus bzw. definitionis, *Eröffnung des Konkurses* = Genitivus objectivus, *Vermögen eines Gesellschafters* = Genitivus possessivus.

Mehrstellige Konstruktionen stellen folglich ein eng geknüpftes Netz unterschiedlicher Subjekt-, Objekt- und Adverbial-Verhältnisse dar und führen zu einer enormen Informationsverdichtung. Die zunehmende Verwendung von Komposita in Attributstellung potenziert zusätzlich diese Verdichtung. Eine dreistellige Konstruktion wie z.B.

(11) *Unterbrechung durch Zustellung eines Zahlungsbefehls im Mahnverfahren* (BGB § 213)

---

[15] Ein schlüssiges, intersubjektiv überprüf- und nachvollziehbares Funktionsmodell der Genitivattribute gibt es nicht. Für die Zuordnung konkreter Einzelfälle sind häufig die Kategorisierungen, die sich stark an die lateinische Grammatik anlehnen - z.B. F. Blatz (1896, S. 358ff.) oder Duden-Grammatik (1984, S. 598ff.) -, ebenso ein Notbehelf wie beispielsweise die Beschreibungsversuche von H. Brinkmann (1971, S. 69ff.) oder K.E. Heidolph (Grundzüge 1981, S. 301ff.). Insofern ist P. Eisenberg (1989, S. 248f.) voll zuzustimmen: „Man weiß nicht einmal genau, wie vollständig und systematisch die gefundene Liste von Attributtypen ist, und deshalb ist es auch kein Wunder, daß fast jede Grammatik ihre eigene Einteilung der Genitive hat."

ist ja in Wirklichkeit eine verkürzte fünfstellige Kette („Unterbrechung durch Zustellung eines Befehls zur Zahlung im Verfahren des Mahnens").

Entscheidend für die Herausbildung dieses „Nominalattributstils" ist wiederum das 19. Jh. Im 18. Jh. machen die einstelligen Konstruktionen, also die mit Tiefe „eins", noch über 90 % aus. Vierstellige Konstruktionen kommen in unseren Texten überhaupt nicht vor. Nur in der Hälfte der Texte gibt es vereinzelt dreistellige Konstruktionen. Auch im ersten Viertel des 19. Jh. vermeiden die Gesetzesautoren noch weitgehend vierstellige Konstruktionen. Diese tauchen erst merklich um 1830, fünfstellige dann ab den vierziger Jahren auf. Insgesamt steigt der Anteil der mehrgliedrigen Ketten von gut 8 % im 18. Jh. auf knapp 15 % in der ersten und auf gut 18 % in der zweiten Hälfte des 19. Jh. Diese Entwicklung hat sich im 20. Jh. fortgesetzt, wo bereits jede vierte Konstruktion mehrstellig ist.

5. Zusammenfassung

Fassen wir zusammen: Die beiden skizzierten Prozesse, nämlich die Verkürzung und Vereinfachung des Satzbaus und die Herausbildung des übersteigerten Nominalstils, führen zu gegenläufigen Resultaten, wobei sie sich nur bis zu einem gewissen Grade gegenseitig bedingen.

Der eine Prozeß baut Komplexität ab, der andere dagegen auf. Der Satz-Prozeß findet Entsprechungen in der Ordnung und Gliederung der Textstruktur sowie in der Vereinheitlichung von Rechtschreibung und Zeichensetzung, der Nominalstil-Prozeß in der Konstruktion und Verwendung von Komposita, Prä- und Suffixbildungen und der damit verbundenen Zunahme der Wortlänge. Der eine fördert Verständlichkeit, der andere erschwert sie.

Vor der Folie der Gesetzessprache des 18. Jh. können wir zusammengefaßt von einer Komprimierung zunehmend abstrakter werdender Informationen in einem wesentlich enger und damit überschaubarer gewordenen Satzrahmen sprechen.

Literatur

Arens, Hans (1965): Verborgene Ordnung. Die Beziehungen zwischen Satzlänge und Wortlänge in der deutschen Erzählprosa vom Barock bis heute. Düsseldorf (Beihefte zur Zeitschrift „Wirkendes Wort" Bd. 11).

Blatz, Friedrich (1896): Neuhochdeutsche Grammatik mit Berücksichtigung der historischen Entwicklung der deutschen Sprache. 2. Bd. Satzlehre (Syntax). 3. völlig neubearbeitete Aufl. Karlsruhe.

Brandt, Wolfgang (1988a): Lexikalische Tendenzen in der Gesetzessprache des 18. bis 20. Jahrhunderts, dargestellt am Scheidungsrecht. In: Deutscher Wortschatz. Lexikologische Studien. Ludwig Erich Schmitt zum 80. Geburtstag von seinen Marburger Schülern. Hrsg. von H.H. Munske, P. von Polenz, O. Reichmann, R. Hildebrandt. Berlin/New York, S. 119-150.

Brandt, Wolfgang (1988b): Die Wortlänge in der Gesetzessprache des 18. bis 20. Jahrhunderts. In: Sprache in Vergangenheit und Gegenwart. Beiträge aus dem Institut für Germanistische Sprachwissenschaft der Philipps-Universität Marburg. Marburg (Marburger Studien zur Germanistik 9), S. 108-121.

Brinkmann, Hennig (1971): Die deutsche Sprache. Gestalt und Leistung. 2., neubearbeitete und erweiterte Aufl. Düsseldorf.

Duden Grammatik der deutschen Gegenwartssprache (1984): 4., völlig neu bearbeitete und erweiterte Aufl. Hrsg. und bearbeitet von Günther Drosdowski. Mannheim/Wien/Zürich.

Eisenberg, Peter (1989): Grundriß der deutschen Grammatik. 2., überarbeitete und erweiterte Aufl. Stuttgart.

Fucks, Wilhelm (1955): Unterschied des Prosastils von Dichtern und anderen Schriftstellern. Ein Beispiel mathematischer Stilanalyse. In: Sprachforum 1, S. 234-244.

Grosse, Siegfried (1983): Informationsdichte und Verständlichkeit in Gesetzes- und Verwaltungstexten. In: Neuphilologische Mitteilungen 84, S. 15-24.

Grundzüge einer deutschen Grammatik (1981): Von einem Autorenkollektiv unter der Leitung von Karl Erich Heidolph, Walter Flämig und Wolfgang Motsch. Berlin.

Günther, L(ouis) (1898): Recht und Sprache. Ein Beitrag zum Thema vom Juristendeutsch. Berlin.

Haseloff, Otto Walter (1971): Über Wirkungsbedingungen politischer und werblicher Kommunikation. In: Kommunikation. Hrsg. von O.W. Haseloff. 2., unveränderte Aufl. Berlin (Forschung und Information 3), S. 151-187.

Hattenhauer, Hans/Buschmann, Arno (1967): Übersicht über die Privatrechtsgeschichte der Neuzeit. In: Textbuch zur Privatrechtsgeschichte der Neuzeit mit Übersetzungen. Von H. Hattenhauer und A. Buschmann. München, S. 1-22.

Hattenhauer, Hans (1970): Einführung in die Geschichte des Preußischen Allgemeinen Landrechts. In: Allgemeines Landrecht für die Preußischen Staaten von 1794. Textausgabe. Frankfurt/Berlin, S. 11-39.

Hattenhauer, Hans (1987): Zur Geschichte der deutschen Rechts- und Gesetzessprache. Göttingen (Berichte aus den Sitzungen der Joachim Jungius-Gesellschaft der Wissenschaften e.V., Hamburg, Jg. 5, Heft 2).

Hommel, Karl Ferdinand (1975): Principis cura leges oder Des Fürsten höchste Sorgfalt: die Gesetze. Aus dem Lateinischen übersetzt und mit kurzen Erläuterungen begleitet von Rainer Polley. Karlsruhe (Studien und Quellen zur Geschichte des deutschen Verfassungsrechts. Reihe B: Quellen, Bd. 2).

Kaufmann, Ekkehard (1984): Deutsches Recht. Die Grundlagen. Berlin (Grundlagen der Germanistik 27).

Kleinheyer, Gerd/Schröder, Jan (Hrsg.) (1976): Deutsche Juristen aus fünf Jahrhunderten. Eine biographische Einführung in die Rechtswissenschaft. Karlsruhe/Heidelberg (UTB 578).

Otto, Walter (1978): Amtsdeutsch heute - bürgernah und praxisnah. 2., überarbeitete Aufl. Stuttgart.

Otto, Walter (1981): Die Paradoxie einer Fachsprache. In: Die Sprache des Rechts und der Verwaltung. Bearbeitet von Ingulf Radtke. Stuttgart (Der öffentliche Sprachgebrauch Bd. 2), S. 44-57.

Stickel, Gerhard (1984): Zur Kultur der Rechtssprache. In: Mitteilungen 10. Aspekte der Sprachkultur. Hrsg. vom Institut für deutsche Sprache. Mannheim, S. 29-60.

Wassermann, Rudolf (1981): Sprachliche Probleme in der Praxis von Rechtsetzung, Rechtspflege und Verwaltung. In: Die Sprache des Rechts und der Verwaltung. Bearbeitet von Ingulf Radtke. Stuttgart (Der öffentliche Sprachgebrauch Bd. 2), S. 128-142.

Journalistische Textsorten im 19. Jahrhundert

0. Vorbemerkung

Zeitungen gibt es in Deutschland seit etwa vier Jahrhunderten, so daß die Beschäftigung mit „Journalistischen Textsorten" ein weites Feld ist. Entsprechend dem Rahmenthema der Jahrestagung beschränke ich mich auf das 19. Jahrhundert und konzentriere mich außerdem auf dessen erste Hälfte, mit der ich mich eingehender auseinandergesetzt habe. Das soll aber nicht heißen, daß ich nicht ab und zu einen Blick über die Jahrhundertmitte hinaus in Richtung Gegenwart werfe. Das Interesse an der jüngeren und jüngsten Geschichte der deutschen Sprache steht unter der Leitfrage, welches denn die Voraussetzungen und Grundlagen unserer Gegenwartssprache sind. Gewendet auf die journalistischen Textsorten, wie wir sie heute im redaktionellen Teil der seriösen Tageszeitungen oder Abonnementszeitungen finden, lautet dann die Frage: Wann setzt die Entwicklung von Textsorten wie 'Meldung', 'Nachricht', 'Reportage', 'Leitartikel', 'Kommentar' oder 'Glosse' ein? – von berichtenden und kommentierenden Textsorten also. Dieser Frage werde ich im weiteren nachgehen, indem ich im ersten Teil meiner Ausführungen einige Entwicklungszüge der Zeitung in Deutschland vom ausgehenden 18. Jahrhundert bis zur Mitte des 19. Jahrhunderts skizziere (vgl. dazu auch den Beitrag von Jürgen Wilke in diesem Band). Im zweiten Teil werde ich dann exemplarisch auf Einzelaspekte der Zeitungstextsorten und ihrer Entwicklung eingehen.

1. Der lange und beschwerliche Weg von der 'Nachrichtenpresse' zur 'Meinungspresse'

1.1. Die Sattelzeit als Ausgangspunkt?

Mein Ausgangspunkt ist die Hypothese, daß die Entwicklung der Zeitungstextsorten im letzten Drittel des 18. Jahrhunderts – in der Sattelzeit also (Koselleck) – einen starken Schub erfährt. Damit orientiere ich mich einerseits an dem Periodisierungsvorschlag für die jüngere Sprachgeschichte von Peter von Polenz (1989) und stütze mich andererseits auf die Periodisierung der Zeitungsgeschichte, wie sie Jürgen Habermas in „Strukturwandel der Öffentlichkeit" angedeutet hat (Habermas 1971, § 30). Nach Habermas folgt auf die erste Phase der reinen 'Nachrichtenpresse' im Laufe des 18. Jahrhunderts eine zweite Phase der 'Meinungspresse', die Forum des öffentlichen Räsonnements, eine Institution des räsonierenden Publikums ist. Allerdings ist die Situation etwas komplizierter, als sie Habermas beschrieben hat: Bei diesen beiden Phasen handelt es sich keineswegs um ein striktes Nacheinander, denn das Räsonnement spielt sich vornehmlich in Zeitschriften ab, während die Zeitungen weiterhin den Charakter der Nachrichtenpresse wahren.

Doch mit diesen Verhältnissen geben sich im letzten Drittel des 18. Jahrhunderts Zeitungsmacher, die zur Bildungselite gehören, nicht mehr zufrieden. Beispielhaft belegen das Äußerungen des Dichters, Musikers und Journalisten Friedrich Daniel Schubart in seiner „Deutschen Chronik", die von 1774 bis 1777 erschien (vgl. Breuer 1982, S. 133-139). Schubart, der die Aufgabe der Zeitung nicht mehr einfach in der Nachrichtenvermittlung, sondern in der Meinungsbildung sieht, ihr also eine politische Funktion zuschreibt, Schubart klagt mehrfach über den Inhalt der Zeitungen, so am 10. Juli 1775:

> Das ewige Gewäsche von den Kolonisten, von englischen Parlamentsstreitigkeiten, von pomphaften Krönungsfeyrlichkeiten, von den eingekerkerten Exjesuiten, von Brand- und Mordgeschichten, von albernen Histörchen, die wieder aufgewärmt werden, um ein gähnendes Publikum im Großvatersessel zu kützeln, kriechende Verbeugungen vor den Großen der Welt, in einen Wulst von kleinstädtischen Komplimenten eingehüllt – wer kann dieß alles aushalten, ohne schläfrig das Blat aus der Hand fallen zu lassen. (Schubart 1775)

Ein neuer Typ von Zeitung ist also gefordert, der die schon zitierte 'Meinungspresse' sein könnte. Aber wie steht es mit der Einlösung dieser Forderung? Hören wir ein weiteres Klagelied, das etwa 45 Jahre später gesungen wurde. Der Jenaer Historiker Heinrich Luden läßt 1818 in seiner in Weimar erscheinenden Zeitschrift „Nemesis" einen Engländer über die Berliner Blätter höhnen (nach Koszyk 1966, S. 14f.):

> Es sind miserable Papiere (miserable papers). Das Beste an ihnen sind die Anzeigen von den Fremden, die angekommen oder abgegangen sind; dann die Mittheilungen unter dem Strich, von Erfindungen – etwa zur Reinigung und Beleuchtung der Straßen – von Feuersbrünsten und Schiffbrüchen; endlich die Bekanntmachungen der Speisewirthe, Sattler und Silberarbeiter. Ich begreife nicht, warum diese Papiere nicht lediglich auf solche Anzeigen, Mittheilungen und Ankündigungen beschränkt werden. Ist denn der Gedanke an kommende Zeiten und an das Urtheil dieser Zeiten ganz verbannt oder gar nichts werth? (Bd. 12. 1818)

Ich übergehe weitere kritische Urteile aus dem Vormärz (vgl. Blühm/ Engelsing 1967, S. 153ff.) und mache einen großen Sprung in das Jahr 1880 zu Mark Twain. In seinem Reisebericht „A Tramp Abroad" – auf deutsch unter dem Titel „Bummel durch Europa" erschienen – findet sich auch ein umfangreicheres Kapitel über die deutschen Zeitungen, das mit einer langen Aufzählung einsetzt von dem, was sich in den deutschen Zeitungen nicht findet, um dann zu deren Inhalt überzugehen:

> Nach einem solchen furchterregenden Verzeichnis all dessen, was man in deutschen Zeitungen nicht findet, mag man sehr wohl fragen, was überhaupt darin steht. Die Frage ist schnell beantwortet: Eine Kinderhandvoll Telegramme, hauptsächlich über europäische innen- und außenpolitische Vorgänge, Korrespondentenberichte per Post über dieselben Dinge, Marktberichte. Aus. Daraus besteht eine deutsche Tageszeitung. Eine deutsche Tageszeitung ist die langweiligste und traurigste und ödeste Erfindung der Menschheit. (Mark Twain 1985, S. 554)

Natürlich dürfen wir solche Spitzzüngigkeiten nicht unbesehen für bare Münze nehmen. Andererseits: Wenn sich die Kritik an den deutschen Zeitungen von 1774 bis 1880 ziemlich kontinuierlich auf der gleichen Linie bewegt – daß sie nämlich langweilig und uninteressant sind –, dann kann das ein gewisser Indikator dafür sein, daß sich alles in allem in diesem Zeitraum nichts Gravierendes an und in den Zeitungen verändert hat. Und für die Geschichte der Zeitungstextsorten könnte das bedeuten, daß es hier nicht allzu viel an Entwicklung zu beobachten gibt. Damit fiele aber auch die Annahme, das ausgehende 18. Jahrhundert biete den Ausgangspunkt für die Entwicklung der heutigen journalistischen Textsorten.

1.2. Der Traum des Intellektuellen von der vollkommenen Zeitung

Diese Vermutung erscheint auf den ersten Blick widersprüchlich; denn es gibt im letzten Drittel des 18. Jahrhunderts durchaus journalistisch engagierte Intellektuelle, die eine klare Vorstellung davon haben, wie eine räsonierende Zeitung auszusehen hat. Doch das „gewußt wie" ist das eine, die Realität ist das andere. Ich denke dabei an den Traum, den Karl Philipp Moritz in seiner Schrift „Das Ideal einer vollkommenen Zeitung" geträumt hat (Moritz 1981). Moritz veröffentlichte dieses Programm, als er 1784 für nicht einmal ein ganzes Jahr in die Redaktion der „Vossischen Zeitung" zu Berlin eintrat. Und daß seine Gedanken noch heute Aktualität besitzen, beweist die Wochenzeitung „Die Zeit", die „Das Ideal einer vollkommenen Zeitung" erst kürzlich als Diskussionsbeitrag zur Rolle der Medien in der Öffentlichkeit abgedruckt hat (s. Nr. 1. vom 1. Januar 1988).

Doch nun zu Moritz' Programm im einzelnen: Als Verfechter einer Aufklärung, die sich an alle gesellschaftlichen Schichten wendet, fordert Moritz ein „Blatt für das Volk"; denn ein solches Blatt ist für ihn ein simples Mittel, um die Aufklärung zu verbreiten. Eine solche Zeitung soll „die Stimme der Wahrheit" sein, die „sowohl in die Paläste der Großen, als in die Hütten der Niedrigen dringen kann" (S. 171). Außerdem soll die

Zeitung ein „unbestechliches Tribunal" sein, in dem u.a. „Unterdrückung, Bosheit, Ungerechtigkeit, Weichlichkeit und Üppigkeit mit Verachtung und Schande gebrandmarkt würde" (ebd.). In der vollkommenen Zeitung soll auch ein breites Spektrum an Themen behandelt werden, von denen Moritz die folgenden aufzählt:

> Künste; Theater; Kenntnisse, die zum Umlauf reif sind; Erziehung; Predigtwesen; nützliche Erfindungen; Handhabung der Gerechtigkeit; Geschichte von Verbrechern; menschliches Elend im Verborgnen; (S. 173)

Als weitere Forderung kommt hinzu, daß die Zeitung nicht nur über die großen Begebenheiten wie „Kriegsrüstungen, Fürstenreisen, und politische Unterhaltungen" berichten solle; denn:

> Ist es nicht wichtiger, einzelne Fakta von einzelnen Menschen zu sammeln, woraus einmal künftig große Begebenheiten entstehen können? (S. 175)

„Einzelne Fakta von einzelnen Menschen" sollen also berichtet werden, was selbstverständlich die großen Begebenheiten nicht ausschließt; und außerdem sind die kleinen wie großen Begebenheiten konkret, nicht abstrakt darzustellen. „Denn nur das *Einzelne* ist wirklich, und das Zusammengefaßte besteht größtenteils in der *Einbildung*" (S. 175). Diesen Bemerkungen können wir in der Rückschau eine sehr moderne Deutung geben: Durch Personalisierung und Konkretisierung der Darstellung sollen die Zeitungen anschaulich, interessant und unterhaltsam gemacht werden – nur daß heutzutage mit solchen Mitteln nicht unbedingt aufklärerische Zielsetzungen verfolgt werden.

Moritz ist auch in anderer Hinsicht seiner Zeit weit voraus: Bildet für ihn doch die „große Stadt" (S. 175) – das wachsende Berlin – den Nährboden für die Zeitung und eine neuartige Lokalberichterstattung; denn die „große Stadt" bietet ausreichend aktuellen und interessanten, kurzum berichtenswerten Stoff. Zugleich ist die „große Stadt" das Ambiente, in dem die Zeitung unmittelbar – auf dem Boulevard – ihre Käufer findet.

Moritz beschließt seine Schrift mit einer ausführlicheren Charakteristik des „Zeitungsmachers" als eines professionellen Journalisten und rasenden Reporters – wie wir heute sagen würden. Nicht äußert er sich dagegen über die sprachlichen Mittel – sprich die journalistischen Textsorten und ihre Strukturen –, über die dieser Zeitungsmacher verfügen müßte, um die gestellten Aufgaben bewältigen zu können – aus unserer Sicht gewiß ein Versäumnis, denn es ist ja keineswegs so, daß zu Moritz' Zeit – der Zeit der 'Nachrichtenpresse' – ein ausdifferenziertes und leistungsfähiges Inventar an Zeitungstextsorten existieren würde.

1.3. Zensur und mediengeschichtliche Retardierung

Moritz selbst hat seine Forderungen an eine vollkommene Zeitung nicht einlösen können, was gewiß nicht individuelles Versagen war. Denn auch in der Folgezeit finden sich keine Zeitungen, die den von Moritz gewiesenen Weg gehen: Die Zeitungen bewahren den Charakter der 'Nachrichtenpresse' aus Gründen, die sich auf ein Stichwort reduziert benennen lassen: Unterdrückung der öffentlichen Meinung durch Zensur. Schon die Zeitungen des 18. Jahrhunderts waren in Deutschland der Zensur unterworfen und zugleich Instrument fürstlicher Informationspolitik; allerdings ist der Charakter der deutschen Zeitungen als 'Nachrichtenpresse' nicht ausschließlich das Produkt dieser Zensur und Instrumentalisierung. Martin Welke hat ausdrücklich darauf hingewiesen, daß die Zeitungsherausgeber sich bis weit ins 18. Jahrhundert als Chronisten verstanden haben, und dieses Verständnis habe zugleich den Wünschen des Publikums entsprochen (Welke 1981, S. 169f.). Jetzt aber, im ausgehenden 18. Jahrhundert behindert, ja verhindert die Zensur geradezu die Weiterentwicklung der Zeitung zu einem Forum der massenhaften Aufklärung und der öffentlichen politischen Auseinandersetzung. Doch nicht nur in der Zeit vor und während der französischen Revolution wirkt die Zensur hemmend (vgl. Gisch 1982, S. 58), sondern auch während der nachfolgenden napoleonischen Herrschaft (vgl. Fuchs 1975) und dann ab 1819 mit der Verabschiedung der Karlsbader Beschlüsse durch die gesamte Restaurationsepoche hindurch. So urteilt Kurt Koszyk über die Tageszeitungen der ersten Hälfte des 19. Jahrhunderts:

> Fast unberührt von den großen Ereignissen hatten sie [die Tageszeitungen] sich unter der Last der Zensur und anderer Beschränkungen ein Jahrhundert lang dahingeschleppt. Einige wenige Zeitungen standen über der allgemeinen Niveaulosigkeit, weil sie ihre Aufgaben genauer nahmen als die übrigen, das heißt gründlicher informierten. Aber die Ansätze einer politischen Meinungspresse waren sehr bescheiden. (Koszyk 1966, S. 51)

Koszyks Befund deckt sich mit der von Peter von Polenz konstatierten „mediengeschichtlichen Retardierungsphase", die erst um die Mitte des 19. Jahrhunderts endet (von Polenz 1989, S. 27). Und diese Retardierung läßt sich ganz unmittelbar bei den Zeitungen und damit mittelbar bei den Zeitungstextsorten beobachten.

1.4. Gegenläufige Tendenzen: Ansätze zu einer 'Meinungspresse'

Diese Situation dauert im großen und ganzen bis zum Beginn der vierziger Jahre, auch wenn sich vereinzelt gegenläufige Tendenzen beobachten lassen. Trotz aller Zensur gab es auch in der ersten Hälfte des 19. Jahrhunderts Ansätze zu einer 'Meinungspresse', bei deren Skizzierung ich das Mittel der Personalisierung nutze. Zuerst genannt sei der Name Heinrich von Kleists, der mit seinen „Berliner Abendblättern" (1810 bis 1811 erschienen) eine politische Zeitung, ja ein Boulevard-Blatt ganz ungewohnten Zuschnitts bot (vgl. Aretz 1983). Erfolg beim breiteren Publikum hatte Kleist vor allem mit den Polizeiberichten über die kriminellen Umtriebe der sogenannten Mordbrennerbande, aber auch mit Berichten über andere Berliner Lokalereignisse. Insofern verwirklichte Kleist ansatzweise Moritz' Forderung nach einer Lokalberichterstattung. Das journalistische Genick hat Kleist gebrochen, daß er mit seinem Blatt nach außen gegen Napoleon und nach innen gegen die preußische Regierung Hardenberg ankämpfte (vgl. Breuer 1982, S. 151). Es wäre im übrigen ein eigenes Thema, die „Berliner Abendblätter" im Zusammenhang mit Moritz' „Ideal einer vollkommenen Zeitung" zu untersuchen.

Als zweiter ist Joseph Görres zu nennen, der von 1814 bis Anfang 1816 den „Rheinischen Merkur" als Nachrichten- und Meinungsblatt herausgab. Görres kommentierte nicht nur die Zeitläufe und attackierte nicht nur den politischen Gegner, sondern artikulierte auch die gesellschaftliche Rolle der Zeitung:

> Wenn ein Volk theil nimmt am gemeinen Wohle; wenn es sich darüber zu verständigen sucht, was sich begiebt; wenn es durch Thaten und Aufopferungen sich werth gemacht, in den öffentlichen Angelegenheiten Stimme und Einfluß zu gewinnen; dann verlangt es nach solchen Blättern, die was in allen Gemüthern treibt und drängt zur öffentlichen Erörterung bringen ... (Rheinischer Merkur 1. Juli 1814)

Manche sagen, daß mit dem „Rheinischen Merkur" eine moderne politische Presse in Deutschland begonnen habe. Doch gestützt auf die Karlsbader Beschlüsse von 1819 haben die Regierungen die Zeitungen bis zum Beginn der vierziger Jahre niederhalten können – auch nach der Julirevolution von 1830 (vgl. Hoefer 1983). Erst als Friedrich Wilhelm IV. 1840 den Preußischen Königsthron bestieg, veränderte sich zumindest in Preußen die Situation. Denn kurzfristig wurde die Zensur gelockert – das Erscheinen der von Karl Marx redigierten „Rheinischen Zeitung" im Jahre 1842 war die Antwort darauf (vgl. Klutentreter 1966), auch wenn die „Rheinische Zeitung" keineswegs dem Wunsch des Königs nach einer „gesinnungsvollen Opposition" entsprach; und so folgte denn das Verbot Anfang 1843 auf dem Fuße. Daneben gab es auch Zeitungen wie die „Kölnische Zeitung", die ihren zeitweiligen politischen Fürwitz nicht zu sehr büßen mußte, da sie sich mit der Obrigkeit einigermaßen arrangierte; und es gab Zeitungen, die sich in einem zähen Ringen mit der Zensur nicht unterkriegen ließen. Ein weithin unbekanntes Beispiel dafür ist die seit 1814 erscheinende „Trier'sche Zeitung", die in der deutschen Zeitungsgeschichte einzigartig dasteht: Sie war – noch vor der „Neuen

Rheinischen Zeitung" – die erste sozialistische Zeitung Deutschlands, und Dieter Dowe hat ihren Weg von 1840 bis zum Verbot 1851 mit den Stichworten gekennzeichnet: vom Liberalismus über den „wahren Sozialismus" zum Anarchismus (Dowe 1972).

Wenn sich in Phasen nachlassender Unterdrückung politische Meinung in den Zeitungen artikulieren kann, dann finden sich auch Texte, in denen polemisiert, attackiert, argumentiert und geurteilt wird. Es finden sich also auch in der ersten Hälfte des 19. Jahrhunderts Ansätze für kommentierende Textsorten; eine kontinuierliche Entwicklung konnte es unter den geschilderten Umständen verständlicherweise jedoch nicht geben. Ihre eigentliche Geschichte beginnt deshalb erst unmittelbar vor und mit der Märzrevolution 1848, die ungeachtet ihres Ausgangs einen publizistischen Dammbruch bedeutet hat. Es entstand die 'Meinungspresse', deren Vertreter zu Organen von Gruppen-Interessen und Parteien-Standpunkten wurden. Damit läßt sich jetzt die Feststellung Hugo Stegers präzisieren, daß die „heutigen Textarten des redaktionellen Teils der Zeitung" sich im Laufe des 19. Jahrhunderts herausbilden (Steger 1984, S. 199): Es zeigt sich für die erste Hälfte des 19. Jahrhunderts ein uneinheitliches Bild, insofern als berichtende Texte durchgängig das Gesicht der Zeitungen prägen, während kommentierende Texte nur sporadisch in Zeiten nachlassender Unterdrückung auftreten, kontinuierlich aber erst nach der Jahrhundertmitte.

2. Journalistische Textsorten in der ersten Hälfte des 19. Jahrhunderts

Nachdem ich den Zusammenhang skizziert habe zwischen der verzögerten Entwicklung der Zeitung zur 'Meinungspresse' und der nur ansatzweise zu beobachtenden Entwicklung der Zeitungstextsorten seit dem Ausgang des 18. Jahrhunderts, wende ich mich nun – auch wenn nur exemplarisch in drei Punkten – den Textsorten zu.

2.1. Spielarten des Berichtens

Ich beginne mit der Frage, inwieweit die berichtenden Textsorten, denen wir in der ersten Jahrhunderthälfte begegnen, schon auf dem Weg zu unseren modernen Zeitungstextsorten sind. Und ich wage die Behauptung, daß die berichtenden Textsorten erst ansatzweise den modernen Zeitungstextsorten entsprechen. Zwar finden wir in nuce fast alles, was wir auch heute in Zeitungen antreffen, aber nur irgendwie und noch nicht in der uns vertrauten zeitungsspezifischen Ausformung. Der Einfachheit halber gehe ich bei der weiteren Betrachtung von den heutigen berichtenden Textsorten 'Meldung', 'Nachricht', 'Bericht' und 'Reportage' aus, die nach den Regeln der schreibenden Zunft so etwas wie einen Grundkanon der „Darstellungsarten" oder „Stilarten" bilden (vgl. z.B. Dovifat/Wilke 1976, S. 168ff.; Lüger 1983, S. 66ff.). Am unproblematischsten ist dabei die Textsorte 'Meldung' oder 'Kurznachricht', die sich nach heutigem Journalistenverständnis primär durch ihre Kürze auszeichnet. Sprachpragmatisch gesprochen, ist für die 'Meldung' folgendes konstitutiv: In ihr wird ausschließlich berichtet, daß ein Ereignis stattgefunden hat (Bucher 1986, S. 83). Da sich solche „Fakten-Texte" zu allen Zeiten in den Zeitungen finden, ist die Textsorte 'Meldung' gewissermaßen zeitlos, auch wenn sie selbstverständlich an allgemeineren sprachlichen Entwicklungen teilnimmt. So läßt sich auch in der 'Meldung' des 19. Jahrhunderts das Zurückgehen des expliziten Satzbaus und die Zunahme des komprimierten Satzbaus oder Nominalstils beobachten. Dies führt zu der für die 'Meldung' charakteristischen Kürze des Textes und Knappheit der Formulierung, was einerseits ökonomisch ist und andererseits die Konzentration auf das Faktische und damit den Anspruch auf die sogenannte journalistische Objektivität unterstreicht.

Neben Texten nach dem Muster 'Meldung' stehen solche, die nach ausführlicheren Mustern des Berichtens gemacht sind. Wie Bucher (1986, S. 82f.) ausführt, wird in solchen Texten nicht nur berichtet, daß sich etwas ereignet hat, sondern beispielsweise auch wie ein Ereignis verlaufen ist, welche Folgen das Ereignis hat und in welchen weiteren Zusammenhängen das Ereignis steht. Ein heute geläufiges Muster für diese Berichterstattung ist die Textsorte 'Nachricht' oder auch 'hard news', die nach dem sogenannten Pyramidenprinzip gebaut ist. Bei diesem Prinzip steht am Anfang das Wesentliche oder der Informationskern, dem weitere Details des Ereignisses nachgeschoben werden (vgl. z.B. Weischenberg 1988, S. 46ff.).

Texte, die in ihrer Grundstruktur so aufgebaut sind wie die heutige Textsorte 'Nachricht', gibt es auch in der ersten Hälfte des 19. Jahrhunderts, wie das folgende Beispiel belegt:

Am 29. Jun. wurde der Friedenstraktat im Unterhause diskutirt, und eben so einmüthig, wie im Oberhause, gebilligt. Die Dankaddresse an den Regenten ging ohne Widerspruch durch. Inzwischen waren in den Debatten doch mehrere tadelnde Winke und Anmerkungen vorgekommen. Die meisten betrafen die, Frankreich gestattete fünfjährige Frist zu Abschaffung des Sklavenhandels; andere Redner meinten, England habe sich bei dem ganzen Traktate etwas zu freigebig gezeigt, und besonders zu sehr geeilt, die Kolonien zurükzugeben, wodurch es auf dem künftigen Kongresse genöthigt sein würde, Vorstellungen zu machen und zu bitten, wo es hätte fordern können; Hr. Wilberforce brachte die mit Frankreich stipulirte politische Amnestie, welche nun den Bonapartischen Anhängern zu Gute komme, mit der Strenge in Kontrast,

mit der in Spanien jetzt die standhaftesten und redlichsten Patrio-
ten, die dem ganzen Europa zuerst das Beispiel eines beharrlichen Wi-
derstandes gegen Bonaparte's Ehrsucht gegeben, verfolgt würden. Hr.
Canning fragte, was man rüksichtlich des Königreichs Neapel, dessen
rechtmäßiger Souverain Großbritanniens ältester und treuester Alliirter
sey, beschlossen habe? Auf diese lezte frage antwortete Lord Castlereagh:
„Großbritannien sey mit der Person, welche gegenwärtig zu Neapel an
der Spize der Regierung stehe, keinerlei Verpflichtung eingegangen: der
einzige mit ihr geschlossene Vertrag habe keinen andern Gegenstand,
als eine Unterbrechung der Feindseligkeiten, und er könne nicht vor-
aussagen, welches politische System man in Bezug auf sie zu befolgen
für angemessen achten werde." – Lord Castlereagh schloß seine Rede
mit der Versicherung, daß der englische Karakter gegenwärtig zu Paris
in höchster Achtung stehe, daß der lange Aufenthalt des Souverains und
so vieler Franzosen in England den Nationalhaß beider Völker sehr ge-
mildert habe, daß er für die disfällige Denkungsart der Engländer stehe,
und keinen Grund habe, den Franzosen und den ihnen wiedergeschenk-
ten Prinzen eine andre zuzutrauen. (Allgemeine Zeitung vom 13. Juli
1814)

Es fällt auf, daß in den einleitenden Sätzen, in denen das Ereignis berichtet wird, das Präteritum steht, während heute in der Regel das Perfekt
verwendet wird, wodurch der faktische oder resultative Charakter des
Berichteten hervorgehoben wird.

Gleichermaßen finden sich aber auch Texte, in denen eher chronologisch
über den Ablauf eines Ereignisses berichtet wird, so daß die Mitteilung
des Ereignisses nicht in pointierter Form am Textanfang steht. Dafür
steht das folgende Beispiel, in dem über die erste Prozession in Paris
nach dem Ende der napoleonischen Herrschaft berichtet wird:

An und für sich gewährte die lezte Prozession einen gefälligen Anblik;
der friedliche Zug langer Reihen junger weißgekleideter Mädchen und
Frauen, die Kränze, der Weihrauch, die Gesänge haben etwas Erqui-
kenderes, als das unaufhörliche Aufmarschiren von Bärmüzen= und
Säbelträgern, deren Frankreich wohl Ursache hat überdrüssig zu seyn.
Demungeachtet nahm Paris wenig oder keinen Theil am Feste. Die zur
Bedekung befehligten Truppen ausgenommen, folgten dem Zuge keine
Nationalgarden. Von den Zuschauern weigerten sich viele den Hut ab-
zuziehen. Zwei preußische Offiziere zogen sich Verdruß zu; ein Bürger
bekam einen Bajonnetstich, andre verfielen in Geldstrafe, weil sie ihr
Haus nicht mit Teppichen behängt hatten. Den Priestern strozten die
vergoldeten und gemalten Meßgewänder funkelnagelneu um den Leib.
Von voll= und rotbeakigen Probstgesichtern kam mir keins vor; man
sah den meisten die lange Fastenzeit an und die Prüfungen durch
welche sie gegangen sind. Unstreitig besizen die Franzosen mehr Ge-
schmak und Tastniß als andre Völker, dennoch fallen nirgends häufiger
als hier bei ernsten und öffentlichen Anlässen Unschiklichkeiten vor.
Der Altar, welcher vor dem College de Mazarin stand, war von Go-

belins=Teppichen umgeben, welche die Geschichte des Ritters Donqui-
chotte vorstellten. (Allgemeine Zeitung vom 13. Juli 1814)

Solche Texte haben vielfach reportagehafte Züge, was daraus resultiert,
daß die nachrichtenvermittelnden Korrespondenten sich noch oft der
Kommunikationsart 'Brief' bedienen und dabei häufig in der *wir*-Form,
manchmal sogar in der *ich*-Form schreiben. Dennoch betätigen sich die
Korrespondenten vor allem als Chronisten der Ereignisse und geben
kaum eine Schilderung aus der Perspektive des persönlich engagierten
Augenzeugen, so wie wir es heute in der Textsorte 'Reportage' vielfach finden. Neben der Textsorte 'Meldung' gibt es also auch Muster
des ausführlicheren Berichtens, die jedoch noch nicht zu eigenständigen
Textsorten mit spezifischen Funktionen ausgebildet sind. Wir haben es
mit Spielarten des Berichtens zu tun, bei denen schwer zu erkennen ist,
wann und warum ein Text nach der einen oder der anderen Mustervari-
ante verfaßt wurde (vgl. auch Püschel demnächst a).

Diese Spielarten einer – wie wir heute sagen würden – Ereignisbericht-
erstattung sind keine Erfindung des 19. Jahrhunderts. Als Novum findet sich allerdings seit dem ausgehenden 18. Jahrhundert eine weitere
Variante des ausführlichen Berichtens, die sich zur Hintergrundbericht-
erstattung zählen läßt – so in der seit 1798 erscheinenden „Allgemeinen
Zeitung". Hier werden nämlich von Beginn an umfangreichere Artikel
mit Hintergrundinformationen zu ausgewählten Themen gedruckt, Artikel, in denen also nicht nur berichtet wird, daß ein Ereignis stattgefunden
hat und wie das Ereignis verlaufen ist; hier erfährt der Leser auch, wie
einzelne Aspekte des Ereignisses miteinander zusammenhängen, was dem
Ereignis vorausgegangen ist, welche Folgen es hat und schließlich in welchen größeren Zusammenhängen das Ereignis steht (vgl. Bucher 1986,
S. 82f.). Diese Bericht-Praxis ist ein Zeichen dafür, daß die „Allgemeine
Zeitung" auf höherem Niveau informiert als manche ihrer Konkurrentin-
nen.

Unterschiede im Informationsniveau lassen sich im übrigen auch daran
erkennen, wie professionell die Zeitungsmacher mit ihrem Material umge-
gangen sind. So druckte im ersten Drittel des 19. Jahrhunderts beispielsweise die „Trier'sche Zeitung" die Meldungen mehr oder weniger so ab,
wie sie bei ihr eingegangen sind – ein noch sehr handwerkliches Verfahren. In der „Allgemeinen Zeitung" läßt sich dagegen beobachten, daß die
entsprechenden Meldungen in umfassendere Artikel eingegangen sind,
sie also redaktionell bearbeitet wurden. Solche Beispiele veranschaulichen den Unterschied zwischen dem Trierischen Provinzblatt, das noch
vom Druckereibesitzer Hetzrodt selbst gemacht wird (vgl. Zens 1952, S.
33ff.), und dem überregionalen Blatt des – salopp gesagt – Medienzaren

Johann Friedrich Cotta. Aufgrund seiner finanziellen Resourcen konnte Cotta im Jahre 1798 einen profilierten Herausgeber, Ernst Ludwig Posselt, und befähigte Mitarbeiter verpflichten, auch wenn es ihm nicht gelang, Friedrich Schiller zu gewinnen (Padrutt 1972, S. 132f.). Hier deutet sich schon der von Jürgen Wilke dargestellte Aufstieg der Zeitung zur Wirtschaftsmacht an (s. in diesem Band), zu dem auch eine zunehmende Professionalisierung im Umgang mit den Zeitungstextsorten gehört.

2.2. Die Zeitung als Ensemble von Texten: Von der „Ganz-Lektüre" zur „selektiven Lektüre"

Ich komme damit zu einem zweiten Gesichtspunkt, bei dem es weniger um die Textsorten geht als um die Anordnung der Texte in den Zeitungen, also um die Aufmachung. Die sprachwissenschaftliche Beschäftigung mit der Zeitungsgeschichte darf nämlich nicht bei den einzelnen Textsorten stehenbleiben; denn neben den Textsorten ändert sich auch die Aufmachung der Zeitungen, und mit den Änderungen in der Aufmachung gehen auch Veränderungen der Zeitungskommunikation, speziell der Zeitungsrezeption einher: Die Entwicklung verläuft von der „Ganzlektüre" zur „selektiven Lektüre".

Für uns ist eine Zeitung ein wohlgeordnetes Ensemble von Texten. Diese Ordnung manifestiert sich nicht nur in einer mehr oder weniger scharfen Trennung von redaktionellem und Anzeigenteil, sondern der redaktionelle Teil ist wiederum in Sparten oder Ressorts eingeteilt, auch haben Texte nach verschiedenen Textsorten innerhalb einer Sparte vielfach einen festen Platz, und die Texte sind auf jeden Fall deutlich voneinander abgesetzt zum Beispiel durch die Überschriften. Die genannten Gliederungsmittel zählen neben anderen zur Aufmachung einer Zeitung. Und eine ihrer Funktionen besteht darin, dem Leser Überblick zu vermitteln, so daß dieser seine Lektüre gezielt auswählen kann.

Da die Zeitungen des 18. Jahrhunderts und vielfach auch noch der ersten Hälfte des 19. Jahrhunderts von relativ geringem Umfang waren, konnten sie auf solche Maßnahmen der Leserorientierung weitgehend verzichten. Damit waren diese Zeitungen aber auf Ganzlektüre angelegt, das heißt, sie wurden im Prinzip von der ersten bis zur letzten Zeile gelesen. Als sich im Laufe der Zeit der Nachrichtenfluß vom Rinnsal zum reißenden Strom entwickelte, stellte sich verschärft das Problem der Nachrichtenselektion (ausführlich Wilke 1984). Neben verstärkter Selektion wurde dem Nachrichtenüberfluß durch Schaffung von mehr Platz begegnet, indem der Schriftgrad verkleinert und das Format vergrößert wurde. Beides führte zu mehr Text pro Seite und damit zu mehr Unübersichtlichkeit und vor allem zu Überfülle an Lektürestoff. All das machte es notwendig, dem

Leser Mittel an die Hand zu geben, damit er die Auswahl und Abfolge seiner Lektüre nach seinen eigenen Interessen bestimmen konnte.

Ein erster Schritt in diese Richtung war die Gruppierung der Texte nach ihrer Herkunft, so daß sich der Leser an Länderbezeichnungen wie *Großbritannien, Frankreich, Italien* oder auch Ortsangaben wie *Hamburg, Dresden, Berlin* orientieren konnte. Doch innerhalb der so gebildeten Textgruppen bestand weiterhin der Zwang zur Ganzlektüre, da die einzelnen Texte einfach nacheinander abgedruckt wurden – entweder durch Absätze oder durch Spiegelstriche voneinander getrennt. Nur die „Allgemeine Zeitung" bot einen besonderen Service, plaziert sie doch zwischen Zeitungskopf und Textbeginn eine Art Inhaltsverzeichnis. Bis zum Ende des 19. Jahrhunderts haben sich dann die Sparten als Gliederungsprinzip durchgesetzt; was jedoch die Textgliederung innerhalb der Sparten angeht, herrscht noch immer ein uneinheitliches Bild. Die „Trierische Zeitung" beispielsweise (die mit der vorhin genannten ersten sozialistischen Zeitung in Trier nur den Namen gemein hat) kennt noch im Jahr 1898 im Prinzip nur die Absatzbildung, die bei den Auslandsnachrichten und überregionalen Deutschlandnachrichten noch um die Angabe des Herkunftsorts ergänzt ist. In der „Allgemeinen Zeitung" dagegen sind die Texte entweder mit einer Überschrift versehen, wobei diese Überschrift häufig aus den ersten Wörtern des ersten Satzes besteht, oder aber das erste Nomen des Artikels ist durch Fettdruck hervorgehoben. Noch das ausgehende 19. Jahrhundert ist also weit von der heutigen Praxis von Überschrift und Schlagzeile mit ihrer breitgefächerten Typologie und ihren vielfältigen Funktionen entfernt.

2.3. Kommentierende Texte: Ein letzter Triumph der Schulrhetorik

Als Folge des preußischen Zensuredikts vom 24. Dezember 1841 beginnt sich die Zeitungskommunikation grundlegend zu verändern (vgl. Püschel demnächst); auffälligste Erscheinung ist das journalistische Räsonnement, das jetzt in berichtende Texte einfließt, aber vor allem auch in kommentierenden Texten stattfindet. Damit haben wir es mit einer neuen, der kommentierenden Textsorte in den Zeitungen zu tun, so daß sich die Frage stellt, woher diese stammt. Eine Antwort lautet, diese Textsorte sei von dem Muster 'Wissenschaftliche Abhandlung' abgeleitet (vgl. Steger 1984, S. 199). Ich möchte diese Auffassung nicht einfach in Abrede stellen, vermute aber, daß zwischen 'Wissenschaftlicher Abhandlung' und 'Kommentar' kein unmittelbarer genetischer Zusammenhang besteht, sondern daß beide Textsorten eher eine gemeinsame Wurzel haben, was gewisse Familienähnlichkeiten zu erklären vermag. Noch in der ersten Hälfte des 19. Jahrhunderts sind nämlich auch wissenschaftlich abhandelnde Texte sehr viel rhetorischer und persuasiver, als wir es gewohnt sind. Und hoch rhetorisch sind auch viele der kommentierenden Texte, die sich in den vierziger Jahren sowie während und unmittelbar nach der Märzrevolution in den Zeitungen finden.

In jüngster Zeit ist von literaturwissenschaftlicher Seite darauf hingewiesen worden, daß die Rhetoriktradition bis weit ins 19. Jahrhundert hinein gewirkt habe, ja es wird geradezu von einer „Restauration der Rhetorik" gesprochen, die bis 1848 nicht nur die Schule, sondern auch das gesellige, akademische, religiöse und öffentliche Leben betroffen habe (Jäger 1973, S. 121, Anm. 4.). Erinnert sei in diesem Zusammenhang an Georg Büchner, dessen rhetorische Ausbildung in den Jahren 1825 bis 1831 am Großherzoglichen Gymnasium zu Darmstadt ausführlich dokumentiert ist (vgl. Schaub 1886) und der den „Hessischen Landboten" von 1834 nach allen Regeln der Schulrhetorik geschrieben hat.

In diesem Zusammenhang ist auch noch einmal an den „Rheinischen Merkur" zu erinnern, dessen prägendes Merkmal die rhetorisch durchgearbeiteten, kämpferischen Artikel von Joseph Görres sind. Wenn Görres die gesellschaftliche Rolle der Zeitung bestimmt und dafür plädiert, daß die Zeit für die 'Meinungspresse' gekommen sei (s. oben S. 433) so tut er dies rhetorisch elaboriert, indem er beispielsweise mit dreimaligem *wenn* eine Klimax von Bedingungen aufbaut, deren Spannung schließlich mit einem *dann* gelöst wird. Kämpferisch-agitatorisch sind auch die kommentierenden Texte zur Mitte des Jahrhunderts hin, wie das Beispiel aus der „Trier'schen Zeitung" von 1844 belegt (s. Anhang). Zwar fehlt bei diesem Text das Exordium, ansonsten lassen sich an ihm jedoch deutlich die partes orationes erkennen, die zu einer regelrecht gebauten Rede gehören: So enthält der erste Absatz die Narratio, in der – auf natürlich parteiische Weise – der zu kommentierende Sachverhalt dargestellt wird; sie setzt mit den Worten ein: *Ein beliebtes Sätzlein der „nationalen" Partei ist folgendes: ...* Daran schließt sich dann mit der Bemerkung *Solch larmoyantes Geschwätz* in den beiden folgenden Absätzen die Argumentatio an, in der unter Zurückweisung der gegnerischen Position die Auffassung der „Trier'schen Zeitung" von den Aufgaben der Presse entfaltet wird. Und schließlich folgt im letzten Absatz die Peroratio, in der der Schreiber alle möglichen Schlechtigkeiten der gegnerischen Partei anführt, um sie in den Augen der Leser herabzusetzen. Und im letzten Satz wird schließlich noch einmal in zugespitzter Form die „Botschaft" verkündet, damit sie dem Leser auch gut im Gedächtnis haften bleibe: *Das Volk aber wollen wir aufmerksam machen, daß es nicht fürder auf die falschen Propheten höre.* Wie schon diese Grobanalyse belegt, finden die Zeitungsschreiber ihre Vorbilder in der Rhetorik, sobald sie es wagen, politische Meinung zu verbreiten. Und das ist auch naheliegend.

Schließlich verstehen sich die liberalen Zeitungen als Organ der öffentlichen Meinung, die sie in ihren kommentierenden Texten vor einer politisch interessierten Öffentlichkeit offensiv vertreten, um diese für ihren Standpunkt zu gewinnen. Es ist unübersehbar, daß die Situation des vor allem kämpferischen Kommentators der des Redners in der Volksversammlung ähnelt. Und damit ist die Brücke zur Lehre von den drei Genera, insbesondere zum deliberativen Genus geschlagen. Mit den Redeteilen haben wir dann auch das Grundmuster für die Textsorte 'Kommentar': Der Narratio entspricht der Notwendigkeit, daß zuerst einmal der Sachverhalt eingeführt werden muß, der kommentiert wird; der Argumentatio entspricht die kritisch- argumentative, aber auch polemische Auseinandersetzung mit dem Sachverhalt und den Gegnern; und der Peroratio entspricht die appellative Zuspitzung am Kommentarschluß, die wir heute noch häufig in der Glosse finden. Natürlich gibt es auch in den vierziger Jahren des 19. Jahrhunderts Varianten zu diesem Muster; die rhetorische Einkleidung bildet jedoch einen Grundzug und wird erst im Lauf fortschreitender Entwicklung weithin abgestreift. Außerdem hat sich dann sehr schnell eine kleine Familie kommentierender Textsorten herausgebildet wie 'Leitartikel', 'Entrefilet', 'Glosse', 'Lokalspitze' oder 'Mütze' (vgl. Dovifat/Wilke 1976, S. 177 ff.). Trotz aller Varianten und Abwandlungen resultiert deren Familienzugehörigkeit bis heute aus dem Abhandlungscharakter, der schon in dem rhetorischen Grundmuster steckt.

3. Ausblick

Zum Ende meiner Ausführungen komme ich noch einmal auf zwei der oben zitierten Kritiker der deutschen Zeitungen zurück. Es ist kein Zufall, daß Heinrich Luden seine Kritik einem Engländer in den Mund gelegt hat (s. oben S. 429) denn damit läßt er den Bürger eines parlamentarisch regierten Landes sprechen, in dem die Zeitungen seit dem frühen 18. Jahrhundert nicht nur Nachrichten vermitteln, sondern auch an der öffentlichen Auseinandersetzung über allgemeine Angelegenheiten teilnehmen. Diese Pressefreiheit wird in Deutschland erst mit der Märzrevolution erfochten, mit einer erheblichen Verspätung also und deutlichen Auswirkungen in der Zeitungskommunikation. Auch hinter den Worten Mark Twains, der ungefähr dreißig Jahre nach der Märzrevolution so abschätzig über die deutschen Zeitungen spricht (s. oben S. 430) steckt ein Hinweis auf eine allerdings ganz anders gelagerte Verspätung. Insofern sind die Urteile über die Zeitung in Deutschland aus der Zeit und der Gründerzeit nicht gleichwertig; sie bilden keinen durchgehenden Strang. Mark Twain urteilt aus der Außensicht des Amerikaners, der selbst journalistisch tätig ist. In Amerika aber hat die Entwicklung der Zeitung zur Massenpresse schon in den vierziger Jahren begonnen (vgl. Wilke 1979, S. 386) und das heißt schon vor der Erfindung des Rotationsdrucks, der Setzmaschine und der Herstellung billigen Papiers. Diese Entwicklung brachte auch neue Formen des Journalismus mit sich – nicht zuletzt, weil die Zeitung zu einem Produkt wird, daß um seine Käufer werben und dementsprechend das Interesse des Käufers auf sich lenken muß. Und genau das ist der Maßstab, an dem Mark Twain mißt. Der Nationalökonom Karl Bücher, Begründer und engagierter Vertreter der „Zeitungskunde", umschreibt diese amerikanischen Verhältnisse sehr zart, wenn er sagt:

> Die nordamerikanische Berichterstattung, welche die englische an Raschheit und Findigkeit manchmal übertrifft, bleibt an Ernst und Zuverlässigkeit hinter ihr zurück. (Bücher 1926, S. 32)

In Deutschland setzt die Herausbildung der Massenpresse erst in den achtziger Jahren ein, also nachdem Mark Twain durch Europa gebummelt war. Und das erste Straßenverkaufsblatt – die „B.Z. am Mittag" – kommt im Jahr 1904 auf den Markt (Wilke 1979, S. 386). Dabei stößt die Massenpresse in der Gestalt des sogenannten Generalanzeigers von Beginn an auf Ablehnung und Kritik. Und im Jahr 1911 entwirft Walter Hammer in seiner Schrift „Die Generalanzeiger-Presse kritisch beurteilt als ein Herd der Korruption" ein düsteres Szenario:

> Vom Amerikanismus in der Entwicklung unseres Zeitungswesens kann man sprechen und dabei an eine Art Monopolisierung der Tagespublizistik denken. Durch Vertrustung würde die anständige, insbesondere die Parteipresse, aufgesogen vom großen kapitalistischen Zeitungsunternehmertum. ... In der noch weiter amerikanisierten Presse würde alles, vom Leitartikel bis zur Lokalnotiz, zu kaufen sein. Bezahltes Feuilleton gibt es bekanntlich schon heute. (Zitiert nach Koszyk 1966, S. 174)

Schon damals die Klage über die Amerikanisierung des öffentlichen Mediums 'Zeitung' und heute die Klage über die Amerikanisierung des öffentlichen Mediums 'Fernsehen'. Doch davon abgesehen, scheint mir die Entstehung der Massenpresse im ausgehenden 19. Jahrhundert, zu der sich nach der Jahrhundertwende noch die Boulevardzeitung gesellt, die Phase zu sein, in der die zeitungsspezifische Fortentwicklung der Textsorten erneut einen starken Schub erhalten hat.

Anhang

Trier'sche Zeitung vom 23. März 1844:

Trier, 21. März. Ein beliebtes Sätzlein der „nationalen Partei ist folgendes: Man muß das Volk nicht beleidigen, man muß ihm Zutrauen zu sich selbst einflößen, man darf von seinen Fehlern nur schonend sprechen und nur nach gehörig vorausgeschicktem Lobe. Dieses Sätzlein wird etwa so näher motivirt. Namentlich das deutsche Volk ist zu lange in politischer Unthätigkeit gewesen, durch eine unglückselige Verkettung der Umstände ist seit den großen Kaisertagen nichts Geschichtliches in Deutschland passirt, was eine politische Größe der Nation herbeigeführt oder bekundet hätte. Der dreißigjährige und der siebenjährige Krieg wüthete nur gegen das eigne Eingeweide und beförderte die Trennung und Spaltung, welche durch die Reformation aufgekeimt war. Der letzte Krieg wider die Franzosen war nur eine halbe That, die Befreiung nach Außen wurde zwar vollbracht, aber im Innern blieben die besten Hoffnungen unerfüllt, der Zustand nach 1815 entsprache den Opfern von Leipzig und Waterloo keineswegs. Das Volk ist dadurch mißtrauisch geworden, es hat das Zutrauen zu sich selbst verloren, haltet Ihr ihm jetzt noch obendrein seine Fehler und Mängel vor, so schlagt Ihr es vollends nieder. so wird es ganz apathisch, so kriegt Ihr es vom Faulbette gar nicht mehr empor. Darum seid weise! Ihr müßt nicht sagen, der politische Instinkt, das staatliche Bewußtsein gehe dem deutschen Volke ab; sondern Ihr müßt sagen: das deutsche Volk ist ein Volk des Gedankens, es macht seine Geschichte innerlich. Zur rechten Zeit wird auch die Lust zu Thaten schon kommen; laßt nur die Russen einmal die Ostseeprovinzen bedrohen, oder die Franzosen wieder nach der Rheingränze lüstern, so sollt Ihr schon sehen, wie Michel sich ermannt; am Besten wäre es, Rußland und Frankreich überzögen ihn zu gleicher Zeit mit Krieg! Ihr dürft nicht sagen, der Deutsche handle oft so, als ob ihm augenblicklich jedes Ehrgefühl abhanden gekommen wäre; sondern Ihr müßt die Sache so drehen: Der Deutsche ist ein höchst vortreffliches, sittliches, männliches Volk, er kann nur leider nicht immer wie er gern wollte und möchte, die Hände seien ihm leider gebunden, das solle aber künftig (durch was? weiß Gott und selbst der nicht) schon anders werden. Ihr dürft nicht also reden: Es ist eine Schande, daß dies intelligenteste Volk der Erde diejenige Garantie für freie, geistige Entwicklung nicht besitzt, welche Spanien und Belgien haben; sondern Ihr müßt sagen: Der Deutsche hat sich durch die beste Aufführung und durch das solideste Betragen gewiß würdig gemacht, daß Artikel 18 der Bundesacte endlich in Erfüllung gehe; namentlich würde das stille friedfertige Volk der Deutschen keinen Mißbrauch mit der Preßfreiheit treiben, und dann bitten wir noch obendrein zur Abwehrung von Ueberteibungen um ein recht strenges Preßgesetz. Michel wird schon werden, sprecht ihm nur Muth zu, beleidigt ihn nicht, er ist empfindlich; wir versichern Euch, Michel wird sich machen, wir haben das seit 1840 bewiesen, wir haben das Rheinlied und bauen den Kölner Dom aus.

Solch larmoyantes Geschwätz, welches das Princip vieler Zeitungen ausmacht, hat in Deutschland entsetzlich viel verdorben. Diese lauwarme Sauce droht an Michels Magen selbst die guten Seiten vollständig zu verderben, wenn man nicht bei Zeiten eine gehörige Dosis Pfeffer hinein würfe. Wollt Ihr einen Menschen total ruiniren, so bemäntelt nur seine Fehler; seid nur so schlechte Pädagogen, faulen Kindern zu sagen: Ihr seid zwar fleißig, aber Ihr könntet noch fleißiger werden, nun, das wird sich auch machen. Die Früchte solcher

Erziehung möchten wir sehen! Sagt doch zu einem diebischen Kinde: Du re-
spectirst zwar, wie es sich gehört, das Eigenthum deiner Cameraden, aber Du
könntest es doch noch mehr respectiren. Da wird sicher ein Spitzbube draus, der
mit dem Galgen endigt! Wo eine Krebswunde ist, da helfen weiche Umschläge
nicht, sondern der beherzte Arzt greift zum Höllenstein. Ach Höllenstein, das
könnte den Kranken sehr schmerzen; vielleicht will er die Kur nicht einmal lei-
den. Der Arzt nimmt aber den Höllenstein und nöthigenfalls wird der Kranke
gebunden und geknebelt. Hat er aber die Macht, sich dem Höllenstein zu entzie-
hen, nun, so mag er sterben! Er wird ganz gewiß nach dem Höllenstein rufen,
wenn es zu spät ist.

Es ist erste Pflicht der Zeitwächter, dem eignen Volke schonungslos die Wahr-
heit zu sagen. Wahrheit ist Macht, ist der wunderbare Speer des Achilleus, sie
heilt die Wunden, welche sie schlug. Aergert sich das Volk über die Wahrheit,
desto besser, das wirkt schon. Noch einmal die Wahrheit gesagt! Verstopft sich
das ganze Volk die Ohren, will es absolut taub gegen die Kritik sein: dann laßt
fahren dahin, laßt das Volk in seiner Theilnahmlosigkeit zu Grunde gehn. Es
ist die beste Probe für die geschichtliche Zukunft eines Volkes, ob es der ätzen-
den Kritik Stich hält und dann wirklich in sich geht, ein neues Wesen anzieht
und Thaten der Besserung verübt.

Wie habt Ihr es los, den Nationalcharacter der Franzosen und Engländer
mit allen seinen Fehlern und Mängeln tagtäglich zu beschreiben, diese Natio-
nen neben die deutsche hinzustellen, gegen deren „Treue", „Biederherzigkeit"
und „Gemüthstiefe" jene so weit abstehen wie der Himmel von der Erde.
Da sind immer die „leichtsinnigen", „frivolen" Franzosen, die „wälschen"
Trugmenschen, die „treulosen Nachbarn", die „materialistischen" Sinnlich-
keitsmenschen; von der Ehrenhaftigkeit, Delicatesse, den feurigen Muthe für
die Freiheit, dem edlen Hasse wider das Unrecht schweigt Ihr wohlweislich.
Da sind stets die „engherzigen", „egoistischen" Engländer, die mathemati-
schen „Geldmenschen" ohne Eingeweide und Mitleid, die bornirten Patrioten:
von der englischen Characternoblesse, von der unbegrenzten Hochachtung für
persönliche Freiheit, von dem tiefen Rechtsbewußtsein kein Wort. Und dann
kommen wieder die „edeln", „biedern", „treuen" Deutschen, die gemüthstiefen
„Germanen"! Diese Schande sollte denn doch endlich einmal aufhören. Ihr
macht das Volk nicht frei mit dem Gedanken der „Nationalität"; wenn Ihr die
wahre Freiheit kennet, die Menschenfreiheit, die sittliche Freiheit, welche von
selbst schon in nationaler Form zur Welt kommen wird, dann würdet Ihr auch
wissen, wie ein Volk beschaffen sein muß, das diese Freiheit zu erringen hat,
dann würdet Ihr allererst den Kreuzzug gegen die deutsche Apathie predigen,
die nichts Gutes und Großes zu Stande kommen läßt; dann müßtet ihr freilich
den Strick zunächst um Eure eignen Hüften schwingen und zu Flagellanten
Eurer selbst werden. Das mögt Ihr nicht, wie solltet Ihr wider Euer eignes
Fleisch und Blut wüthen? So geht den hin, thut, was Ihr nicht lassen könnt.
Das Volk aber wollen wir aufmerksam machen; daß es nicht fürder auf die
falschen Propheten höre.

Literatur

Aretz, Heinrich (1983): Heinrich von Kleist als Journalist. Untersuchungen zum „Phöbus", „Germania" und den „Berliner Abendblättern". Stuttgart.

Blühm, Elger und Engelsing, Rolf (Hrsg.) (1967): Die Zeitung. Deutsche Urteile und deutsche Dokumente von den fängen bis zur Gegenwart. Bremen.

Breuer, Dieter (1982): Geschichte der literarischen Zensur in Deutschland. Heidelberg.

Bücher, Karl (1926): Die Grundlagen des Zeitungswesens. In: ders.: Gesammelte Aufsätze zur Zeitungskunde. Tübingen, S. 1-64.

Dovifat, Emil und Wilke, Jürgen (1976): Zeitungslehre. I.: Theoretische und rechtliche Grundlagen. Nachricht Meinung. Sprache und Form. 6., neubearb. Aufl. Berlin/New York.

Dowe, Dieter (1972): Die erste sozialistische Tageszeitung in Deutschland. Der Weg der „Trierschen Zeitung" vom Liberalismus über den „wahren Sozialismus" zum Anarchismus (1840-1851). In: Archiv für Sozialgeschichte 12, S. 55-107.

Fuchs, Karlheinz (1975): Bürgerliches Räsonnement und Staatsräson. Zensur als Instrument des Despotismus. Dargestellt am Beispiel des rheinbündischen Württemberg (1806-1813). Göppingen.

Gisch, Heribert (1982): „Preßfreiheit" – „Preßfrechheit". Zum Problem der Presseaufsicht in napoleonischer Zeit in Deutschland (1806-1818). In: Fischer, Heinz-Dietrich (Hrsg.): Deutsche Kommunikationskontrolle des 15. bis 20. Jahrhunderts. München/New York/London/Paris, S. 56-74.

Habermas, Jürgen (1971): Strukturwandel der Öffentlichkeit. Untersuchungen zu einer Kategorie der bürgerlichen Gesellschaft. 5. Aufl. Neuwied/Berlin.

Hoefer, Thomas Frank (1983): Pressepolitik und Polizeistaat Metternichs. Die Überwachung von Presse und politischer Öffentlichkeit in Deutschland und Nachbarstaaten durch das Mainzer Informationsbüro (1833-1948). München/New York/London/Paris.

Jäger, Georg (1973): Der Deutschunterricht auf Gymnasien 1780-1850. In: Deutsche Vierteljahresschrift 47, S. 120-147.

Klutentreter, Wilhelm (1966): Die Rheinische Zeitung von 1842/3 in den politischen und geistigen Bewegungen des Vormärz. Dortmund.

Koszyk, Kurt (1966): Geschichte der deutschen Presse. Teil 2: Deutsche Presse im 19. Jahrhundert. Berlin.

Lüger, Heinz-Helmut (1983): Pressesprache. Tübingen.

Moritz, Philipp Karl (1981): Ideal einer vollkommenen Zeitung. In: Günther, Horst (Hrsg.): Karl Philipp Moritz Werke. Bd. 3: Erfahrung, Sprache, Denken. Frankfurt, S. 169-177.

Padrutt, Christian (1972): Allgemeine Zeitung (1798-1929). In: Fischer, Heinz-Dietrich (Hrsg.): Deutsche Zeitungen des 17.-20. Jahrhunderts. Pullach, S. 103-114.

von Polenz, Peter (1989): Das 19. Jahrhundert als sprachgeschichtliches Periodisierungsproblem. In: Cherubim, Dieter und Mattheier, Klaus J.(Hrsg.): Voraussetzungen und Grundlagen der Gegenwartssprache. Sprach- und sozialgeschichtliche Untersuchungen zum 19. Jahrhundert. Berlin/New York, S. 11-30.

Püschel, Ulrich (demnächst): Zeitungskommunikation unter gelockerter Zensur. Die Zeitung als Organ der öffentlichen Meinung (1842). In: Folia Linguistica.

Püschel, Ulrich (demnächst a): „Ein Privatschreiben aus Gent vom 19. Juni berichtet folgender". Zeitungstextsorten im frühen 19. Jahrhundert. In: Akten des VIII. JVG-Kongresses Tokyo 1990.

Schaub, Gerhard (1986): Der Rhetorikschüler Georg Büchner. Eine Analyse der Cato-Rede. In: Diskussion Deutsch 17, Heft 92, S. 663-684.

Schubart, Christian Friedrich Daniel (1775): Deutsche Chronik auf das Jahr 1775 (Neudruck Heidelberg 1975).

Steger, Hugo (1984): Sprachgeschichte als Geschichte der Textsorten/Texttypen und ihrer kommunikativen Bezugsbereiche. In: Besch, Werner/Reichmann, Oskar/Sonderegger, Stefan (Hrsg.): Sprachgeschichte. Ein Handbuch zur Geschichte der deutschen Sprache und ihrer Erforschung. 1. Halbbd. Berlin/New York, S. 186-204.

Twain, Mark (1985): Bummel durch Europa. Deutsch von Gustav Adolf Himmel. In: Kohl, Norbert (Hrsg.): Mark Twain. Gesammelte Werke in zehn Bänden. Bd. 4. Frankfurt.

Weischenberg, Siegfried (1988): Nachrichtenschreiben. Journalistische Praxis zum Studium und Selbststudium. Opladen.

Welke, Martin (1981): Die Legende vom „unpolitischen Deutschen". Zeitungs-
    lesen im 18. Jahrhundert als Spiegel des politischen Interesses. In: Jahr-
    buch der Wittheit zu Bremen 25, S. 161-188.

Wilke, Jürgen (1979): Zeitung. In: Faulstich, Werner (Hrsg.): Kritische
    Stichwörter zur Medienwissenschaft. München.

Wilke, Jürgen (1984): Nachrichtenauswahl und Medienrealität in vier Jahr-
    hunderten. Eine Modellstudie zur Verbindung von historischer und em-
    pirischer Publizistikwissenschaft. Berlin/New York.

Zens, Emil (1952): Trierische Zeitungen. Ein Beitrag zur Trierer Zeitungsge-
    schichte. Trier.

WOLFGANG TEUBERT

Zur Entstehung des Schuldgefühls im 19. Jahrhundert

Das Schuldgefühl ist heute in der westlichen Gesellschaft fast allgegenwärtig. Wie kommt es, daß dieses „kleinliche, armselige und übelriechende Gefühl", wie es der marokkanische Schriftsteller Tahar Ben Jelloun nennt, so erfolgreich sein konnte?[1] Haben wir das Sigmund Freud zu verdanken, der 1930 in seiner Schrift „Das Unbehagen in der Kultur" seine Absicht bekundete, „das Schuldgefühl als das wichtigste Problem der Kulturentwicklung hinzustellen und darzutun, daß der Preis für den Kulturfortschritt in der Glückseinbuße durch die Erhöhung des Schuldgefühls gezahlt wird"?[2]

Das Wort gibt es erst seit der Mitte des vergangenen Jahrhunderts. Im Deutschen Universalwörterbuch (Duden) findet sich folgende Bedeutungsangabe: „Gefühl, sich jemandem gegenüber nicht so verhalten zu haben, nicht so gehandelt zu haben, wie es gut, richtig gewesen wäre". Dergleichen hat es schon immer gegeben. Hat sich dieses Wort also an die Stelle anderer Wörter gesetzt, gab es den Begriff also schon vorher? Oder waren die Menschen früher frei von Schuldgefühlen? Wäre das Auftreten dieses Wortes dann ein Indiz dafür, daß sich die Art und Weise der Selbstwahrnehmung der abendländischen Menschen im 19. Jahrhundert grundlegend verändert hat?

In einer Geschichte der Begriffe manifestiert sich die Dynamik des Zeitgeistes im Absterben nicht mehr benötigter und in der Geburt neuer Wörter. Die Bedeutung des Neuen läßt sich nur verstehen, wenn man die Fäden des sich stets neu verknüpfenden semantischen Netzes abschreitet, deren Knoten es zu entwirren gilt. „Die semantische Geschichte von sprachlichen Zeichen läßt sich", wie es Ludwig Jäger ausdrückt, „immer nur dadurch bestimmen, daß sie als Geschichte jener konfliktuösen semiologischen Vollzüge rekonstruiert wird, die gewissermaßen als historische Gelenkstellen parasemischer Transformationen fungieren".[3]

Der anhaltende Erfolg des Schuldgefühls hat sicher eine Ursache darin, daß der Begriff vor allem in der angloamerikanischen Anthropologie

---

[1] Jelloun 1989, S. 75.

[2] Freud 1972, [Erstveröffentlichung 1930] , S. 119.

[3] Jäger, S. 68.

seit den fünfziger Jahren dieses Jahrhunderts zum Schlüsselwort westlicher Identitätsstiftung gemacht wurde, während für nichtwestliche Gesellschaften das Schamgefühl als kennzeichnend angesehen wurde. Die reichlich herablassende These war, daß es viele Schamgesellschaften und nur wenige Schuldgesellschaften gibt, daß die ersteren durch gesellschaftliche Statik, kulturelle Rückständigkeit und ökonomische Primitivität geprägt seien, während den Schuldgesellschaften unter Berufung auf die „protestantische Ethik" Max Webers Dynamik, verinnerlichte moralische Werte und die Fähigkeit zur Industrialisierung zugeschrieben wurden.[4] In Schamgesellschaften überwiegt demzufolge die Außensteuerung. Normverstöße werden mit gesellschaftlichen Sanktionen geahndet. In Schuldgesellschaften dagegen ist das autonome Subjekt die Instanz, die für die Kontrolle des eigenen Verhaltens am wichtigsten ist. Auffällig ist, daß die meisten Ethnologen dem lexikalischen Befund in den untersuchten Gesellschaften kaum je ihre Aufmerksamkeit widmeten.[5]

---

[4] So beispielsweise Singer in Milton/Singer 1971, S. 60. Trotz des Titels „Die protestantische Ethik und der Geist des Kapitalismus" geht es Max Weber speziell um den Calvinismus, der aufgrund seiner Prädestinationslehre die Heilsgewißheit ableitet von dem Erfolg, den man aufgrund der beruflichen Leistung im diesseitigen Leben erzielt. Die Institution der Kirche als Gemeinschaft der Gläubigen war damit nicht länger zuständig für die Vergebung der Sünden; die Beichte wurde abgeschafft. „Das Mittel zum periodischen „Abreagieren" des affektbetonten Schuldbewußtseins wurde beseitigt." (Weber 1988, S. 97).

[5] Maßgeblich für die Unterscheidung in Schuld- und Schamgesellschaften sind u.a. Ruth Benedict (1946), Gerhart Piers/Milton B. Singer (1971), David P. Ausubel (1955), Eric Robinson Dodds (1970). Robert I. Levy (1974) ist, soweit ich sehe, der einzige, der sich mit der Semantik der einschlägigen Wörter (in der Tahiti-Gesellschaft) auseinandergesetzt hat und deshalb auch zu differenzierten Ergebnissen kommt. Die Erforschung des Nationalcharakters von Völkern wurde nach dem Eintritt der Vereinigten Staaten in den Zweiten Weltkrieg aufwendig betrieben, führte jedoch meist zu haltlosen Verallgemeinerungen, wie auch David Riesman 1961 selbstkritisch anmerkt (Riesman 1971, S. XXIV-XXV). Eine kritische Würdigung dieser Untersuchungsrichtung findet sich bei Uffe Østergaard (1990). Die Erkenntnis, daß eine strenge Unterscheidung von Schuld- und Schamkulturen unhaltbar ist, begann sich bereits Mitte der fünfziger Jahre durchzusetzen. Sie deutet sich bereits bei David P. Ausubel an. Auch Melford Spiro (1961) sieht nur graduelle Unterschiede. Ihm zufolge überwiegt ein schuldorientiertes Über-Ich dort, wo Kinder nur von wenigen Bezugspersonen erzogen werden. Nur dann nämlich könne die Person des Erziehers verinnerlicht werden. Liegt die Erziehung jedoch bei einer größeren Gruppe von Erwachsenen, findet primär eine Orientierung nach gesellschaftlichen Konventionen statt. Man schämt sich vor anderen, wenn der Normverstoß bekannt wird, während verborgene Verstöße folgenlos bleiben. Daß das Scham/Schuld-Paradigma noch heute wirkt, zeigt sich beispielsweise bei Robert Muchembled (1990), der die Entwicklung der spätmittelalterlich-frühneuzeitlichen Gesellschaft als Übergang von der Scham- in die Schuldkultur interpretiert.

Auch den Psychoanalytikern galt bis vor wenigen Jahren das Schuldgefühl weit mehr als das für primitiver erachtete Schamgefühl. Seither findet eine Werteverschiebung, polemisch gesagt, eine Wortverschiebung statt. Neuere Untersuchungen der amerikanischen Psychoanalyse fokussieren sich auf das Schamgefühl, wobei man sich gleichwohl des Eindrucks kaum erwehren kann, als sei die Sache dieselbe geblieben und nur die Bezeichnung eine andere; denn die Bedeutung der Wörter, ihre Verwendung in der Alltagssprache, blieb bei der Gefühlsanalyse der Psychologen meist außen vor.[6]

Die Umwertung von Schuld in Scham vollzieht sich auch im Deutschen. Beruhte schon die Diskussion um die sogenannte Kollektivschuld auf einer problematischen Vermischung von Schuld und Schuldgefühl (wie sie sich im Englischen inzwischen im doppeldeutigen *guilt* durchgesetzt hat), wird heute vorzugsweise Scham als angemessene moralische Haltung anempfohlen. *„Wir schämen uns als Deutsche"*, sagte Helmut Kohl am 28.10.1985 in Berlin, *„weil die NS-Verbrechen im deutschen Namen*

---

[6] Es fällt auf, daß vor allem weibliche Autoren den Wert des Schamgefühls höher bewerten als ihre männlichen Kollegen. Nun ist die Psychoanalyse traditionell patriarchalisch, und nach gängiger Lehre entsteht das Schuldgefühl in der Auseinandersetzung des Ich mit dem den Charakter des Vaters bewahrenden Über-Ich (etwa im Alter von drei bis vier Jahren) (Freud 1978, S. 188f.). Das Schamgefühl dagegen entwickelt sich etwa im Alter von 18 Monaten, wenn die Mutter noch die dominierende Bezugsperson ist. (Zur Datierung vgl. Goleman 1985). Offensichtlich werden *Scham* und *Schuldgefühl* als psychoanalytische Fachtermini verwendet, da sie in der Sprache von Kindern noch nicht vorkommen. (Auf die Problematik, Gefühlswörter als Fachwörter zu verwenden, habe ich in Teubert 1989, S. 16 hingewiesen.) Fragwürdig wird die Verwendungsweise dieser Wörter erst recht, wenn die ihnen zugeschriebenen Inhalte ununterscheidbar werden. So assoziiert die eher traditionsorientierte Helen Lewis mit *Schuldgefühl* ein „intaktes, verantwortliches erwachsenes Selbst", das auf einen „moralischen Verstoß" mit „guten Taten oder Gedanken" antwortet, „Mitgefühl" entwickelt und zur „Verinnerlichung" strebt (Lewis 1971, S. 88-91), während für Helen Lynd das Schamgefühl mit dem „gesamten Selbst" zu tun hat, das Handeln nach „verinnerlichten Regeln" voraussetzt, überfließende Gefühle für Bezugspersonen freisetzt, die „Güte und Loyalität zu einem Teil der Gesamterfahrung" machen, und schließlich „ein Gefühl der Identität und Freiheit ermöglicht" (Lynd 1958, S. 208f.). Daß viele Anthropologen und Psychologen Gefühle als quasiontologische Realitäten betrachten, die von außen beobachtbar sind, hat eine lange Tradition, die unter anderem von Charles Darwins Studie über die Gefühlsausdrücke beim Menschen und bei Tieren (London 1872) geprägt ist. Linguistische Ahnungslosigkeit kennzeichnet auch die 1970 erschienene symptomatische Untersuchung über „Universale emotionale Gesichtsausdrücke" von Paul Ekman, die zu dem verblüffenden Ergebnis kommt: „Es sollte dabei festgehalten werden, daß die genannten Emotionen [Freude, Niedergeschlagenheit, Wut, Furcht, Erstaunen und Abscheu] keine zufällige Auswahl von Emotionswörtern darstellen, sondern die häufigst genannten Bezeichnungen innerhalb jeder untersuchten Kultur." (Ekman 1981, S. 184).

geschehen sind. [...] . Aus den historischen Abläufen erkennen wir aber auch, daß der einzelne sehr wohl schuldig werden kann, nicht aber das ganze Volk. "[7] So interessant es wäre, möchte ich aus Raumgründen weder den zitierten Textbeleg kommentieren noch über die Ursachen der Begriffsverschiebung spekulieren. Es geht nur darum, den Stellenwert des Schuldgefühls für die moderne westliche Gesellschaft darzulegen. In der Folge werde ich zunächst die Entstehungsgeschichte des Worts *Schuldgefühl* beleuchten, anschließend zeigen, daß das Schuldgefühl die Nachfolge des Reue-Paradigmas antritt und in einem dritten Schritt schließlich den Ursachen für diesen Paradigmenwechsel nachgehen.

Außer im Grimmschen Wörterbuch ist das Wort *Schuldgefühl* in keinem der größeren Wörterbücher vor der Mitte des 20. Jahrhunderts belegt. Der bei Grimm angeführte undatierte Erstbeleg ist der 1855 entstandenen Erzählung Otto Ludwigs „Zwischen Himmel und Erde" entnommen. Auf frühere Belege bin ich trotz intensiver Suche nicht gestoßen.

In seiner Erzählung stellt Ludwig die seelischen Abgründe eines Handwerkers dar. Das Wort *Schuldgefühl* wird auf dem Höhepunkt der Handlung eingeführt. Es wird vorbereitet mit dem Satz „ [...] *er fühlte in der Heirat eine Schuld"*. Eine halbe Seite später finden wir: „ [...] *und dachte er sich die Heirat entschieden, so lastete wiederum das Gefühl von Schuld auf ihm."* Wieder eine Seite weiter finden wir den Beleg selbst: „*Bis jetzt hatte er den Druck dunkeln Schuldgefühls, der sich an den Gedanken der Heirat knüpfte, zu schwächen vermocht* [...] ." Eine Seite später schließlich heißt es:

> *[...] und will er wiederum das Glück ergreifen, so schwebt das dunkle Schuldgefühl von neuem wie ein eisiger Reif über einer Blume, und der Geist vermag nichts gegen seine vernichtende Gewalt.*[8]

In dieser Art der Vorbereitung wurden immer und werden heute noch neue Komposita in Texte eingeführt. Der neue Inhalt manifestiert sich zunächst durch eine Prädikation mit vollständigem Verbalkomplex *(er fühlte eine Schuld)*. In einer ersten Nominalisierung wird daraus eine Nominalphrase mit Attribut *(das Gefühl von Schuld)*. In einem dritten Schritt wird der Inhalt zu einem Kompositum zusammengefaßt *(Schuldgefühl)*. Damit liegt ein starkes Indiz dafür vor, daß Otto Ludwig das Wort *Schuldgefühl* noch nicht als lexikalisiertes Wort zur Verfügung stand.

---

[7] Kohl 1985, S. 1030.

[8] Ludwig 1891, S. 353-356.

Otto Ludwig ist es offenbar nicht gelungen, das Wort in den deutschen Sprachschatz einzuführen. Für die nächsten dreißig Jahre habe ich keine weiteren Nachweise gefunden. Das Schuldgefühl tritt erst wieder auf in Friedrich Nietzsches Auseinandersetzung mit Paul Rées Theorie zur Genese des Gewissens, als die wir die „Genealogie der Moral", erschienen 1887, zu verstehen haben.

Nietzsche wendet sich zunächst mit Paul Rée gegen das traditionelle Konzept des schlechten Gewissens (das, nebenbei bemerkt, sprachlich bis zur Jahrhundertwende ganz überwiegend als *böses Gewissen* erscheint), welches im Zusammenhang mit Angst vor auferlegter oder erwarteter Strafe als Vorbedingung für Reue oder Buße gesehen wurde. Aber während für Rée das „strafende Gewissen" aus dem Erkennen eines Verstoßes gegen die Normen der Gesellschaft herrührt, handelt es sich für Nietzsche um einen ursprünglich aggressiven Instinkt, der sich im Zuge zivilisatorischer Regulierung des Zusammenlebens zunehmend gegen das Subjekt selbst richtet.

> *Die Feindschaft, die Grausamkeit, die Lust an der Verfolgung, am Überfall, am Wechsel, an der Zerstörung - Alles das gegen die Inhaber solcher Instinkte sich wendend: das ist der Ursprung des „schlechten Gewissens".*[9]

Schuldgefühl ist bei Nietzsche synonym mit *schlechtem Gewissen*. Vorbereitet wird der Begriff über das „*Bewußtsein der Schuld*": „*Aber wie ist denn jene andere „düstere Sache", das Bewußtsein der Schuld, das ganze „schlechte Gewissen" auf die Welt gekommen?*"[10] Eingeführt wird der Begriff als „*Gefühl der Schuld*" gleich zweimal. Der zweite Beleg hat den Wortlaut

> *Die Strafe soll den Werth haben, das Gefühl der Schuld im Schuldigen aufzuwecken, man sucht in ihr das eigentliche Instrumentum jener seelischen Reaktion, welche „schlechtes Gewissen", „Gewissensbiss" genannt wird.*[11]

Das Wort *Schuldgefühl* kommt dreimal vor. Im letzten der drei Belege begreift Nietzsche das Schuldgefühl als Konsequenz der spezifischen christlichen Moral, mit der er sich in seiner Zeit konfrontiert sah, und legt somit bereits das Fundament für die spätere Einteilung der Menschheit in Schamgesellschaften und Schuldgesellschaften:

---

[9] Nietzsche 1980, S. 323.

[10] Nietzsche 1980, S. 297.

[11] Nietzsche 1980, S. 318.

Die Herauskunft des christlichen Gottes, als des Maximalgottes, der bisher erreicht worden ist, hat deshalb auch das Maximum des Schuldgefühls auf Erden zur Erscheinung gebracht.[12]

Bei Nietzsche findet sich schließlich auch die merkwürdig schillernde Wertung des Schuldgefühls, wonach es zum einen eine wegzutherapierende psychische Störung, zum anderen die ethische Grundlage unserer kulturellen Leistungen ist. Er schreibt

Man hüte sich, von diesem ganzen Phänomen deshalb schon gering zu denken, weil es von vornherein hässlich und schmerzhaft ist. Im Grunde ist es ja dieselbe aktive Kraft, die in jenen Gewalt-Künstlern und Organisatoren grossartiger am Werke ist und Staaten baut [...], eben jenes Institut der Freiheit [...] : nur dass der Stoff, an dem sich die formbildende und vergewaltigende Natur dieser Kraft auslässt, hier eben der Mensch selbst, sein ganzes thierisches altes Selbst ist – und nicht [...] der andere Mensch, die anderen Menschen. Diese heimliche Selbst-Vergewaltigung, diese Künstler-Grausamkeit, diese Lust, sich selbst als einem schweren, widerstrebenden leidenden Stoffe eine Form zu geben [...] , dieses ganze aktivische „schlechte Gewissen" hat zuletzt – man erräth es schon – als der eigentliche Mutterschoos idealer und imaginativer Ereignisse auch eine Fülle von neuer befremdlicher Schönheit und Bejahung an's Licht gebracht und vielleicht überhaupt erst die Schönheit [...] .[13]

Wieder wird es still um das Schuldgefühl, und seinen Siegeszug um die Welt heute hat es nicht Nietzsche, sondern, wen wundert es, Sigmund Freud zu verdanken. Die Frage, ob Freud, bewußt oder unbewußt, auf Nietzsche zurückgegriffen hat, läßt sich nicht eindeutig beantworten. Taucht der Begriff zunächst nur kursorisch als *„neurotisches Schuldgefühl"* auf, erhielt das Wort einen zentralen Stellenwert erst durch die Schrift „Das Unbehagen in der Kultur."[14]

---

[12] Nietzsche 1980, S. 330.

[13] Nietzsche 1980, S. 325f.

[14] Bekanntlich verbindet die Biographien von Paul Rée, Friedrich Nietzsche und Sigmund Freud, daß sie alle in einer Phase ihres Lebens eine intensive Beziehung zu Lou Andreas-Salomé hatten. Es bleibt indessen müßige Spekulation, ob sie dazu beigetragen hat, Nietzsches Begriff des Schuldgefühls an Freud zu vermitteln. Seine erste Begegnung mit ihr fand zwar 1911 (Gay 1989, S. 220), also in demselben Jahr, in dem Freud zum erstenmal das Wort *Schuldgefühl* (und zwar *neurotisches Schuldgefühl* als Wahnvorstellung) verwendet (Freud 1978, S. 17). Doch auch zwei Jahre später in „Totem und Tabu" finden sich neben nur zwei Belegen für *Schuldgefühl* zwölf Belege für *Schuldbewußtsein*, wobei die Ausdrücke offenbar synonym verwendet werden (Freud 1956, S. 74, 75, 92, 147, 162). (Daß sich schließlich *Schuldgefühl* durchgesetzt hat, ist weniger Freud als vielmehr der Wiener Psychoanalytischen Vereinigung als ganzer zu verdanken, wo sich der Wandel bereits im Herbst 1908 vollzog; vgl. Anm. 15). Ab 1921 verschwindet *Schuldbewußtsein*

Freud hat, nach seinen eigenen Bekundungen, bewußt Distanz zur Philosophie gewahrt. Er betonte „sein eigentümliches Verhältnis zur Philosophie, deren abstrakte Art ihm so unsympathisch sei, daß er auf das Studium der Philosophie schließlich ganz verzichtet habe. Auch Nietzsche kenne er nicht; ein gelegentlicher Versuch, ihn zu lesen, sei an einem Übermaß von Interesse erstickt".[15] Es gibt indessen zu denken, wenn sein Mitstreiter in damaliger Zeit, Alfred Adler, an anderer Stelle ausführt, daß Nietzsche unter allen großen Philosophen dem Denken der Psychoanalyse am nächsten stehe.[16]

Jedenfalls ist das *Schuldgefühl* in der Schrift „Das Unbehagen in der Kultur" weit davon entfernt, ein Fachterminus der klinischen Psychologie zu sein. Er bleibt schillernd und unbestimmt. Immerhin versucht Freud hier erstmals, *Schuldgefühl* von *Schuldbewußtsein* abzugrenzen. Er spricht von dem „*ganz sonderbaren, noch durchaus unverstandenen Verhältnis des Schuldgefühls zu unserm Bewußtsein*" und fährt fort:

> *In den gemeinen, uns als normal geltenden Fällen von Reue macht es sich dem Bewußtsein deutlich genug wahrnehmbar; wir sind doch gewöhnt, anstatt Schuldgefühl „Schuldbewußtsein" zu sagen.*[17]

Doch eine weitergehende Klärung findet nicht statt. Zwar meint Freud: „Es kann nicht sehr wichtig werden, mag aber nicht überflüssig sein, daß wir die Bedeutung einiger Worte wie: Über-Ich, Gewissen, Schuldgefühl, Strafbedürfnis, Reue erläutern, die wir vielleicht oft zu lose und eines

---

fast völlig, während in „Das Ich und das Es" (1923) *Schuldgefühl* 26 mal belegt ist.

[15] Protokolle 1976, S. 338. Freud äußerte diesen Satz auf der Sitzung der Wiener Psychoanalytischen Vereinigung vom 1.4.1908, auf der Eduard Hitschmann über die Dritte Abhandlung von Nietzsches „Genealogie der Moral" referierte. Freuds seltsame Scheinbegründung lassen Zweifel an der Glaubwürdigkeit seiner Behauptung aufkommen, zumal er weiß, daß „Nietzsche schon mit 13 Jahren die Frage nach dem Ursprung des Bösen aufwarf" (Protokolle 1976, S. 339). Die Ursache für Freuds ostentative Dissoziation mag darin zu suchen sein, daß er, wie H.L. Ansbacher meint, sich als Naturwissenschaftler sah, der in mechanistischen und kausalistischen Begriffen dachte und hoffte, die psychischen Phänomene letztlich auf chemische und physische Gegebenheiten reduzieren zu können. (Diskussionsbeitrag zu Rollo May 1974, S. 68). In der Dritten Abhandlung („Über das asketische Ideal") ist vom Schuldgefühl nicht die Rede; das Wort erscheint auch nicht im Protokoll. Aber immerhin bleibt festzustellen, daß in den Protokollen bis zu dieser Sitzung stets vom *Schuldbewußtsein*, danach nur noch von *Schuldgefühlen* gesprochen wird.

[16] Adler 1973, S. 31.

[17] Freud 1972, S. 119.

für andere gebraucht haben."[18] Aber beim *Schuldgefühl* verweigert er sich jeder Festlegung. Für ihn liege es nahe, das Schuldgefühl als Ergebnis der Verdrängung aggressiver Komponenten bei der „Triebstrebung" aufzufassen, aber er schränkt sofort ein: „Auch wenn dieser Satz nur in durchschnittlicher Annäherung richtig ist, verdient er unser Interesse."[19]

Bevor wir der Frage nachgehen, in der Nachbarschaft welcher Begriffe das Schuldgefühl als neuer semantischer Knoten seinen Platz gefunden hat, sei noch rasch ein Blick aufs Französische und Englische gerichtet.

Im „Trésor de la langue française" finden sich die ersten drei Belege für *sentiment de culpabilité* in den Zwanziger Jahren, weitere acht Belege zwischen 1933 und 1937 und 35 Belege nach 1945. Seit den Dreißiger Jahren findet sich allmählich auch *culpabilité* in der Bedeutung von 'Schuldgefühl'.[20] Dieser Befund verweist auf den Einfluß der psychoanalytischen Schule, deren Schriften ersichtlich großenteils auf Englisch rezipiert wurden, wo *guilt* alsbald die emotionale Disposition ausdrückte, was auch von den neueren englischen Wörterbüchern reflektiert wird.

Dagegen findet sich um die Jahrhundertwende im „Oxford English Dictionary" unter *guilt* noch einer der raren normativen Hinweise „*Misused for sense of guilt*". *Guilt feelings* oder *feelings of guilt* kommt in der ersten Auflage weder als Lemma noch im Explikationsvokabular noch in den Belegen vor, während es in der 2. Auflage achtmal in Verwendungsbeispielen zu finden ist, erstmals in einem Beleg von 1943. Andererseits finden sich in den Verwendungsbeispielen zu ganz unterschiedlichen Lemmata acht Belege für *sense of guilt* aus den Jahren 1713 bis 1879. Die Kontexte lassen indessen eher an einen Einfluß der Moral Sense Philosophy, kaum an ein psychologisches Konzept denken. Auffällig ist, daß *guilt* mehrfach in der Nachbarschaft von *shame* steht.[21] Die Beleglage erhärtet jedenfalls die Vermutung, daß unser heutiges Konzept 'Schuldgefühl' seinen Ursprung im Deutschen hat.

Welches alte Konzept hat das neue Konzept 'Schuldgefühl' nun im 19. Jahrhundert verdrängt? Ausgangspunkt sei das Schamgefühl, wobei wir

---

[18] Freud 1972, S. 120f.

[19] Freud 1972, S. 123.

[20] Diese Feststellungen beruhen auf einer Belegrecherche, die am Trésor für mich durchgeführt worden ist. Ich danke den beteiligten Kollegen.

[21] Für die aufwendige Belegsuche danke ich J.A. Simpson, Co-Editor beim Oxford English Dictionary. Das interessante Material hätte eine ausführlichere Darstellung verdient, auf die ich hier aus Raumgründen verzichten muß.

uns jedoch zunächst vergewissern müssen, ob hier Bedeutungskonstanz vorliegt, so daß es nun als gleichsam archimedische Konstante dienen kann.

Antwort darauf findet sich in der exemplarischen Bedeutungsbeschreibung in Zedlers Enzyklopädie aus dem Jahre 1772.

> *Scham ist die Unlust, welche wir über das Urtheil anderer von unserer Unvollkommenheit empfinden, zum Exempel, wenn ein Gelehrter in seinen Schriften ein Fehl wahrnimmt, und sich vorstellt, was die Leute dazu sagen werden, darüber aber verdrüßlich wird, daß er ein widriges Urtheil zu besorgen hat; so schämt er sich, daß er diesen Fehler begangen.*[22]

Andere Wörterbücher bestätigen diesen Befund. Die Bedeutung von *Scham* ist folglich konstant geblieben.

In Christian Wolffs „Vernünfftige Gedancken von der Menschen Thun und Lassen, zur Beförderung ihrer Glückseeligkeit", erstmals erschienen 1720, wird die Scham im Anschluß an die Reue abgehandelt. Das ist ein erster Hinweis darauf, daß bis zur Mitte des 19. Jahrhunderts und selbst noch darüber hinaus das Wort, wenigstens das Konzept 'Reue' auftritt, wo wir aus heutiger Sicht die Rede von Schuldgefühlen erwarten würden. Die Scham ist für Wolff „*die Unlust, welche wir über dem Urtheile anderer von unserer Unvollkommenheit empfinden*". Die Reue dagegen „*ist eine Traurigkeit oder Mißvergnügen über das Böse, was wir gethan haben.*" Wenn man sie vermeiden will, meint Wolff, „*muß man behutsam in seinem Thun und Lassen fahren, daß man nicht Ursache hat sich schuldig zu erkennen. Und gehöret hierher, was oben von der Vermeidung der Gewissens-Bisse beigebracht worden.*"[23] Dort, im Kapitel „Von dem Gewissen" hieß es: „*Die Unruhe und das Mißvergnügen, welche das nachfolgende Gewissen machte, werden Gewissens-Bisse genennet.*" Campe zufolge ist dies eine Wortschöpfung Wolffs. Weiter wird ausgeführt, daß es unterschiedliche Grade der Gewissensbisse gibt,

> *nicht allein weil die wiedrigen Affecten, dadurch sie sich äussern, ihre Grade haben, sondern auch weil deren viele, oder wenige zugegen seyn können. Den unterweiten ist ein blosses Mißvergnügen zugegen, in anderen Fällen kommen Reue, Scham, Furcht, Schrecken, Verzweifflung, ja noch andere Affecten dazu [...].*[24]

---

[22] Zedler 1961, Band 34, S. 841ff.

[23] Wolff 1976, S. 278f.

[24] Wolff 1976, S. 66f.

Auch hier ist also wieder die Scham der Reue benachbart. Indessen greift Wolffs Definition der Reue zu kurz. Dies wird auch im Zedler so gesehen, der ansonsten erkennbar auf Wolff fußt. Zur Reue gehören gute Vorsätze und der Wunsch, das Getane nach Möglichkeit wiedergutzumachen.[25] So heißt es auch noch heute im Deutschen Universalwörterbuch: *„tiefes Bedauern über etwas, was man getan hat oder zu tun unterlassen hat und von dem man wünschte, man könnte es ungeschehen machen, weil man es nachträglich als Unrecht, als falsch o.ä. empfindet"*. Echt ist Reue nur, wenn ihr Ziel nicht in der Überwindung der Gewissensbisse liegt, wenn sie also nicht durch Angst vor Strafe ausgelöst wird.[26] Der von Gewissensbissen geplagte reuige Sünder, der sich die entsetzlichsten Qualen als Bußübung auferlegt, beweist, *„daß seine innere Reue nicht wahrhaft ist, wenn er nach der Bußübung den Frevel vertilgt glaubt"*.[27] Übrigens findet sich bei E.T.A. Hoffmann in den „Elixieren des Teufels" auch der Satz: *„Bruder Medardus, Bruder Medardus, falsch ist dein Spiel, geh hin und verzweifle in Reue und Scham."*[28] Einen amüsanten Nachweis der Nachbarschaft von Scham und Reue finden wir in der Komödie „The Importance of Being Earnest". Die beiden jungen Damen Gwendolen und Cecily haben sich wegen der unerwarteten Geständnisse ihrer Gegenspieler John und Algernon schmollend ins Haus zurückgezogen, sehen sich jedoch in ihrer Erwartung, daß die beiden ihnen sogleich schuldbewußt

---

[25] Zedler 1961, Band 31, S. 878ff.

[26] Es ist in diesem Zusammenhang interessant, festzustellen, daß unser heutiges *schlechtes Gewissen* erst etwa um die Jahrhundertwende das *böse Gewissen* abgelöst hat. Das schlechte Gewissen, das uns heute vertraut ist, bewahrt nur einen schwachen Abglanz von der Pein, die es früher regelmäßig verursacht hat. Das böse Gewissen war, wie den Belegen im Grimmschen Wörterbuch zu entnehmen ist, ein Gefühlszustand, der auf konkreter Angst beruht. So heißt es bei Abraham a Santa Clara: „Wer ein böses gewissen hat, zittert stets wie ein espenlaub, auch wenn er nur eine maus hört rauschen; fällt zusammen wie kalter eierschmelz." und: „ein böses gewissen ist ein wurm, der allzeit nagt; ist ein hund, der allezeit bellt."

[27] Hoffmann 1977, S. 224.

[28] Hoffmann 1977, S. 97. Soweit ich sehe, findet sich in den „Elixieren" auch die erste Verwendung der verbalen Fügung *sich schuldig fühlen*, allerdings noch mit einem Genitivattribut, was dagegen spricht, daß die Fügung bereits lexikalisiert ist. „Nach langer Zeit zum erstenmal fühlte ich mich nicht der Sünde schuldig, der ich angeklagt wurde [...]." (S. 247). Ziemlich zeitgleich zur Entstehung dieses Romans (Erstveröffentlichung 1815/1816) findet sich (ausweislich der Belegrecherche im Trésor de la langue française, vgl. Anm. 20) die erste französische Entsprechung dazu: „[...]; tout au contraire, ils étaient d'autant plus irrités qu'ils se sentaient plus coupables [...]." (Madame de Staël: Considérations sur la révolution française. Postume Erstveröffentlichung 1821).

folgen würden, getäuscht:

> GWENDOLEN: The fact that they did not follow us at once into the house, as anyone else would have done, seems to show that they have some sense of <u>shame</u> left.
>
> CECILY: They have been eating muffins. That looks like <u>repentence.</u>[29]

Die Reue ist ein vom Gewissen induzierter Gefühlszustand, und als solcher ist sie auch bei Freud noch manifest. In „Das Unbehagen in der Kultur" argumentiert er durchaus traditionell:

> Wenn man ein Schuldgefühl hat, nachdem und weil man etwas verbrochen hat, sollte man dieses Gefühl eher Reue nennen. Es bezieht sich nur auf eine Tat, setzt natürlich voraus, daß ein <u>Gewissen,</u> die Bereitschaft, sich schuldig zu fühlen, bereits vor der Tat bestand.[30]

Neu ist in dieser Schrift, daß Freud hier erstmals in aller Deutlichkeit das Schuldgefühl von der Reue abhebt: „Eine solche Reue kann uns also nie dazu verhelfen, den Ursprung des Gewissens und des Schuldgefühls überhaupt zu finden." Die Reue ist für den Psychoanalytiker indessen interessant: „Die Psychoanalyse tut also recht daran, den Fall des Schuldgefühls aus Reue von diesen Erörterungen auszuschließen, so häufig er auch vorkommt und so groß seine praktische Bedeutung auch ist."[31] In „Totem und Tabu" geht es um die Entstehung des Schuldbewußtseins als Reaktion auf den Vatermord: „Es geschah in der Form der Reue, es entstand ein Schuldbewußtsein, welches hier mit der [von den Söhnen] gemeinsam empfundenen Reue zusammenfällt."[32] In „Das Ich und das Es" erkennt Freud, daß dieses Schuldbewußtsein nicht das eigentliche Problem ist. „Das normale, bewußte Schuldgefühl (Gewissen) bietet der Deutung keine Schwierigkeiten [...] ."[33] Fixpunkt des psychoanalytischen Interesses muß hier noch das „unbewußte Schuldgefühl" sein (ein Begriff, den Freud im „Unbehagen in der Kultur" nicht wieder aufgreift): „Die neue Erfahrung aber, die uns nötigt, trotz unserer besseren kritischen Einsicht, von einem <u>unbewußten Schuldgefühl</u> zu reden, verwirrt uns weit mehr und gibt uns neue Rätsel auf [...] ."[34]

---

[29] Wilde 1954, S. 300.

[30] Freud 1972, S. 117.

[31] Freud 1972, S. 117.

[32] Freud 1956, S. 147.

[33] Freud 1978, S. 201.

[34] Freud 1978, S. 183.

Wenn böses Gewissen und Gewissensbisse aus Angst vor diesseitiger und jenseitiger Bestrafung entspringen, wenn Reue einhergeht mit dem Wunsch, wiedergutzumachen und das eigene Verhalten zu ändern, dann verweist das Schuldgefühl auf eine Gemütsverfassung, in der man sich selber schuldig spricht, ohne eine Alternative zum eigenen Verhalten zu wissen. Es ist das Leiden an einer Schuld, deren man sich selbst anklagt und die besteht, auch ohne daß man gegen die Gesetze der Menschen und Götter verstoßen hat. Durch kein Urteil, durch keine Sühne läßt sich das Schuldgefühl aufheben. Das ist eine radikal neue Konzeption der Selbstwahrnehmung, die sich vor 1850 kaum, vor 1800 überhaupt nicht nachweisen läßt.

Trotz seiner kurzen Geschichte ist der Begriff des Schuldgefühls dem modernen Menschen derart vertraut, daß er ihn bedenkenlos auch für frühere Epochen voraussetzt. In der einschlägigen Literatur werden die tragischen Helden des Euripides, der Gregorius Hartmanns von Aue, Shakespeares MacBeth und selbstverständlich Goethes Faust als Träger von Schuldgefühlen genannt. Die konkrete Analyse der Texte bestätigt indessen diese Interpretationen nicht.[35] Nicht nur fehlen die Wörter, auch die Sache kommt nicht vor.

Der Freud-Schüler K. R. Eissler schreibt auch Goethe in seiner geist- und kenntnisreichen Biographie an über hundert Stellen Schuldgefühle zu. Ein Beispiel möge genügen: *„Dieser Tagebucheintrag* [vom 7.9.1979], *der in dem Entschluß gipfelt, das Schuldgefühl zu überwinden, klingt manchmal wie ein Gebet* [...]".[36] Aus dem Rückblick, den Goethe dort anstellt, spricht viel Unzufriedenheit und der Wunsch, sein Leben künftig besser in den Griff zu bekommen. Von Schuldgefühlen ist weder wörtlich noch in anderen Ausdrücken die Rede. K. R. Eissler ist beileibe kein Einzelfall. Philosophen, Soziologen, Theologen und selbst Literaturhistoriker halten es anscheinend für selbstverständlich, daß das Schuldgefühl auch unseren Vorfahren vertraut war.[37] Selbst der reflektierte Henry F. El-

---

[35] Typisch für dieses linguistisch und begriffsgeschichtlich sorglose Vorgehen ist Carroll 1985.

[36] Eissler 1987, S. 446. Es liegt auf der Hand, daß bei Goethe die Wörter *Schuldgefühl* und *Schuldbewußtsein* noch fehlen. Für das Adjektiv *schuldig* finden sich ausweislich einer Belegrecherche in den Prosaschriften Goethes immerhin 107 Vorkommen, davon 101 in prädikativem Gebrauch (meist: *schuldig werden/sein/machen/bleiben*). Aber *sich schuldig fühlen* fehlt. Erwähnenswert mag allenfalls der Beleg sein: *„Ich weiß mich nicht schuldig"* rief ich aus, *„daß ich irgendeine Neigung zu ihr geäußert."* Scham ist 6 mal, *sich schämen* 42 mal belegt. *Reue* kommt immerhin 21 mal, *bereuen* 6 mal vor.

[37] Eine rühmliche Ausnahme bildet Dieter Kartschocke 1988.

lenberger schreckt in seinem Buch „The Discovery of the Unconscious"
nicht vor dem Satz zurück: Johann Christian August Heinroth (1773-
1843) *„betonte die Rolle der Sünde (womit er in Wirklichkeit Schuldgefühle meinte)* [...] ."[38]

Wie selbstverständlich dem modernen Menschen der Begriff Schuldgefühl
geworden ist, zeigt sich auch in neueren Übertragungen älterer Texte,
seien es Übersetzungen, Inhaltsangaben oder Verfilmungen. Auffällig
häufig ist da die Rede vom Schuldgefühl, wo im Original allenfalls von
verwandten Konzepten gesprochen wird. So heißt es in der zuerst 1977
erschienenen Übersetzung von Mark Twain „A Connecticut Yankee in
King Arthur's Court": *„Den Pagen zu töten, war kein Verbrechen – es
war ihr gutes Recht, und auf ihrem Recht bestand sie, unbeschwert und
ohne jedes Schuldgefühl."* Im Original steht *„unconscious of offense".*[39]
In ihrer interpretierenden Inhaltsangabe von Kierkegaards „Der Begriff
Angst" (Begrebet Angest) in Kindlers Literaturlexikon schreibt Liselotte
Richter: *„In der Zeit vor der christlichen Offenbarung äußerte sie* [die
Sündenangst] *sich bei den Griechen im Schicksalsglauben, bei den Juden
im Schuldgefühl gegenüber dem Moralgesetz."*[40] Der Begriff des Schuldgefühls ist Kierkegaard fremd, nicht jedoch der der Schuld. In der referierten Textpassage geht es um das Verhältnis von Angst und Schuld. Ist
die Schuld erst einmal akzeptiert, verliert sich die Angst. In der neuen,
originalgetreuen englischen Übersetzung von Reidar Thomte heißt der
Kernsatz: *„The ambiguity lies in the relation, for as soon as guilt is
posited, anxiety is gone, and repentance is there."* [41] Nicht um das
Schuldgefühl, sondern um Reue geht es also. Wenn dagegen Wronskij in
der Schlußsequenz der Verfilmung von „Anna Karenina" (1935, Regie:
Clarence Brown) sagt, daß er seit dem Selbstmord von Anna perma-
nent an *„schlechtem Gewissen"* und *„Schuldgefühl"* leide, ist das eine
einsichtsvolle Interpretation der betreffenden Textstelle. Zwar fehlt bei
Tolstoi, wie 1878 nicht anders zu erwarten, noch das Wort *Schuldgefühl,*
aber das Konzept ist bereist paraphrasiert:

> *Und etwas ganz anderes, nicht ein körperlicher Schmerz, sondern eine
> quälende innere Bedrängnis ließ ihn sein Zahnweh für einen Augenblick
> vergessen.* [...] *Er sah nur noch ihren* [Annas] *Triumph, weil sie ihre*

---

[38] Ellenberger 1985, S. 304.

[39] Twain 1982, S. 134.

[40] Kindlers Literaturlexikon 1974, S. 1424.

[41] Kierkegaard 1980, S. 103.

Drohung wahrgemacht hatte, und empfand jene Reue, die nicht mehr
auszulöschen war und doch niemand Nutzen bringen konnte. Er vergaß
sein Zahnweh über diesen qualvollen Gedanken, die ihm die Tränen in
die Augen trieben und seine Gesichtszüge verzerrten.[42]

Eine sinnlos gewordene Reue, die sich nur noch in Selbstmitleid manifestiert – auf diesen Begriff kann man durchaus das Schuldgefühl bringen. Vorsicht ist jedenfalls geboten, wenn Menschen Schuldgefühle unterstellt werden, denen ein Ausdruck dafür nicht zur Verfügung steht.
Denn zur Bedeutung von Gefühlswörtern gehört, daß letztlich nur der
Empfindende selbst in der Lage ist, authentische Auskunft darüber zu
geben, was er fühlt. Zwar spricht viel dafür, daß grundlegende psychische Verfassungen oder Gemützustände anthropologisch universal sind.
Gefühlswörter beinhalten jedoch immer ein Mehr. Sie ordnen (körperliche) Empfindungen in den Schatz individueller Erfahrungen ein und
interpretieren damit gleichzeitig die ins Bewußtsein gelangende Befind-
lichkeit. Der individuelle Erfahrungshorizont schließt auch ein, was ich
aus der Interaktion mit anderen oder aus literarischer Aneignung gelernt
habe. So weiß ich beispielsweise, daß es sich um Eifersucht handelt, wenn
jemand Teller an die Wand wirft, weil sein Partner ihn wegen eines anderen verlassen will. Wenn mir andererseits die (körperliche) Empfindung
der Unlust oder Niedergeschlagenheit bewußt wird, kann ich sie mental
auf vielfältige Weise bestimmen, je nachdem, wie mein Erfahrungshinter-
grund aussieht und wie ich die auslösende Situation apperzipiere. Je nach
Szenario habe ich gelernt, Traurigkeit, Kummer, Gram, Trauer, Melancholie, Frust, Schuld oder Depressivität zu empfinden, wobei eine erfolgte
Kategorisierung durchaus wieder auf den ursprünglichen Gemützustand
zurückwirken, ihn verstärken oder bagatellisieren kann.

Wie ich einen psychischen Zustand erlebe, hängt nicht nur von Szenario
und individuellen Erfahrungen ab, sondern ebenso vom Zeitgeist. So gab
es von der Mitte des 18. bis zur Mitte des 19. Jahrhunderts das allgemein
vertraute Krankheitsbild der Vapeurs, von dem vor allem hochgeborene
Damen befallen wurden und das sich in Ohnmachtsanfällen äußerte. Daß
heute sehr viel weniger in Ohnmacht gefallen wird, hängt sicher nicht mit
einer genetischen Veränderung zusammen.

Emotionen gewinnen wie andere psychische Zustände für den Betroffenen ihre Realität erst durch die Benennung. Diese Benennungen sind immer allgemeinsprachlich, nie fachsprachlich. Nur wenn es fachsprachliche
Ausdrücke wären, wenn es also außersprachlich verifizierbare Merkmale
gäbe, könnte ein Satz wie: *Goethe glaubte Kummer zu haben, in Wirk-*

---

[42] Tolstoi 1978, S. 931.

lichkeit aber grämte er sich Sinn haben. Wenn nun aber das Schuldgefühl etwas anderes ist als Reue oder Gewissensbisse, dann kann Goethe keine Schuldgefühle gehabt haben.

Die Voraussetzungen, die gegeben sein mußten, damit das Schuldgefühl im 19. Jahrhundert entstehen konnte, müßten durch genaue Analysen, zu denen gerade auch die Sprachwissenschaft beizutragen hätte, erhellt werden. Ich kann mich hier nur auf vorläufige Anmerkungen beschränken. Es scheint, daß sich ausgangs des 18. Jahrhunderts die Dyade Gefühl und Verstand als die beiden Bereiche menschlichen Lebens in der damaligen Selbstwahrnehmung neu zu formieren begann. War das Fühlen etwa noch bei Goethe als eine holistische Erfahrungsweise dem zergliedernden rationalen Erkennen entgegengesetzt, wurde *Gefühl* allmählich (wohl unter dem Einfluß des Pietismus und der Empfindsamkeit) zu einem Hyperonym für eine Vielzahl von zuvor als disparat angesehenen Apperzeptionsweisen wie Habgier, Liebe, Verzweiflung, Trauer, Melancholie, die zuvor zum wenigsten in der Seelenkunde, vielmehr in der Charakterlehre, der Ethik und der Medizin verortet waren. In der neuen Ordnung bildeten sie nun Kohyponyme unter der modernen psychologischen Rubrik 'Gefühl'. Indiz dafür ist, daß zu dieser Zeit viele neue Komposita mit Gefühl entstanden, beispielsweise *Ehrgefühl*, *Taktgefühl*, *Angstgefühl* und *Schamgefühl*.

Eine zweite Voraussetzung läßt sich der Rechtsphilosophie entnehmen. Während zuvor bereits der objektive Gesetzesverstoß meistenteils zur Verurteilung ausgereicht hatte, galt ausgangs des 18. Jahrhunderts nun auch die Schuldfähigkeit als konstitutiv. Es mußte plausibel gemacht werden, daß der Angeklagte bei Begehung der Tat ein Bewußtsein seiner Schuld hatte oder doch bei vernünftiger Betrachtung hätte haben können, daß er also über ein Gewissen verfügte, das er hätte befragen können.[43]

---

[43] Vgl. dazu Grolmann 1970 (Erstveröffentlichung 1798), S. 17-32 passim. § 40 heißt: „Der Entschluß zu einer Handlung kann nur dann auf Willkür bezogen werden, und Zurechnung zur Schuld begründen, wenn der Handelnde zu der Zeit, als er ihn faßte, im Stande war, die dem Menschen mögliche Einwürckung der Persönlichkeit auf die Thierheit thätig zu zeigen, d.h. wenn er von seiner Vernunft Gebrauch machen konnte, also das Bewußtsein des Gesetzes hatte und seine Verbindlichkeit zur nothwendigen und ihm möglichen Unterordnung seiner Handlung unter dasselbe kannte [...] ." Zur Frage, wie man denn feststellen kann, ob dieses Bewußtsein vorliegt, heißt es in § 68: „Es sind überhaupt nur empirische, aus der concreten Handlung und der Erfahrungsseelenlehre gezogene Data, welche das Urtheil über die subjektive Illegalität bestimmen können."

Schließlich fällt in diese Zeit eine allmähliche Psychologisierung der Gesellschaft. Hypnose und Mesmerismus wurden zu vorherrschenden Modeerscheinungen; und damit lenkte sich der Blick zunehmend auf das Unbewußte. In „Psyche. Zur Entwicklungsgeschichte der Seele" von Carl Gustav Carus heißt es 1846 gleich zu Anfang: *„Der Schlüssel zur Erkenntnis vom Wesen des bewußten Seelenlebens liegt in der Region des Unbewußtseins. "*[44] Die Romantiker, Friedrich Schlegel, Schelling, Novalis vor allem interessierten sich für die Triebkräfte der Seele. Schon in der 1814 erschienenen „Symbolik des Traums" von Gotthilf Heinrich von Schubert findet sich eine Terminologie ausgeprägt, deren Begriffe 'Leib', 'Seele' und 'Geist' sich relativ problemlos in Freuds 'Es', 'Ich' und 'Über-Ich' überführen lassen.[45] Der bereits erwähnte Psychiater J.C.A. Heinroth spricht 1818 von einem „Über-Uns" als dem Ort des Gewissens.[46] Zu untersuchen wäre in diesem Zusammenhang auch die Programmatik der sogenannten Schwarzen Pädagogik, deren wesentliches Vermächtnis sicher die individuelle Verinnerlichung ursprünglich kollektiver Moralvorstellungen ist.[47]

Diese Voraussetzungen entwickelten sich über einen langen Zeitraum. Es bleibt festzustellen, daß sich bis 1850 weder das Wort *Schuldgefühl* noch eine überzeugende Paraphrase davon findet.

Auch in der theologischen Literatur der Zeit ist das Konzept des Schuldgefühls nicht präsent. Weder Luther noch der Pietismus oder Schleiermacher haben je den Begriff der Erbsünde mit einer emotionalen Disposition, einem Gefühlszustand in Verbindung gebracht. Erst Kierkegaard tut dies; für ihn ist es jedoch die existenzielle Angst, nicht das Schuldgefühl, die sich im Konzept der Sünde manifestiert. Zwischen den entgegengesetzten Polen Freiheit und Schuld vermittelt bei ihm nicht mehr das Konzept der Reue, die angesichts der Unentrinnbarkeit von Schuld „verrückt werden" muß, sondern die Angst.[48] Die in der heutigen Theologie gängige Gleichsetzung von Erbsünde und Schuldgefühl entstand erst in der Auseinandersetzung mit der Psychoanalyse.

Einen frühen Ausdruck für das erwachende Streben, die eigenen Gefühle zu erforschen, und einen Hinweis darauf, daß das überkommene theolo-

---

[44] Zitat bei Ellenberger 1985, S. 293.

[45] Ellenberger 1985, S. 291f.

[46] Ellenberger 1985, S. 300.

[47] Vgl. Rutschky 1977.

[48] Kierkegaard 1980, S. 106-116.

gische Reue-Konzept unzulänglich geworden ist, auch wenn ein Wort für das Neue noch fehlt, finden wir 1785 im „Anton Reiser":

> *Denn keine größere Qual kann es wohl geben als eine gänzliche Leerheit der Seele, welche vergebens strebt, sich aus diesem Zustande herauszuarbeiten und unschuldigerweise sich selber in jedem Augenblicke die Schuld beimißt [...]* .[49]

Das neue Erziehungsprogramm, das sich mit der Psychologisierung der Gesellschaft durchsetzte, war zuvörderst um die Ausbildung des Gewissens und tiefe Verankerung moralischer Werte bemüht. Schuldgefühle sind in der Psychoanalyse bedingt durch die Erkenntnis des Subjekts, den Anforderungen des internalisierten Über-Ich nicht gerecht werden zu können. Keiner, schreibt Gerhart Piers, *„entwickelt ein Schuldgefühl ohne das Bild eines strafenden Vaters".*[50]   Die Rolle des Vaters im Sozialisationsprozeß des 19. Jahrhunderts wird indessen auch von der Psychoanalyse gern überschätzt. Mit einer schwindenden Präsenz des Vaters geht eine zunehmende Dominanz der Mutter einher. Gleichzeitig vollzieht sich ein tiefgreifender Wandel des familären Umgangstons. „Die größere Partnerschaftlichkeit verbürgt aber keineswegs", wie Jørgen Kjaer in seiner Nietzsche-Studie schreibt, „daß die Eltern ihren Kindern mehr Verständnis entgegengebracht [...] haben, im Gegenteil spricht alles dafür, daß die Emotionalisierung vor allem den emotionalen Bedürfnissen der Eltern zu Gute gekommen ist und daß die Kinder dem erzieherischen Zugriff der Eltern nunmehr noch wehrloser ausgesetzt waren."[51] Wie nie zuvor wurde dem Kind emotionale Zuwendung entgegengebracht. Damit wurde gleichzeitig die Bestrafung durch Liebesentzug möglich, die drakonischer war als jede körperliche Züchtigung, denn sie zwang das Kind, den Konflikt nicht mit der Umwelt, sondern mit sich selber auszutragen. Ein Dokument der daraus resultierenden Hilflosigkeit ist Kafkas „Brief an den Vater". *Schuldbewußtsein* und *Schuldgefühl* , hier noch synonym verwendet, sind die Schlüsselwörter des kurzen Textes, der sie zwölfmal nennt. Ich zitiere eine Stelle:

> *Du hast auch eine besonders schöne, sehr selten zu sehende Art eines stillen, zufriedenen, gutheißenden Lächelns, das den, dem es gilt, ganz glücklich machen kann. Ich kann mich nicht erinnern, daß es in meiner Kindheit ausdrücklich mir zuteil geworden wäre, aber es dürfte wohl geschehen sein, denn warum solltest Du es mir damals verweigert haben, als ich Dir noch unschuldig schien und Deine große Hoffnung war.*

---

[49]   Moritz 1979, S. 405.

[50]   Piers/Singer 1971, S. 17.

[51]   Kjaer 1990, S. 285.

Übrigens haben auch solche freundliche Eindrücke auf die Dauer nichts anderes erzielt, als mein Schuldbewußtsein vergrößert und die Welt mir noch unverständlicher gemacht".[52]

Das Gewissen oder das Freudsche Über-Ich ist die Instanz, die Übertretungen verurteilt und uns mit dem Schuldgefühl bestraft. Einen festen Kanon der Gebote und Verbote, der noch im 18. Jahrhundert im Kollektiv der Gemeinschaft fest verankert war, gibt es jedoch nicht mehr, auch nicht für die Bezugspersonen, die mit ihrer strafenden und gewährenden Hand für die Bildung des Gewissens in früher Kindheit verantwortlich sind. Mal haben sie zugestanden, was sie an anderer Stelle bestraft haben; und die Vorstellung von dem, was richtig und was falsch ist, verdunkelt sich noch dadurch, daß neben die Väter nun auch die Mütter getreten sind. Man mag sich verhalten, wie man will, stets ist zu befürchten, daß man sich schuldig gemacht hat. Der auf sich allein gestellte Mensch kann der Schuld nicht entgehen.

Zwar hatte das Individuum schon seit Mitte des 18. Jahrhunderts begonnen, sich als autonomes Subjekt wahrzunehmen. Die Konsequenz aus dieser Erkenntnis, daß es den reinen, vom Subjekt unabhängigen Geist und folglich auch eine allgemeinverbindliche Ethik nicht geben kann, wird erst von Nietzsche auf den Punkt gebracht. Oder, wie Christoph Türcke es in seinem Nietzsche-Essay formuliert: „Weil er nicht nur weiß, sondern auch ständig erleidet, daß der reine Geist die reine Lüge ist," wird der Mensch gewahr, daß es um mehr geht als um die „rein geistige Verneinung des rein Geistigen", nämlich um „ein Ereignis, das die ganze Physis in Mitleidenschaft zieht und den Intellekt, das metaphysische Organ im Menschen, als Wurmfortsatz der Physis bloßlegt und schmerzen läßt, ohne daß es dadurch aufhört, metaphysisches Organ zu sein."[53] Zu wissen, daß die Verantwortung nicht delegierbar ist, daß man sie moralisch wahrnehmen soll, und gleichzeitig zu erkennen, daß die eigene Moral mit der stets wirksamen Emotionalität untrennbar verwoben ist, das verursacht Schmerzen, die sich im Bewußtsein als Schuldgefühle manifestieren.

Sah sich der Mensch des 18. Jahrhunderts noch in einer Welt eines kollektiv akzeptierten einheitlichen Gefüges moralischer Normen, trat mit dem Aufkommen des Bürgertums und der ökonomischen Umgestaltung der Gesellschaft an die Seite der alten Moral ein neues System, das bei Max Weber als „protestantische Ethik" beschrieben und von Lothar Pikulik

---

[52] Kafka 1989, S. 26. Eine sehr gute Analyse zum Konzept des Schuldgefühls bei Kafka findet sich in Abraham 1985.

[53] Türcke 1989, S. 164f.

als Leistungsethik bezeichnet wird. „In ihrer pathetischen Unmenschlichkeit", führt Max Weber aus, „mußte diese [calvinistische] Lehre nun für die Stimmung einer Generation [...] vor allem eine Folge haben: ein Gefühl einer unerhörten inneren Vereinsamung des einzelnen Individuums".[54]

Zweierlei kommt zusammen. Die zunehmende Differenzierung der Gesellschaft führt, wie Niklas Luhmann gezeigt hat, zur Ausprägung eigenständiger, abgrenzbarer Subsysteme mit je eigener Moral. Bei Entscheidungen, die mehrere Subsysteme involvieren, können Verstöße gegen Normen nicht vermieden werden. Mag einen auch die Gesellschaft, selbst die Kirche freisprechen – das Über-Ich, unablässig auf der Suche nach Schuld, bestraft den subjektiv erkannten Verstoß mit Schuldgefühl. Wo das Vertrauen in extrasubjektive Moralinstanzen fehlt, entsprach das von der Psychoanalyse angebotene Konzept des Schuldgefühls gerade in seiner semantischen Vagheit dem Bedürfnis, sich mit seiner Hilfe der Moralität der eigenen Existenz zu versichern. Unmoralisch erschien nun der, der nicht an Schuldgefühlen leidet.

Daß der Boden, auf den der Begriff des Schuldgefühls fiel, so fruchtbar war, hatte sicher seinen Grund auch darin, daß man jetzt dem Gemütszustand der Niedergeschlagenheit wieder einen Namen geben konnte, der nicht mehr mit dem Ruch psychischer Krankheit behaftet war. Noch bis ins 19. Jahrhundert stand dafür (noch aus der alten Temperamentenlehre) das Konzept der Melancholie zur Verfügung, das angesehen und sozial hervorgehoben war. Doch im Zuge der zunehmenden Psychologisierung der Gesellschaft galt der Melancholiker immer mehr als behandlungsbedürftiger Kranker.[55] Da bot das Schuldgefühl ein willkommenes mentales Gerüst, um für die eigene Niedergeschlagenheit eine gesellschaftlich akzeptierte Begründung zu finden.

Eine gute Zustandsbeschreibung findet sich bei Oskar Pfister, lebenslangem Freund Sigmund Freuds, der sich als Theologe mit Max Weber auseinandersetzt. Für Pfister ist der typische moderne Mensch

> *sich seiner moralischen Verworfenheit, die er als Ausdruck eines schlechten Charakters, als unveränderliches Schicksal hinnimmt, wohl bewußt, findet sich aber im Bewußtsein leidlich mit ihr ab. Von Gewissensbissen erklärt er sich völlig frei, bedauert aber seine Schlechtigkeit.*[56]

---

[54] Weber 1988, S. 93.

[55] Freud 1978, S. 105-119 („Trauer und Melancholie").

[56] Pfister 1923, S. 19.

Der Mensch von heute fühlt sich schuldig, weil er seine Eltern ins Altersheim abschiebt. Aber er bereut es nicht. Denn es gibt keine Handlungsalternative, bei der er sich nicht ebenso schuldig fühlen würde, sei es gegenüber dem Partner, sei es, weil er Angst hat, sich als Schwächling zu entlarven.

Wo man der Schuld nicht mehr entfliehen kann, wie auch immer man sich verhält, hat das Konzept der Reue seinen Platz verloren. Die moderne Gesellschaft grenzt Menschen, die an ihrer Reue festhalten, nur zu gern aus, haben sie sich doch als die wahren Schuldigen entlarvt. Dagegen gilt, wer sich schuldig fühlt, als sensibel und moralisch; er hat Anspruch auf unsere Anteilnahme. Das macht das Schuldgefühl so attraktiv – es gibt der depressiven Stimmung des modernen Menschen einen Sinn. Solange man sich schuldig fühlt, kann man kein völlig schlechter Mensch sein. So beschreibt Hellmuth Karasek den gebildet-humanen Augenarzt Professor Rosenthal im neuen Woody-Allen-Film „Verbrechen und andere Kleinigkeiten" als *„Ganoven, der sich durch seine Schuldgefühle von seiner Schuld befreit".*[57] Schon Martin Buber hatte 1957 beklagt, daß es heute als erwiesen gälte, *„es gebe wirkliche Schuld nicht, nur Schuldgefühle und Schuldkonventionen".*[58] Wo keine Reue mehr ist, kann es nicht mehr darum gehen, daß der Mensch sein eigenes Verhalten therapiert. Es ist das Schuldgefühl selbst, das zum Gegenstand der Therapie wird.

„Die Geschichte eines Wortes zu schreiben, ist nie verlorene Mühe. Ob kurz oder lang, monoton oder abwechslungsreich, stets ist die Reise lehrreich." Diese Erkenntnis, die der Historiker Lucien Febvre, einer der Begründer der Mentalitätsgeschichte, bereits 1930 formulierte, hat auch die neuere Sprachwissenschaft angeregt.[59] Dem überfälligen Projekt „Zur historischen Semantik des deutschen Gefühlswortschatzes", das Ludwig Jäger konzipiert hat, verdanke ich die Anregung zu diesem Thema.[60] Zu zeigen, daß Mentalitätsgeschichte die Verflechtung zwischen Sprache und Bewußtsein aufzudecken vermag, war das Ziel dieses Beitrags.

---

[57] Spiegel 9/1989, S. 209.

[58] Buber 1958, S. 209.

[59] Febvre 1988, S. 39.

[60] Jäger/Plum 1988.

Literatur

Abraham, Ulf (1985): Der verhörte Held. Verhöre, Urteile, und die Rede von Recht und Schuld im Werk Franz Kafkas. München (Fink).

Adler, Alfred (1973): Superiority and Social Interest. Edited by H.L. and Rowena Ansbacher, 3rd ed. New York (Viking).

Ausubel, David P. (1955): Relationship between Shame and Guilt in the Socializing Process. In: Psychological Review. Vol. 62. No. 5, S. 378-390.

Benedict, Ruth (1946): The Chrysanthemum and the Sword. Patterns of Japanese Culture. Boston (Houghton Mifflin).

Buber, Martin (1958): Schuld und Schuldgefühle. Heidelberg (Lambert Schneider).

Carroll, John (1985): Guilt. The grey eminence behind character, history and culture. London (Routledge).

Deutsches Wörterbuch von Jacob und Wilhelm Grimm (1984). Nachdruck. München (Deutscher Taschenbuch Verlag).

Dodds, Eric Robinson (1970): Die Griechen und das Irrationale. Darmstadt (Wiss. Buchgesellschaft). Originalausgabe: The Greeks and the Irrational. Berkeley (University of California Press.) 1966.

Duden Deutsches Universalwörterbuch (1983): Mannheim (Bibliographisches Institut).

Eissler, K.R. (1987): Goethe: Eine psychoanalytische Studie. Band 1. München (Deutscher Taschenbuch Verlag).

Ekman, Paul (1981): Universale emotionale Gesichtsausdrücke. In: Gerd Kahle (Hrsg.): Logik des Herzens. Die soziale Dimension der Gefühle. Frankfurt a.M. (Suhrkamp), S. 177-186.

Ellenberger, Henry F. (1985): Die Entdeckung des Unbewußten. Zürich (Diogenes). Originalausgabe: The Discovery of the Unconscious. New York (Basic Books).

Febvre, Lucien (1988): Das Gewissen des Historikers. Berlin (Wagenbach).

Freud, Sigmund (1956): Totem und Tabu. Frankfurt a.M. (Fischer Taschenbuch).

Freud, Sigmund (1972): Abriß der Psychoanalyse. Das Unbehagen in der Kultur. Frankfurt a.M. (Fischer Taschenbuch).

Freud, Sigmund (1978): Das Ich und das Es. Und andere metapsychologische Schriften. Frankfurt a.M. (Fischer Taschenbuch).

Gay, Peter (1989): Freud. Frankfurt (S. Fischer). Originalausgabe: Freud; A Life for Our Time. New York (Norton) 1987.

Goleman, Daniel (1985): Order Found in Development of Emotions. In: New York Times, 28.06.1985.

Grolman, Karl (1970): Grundsätze der Criminalrechtswissenschaft nebst einer systematischen Darstellung des Geistes der deutschen Criminalgesetze. Glashütten im Taunus (Auvermann). Originalausgabe 1798.

Hoffmann, E.T.A. (1977): Die Elixiere des Teufels. Lebens-Ansichten des Katers Murr. Zwei Romane. München (Deutscher Taschenbuch Verlag).

Jäger, Ludwig (1983): Notizen zu einer Theorie des Zeichenwandels. In: Sprache und Literatur in Wissenschaft und Unterricht, 52, S. 59-68.

Jäger, Ludwig/Plum, Sabine (1988): Historisches Wörterbuch des deutschen Gefühlswortschatzes. Theoretische und methodische Probleme. In: Jäger, Ludwig (Hrsg.): Zur historischen Semantik des deutschen Gefühlswortschatzes. Aachen (Alano).

Jelloun, Tahar Ben (1989): Sohn ihres Vaters. Reinbek bei Hamburg (Rowohlt Taschenbuch). Originalausgabe: L'Enfant de sable. Paris (Editions du Senil) 1965.

Kafka, Franz (1989): Brief an den Vater. Frankfurt a.M. (Fischer Taschenbuch).

Kartschoke, Dieter (1988): Der epische Held auf dem Weg zu seinem Gewissen. In: Cramer, Thomas (Hrsg.): Wege in die Neuzeit. München (Fink), S. 149-197.

Kierkegaard, Søren (1980): The Concept of Anxiety. Edited and Translated with Introduction and Notes by Reidar Thomte in collaboration with Albert B. Anderson. Princeton (Princeton University Press).

Kindlers Literatur Lexikon (1974). Band 4. München (Deutscher Taschenbuch Verlag).

Kjaer, Jørgen (1990): Nietzsche. Die Zerstörung der Humanität durch Mutterliebe. Opladen (Westdeutscher Verlag).

Kohl, Helmut (1985): Verpflichtung zur Versöhnung und Dank an die jüdischen Mitbürger. Ansprache des Bundeskanzlers vor dem Leo-Baeck-Institut in Berlin. In: Bulletin (Presse- und Informationsamt der Bundesregierung) Nr. 118, 31.10.1985.

Levy, Robert I. (1974): Tahiti, Sin, and the Question of Integration between Personality and Sociocultural Systems. In: LeVine, Robert A. (Ed.): Culture and Personality. Chicago (Aldine), S. 287-306.

Lewis, Helen Block (1971): Shame and Guilt in Neurosis. New York (International Universities Press).

Ludwig, Otto (1891): Zwischen Himmel und Erde. – Gedichte. Leipzig (Grunow).

Lynd, Helen Merrell (1958): On Shame and the Search for Identity. New York (Harcourt, Brace & World).

May, Rollo (1974): Nietzsche's Contributions to Psychology. In: Symposium, Spring 1974, S. 49-69.

Moritz, Karl Philipp (1979): Anton Reiser. Ein psychologischer Roman. Frankfurt a.M. (Insel).

Muchembled, Robert (1990): Die Erfindung des modernen Menschen. Gefühlsdifferenzierung und kollektive Verhaltensweisen im Zeitalter des Absolutismus. Reinbek (Rowohlt).

Nietzsche, Friedrich (1980): Sämtliche Werke. Kritische Studienausgabe. Band 5. München (Deutscher Taschenbuch Verlag)/Berlin (de Gruyter).

Østergaard, Uffe (1990): What is National and Ethnic Identity? Arbejdspapir 72. Aarhus (Center for Kulturforskning/Aarhus Universitet).

Pfister, Oskar (1923): Der seelische Aufbau des klassischen Kapitalismus und des Geldgeistes. Bern (Ernst Bircher).

Piers, Gerhart/Singer, Milton B. (1971): Shame and Guilt. A Psychoanalytic and a Cultural Study. New York (Norton). Erstveröffentlichung 1953.

Pikulik, Lothar (1984): Leistungsethik contra Gefühlskult. Göttingen (Vandenhoeck und Ruprecht).

Protokolle der Wiener Psychoanalytischen Vereinigung. Band 1. 1976. Frankfurt a.M. (S. Fischer).

Riesman, David (1961): „1961 Preface" to *The Lonely Crowd*. New York.

Rutschky, Katharina (Hrsg.) (1987): Schwarze Pädagogik. Berlin (Ullstein).

Spiro, Melford E. (1961): Social Systems, Personality and Functional Analysis. In: Kaplan, Bert (Ed.): Studying Personality Cross-Culturally. New York (Harpers & Row), S. 93-127.

Teubert, Wolfgang (1989): Die Bedeutung von Liebe. In: Sprachreport 1/89, S. 14-18.

Tolstoi, Leo N. (1978): Anna Karenina. München (Deutscher Taschenbuch Verlag).

Türcke, Christoph (1989): Der tolle Mensch. Nietzsche und der Wahnsinn der Vernunft. Frankfurt a.M. (Fischer Taschenbuch).

Twain, Mark (1917): A Connecticut Yankee in King Arthur's Court. Harpers & Brothers Edition. New York (Collier). (Band IV der Gesamtausgabe).

Twain, Mark (1982): Ein Yankee aus Connecticut an König Artus' Hof. München (Deutscher Taschenbuch Verlag).

Weber, Max (1988): Gesammelte Aufsätze zur Religionssoziologie I. Tübingen (J.C.B. Mohr).

Wilde, Oscar (1954): Plays. Harmondsworth (Penguin Books).

Wolff, Christian (1976): Vernünfftige Gedancken von der Menschen Thun und Lassen, zur Beförderung ihrer Glückseeligkeit. Hildesheim (Olms). Originalausgabe 1720.

Zedler, Johann Heinrich: (1961): Großes vollständiges Universal-Lexikon. Graz (Akademische Druck- u. Verlagsanstalt). Erstveröffentlichung 1742.

Das Institut für deutsche Sprache im Jahre 1990

0. Allgemeines

Der Jahresbericht informiert über die laufenden Arbeiten des Instituts für deutsche Sprache (IDS) im Jahre 1990.

Abschnitt 1 informiert über die Arbeit in den vier Abteilungen des IDS, Grammatik, Lexik, Sprache und Gesellschaft, Wissenschaftliche Dienste sowie im Referat für Öffentlichkeitsarbeit, Abschnitt 2 über Tagungen, Kolloquien, Vorträge und die Kommissionsarbeit, Abschnitt 3 über die Außenkontakte des IDS (Institutionen; Lehr- und Vortragstätigkeiten von IDS-Mitarbeitern), Abschnitt 4 über Forschungsaufenthalte in- und ausländischer Gastwissenschaftler am IDS. In den Abschnitten 5 bis 7 finden sich Verzeichnisse der Mitarbeiter und Gremienmitglieder sowie Angaben zum Haushalt 1990. Abschnitt 8 stellt schließlich die im Berichtsjahr erschienenen und in Druck gegangenen Publikationen aus dem IDS zusammen. (Eine Gesamtliste der Publikationen sowie Satzung und Richtlinien für die wissenschaftliche Arbeit des IDS finden sich in der Broschüre „Institut für deutsche Sprache – 25 Jahre", die jetzt in 2., korrigierter Auflage vorliegt. Sie kann beim Referat für Öffentlichkeitsarbeit angefordert werden und wird an Interessenten kostenlos abgegeben.)

Auch für das IDS war das Jahr 1990 geprägt durch die neuen Perspektiven, die sich für die Dokumentation und Erforschung der deutschen Sprache durch den Beitritt der Länder der DDR zur Bundesrepublik Deutschland ergeben haben. Der noch auf der Basis der Existenz zweier deutscher Staaten geplante Kooperationsvertrag zwischen dem IDS und dem Zentralinstitut für Sprachwissenschaft (ZISW) an der Akademie der Wissenschaften in Berlin (Ost) war im Herbst 1990 durch die politische Entwicklung ebenso überholt wie eine geplante punktuelle Zusammenarbeit im Rahmen des Kulturabkommens zwischen der Bundesrepublik und der DDR aus dem Jahre 1988.

Bereits seit September 1990 konnte aber die Kooperation mit dem ZISW in einem vom Bundesministerium für Forschung und Technologie (BmFT) geförderten ersten gemeinsamen Projekt konkretisiert werden. In einer „Gesamtdeutschen Korpusinitiative" werden 4 Millionen Wörter laufender Text aus der Zeit von Herbst 1989 bis Winter 1990 maschinenlesbar dokumentiert, so daß im Laufe des nächsten Jahres eine Materialgrundlage verfügbar sein wird, deren lexikologische und textlinguistische Auswertung Prozesse der Sprachentwicklung sichtbar machen kann, wie sie sich normalerweise in weitaus größeren Zeiträumen, in Jahrzehnten oder Jahrhunderten, vollziehen. Auch in der Redaktion des SPRACH-REPORTs arbeitet seit Herbst 1990 ein Redakteur aus dem Berliner Institut mit. Kleine Veränderungen gab es bei den Publikationsreihen des IDS. Mit den beiden letzten Wortbildungsbänden, die in der ehemaligen Innsbrucker Forschungsstelle fertiggestellt worden sind und die 1991 und 1992 erscheinen werden, wird die Reihe „Sprache der Gegenwart" – jetzt im de Gruyter Verlag – abgeschlossen. Die Jahrbücher des IDS erscheinen nun ebenfalls bei de Gruyter. Für die Reihe „Schriften des Instituts für deutsche Sprache" ist der theoretisch-methodische Nachfolgeband zum Lexikon „Brisante Wörter" in Druck gegangen. In der Abteilung „Lexik" ist inzwischen mit der Neubearbeitung des Deutschen Fremdwörterbuchs begonnen worden. Ebenfalls für die Reihe „Schriften des IDS" sind die Abschlußpublikationen des Projekts „Kommunikation in der Stadt" vorbereitet worden. Neu eingerichtet wurde eine kleine Reihe beim Julius Groos Verlag: „Studienbibliographien Sprachwissenschaft". Das erste Heft, „Negation", ist in diesem Jahr erschienen, weitere Hefte werden Anfang 1991 vorliegen.

Über die neue Unterbringung des IDS ist nun endgültig entschieden. Im Herbst 1990 ist der Mietvertrag für ein Gebäude in der Mannheimer Innenstadt unterzeichnet worden. Da für das Gebäude umfangreiche Aus- und Umbaumaßnahmen erforderlich sind, kann das IDS allerdings erst Mitte 1992 dort einziehen.

1. Arbeiten der Abteilungen

1.1. Abteilung Grammatik
Leitung: Gisela Zifonun

1.1.1. Grammatik des heutigen Deutsch

Mitarbeiter: Joachim Ballweg, Ulrich Engel, Helmut Frosch, Ursula Hoberg, Ludger Hoffmann, Bruno Strecker, Klaus Vorderwülbecke, Gisela Zifonun

Die Arbeit an der Grammatik des heutigen Deutsch wurde fortgesetzt. Folgende Grammatikkapitel wurden erarbeitet:

> Im Rahmen des Schwerpunktthemas 'Grammatik von Text und Diskurs' (Kapitel **C**): Anakoluth. Ellipse.
> Im Rahmen des Schwerpunktthemas 'Funktionale Analyse von kommunikativen Minimaleinheiten' (Kapitel **D**): Aufbauende funktionale Einheiten. Abtönung und Relativierung.
> Im Rahmen des Schwerpunktthemas 'Kompositionaler Aufbau kommunikativer Minimaleinheiten (Kapitel **E**): Topologie des Mittelfeldes.
> Zu Kapitel **F** (verbale Phrasen): Das Passiv und die Familie der grammatischen Konversen.
> Zu Kapitel **G** (nicht-verbale Phrasen): Die nicht-erweiterte Nominalphrase. Die attribuierte Nominalphrase. Partizipialkonstruktionen.

Damit sind wesentliche Teile der ersten Version der Grammatik abgeschlossen. Nach Fertigstellung einiger verbleibender Kapitel soll im Laufe des Jahres 1991 mit der redaktionellen Bearbeitung begonnen werden.

1.1.2. Grammatik-Bibliographie
Bearbeiterin: Brigitte Hilgendorf

Die bibliographische Erfassung grammatischer Literatur wurde im Berichtszeitraum kontinuierlich fortgesetzt. Außerdem war die Bearbeiterin noch mit Abschlußarbeiten an der Bibliographie 'Enzyklopädien und Lexika' sowie am Gesamtkatalog des Deutschen Spracharchivs befaßt.

1.1.3. Deutsch-rumänische kontrastive Grammatik
Leitung: Ulrich Engel und Mihai Isbasescu, Bukarest

Die redaktionelle Endbearbeitung der Grammatik, die unter der Leitung von Ulrich Engel von rumänischen Mitautorinnen durchgeführt wird, steht kurz vor ihrem Abschluß.

1.1.4. Deutsch-polnische kontrastive Grammatik
Leitung: Ulrich Engel

1990 wurde mit der Erarbeitung einer deutsch-polnischen Grammatik begonnen. Die Arbeiten zu den Bereichen Text, Satz, nominaler und verbaler Bereich sowie Partikeln, die von polnischen Hochschulgermanisten und -linguisten behandelt werden, gehen planmäßig voran; erste Manuskripte liegen bereits vor.

1.2. Abteilung Lexik
Leitung: Gisela Harras

1.2.1. Nachfolgepublikation zum „Lexikon brisanter Wörter"

Mitarbeiter: Gisela Harras, Ulrike Haß (beurlaubt), Gerhard Strauß

Die Nachfolgepublikation zum „Lexikon brisanter Wörter" ist im Berichtsjahr fertiggestellt worden und erscheint unter dem Titel: „Wortbedeutungen – und wie sie im Wörterbuch beschrieben werden können" als Band 3 der Schriften des Instituts für deutsche Sprache. Der Band enthält die Kapitel:

- Zugänge zu Wortbedeutungen
- Semantische Regeln für lexikalische Einheiten und ihre Konzeptualisierung im Wörterbuch
- Metaphern – Vorüberlegungen zu ihrer lexikographischen Darstellung
- Textkorpus und Belege. Methodologie und Methoden

1.2.2. Lexikon zur deutschen Lehnwortbildung

Mitarbeiter: Gabriele Hoppe, Michael Kinne, Elisabeth Link, Isolde Nortmeyer, Günter Dietrich Schmidt
Koordination: Elisabeth Link

Die synchrone und diachrone Behandlung prinzipiell gebundener entlehnter Wortbildungseinheiten (Lehnkombineme) der deutschen Gegenwartssprache wurde fortgesetzt. Anhand einzelner – vor allem initialer – Kombineme (wie *super-, top-; post-; video-, audio-*) zunächst exemplarisch bearbeitete semantische Paradigmen wurden durch ergänzende Darstellung weiterer (teil-)synonymer oder antonymer Kombineme (wie *hyper-, supra-, mega-; prae-; tele-, Phon(o)-*) komplettiert. Dabei wurden neben Präfixen (als stets initial auftretenden Wortbildungseinheiten) zunehmend Konfixe bearbeitet, die morphologisch und mikrogrammatisch unterschiedliche Realisationen innerhalb von Wortbildungsprodukten aufweisen und insbesondere auch als Basis für Ableitungen dienen können.

1.2.3. Deutsches Fremdwörterbuch (Neubearbeitung)

Mitarbeiter: Elke Donalies, Gisela Harras, Gerhard Strauß
Koordination: Gerhard Strauß

Mit der Neubearbeitung der Buchstaben A-Q des „Deutschen Fremdwörterbuchs" ist begonnen worden. Diese Alphabetstrecke soll auf den gleichen Stand gebracht werden wie die (im IDS erarbeitete) Teilstrecke R-Z, so daß ein insgesamt homogenes und benutzbares deutsches Fremdwörterbuch mit wortgeschichtlicher Komponente vorgelegt werden kann. Im Berichtsjahr wurde eine endgültige Stichwortliste zum Buchstaben A/a erstellt, ein Konzept der Artikelformate mit detaillierter Artikelstruktur entwickelt und mit der Abfassung von Wörterbuchartikeln begonnen.

1.2.4 Ost-West-Wortschatz

Mitarbeiter: Manfred W. Hellmann

Die politischen Ereignisse in der DDR reaktivierten auch die Beschäftigung mit (und das öffentliche Interesse an) den sprachlichen Differenzen zwischen den beiden deutschen Kommunikationsgemeinschaften. Nach abschließenden Arbeiten für die Drucklegung des Maschinellen Korpuswörterbuchs (MKWB) zur ost- und westdeutschen Zeitungssprache begannen Arbeiten zur lexikographischen Dokumentation und Beschreibung des „wende"-bedingten Sprachwandels in der (ehemaligen) DDR sowie an der Konzeption eines Arbeitsbereichs Wortschatzwandel/Neologie.

1.2.5. Verbvalenz

Mitarbeiter: Jacqueline Kubczak, Helmut Schumacher, Ulrich Wetz
Koordination: Helmut Schumacher

Ziel des Projekts ist eine Neubearbeitung des „Kleinen Valenzlexikons" (KVL), in dem die Verben des Grundwortschatzes mit ihrer spezifischen Umgebung semantisch und syntaktisch beschrieben werden. Die Konzeption wurde mit potentiellen Benutzern im In- und Ausland diskutiert und in einigen Punkten modifiziert. Weitergeführt wurden die Überlegungen zur Einrichtung einer Valenz-Datenbank für die Abspeicherung der Daten und für Konsistenzprüfungen. Wortartikel wurden bisher u.a. verfaßt zu den Verben des Besitzes, des Besitzwechsels, der Konsumation, des Schlafens, der Kommunikation. Bei mehreren Arbeitsvorhaben ausländischer Germanisten, die auf der Grundlage der Neubearbeitung des KVL zweisprachige Valenzwörterbücher planen (deutsch-chinesisch, deutsch-koreanisch, deutsch-slowakisch), wurde beratende Hilfestellung gegeben.

1.2.6. Arbeitsstelle „Orthographieforschung"

Mitarbeiter: Wolfgang Mentrup

Die Arbeit der 1989 eingerichteten Arbeitsstelle hatte zwei Schwerpunkte.

Im Rahmen der weiterhin andauernden öffentlichen Diskussion des Themas „Rechtschreibreform" stand das Bemühen, deren seit längerem zu beobachtende Versachlichung weiter zu fördern, und zwar durch zahlreiche Vorträge und Aufsätze für recht unterschiedliche Adressatengruppen, durch die Teilnahme an Hörfunk- und Fernsehsendungen sowie durch die Mitarbeit an einem Fernsehfilm über das Thema.

Aus der schon längeren Beteiligung an den internationalen Bemühungen um eine Reform ergaben sich zum einen die Organisation der Tagung der Kleinarbeitsgruppe „Laut-Buchstaben-Beziehungen" (15. bis 18. März) und der 8. internationalen wissenschaftlichen Arbeitstagung „Probleme der Rechtschreibung und ihrer Reform" (23. bis 28. September), die beide im IDS stattfanden, sowie die Teilnahme an den 2. internationalen amtlichen Wiener Gesprächen (21. bis 23. Mai). (Vgl. Abschnitt 2.4.)

Zum anderen wurde mit der Ausarbeitung eines Konzeptes für das Wörterverzeichnis zum Regelwerk begonnen sowie – als Folge der 8. Arbeitstagung – mit der Koordination der Arbeitsgänge für die abschließende Fertigstellung des internationalen Gesamtvorschlags und (zusammen mit Gerhard Augst) mit der redaktionellen Bearbeitung des Regelteils.

1.3. Abteilung Sprache und Gesellschaft
Leitung: Werner Kallmeyer

1.3.1. Schlichtung – Gesprächs- und Interaktionsanalyse eines Verfahrens zur Lösung sozialer Konflikte

Mitarbeiter: Wolfgang Klein, Werner Nothdurft (beurlaubt bis 30.9.), Ulrich Reitemeier, Peter Schröder
Leitung: Werner Nothdurft (beurlaubt bis 30.9.)

Im Laufe des Jahres wurden unter dem Titel „Streit schlichten" die Manuskripte zu ausgewählten Institutionen des Streit-Schlichtens (Güteverhandlung in der Vergleichsbehörde, Gütetermin im Arbeitsgericht, Verhandlungen in Handwerkskammern und Schiedsstellen bei Gebrauchtwagen-Streitigkeiten) fertiggestellt; unter dem Titel „Konfliktstoff" wurde eine Monographie zur Konfliktbehandlung datentechnisch aufbereitet, außerdem wurde ein Textband mit Transkriptionen von Schlichtungsgesprächen vorbereitet.

Ziel des Projekts war es, das interaktive Geschehen beim Schlichten zu dokumentieren und die Kommunikationsstrukturen, die diesem Geschehen zugrundeliegen, aufzudecken. Insbesondere wurden Ablaufstruktur und Interaktionsdynamik von Schlichtungsgesprächen rekonstruiert, der Einsatz sprachlicher Muster und Figuren bestimmt sowie die Handlungsstrategien und Wirklichkeitsauffassungen der Beteiligten herausgearbeitet.

1.3.2. Kommunikation in der Stadt

Mitarbeiter: Karl-Heinz Bausch, Werner Kallmeyer, Inken Keim, Pantelis Nikitopoulos, Johannes Schwitalla
Leitung: Werner Kallmeyer

Das Vorhaben wurde Ende 1990 abgeschlossen. Ziel des Projekts war die Beschreibung und Erklärung des Zusammenhangs von Stilen sprachlichen Verhaltens und der Struktur von Lebenszusammenhängen (sozialen Welten) in der Stadt. Die Untersuchung konzentrierte sich auf unterschiedliche Lebensräume innerhalb der Stadt mit mehr oder minder ausgeprägten lokalen Gemeinschaften, in denen je nach Bevölkerungsstruktur und Zustand der Gemeinschaftsbildung in einer lokalen Welt Merkmale anderer Gliederungen (z.B. in Schichten) überlagert werden oder aber die Wirksamkeit solcher Merkmale in Prozessen der Aufspaltung sichtbar wird.

Die Untersuchung wurde in Mannheim durchgeführt. Auf der Grundlage eingehender ethnographischer Beobachtungen in vier Mannheimer Stadtteilen mit unterschiedlichen sozialen Gegebenheiten wurden ausgewählte Gruppen von Bewohnern auf die sprachlichen Verfahren der Gruppenbildung und der Identitätsbestimmung hin untersucht. Dabei wurden die wesentlichen Eigenschaften ihres sozialen Stils vergleichend beschrieben und ihre Zuordnungen zur lokalen Welt und zu anderen sozialen Bezugsrahmen analysiert.

Im Jahr 1990 wurden die Analysen der sprachlichen Materialien von Gruppen aus mehreren Stadtteilen Mannheims zu Ende geführt. Für die Veröffentlichung vorbereitet wurden ein Band mit exemplarischen

Analysen, ein Band mit Stadtteilethnographien und zwei Bände mit soziolinguistischen Gruppenporträts.

1.3.3. Initiative Reaktionen

Mitarbeiter: Wolfgang Klein, Reinhold Schmitt, Dorothea Wilk
Leitung: Werner Kallmeyer

Im Rahmen des Sonderforschungsbereiches 245 der Deutschen Forschungsgemeinschaft (DFG) „Sprechen und Sprachverstehen im sozialen Kontext" wird seit 1.3.89 ein Projekt zu rhetorischen Verfahren im Gespräch durchgeführt.

Anhand von Äußerungen an Schaltstellen des Gesprächs werden Formulierungsverfahren untersucht, die als Elemente von Überzeugungs- und Darstellungsstrategien eine zentrale Rolle spielen.

1.4. Wissenschaftliche Dienste
Leitung: Wolfgang Teubert

1.4.1. Information und Dokumentation

Mitarbeiter: Aloys M. Hagspihl, Susanne Fritz, Konrad Plastwich (bis 30.9.90)

Die IuD-Stelle erbringt Informationsdienste im Bereich der germanistischen Sprachwissenschaft, betreut das Zeitungsausschnittsarchiv, unterstützt Dokumentationen, die im Zusammenhang mit Forschungsvorhaben stehen, und führt Recherchen zu Anfragen interner und externer Wissenschaftler durch.

Im Berichtszeitraum wurde die Konzeption für die Dokumentation sprachwissenschaftlicher Forschungsvorhaben weiterentwickelt. Mit der Erhebung der Daten wurde begonnen. Die Daten aus der ehemaligen DDR können erstmals durch die Beteiligung des Zentralinstituts für Sprachwissenschaft (Berlin) erfaßt werden.

Zusammen mit dem Referat für Öffentlichkeitsarbeit und der Arbeitsgruppe LDV wurde eine DV-gestützte allgemeine Adreßverwaltung für das IDS entwickelt.

Das Lexik-Projekt „Fremdwörterbuch" wurde bei der Belegsuche in den Mannheimer Textkorpora unterstützt.

1.4.2. Arbeitsstelle Mehrsprachigkeit

Mitarbeiter: Sylvia Dickgießer, Joachim Born
Koordination: Sylvia Dickgießer

Die vom Auswärtigen Amt in Auftrag gegebene Dokumentation „Deutschsprachige Minderheiten. Ein Überblick über den Stand der Forschung für 27 Länder" erschien im Februar dieses Jahres in einer Auflage von 13.500 Exemplaren im Eigenverlag des IDS. Bis zum Jahresende wurden ca. 10.000 Exemplare der Studie ausgeliefert. Infolge dieser Veröffentlichung stieg die Zahl der Anfragen und der entsprechenden Informationsvermittlungen durch die Arbeitsstelle.

Die zweite, völlig neu bearbeitete und erweiterte Auflage der Bibliographie „Deutschsprachige Gruppen am Rande und außerhalb des geschlossenen deutschen Sprachgebiets" wurde im ersten Quartal dieses Jahres ebenfalls im Eigenverlag des IDS veröffentlicht.

Die Thematik des Forschungsstandsberichtes und der Bibliographie wurde im Rahmen einer umfangreichen Recherche nach Materialsammlungen und Informationsstellen in deutschsprachigen Ländern weiter verfolgt. Ziel ist die Erstellung einer „Institutionendokumentation" (angesichts der unübersichtlichen Forschungs- und Dokumentationslandschaft noch immer ein Desiderat) als Grundlage für die weitere Planung des Arbeitsbereichs „Deutsch als Minderheitensprache".

Neuland betritt die Arbeitsstelle mit dem Thema „Deutsch in multilingualen Organisationen". Im November dieses Jahres wurde bei der Deutschen Forschungsgemeinschaft das Projekt „Erstellung von Verwaltungstexten: Mehrsprachigkeit in der EG-Kommission" (Leitung: G. Stickel und W. Teubert) beantragt. Es zielt u.a. auf eine Überprüfung der verbreiteten These von der Benachteiligung des Deutschen infolge der Bevorzugung von Englisch und Französisch als Arbeitssprache in EG-Institutionen. Die geplante Untersuchung fällt in den Überschneidungsbereich von traditioneller Mehrsprachigkeitsforschung, Textlinguistik und sprachwissenschaftlich orientierter Kommunikationsforschung. (An der Projektplanung war zeitweise ein Mitarbeiter der Abteilung „Sprache und Gesellschaft" beteiligt.) Die in der Vorbereitungsphase gesammelten Informationen sowie Tonaufnahmen erster Interviews bilden den Grundstock für ein neues Archiv der Arbeitsstelle Mehrsprachigkeit.

1.4.3. Deutsches Spracharchiv

Mitarbeiter: Margret Sperlbaum (bis 31.7.90), Peter Wagener (ab 15.9.90), Ulrike Kiefer (ab 1.2.90).

Die Aufgaben des Deutschen Spracharchivs sind die Archivierung, Bereitstellung, Verschriftung, Analyse, Dokumentation und Vorbereitung von Aufnahmen gesprochener Sprache (Dialekt, Umgangssprache, Standardsprache). Die Arbeitsstelle verfügt über das größte Schallarchiv gesprochener deutscher Sprache, wobei in der Regel Tonbänder als Schallträger dienen. Insgesamt sind über 10.000 Aufnahmen mit einer Abspieldauer von ca. 2500 Stunden vorhanden. Die Korpora haben einen Umfang von rund 15 Millionen Wörtern laufender Text.

Nach dem Ausscheiden der beiden langjährigen Mitarbeiterinnen und der Neubesetzung der verbliebenen Mitarbeiterstelle wurde mit der Entwicklung einer Neukonzeption für die längerfristige Ausrichtung der Arbeiten begonnen. Zu den Serviceleistungen zählt wie bisher die Betreuung und Beratung von Wissenschaftlern aus dem In- und Ausland. Für mehrere Wissenschaftler und Forschungsinstitute wurden wieder Tonbandkopien sowie Kopien von Transkriptionen und Protokollbögen bereitgestellt.

Die Arbeiten an dem als Datenbank gespeicherten Gesamtkatalog des Deutschen Spracharchivs (Koordination: Brigitte Hilgendorf) konnten bis auf Korrekturarbeiten und die Registererstellung abgeschlossen werden. Die Katalogbände sollen im Frühjahr 1991 erscheinen.

Im Februar 1990 hat U. Kiefer die Arbeit am DFG-Projekt „Jiddische Dialektaufnahmen" (Leitung: W. Teubert, Prof.Dr. Erika Timm (Trier), R. Wimmer) aufgenommen. Gegenstand des Projekts ist eine auszugsweise Edition der im Spracharchiv vorliegenden jiddischen Tonbandaufnahmen und Kommentierung der darin repräsentierten Dialektvarietäten. Mit der Veröffentlichung in Textform sollen diese Sprachmaterialien Germanisten wie Jiddisten für Forschungs- und Unterrichtszwecke zugänglich gemacht werden.

Die Detailplanung für das Projekt „Integriertes Dokumentationssystem für Sprachaufnahmen" (IDOSSA) (s.u. 1.4.5.) wurde im Berichtsjahr abschließend überarbeitet. Ziel ist es, die im Spracharchiv und in der Abteilung Sprache und Gesellschaft vorhandenen Sprachaufnahmen digitalisiert auf CD-ROM-Speicher zu übertragen und so einerseits die Aufnahmen zu konservieren, andererseits einen direkten Zugriff auf sie am Arbeitsplatz zu ermöglichen. Vorbehaltlich der Mittelbewilligung läuft das Projekt im Frühjahr 1991 an.

1.4.4. Bibliothek

Mitarbeiterinnen: Lucia Berst, Ines Klose, Eva Teubert
Leitung: Eva Teubert

Die Bibliothek wurde im Berichtsjahr einerseits entsprechend den unmittelbaren Bedürfnissen der IDS-Arbeitsvorhaben erweitert, andererseits auch – soweit möglich – durch Anschaffungen im weiteren Spektrum der Linguistik (z.B. Sprachphilosophie, Sprachpsychologie). Dies ist im Hinblick auf die zentrale Funktion des IDS und seiner Bibliothek erforderlich.

Seit Herbst 1989 werden die monographischen Bestände und Neueingänge der Bibliothek in einer Datenbank (SESAM) erfaßt. Recherchen sind möglich nach den üblichen relevanten Kriterien (Zeichen und Zeichenketten).

Die Bibliothek besorgt den Bücheraustausch mit anderen Institutionen, berät Mitarbeiter und eine immer größer werdende Anzahl von Gastwissenschaftlern in bibliographischen Fragen und erstellt 6-8 mal pro Jahr Verzeichnisse neu eingegangener Veröffentlichungen. Sie ist darüberhinaus zuständig für die Fernleihe und den Verkehr mit Universitätsbibliotheken. Besuchergruppen erhielten Bibliotheksführungen. Auf Anfragen ehemaliger Gäste und externer Wissenschaftler wurden zahlreiche Literaturrecherchen durchgeführt.

1.4.5. Arbeitsstelle Linguistische Datenverarbeitung (LDV)

Mitarbeiter: Ingrid Conle, Sylvia Dickgießer, Rainer Krauß, Peter Mückenmüller, Robert Neumann, Wolfgang Scheurer, Anton Schlatter, Rudolf Schmidt (beurlaubt), Uwe Sommer
Leitung: Robert Neumann

Zu den Aufgaben der LDV gehören:

(1) Bereitstellung von Datenverarbeitungskapazität für das Institut und für den externen Service.
(2) Service bei speziellen Datenverarbeitungsproblemen in Projekten des IDS
(3) Bereitstellung und Entwicklung von Software zur Erschließung der Mannheimer Korpora
(4) Bereitstellung einer Textverarbeitung vom Manuskript bis hin zu fertigen Typoskripten

(1) Den internen und externen Nutzern stand auch im abgelaufenen Jahr das Textretrievalsystem REFER zur Verfügung. Es wurden 19 neue Ter-

minals aufgestellt, so daß die Zugangsmöglichkeiten zur DV-Kapazität erheblich erweitert wurden. Insgesamt haben nun 27 wissenschaftliche Mitarbeiter von ihrem Schreibtisch aus unmittelbaren Zugriff auf die DV-Kapazität. Für die Mitarbeiter des IDS besteht jetzt auch über UNIX-Systeme Zugang zu dem Datex-P-Dienst der TELEKOM und somit z.B. zu allen Dienstleistungsangeboten innerhalb des Deutschen Wissenschaftsnetzes (WIN). Über das Rechenzentrum der Universität Mannheim hat das IDS Zugang zu internationalen Netzen und ist auch über diese Netze erreichbar.

Darüber hinaus kann die DV-Leistung des IDS über Datex-P in nationale und internationale Datennetzwerke eingebunden werden. Externe Nutzer können über dieses Netz unmittelbar in dem Rechner des IDS arbeiten und z.B. in REFER recherchieren.

Die Datenerfassungsmöglichkeiten wurden um ein Scanner-Computersystem erweitert. Damit können Texte automatisch eingelesen werden. Es wurden Möglichkeiten geschaffen, alle üblichen Diskettenformate in unsere Datenverarbeitungsanlagen einzulesen bzw. auszugeben.

Im Zuge der Umstellung auf UNIX-Computer der mittleren Datentechnik (bis 1992/93) wurden im laufenden Jahr zwei MX-300-Computer installiert und in das lokale Netzwerk des IDS integriert. Die Maschinen laufen unter UNIX V Version 22. Sie sind mit dem Textsystem HIT, C-Compiler und ORACLE-Datenbankenlizenzen ausgestattet.

(2) In zahlreichen Fällen wurden Projekte von Mitarbeitern des Instituts durch spezielle Programmierarbeiten unterstützt. Es wurden etwa 100 auf individuelle Probleme bezogene Service-Aufträge für Mitarbeiter aus dem Hause durchgeführt.

(3) Neben dieser kontinuierlichen Weiterentwicklung bestehender Leistungen wurden folgende Projekte begonnen bzw. weitergeführt:

Diskursdatenbank (DIDA)

Gesamtleitung: Werner Kallmeyer
DV-Leitung: Robert Neumann

Im Rahmen der Gesamtplanung DIDA wurde der EDITOR zur partituroorientierten Erfassung und Pflege von Gesprächstranskripten programmiert und getestet. Diese Software steht jetzt zur Verfügung; sie ist unter UNIX V entwickelt und lauffähig. In diesem Projekt wurde erstmals anspruchsvolle Software durch "Mischen" von eigener Programmierung und externer Auftragsvergabe realisiert. Eine ORACLE-Datenbank zur Ablage der Diskursdaten ist eingerichtet.

Corpus Storage Maintenance and Access System (COSMAS)
Leitung: Robert Neumann, Wolfgang Teubert

Im Zuge der Umstrukturierung konzipierte die Arbeitsstelle auch die Neuprogrammierung eines Volltextrecherchesystems, das Ersatz, aber auch konzeptionelle Weiterentwicklung des bisherigen REFER-Recherchesystems in der neuen DV-Umgebung bieten wird. Die Spezifikationen dafür sind abgeschlossen. In Verhandlungen mit Softwarehäusern konnte ein Partner gefunden werden, der in Zusammenarbeit mit der LDV wichtige Komponenten dieses System erstellen wird.

Grammatische Datenbank (GRADAT)
Leitung: Robert Neumann

Wegen des beabsichtigten Rechnerwechsels wurde die grammatische Datenbank testweise auf einem der UNIX-Rechner installiert. Diese Arbeiten sind soweit abgeschlossen, daß die Eignung der ORACLE-Datenbank für die Modellierung der syntaktischen und morphologischen Analysen deutlich wurde.

Gesamtdeutsche Korpusinitiative (GKI)

Gesamtleitung: Gerhard Stickel
DV-Leitung: Robert Neumann

Im Rahmen des Projekts „Gesamtdeutsche Korpusinitiative" (vgl. 1.4.6.) übernahm die LDV die Organisation und in Zusammenarbeit mit der Deutschen Angestelltenakademie auch einen Teil der Durchführung eines Kompakt-Ausbildungsprogramms, in dem vier Kollegen aus dem Zentralinstitut für Sprachwissenschaft (ZISW) in Berlin zusammen mit je vier Kollegen aus dem IDS mit der Benutzung von Computern vertraut gemacht wurden. Dem ZISW steht jetzt strukturell dieselbe DV-Ausstattung zur Verfügung wie dem IDS, so daß gemeinsame Korpora mit gemeinsamen DV-Methoden bearbeitet werden können.

Bilinguales Substantivvalenzlexikon (BISUVALEX)
Leitung: Wolfgang Teubert

Anfang 1990 wurde mit den Arbeiten zum Projekt BISUVALEX begonnen. Dieses Projekt dient der Vorbereitung einer lexikalischen Datenbank. Eine Konzeption der Wörterbuchstruktur wurde erarbeitet und ansatzweise programmtechnisch umgesetzt. Das Projekt beabsichtigt die Integration dreier Wörterbuchprojekte:

a) Serbokroatisch-deutsch. Leitung in Jugoslawien: Prof. Dr. Zoran Žiletić, Belgrad.

b) Ungarisch-deutsch. Leitung in Ungarn: Doz. Dr. Peter Bassola, Budapest/Szeged.

c) Französisch-deutsch. Leitung in Frankreich: Prof. Dr. Maurice Gross, Paris.

Für alle Teilvorhaben sind Drittmittel beantragt worden.

Integriertes Dokumentationssystem für Spracharchiv (IDOSSA)
Leitung: Robert Neumann

Zur Lösung der Materialalterungsprobleme des Deutschen Spracharchivs wurde ein Entwurf fertiggestellt, der die Digitalisierung der Tonaufnahmen, die optische Speicherung und die datenbankmäßige Verwaltung vorsieht. Die Bemühungen um die Finanzierung erwiesen sich als schwierig. Es ist jedoch gelungen, dieses Projekt als Pilotstudie innerhalb eines speziellen Forschungsverbundes „Innovative Medientechnik" der beiden Länder Rheinland-Pfalz und Baden-Württemberg zu plazieren, so daß die Finanzierung des zusätzlichen Aufwandes gesichert scheint.

1.4.6. Arbeitsstelle für Korpuserfassung

Mitarbeiter: Monika Kolvenbach, Pantelis Nikitopoulos (ab 1.10.90), Konrad Plastwich (ab 1.10.90)

Zum 1.1.90 wurde dieser Arbeitsbereich aus der Abt. Lexik ausgegliedert und der Abt. Wissenschaftliche Dienste zugeordnet.

Die Arbeiten am Zeitungskorpus (HBK) und am Grammatik-Korpus wurden fortgesetzt. Weitere Texte mit ca. 1 Mill. Wortformen wurden an REFER angeschlossen; ebenso erste Texte zum Marx-Korpus (in Zusammenarbeit mit den Universitäten Rom und Urbino).

Vorrangig war die Korpusstellung für das Projekt „Gesamtdeutsche Korpusinitiative", das in Zusammenarbeit mit dem Zentralinstitut für Sprachwissenschaft in Berlin (Ost) durchgeführt wird. Deshalb wurde die Erweiterung der o.g. Korpora bis zum Frühjahr 1991 zurückgestellt.

1.4.7. Arbeitsstelle für Publikationswesen

Mitarbeiter: Franz Josef Berens; DV-Unterstützung: Claus Hoffmann

Zum 1.10.90 wurde eine Arbeitsstelle für Publikationswesen eingerichtet. Sie ist zuständig für die schriftleiterische Betreuung von Manuskripten,

die innerhalb der IDS-Reihen veröffentlicht werden sollen, für die Text-
erfassung, die DV-gestützte Druckaufbereitung (einschließlich der Umsetzung von mit Textverarbeitungssystemen erstellten Manuskripten).

1.5. Referat für Öffentlichkeitsarbeit

Mitarbeiter: Bernd Ulrich Biere

Im Referat für Öffentlichkeitsarbeit wurden im Berichtsjahr die laufenden Arbeiten fortgeführt. Die Pressearbeit wurde intensiviert. Neben der
breiten Resonanz, die die Jahrestagung wiederum in der Presse fand, war
die „Gesamtdeutsche Korpusinitiative" Gegenstand zahlreicher Presse-
berichte, auch in überregionalen Tageszeitungen (Die Welt, Süddeutsche
Zeitung). Zum Abschluß des Jahres wurde eine Dokumentation des Pres-
seechos zusammengestellt.

In der Redaktion des SPRACHREPORTS wurde die Zusammenarbeit
mit dem Berliner Zentralinstitut für Sprachwissenschaft vorbereitet. Im
Herbst fand eine erste gemeinsame Redaktionssitzung in Berlin statt.

Bei der organisatorischen Betreuung von Gastwissenschaftlern, an der
sich besonders die Bibliothek und die Arbeitsstelle Information und Dokumentation beteiligten, bereitete die Hilfe bei der Unterkunftssuche
und die Bereitstellung von Arbeitsplätzen in der Bibliothek besondere
Schwierigkeiten, da durch den DAAD relativ kurzfristig eine große Zahl
von Stipendiaten avisiert wurde. Eine ähnliche Situation ist für das kommende Jahr zu erwarten.

In Zusammenarbeit mit der linguistischen Datenverarbeitung und
der Arbeitsstelle Information und Dokumentation wurde eine neue
Adreßverwaltung entwickelt.

Eine Bibliographie „Textverstehen und Textverständlichkeit" wurde für
die neue IDS-Reihe „Studienbibliographien Sprachwissenschaft" erarbeitet.

2. Tagungen, Kolloquien und Vorträge externer Wissenschaftler im IDS

2.1. Jahrestagung 1990 „Das 19. Jahrhundert. Sprachgeschichtliche Wurzeln des heutigen Deutsch"

Die diesjährige Jahrestagung war den sprachgeschichtlichen Wurzeln des
heutigen Deutsch im 19. Jahrhundert gewidmet. Damit war seit längerer Zeit wieder ein sprachgeschichtliches Thema Gegenstand einer Jahrestagung des IDS. Daß gewisse Einstellungen und Sprachgewohnheiten

von Publizisten, Gelehrten und Verfassern von öffentlichen Texten des 19. Jahrhunderts noch sehr stark die öffentliche Sprache im 20. Jahrhundert – und nicht nur in seiner ersten Hälfte – bestimmten, zeigten einige Vorträge, in denen syntaktischen (Nominalstil) und lexikalischen Fragestellungen nachgegangen wurde, aber auch wertende Einstellungen (Sprachkritik) und die Verfahren der gesellschaftlichen Ausgrenzung (die Sprache des Antisemitismus) einer kritischen Prüfung unterzogen wurden. Besondere Beachtung fanden im Rahmen eines Forums die staatliche Sprachpolitik gegenüber fremdsprachigen Minderheiten und im Rahmen eines Podiumsgesprächs die politische Rolle der Germanistik bei der Bildung eines einheitlichen deutschen Staates. Auch der Differenzierung des Deutschen nach Textsorten (Tagebuch, Brief, Pressetexte) und gesellschaftlichen Gruppen (Arbeiter, Handwerker, Bürgertum) wurde Rechnung getragen. Die Vorträge werden im Jahrbuch 1990 des IDS im Verlag de Gruyter veröffentlicht.

2.2. Sitzung des Wissenschaftlichen Rats

Unter dem Vorsitz von Prof. Dr. Siegfried Grosse fand im Anschluß an die Jahrestagung am 16.3.1990 eine Sitzung des Wissenschaftlichen Rats statt. Mitarbeiter des IDS stellten laufende Forschungsarbeiten zur Diskussion.

2.3. Kommission für Fragen der Sprachentwicklung

Seit 1989 hat die Kommission ihre Arbeit unter das Schwerpunktthema „Sprachgeschichte nach 1945" gestellt. Nachdem das Kolloquium 1989 zu diesem Thema eher Grundsatzfragen der aktuellen Sprachgeschichtsbeschreibung zur Diskussion gestellt hatte, wurde im Kolloquium 1990 am 22. und 23. Juni ein den öffentlichen Sprachgebrauch und die Sprachentwicklung nach 1945 prägender Kommunikationsbereich thematisiert: die Medien. Unter dem Thema „Entwicklung der Mediensprache nach 1945" wurden Entwicklungen in der Sprache der Print-Medien (E. Straßner), des Rundfunks (H.-R.. Fluck) und des Fernsehens (W. Holly, U. Püschel) dargestellt. Hinzu kam ein Referat zu Formen und Funktionen der Sprachkritik im Nachkriegs-Deutschland (St. Kleefeldt) sowie zum Einfluß der Medien auf den parlamentarischen Diskurs (A. Burkhardt). Übergreifende Analyse- und Methodenprobleme sowie generelle Entwicklungstendenzen der Mediensprache wurden schließlich im Resümee von H. Steger sichtbar. Die Referate des Kolloquiums werden 1991 in der Reihe Germanistische Linguistik, herausgegeben von B.U. Biere und H. Henne, erscheinen.

2.4. Kommission für Rechtschreibfragen

Die Mitglieder der Kommsission setzten ihre Arbeit in diesem Jahr vornehmlich im Rahmen international besetzter Arbeitsgruppen und Tagungen fort.

Vom 15. bis 18. März tagte im IDS die auf der 7. internationalen wissenschaftlichen Arbeitstagung (Wien, Oktober 1989) eingesetzte Kleinarbeitsgruppe „Laut-Buchstaben-Beziehungen". Zusammensetzung: Klaus Heller, Eberhard Stock (Forschungsgruppe DDR); Karl Blüml, Jakob Ebner (Arbeitsgruppe Österreich); Thomas Bachmann (Arbeitsgruppe Schweiz); Gerhard Augst, Horst H. Munske, Hermann Zabel (IDS-Kommission). Die Aufgabe war, unter Berücksichtigung der in Wien 1989 festgelegten inhaltlichen Änderungen und auf der Grundlage verschiedener Vorschläge aus den Arbeitsgruppen ein geschlossenes Regelwerk zum Bereich Laut-Buchstaben-Beziehungen zu erarbeiten, wobei die bisher separat behandelte Fremdwortschreibung zu integrieren war.

An den 2. internationalen amtlichen Wiener Gesprächen vom 21. bis 23. Mai nahmen als Mitglieder der jeweiligen nationalen Delegation Wolfgang Mentrup und Horst Sitta teil. Die wissenschaftlich bereits international abgestimmten Regeln zu den Bereichen Zeichensetzung, Worttrennung am Zeilenende sowie Getrennt- und Zusammenschreibung einschließlich des Bindestrichs fanden bei den Delegationen aus zehn Ländern „weitgehende Akzeptanz". Für die Laut-Buchstaben-Beziehungen und Fremdwortschreibung wurde die „behutsame und pragmatische Vorgangsweise gutgeheißen, wie sie sich in der internationalen Diskussion der Sprachwissenschaftler abzeichnet". Für die Groß- und Kleinschreibung wurde vereinbart, „alternative Lösungen ... auszuarbeiten". Für die 3. Wiener Gespräche wurde das Jahr 1993 festgelegt. „Die Unterzeichnung einer Übereinkunft zur Reform der deutschen Rechtschreibung wird für 1995 angestrebt" (aus der Abschlußerklärung).

Vom 23. bis 28. September fand im IDS die 8. internationale wissenschaftliche Arbeitstagung „Probleme der Rechtschreibung und ihrer Neuregelung" statt, an der fast alle Mitglieder der Kommission teilnahmen. Die von der Kleinarbeitsgruppe erarbeitete Vorlage zur Laut-Buchstaben-Beziehung einschließlich der Fremdwortschreibung sowie mehrere Vorlagen zu den 'Wortzeichen' (Apostroph usw.) wurden durchgearbeitet und als nunmehr abgeschlossene Regelwerke verabschiedet. Für die abschließende Fertigstellung des Gesamtvorschlags wurde ein gestufter Zeit- und Organisationsplan vereinbart, dessen Erfüllung sicherstellt, daß die Vorlage für die 3. Wiener Gespräche 1993 den beteiligten Delegationen rechtzeitig zugestellt werden können.

2.5. Vorträge externer Wissenschaftler im IDS

08.02.1990   Frau Neeti Badwe (Poona, Indien)
              Deutsch als Fremdsprache: Anforderungen an zweispra-
              chige Wörterbücher

15.02.1990   Dr. Gerhard Pfeiffer-Jäger (Bildungswerk der DAG
              e.V.)
              Fortbildung im Bereich von Informations- und Kommu-
              nikationstechnik, im Bereich von Verwaltung und in ei-
              nem geisteswissenschaftlichen Umfeld. Konzepte, recht-
              licher Rahmen, finanzielle Möglickleiten

04.04.1990   Dr. Fritz Hermanns (Heidelberg)
              Das einsprachige Europa

29.05.1990   Prof. Dr. Gerd Wotjak (Leipzig)
              Zum kommunikativen Potential lexikalischer Einheiten

06.08.1990   Prof. Dr. Peter Suchsland (Jena)
              Infinitiveinbettung im Deutschen

07.08.1990   Dr. Annikki Koskensalo (Tampere/Finnland)
              Werbeprospekte im Deutschen und im Finnischen –
              handlungstheoretische und linguistische Analysen

04.09.1990   Dr. Jan Sikora (Wrocław/Polen)
              Pragmalinguistische Analyse der Propagandasprache im
              „Neuen Deutschland"

01.10.1990   Prof. Dr. Klaus Ahlheim (Marburg)
              Perspektiven der Weiterbildung: Lebenslanges Lernen –
              Chance oder Zumutung?

06.11.1990   Prof. Dr. Marvin Herzog (New York)
              Roots and Routes: Aspects of the History and Geogra-
              phy of Yiddisch

04.12.1990   Prof. Dr. Wolfgang Motsch (Berlin)
              Prinzipien für die Bildung von Komposita. Der Zusam-
              menhang zwischen Syntax und Semantik in Wortstruk-
              turen

11.12.1990   Doz. Dr. Csaba Földes (Szeged/Ungarn)
              Deutschsprachige Minderheiten in Osteuropa heute –
              mit besonderer Berücksichtigung der Situation in Un-
              garn

3. Kontakte zu anderen Institutionen; Lehraufträge, Vorträge außerhalb des Instituts

3.1. Kontakte zu anderen Institutionen

- Alexander-von-Humboldt-Stiftung
- Arbeitskreis „Dänisch-deutsche kontrastive Grammatik", Kopenhagen
- Arbeitskreis der Sprachzentren, Sprachlehrinstitute und Fremdspracheninstitute
- Arbeitskreis Deutsch als Fremdsprache beim DAAD, Bonn
- Arbeitskreis „Deutsch-serbokroatische kontrastive Grammatik"
- Arbeitsstelle Deutsches Wörterbuch, Göttingen
- Centre de Recherches Sémiologiques, Universität II Lyon
- Deutsche Forschungsgemeinschaft (DFG), Bonn
- Deutsche Gesellschaft für Sprachwissenschaft (DGfS)
- Deutscher Akademischer Austauschdienst (DAAD), Bonn
- Deutscher Sprachatlas, Marburg
- DIN-Normenausschuß Terminologie, Berlin
- Dudenredaktion des Bibliographischen Instituts, Mannheim
- EURALEX, European Association for Lexicography, Exeter
- Europarat: Arbeitskreis 'The Language Industries', Straßburg
- Fachverband Moderne Fremdsprachen
- Forschungsstelle für Mehrsprachigkeit (UFSAL), Brüssel
- Fremdsprachenhochschule Tianjin, China
- Fritz-Thyssen-Stiftung
- GLDV, Verein zur Förderung der wissenschaftlichen Datenverarbeitung e.V., Frankfurt
- Gesellschaft für angewandte Linguistik e.V., Trier
- Gesellschaft für deutsche Sprache (GfdS), Wiesbaden
- Gesellschaft für Mathematik und Datenverarbeitung mbH, Bonn
- Goethe-Institut, München
- Hugo Moser Stiftung im Stifterverband für die Deutsche Wissenschaft, Essen.
- Institut für Auslandsbeziehungen, Stuttgart
- Inter Nationes, Bonn
- LADL, Laboratoire d'Automatique Documentaire et Linguistique, Paris
- Max-Planck-Institut für Psycholinguistik, Nijmegen
- Robert-Bosch-Stiftung, Stuttgart
- Stiftung Volkswagenwerk, Hannover

- Zentralinstitut für Sprachwissenschaft, Berlin.
- Universitäten Mannheim und Heidelberg sowie zahlreiche weitere germanistische und sprachwissenschaftliche Institute an Universitäten und Hochschulen im In- und Ausland

3.2. Lehraufträge von IDS-Mitarbeitern

Priv.Doz. Dr. Joachim Ballweg: SS 1990, Das Zusammenspiel von Semantik und Pragmatik bei der Interpretation sprachlicher Äußerungen, Proseminar, Universität Stuttgart
Nominalphrasen-Semantik I, Hauptseminar, Universität Stuttgart
WS 1990/91, Logik für Linguisten, Proseminar, Universität Stuttgart
Nominalphrasen-Semantik II, Hauptseminar, Universität Stuttgart.

Priv.Doz. Dr. Bernd Ulrich Biere: SS 1990, „Gutes Deutsch" – Populäre Ratgeberliteratur, Hauptseminar, RWTH Aachen
WS 1990/91, Kolloquium für Examenskandidaten, RWTH Aachen
Einführung in die Linguistik, Proseminar, Universität Mannheim

Joachim Born: WS 1989/90, Genese der romanischen Sprachen, Proseminar, Kath. Universität Eichstätt

Prof. Dr. Ulrich Engel: SS 1990, Partikeln im Text. Untersuchungen zu diskurssteuernden Elementen, Hauptseminar, Universität Bonn

Prof. Dr. Gisela Harras: SS 1990, Probleme der Referenzsemantik, Proseminar, Universität Mannheim
WS 1990/91, Einführung in die analytische Handlungstheorie, Vorlesung, Universität Jena
Einführung in die Linguistik, Proseminar, Universität Jena
Konzepte und Wortbedeutungen, Hauptseminar, Universität Jena
Wittgensteins „Philosophische Untersuchungen" lesen, Hauptseminar, Universität Jena

Dr. Manfred W. Hellmann: SS 1990, Sprache und Politik. Zu Sprache und Sprachwandel in der DDR, Hauptseminar, Universität Mannheim

Prof. Dr. Ludger Hoffmann: SS 1990, Theorie der Grammatik, Hauptseminar, Universität Münster

Prof. Dr. Werner Kallmeyer: SS 1990, Gesprächsorganisation und sprachliches Handeln, Hauptseminar, Universität Mannheim
WS 1990/91, Formelhaftes Sprechen, Hauptseminar, Universität Mannheim

Dr. Inken Keim-Zingelmann: WS 1990/91, Einführung in die Linguistik, Proseminar, Universität Mannheim

491

Robert Neumann: WS 1990/91, Software-Engineering, Vorlesung, Berufsakademie Mannheim

Dipl.rer.pol. Pantelis Nikitopoulos: SS 1990 u. WS 1990/91, Probleme der interethnischen Kommunikation und des Deutschunterrichts für ausländische Kinder, Seminar, PH Heidelberg

Dipl.Psych. Dr. Werner Nothdurft: SS 1990, Verstehenstheorien, Vorlesung, Erziehungswiss. Hochschule Koblenz/Landau
Prototyp und Kohärenz, Vorlesung, Erziehungswiss. Hochschule Koblenz/Landau

Dipl.Math. Dr. Rudolf Schmidt: SS 1990, Signale und Systeme II, Vorlesung, Berufsakademie Mannheim
WS 1990/91, Datenbanken, Vorlesung, Universität Heidelberg
Signale und Systeme I, Vorlesung, Berufsakademie Mannheim

Prof. Dr. Johannes Schwitalla: SS 1990, Gesprochene Sprache, Vorlesung, Universität Freiburg
WS 1990/91, Höflichkeit und soziale Stile des Sprechens, Hauptseminar, Universität Freiburg

Prof. Dr. Gerhard Stickel: SS 1990, Deutsch im Kontrast, Hauptseminar, Universität Mannheim
WS 1990/91, Wortbildung im heutigen Deutsch, Proseminar, Universität Mannheim

Priv.Doz. Dr. Bruno Strecker: SS 1990, Funktionale Grammatik im DaF-Unterricht, Hauptseminar, Universität Augsburg
WS 1990/91, Satzmodus, Hauptseminar, Universität Augsburg

Dr. Wolfgang Teubert: SS 1990, Begriffsgeschichte, Hauptseminar, Technische Hochschule Darmstadt

Prof. Dr. Rainer Wimmer: SS 1990, Sprachkritik im 19. Jahrhundert, Hauptseminar, Universität Heidelberg
WS 1990/91, Theorien des Sprachwandels, Hauptseminar, Universität Heidelberg

3.3. Kurse und Kurzseminare von IDS-Mitarbeitern

Dr. Karl-Heinz Bausch, Deutsch für Ausländer, Stufe III und IV, Abendakademie Mannheim

Priv.Doz. Dr. Bernd Ulrich Biere: 1.–28.9.1990, Gutes Deutsch – Kritischer Umgang mit Stilratgebern, Internationaler Sommerkurs für deutsche Sprache und Kultur, Universität Mannheim

Joachim Born: SS 1990, Spanisch VIII, Sprachkurs, Volkshochschule Mannheim
WS 1990/91, Spanisch IX, Sprachkurs, Volkshochschule Mannheim
Italienisch I, Sprachkurs, Volkshochschule Mannheim

17. – 18.9.1990, Deutschsprachige Minderheiten in der Welt. Die deutsche Sprache in den Institutionen der EG, Internationaler Sommerkurs für deutsche Sprache und Kultur, Universität Mannheim

Prof. Dr. Ulrich Engel: 31.3. –3.4.1990, Fremdsprachenunterricht und kontrastive Linguistik, Kurzseminar, University College Dublin und Goethe-Institut in Verbindung mit dem Trinity College, Dublin, Irland (zusammen mit Dr. W. Teubert und Dr. Lorenz Nieder)

Dr. Manfred W. Hellmann: 27.4.1990, DDR-Sprache im Wandel oder: Der Wortschatz der Wende, Lehrerfortbildungsseminar „Literatur und Sprache in der DDR", Gesamtdeutsches Institut, Berlin

Prof. Dr. Werner Kallmeyer: 22. –25.10.1990, Untersuchungen der gesprochenen Sprache, Universität Jyväskylä, Finnland

Robert Neumann: 1.6. –8.6.1990, Das BISUVALEX-Konzept im Rahmen der DV-gestützten Lexikographie, Workskop, Universität Belgrad/Petrica, Jugoslawien

Dipl. Soz. Ulrich Reitemeier: Soziologie für Logopäden und Ergotherapeuten, Deuser-Schule (Bildungsstätte für nichtärztliche Heilberufe), Ludwigshafen.

Peter Schröder: 29.10.1990, Praktische Rhetorik und Interaktionsanalyse, Distrikthochschule Halden/Norwegen

Helmut Schumacher: 20.3. –28.3.1990, Einführung in die Valenztheorie, fortbildungsseminar für chinesische Deutsch-Dozenten, Fremdsprachenhochschule Tianjin/China
3.9. –6.9.1990, Wortschatzarbeit mit fortgeschrittenen Lernern, Fortbildungskurs Sprach- und Literaturwissenschaften, Internationaler Sommerkurs für deutsche Sprache und Kultur, Universität Mannheim

Prof. Dr. Gerhard Stickel: 3./4.9.1990, Aktuelle Forschungsaufgaben und -themen der germanistischen Linguistik, Kolloquium Kyushu-Universität, Fukuoka/Japan

Dr. Wolfgang Teubert: 31.3 –3.4.1990, Fremdsprachenunterricht und kontrastive Linguistik, Kurzseminar, University College Dublin und Goethe-Institut in Verbindung mit dem Trinity College, Dublin, Irland (zus. mit Prof. Dr. U. Engel und Dr. Lorenz Nieder)
1.6. –8.6.1990, Das BISUVALEX-Konzept im Rahmen der DV-gestützten Lexikographie, Workshop, Universität Belgrad/Petrica, Jugoslawien

3.4. Vorträge von IDS-Mitarbeitern

Priv.Doz. Dr. Joachim Ballweg: 11.4.90, German tenses, tense logics, context change and the temporal interpretation of texts, Univer-

493

sität Amsterdam, Niederlande

14.6.1990, Die Rolle der Logik in der linguistischen Semantik, Universität Bielefeld

Priv.Doz. Dr. Bernd Ulrich Biere: 15.10.1990, Berufsfeld Sprachwissenschaft, Berufsinformationszentrum Landau

7.11.1990, Wie verständlich sollen/können wissenschaftliche Texte sein? Graduiertenkolleg für Literatur- und Kommunikationswissenschaften, Universität - Gesamthochschule Siegen

Joachim Born: 28.9.1990, Mehrsprachigkeit in Südtirol, Jahrestagung der Gesellschaft für Angewandte Linguistik (GAL), Bonn

7.12.1990, The implications of the political and social changes in Europe for the status of German as a mother tongue and as a foreign language, Jahreskonferenz der National Association of Teachers in Further & Higher Education (NATFHE), London, Großbritannien

Prof. Dr. Ulrich Engel: 17.5.1990, Partikeln im Text, Universität Paderborn

Prof. Dr. Gisela Harras: 16.12.1990, Bedeutungsstruktur und lexikalische Einträge, Universität Heidelberg

8.6.1990, Zugänge zu Wortbedeutungen, Universität Saarbrücken

Dr. Manfred W. Hellmann: 7.2.1990, „DDR-Sprache" – Parteikonstrukt oder Alltagsrealität? Universität Zürich

5.6.1990, „DDR-Sprache" – Was bleibt danach? (Eine erste Bestandsaufnahme), IHK Düsseldorf

2.7.1990, Sprachgebrauch der DDR im Wandel, Universität Hamburg

21.9.1990, DDR nach der Wende – Gesellschaftspolitischer Wandel und Sprachwandel, Internationaler Sommerkurs für deutsche Sprache und Kultur, Universität Mannheim

9.11.1990, Konzepte zur Dokumentation und Erforschung des 'wende'-bedingten Sprachwandels, Kolloquium der Werner-Reimers-Stiftung „Aktuelle Veränderungsprozesse im Deutschen nach der Wende in der DDR", Bad Homburg

Prof. Dr. Ludger Hoffmann: 28.2.1990, Anakoluth und sprachliches Wissen. Jahrestagung der Deutschen Gesellschaft für Sprachwissenschaft (DGfS), Saarbrücken

28.5.1990, Interkulturelles Schreiben, Kath. Universität Eichstätt

5.6.1990, Anakoluth: Retraktion, Kolloquium „Funktionale Pragmatik", Universität Dortmund

30.10.1990, Thema und Rhema, Universität Hamburg

Prof. Dr. Werner Kallmeyer: 12.7.1990, Arguments for a pragmatic analysis of urban language, Kongreß der International Pragmatics

Association, Barcelona, Spanien

Dr. Inken Keim-Zingelmann: 12.7.1990, Directness and indirectess in the conflict management of a local group in Mannheim, Kongreß der International Pragmatics Association, Barcelona, Spanien

Dr. Ulrike Kiefer: 31.7.1990, Die Vorteile lexikalischer Distributionsanalysen – aufgrund einer vergleichenden Studie des Jiddischen und Deutschen, Internationaler Dialektologenkongreß, Bamberg

Dr. Wolfgang Klein: 6.6.1990, Archivierung, Dokumentation und datentechnische Bearbeitung von Gesprächen. Zur Errichtung einer Diskursdatenbank am IDS, Symposium „Erforschung der gesprochenen Sprache", Universität Halle-Wittenberg

Dr. Elisabeth Link: 29.9.1990, Aus der Werkstatt des „Lexikons zur deutschen Lehnwortbildung" – Perspektiven für eine Intermorphologie? Jahrestagung der Gesellschaft für Angewandte Linguistik (GAL), Bonn

Dr. Wolfgang Mentrup: 19.2.1990, Neuregelung der deutschen Rechtschreibung – Bruch mit der Schreibtradition oder Beitrag zur Sprachkultur? Institut für Deutsch als Fremdsprache der Universität München und Goethe-Institut München

8.3.1990, Pro – Contra: die Rechtschreibreform, Volkshochschule Frankfurt am Main

9.5.1990, Der Vorschlag zur Neuregelung der deutschen Rechtschreibung – Bruch mit der Schreibtradition? Österreichisches Fernsehen, 2. Programm, Disputationes

21.5.1990, Zum Stand der wissenschaftlichen Arbeit an einer Rechtschreibreform und zum Vorschlag zur Neuregelung der Zeichensetzung, 2. amtliche Wiener Gespräche zur Reform der deutschen Rechtschreibung

24.5.1990, Zur Reform der deutschen Rechtschreibung, Syndikat der Übersetzer und Dolmetscher e.V. Prag Karlsdorf/Südböhmen

6.6.1990, Regelteil – Wörterverzeichnis – Orthographisches Wörterbuch, Internationales Expertenkolloquium „Das Rechtschreibwörterbuch", Universität-Gesamthochschule Siegen

23.6.1990, Zum Stand der Rechtschreibreform, Tagung des Bayerischen Lehrer- und Lehrerinnenverbandes „Lesen und Rechtschreiben in der Grund- und Hauptschule", Nürnberg

11.9.1990, Reform der deutschen Rechtschreibung. Diskussion oder Wirklichkeit? Württembergische Bibliotheksgesellschaft-Stuttgart

Robert Neumann: 3.8.1990, Sprachatlas-Archive als wissensbasierte dezentrale Datenbanken mit zentralem Zugriff, Internationaler Dialektologenkongreß, Bamberg

Dipl.Math. Dr. Rudolf Schmidt: 7.3.1990, Maschinelle Erzeugung von phonetischen Transkriptionen. Wiss. Zentrum Heidelberg
2.11.1990, Maschinelle Spracherkennung, Wiss. Zentrum Heidelberg

Dr. Peter Schröder: 26.10.1990, 'Der redet wie gedruckt'? – Zu Besonderheiten gesprochener Sprache, Distrikthochschule Halden, Norwegen
26.10.1990, Handlungsstrukturanalysen eines Schlichtungsgesprächs. Theorie und Praxis, Distrikthochschule Halden, Norwegen

Helmut Schumacher: 12.3.1990, Kontrastive Valenzlexikographie, Jahrestagung der Gesellschaft für Chinesisch-Deutsche Kontrastive Linguistik, Shanghai
16.3.1990, Valenztheorie und Deutschunterricht (DaF), Tongii-Universität, Shanghai
31.3.1990, Valenztheorie im DaF-Unterricht, Goethe-Institut, Zweigstelle Peking
31.3.1990, Einführung in die Valenztheorie, 1. Fremdsprachenhochschule Beijing
4.4.1990, Syntaktische und semantische Analyse deutscher Verbfelder, Sögang-Universität, Seoul
6.4.1990, Valenztheorie und Deutschunterricht (DaF), Seoul National University, Seoul
5.6.1990, Verbsematik und didaktisches Wörterbuch für DaF, Konferenz „Semantik und Fremdsprachenunterricht", Universität für Wirtschaftwissenschaft, Budapest
7.6.1990, Verben in Feldern für DaF, Jahrestagung „Deutsch als Fremdsprache", Bonn
22.11.1990, Zur didaktischen Relevanz von Valenz- und Kasusgrammatik, Jahrestagung der Deutschlehrer des Studienkollegs Altenberg

Prof. Dr. Johannes Schwitalla: 16.5.1990, Die sprachphilosophischen Grundlagen der Soziolinguistik, Universität Wrocław, Polen
17.5.1990, Sprach- und Redevielfalt in der Literatur und im Alltag, Universität Wrocław, Polen
18.5.1990, Neue Aspekte bei der Erforschung gesprochener Sprache, Universität Poznań, Polen
20.7.1990, Interkulturelle Kommunikation, Seminar für Exportwirtschaft, Universität Freiburg
4.9.1990, New aspects in the investigation of spoken language, University of the Philippines, Manila
10.9.1990, Die Erforschung der deutschen Gegenwartssprache am

Institut für deutsche Sprache, Universität Tenri, Japan
11.9.1990, Neue Aspekte bei der Erforschung der gesprochenen Sprache, 10. Sommerseminar für Textlinguistik, Nara, Japan

Prof. Dr. Gerhard Stickel: 30.5.1990, Fragen der sprachlichen Gleichberechtigung, Universität Wrocław, Polen
27.8.1990, Koordination im Deutschen und Japanischen, IVG-Kongreß Tokyo, Japan
11.12.1990, Die Sexismusdebatte in der Sprachwissenschaft, Universität Essen

Dr. Gerhard Strauß: 1.11.1990, Textsorte Wörterbuchartikel und Artikelstruktur, Tagung „Aktuelle Fragen der deutschen Lexikologie und Lexikographie", Belgrad, Jugoslawien
2.11.1990, Institutionsbezeichnungen – Vorschläge zur konzeptuellen Bedeutungsbeschreibung, Tagung „Aktuelle Fragen der deutschen Lexikologie und Lexikographie", Belgrad, Jugoslawien
2.11.1990, Die Funktion von Belegen in Wörterbuchartikeln, Tagung „Aktuelle Fragen der deutschen Lexikologie und Lexikographie", Belgrad, Jugoslawien
3.11.1990, Metaphern/übertragene Bedeutungen im Wörterbuch, Tagung „Aktuelle Fragen der deutschen Lexikologie und Lexikographie", Belgrad, Jugoslawien

Dr. Wolfgang Teubert: 13.9.1990, Das Erhabene von Edmund Burke bis Karl Heinz Bohrer, Arbeitskreis 'Sprache und Ideologie', Heidelberg
4.12.1990, Die Deutschen und ihre Identität, Arbeitskreis 'Sprache und Politik', Braunschweig

Klaus Vorderwülbecke: 21.9.1990, Vom Sprechen zum (Vor)Lesen, Fachtagung „Phonetik und Ausspracheschulung des Forschungsausschusses 'Deutsch als Fremdsprache', Regensburg
31.10.1989, Sprechen – Vorlesen – Vortragen, Herder-Institut Leipzig

Dr. Peter Wagener: 21.10.1990, Niederdeutsch morgen: Bericht über die Ergebnisse der Arbeitskreissitzungen, Kongreß des Instituts für niederdeutsche Sprache, Lüneburg

Prof. Dr. Rainer Wimmer: 29.5.1990, Die Sprachkritik der Linguisten. Eine methodische Betrachtung. Gesellschaft für deutsche Sprache, Wiesbaden
30.5.1990, Politik und Sprachkritik. Gesellschaft für deutsche Sprache und Germanistisches Seminar, Heidelberg
18.12.1990, Kommunikative Ethik aus sprachwissenschaftlicher Sicht, Oberschulamt Karlsruhe

4. Studienaufenthalte und Besuche in- und ausländischer Wissenschaftler am IDS

Auch im Jahr 1990 besuchten wiederum zahlreiche Wissenschaftler aus dem In- und Ausland das IDS. Sie verbrachten zum großen Teil längere Forschungsaufenthalte am IDS, um ihre Diplom- oder Doktorarbeiten vorzubereiten oder um linguistische Forschungsprojekte voranzutreiben. Neben der Nutzung der Bibliothek, die zeitweise kaum noch genügend Arbeitsplätze zur Verfügung stellen konnte, wurden auch zahlreiche Recherchen in den maschinenlesbaren IDS-Korpora durchgeführt. Mitarbeiter des IDS standen den Gastwissenschaftlern als Gesprächspartner betreuend und beratend zur Seite.

Doz. Dr. Marija Bacvanski, Sarajevo, Jugoslawien – Neeti Badwe, Pune, Indien – Ute Bärnert-Fürst, M.A., Campinas, Brasilien – Dr. Emilia Baschewa, Sofia, Bulgarien – Doz. Dr. Peter Bassola, Budapest, Ungarn – Dipl. -Ing. Cyril Belica, Bratislava, ČSFR – Dr. Maria Teresa Bianco, Napoli, Italien – Prof. Dr. Daniel Bresson, Aix-en-Provence, Frankreich – Donato Cerbasi, Roma, Italien – Prof. Dr. Michael Clyne, Clayton, Australien – Doz. Dr. Martine Dalmas, Aix-en-Provence, Frankreich – Prof. Dr. Helga DeLisle, Las Cruces, New Mexico – Dr. Monne Djedji, Abidjan, Elfenbeinküste – Dr. Peter Ďurčo, Bratislava, ČSFR – Kadriye Ergazi, Ankara, Türkei – Doz. Dr. Folke Freund, Uppsala, Schweden – Prof. Wanheng Han, Tianjin, VR China – Doz. Dr. Regina Hessky, Budapest, Ungarn – Bertalan Iker, Budapest, Ungarn – Prof. Dr. Mihai Isbăsescu, Bukarest, Rumänien – Marja Järventausta, Lic. Phil., Jyväskylä, Finnland – Hanna Jefremienko, M.A., Poznań, Polen – Dipl. Phil. Alina Jurasz, Wrocław, Polen – Doz. Dr.habil. Wladyslaw Kaniuka, Bialystok, Polen – Prof. Nobumoto Kawamura, M.A., Niigata-shi, Japan – Prof. Dr. Alan Kirkness, Auckland, Neuseeland – Katrin Kivi, Tartu, ESSR/UdSSR – Heinrich Krebs, M.A., Lampertheim – Ioan Lăzărescu, Bukarest, Rumänien – Ole Letnes, cand.phil., Bergen, Norwegen – Prof. Liangjian Li, Beijing, VR China – Prof. Dr. Kwang-Sook Lie, Seoul, Korea – Doz. Dr. Ivone Lucuţa, Timişoara, Rumänien – Jan Markowicz, M.A., Lodz, Polen – Wacław Miodek, M.A., Sosnowiec, Polen – Prof. Dr. Wolfgang W. Moelleken, M.A., Ph.D., Albany New York, USA – Prof. Dr. Wolfgang Motsch, Berlin – Dr. Rudolf Muhr, M.A., Graz, Österreich – Yoshiyuki Muroi, M.A., Kanagawa, Japan – Mária Palotai, Debrecen, Ungarn – Dr. Eleonora Peczeová, Bratislava, ČSFR – Doz. Dr. Ingemar Persson, Lund, Schweden – Doz. Dr. Božinka Petronijević, Beograd, Jugoslawien – Doz. Dr. Branka Popović, Beograd, Jugoslawien – Dr. Izabela Maria Prokop, Poznań , Polen – Dr. Danuta Rytel-Kuc, Warszawa, Polen – Dr. Doina Sandu, Bukarest, Rumänien – Prof. Dr. Joachim Schildt,

Berlin – Gerhard Schreiter, fil.mag., Stockholm, Schweden – Prof. Carlo Serra-Borneto, Roma, Italien – Doz. Dr. Ladislav Sisák, Prešov, ČSFR – Kåre Solfjeld, Oslo, Norwegen – Doz. Dr. Speranta Stanescu, Bukarest, Rumänien – Lektorin Joanna Stoicescu, Bukarest, Rumänien – Prof. Dr. Peter Suchsland, Jena – Michael Townson, B.A., M.A., Birmingham, Großbritannien – Prof. Dr. Bjarne Ulvestad, Bergen, Norwegen – Dr. Rudolf Uvira, Olomouc, ČSFR – Prof. Yaokai Yuan, Tianjin, VR China – Prof. Dengrong Zhao, Beijing, VR China – Prof. Hengxian Zhou, Shanghai, VR China – Mag. Erminka Zilić, Sarajevo, Jugoslawien – Snjezana Žuljević, M.A., Sarajevo, Jugoslawien.

5. Gremien und Mitarbeiter des Instituts für deutsche Sprache

(Stand: 1.12.1990)

5.1. Kuratorium

Vorsitzender: Prof. Dr. Siegfried Grosse, Bochum
Stellvertreter: Prof. Dr. Horst Sitta, Zürich

Prof. Dr. Friedhelm Debus, Kiel – Prof. Dr. Helmut Henne, Braunschweig – Prof. Dr. Ludger Hoffmann, IDS – Dr. Inken Keim-Zingelmann, IDS – Prof. Dr. Heinrich Löffler, Basel – Dipl. Psych. Dr. Werner Nothdurft, IDS – Prof. Dr. Ingo Reiffenstein, Salzburg – Dr. Barbara Sandig, Saarbrücken – Helmut Schumacher, IDS – Prof. Dr. Hugo Steger, Freiburg – Prof. Dr. Herbert E. Wiegand, Heidelberg – Bürgermeister Lothar Mark als Vertreter der Stadt Mannheim – Ltd. Ministerialrat Egbert H. Müller als Vertreter des Ministeriums für Wissenschaft und Kunst Baden-Württemberg – Regierungsdirektor Dr. Manfred Pusch als Vertreter des Bundesministeriums für Forschung und Technologie – Uta Mayer-Schalburg, VLR, als Vertreterin des Auswärtigen Amts – Konrad Beyer als Vertreter des Vereins der Freunde des Instituts für deutsche Sprache

5.2. Vorstand

Direktoren: Prof. Dr. Gerhard Stickel – Prof. Dr. Rainer Wimmer

5.3. Institutsrat

Direktoren: Prof. Dr. Gerhard Stickel – Prof. Dr. Rainer Wimmer; Abteilungsleiter: Prof. Dr. Gisela Harras (Lexik) – Prof. Dr. Werner Kallmeyer (Sprache und Gesellschaft) – Dr. Wolfgang Teubert (Wissenschaftliche Dienste) – Dr. Gisela Zifonun (Grammatik). Mitarbeitervertreter: Dr. Karl-Heinz Bausch – Aloys M. Hagspihl – Dipl. Math. Tobias Brückner

– Dr. Manfred W. Hellmann – Dr. Wolfgang Klein – Priv.Doz. Dr. Bruno Strecker

5.4. Mitarbeiter/innen des Instituts

Referat für Öffentlichkeitsarbeit: Priv.Doz. Dr. Bernd Ulrich Biere

Abteilung Grammatik

Abteilungsleiterin: Dr. Gisela Zifonun; Wissenschaftliche Mitarbeiter: Priv.Doz. Dr. Joachim Ballweg – Prof. Dr. Ulrich Engel – Helmut Frosch – Brigitte Hilgendorf, M.A. – Ursula Hoberg – Prof. Dr. Ludger Hoffmann – Priv.Doz. Dr. Bruno Strecker – Klaus Vorderwülbecke; Sekretärinnen: Marlies Dachsel – Erna Kähler – Ruth Maurer

Abteilung Lexik

Abteilungsleiterin: Prof. Dr. Gisela Harras; Wissenschaftliche Mitarbeiter: Dr. Elke Donalies – Dr. Ulrike Haß (beurlaubt) – Dr. Manfred W. Hellmann – Gabriele Hoppe – Dr. Michael Kinne – Jacqueline Kubczak – Dr. Elisabeth Link – Dr. Wolfgang Mentrup – Isolde Nortmeyer – Dr. Günter Dietrich Schmidt – Helmut Schumacher – Dr. Gerhard Strauß; Dokumentar: Ulrich Wetz
Sekretärin: Karin Laton

Abteilung Sprache und Gesellschaft

Abteilungsleiter: Prof. Dr. Werner Kallmeyer; Wissenschaftliche Mitarbeiter: Dr. Karl-Heinz Bausch – Dipl. Math. Tobias Brückner – Dr. Inken Keim-Zingelmann – Dr. Wolfgang Klein, M.A. – Dipl. Psych. Dr. Werner Nothdurft, M.A. – Dipl. Soz. Ulrich Reitemeier – Reinhold Schmitt – Dr. Peter Schröder – Prof. Dr. Johannes Schwitalla – Dipl. Psych. Dorothea Wilk;
Sekretärinnen: Hanni Kohlhase – Ria Schiel

Abteilung Wissenschaftliche Dienste

Abteilungsleiter: Dr. Wolfgang Teubert; Leiter der Arbeitsstelle linguistischen Datenverarbeitung: Robert Neumann; Wissenschaftliche Mitarbeiter: Dr. Nina Berend – Franz Josef Berens – Joachim Born, M.A. – Sylvia Dickgießer, M.A. – Susanne Fritz-Buchelt, M.A. – Aloys M. Hagspihl – Gerhard Jakob (beurlaubt) – Dr. Ulrike Kiefer – Monika Kolvenbach, M.A. – Dipl.rer.pol. Pantelis Nikitopoulos – Dipl. Math. Dr. Rudolf Schmidt (beurlaubt) – Dr. Peter Wagener; Dokumentar: Konrad Plastwich; Mitarbeiter in der Datenverwaltung: Ingrid Conle – Claus Hoffmann - Rainer Krauß – Peter Mückenmüller – Wolfgang Scheurer - Anton Schlatter – Uwe Sommer; Datenerfassung: Gerda Beck – Ursula

Blum – Silvia Kaufmann; Bibliothekarinnen: Lucia Berst – Ines Klose – Dipl.Bibl. Eva Teubert; Sekretärin: Ingrid Karlsson

Verwaltung und Vorstandssekretariat

Verwaltungsleiter: Harald Forschner; Verwaltungsangestellte: Willi Balschbach (bis 30.11.90) – Annemarie Eisinger – Hildegard Magis – Gerd Piroth – Marianne Wardein – Hannelore Wittmann; Sekretariat: Doris Gerstel – Cornelia Pfützer-König; Telefonistin: Isolde Wetz; Hausmeister: Uwe Zipf; Reinigungsdienst: Lisa Bläß

5.5. Wissenschaftlicher Rat

Ehrenmitglieder

Prof. Dr. Hans Glinz, Wädenswil – Prof. Dr. Heinz Rupp, Basel

Ordentliche Mitglieder

Prof. Dr. Hans Altmann, München – Prof. Dr. Gerhard Augst, Siegen – Prof. Dr. Karl-Richard Bausch, Bochum – Prof. Dr. Hermann Bausinger, Tübingen – Prof. Dr. Werner Besch, Bonn – Prof. Dr. Anne Betten, Eichstätt – Prof. Dr. Klaus Brinker, Hamburg – Prof. Dr. Karl-Dieter Bünting, Essen – Prof. Dr. Harald Burger, Zürich – Prof. Dr. Dieter Cherubim, Göttingen – Prof. Dr. Dr.h.c. Eugenio Coseriu, Tübingen – Prof. Dr. Walther Dieckmann, Berlin – Prof. Dr. Günther Drosdowski, Mannheim – Prof. Dr. Hans-Werner Eroms, Passau – Prof. Dr. Hellmut Geißner, Landau – Prof. Dr. Jan Goossens, Münster – Prof. Dr. Elisabeth Gülich, Bielefeld – Prof. Dr. Walter Haas, Freiburg/Schweiz – Prof. Dr. Franz Josef Hausmann, Erlangen – Prof. Dr. Klaus Heger, Heidelberg – Prof. Dr. Hans Jürgen Heringer, Augsburg – Prof. Dr. Rudolf Hoberg, Darmstadt – Prof. Dr. Werner Hoffmann, Mannheim – Prof. Dr. Klaus-Jürgen Hutterer, Graz – Prof. Dr. Ludwig Jäger, Aachen – Gerhard Kaufmann, München – Prof. Dr. Herbert Kolb, München – Prof. Dr. Dieter Krallmann, Essen – Prof. Dr. Theodor Lewandowski, Köln – Prof. Dr. Hans Moser, Innsbruck – Prof. Dr. Horst Munske, Erlangen – Prof. Dr. Günter Neumann, Würzburg – Prof. Dr. Gerhard Nickel, Stuttgart – Dr.h.c. Otto Nüssler, Wiesbaden – Prof. Dr. Els Oksaar, Hamburg – Prof. Dr. Uwe Pörksen, Freiburg – Prof. Dr. Peter von Polenz, Trier – Prof. Dr. Rainer Rath, Saarbrücken – Prof. Dr. Oskar Reichmann, Heidelberg – Prof. Dr. Marga Reis, Tübingen – Prof. Dr. Gert Rickheit, Bielefeld – Prof. Dr. Lutz Röhrich, Freiburg – Prof. Dr. Helmut Schnelle, Bochum – Prof. Dr. Albrecht Schöne, Göttingen – Prof. Dr. Rudolf Schützeichel, Münster – Prof. Dr. Stefan Sonderegger, Uetikon – Prof. Dr. Dieter Stellmacher, Göttingen –

Jean-Marie Zemb, Paris, Frankreich – Prof. Dr. Stanislav Žepić, Zagreb, Jugoslawien – Prof. Dr. Zoran Žiletić, Novi Beograd, Jugoslawien

Emeritiert: Prof. Dr. Eduard Beneš, Prag, CSSR – Prof. Dr. Torsten Dahlberg, Göteborg, Schweden – Prof. Dr. Erik Erämetsä, Turku, Finnland – Prof. Dr. Jean Fourquet, Fresnes, Frankreich – Prof. Dr. K. Hyldgaard-Jensen, Göteborg, Schweden – Prof. Dr. Mihai Isbăsescu, Bukarest, Rumänien – Prof. Dr. Rudolf E. Keller, Manchester, Großbritannien – Prof. Dr. Gustav Korlén, Nacka, Schweden – Prof. Dr. Ivar Ljungerud, Lund, Schweden – Prof. Dr. Karl Mollay, Budapest, Ungarn – Prof. Dr. Hanna Popadić, Sarajevo, Jugoslawien – Prof. Dr. Laurits Saltveit, Haugesund, Norwegen – Prof. Dr. Dr.h.c. Gilbert de Smet, Gent, Belgien – Prof. Dr. C. Soeteman, Oegstgeest, Niederlande

Korrespondierende Mitglieder in Übersee

Prof. Dr. Elmer H. Antonsen, Urbana, Ill., USA – Prof. Dr. Emmon Bach, Austin, Texas, USA – Prof. Dr. Michael Clyne, Clayton, Victoria, Australien – Prof. Dr. F. van Coetsem, Ithaca, N.Y., USA – Prof. Dr. Jürgen Eichhoff, Madison, Wisconsin, USA – Prof. Dr. Marvin Folsom, Provo, Utah, USA – Prof. Dr. Tozo Hayakawa, Tokyo, Japan – Prof. Eijiro Iwasaki, Kamakura, Japan – Prof. Dr. Robert D. King, Austin, Texas, USA – Prof. Dr. Byron J. Koekkoek, Buffalo, N.Y., USA – Prof. Dr. Herbert Kufner, Ithaca, N.Y., USA – Prof. Dr. Hans Kuhn, Canberra, Australien – Prof. Dr. W.P. Lehmann, Austin, Texas, USA – Prof. Dr. Albert L. Lloyd, Philadelphia, Pennsylvania, USA

Emeritiert: Prof. Dr. Einar Haugen, Cambridge, Mass., USA – Prof. Dr. Georg Metcalf, Sacramento, California, USA – Prof. Dr. William G. Moulton, Princeton, N.Y., USA – Prof. Dr. Herbert Penzl, Berkeley, Calif., USA – Prof. Dr. Erwin Theodor Rosenthal, São Paulo, Brasilien – Prof. Dr. Otto Springer, Philadelphia, Pennsylvania, USA

5.6. Kommissionen

Kommission für Rechtschreibfragen

Prof. Dr. Hans Glinz, Wädenswil, Schweiz (Vorsitzender) – Prof. Dr. Günther Drosdowski, Mannheim (Stellvertr. Vorsitzender) – Prof. Dr. Gerhard Augst, Siegen – Prof. Dr. Gisela Harras, IDS – Prof. Dr. Johann Knobloch, Bonn – Dr. Wolfgang Mentrup, IDS – Prof. Dr. Hans Moser, Innsbruck – Prof. Dr. Horst Munske, Erlangen – Dr. Burkhard Schaeder, Siegen – Prof. Dr. Horst Sitta, Zürich – Prof. Dr. Bernhard Weisgerber, Bonn – Prof. Dr. Hermann Zabel, Dortmund

Kommission für Fragen der Sprachentwicklung

Prof. Dr. Helmut Henne, Braunschweig (Vorsitzender) – Priv. Doz. Dr. Bernd Ulrich Biere, IDS (Stellvertr: Vorsitzender) – Prof. Dr. Dieter Cherubim, Göttingen – Dr. H. Fotheringham, Wiesbaden – Prof. Dr. Rudolf Hoberg, Darmstadt – Prof. Dr. Barbara Sandig, Saarbrücken – Dr. Werner Scholze-Stubenrecht, Mannheim – Prof. Dr. Horst Sitta, Zürich – Prof. Dr. Hugo Steger, Freiburg – Helmut Walther, Wiesbaden – Dr. Gisela Zifonun, IDS

5.7. Beiräte

Beirat „Lexikon der Lehnwortbildung"

Prof. Dr. Johannes Erben, Bonn – Prof. Dr. Manfred Höfler, Düsseldorf – Prof. Dr. Horst Munske, Erlangen – Prof. Dr. Peter von Polenz, Trier

Beirat „Deutsches Fremdwörterbuch"

Prof. Dr. Oskar Reichmann, Heidelberg – Prof. Dr. Michael Schlaefer, Göttingen – Prof. Dr. Hartmut Schmidt, Berlin –

Beirat „Schlichtung"

Prof. Dr. Konrad Ehlich, Dortmund – Prof. Dr. Klaus F. Röhl, Bochum – Prof. Dr. Hugo Steger, Freiburg

Beirat „Kommunikation in der Stadt"

Prof. Dr. Friedhelm Debus, Kiel – Prof. Dr. Siegfried Grosse, Bochum – Prof. Dr. Gottfried Kolde, Genf – Prof. Dr. Heinrich Löffler, Basel – Prof. Dr. Brigitte Schlieben-Lange, Frankfurt/M. – Prof. Dr. Fritz Schütze, Kassel

Beirat „Grammatik des heutigen Deutsch"

Prof. Dr. Hans-Werner Eroms, Passau – Prof. Dr. Barbara Sandig, Saarbrücken – Prof. Dr. Horst Sitta, Zürich

6. Besondere Nachrichten

Verstorben ist das Mitglied des Wissenschaftlichen Rats Prof. Dr. Hans Neumann, Göttingen.

7. Personalstärke, Anschriften, finanzielle Angaben

7.1. Personalstärke (Stand: 1.12.1990)

Mitarbeiter (einschl. Teilzeit- und Projektmitarbeiter):

wissenschaftliche Angestellte	47
(davon beurlaubt: 3)	
Verwaltungs-/technische Angestellte	32
Arbeiter	1
Projekt-Mitarbeiter	3
	83

7.2. Anschrift

Institut für deutsche Sprache

Friedrich-Karl-Straße 12
Postfach 101621
6800 Mannheim 1
Telefon (0621) 44010
Telefax (0621) 4401200

7.3. Haushalte des Instituts im Berichtsjahr

Einnahmen:

Ministerium für Wissenschaft und Kunst		
Baden-Württemberg	DM	3.991.000,-
Bundesministerium für Forschung		
und Technologie	DM	3.991.000,-
Stadt Mannheim	DM	4.400,-
eigene Einnahmen	DM	93.600,-
	DM	8.080.000,-

Ausgaben:

Personalausgaben	DM	6.355.600,-
Sachausgaben	DM	1.674.400,-
Investitionen	DM	50.000,-
	DM	8.080.000,-

Projektmittel:

Deutsche Forschungsgemeinschaft (DFG), Bonn

Projekt „Dialektaufnahmen Ostjiddisch"
Personalmittel	DM	73.500,-
Sachmittel	DM	6.450,-
	DM	79.950,-

Projekt „Initiative Reaktionen" (SFB 245)
Personalmittel	DM	132.770,-
Sachmittel	DM	24.330,-
	DM	157.100,-

Projekt „Lehnwortbildung"
Personalmittel	DM	40.000,-

Projekt „POLKON"
Personalmittel	DM	3.000,-

Stiftung Volkswagenwerk

„Deutsch-Zentrum Tianjin/China"
Personalmittel	DM	13.700,-
Sachmittel	DM	10.450,-
	DM	24.150,-

Auswärtiges Amt, Bonn

„Deutschsprachige Minderheiten"
Personalmittel	DM	6.050,-
Sachmittel	DM	23.050,-
	DM	29.100,-

Bundesministerium für Forschung
und Technologie, Bonn

„Gesamtdeutsche Korpusinitiative"
Personalmittel	DM	177.000,-
Sachmittel	DM	164.000,-
	DM	341.000,-

Summe der Projektmittel	DM	674.300,-
Ordentlicher Haushalt	DM	8.080.000,–
	DM	8.754.300,–

8. Veröffentlichungen im Jahre 1990

SPRACHE DER GEGENWART

Herausgegeben im Auftrag des Instituts für deutsche Sprache von Joachim Ballweg, Inken Keim-Zingelmann, Hugo Steger, Rainer Wimmer

Verlag Walter de Gruyter, Berlin/New York

Band 79: Deutsche Wortbildung. Vierter Hauptteil: Substantivkomposita (Komposita und kompositionsähnliche Strukturen 1), von Lorelies Ortner, Elgin Müller-Bollhagen, Hanspeter Ortner, Hans Wellmann, Maria Pümpel-Mader, Hildegard Gärtner (im Druck).

(Band 80 zu Adjektivkomposita/Partizipialbildungen wird 1992 erscheinen Danach wird die Reihe 'Sprache der Gegenwart' eingestellt.)

SCHRIFTEN DES INSTITUTS FÜR DEUTSCHE SPRACHE

Herausgegeben von Gisela Harras, Bruno Strecker, Gerhard Stickel

Verlag Walter de Gruyter, Berlin/New York

Band 3: Gisela Harras/Ulrike Haß/Gerhard Strauß, Wortbedeutungen und wie sie im Wörterbuch beschrieben werden können (im Druck).

JAHRBÜCHER DES INSTITUTS FÜR DEUTSCHE SPRACHE

Verlag Walter de Gruyter, Berlin/New York
Redaktion: Sylvia Dickgießer

Gerhard Stickel (Hrsg.), Deutsche Gegenwartssprache. Tendenzen und Perspektiven. Jahrbuch 1989 des Instituts für deutsche Sprache. 1990

Rainer Wimmer (Hrsg.), Wortbildung und Phraseologie. Jahrbuch 1988 des Instituts für deutsche Sprache (im Druck).

DEUTSCH IM KONTRAST

Im Auftrag des Instituts für deutsche Sprache herausgegeben von Ulrich Engel und Klaus Vorderwülbecke

Julius Groos Verlag, Heidelberg

Band 9: Kåre Solfjeld, Indikativische Tempora in
der indirekten Rede. Strukturvergleich
deutsch-norwegisch. 1989

Band 10: Norbert Morciniec, Das Lautsystem des
Deutschen und Polnischen. 1990

DEUTSCHE SPRACHE IN EUROPA UND ÜBERSEE

Im Auftrag des Instituts für deutsche Sprache, Mannheim und des
Goethe-Instituts, München herausgegeben von Gerhard Jakob, Bernd
Kast, Gottfried Kolde, Dieter Strauss

Franz Steiner Verlag, Stuttgart

Band 13: Deutsch als Muttersprache in Ungarn. Forschungsberichte
zur Gegenwartslage. Herausgegeben von der Forschungsstelle
für Mehrsprachigkeit in Brüssel unter Leitung von Peter
Nelde. 1990

STUDIENBIBLIOGRAPHIE SPRACHWISSENSCHAFT

Im Auftrag des Instituts für deutsche Sprache herausgegeben von Ludger
Hoffmann

Julius Groos Verlag, Heidelberg

Band 1: E. Brütsch/M. Nussbaumer/H. Sitta, Negation. 1990

Band 2: B.U. Biere, Textverstehen und Textverständlichkeit
(im Druck)

FORSCHUNGSBERICHTE DES INSTITUTS FÜR DEUTSCHE SPRACHE

Herausgegeben von Rainer Wimmer und Gisela Zifonun

Gunter Narr Verlag, Tübingen

Band 67: Wilfried Schütte, Scherzkommunikation unter
Orchestermusikern (im Druck)

Band 68: Reinhold Schmitt, Die Schwellensteher. Sprachliche
Präsenz und sozialer Austausch in einem Kiosk (im Druck)

DEUTSCHE SPRACHE

Zeitschrift für Theorie, Praxis, Dokumentation

Im Auftrag des Instituts für deutsche Sprache herausgegeben von Siegfried Grosse (Geschäftsführung), Odo Leys, Johannes Schwitalla, Gerhard Stickel

Redaktion: Franz Josef Berens

Erich Schmidt Verlag, Berlin

Jahrgang 1990: 4 Hefte

VERÖFFENTLICHUNGEN IM EIGENVERLAG

Institut für deutsche Sprache – 25 Jahre.
2., korrigierte Aufl. (im Druck)

Joachim Born, Gerhard Jakob, Deutschsprachige Gruppen am Rande und außerhalb des geschlossenen deutschen Sprachgebiets. Eine bibliographische Dokumentation von Literatur zum Thema 'Sprache' aus der Zeit nach 1945. 2. erweiterte, völlig neu bearbeitete Auflage. 1990

Joachim Born, Sylvia Dickgießer, Deutschsprachige Minderheiten. Ein Überblick über den Stand der Forschung für 27 Länder. 1990 (im Auftrag des Auswärtigen Amtes)

SPRACHREPORT. Informationen und Meinungen zur deutschen Sprache. Herausgegeben vom Institut für deutsche Sprache

Redaktion: Bernd Ulrich Biere, Bruno Strecker, Eva Teubert
Jahrgang 1990: 4 Hefte

(Das Gesamtverzeichnis der IDS-Publikationen bis 1990 findet sich in der Broschüre „Institut für deutsche Sprache – 25 Jahre", 2. Aufl. 1991.)

W DE G **Walter de Gruyter**
Berlin · New York

Reichthum und Armut deutscher Sprache

Reflexionen über den Zustand der deutschen Sprache im 19. Jahrhundert

Herausgegeben von Walther Dieckmann
Groß-Oktav. XIV, 371 Seiten. 1988.
Ganzleinen DM 198,- ISBN 3 11 011591 3

Der Band enthält zeitgenössische Reaktionen auf den Zustand und die Veränderungen der deutschen Sprache im 19. Jahrhundert.

Voraussetzungen und Grundlagen der Gegenwartssprache

Sprach- und sozialgeschichtliche Untersuchungen zum 19. Jahrhundert

Herausgegegeben von Dieter Cherubim und
Klaus J. Mattheier
Groß-Oktav. VI, 361 Seiten, zahlreiche Abbildungen.
1989. Ganzleinen DM 188,- ISBN 3 11 011349 X

Sammlung von Aufsätzen zur gesellschaftlichen Einbettung vor allem des deutschen Sprachgebrauchs im 19. Jahrhundert, in dem die Grundlagen für das Verhältnis von Sprache und Gesellschaft in der Gegenwart gelegt wurden.

Preisänderungen vorbehalten

Walter de Gruyter
Berlin · New York

HEINRICH KLENZ
Die deutsche Druckersprache
(Karl. J. Trübner, 1900)

Scheltenwörterbuch
Die Berufs-, besonders Handwerkerschelten und Verwandtes
(Karl. J. Trübner, 1910)
Neudruck in einem Band mit einem Nachwort und einer Bibliographie von Heidrun Kämper-Jensen

Groß-Oktav. VI, XXVIII, 128 Seiten; VI, 160 Seiten; 19 Seiten. 1991.
Ganzleinen DM 158,- ISBN 3 11 012469 6

"Druckersprache": Zusammenstellung von rd. 800 Ausdrücken aus dem Drucker- und Setzerhandwerk vom 17. bis 19. Jahrhundert.
"Scheltenwörterbuch": Sammlung mundartlich und literarisch überlieferter berufsbezogener Schimpfnamen vom 16. Jh. bis etwa 1900.

ALFRED SCHIRMER
Wörterbuch der deutschen Kaufmannssprache
auf geschichtlichen Grundlagen
(Karl. J. Trübner, 1911)
Neudruck mit einem Nachwort von Dieter Möhn

Groß-Oktav. IV, L, 224 Seiten. 1991. Ganzleinen DM 144,-
ISBN 3 11 012472 6

Alphabetische Dokumentation und Erläuterung des Handelswortschatzes von den Anfängen bis in das 20. Jahrhundert. Belegt den Zusammenhang von Handelsgeschichte und Sprachentwicklung des Deutschen.

Preisänderungen vorbehalten